ANDERS REISEN

Herausgegeben von Till Bartels

Originalausgabe
Veröffentlicht im Rowohlt Taschenbuch Verlag GmbH,
Reinbek bei Hamburg, Mai 1996
Copyright © 1996 by Rowohlt Taschenbuch Verlag GmbH,
Reinbek bei Hamburg
Lektorat: Till Bartels / Ulrike Wiebrecht
Satz Times, PostScript Linotype Library, QuarkXPress 3.31
(Dolev 800)
Umschlaggestaltung: Alexander Urban (Foto: Deutsche Bahn AG)
Layout und Grafik: Alexander Urban
Kartengrundlagen: DB Auslandskursbuchkarten, Ausgabe September 1995.
Mit freundlicher Genehmigung der DB AG, NGT 12, 55116 Mainz,
Nr. A 01/95 vom 22.1.1996
Druck und Bindung: Clausen & Bosse, Leck
Printed in Germany 1990-ISBN 3 499 19088 5

KLAUS CHRISTIAN WANNINGER

INTERRAIL

DAS BAHNREISEBUCH

ROWOHLT

VORAB

Dieser Reiseführer wendet sich an alle, die Lust auf ein grenzenloses Abenteuer haben. Mit der Bahn lassen sich preiswert und bequem 27 verschiedene Länder entdecken, sei es mit dem günstigen Euro Domino-Ticket oder per Interrail kreuz und quer durch Europa, von Finnland bis Marokko, von Irland bis in die Türkei.

«Anders reisen: Interrail» bietet neben nützlicher Information für jeden Bahnreisenden unzählige Tips für jedes Reiseziel, vom Übernachten bis zur Währungstabelle. Beim Nachschlagen hilft eine klare Struktur, die sich genau an den Zonen der neuen Interrail-Tickets orientiert. Nach einer kurzen Einführung zu einem Land werden die schönsten Bahnstrecken, die wichtigsten Großstädte und interessantesten Landschaften vorgestellt: Dabei wird auch an kleinere Ortschaften, Bergregionen, Inseln und Badebuchten gedacht. Ob Haupt- oder einsame Nebenstrecke, Schiffs- oder Busfahrt, detailliert werden die Verkehrsverbindungen erklärt. Für jeden Ort gibt es eine übersichtliche Auflistung guter Kneipen und Lokale, der herausragenden Sehenswürdigkeiten und Treffpunkte inklusive einer Wegbeschreibung vom Bahnhof zu einem preiswerten Hotel oder einer Jugendherberge.

Alle Preisangaben bei Übernachtungen beziehen sich auf eine Person im Doppelzimmer. Einige Länder wurden aus Platzgründen zusammengefaßt. Da sich Preise und Adressen schnell ändern, kann keine Gewähr gegeben werden; Verbesserungsvorschläge nimmt der Verlag aber gerne entgegen. Gute Fahrt und viele Erlebnisse unterwegs!

Klaus Christian Wanninger,
im Februar 1996

INHALT

5

Inhalt

7

Portugal

Das Wichtigste vorweg 232, Unterwegs in Portugal 332, Günstige Tickets in Portu-gal 333, Besonders schöne Bahnstrecken in Portugal 333

Ziele in Portugal

Marokko

Das Wichtigste vorweg 342, Unterwegs in Marokko 342, Günstige Tickets in Marokko 343, Besonders schöne Bahn-strecken in Marokko 344

Ziele in Marokko

Zone F:
Italien, Slowenien, Griechenland, Türkei

Italien

Das Wichtigste vorweg 350, Unterwegs in Italien 350, Günstige Tickets in Italien 351, Besonders schöne Bahnstrecken in Italien 351

Ziele in Italien

Unterwegs mit der Bahn

Interrail

Einfach ein tolles Gefühl – 31 Tage kreuz und quer durch Europa, Marokko und die Türkei oder einen selbstgewählten Teil unseres Kontinents – mit einer einzigen Fahrkarte. Gestern Stockholm, heute Kopenhagen, morgen Amsterdam, dann Brüssel, Paris, Barcelona, Granada… Oder Pisa, Venedig, Rom? Jeder kann selbst entscheiden, wo der nächste Kaffee getrunken wird. Interrail – das ist das Symbol für Freiheit und Ungebundenheit.

Interrail gibt es in folgenden Variationen:

Zone A: Freifahrt in England, Wales, Schottland, Nordirland und Irland.

Zone B: Freifahrt in Finnland, Norwegen und Schweden.

Zone C: Freifahrt in Deutschland, Dänemark, Österreich und der Schweiz.

Zone D: Freifahrt in Polen, der Tschechischen und Slowakischen Republik, Ungarn, Kroatien, Rumänien und Bulgarien.

Zone E: Freifahrt in den Niederlanden, Belgien, Luxemburg und Frankreich.

Zone F: Freifahrt in Spanien, Portugal und Marokko.

Zone G: Freifahrt in Italien, Slowenien, mit den Schiffen von Brindisi (Italien) nach Patras (Griechenland), in Griechenland und der Türkei.

Jugendliche bis 26 haben die Qual der Wahl: Sie können frei entscheiden, ob sie sich nur innerhalb einer Zone oder im Gebiet mehrerer Zonen bewegen wollen. Wählt man nur eine Zone, darf man sich dort 15 Tage lang aller Züge bedienen. Entscheidet man sich für zwei oder mehr Zonen, stehen alle Züge 31 Tage lang zur Verfügung. Folgende Kosten entstehen:

1 Zone 15 Tage lang 380 DM (Zone B oder F) bzw. 420 DM (Zonen A, C, D, E oder G).

2 beliebig ausgewählte Zonen 1 Monat lang 500 DM.

3 beliebig ausgewählte Zonen 1 Monat lang 560 DM.

Alle Zonen (Global) 1 Monat lang 630 DM.

Für Reisen durch Länder, die nicht in den gekauften Zonen liegen, gibt es 50 Prozent Ermäßigung. Für das Heimatland müssen immer 50 Prozent bezahlt werden, auch wenn es in den gekauften Zonen enthalten ist. Das Interrail-Ticket kann nur im Heimatland gekauft werden. Benutzt werden können fast alle Züge sowie die Schiffsrouten San Giovanni–Messina (Italien), Puttgarden–Rødby (Dänemark), Helsingør–Helsingborg (Schweden). Die Fahrkarte gilt für die zweite Klasse, in einigen Ländern (vor allem Spanien) sind bei einigen Zügen Zuschläge zu bezahlen (in diesem Buch wird genau erklärt, wo und wann Zuschläge nicht zu umgehen sind). Um die Reise im Heimatland möglichst preiswert zu gestalten, sollte man versuchen, den kürzesten Weg zur Grenze zu nehmen. Auf unzähligen Buslinien und Schiffsverbindungen sowie bei Berg- und Privatbahnen gibt es mit Interrail 50 Prozent Ermäßigung (die einzelnen Linien findet man im Buch unter dem jeweiligen Land).

Euro Domino

Wer nur in einem Land, zwei oder drei Nationen unterwegs sein will, kann sich auch den Kauf des Euro-Domino-Tickets überlegen. Die Karten gibt es für Jugendliche bis zum Alter von 26 Jahren (billiger) und für Erwachsene (1. und 2. Klasse). Sie erlauben zwischen drei, fünf oder zehn Tage unbegrenztes Reisen innerhalb von 31 Tagen. Die Reisetage können frei gewählt werden. Fast alle sonst zuschlagspflichtigen Züge können ohne Aufpreis benutzt werden. Euro Domino gewährt 25 Prozent Ermäßigung in Ländern, die man zur Anreise durchquert, auch im Heimatland. Für Erwachsene stellt Euro Domino in vielen Ländern eine optimale Möglichkeit dar, preiswert per Bahn zu reisen. Für Jugendliche ist meistens der Kauf des Interrail-Tickets günstiger. Was Euro Domino für Jugendliche bzw. Erwachsene (1. und 2. Klasse) kostet, wird beim jeweiligen Land genau erklärt.

Touristenpässe

Es handelt sich um Tickets, die für wenige Tage, eine oder mehrere Wochen Freifahrt auf allen Bahnstrecken, teilweise auch auf Bus- und Schiffslinien eines oder mehrerer Länder gewähren. Es gibt sie für die 1. und 2. Klasse, für Erwachsene, Jugendliche und Kinder. Ihre genauen Konditionen und Preise sind unter dem jeweiligen Land zu finden. Manchmal ist es günstiger, wenn man nur in wenigen Ländern umherfahren will oder älter als 26 ist, einen Touristenpaß zu kaufen. Am bekanntesten sind der Scanrailpaß für alle skandinavischen Länder und der Swiss Paß für das Eisenbahnparadies Schweiz.

Eurotrain und Wasteels

Für Jugendliche bis 26 gibt es zwischen allen größeren Städten in Europa Fahrkarten mit bis zu 40 Prozent Ermäßigung – allerdings nur für einmalige Benutzung, eignet sich also nicht für Leute, die eine Region kennenlernen wollen. Die Tickets gibt's in Bahnhöfen und DER-Reisebüros.

Halbpreispässe

In mehreren Ländern (z. B. Schweiz, Deutschland, Österreich) können mit einem Halbpreispaß (z. B. BahnCard) Fahrkarten mit 50 Prozent Ermäßigung gekauft werden.

Aktuelle Bahnpässe

Eine stets aktualisierte Übersicht über billige Bahntickets gibt es beim ökologisch engagierten Verkehrsclub Deutschland (VCD), Eifelstr. 2, 53119 Bonn, Tel. 0228/985850.

Fahrpläne

Zweimal jährlich gab die Deutsche Bahn bisher das **Auslandskursbuch** mit den wichtigsten Bahnverbindungen in allen Ländern Europas heraus. Alle Bahnlinien sind mit den Nummern versehen, die wir auch hier in diesem Buch zur Kennzeichnung der Strecken verwenden. Das Auslandskursbuch verzeichnet allerdings nur die wichtigsten Züge einer Strecke, meist fahren wesentlich mehr (15 DM, an jedem Bahnhof, soll aber nicht mehr lange erscheinen).

Besser ist der **Cook's Timetable**, leider auch teurer (ca. 35 DM, bei Thomas Cook, P. O. Box 227, Peterborough PE3 6SB, England, Tel. 0733/505821, Fax 0733/505792).

Kursbücher fast aller europäischen Bahnen gibt es auch bei der **SBB-Verkaufsstelle für ausländische Kursbücher**, Büro 224, Hauptbahnhof, CH-9001 St. Gallen, Schweiz, Tel. 071/226180, Fax 071/858151. Die SBB bietet z. B. für Frankreich sämtliche Regionalkursbücher für alle Landesteile an, je ca. 14 sfr. Wer diese Ausgaben scheut, kann auch in einem DER-Reisebüro die Bahnkursbücher der jeweiligen Länder einsehen oder im jeweiligen Urlaubsland an den Bahnhöfen die kleinen, meist kostenlosen Streckenpläne oder Fahrplanhefte mitnehmen. Zudem findet man in diesem Buch genaue Informationen über die Häufigkeit der Zugverbindungen in allen Regionen Europas. Da immer mehr Ländern der Taktverkehr eingeführt wird, ist man dort auf Fahrpläne meist nicht mehr angewiesen.

Platzkarten und Zuschläge

In einigen Ländern gibt es für bestimmte Züge, vor allem den grenzüberschreitenden Verkehrs, Platzkarten- oder Zuschlag-Pflicht. Fast alle Eurocity-Züge gehören dazu, Schnellfahrzüge wie die französischen TGVs (alle sind platzkartenpflichtig, aber nur wenige TGVs kosten Zuschlag) und spezielle Touristenzüge wie der Bernina- und Glacierexpreß in der Schweiz. Mit Euro Domino entfallen fast in allen Zügen die Zuschläge, mit normalen Fahrkarten und Interrail aber kann es vor allem in Spanien zu saftigen «Suplementos»

13

kommen. Die zuschlagpflichtigen Züge sind im Auslandskursbuch mit einer speziellen Markierung gekennzeichnet, in diesem Buch sind sie unter den jeweiligen Ländern aufgeführt. Bei weiten Reisen kann es besonders im Sommer und an Freitag- und Sonntagnachmittagen ratsam sein, sich eine Platzreservierung im Bahnhof zu besorgen. In manchen Ländern wie Norwegen oder Spanien werden die reservierten Plätze in den Waggons nicht mehr gekennzeichnet, was sehr unangenehm werden kann, ist man ohne Platzkarte unterwegs. Eine Platzkarte kostet zwischen 3 und 5 DM.

Liegewagen und Schlafwagen

Viele Fernzüge führen bei Nachtfahrten Liege- und Schlafwagen mit sich. Überraschenderweise sind sie oft nicht teurer als eine Übernachtung in einem Hostel oder einer Jugendherberge, und man hat zugleich die Chance, größere Entfernungen schnell zurückzulegen. Liegewagen haben meist sechs Pritschen je Abteil, in einigen Fällen auch vier. Sie kosten in fast allen Ländern ca. 27 DM je Nacht (in Osteuropa preiswerter). Schlafwagen sind weitaus komfortabler. Sie haben in der 2. Klasse drei oder sogar nur zwei Betten je Abteil, meist fließendes Wasser im eigenen Abteil, in ganz neuen Wagen teilweise sogar Duschen an Bord. In den meisten Ländern kostet ein Bett ca. 55 DM je Nacht, in den teuren Reiseländern Norwegen, Finnland und England aber nur ca. 34 DM (billiger als Jugendherbergen) bzw. 45 DM (in England, meist nur 2 Betten je Abteil). Kopfkissen und Decken sowie Leintücher sind in der Bettkarte inbegriffen. Die Tickets können am Fahrkartenschalter oder im Zug (mit dem Risiko, daß alles ausgebucht ist) gekauft werden.

Erste Klasse

Etwa 60 Prozent höher als in der 2. Klasse liegen die Preise für die 1. Klasse in den meisten Ländern – dafür gibt es dort mehr Platz und Komfort, aber auch weniger Kontakte mit anderen Reisenden. Ob das erwünscht ist, muß sich jeder selbst überle-

gen. Im Norden lohnt sich die Investition kaum, führen die Züge doch nur wenige 1. Klasse-Wagen, die dazu meist noch gut besetzt sind, im Süden und Osten dagegen kann es manchmal eine Überlegung wert sein, zumal die Fahrkarten dort recht preiswert sind. Wer mit Euro Domino oder einer Touristenkarte reist, kann sich die Karte für die 1. Klasse kaufen, Interrailer müssen mit dem Schaffner feilschen, um nach Zuzahlung eventuell wechseln zu können.

Fahrkartenkauf in großen Bahnhöfen

Das ewige Schlangenstehen vor Fahrkartenschaltern in großen Bahnhöfen soll nach dem Willen vieler Bahnen bald der Vergangenheit angehören. In immer mehr Bahnhöfen zieht man sich deshalb zuerst eine Nummer an einem deutlich gekennzeichneten Automaten und kann sich dann auf eine Bank setzen, bis die entsprechende Nummer aufleuchtet und der zugehörige Schalter signalisiert wird. Sicher ein sinnvolles System, auch für den Kauf von Platzkarten oder Liegewagenkarten.

Unterwegs im Zug

Manche Züge haben Kurswagen, die unterwegs abgehängt werden und zu anderen Zielen fahren als der Hauptzug. Schon auf dem Bahnsteig kann man auf dem Wagenstandsanzeiger erkennen, wohin die einzelnen Wagen des Zuges fahren und wo sich die Kurswagen befinden. Ist man nicht auf bestimmte Waggons angewiesen, steigt man am besten an der Spitze oder am Ende des Zuges ein, weil es dort nicht so voll ist wie in der Mitte. Im Wagen selbst sollte man einen Platz in der Mitte vorziehen, weil man dort am weitesten von den Achsen entfernt sitzt. Bevor man sich den Platz endgültig aussucht, eventuelle Reservierungsmarkierungen überprüfen.

Gepäckaufbewahrung

In allen größeren Bahnhöfen Europas gibt es die Möglichkeit, sein Gepäck für Stunden oder Tage aufzubewahren. Am praktischsten sind Schließfächer, die es meist in verschiedenen Größen und zu verschiedenen Preisen gibt. Wenn man nicht allein reist, kann es preiswerter sein, gemeinsam ein größeres Schließfach zu belegen. Kosten von 3–8 DM je 24 Stunden. In den südlichen Ländern gibt es (aber auch aus Angst vor Bombenanschlägen in vielen Bahnhöfen Englands) oft keine

Schließfächer, sondern Gepäckaufbewahrung durch Bahnbedienstete. Dabei sind unbedingt die Öffnungszeiten zu beachten. Da die Gepäckstücke hierbei unabhängig von ihrer Größe bezahlt werden müssen, lohnt es sich, möglichst viel in den großen Rucksack zu stopfen, wenn man ihn zur Gepäckaufbewahrung gibt.

Tips für die Bahnreise

Allein oder als Gruppe unterwegs

Alleinfahren ist zu empfehlen, wenn man die Sprache des Gastlandes erlernen will, aber auch, um mit anderen Leuten in Kontakt zu kommen, oder einfach, um etwas selbständiger zu werden. Zu zweit ist es schöner, um miteinander reden zu können, sich besser kennenzulernen oder auch, weil man sich so sicherer bewegen kann, vor allem in den südlichen Ländern. Allerdings: Wenn man seinen Reisepartner vorher nicht gut genug kennt, kann es zu überraschenden Reaktionen kommen, die die Urlaubsfreude stark beeinträchtigen können. In der Gruppe zu reisen kann problematisch werden, weil zu viele Interessen auftauchen können, die sich nicht vereinbaren lassen.

Reiseplanung

Mit der Entscheidung für die eine oder andere Interrail-Zone hat jeder bereits eine Vorauswahl getroffen. Doch zur Orientierung liest man am besten in diesem Buch einfach querbeet, in dem die schönsten Städte und Landschaften sowie die interessantesten Bahnstrecken beschrieben werden. Aber: Nicht zuviel vornehmen, sondern einfach losfahren, mit wenigen Reisezielen im Kopf und mit der Bereitschaft, nicht von Stadt zu Stadt zu hetzen, sondern um unterwegs zu sein und etwas zu erleben.

Reisezeit

Wohin auch immer die Reise im Juli oder August geht, ob in beliebte Großstädte

oder an «einsame» Strände – wo immer man landet, andere Touristen sind schon da. Sogenannte «Geheimtips» sind in diesen beiden Monaten zu vergessen; wenn halb Europa unterwegs ist, sind überall viele Reisende anzutreffen. Wer es sich einrichten kann, sollte deshalb auf andere Monate ausweichen. Im Mai, Anfang Juni oder auch im September und Oktober sind die Strände leerer, viele Metropolen erträglicher und die meisten Züge schwach besetzt. Wer dennoch im Hochsommer reist, tut gut daran, für längere Strecken Plätze zu reservieren, rechtzeitig Liege- oder Schlafwagen zu buchen, im Süden teilweise in der 1. Klasse zu reisen oder auch auf Nebenstrecken auszuweichen.

Reiseführer und Lektüre

Zur Einstimmung empfiehlt es sich, einige Zeit vorher Einblicke in die Literatur des Landes zu nehmen, um sich ein Bild vom Reiseziel zu machen. Eine Vielzahl von Werken liegt aus jedem europäischen Land vor, die richtige Wahl zu treffen ist schwierig, wir bieten unter dem jeweiligen Land eine kleine, bewußt subjektive Reiselektüre an.

Ähnlich verhält es sich mit Reiseführern. Jedes Jahr schwappt eine neue Welle in die Buchhandlungen. Seit vielen Jahren haben sich die Taschenbücher der Reihe «Anders reisen» aus dem Rowohlt Verlag für Individualisten bewährt: Die Bände zeigen andere Wege, geben viel Hintergrundinformation, führen durch den Alltag im Reiseland und bieten einen ausführlichen Serviceteil. Wer nur wenige Ziele bereist, sollte sich überlegen, auf den einen oder

15

anderen Titel, der im jeweiligen Länderteil dieses Buches empfohlen wird, zurückzugreifen.

Ausweispapiere

Fast alle Länder Europas kann man mit dem **Personalausweis** besuchen, nur für die Reise nach Bulgarien, Rumänien und in die Slowakische Republik ist der **Reisepaß** notwendig. Bulgarien und Rumänien verlangen zur Zeit zudem noch ein **Visum**. Änderungen dieser Regelungen sind jederzeit möglich. Dennoch kann es sinnvoll sein, Personalausweis und Reisepaß bei sich zu führen, dient doch das eine Dokument bei Verlust des anderen als Ersatz. Nützlich ist es, sich vor Antritt der Reise Kopien von Personalausweis und Reisepaß anzufertigen und diese ebenfalls separat aufzuwahren. Im Falle eines Diebstahls können die Kopien bei der Polizei hilfreich sein.

Den internationalen **Schüler- und Studentenausweis ISIC** sollte man sich unbedingt besorgen: Museen erstatten ca. 40 Prozent Nachlaß, billige Mensaessen an fremden Universitäten werden möglich, Theater- und Kinoveranstaltungen werden preiswerter. Der ISIC kostet ca. 15 DM und ist in allen Universitäten beim AStA zu haben, oft auch in Reisebüros, die sich auf junge Kunden spezialisiert haben. Der Prospekt «Travel Guide» listet auf, wo es Ermäßigungen oder sogar freien Eintritt mit dem ISIC gibt. Die Broschüre ist zu haben bei: Reisedienst Deutscher Studenten, Rentzelstr. 16, 20146 Hamburg, Tel. 040/442363; bei Studentenreisen International, Winbergstr. 31, CH-8006 Zürich. Mit normalen Studenten- bzw. Schülerausweisen kommt man in anderen Ländern dagegen meist nicht weit.

Die **GO 25 Card** wird von der Federation of International Youth Travel Organizations für alle Leute bis 25 herausgegeben. Auch sie bringt etliche Ermäßigungen in Museen und bei bestimmten Veranstaltungen, allerdings scheint diese Karte noch nicht so bekannt zu sein. Die GO 25 Card gibt es zu ca. 14 DM bei Jugend- und Studentenreisebüros, ein Paßfoto wird benötigt. Eine Übersicht über die Ermäßigungen gibt es bei den Reisebüros oder bei: FIYTO, Bredgade 25 h, DK-1260 Kopenhagen.

Geld

Auf keinen Fall nur Bargeld mitnehmen, die Gefahr ist zu groß, durch Diebstahl oder Verlust in Not zu geraten. Am besten nur etwa ein Drittel der geplanten Ausgaben bar mitnehmen, teilweise schon in Deutschland in die Fremdwährung gewechselt, die restlichen zwei Drittel als Reiseschecks, Euroschecks oder Postsparbuch. **Euroschecks** mit zugehöriger Karte sind eine besonders sinnvolle Reiseerleichterung. Voraussetzung: das eigene Girokonto bei einer Bank. Für die Reise stehen Schecks zur Verfügung, die in der jeweiligen Landeswährung bis zu DM 400 eingelöst werden können. Noch einfacher ist die Geheimnummer mit der Eurocheck-Karte, die den Erhalt von bis zu ca. 400 DM je Tag in der jeweiligen Landeswährung an den Automaten ermöglicht. Dieses System ist inzwischen in fast ganz Europa verwirklicht. Unbedingt wichtig ist die getrennte Aufbewahrung von Schecks und EC-Karte. Geht eines von beiden verloren, haftet der Inhaber nicht. Bei Verlust von beiden muß man sofort seine heimische Bank anrufen, damit sie die Schecks sperrt.

Besitzt man kein eigenes Bankkonto, lohnt sich der Kauf von **Reiseschecks**, die von verschiedenen Organisationen angeboten werden. Bewahrt man die Kaufbestätigung unabhängig von den Schecks auf, wird bei Verlust alles komplett erstattet – die Kaufbestätigung dient als Garantieschein, also getrennt aufheben. Einlösen lassen sich die Reiseschecks in Banken, manchmal auch Hotels und Fremdenverkehrsämtern, teilweise wird eine Gebühr von 1–3 Prozent der Summe fällig (vor allem in England), je nach Bank werden sie aber auch kostenlos angenommen.

Das **Postsparbuch** ist die kostengünstigste Lösung aller Geldprobleme, fallen doch keinerlei Gebühren an, und man erhält sogar noch Zinsen. Bewahrt man die Ausweiskarte getrennt auf, entsteht beim Verlust des Postsparbuchs kein Schaden, da ohne den Ausweis niemand Geld abheben kann. Bis zu 2000 DM pro Monat können in der jeweiligen Landeswährung abgehoben werden, allerdings nicht bei allen Postämtern. In Osteuropa und Griechenland sowie der Türkei funktioniert diese Methode nicht. Bei allen Postbankschaltern gibt es genaue Informationen über die jeweiligen Bedingungen in den verschiedenen Ländern.

Ausrüstung

Taschen und Koffer eignen sich kaum für eine längere Tour, bleibt nur der **Rucksack**. Vorsicht vor den großen sperrigen Ungetümen mit Traggestell! So viel Platz sie zur Verfügung stellen, unterwegs können sie bei längerem Gehen sehr lästig werden, zudem sind sie äußerst sperrig und hindern jede Bewegung beim Ein- und Aussteigen oder bei der Gepäckverwahrung. Rucksäcke, die sich dem Rücken anpassen, sind weitaus weniger belastend und viel leichter im Gepäcknetz unterzubringen. Weil sie weniger Volumen haben als die großen Traggestell-Konkurrenten, verleiten sie auch nicht zu unnötigem Gepäck-Ballast. Neben dem großen Rucksack für das Hauptgepäck sollte man einen kleinen Tagesrucksack mit ca. 30 l Volumen mitnehmen, den man für die kleineren Touren verwenden kann, wenn der große in der Jugendherberge zurückbleibt.

Auch im Sommer sollte ein **Schlafsack** im Reisegepäck nicht fehlen, muß man doch damit rechnen, daß alle Übernachtungsquartiere ausgebucht sind und der letzte Nachtzug bereits abgefahren ist. Wichtig ist, daß der Schlafsack nicht viel Platz benötigt und zudem sehr leicht ist, es sei denn, die Tour führt in den hohen Norden oder in die Berge, wo kühle Temperaturen zu befürchten sind. Am praktischsten sind Schlafsäcke mit Kunstfaserfüllung, die sich in jeder Waschmaschine waschen lassen und Nässe recht schnell wegstecken – sie sind nach einem Tag bereits wieder trocken. Aus hygienischen Gründen empfiehlt es sich, einen Jugendherbergsschlafsack zusätzlich mitzunehmen und diesen innen in den Schlafsack zu legen. Damit erspart man sich häufiges Waschen des Inlets, zudem kann man sich in der Jugendherberge die Gebühr für die Bettwäsche sparen, da normale Schlafsäcke in Jugendherbergen nicht benutzt werden dürfen.

Ein **Zelt** mitzunehmen bedeutet meist nur zusätzlichen Ballast ohne großen Nutzen. In den südlichen Regionen Europas kann man draußen auch ohne Zelt in seinem Schlafsack übernachten, in den nördlichen Ländern ist es selbst im Sommer oft kalt und naß.

Warme Kleidung dagegen ist unbedingt notwendig, ob die Tour in den Süden oder den Norden geht. Ein warmer Pullover und ein fester Anorak sind absolutes Muß, auch wenn man im Hochsommer gen Süden fährt. Am Meer können die Winde die Temperaturen abkühlen lassen, und in höheren Gebirgslagen muß man auch im August mit Wetterstürzen rechnen. Viele Kleidungsstücke muß man nicht im Gepäck mit sich herumschleppen: Im Süden trocknen Wäschestücke innerhalb weniger Stunden, im Norden helfen kräftige Winde, die Feuchtigkeit binnen einem oder zweier Tage zu vertreiben. Legt man alle paar Tage eine Ruhepause ein, indem ein Jugendherberge oder ein Campingplatz als mehrtägiges Quartier ausgesucht wird, können dort alle verschmutzten Wäschestücke gewaschen und getrocknet werden.

Feste Schuhe sollten dabeisein, weil abseits der Straßen dünne Sohlen schnell durchlöchert sind. Das zweite Paar darf dann um so leichter und luftiger ausfallen, je mehr die Tour nach Süden geht.

Bei **Handtüchern** und **Kosmetikartikeln** unbedingt ans Gewichtsparen denken, gerade viele kleine Fläschchen fallen rasch ins Gewicht. Eine Seife und Shampoo dienen vielen Zwecken und reichen vollkommen aus. Nicht vergessen werden sollten Kleinigkeiten wie eine Taschenlampe, ein Taschenmesser zum Öffnen von Dosen und Flaschen und genügend Toilettenpapier.

Übernachten

Die größten Ausgabenposten bei der Reise entstehen durch die Übernachtungskosten. Hotelpreise haben in vielen Ländern astronomische Höhen erreicht. Für den schmalen Geldbeutel kommen daher vorwiegend Jugendherbergen, Hostels, Campingplätze, billige Hotels sowie das Übernachten im Zug oder im Freien in Frage. **Jugendherbergen** sind in allen Ländern Europas zu finden. Die Qualität der Häuser unterscheidet sich allerdings in einem Ausmaß, das von Mittelklassehotels etwa in Skandinavien bis zu Massenunterkünften im Südosten reicht. Entsprechend unterscheiden sich auch die Preise. In Osteuropa, Italien und Griechenland kann man noch für 12 DM je Nacht unterkommen, in Skandinavien dagegen reichen die Preise von 25 bis zu 40 DM je Nacht und Person. Je nördlicher das Land, in dem die Jugendherberge beheimatet ist, desto komfortabler, aber auch teurer wird die Übernachtung, Ausnahme: Spanien, wo in den letzten Jahren viele moderne Häuser eröffnet wurden. In Großstädten liegen die Preise generell höher als in ländlichen Regionen, dafür sind die nächtlichen Schließzeiten in den Metropolen um mindestens eine Stunde Richtung Mitternacht verschoben. Fast alle Herbergen sind tagsüber geschlossen, die meisten öffnen gegen 17 Uhr, bei einigen kann man sich schon vorher in die Übernachtungsliste eintragen. Telefonische und schriftliche Voranmeldung sind generell möglich. Bettwäsche kann zu einem Aufpreis von ca. 5 DM je Person ausgeliehen werden; meist sind nur Jugendherbergsschlafsäcke erlaubt, die aus dünnen Stoffen bestehen und im Rucksack leicht Platz finden. Viele Häuser, vor allem im Norden, bieten Waschmaschinen und Kochgelegenheiten an, manchmal sogar Restaurants zur weiteren Verpflegung. Frühstück zum Preis von 4–8 DM ist in vielen Herbergen obligatorisch, in anderen möglich. Da sich kaum eine Jugendherberge finanziell «rentiert», sondern eine Serviceleistung für preiswertes Reisen darstellt, sollte man die teilweise recht frühen Schließzeiten (meist ca. 22.30–23 Uhr) akzeptieren. Daß im Sommer die Häuser in den Großstädten meist voll sind, sollte nicht wundern. Man kann rechtzeitig vorbuchen, im Umkreis der Städte übernachten oder auf andere Hostels ausweichen. Die Herbergen aller in diesem Buch vorgestellten Städte und Regionen werden hier beschrieben, auch der Weg vom Bahnhof zum jeweiligen Haus. In vielen Ländern ist es wichtig, einen Jugendherbergsausweis zu besitzen, um Einlaß zu finden. Ohne Ausweis erhöht sich der Preis um ca. 5–10 DM, in manchen

Häusern wird man vor allem im Sommer auch ganz abgewiesen. Der Ausweis kostet 21 DM für Leute bis 26, für die Älteren 34 DM für ein Kalenderjahr. Er ist zu erhalten bei jeder Jugendherberge oder direkt beim DJH – Hauptverband, Postfach, 32754 Detmold, Tel. 05231/74010. In Österreich beim Österr. Jugendherbergsverband, Schottenring 28, A-1010 Wien, Tel. 01/5350861. In der Schweiz bei den Schweizer Jugendherbergen, Schaffhauserstr. 14, CH-8042 Zürich, Tel. 01/3601414. Rechtzeitig vor Beginn der Bahntour, also ca. 4 Wochen vorher, den Ausweis beantragen. Im Notfall kann man sich in der ersten Jugendherberge, die man besucht, eine Not-Gästekarte ausstellen lassen (ca. 10 DM), die ca. 5 weitere Übernachtungen ermöglicht.

Neben den Jugendherbergen gibt es auch die Gästehäuser «Interpoint» des **CVJM** (Christlicher Verein junger Männer) und des **CVJF** (Christlicher Verein junger Frauen), in den meisten Ländern unter den englischen Kürzeln **YMCA** und **YWCA** bekannt. Vor allem in den größeren Städten liegen ihre Heime, manchmal noch nach Geschlechtern getrennt, viele sehr preiswert mit großen Schlafsälen, andere mit Doppel- und Mehrbettzimmern und Preisen von bis zu 50 DM je Nacht und Person. Eine CVJM-Karte ermäßigt die Übernachtung um ca. 5 DM, zu erhalten bei: CVJM-Verband, Druseltal 8, 34063 Kassel-Wilhelmshöhe, Tel. 0561/3087300. In Österreich: CVJM-Verbände, Kenyonstraße 15, A-1070 Wien, Tel. 01/931304. In der Schweiz: CVJM-Schweiz, Florastraße 21, CH-4600 Olten, Tel. 062/216366.

Seit einigen Jahren haben sich vor allem in Großstädten Hotels speziell für Reisende, die preiswert übernachten wollen, etabliert, die allgemein als **Hostels** bezeichnet werden. Hinter ihnen stehen verschiedene, z. T. private Träger, so daß ihr Angebot von muffigen Schlafsälen bis zu niveauvollen Trampertreffs reicht. Sie kosten meist ähnlich viel wie die Jugendherbergen. Im Buch werden die meisten Hostels kurz kommentiert.

Studentenwohnheime stellen in bekannten Ferienregionen vor allem im Juli und August Zimmer für eine oder mehrere

Nächte zur Verfügung, meist speziell für Reisende mit wenig Geld. Ihre Adressen sind hier aufgeführt.

Hotels und **Pensionen** sind nur im Süden und Südosten zu bezahlen, in den anderen Regionen Europas liegen ihre Preise über 50 DM je Person pro Nacht. Doppelzimmer sind immer günstiger als Einzelzimmer. Preiswerte Hotels sind in diesem Buch ebenfalls erwähnt. **Privatzimmer** werden oft an Bahnhöfen, Häfen oder Bushaltestellen von den Besitzern oder Vermittlern angeboten. Prinzipiell sollte man sich das Zimmer ansehen, bevor man zusagt. Läuft die Zimmervermittlung über die **Tourist-Information**, werden oft Kommissionsgebühren verlangt, die aber kaum mehr als 5 DM betragen. Morgens schon nach einem Zimmer zu suchen ist vorteilhaft, weil dann noch ein weitaus größeres Angebot existiert. Will man zu dritt möglichst preiswert übernachten, kann man sich eine zusätzliche Liege ins Zimmer stellen lassen.

Campingplätze gibt es überall, und sie stellen die billigste Übernachtungsmöglichkeit dar, wenn auch ihre Lage am Rand der Städte oft viel Zeitaufwand und zusätzliche Busgebühren erfordert. Manche Plätze verfügen über Duschen, Restaurants, Waschmöglichkeiten, andere stellen nur eine Wiese mit Zaun und Pförtnerhäuschen dar. Ohne Zelt wird man im Sommer nicht auf allen Plätzen zugelassen, auf Plätzen in Skandinavien braucht man den Campingausweis, den man auf dem ersten Platz für ca. 15 DM erwirbt. Mit Zelt zahlt man je nach Platz 5–20 DM, ohne Zelt 3–10 DM je Person und Tag. Zelten außerhalb von Campingplätzen ist nur in Skandinavien erlaubt.

Draußen schlafen kann vor allem im Süden sehr gefährlich sein, weil man Diebstahl und Überfällen schutzlos ausgeliefert ist. Niemals in Großstädten in einem Park oder am Straßenrand schlafen, im Notfall nur zusammen mit anderen im oder vor dem Bahnhof. Dabei aber unbedingt alle Wertsachen am Körper tragen und die Rucksäcke möglichst als Kopfkissen benutzen, eventuell Wachen einteilen, die sich ablösen. Unter den Bahnfahrern entsteht zwar schnell Solidarität und weitgehend ehrliches Verhalten, Außenstehende verstehen dies aber oft genug auszunutzen. In Skandinavien dagegen ist man weit sicherer als in anderen Ländern, aber auch hier betätigen sich «abgebrannte Touris» als Diebe. Oft kann man im Norden tagsüber in der Sonne auf warmen Parkwiesen schlafen, um dann nachts bei hellem Dämmerlicht weiterzufahren oder durch die Gegend zu wandern – in den Sommermonaten, wenn die Sonne nie ganz vom Horizont verschwindet, ein herrliches Gefühl. Weitgehend ungefährlich ist das Übernachten unter freiem Himmel auf griechischen Inseln, wo viele einfach am Strand schlafen.

Im Zug schlafen kann im Schlaf- oder Liegewagen sehr angenehm und komfortabel ausfallen (Preise siehe oben). In normalen Wagen wird es dagegen zunehmend schwieriger, da die guten alten Abteilwaggons mehr und mehr aus dem Verkehr gezogen werden. Findet man ein leeres Abteil, sind die Sitze schnell ausgezogen und zu Liegen verwandelt, die 3 Leuten bequem Platz bieten. Sollten die Sitze nicht ausziehbar sein, packt man die Rucksäcke zwischen die Sitze und erhält so sein Bett. In den Großraumwagen kann man sich bei genügend Platz auf den Boden vor den Sitzen oder in den Gang legen. Außerhalb der Hochsaison und während der Woche finden sich in vielen Ländern Züge, die eine kostenlose Nachtfahrt ermöglichen.

Verpflegung

Eine Frage des Geldbeutels – häufiges Essengehen wird in den meisten Ländern auf Dauer ein teures Vergnügen. Einzig im Osten und Südosten Europas lassen sich Restaurantbesuche ohne große Überlegungen durchführen, sonst wird man wohl eher zur Selbstverpflegung übergehen und das Dinieren im Lokal als Krönung eines schönen Tages genießen. Märkte und kleine Läden bilden das Rückgrat preiswerter Einkäufe im Süden, Supermärkte im Norden. Die meist weitaus längeren Ladenschlußzeiten ermöglichen Einkäufe oft bis in den späten Abend. Vollkornbrot, Hasel- und Erdnüsse, zudem eine Packung Hartkäse oder Dauerwurst sollte man als Notration bei sich führen, ebenso eine verschraub-

19

bare Plastikflasche für Getränke. Will man einkehren und eine warme Mahlzeit zu sich nehmen, kann man dies sehr preiswert in Universitätsmensen tun, wobei der ISIC-Ausweis (siehe S. 16) den Kauf normaler Mensamarken oft ermöglicht (Kosten je Mahlzeit ca. 4–8 DM). In Skandinavien, der Schweiz und anderen Ländern kann man in großen Supermärkten preiswerte Restaurants finden, die oft überraschend viele Angebote präsentieren (Essen ab ca. 8 DM). Findet man keine dieser preiswerten Möglichkeiten, bieten indonesische, chinesische oder sonstige fernöstliche Imbisse oft bezahlbare Alternativen zu den etablierten Restaurants.

Post und Telefon

Briefe und Karten nach Hause benötigen aus den nördlichen Ländern Europas 3–4 Tage, aus dem Süden und Osten mindestens eine Woche. Sendungen von zu Hause können postlagernd («poste restante») an eine vorher ausgemachte Adresse, etwa das Hauptpostamt großer Städte, die man auf jeden Fall besuchen will, geschickt werden. Sie werden dort maximal einen Monat aufbewahrt und gegen Ausweisvorlage ausgeteilt.

Die Telefonverbindungen nach Deutschland funktionieren von fast allen europäischen Ländern gut, nur im Osten und Südosten gibt es noch Probleme. Fast alle Telefonzellen eignen sich zur direkten Durchwahl, sonst muß man nach den als «international» gekennzeichneten Apparaten Ausschau halten. Im Norden und Westen setzen sich zudem Telefonkarten immer mehr durch. Generell muß die Null der deutschen Ortsvorwahl ausgelassen werden. Wie die Vorwahl für Deutschland lautet, ist im Buch unter den jeweiligen Reiseländern zu finden (Deutschland 49, Österreich 43, Schweiz 41, jeweils mit verschiedenen Vorziffern).

Gesundheit

Im Fall eines Arztbesuchs hilft in den meisten Ländern die normale heimische *Krankenversicherung*. Das spezielle Formular hierfür ist der **Auslandskrankenschein**, mit

ihm gibt es weitgehend kostenlose Behandlung und Medikamente, genaue Erklärung der Bedingungen liefert jede Krankenkasse. In Großbritannien wird immer noch jeder kostenfrei behandelt, auch ohne Krankenschein, nur mit Personalausweis. In Norwegen, Ungarn, der Tschechischen und Slowakischen Republik, Bulgarien und Marokko hilft der Auslandskrankenschein noch nicht, dort muß bar bezahlt werden. Neueste Informationen bitte bei den zuständigen Krankenkassen erfragen. Es lohnt sich, um eine Rechnung zu bitten, vielleicht können die Behandlungskosten zu Hause bei der Krankenkasse eingereicht werden. Gerade bei gesundheitlichen Problemen und eventuellem Rücktransport ist es hilfreich, eine **Reisekrankenversicherung** (ca. 30 DM für vier Wochen) vor Antritt der Reise abgeschlossen zu haben.

Eine **Reiseapotheke** gehört in jeden Rucksack: Pflaster, Desinfektionsmittel, Schere, eine Binde, Aspirin, Kohletabletten gegen Durchfall, Autan gegen Mücken, eine Sonnenschutzcreme mit hohem Lichtschutzfaktor und ein Thermometer sollten nicht fehlen.

Checkliste

Papiere: Reisepaß / Personalausweis, ISIC-Studenten- / Schülerausweis, Jugendherbergsausweis, GO 25 Card, Fahrkarte, Auslandskrankenschein, Postsparbuch / Euroschecks / EC-Karte / Reiseschecks, Kopien von Reisepaß und Personalausweis.

Zum Anziehen: Ein Paar feste Schuhe, ein Paar leichte Schuhe, 4 Paar gute Strümpfe, Unterwäsche, Badesachen, je nach Land T-Shirts / lange Hemden, ein Pullover, ein Anorak, zwei lange Hosen, im Süden eine kurze Hose.

Ausrüstung: Taschenmesser, Zahnbürste, Shampoo, Seife, Taschenlampe, Sonnenschutzcreme, Insektenmittel (wichtig im Norden!), Schreibpapier und Kulis, Schere, Nadel, Nähfaden, kleine Apotheke, Wecker, Handtuch, Toilettenpapier, kleine Taschen, Trinkflasche, Schlafsack, Jugendherbergsschlafsack, zusätzlicher kleiner Rucksack, Reiseführer, Landkarte, Auslandskursbuch.

Kriminalität

Trotz Urlaubsgedanken niemals die Vorsicht außer acht lassen! Wertsachen wie Geld, Ausweise, Schecks immer am Körper tragen, niemals in Rucksack oder Hosentasche deponieren. Besser als die leicht zu durchschneidenden Riemen eines Brustbeutels sind Gürteltaschen, die direkt auf der Haut unter der Wäsche getragen werden. Sie bieten Platz für alle Wertsachen außer Fotoapparaten. In verschiedenen Größen erhältlich, sollten sie weder zu winzig (sonst paßt kein Reisepaß rein) noch zu dick (sonst sieht man sie deutlich unter dem Hemd) sein. Kaufhäuser führen die Gürteltaschen bei den Rucksäcken, Preis ca. 15–50 DM.

Immer etwas Kleingeld in der Hosentasche mit sich führen, damit man nur selten in den Gürtel greifen muß – Diebe sind blitzschnell. Schläft man nachts im Zug, sind Rucksack und Gepäck unter den Sitzen auf dem Boden meist sicherer als oben im Gepäcknetz.

Vorsicht auch vor Drogen – vor allem in Marokko, wo in gar nicht so seltenen Fällen Polizisten und Dealer Hand in Hand arbeiten, und der gerade erst verkaufte Stoff wird von einer plötzlichen Polizeikontrolle entdeckt. Gegen Zahlung fast der gesamten Barschaft läßt der gütige Polizist den Rucksackler wieder laufen – der Urlaub ist mangels Kasse beendet.

Ist wirklich alles gestohlen worden, zu Hause anrufen und per Postanweisung Geld schicken lassen. Die Botschaften helfen nur selten und zahlen nur das Geld für einen Anruf nach Hause. So weh es tut, die Solidarität anderer Bahnreisender und Rucksackler hilft hoffentlich über die ersten Stunden, vielleicht sogar Tage weg, bis das Geld eintrifft.

Reisepartnersuche

Wer sich nicht allein auf die große Tour traut, findet bei verschiedenen Adressen seriöse Reisepartner, denen es ähnlich geht: Reiseziel, Reisezeit, Alter und bevorzugte Interessen bei der **Mit-Bahn-Zentrale**, Postfach 2733, 53017 Bonn, angeben. Oder eine Annonce im Heft «fairkehr» des Verkehrsclub Deutschland, Postfach 170216, 53028 Bonn, Tel. 0228/985850 aufgeben, das alle zwei Monate erscheint und viele Bahnfahrer-Angebote enthält. Reisepartner finden sich gegenseitig auch im Heft «Tour extra» des Deutschen Jugendherbergswerks, Bismarckstraße 8, 32756 Detmold, Tel. 05231/74010, erscheint alle zwei Monate.

Am Ziel

Zuerst das Gepäck ins Schließfach und nur eine kleine Tasche oder den kleinen Rucksack mitnehmen. Dann gleich eine Gelegenheit zum Übernachten suchen oder einen Zug zum Weiterfahren, damit abends keine Hetzerei entsteht. Anschließend Stadtinfos beim Fremdenverkehrsamt besorgen. Vor der Besichtigungstour billige Einkaufs- und Einkehrmöglichkeiten ausmachen.

GROSSBRITANNIEN

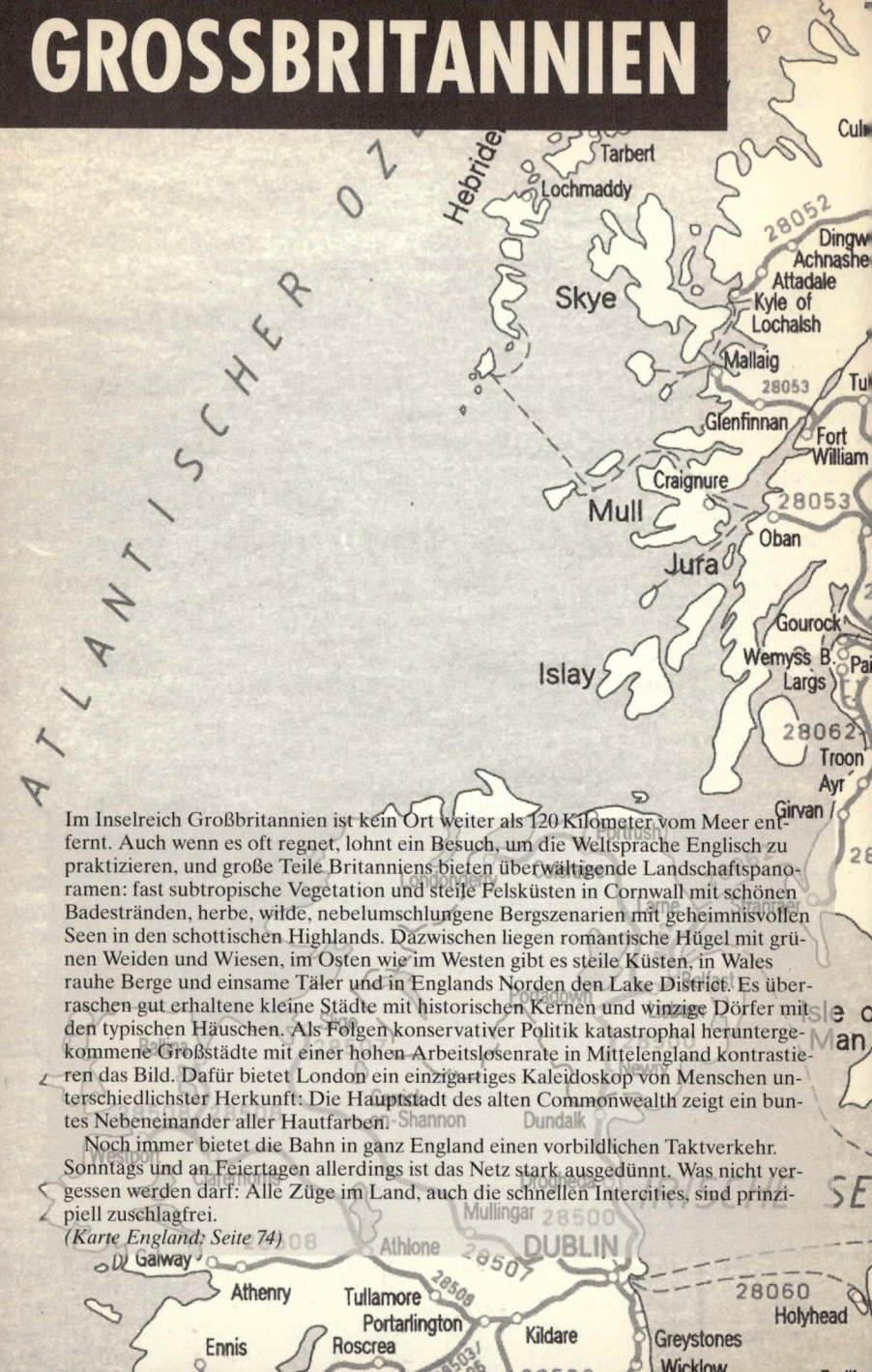

Im Inselreich Großbritannien ist kein Ort weiter als 120 Kilometer vom Meer entfernt. Auch wenn es oft regnet, lohnt ein Besuch, um die Weltsprache Englisch zu praktizieren, und große Teile Britanniens bieten überwältigende Landschaftspanoramen: fast subtropische Vegetation und steile Felsküsten in Cornwall mit schönen Badestränden, herbe, wilde, nebelumschlungene Bergszenarien mit geheimnisvollen Seen in den schottischen Highlands. Dazwischen liegen romantische Hügel mit grünen Weiden und Wiesen, im Osten wie im Westen gibt es steile Küsten, in Wales rauhe Berge und einsame Täler und in Englands Norden den Lake District. Es überraschen gut erhaltene kleine Städte mit historischen Kernen und winzige Dörfer mit den typischen Häuschen. Als Folgen konservativer Politik katastrophal heruntergekommene Großstädte mit einer hohen Arbeitslosenrate in Mittelengland kontrastieren das Bild. Dafür bietet London ein einzigartiges Kaleidoskop von Menschen unterschiedlichster Herkunft: Die Hauptstadt des alten Commonwealth zeigt ein buntes Nebeneinander aller Hautfarben.

Noch immer bietet die Bahn in ganz England einen vorbildlichen Taktverkehr. Sonntags und an Feiertagen allerdings ist das Netz stark ausgedünnt. Was nicht vergessen werden darf: Alle Züge im Land, auch die schnellen Intercities, sind prinzipiell zuschlagfrei.

(Karte England: Seite 74)

8052 Wick
Helmsdale

Elgin Keith
Inverness **28051**
Aberdeen

28050 **28050**

Dundee
rich Perth
50 Ladybank
Stirling
Falkirk
w Motherwell Edinburgh Berwick
rstairs **28035**
marnock **28041**
28050
8062 **28041**
28050
Carlisle Newcastle
Sunderland
Hartlepool
Penrith Bis. Auckland Middlesbrough
28030/41 Saltburn
50/62 Darlington Whitby
Windermere Northallerton Scarborough
Oxenholme **28035**
Long Preston **28050**
ouglas Harrogate **28040**
Barrow Lan- York
Morecambe caster Leeds Selby Hull
28045 **28040** **28032**
Blackpool **28045** **28040**
Preston Bradf. Barton-on-Humber
Southport Blackburn Doncaster Grimsby
Liverpool **28040** Manchester **28032** Cleethorpes
Llandudno Birk. Sheffield Retford Lincoln
Bangor Chester **28041** Chesterfd Skegness
Blaenau Crewe **28030** Newark Sheringham
Stoke Matlock **26031** Boston Cromer
Derby Grantham

Das Wichtigste vorweg

Geld

1 Pfund Sterling (£) = 100 Pence

10 DM	= 4,40 £	1 £ = 2,25 DM
10 öS	= 0,65 £	1 £ = 16,00 öS
10 sfr	= 5,40 £	1 £ = 1,70 sfr

Telefon nach Hause

Deutschland: 01049   Telefon-Notruf 999
Österreich: 01043
Schweiz: 01041

Botschaften in London

Deutschland: Belgrave Square 23, Eingang
Chesham Place, SW 1, Tel. 071/235 50 33
Österreich: Belgrave Mews West 18,
Tel. 071/235 37 31
Schweiz: Montago Place 18,
Tel. 071/723 07 01

Uhrzeit

Mitteleuropäische Zeit und Sommerzeit jeweils minus 1 Stunde.

Englische Maße

1 pound = 450 Gramm	1 mile = 1,6 km
1 pint = 0,56 Liter	1 yard = 0,91 m

Reiseführer

Michael Kadereit: «Anders reisen: Großbritannien», Rowohlt Taschenbuch Verlag.

Jürgen Schaufler: «Anders reisen: London», Rowohlt Taschenbuch Verlag.

Literatur

Charles Dickens: «Oliver Twist», Insel Taschenbuch; Dickens schildert die Zwei-Klassen-Gesellschaft Englands im 19. Jh. aus der Sicht der kleinen Leute mit harter Sozialkritik. Mit anderen Namen könnte die Story heute in den Slums von Liverpool oder Manchester spielen.

Hanif Kureishi: «Der Buddha aus der Vorstadt», Knaur Taschenbuch; Englands Weltherrschaft und ihre Folgen: Der gebürtige Inder lebt in den verkommenen Einwanderer-Gettos Londons und versucht, in die feine Gesellschaft vorzudringen – ein derber Roman aus den späten Achtzigern dieses Jahrhunderts.

Agatha Christie: «Mord im Pfarrhaus», Scherz-Taschenbuch; England von seiner schönsten Seite: Die Königin des «Who dunit» verzaubert mit amüsant-spannendem Geschehen. Wer sich außerhalb der Großstädte auf das Land begibt, glaubt, hier könnte sich die Geschichte abgespielt haben.

Martha Grimes: «Inspektor Jury schläft außer Haus», Rowohlt-Taschenbuch. Verzwickter als Agatha Christie, spannender, schriller und dennoch merry old England und ein Hauch von Kritik, wenn Lord Melrose Plant dem Inspektor assistiert.

Unterwegs in Großbritannien

Verpflegung

Wer schon immer abnehmen wollte, ist hier richtig: Essen und Trinken sind weder überragend noch preiswert. Viel Fett und Fleisch, Süßes und Klebriges – die Ernährung auf der Insel ist nicht jedermanns Geschmack. «Fish and Chips» gibt es in jedem Imbiß und Lokal, aber nach wenigen Tagen ist der Bedarf vollkommen gestillt. Ausweichen kann man auf die überraschend große Auswahl von Salaten auch in Schnellimbissen und in den Städten auf chinesische, indonesische und indische Restaurants, die sehr gute und preiswerte Mahlzeiten anbieten. Erwähnenswert sind noch gebratene Kartoffeln, die als «baked potatoes» unter 10 DM angeboten werden. Berühmt ist lediglich das Frühstück, das mit Schinken, Eiern, Marmelade, Brot, Toast, Kaffee und Orangensaft oft (aber nicht immer!) üppig ausfällt.

Die berühmten Pubs bieten nicht nur Getränke, sondern auch Mahlzeiten, Musik – Disko, Pop, Folk, je nach Pub –, Spiele und Gespräche, meist aber unter Männern. Sie verfügen oft über mehrere Räume, die verschiedene Freizeitangebote anpreisen: Wurfspiele, Sessel für die Upper Class, Musikunterhaltung. Viele Pubs haben ihr Stammpublikum: einfache Arbeiter, Punker oder High-Society, ein Zeichen für die in England immer noch ausgeprägte Klassengesellschaft. Eines aber ist allen Pubs gleich: Sie schließen pünktlich um 23 Uhr. Im Pub wird man selten bedient, man holt sich seine Bestellung selbst. Verweilt man länger, ist es üblich, für die umstehenden Gäste mitzubestellen und diese Runde zu zahlen. In den Restaurants sind getrennte Rechnungen unüblich, man zahlt zusammen.

War es früher schwierig, gutes Schwarzbrot zu erhalten, gibt es inzwischen in fast allen Läden (importiertes) Vollkornbrot; ähnlich verhält es sich mit Käse und Wurst. Besonders zu empfehlen ist die englische Orangenmarmelade.

Übernachten

Jugendherbergen sind in allen Landesteilen reichlich vorhanden. Vom Preis und der Ausstattung her schwanken sie zwischen ca. 16 DM für die einfachsten Häuser und 35 DM für die Herbergen besserer Qualität bzw. die in London, wobei für Frühstück 7 DM und für Gäste über 18 Jahren nochmals 5 DM hinzukommen. Einige Häuser verfügen über Küchen und Waschmaschinen zur Selbstversorgung. Fast jede Jugendherberge bietet das Verzeichnis aller Häuser samt Lageplan und Karte an. Die Herbergen des Großraums London sind von Juni bis September meist ausgebucht, Ausweichmöglichkeiten sind abgelegenere Häuser oder Hostels.

In größeren Städten gibt es die CVJM-Häuser, meist für Männer (YMCA) und Frauen (YWCA) getrennt und mit Preisen über Jugendherbergsniveau. Private «Hostels» und Studentenwohnheime ergänzen das Angebot. Hotels sind viel zu teuer, aber private Zimmer, die als «Bed and Breakfast» angeboten werden, sind auf der ganzen Insel verbreitet. Man findet sie über die Fremdenverkehrsämter (kleine Vermittlungsgebühr) oder über Schilder an Hausfassaden. Je nach Unterkunft fällt das Frühstück reichlich oder bescheiden aus, Preise mit Frühstück ab ca. 35 DM, in Großstädten und Touristengebieten teurer. Campingplätze sind in England und Schottland angesichts der häufigen Regengüsse nur bedingt empfehlenswert.

Günstige Tickets in Großbritannien

Interrail Zone A

Gilt auf allen Strecken der Britischen Bahn, die im regulären Betrieb befahren werden.

BritRail-Paß

Netzkarte für alle Strecken der British Rail, Kinder bis 15 Jahre zahlen den halben Preis, kann nur außerhalb Großbritanniens erworben werden. (Preise s. u.)

Gültig für:	Erwachsene		Jugendliche bis 25	Senioren
4 Tage	225 DM	335 DM (2./1. Kl.)	180 DM (2. Kl.)	200 DM 305 DM
8 Tage	325 DM	485 DM (2./1. Kl.)	255 DM (2. Kl.)	290 DM 440 DM
15 Tage	470 DM	705 DM (2./1. Kl.)	325 DM (2. Kl.)	425 DM 630 DM

22 Tage	610 DM 915 DM (2./1. Kl.)	400 DM (2. Kl.)	545 DM 820 DM
1 Monat	700 DM 1045 DM (2./1. Kl.)	430 DM (2. Kl.)	625 DM 940 DM

BritRail-Flexi-Paß

Wie der BritRail-Paß, nur flexible Gültigkeit.

Gültig für:	Erwachsene	Jugendliche bis 25	Senioren
4 Tage frei wählbar innerhalb			
31 Tagen	270 DM 410 DM	215 DM (2. Kl.)	240 DM 370 DM
8 Tage innerhalb 31 Tagen	405 DM 605 DM	285 DM (2. Kl.)	360 DM 540 DM
15 Tage innerhalb 31 Tagen	595 DM 890 DM	415 DM (2. Kl.)	530 DM 800 DM

Freedom of Scotland Travelpass

Netzkarte für alle Bahnstrecken und einige Fähren in Schottland, Rabatt in Bussen.

8 Tage	250 DM
15 Tage	350 DM
8 Tage innerhalb 15 Tagen	290 DM

SouthEast-Paß

Netzkarte für alle Bahnstrecken des Network SouthEast (London und Umgebung, Südostengland). In Großbritannien nicht zu kaufen.

Innerhalb von 8 Tagen frei wählbare Reisetage:	Erwachsene	Jugendliche bis 25
3 Tage	95 DM 125 DM (2. Kl./1. Kl.)	80 DM (2. Kl.)
4 Tage	125 DM 170 DM (2. Kl./1. Kl.)	105 DM (2. Kl.)
7 Tage	190 DM 250 DM (2. Kl./1. Kl.)	160 DM (2. Kl.)

7-Tage-Ticket London

Für die Hin- und Rückfahrt vom Kontinent via Oostende oder Hoek van Holland gibt es 40 Prozent Rabatt. Maximale Gültigkeit der Karte: 7 Tage.

Euro Domino

Freie Fahrt auf den Strecken von British Rail.

Tage (innerhalb 31)	3	5	10
Jugendliche	178 DM	247 DM	377 DM
Erwachsene	221 DM	343 DM	539 DM
Erwachsene 1. Klasse	–	513 DM	807 DM

Schlafwagen

Liegewagen gibt es in Großbritannien nicht, im Schlafwagen sind meist nur 2 Betten, sie kosten jeweils ca. 45 DM.

Verbindungen nach Großbritannien

Kanaltunnel

Die schnellen Eurostar-Züge durch den Tunnel benötigen nur 30 Minuten von Calais-Fréthun, 1 1/2 Stunden bis London (Waterloo Station), 3 Stunden von Paris (Nordbahnhof) und Brüssel (Midi) nach London. Leider benötigt man für sie eigene Fahrkarten. So kostet die Fahrt von Calais-Fréthun nach London für Jugendliche ca. 40 DM einfach, für Erwachsene ca. 50 DM einfach. Von Paris nach London sind ca. 60 DM bzw. 70 DM fällig, die Rückfahrt verdoppelt den Preis. Somit bleiben Fähren vorerst preiswerter – etwaige Änderungen im Bahnhof oder Reisebüro erfragen.

Die Autozüge durch den Tunnel von Calais-Fréthun nach Folkestone verkehren im Abstand von wenigen Minuten. Da für die Autos Pauschalpreise, unabhängig von der Zahl der Insassen, bezahlt werden, kann man versuchen, sich einem schwach besetzten Auto anzuschließen. Der Bahnhof der Autoverladung liegt aber 3 km außerhalb, schlechte Busverbindung.

Calais–Dover:

Etwa alle 30 Minuten Fähren, Überfahrt ca. 1 1/2 Stunden, ca. 45 DM, Interrail 50 Prozent mit P & O Ferries.

Calais–Dover

Hoverspeed-Luftkissenboote, ca. alle 45 Minuten, Überfahrt ca. 35 Minuten, ca. 75 DM, Interrail-Ermäßigung 50 Prozent.

Boulogne–Folkestone

Hoverspeed-Luftkissenboote, ca. 5 mal täglich, Überfahrt 1 Stunde, ca. 75 DM, Interrail-Ermäßigung 50 Prozent.

Dieppe–Newhaven

4 Fähren täglich, Überfahrt 4 Stunden, ca. 45 DM, Interrail-Ermäßigung 50 Prozent.

Le Havre–Portsmouth

3 Fähren täglich, 5 Stunden Überfahrt, ca. 45 DM, Interrail-Ermäßigung 50 Prozent.

Cherbourg–Southampton

3 Fähren am Tag, Überfahrt 5 Stunden, 1 Fähre nachts, Überfahrt 10 Stunden, ca. 45 DM, Interrail-Ermäßigung 50 Prozent.

Oostende–Dover und Ramsgate

Je 8 Fähren täglich, 4 Stunden Überfahrt, 45 DM, Jugendermäßigung 20 Prozent.

Oostende–Dover und Ramsgate

Je 5mal täglich Tragflügelboote, Überfahrt 1 1/4 Stunden, 65 DM.

Hoek van Holland–Harwich

2 Fähren am Tag, 6 Stunden Überfahrt, 1 Fähre nachts, 8 Stunden Überfahrt, ca. 90 DM. Jugendermäßigung für die Tagfähren 25 Prozent.

Hamburg–Harwich

3mal die Woche, 20 Stunden Überfahrt, ca. 140 DM, Jugendermäßigung 20 Prozent.

Esbjerg–Harwich

Fast jeden Tag, ca. 20 Stunden Überfahrt, ca. 100–150 DM, Interrail-Ermäßigung 50 Prozent.

Esbjerg–Newcastle

Im Sommer 2mal je Woche, ca. 20 Stunden, ca. 140–180 DM, Interrail-Ermäßigung 50 Prozent.

Stavanger–Newcastle

2mal je Woche, ca. 140–250 DM, Jugendrabatt 30 Prozent.
  Mit Euro Domino oder BritRail-Paß auf

vielen Fährlinien ca. 20–30 Prozent Ermäßigung. Direkte Züge aus Deutschland fahren über Köln nach Oostende jede Stunde direkt an die Fähre.

Besonders schöne Bahnstrecken in Großbritannien

England

Das meist flache oder hügelig-grüne England ist zwischen dem Kanal und Manchester relativ dicht besiedelt. Die reizvollsten Bahnstrecken liegen daher an den Rändern. Lohnendste englische Strecke ist die Reise durch das Dartmoor nach **Cornwall** mit dem Endpunkt Penzance (28010). Höhepunkt ist hier die Fahrt kurz vor Penzance von St. Erth nach St. Ives durch die wilden Klippen der Nordküste.
  In die Traumlandschaft des **Lake District** führt die Nebenstrecke von Oxenholme (London–Glasgow 28050) nach Windermere.

Wales

Interessanter als die englischen sind die walisischen Linien: im Süden über Cardiff der Küste entlang nach Fishguard (28059), in der Mitte des Landes quer durchs Gebirge von Shrewsbury nach Aberystwyth und im Norden von Chester über Llandudno nach Holyhead auf der Insel Anglesey (28060) wechseln sich Küste und Berge ab. Besonders eindrucksvoll in Wales sind die vielen kleinen Schmalspurbahnen, oft mit Dampf von privaten Gesellschaften betrieben (mit Bahnpässen leider nicht kostenlos).

Schottland

Mit weitem Abstand die schönsten Strecken Großbritanniens finden sich in Schottland. Die Prachttouren durch die rauhen Highlands im Westen des Landes gehören zu den Höhepunkten europäischer Bahnfahrten. Unglaublich wilde und einsame Berg- und Meerszenarien erlebt der Reisende auf der Fahrt von **Glasgow** Queenstreet nach **Mallaig**. Mit Abstand ist dies die beeindruckendste Tour, entlang an Fjorden, über wilde Berge und an Sandstränden südlicher Prägung entlang: Mehr als fünf Stunden lang weiß das Auge kaum, was es zuerst bewundern soll – und gerade diese Strecke ist durch die umweltfeindliche Politik in London von der Einstellung bedroht (28053).
  Ebenfalls sehr reizvoll sind die Strecken Inverness–Kyle of Lochalsh (28052) und Perth–Inverness (28050) im Herzen Schottlands. Menschenleer, aber auf Dauer eher eintönig, die Fahrt ganz in den Norden: Inverness–Thurso (28052).
  Der Osten des Landes enttäuscht, einzig Edinburgh und die gigantische Stahlbrücke über den Firth of Forth sind lohnende Attraktionen. Die Strecke über diese Brücke sollte man sich des unglaublichen Bauwerks wegen auf keinen Fall entgehen lassen.

Ziele in Großbritannien

Der Südosten

Südlich der Linie London–Bristol erstrecken sich die grünen Hügel, schmucken Dörfer und steilen Küstenfelsen der ehemaligen Grafschaften Kent, Surrey, Sussex, Hampshire, Dorset, Wiltshire, Avon, Somerset, Devon und Cornwall: «typisch englische» Bilderbuchlandschaften.

Dover

Strecken 28000/28002 von London Victoria/Charing Cross, alle 30 Minuten Züge.

Information

Nicht weit vom Hafen im Burlington House in der Townwall Street. Stadtpläne, Zimmervermittlung.

Verkehr

Die meisten Fähren legen an den Western Docks an, direkt bei der Marine Station, von der aus die Züge nach London fahren. Nächster Stop ist Dover Priory, der Bahnhof direkt südlich vom Zentrum der Stadt. Von Priory aus fahren alle 30 Minuten Züge über Canterbury nach London (Victoria Station), zudem alle 60 Minuten nach London Charing Cross über Folkestone (sonntags auf beiden Strecken alle 60 Minuten). Kommt man an den Eastern Docks östlich der Stadt an, verkehren kostenlose Busse zur Priory Station.

Übernachten

Jugendherberge, London Road 306, Tel. 0304/201314, ganzjährig geöffnet, 110 Betten, liegt ca. 800 m nördlich der Priory Station, ca. 2 km vom Hafen Western Docks, ca. 21 DM mit Frühstück. **Hostel Dover**, Godwyne Road 14, Tel. 0304/206045, Kochgelegenheit, März–September, 500 m von der Priory Station, ca.

21 DM mit Frühstück. **Hostel** des CVJM in der Leybourne Street 4, auch für Frauen, Tel. 0304/206138, Mai–September offen, ca. 16 DM. Mehrere **Bed and Breakfasts** rings um die Priory Station: **Norman Guest House**, Folkestone Road 75, Tel. 0304/207803, ca. 35 DM. **Campingplatz Hawthorn Farm**, in Martin Mill, Bahnhof Richtung Ramsgate, 5 Minuten vom Bahnhof.

Essen und Trinken

Moonflower, High Street 32, preiswertes, überlaufenes chinesisches Lokal. **Upstairs Downstairs**, auf der anderen Straßenseite, günstige Preise.

Sehenswertes

Der wichtigste Fährhafen der Insel verliert zwar seit Eröffnung des Tunnels an Bedeutung, dennoch herrscht noch reges Kommen und Gehen. Wer mit der Fähre eintrifft, sieht schon von weitem die weißen **Kreidefelsen**, das altbekannte Symbol der Stadt, überragt vom Castle, der Befestigungsanlage aus dem 12. Jahrhundert. Das **Castle** lohnt einen Besuch. Es zeigt mehrere unterirdische Wege und Räume, die ursprünglich mit Kanonen bestückt waren. Von der Innenstadt erreicht man die für Besucher hergerichtete Festung in wenigen Minuten (täglich 10–18 Uhr, 10 DM). Vom Castle zum Meer hin steht der Turm Pharos, der im Jahr 43 vor Christus von den Römern zur Orientierung der antiken Seefahrer errichtet wurde, eines der ältesten römischen Bauwerke der Insel. Dover selbst enttäuscht und bietet kaum Anlaß eines Aufenthalts.

Deal

Bahnlinie Dover–Ramsgate–Margate, alle 60 Minuten Züge.

Information

In der Town Hall, High Street, Pläne des Städtchens und der Burg.

Übernachten

Bed and Breakfast Cannongate, Gilford Road 26, ca. 35 DM. Jugendherberge in Dover und Canterbury.

Sehenswertes

Das nette Küstenstädtchen zeigt England von seiner anmutigen Seite. Im Wasser dümpeln farbige Fischerkähne, an der Promenade flanieren wenige Touristen vor schmucken kleinen Häusern, im bescheidenen **Castle** werden Kunstgegenstände der Region präsentiert. Die Burg mit finsteren Verliesen kann besichtigt werden (täglich 10–17 Uhr, ca. 4 DM). Folgt man dem kieseligen Strand, kann man das ca. 1,5 km entfernte Walmer Castle besuchen, das als Festung Heinrichs VIII. England vor Seeangriffen schützen sollte. Angeblich soll 55 vor Christus Julius Caesar bei Deal an Land gegangen sein, um sich die Insel untertan zu machen.

Sandwich

Bahnlinie Dover–Ramsgate–Margate.

Information

Nur im Sommer in der Guildhall am Cattle Market.

Übernachten

Bed and Breakfast Rogers, St. George's Road 57, ca. 36 DM, 5 Minuten vom Bahnhof in derselben Straße. Jugendherberge in Dover und Canterbury.

Sehenswertes

Unbedingt lohnend ist der Ausflug in dieses romantische, mittelalterlich anmutende Städtchen am Fluß Stour mit vielen Fachwerkfassaden, Kopfsteinpflastergassen und viel Atmosphäre. Im Mittelalter war Sandwich einer der wichtigsten Küstenorte Englands. Richard Löwenherz betrat hier nach langer Gefangenschaft auf dem Kontinent zum ersten Mal wieder britischen Boden. Heute steht die Innenstadt fast komplett unter Denkmalschutz, ein wahres Freilichtmuseum mittelalterlicher Baukunst.

Broadstairs

Bahnlinien London Victoria Station–Margate–Ramsgate 28000 und Dover–Ramsgate–Margate, Züge alle 60 Minuten.

Information

In der Piermont Hall, High Street 67. Zimmervermittlung, Charles Dickens – Veranstaltungsübersicht.

Übernachten

Hostel Thistle Lodge, Osborne Road 3, Tel. 0843/604121, nur 3 Minuten vom Bahnhof: unter der Brücke durch bis zur Ampel, dort links, ca. 15 DM. Mehrere **Bed and Breakfasts**. Jugendherbergen in Canterbury und Dover.

Sehenswertes

Noch ein hübsches Küstenstädtchen mit kleinen Häuschen, schmalen Gassen und schönem Strand. Bekannt wurde Broadstairs durch den Schriftsteller Charles Dickens, der hier in der Mitte des 19. Jahrhunderts regelmäßig seine Ferien verbrachte. Das kleine **Dickens Museum** an der Küste zeigt mit persönlichen Erinnerungsstücken Epochen aus dem Leben des Autors (Eintritt im Sommer täglich 14–17 Uhr, 2 DM). In einem anderen Häuschen, dem Bleak House, einer Miniatur-Burg hoch auf einem steilen Küstenfelsen, soll er seinen berühmten Roman «David Copperfield» verfaßt haben (Eintritt im Sommer täglich 10–17 Uhr, ca. 5 DM). Im Juni huldigt man dem großen Schriftsteller eine Woche lang mit Theateraufführungen und Filmen, Broadstairs platzt dann aus allen Nähten.

Margate

Bahnstrecken von London Victoria Station (28000) und Dover.

Information

Marine Terrace, vom Bahnhof 2 Minuten. Stadtpläne.

Übernachten

Viele **Bed and Breakfasts** in den Nebenstraßen wie der Norfolk Road und Stanley Road ab ca. 35 DM, an der Promenade sind sie teurer.

Sehenswertes

Wie das südlicher gelegene Ramsgate ist auch Margate ein vielbesuchtes Seebad mit Rummel und hohen Preisen im Sommer. Der riesige Sandstrand in Margate wird von unzähligen Hotelkomplexen gesäumt. Sehenswert ist die alte Opferstätte **Margate Caves**, eine Höhle, die später Schmugglern als Versteck diente (täglich 11–17 Uhr, 3 DM). Sehr groß, aber auch überlaufen ist die **Shell Grotto**, eine mit Muscheln ausgestaltete Höhle, deren Muscheln die gesamten Wände bedecken. Sie sollen aus vorchristlicher Zeit stammen (täglich 11–17 Uhr, 3 DM). Der Rummelplatz Dreamland (täglich 10–18 Uhr, 20 DM) schreckt nur noch ab.

Der Sandstrand von **Ramsgate** ist zwar nicht ganz so gewaltig wie der von Margate, im Sommer dafür aber genauso stark belagert. Ramsgate ist dennoch etwas ruhiger, hat aber außer seiner netten Promenade wenig zu bieten. Durch die schmale vorgelagerte Landmasse ist der Ort im Gegensatz zu Margate vor den teilweise heftigen Nordwinden geschützt. Vom Hafen in Ramsgate fahren Schiffe und Tragflügelboote nach Oostende.

Canterbury

Strecke 28000 Dover–London Victoria Station, Züge alle 30 Minuten, sonntags alle 60 Minuten, auch Züge von Ramsgate.

Information

St. Margaret's Street 34, von der East Station über die Castle Street zu erreichen. Stadtpläne und Zimmervermittlung.

Verkehr

Hauptbahnhof East Station mit den Zügen aus London und Dover, liegt direkt vor der alten Stadtmauer und der Festung, ca. 10 Minuten von der Kathedrale entfernt. Auch die kleine **West Station** mit Zügen der Nebenlinie nach Ashford ist gleich weit entfernt, von der Station Road in die St. Dunstans Road nach links immer geradeaus.

Übernachten

Jugendherberge, New Dover Road 54, Tel. 0227/462911, außer Januar ganzjährig geöffnet, Schließzeit 23 Uhr, 81 Betten, ca. 22 DM. Von der East Station 10 Minuten nach rechts der Stadtmauer folgen bis zur St. George's Street, diese nach rechts. Von der West Station die Station Road bis zur St. Dunstans Road, auf dieser nach links immer geradeaus. Das Haus liegt in der Verlängerung der High/St. George's Street. **Hostel Conolly**, von der Jugendherbergs-Mannschaft empfohlen, New Dover Road 26, vor der Herberge, ca. 25 DM. Viele **Bed and Breakfasts** ca. 1 km außerhalb in der London Road. **Camping St. Martin's Site**, Bekesbourne Lane, Tel. 0227/463216, ca. 2 km östlich der Innenstadt Richtung Sandwich, Stadtbus alle 30 Minuten.

Essen und Trinken

Indian Tandoori Restaurant, St. Dunstans Road beim Westgate, 3 Minuten vom West Station (Verlängerung der High Street), preiswertes indisches Essen ab ca. 10 DM. **Simple Simons Pub**, St. Radigunds Street, in der Nähe der King's School, viele junge Leute, zeitweise Live-Musik.

Sehenswertes

Die Bischofsstadt ist berühmt für ihre Kathedrale und den vor über 800 Jahren dort ermordeten Erzbischof von Canterbury, Thomas Becket. Die beeindruckende **Kathedrale** ist vom Hauptbahnhof East Station in 10 Minuten zu erreichen: Die Station Road nach links zum Kreisel, dann scharf nach rechts immer der Castle Street folgen.

Thomas Becket war ein Jugendfreund des englischen Königs Heinrichs II. und von diesem zu seinem Kanzler ernannt worden. Als Heinrich II. ihn auch noch zum Erzbischof von Canterbury machte, um den ihm bisher völlig ergebenen Freund in den Kampf gegen den Papst einzuspannen, trat dieser jedoch auf die Seite des Papstes über und zeigte sich als Verfechter der katholischen Interessen. Daraufhin mußte er in Frankreich Asyl suchen. Als er im Dezember 1170 wieder nach England zurückkehrte, wurde er in seiner Kathedrale von königstreuen Adligen ermordet und später zu einem Märtyrer. 350 Jahre nach Becket erwirkte Heinrich VIII. vom Erzbischof von Canterbury seine Scheidung, durchbrach somit das katholische Sakrament der Ehe und löste die englische Kirche von Rom, um die anglikanische Kirche in die Welt zu rufen, deren erster Erzbischof der früher katholische Erzbischof von Canterbury wurde (Besichtigung der Kathedrale Mo–Sa 9–18 Uhr, 4 DM).

Eine Querstraße südlich der Kathedrale zieht sich die Hauptstraße der Stadt, die High und St. Peters Street, von Südosten nach Nordwesten. Wo die High Street den Fluß Stour überquert, finden sich auf der anderen Uferstraße nördlich der Brücke die alten **Weberhäuser**, fein herausgeputztes Fachwerk aus dem 16. Jahrhundert. Die St. Peters Street verläßt die Innenstadt durch das **West Gate**, das alte Stadttor, von dem aus man einen lohnenden Blick auf die Stadt genießen kann. Nicht weit vom West Gate folgt die West Station, nicht so reizvoll gelegen wie die East Station, vor der sich die **alte Stadtmauer** mitsamt der Festung aufbaut.

Folkestone

Strecke 28002 Dover–London Charing Cross Station, Züge alle 30 Minuten.

Information

In der Harbour Street, viele Prospekte, auch beim Eurotunnel.

Verkehr

Der **Hafenbahnhof Harbour Station** liegt direkt an der Anlegestelle der Fähren, selten Zugverkehr. Der **Hauptbahnhof Central Station** liegt westlich des Zentrums, am westlichen Stadtrand die **West Station**. Am Kanaltunnel, 2 km nordwestlich der Stadt, nur Autoverladung.

Übernachten

Mehrere **Bed and Breakfasts** in der Cheriton Road, 3 Minuten von der Central Station, ab ca. 35 DM. Jugendherberge in Dover. **Campingplatz Little Switzerland,** Wear Bay Road, Tel. 03 03/25 21 68, ca. 2 km südlich.

Sehenswertes

Folkestone ist nicht mehr nur von seiner Funktion als wichtiger Fährhafen zum Kontinent geprägt, sondern auch von der Mündung des neuen Tunnelkanals ganz in der Nähe. Berühmt ist Folkestone für seine lange Strandpromenade **The Leas**, vor der es sich bis zum Festland – entsprechende Wetterlage vorausgesetzt – spähen läßt. Gut erhalten zeigen sich das kleine Fischerquartier am Hafen und der darüber liegende Stadtteil Bayle mit schmalen Straßen. Im **Eurotunnel Exhibition Centre** außerhalb der Stadt wird der Bau des Tunnels mit Filmen gezeigt (täglich 10–17 Uhr, Eintritt frei).

Von Folkestone fahren mehrere Busse täglich ins 10 km südlich gelegene Küstenstädtchen **Hythe**, von wo aus der Royal Military Canal, eine Einrichtung zur Verteidigung des Landes gegen Napoleon Anfang des 19. Jh., ins Land führt. Der Kanal ist aber nicht die Touristenattraktion des kleinen Ortes, sondern die kleine Eisenbahn, die von hier über Romney ins südliche Dungeness rumpelt. Die Spurbreite der Schienen beträgt 38 cm (normale Breite 143,5 cm), aber dennoch legen die kleinen Züge meist nahe an der Küste eine Entfernung von 21 km zurück. Die kleinen Loks wurden mit viel Mühe großen Originalen nachempfunden (18 DM, Teilstrecke 9 DM, fährt nur Ende April bis Ende Oktober).

Die Südküste

Der größte Teil der englischen Südküste ist durch Bahnlinien erschlossen, allerdings verkehren entlang der Küste nur wenige Züge; dafür sind die Verbindungen von London zum Meer optimal.

Rye

Strecke Ashford–Hastings, alle 60 Minuten.

Information

Heritage Centre, Zimmervermittlung.

Übernachten

Mehrere **Bed and Breakfasts**, z. B. *Johns*, The Grove 2, Tel. 07 97/22 34 47, 3 Minuten vom Bahnhof links, ca. 35 DM.

Sehenswertes

Rye liegt zwischen Ashford und Hastings (beide haben direkte Verbindungen nach London). Es ist eine **malerische Kleinstadt** mit Gassen und Häusern *wie aus dem Bilderbuch*. Vor wenigen Jahrhunderten als Seestadt gegründet, verlandete die Bucht vor Rye. Das tut Rye aber überhaupt keinen Abbruch: Die Fachwerkhäuser und grünberankten Mauern schaffen eine besondere Atmosphäre, die teilweise unförmigen Pflastersteine machen das Spazierengehen zum Abenteuer. Ein Stadttor, Landgate, blieb aus dem 14. Jahrhundert

erhalten, die Kirche St. Mary thront über den Dächern der Häuser, Töpfereien bieten ihre handgefertigten Schätze an, in der Mermaid Street lockt das Mermaid Inn aus dem beginnenden 15. Jahrhundert zum Mahl. Kein Wunder, daß die Touristen sich hier im Sommer drängen.

Hastings

Strecke 28004 von London Charing Cross/Victoria Station, alle 30 Minuten. Auch Züge von Ashford und Rye.

Information

Robertson Terrace 4, Stadtpläne und Zimmervermittlung.

Übernachten

Jugendherberge Guestling Hall, Rye Road, Tel. 04 24/81 23 73, vom 11.2.–30.11. geöffnet, 57 Betten, 5 km östlich von Hastings in Guestling, Bus 11 oder 12 von Hastings Richtung Rye, toller Blick auf das Meer, ca. 20 DM. **Campingplatz Barn Hark**, Barnley Lane, Tel. 04 24/42 35 83, am Rand von Hastings, Busverbindung. **Camping** auch an der Jugendherberge.

Sehenswertes

Die kleine Badestadt an der Kanalküste zeigt in ihrer Altstadt **The Stade** alte Schuppen, in denen die Fischer seit alters her ihre Netze verwahren. Die Kirche St. Mary wird von den Resten der alten Festung Hastings Castle überragt, das von Wilhelm dem Eroberer erbaut wurde (täglich 10–17 Uhr, 5 DM). Gute Aussicht vor der Ruine. Nicht weit davon die **St. Clement's Caves**, unterirdische Gänge, die im Zweiten Weltkrieg zur Abwehr der deutschen Angreifer dienten. In der Höhle das Smuggler Museum, das Szenen aus ihrem Leben mit Wachsfiguren darstellt (täglich 10–17 Uhr, 8 DM).

Im **White Rock Pavillion** findet man die Hastings Embroidery: einen 74 m langen Teppich, in den Episoden aus 900 Jahren Geschichte eingewebt sind.

33

Brighton

Strecke 28005 von London Victoria Station, alle 15 Minuten. Auch Züge von Hastings und Portsmouth.

Information

Im Marlborough House, Old Steine 54, nicht weit von der Promenade. Stadtplan, viele Infos, Zimmervermittlung.

Übernachten

Jugendherberge Patcham Place, London Road, Tel. 0273/556196, ganzjährig geöffnet außer Januar, 23 Uhr Schließzeit, 84 Betten, 6 km von der City, Bus 773 ab Old Steine Richtung Gatwick bis Black Lion Hotel, ca. 23 DM, oft voll. **Hostel Brighton Backpackers**, Middle Street 75, Tel. 0273/777717, meist 6 Betten pro Zimmer, das Haus liegt in der City, nur 5 Minuten vom Meer, ca. 30 DM. Unzählige **Bed and Breakfasts** am preiswertesten in den Straßen nordöstlich vom Aquarium in der Edward Street. **Campingplatz Sheepcote Valley** östlich vom Yachthafen an der Wilson Avenue, Bus 1 A vom Bahnhof.

Essen und Trinken

Einfache Pubs, ruhigere Lokale und vegetarische Restaurants finden sich in den nördlichen Lanes um die Sydney und Gardner Street. Viele Studenten treffen sich im **Green Dragon** in der Sydney Street. Vegetarische Gerichte gibt es preiswert in **Food for Thought** in Kensington Gardens und im **Food for Friends**, Prince Albert Street.

Nachtleben

Unzählige Kneipen, Pubs und Diskos machen in Brighton die halbe Nacht zum Tag. Rock läuft im **Concorde** beim Aquarium, genauso im **Hungry Years** in der Marine Parade. Disko im **Zap**, King's Road, und im **Escape Club**, Marine Parade. Großer Zulauf auch im **Basement**, Grand Parade mit Live-Rock.

Sehenswertes

Das berühmteste englische Seebad hat sich heute zu einem großen Rummelplatz gewandelt. Dabei war Brighton seit 1750 Ferientreff der englischen Königsfamilie, die hier mehrere mondäne Gebäude errichten ließ. Kennzeichnend für das heutige Brighton sind außer der breiten Promenade, den langen Kiesstränden und den beiden weit ins Wasser hinausreichenden Piers auch der üppig grüne Boulevard der Marine Parade, die urigen Altstadtgassen in den Lanes sowie das kitschig-verrückte Bauwerk des Royal Pavillion. Vom Bahnhof Central Station folgt man am besten der Queens Road geradeaus, die wie ihre Parallelstraßen direkt zur Promenade führt. Blickpunkt am Ufer ist der mehr als 500 m weit ins Meer reichende **Palace Pier**, bei Ebbe hoch über dem Meeresspiegel thronend, bei Flut von Wellen umspült. Dem Ufer folgt die älteste englische elektrische Eisenbahn, Volks (der Besitzer) Seafront Railway.

Auffallendstes Gebäude von Brighton ist der **Royal Pavillion**, um 1820 im Auftrag des Bruders des englischen Königs erbaut: ein Gemisch aus asiatischen und europäischen Baustilen, ein wirklich einzigartiger, unnachahmlicher Palast, der den Bauherrn fast ruinierte (täglich 10–17 Uhr, ca. 8 DM). Wer sich vom Pavillion erholen will, kann es im **Art Gallery and Museum** mit einer Übersicht über moderne Kunstsammlungen tun (in der Nähe des Pavillions, Church Street) oder gleich im **Regent Swimming Pool** in der Church Street baden gehen, weil's am langen Strand mal wieder zu sehr windet. Unbedingt lohnend ist ein Bummel durch die Gassen des Altstadtviertels. Lanes mit vielen teuren Geschäften und Restaurants.

Östlich vom Palace Pier, am Madeira Drive, lohnt das **Aquarium** den Eintritt. In der Upper Gardener Street findet samstags ein großer Flohmarkt statt.

Arundel

Strecke Horsham–Littlehampton, alle 30 Minuten.

Information

High Street 61, mitten im Zentrum. Umgebungsplan und Zimmervermittlung.

Übernachten

Jugendherberge Warning Camp, Tel. 0903/882204, geöffnet nur 7.4.–31.10., 60 Betten, 1,5 km vom Bahnhof, Bus 31. **Camping** im Park der Jugendherberge. Mehrere **Bed and Breakfasts** in der Altstadt.

Sehenswertes

In den schmalen Gassen des Ortes scheint die Zeit stehengeblieben zu sein. Überragt wird Arundel von einem im 19. Jahrhundert neu errichteten **Castle**, das bis ins 11. Jh. zurückgeht. Die Festung kann mit wertvollem Mobiliar und Waffenkammer besichtigt werden (täglich 11–17 Uhr, 10 DM). Unten im Ort in der High Street ein ungewöhnliches Museum mit ausgestopften Tieren: **Potters Museum of Curiosity**.

Die **Kathedrale Our Lady** stammt erst aus dem 19. Jahrhundert, sie überrascht mit ihrem mächtigen Umfang. Lebende Tiere lassen sich außerhalb Arundels im nahen Vogelschutzrevier beobachten; traumhaft schöne Landschaft mit Wald, Wiesen und einem See.

Chichester

Strecke Brighton–Portsmouth, alle 30 Minuten.

Information

Im St. Peter's Market, West Street. Zimmervermittlung.

Übernachten

Mehrere **Bed and Breakfasts** in der Altstadt, auch in der Worcester Road. **Campingplatz Leisure Centre**, Vinnetrow Road, Tel. 0243/787715, am südöstlichen Stadtrand.

Sehenswertes

Die Stadt wird von vier von Römern angelegten Hauptstraßen, die mitten im Ort rechtwinklig aufeinanderstoßen, geprägt. Im Zentrum liegt das markante Marktkreuz aus dem frühen 16. Jahrhundert. Die mittelalterliche Stadtmauer ist teilweise sehr gut erhalten, und außerhalb der alten Begrenzung sind die Überreste eines römischen Theaters freigelegt. Die sehenswerte **Kathedrale** stammt aus dem 12. Jahrhundert, und im 15. Jahrhundert wurde zum Turm noch ein Campanile hinzugefügt, einzigartig in England. Im nördlichen Seitenschiff finden sich Glasfenster von Marc Chagall und im Hauptraum über dem Altar ein Teppich, der in abstrakten Bildern die Schöpfung und das durch Atombomben verursachte Ende der Welt darstellen will. Berühmt ist Chichester auch durch das jeden Sommer veranstaltete Theaterfestival im Oaklands Park.

Portsmouth

Strecke 28007 von London Waterloo, alle 30 Minuten. Zudem Züge von Brighton und Southampton.

Information

The Hard, am Schiffshafen. Stadtpläne und Zimmervermittlung.

Verkehr

Der **Hauptbahnhof** liegt nahe der Innenstadt, zur Insel Wight besser zur Endstation, dem **Bahnhof Harbour**, fahren.

Übernachten

Jugendherberge Wymering Manor, Old Wymering Lane, Tel. 0705/375661, ganzjährig (außer Januar) geöffnet, 66 Betten, ca. 22 DM, im Vorort Cosham, mit Zug nach Cosham, dort vom Bahnhof 5 Minuten oder Bus 1 oder 12 von Portsmouth The Hard bis Cosham Post. **Hostel des CVJM**, Penny Street, Tel. 0705/864341, ca. 20 DM.

Sehenswertes

Bedeutende Hafenstadt mit 200 000 Einwohnern, Zentrum der britischen Marine und der englischen Entdecker. Die Stadt liegt am südlichen Ende einer ins Meer ragenden Halbinsel, umrundet von Hafenanlagen, Kränen, Schiffen. Sehenswert sind die alten Befestigungsanlagen mit dem Square Tower und dem Round Tower an der Grenze der Altstadt zum Hafen, der Königsburg, dem Southsea Castle und dem Cumberland Fort im Stadtbezirk Eastney. Heute lebt Portsmouth weitgehend von der Royal Navy. Als berühmtestes Schiff gilt die H. M. S. Victory, auf welcher der britische Admiral Nelson die Seeschlacht gegen Napoleon im Jahr 1805 anführte. Die **Victory** liegt im Trockendock der Königlichen Werft und kann besichtigt werden (täglich 10–17 Uhr, 15 DM). Voll Trauer zeigt der Königliche Marine-Führer die Stelle, wo den wackeren Admiral trotz seines überragenden Sieges eine Kugel erwischte.

Lohnender scheint eine Besichtigung der **Mary Rose**, die 300 Jahre vor der Victory gegen die Franzosen auslief, um die Erbfeinde zu besiegen, aber vor den Augen des englischen Königs mit mehreren hundert Mann an Bord unterging. Dank einer archäologischen Glanzleistung gelang es 1982, die Mary Rose vom Meeresgrund zu holen, sie originalgetreu herzurichten und sie zur Besichtigung freizugeben (Besichtigung im Preis der Victory inbegriffen). Die Architektur in Portsmouth ist von dunkelroten Ziegelsteinbauten der Hafenspeicher geprägt. Viele Touristen nutzen einen Besuch in Portsmouth, um zur *Isle of Wight* überzusetzen.

Isle of Wight

Schiffe: Portsmouth–Ryde (ca. 18 DM, Inter Rail 30 Prozent Rabatt, alle 30 Minuten, Fahrzeit 35 Minuten). Im Westen der Insel Fähren von Lymington (Stichbahn an der Bahnstrecke London–Bournemouth 28008) – Yarmouth (ca. 12 DM, Inter Rail 30 Prozent (fünfmal täglich, ca. 45 Minuten Fahrzeit). Mit Euro Domino und BritRail-Paß sind die Fähren zeitweise kostenlos.

Information

In **Ryde**: Western Esplanade, Inselpläne und Zimmervermittlung. In **Yarmouth**: The Quay, Pläne und Zimmervermittlung. In **Ventnor**: High Street 34, Pläne und Zimmervermittlung.

Verkehr

Busse verbinden alle Orte auf der Insel im Stundentakt. Tagesticket für die ganze Insel 15 DM. Eine Bahnlinie führt von der Hafenstadt Ryde über Sandown nach Shanklin, der Ostküste folgend, der Touristen wegen mit Dampfbetrieb. Beliebt und zweckmäßig ist auch das Leihen von Fahrrädern (ca. 25 DM / Tag).

Übernachten

Jugendherbergen: *Sandown, The Firs*, Fitzroy Street, Tel. 0983/402651, nur 7.4.–30.9. geöffnet, 75 Betten, ca. 22 DM, vom Bahnhof 10 Minuten. Sandown liegt an der Ostküste und ist oft belegt. *Totland Bay, Hurst Hill*, Summers Lane, Tel. 0983/752165, nur 1.2.–25.11. geöffnet, 76 Betten, 22 DM. Totland Bay liegt westlich von Yarmouth, Bus 1 B / C von Ryde bis Totland War Memorial. **Campingplätze** am Rand von Yarmouth, bei Shanklin oder im Osten der Insel bei Bembridge. Unzählige **Bed and Breakfasts** überall auf der Insel.

Sehenswertes

Erst vor ca. 5000 Jahren wurde die Insel von England abgetrennt. Wight, 25 km lang und 32 km breit, ist heute eines der beliebtesten Badezentren der Briten, im Sommer vor allem im Osten der Insel überfüllt. Die Landschaft ist hügelig und grün, das Klima sehr mild, die Küste oft abenteuerlich steil. Der Bahnlinie von Ryde nach Shanklin folgend, findet man die schönsten Sandstrände.

Beliebt sind Wanderungen an der Südküste entlang, etwa in den Westen der Insel, zur Freshwater Bay, hoch über der See auf den Kalkfelsen. Besonders beeindruckend sind die wilden Kalkklippen der Needles im äußersten Westen. Königin Victorias prächtige Sommerresidenz, das Schloß Osborne, steht im Norden bei East Cowes (Besichtigen 10 DM).

Southampton

Strecke 28008 von London Waterloo, alle 60 Minuten. Zudem Züge von Brighton, Weymouth und Salisbury.

Information

The Precinct in der Above Bar Street. Stadtplan und Zimmervermittlung.

Übernachten

Jugendherberge wurde geschlossen, nachfragen: Tel. 0703/790895. **Hostel des CVJM**: Williams House, Cranbury Place, Tel. 0703/221202, 180 Betten, mit Frühstück ca. 30 DM, ca. 15 Minuten vom Bahnhof bei der Haupstraße The Avenue. **Madeleine Guest House**, Polygon Street 55, Tel. 0703/333331, sehr schöne Zimmer ab 36 DM.

Sehenswertes

Von dieser großen Industrie- und Hafenstadt startete 1912 das damals modernste und sicherste Schiff der Welt nach Amerika, wo es aber niemals ankam: Die Titanic stieß wenige Tage später auf einen Eisberg und sank, und über 1500 Menschen starben.

Von deutschen Bomben im Zweiten Weltkrieg zerstört, wurde die Stadt modern wiederaufgebaut, aber nur die Kirche St. Michael mitten in der Stadt sowie Teile der Stadtmauer mit dem God's House Tower am Hafen und Bargate, dem Stadttor am anderen Ende der Stadt, sind alt.

Winchester

Strecke 28008 London Waterloo – Southampton, alle 60 Minuten.

Information

In der Guildhall, Broadway. Pläne und Zimmervermittlung.

Übernachten

Jugendherberge The City Mill, Water Lane 1, Tel. 0962/853723, nur 15.3.–31.10. geöffnet, 31 Betten, ca. 23 DM, ca. 1,5 km vom Bahnhof, die Herberge liegt in einer alten Mühle am Fluß Itchen, nachts rauscht das Wasser die Gäste in den Schlaf, eine der witzigsten Jugendherbergen überhaupt! **Hostel Milford des CVJM**, Christchurch Road 71, Tel. 0962/62677, 2 km vom Bahnhof, nur für Frauen, ca. 30 DM im komfortablen DZ. Mehrere **Bed and Breakfasts** in der St. Cross Road. **Camping River Park**, Gordon Road, Tel. 0962/869525, nur im Sommer geöffnet, vom Bahnhof 8 Minuten, liegt in der Stadt, von der Hyde Abbey Road rechts abbiegen.

Essen und Trinken

Pizza Express, Bridge Street 1, nicht weit von der City-Mill-Jugendherberge, Pizzeria mit viel Salatangeboten, preiswert.

Sehenswertes

Nach dem Rückzug der Römer war Winchester bis ins Mittelalter hinein *Hauptstadt von England*. Diese Zeit hat die kleine Stadt bis heute geprägt, so daß sich ein Besuch unbedingt lohnt.

Mittelpunkt Winchesters ist die überraschend bescheidene **Kathedrale**, zwar 170 m lang, doch relativ niedrig. Umgeben von einem von jungen Leuten und Touristen zum Entspannen genutzten Park, in dem viele Grabsteine auf seine ursprüngliche Bedeutung hinweisen, zeigt die Kirche im Innenraum ein beeindruckendes Fächergewölbe an der Decke. Bei Literaturkennern berühmt ist die «Winchester Bible», eine Bibelhandschrift aus dem 12. Jahrhundert, von sechs Mönchen in jahrelanger Arbeit gefertigt. Das Schriftwerk ist heute in der Bibliothek zu besichtigen (täglich außer So, 11–17 Uhr, ca. 4 DM). Die Gebeine der angelsächsischen Könige ruhen ebenso in der Kirche wie die der katholisch-anglikanischen Bischöfe.

Einzigartig für eine Kathedrale ist das Denkmal für William Walker, einen Maurermeister, der von 1906 an sechs Jahre lang ins Grundwasser tauchte, die unterspülten Fundamente der Kirche zu befestigen. Auch heute noch wird der Boden nach heftigen Regenfällen vom Grundwasser überschwemmt.

Neben der Kathedrale steht das **Winchester College**, eine eigene kleine Stadt aus dem 14. Jahrhundert mit Schulräumen, Kirche und einem Kreuzgang, in dessen Säulen Schüler seit Generationen ihre Namen einritzten.

Hinter dem Westgate liegt am Ende der High Street der Überrest der Festung Wilhelms des Eroberers aus dem 11. Jahrhundert. Ziel vieler Besucher im **Königsschloß Great Hall** ist der Saal mit *König Arthurs* berühmtem Tafelrundentisch, von Sagen verklärt, mittels archäologischer Methoden aber auf ein Alter von 600 Jahren eingestuft. Ob die Ritter der Tafelrunde wirklich hier zusammenkamen, bleibt bis heute umstritten (täglich 10–17 Uhr, kostenlos).

Außerhalb, etwa 15 Gehminuten südlich von Winchester, liegt das älteste Armenhaus Englands, das **Hospital of St. Cross**, im frühen 12. Jahrhundert errichtet. Es ist gegenwärtig immer noch in Betrieb als Altenheim. Mit dem Eintritt zur Besichtigung reichen die Brüder vom Heiligen Kreuz jedem Besucher eine kleine symbolische Mahlzeit, wie es Bettlern und Hilfesuchenden seit Jahrhunderten gewährt wird (werktags 10–13 und 14–17 Uhr, ca. 4 DM).

Bournemouth

Strecke 28008 London Waterloo–Weymouth, alle 60 Minuten Züge.

Information

Westover Road, nicht weit vom Pavillion nahe der Promenade, vom Bahnhof 12 Minuten die Holdenhurst Road nach rechts. Stadtpläne und Zimmervermittlung.

Übernachten

Hostel des CVJM, Westover Road, Tel. 02 02/2 04 51, liegt 100 m vom Fremdenverkehrsamt, für beide Geschlechter, ca. 29 DM, vom Bahnhof zur Holdenhurst Road, diese nach rechts, nach ihrer Verlängerung (Bath Road) kommt rechts kurz vor der Promenade die Westover Road. Preiswertes **Bed and Breakfast** ist **Bondi**, St. Michaels Road 43, Tel. 02 02/55 48 93, ca. 30 DM, 10 Minuten vom Bahnhof. Viele **Bed and Breakfasts** auch in der Landsdowne Road, die ca. 200 m vor dem Bahnhof parallel zu den Schienen stadteinwärts verläuft. **Camping** im Vorort Christchurch, Busverbindung.

Sehenswertes

Die Badestadt an der Südküste stammt aus dem 19. Jahrhundert und zeigt schöne alte Villen und viel Grün. Die Küste wird reizvoll von steilen Klippen geprägt, am Strand unterhalb tummeln sich im Sommer Touristen und Sprachschüler aus aller Welt. Das milde Klima sorgt für südländisches Flair, im Sommer erreicht der Rummel Ausmaße, die an Brighton erinnern. Der Sandstrand und die vielen Parks sind von jungen Leuten belagert. An sehenswerten Bauten hat die Stadt viele viktorianische Häuser im Zentrum zu bieten, etwa in der halbrunden Old Christchurch Road oder der Richmond Hill. Mit dem westlichen Vorort **Poole** hat Bournemouth einen sehenswerten Hafen mit teuren Yachten und einer kleinen Altstadt hinter der Promenade, eigener Bahnhof Richtung Dorchester.

Salisbury

Strecken 28009 London Waterloo–Exeter, alle 60 Minuten, zudem Westbury–Southampton, alle 120 Minuten.

Information

Fish Row. Umgebungspläne und Zimmervermittlung.

Übernachten

Jugendherberge Milford Hill House, Milford Hill, Tel. 0722/327572, ganzjährig geöffnet, 74 Betten, ca. 22 DM, sie liegt ca. 1,5 km vom Bahnhof, aber nur 300 m östlich der Kathedrale. Viele **Bed and Breakfasts, Johnson**, nicht weit von der Jugendherberge, Milford Hill 94, Tel. 0722/322454, ca. 35 DM. Preiswerte **Bed and Breakfasts** in der Castle Road. **Camping** neben der Jugendherberge möglich.

Sehenswertes

Salisbury ist eine nette Kleinstadt mit seltsamer Vergangenheit: 1220 befahl der Bischof den Einwohnern, ihre Stadt zu verlassen und sie drei Meilen weiter neu aufzubauen, was bald verwirklicht wurde. Seine Begründung: Die alte, seit prähistorischen Zeiten bewohnte Stadt lag erhöht auf einem Hügel, hatte daher zu wenig Grundwasser, aber viel Wind. Zudem mißfiel dem Bischof die Nachbarschaft zu den königlichen Soldaten in der alten Hügelstadt. Heute liegt die Stadt namens Old Sarum mit den deutlich sichtbaren Fundamenten der alten Kathedrale wenige Kilometer von Salisbury entfernt. Salisbury selbst ist eine mit parallel zueinander verlaufenden Straßen angelegte Stadt, einem großen Marktplatz und einer prachtvollen **Kathedrale**. Umgeben von weitem Rasen und mächtigen Laubbäumen, verfügt der Sakralbau mit eleganten Säulenformen über einen sehenswerten Kreuzgang und das auffällige Grabmal des Bischofs Wyville aus dem 14. Jahrhundert.

Außer der Kathedrale ist auch das benachbarte **Mompesson House** zu besichtigen, das im Inneren die typische Einrichtung des 18. Jahrhunderts darbietet (Turm der Kathedrale mit tollem Rundumblick und Mompesson House je 4 DM). Die Kathedrale stellt mitsamt ihrer harmonischen Umgebung einen der stilvollsten und elegantesten Kirchenbauten überhaupt dar.

Im **Salisbury and Wiltshire Museum** in der Close Street findet man eine Ausstellung über die Frühgeschichte der Umgebung, zu der auch Stonehenge gehört (täglich 10–17 Uhr, 5 DM).

Stonehenge

Busse von Salisbury Bahnhof und Innenstadt jede Stunde nach Amesbury, dann ca. 35 Minuten zu Fuß. Morgens, mittags und nachmittags im direkten Anschluß an die Züge aus London, Busse von Salisbury Bahnhof nach Stonehenge und zurück (12 DM). Fahrradverleih in Salisbury.

Sehenswertes

Stonehenge ist der bekannteste prähistorische Ort Englands. Er liegt ca. 15 km nördlich von Salisbury, ca. 3 km vom Dörfchen Amesbury, mitten in der weiten Ebene der Grafschaft Wiltshire, die seit Jahrtausenden von Menschen besiedelt ist, wie unzählige Funde beweisen. Zwei hufeisenförmige Steingruppen aus dem frühen 2. Jahrtausend vor Christus, umrundet von zwei konzentrischen Steinkreisen, zeigen in ihrem Zentrum den sogenannten Altarstein. Dreißig Meter beträgt der Durchmesser des äußeren Steinkreises, der von dreißig paarweise angeordneten Steinklötzen gebildet wurde. Nur sechs dieser Decksteine stehen noch, die anderen wurden von Wind und Wetter oder von Menschen in den letzten Jahrhunderten beseitigt. Diese Deckplatten gaben der ganzen Erscheinung auch die Bezeichnung «hanging stones», hängende Felsen. Ein Teil dieser Steine stammt aus den über 300 km entfernten Waliser Bergen, was neben ihrer Bearbeitung und Anordnung die dritte Sensation darstellt. Wissenschaftler haben versucht, Transport und Aufschichtung der Steine zu erklären: Wunder vergangener Zeiten.

Welchen Sinn Stonehenge ursprünglich hatte, ist nicht einwandfrei geklärt: War es ein religiöser Sonnen-Verehrungsort, ein phallischer Fruchtbarkeitskult oder eine Art Sternbeobachtung und Kalenderdarstellung? Wohl eine Mischung aus allem, eine Sonnenverehrung mit impliziter Kalenderdarstellung zur Bestimmung der Saat- und Erntezeiten. Der ursprüngliche Prozessionspfad, heute kaum noch zu erkennen, folgte jedenfalls der Sonnenwanderung am Tag der Sonnenwende im Juni. Heute pilgern Tausende von Sonnenverehrern an diesem Datum nach Stonehenge, um dem keltischen Götterkult zu frönen. (Eintritt zu den Steinen ca. 8 DM).

Dorchester

Strecke 28008 London Waterloo–Weymouth, alle 60 Minuten Züge, zudem Verbindungen nach Bath und Bristol.

Information

Acland Road 1, Stadtpläne und Zimmervermittlung.

Verkehr

Vom wichtigeren *Südbahnhof Dorchester South* fahren die Züge nach London und Weymouth. Der **Westbahnhof** wird weniger frequentiert, hier fahren die Züge nach Bath–Bristol.

Übernachten

Viele **Bed and Breakfasts** im Ort, vor allem in der London Road. **Jugendherberge** in **Litton Cheney**, 16 km von Dorchester entfernt, Tel. 0308/482340, nur 1.4.–31.8., 30 Betten, ca. 15 DM, Bus 31 von Dorchester nach Whiteway, dann 2 km Fußweg. **Campingplatz Giant's Head** im 10 km nördlich gelegenen **Cerne Abbas** (beim Riesen von Cerne Abbas), Old Sherbourne Road, Tel. 03003/242, April–Oktober.

Sehenswertes

Dorchester ist die beschauliche Hauptstadt der ehemaligen Grafschaft Dorset, von den Römern als Durnovaria gegründet. In den gemütlichen Gassen der Stadt steht die Kirche **St. Peter**, nicht weit davon das sehenswerte **Dorset County Museum**. Es zeigt Schätze aus vergangenen Jahrhunderten und prähistorische Funde aus der Umgebung (werktags, 10–17 Uhr, ca. 5 DM). Der Platz am südlichen Ende der Stadt war unter den Römern ein 10 000 Menschen fassendes Amphitheater. An Stelle der teilweise prächtigen Baumreihen rings um

Dorchester standen römische Stadtmauern, die später abgerissen wurden.

Die ungewöhnlichste Attraktion des Umlands von Dorchester liegt ca. 10 km nördlich der Stadt, ca. 3 km östlich der Bahnlinie nach Yeovil–Bath, am Rand des sehr schönen Dorfes Cerne Abbas: **The Giant of Cerne Abbas**. Weithin zu sehen, ist dieser Gigant in den Hügeln hineingeritzt, grellweiß vom Kalk, das Gras darüber entfernt, und von seiner Keulenspitze bis zu den Füßen mißt der Riese 60 Meter. Die Figur stammt wahrscheinlich aus vorchristlicher Zeit und war wohl Ziel vieler Pilger, die um Fruchtbarkeit für ihre Felder und Familien baten, ist doch die männlichste Stelle des Riesen eindeutig erhoben: Ideales Fotomotiv, um die Verwandten beim Diaabend zu erschrecken. Zum Giganten kann man gut mit dem Fahrrad fahren in ca. 30 Minuten. Fahrradvermietung in Dorchester, Great Western Road 31, ca. 20 DM/Tag.

Weymouth

Strecke 28008 von London Waterloo, Züge alle 60 Minuten, außerdem von Bristol und Bath über Yeovil.

Information

Im Pavillion, Esplanade. Pläne und Zimmervermittlung.

Übernachten

Viele **Bed and Breakfasts** in der Lennox Street und der Abbotsbury Road. **Jugendherberge** in **Litton Cheney** (siehe Dorchester) und in **Bridport**, West Rivers House, West Allington, Tel. 0308/422655, nur 17.2.–31.10., 68 Betten, 18 DM, 15 km westlich von Weymouth, Bus 31 Richtung Taunton. **Campingplatz** außerhalb.

Sehenswertes

Angenehme Bade- und Hafenstadt an einer weiten Bucht. Schöne Promenade am Strand mit vielen Besuchern im Sommer, aber bei weitem nicht soviel Rummel wie in Brighton oder Bournemouth. In der Altstadt sehenswerte Häuser, auf allen Postkarten sind der Uhrenturm für Königin Victoria und die Statue ihres Vorvorgängers Georgs III. abgebildet.

Exeter

Strecken 28009 London Waterloo–Salisbury–Exeter Central Station–Exeter St. Davids Station ca. alle 2 Stunden, 3 1/4 Stunden Fahrzeit und 28010 London Paddington–Taunton–Exeter St. Davids Station ca. jede Stunde, 2 1/4 Stunden Fahrzeit. Diese Züge fahren weiter nach Penzance (28010). Auch Verbindungen nach Barnstaple und Exmouth.

Information

Im Civic Centre in der Paris Street, der Verlängerung der New North Road, die östlich an der Central Station vorbei führt. Stadtpläne, mehrere Pläne zum Exmoor, Dartmoor, auch über Cornwall, und Zimmervermittlung.

Verkehr

Hauptbahnhof, in dem alle Züge halten, ist **St. David's Station** im Westen der Stadt. Geradeaus zur schmalen St. David's Hill Street, diese ca. 1 km nach rechts, stößt man direkt auf die zentrale High Street. **Central Station**, wo die Züge über die längere Strecke aus London Waterloo halten, liegt nahe am Zentrum, das man über die Queen Street in 5 Minuten erreicht. Die Busse ins Dartmoor fahren vom *Busbahnhof* in der Paris Street beim Fremdenverkehrsamt; die zentrale High Street nach Nordosten durch bis zur Paris Street, diese rechts.

Übernachten

Jugendherberge, Countess Wear Road 47, Tel. 0392/873329, ganzjährig geöffnet (außer Dezember), 94 Betten, ca. 23 DM, 5 km vom Bahnhof, Bus K und T ab Busbahnhof Richtung Topsham bis Post, Scholl Lane. **Bed and Breakfasts**: sehr viele am St. David's Hill, der Straße vom St. David's Station ins Zentrum. **Clock Tower House**, New North Road 16, Tel. 0392/52493, schöne DZ mit TV, für Jugendliche und Studenten nur 32 DM. **Camping** im Park der Jugendherberge.

Sehenswertes

Auch Exeter hat römische Vergangenheit. In der modernen Stadt kann man vor der Central Station im Northernhay-Grüngürtel römische Befestigungsreste erkennen. Die aus dem Mittelalter stammenden Teile der Stadt wurden vom deutschen Bombenterror 1942 zerstört, so daß heute nur noch die Gegend um die große **Kathedrale St. Peter** ein ursprüngliches Bild zeigt. Die Kathedrale selbst besitzt eine prächtige, von unzähligen, fast mannshohen Figuren geschmückte Westfassade. Die beiden wuchtigen Türme der Kirche stammen von ihrer normannischen Vorgängerin und wurden in den Neubau im 13. Jahrhundert integriert. Im **The Close**, dem gut erhaltenen Viertel um die Kirche, finden sich mehrere Cafés und zünftige Pubs, darunter auch das Ship Inn, in dem damals der Welteroberer Sir Francis Drake Stammgast war. Unweit davon steht die **Guildhall**, das mittelalterliche Rathaus. Interessante Museen der Stadt sind die **Kathedralenbibliothek** mit alten Handschriften (werktags 12–16 Uhr, 3 DM), das großartige **Maritime Museum** unten am River Exe mit unzähligen alten Schiffen (täglich 10–17 Uhr, 10 DM) und das **Royal Albert Museum** mit vielen Gemälden und Exponaten der Seefahrer-Expeditionen in der Queen Street, 100 m vor der Central Station (täglich außer So, 12–17 Uhr, kostenlos).

Dartmoor

Busse von Exeter fahren zu den Dartmoor-Dörfern Moretonhampstead, Postbridge, Two Bridges, Princetown, Yelverton und weiter nach Plymouth, allerdings nur im Sommer und nicht jeden Tag. Das ganze Jahr über verkehren Busse mehrfach täglich von Exeter nach Okehampton am Nordrand des Dartmoor, nach Bovey Tracey und Ashburton am Ostrand des Dartmoor, zudem täglich Verbindungen von Plymouth nach Tavistock.

Information

Im *Info* in *Exeter* (siehe oben) Pläne zum Dartmoor. Auskunft zu den Busfahrplänen beim **Transport Centre**, County Hall in Exeter, Tel. 03 92/27 21 23.

Übernachten

Jugendherberge Bellever, in *Postbridge*, Tel. 08 22/8 82 27, nur April–Oktober, 36 Betten 18 DM, im Zentrum des Dartmoor. **Jugendherberge Steps Bridge** in *Dunsford*, Tel. 06 47/25 24 35, nur April–September, 24 Betten, 18 DM, am Nordostrand des Dartmoor. Im südlichen *Princetown* liegt das private **Hostel Feathers Inn**, Tel. 08 22/8 92 40, Schlafsäle, ca. 15 DM, Kochgelegenheit, **Camping** ums Haus, im Sommer oft voll. Mehrere **Bed and Breakfasts** gibt es in den meisten kleinen Orten, vor allem in Tavistock in der Plymouth Road, auch in einsam gelegenen Bauernhöfen im Dartmoor.

Sehenswertes

Das berüchtigte **Dartmoor** ist jene nebelumschlungene Moorlandschaft, die Kriminalautoren wie Edgar Wallace zu ihren Schauergeschichten Anlaß bot. Hier regnet es der Statistik nach fast fünf Tage in der Woche, es ist feucht und kühl, aber sehr ursprünglich – viele Wiesen, Heidekraut, viel Wasser, prähistorische Funde wie Menhire und Hügelgräber. Die Bahnlinie von Exeter nach Plymouth streift den **Dartmoor-Nationalpark**, einige Kilometer lang an seinem südlichen Rand. Besonders berüchtigt ist der zentral gelegene Ort **Princetown** mit seinem großen Gefängnis, aus dem in Kriminalromanen häufig Gefangene fliehen und das Dartmoor unsicher machen.

Torbay

Strecke London Paddington–Exeter–Plymouth, Abzweigung 15 km südlich von Exeter in Newton Abbot nach Torquay und Paignton, Züge alle 60 Minuten nach London.

Information

Vaughan Parade am Inner Harbour in Torquay, vom Bahnhof Torquay der Torbay Road rings um die Bucht folgen. Stadtpläne, deutsches Faltblatt «Die englische Riviera: Torquay-Paignton-Brixham» kostenlos, Zimmervermittlung.

Verkehr

Hauptbahnhof ist **Torquay Station** nahe der Hafenbucht in Torquay. 1,5 km nördlich liegt der Bahnhof **Torre Station** im Vorort Torre. 4 km südwestlich von Torquay der Bahnhof **Paignton Station**, ca. 300 m westlich von Promenade und Strand.

Übernachten

Jugendherberge Maypool House, in *Galmpton*, Tel. 08 03/84 24 44, nur März–November, 93 Betten, 18 DM, vom Bahnhof Paignton 8 km, Bus 100 nach Brixham, Churston Pottery. Unzählige **Bed and Breakfasts** in Torquay, 10 Minuten vom Bahnhof Torquay nördlich der Bucht. **Campingplätze** in Paignton und Brixham, der erste ca. 3 km südlich vom Bahnhof Paignton: Byslades Camping, Tel. 08 03/55 50 72, Busse nach Brixham.

Sehenswertes

Torbay besteht aus den drei Städten **Torquay, Paignton** und **Brixham**, die in Nord-Süd-Richtung westlich der Torbay-Bucht liegen, alle drei mit prächtigen, kilometerlangen Sandstränden, viel Grün, alten Villen und teuren Hotels. Trotz des Sommertrubels kommt so etwas wie Italien-Atmosphäre auf, was die Fremdenverkehrsmanager mit ihrem Werbespruch «englische Riviera» unterstreichen. Vor kalten Winden geschützt, werden schon im Frühsommer ungewohnt hohe Temperaturen erreicht. Torquay und Brixham liegen auf Halbinseln, Paignton erstreckt sich in der Mitte der weiten Bucht am Wasser entlang.

Von Paignton Station, dem Endpunkt der Bahnstrecke von London, fährt im Sommer eine Dampfbahn weiter nach Süden – eine der vielen Touristenattraktionen. Im südlichen Teil von Paignton windet sich die Bahn auf den Vorsprüngen des Kliffs entlang mit tollem Ausblick auf die Küste und die Nachbarstädte. Der Hafen von Brixham wird von farbigen Häuserfronten gesäumt, an der Promenade reiht sich Lokal an Lokal. Seit einigen Jahren entwickelten sich auch die drei Städte zu einem Zentrum englischer Sprachschulen, die im Sommer stark frequentiert werden. In Torquay wurde auch die Königin der Kriminalromane, Agatha Christie, 1890 geboren.

Plymouth

Strecke 28010 London Paddington–Penzance, alle 60 Minuten Züge.

Information

Im Hochhaus Civic Centre an der Royal Parade, 12 Minuten vom Bahnhof. Stadtpläne und Zimmervermittlung.

Übernachten

Jugendherberge Belmont House, Belmont Place, Tel. 0752/562189, ganzjährig geöffnet, 68 Betten, 25 DM, vom Bahnhof 2,5 km, Bus 33, 34 A vom Bahnhof bis Stoke. **Hostel des CVJM**, Lockyer Street 9, Tel. 0752/660321, Schlafsäle auch für Frauen, ca. 17 DM, auch DZ, ca. 30 DM mit Frühstück. Viele **Bed and Breakfasts** vor dem Bahnhof in der North Road East und den angrenzenden Straßen. **Campingplatz Riverside** in der Longbridge Road, Tel. 0752/344122, Bus 21, ca. 4 km östlich der Stadt.

Sehenswertes

Die Hafenstadt hat eine große Geschichte: Der Welteroberer Königin Elizabeths I., Sir Francis Drake, startete von Plymouth aus zu seinen Fahrten rund um den Globus (1577–1580). 1588 schlug er direkt vor der Stadt die weit überlegene Flotte der Welt-

macht Spanien und begründete damit Englands neue Vormachtstellung. Nochmals 32 Jahre später war Plymouth Schauplatz einer friedlicheren Seefahrt: 1620 segelten die Pilgerväter mit ihrer «Mayflower» nach Amerika, um dort frei ihren Glauben leben zu können. Im 18. Jahrhundert begann James Cook von hier aus den unbekannten Kontinent im Süden des Erdballs zu suchen. Noch Anfang des 20. Jahrhunderts war Plymouth Ausgangspunkt einer Antarktis-Erkundungsfahrt.

Auch in Plymouth richtete der deutsche Bombenterror im Zweiten Weltkrieg Zerstörungen an, das Zentrum wurde regelrecht ausradiert, und es blieb nur wenig Sehenswertes: Allem voran der **Hoe Park**, die prächtige Promenade hoch über der Stadt und den Hafenanlagen. Der breite Armada Way führt kerzengerade auf den Hoe zu, man kann ihn vom Hauptbahnhof in wenigen Minuten über die North Road hinüber und den Armada entlang erreichen. Angeblich soll 1588 Francis Drake im Hoe Park mit seinen Kapitänen Bowling gespielt haben, als die über 120 Schiffe der spanischen Armada schon vor Plymouth aufkreuzten. Erst nach dem Ende des Spiels soll er in den Kampf gezogen sein.

Vom Hoe ist es nicht weit zur **Zitadelle**, die im 17. Jahrhundert errichtet wurde. Wer sich unten am alten Hafen, dem **Barbican**, umsieht, entdeckt viele Lokale und Pubs, die mit ihren Namen («Pilgrim», «Mayflower») an vergangene Zeiten erinnern, ähnlich wie Straßen und Statuen in der ganzen Stadt.

Cornwall

Der südwestliche Zipfel Englands ragt weit ins Meer und überrascht mit seinem milden Klima, dem Golfstrom sei Dank. Die Vegetation muß keine harten Winter überstehen, so daß sich hier auch kälteempfindliche Pflanzen ansiedeln konnten. Fuchsienbüsche, teilweise sogar Palmen, überraschen den Besucher. Die Küstenlandschaften sind rauh und oft einsam und reizen zu langen Wanderungen. Zwischen den Klippen tun sich Sandstrände auf, im Sommer von Touristenscharen besucht. In den Erholungsorten der Region herrscht in den warmen Monaten ein Rummel wie am Mittelmeer. Cornwall ist Heimat der Kelten, die sich hierher vor den Angelsachsen zurückzogen, nachdem sie selbst im 6. Jahrhundert v. Chr. nach England gekommen waren. Da sich die übrigen Kelten vor den Angelsachsen nach Wales oder in die Bretagne zurückgezogen hatten, bestehen noch heute viele Gemeinsamkeiten mit jenen Sprachen. Mit der Bahn ist Cornwall fast stündlich auf der Strecke 28010 von London Paddington in 4 bis 5 Stunden zu erreichen, zur Nord- und Südküste zweigen einzelne Stichbahnen ab.

Looe

Stichbahn von Liskeard an der Hauptstrecke 28010 London Paddington–Penzance nach Looe, Züge alle 60 Minuten. Zudem Busse von Plymouth.

Information

In der Guildhall, Fore Street. Umgebungskarten und Zimmervermittlung.

Übernachten

Einige **Bed and Breakfasts**, aber im Sommer teuer und voll. **Campingplatz Tencreek** 2 km westlich des Städtchens, Bus Richtung Polperro.

Sehenswertes

Kleines Fischerstädtchen beidseits des Flusses Looe. Schmale Gassen mit kleinen Häuschen schenken Looe besonders in seinem östlichen Teil viel Atmosphäre. Außerhalb der Hochsaison zeigt der Ort viel ursprüngliches Leben. Baden kann man 1 km östlich des Städtchens an einem schönen Sandstrand.

Polperro

Busse von Looe. Fußweg 40 Minuten von Looe.

Übernachten

Campingplatz Tencreek Richtung Looe. Einige **Bed and Breakfasts** im Ort, ab ca. 35 DM, im Sommer teuer und voll.

Sehenswertes

Eines der malerischsten Fischerdörfer der Südküste mit wunderschönem Hafen, eingerahmt von steilen Küstenfelsen. Die Gassen sind für Autos gesperrt und wirken wie die Szene eines Bilderbuches. Im Sommer fordert der massive Touristenansturm seinen Preis, Souvenirshops und Cafés säumen den Weg durch den Ort. Auf der Flucht vor den Nazis lebte der Maler Oskar Kokoschka in Polperro.

Truro

Strecke 28010 London Paddington–Penzance. Auch Züge nach Falmouth.

Information

Im Municipal Building in der Boscawen Street. Stadtpläne und Pläne der Region.

Übernachten

Mehrere **Bed and Breakfasts** ab ca. 33 DM, z. B. **Bed and Breakfast Nice Patmos**, Burley Close 8, Tel. 0872/78018, ca. 33 DM. **Camping Camon Downs**, Camon Downs, Tel. 0872/862283, ca. 2 km westlich der Stadt.

Sehenswertes

Truro ist eine Kleinstadt mit vielen Geschäften, geprägt von ihrer großen **Kathedrale**, die erst vor 100 Jahren gebaut wurde, nachdem die Stadt Bischofssitz geworden war. Das Museum der Stadt zeigt einen Überblick über die Bodenschätze und Mineralien, die in Cornwall seit Jahrhunderten ausgegraben werden und Truro großen Reichtum und Einfluß brachten. Heute werden Wolfram und Kaolin gefördert, große Abraumhalden nordöstlich von Truro Richtung St. Austell künden davon. (Eintritt ins Museum täglich 10–17 Uhr, 4 DM).

Falmouth

Stichbahn von Truro, meist alle 60 Minuten Züge, zudem viele Busse nach Plymouth.

Information

Nicht weit vom großen Platz The Moor in der Killigrew Street 28. Stadtpläne und Zimmervermittlung.

Verkehr

Falmouth Station liegt nicht weit von der Burg (Jugendherberge), **Dell Station** nahe am Zentrum.

Übernachten

Jugendherberge Pendennis Castle, Tel. 0326/311435, nur März–November, 90 Betten, 23 DM, liegt an der gleichnamigen Burg, Eingang hinter dem Burgtor, tolle Atmosphäre, 5 Minuten von Falmouth Station. **Hostel des CVJM**, Grove Place, Tel. 0326/315079, auch für Frauen im Sommer geöffnet, ca. 22 DM, 5 Minuten vom Dell Station über die Avenue Road nach Norden, kommt links die Grove Place. Mehrere **Bed and Breakfasts** in der langen Melvill Road südlich vom Dell Station ab ca. 25 DM. 300 m vom Tourist-Info entfernt liegt in der Killigrew Street das **Castleton Bed and Breakfast**, Tel. 0326/311072, mit Frühstück ca. 29 DM. **Campingplatz Tent Park**, Swanpool Road, Tel. 0326/312103, befindet sich 300 m neben dem Swanpool Strand, Bus 6. Viele Interrailer schlafen *im Freien* unterhalb des Castle-Hügels in der Grünanlage.

Sehenswertes

Die kleine Hafen- und Badestadt Falmouth liegt an einem von der Natur vorgeformten Hafen. Seiner schönen Badestrände und des netten Altstadtviertels wegen wird Falmouth im Sommer gerne besucht. Die beiden Festungen stammen aus dem mittleren 16. Jahrhundert und ermöglichen einen tollen Blick auf die Küste. Das **Pendennis Castle** liegt am Rand der Stadt (Eintritt für Jugendherbergsgäste kostenlos, sonst ca. 4 DM, täglich 10–18 Uhr), das **St. Mawes Castle** auf der anderen Seite der Bucht, Falmouth gegenüber, vom Prince of Wales Pier mit Fähren alle 30 Minuten zu erreichen (täglich 10–18 Uhr, 4 DM). Der kleine Ort **St. Mawes** rings um die Burg ist weit ruhiger als Falmouth und überrascht mit subtropischer Vegetation. Von St. Mawes aus kann man die Halbinsel erwandern, dabei mehrere, kaum besuchte Badestrände mit Sandstrand aufsuchen (die Fähre von Falmouth kostet 13 DM).

Halbinsel Lizard

Bus 2 von Falmouth Richtung Penzance bis Helston, dort umsteigen in Bus 320 nach Lizard oder Bus 326 nach Coverack. Die Busse fahren im Sommer werktags etwa alle 2 Stunden.

Information

In **Falmouth** (siehe oben), im Sommer auch in **Helston**, Flambards Theme Park.

Übernachten

Jugendherberge im Ort **Coverack, Park Behan**, School Hill, Tel. 0326/280687, nur April–Oktober, 40 Betten, ca. 22 DM, Bus 326 von Helston (siehe oben), sehr schön auf einem Hügel über der Küste.

Sehenswertes

Die südlich von Falmouth gelegene Halbinsel Lizard ist als Wanderparadies berühmt. An ihrem Ende liegt der südlichste Punkt Englands, der **Lizard Point**. Besonders der

Coastal Path erschließt die aufregendsten Steilabfälle und geheimen Sandbuchten der Küste, bei schönem Wetter traumhaft zu begehen, bei Regen und Wind abenteuerlich und teilweise auch gefährlich. Schöne Dörfer sind das winzige Cadgwith, ein alter Fischerort, sowie Coverack an einer Felsenbucht (oberhalb liegt die Jugendherberge). Die Lizard-Halbinsel läßt sich auch bequem mit Fahrrädern erkunden, in Falmouth auszuleihen (bei Aldridge Cycles, Swanpool Street, Tel. 0326/318600). Im Sommer fahren Ausflugsboote von Falmouth hinüber zur Lizard-Halbinsel (ca. 15 DM).

Penzance

Strecke 28010 von London Paddington, 5 Stunden Fahrt, alle 2 Stunden Züge.

Information

Im Sommer Stand vor dem Bahnhof, sonst in der Alverton Street, der Verlängerung der Market Jew Street, ca. 10 Minuten vom Bahnhof, die Market Jew halbrechts durch. Stadtpläne, gute Pläne über Cornwall und den Coast Path, Zimmervermittlung.

Übernachten

Jugendherberge Castle Horneck, Alverton, Tel. 0736/62666, nur März–Dezember geöffnet, 84 Betten, ca. 24 DM, vom Bahnhof halbrechts die Market Jew Street und ihre Verlängerung, die Alverton Road, 20 Minuten entlang, kommt rechts das Haus. **Hostel des CVJM Orchard**, Alverton Road, Tel. 0736/65016, auch für Frauen, Schlafsaal, ca. 18 DM, mit eigenem Schlafsack ca. 16 DM, Frühstück ca. 6 DM. Viele **Bed and Breakfasts** in der Alverton Road und Nachbarstraßen, ab ca. 32 DM. **Campingplätze** rings um Penzance sehr zahlreich, nur 10 Minuten vom Bahnhof **Green Camping**. Viele Reisende schlafen *im Freien* in Penzance unterhalb des Bahnhofs am Strand (aber Vorsicht vor der Flut!) und im kleinen Grünstreifen um die Kirche, **Camping** auch im Park der Jugendherberge.

Übernachten in der Umgebung

Jugendherberge Letcha Vean beim **Land's End, St. Just**, Tel. 0736/788437, April–November geöffnet, 47 Betten, ca. 20 DM, zu erreichen über den Coast Path, das Haus liegt direkt am Weg, auch Bus 10 A von Penzance bis St. Just, dann noch 15 Minuten Fußweg. **Campingplatz** ca. 1 km vor dem **Land's End** beim kleinen Dorf Sennen, tolle Lage, Bus 1 von Penzance. Viele schlafen auch *im Freien* am Coast Path.

Sehenswertes

Penzance ist die Endstation der schönen Bahnstrecke von London, und präsentiert gleich unterhalb des Bahnhofs Sandstrände. Im Städtchen herrscht im Sommer großer Rummel. Oben in der Stadt, nahe am Bahnhof, staunt man über die subtropische Vegetation, etwa rings um die Kirche oder in den **Morab Gardens**. Das **Ägyptische Haus** in der Chapel Street wird von gelb leuchtenden Papyrussäulen gehütet. 1830 gebaut, bildet das kitschige Gebäude eine Touristenattraktion. Auch im Hafen ist im Sommer viel Betrieb, die lange Promenade erstickt unter den Menschenmassen. Die Sandstrände vom Bahnhof bis zum St. Michaels Mount bieten dennoch immer genügend Platz, und die schnell vordringende Flut bietet ein atemberaubendes Schauspiel. *Lohnendes Ausflugsziel* von Penzance ist der **St. Michaels Mount**, vom Strand unter dem Bahnhof schon gut zu sehen. Am Strand entlang erreicht man die ca. 3 km weit entfernte Festungsinsel bei Ebbe über den Damm, bei Flut mit Booten von Marazion aus (ca. 2 DM, auch Busse nach Marazion). Im 8. Jahrhundert wurde auf der kleinen Felseninsel ein Kloster gegründet, das später unter die Regie der Benediktiner kam. Inzwischen gehört die Festung oben einer Privatfamilie, die sie teilweise zur Besichtigung freigegeben hat (täglich 11–17 Uhr, ca. 9 DM). Der Berg besitzt unverkennbar Ähnlichkeit mit Mont St. Michel in Frankreich, nur ist es hier noch nicht ganz so schlimm mit dem Touristenrummel. Im Bereich von St. Michaels Mount sollte man unbedingt auf die rasch steigende Flut achten!

Der **Cornwall Coast Path** führt von Penzance aus in den Süden, ein Küstenwanderweg entlang der steilen Klippen der Küste. Wer ihn nur ein Stück weit begehen will, kann auch per Bus Richtung *Land's End* fahren und von dort weiter laufen. Lohnend ist das kleine, für Cornwall typische Fischerdorf **Mousehole**, in dem man noch die ursprünglichen granitenen Häuschen der vergangenen Jahrhunderte sehen kann. Die Restaurants und Pubs hier erfreuen sich im Sommer eines großen Touristenzulaufs. Im äußersten Südwesten ragt dann der Felsen ins Meer hinaus, der als **Land's End** unglaubliche Besucherscharen anzuziehen vermag, gilt er doch als letzte Landspitze Englands. Bei besonders gutem Wetter ist aber dennoch ein Stück Land draußen im Atlantik zu sehen: die **Scilly-Inseln**, eine Gruppe von 5 kleinen, bewohnten Eilanden mit prächtiger subtropischer Vegetation (Überfahrt sehr teuer, ca. 130 DM von Penzance, ca. 2 Stunden Fahrzeit, täglich).

Nur eine halbe Stunde Fußmarsch vom Land's End entfernt liegt der kleine Ort **Sennen** mit einem lohnenden Badestrand und einem Campingplatz (auch Busse von Penzance). Abenteuerliches Theater wird seit einigen Jahren im kleinen **Porthcurno** geboten. Am steilen Abfall ins Meer schlug hier die Griechenverehrerin Miss Cade eine Art Amphitheater in die Felsen. Im Sommer finden Aufführungen statt, ca. 700 Plätze stehen zur Verfügung. (Infos beim Fremdenverkehrsamt in Penzance. Preis je Aufführung ca. 15 DM, Bus von Penzance nach Porthcurno, dann 15 Minuten Fußweg. Vorsicht vor kalten Winden!)

Die Nordküste Cornwalls und der Bristol Channel

St. Ives

Stichbahn von St. Erth an der Hauptstrecke London Paddington–Penzance 28010. Im Sommer alle 30 Minuten Züge. Busse vom Land's End.

Information

In der Guildhall, vom Bahnhof die Terrace nach rechts, kommt nach dem Bogen nach 5 Minuten das Fremdenverkehrsamt.

Übernachten

Unzählige **Bed and Breakfasts**, im Sommer alle voll, teuer. Mehrere **Campingplätze** auf beiden Seiten des Ortes, der nächste ist vom Bahnhof 1,5 km entfernt südlich. Viele Rucksackler schlafen **im Freien** am Strand südlich vom Bahnhof, ca. 500 m entfernt.

Essen und Trinken

Alles sehr teuer. Wer seinen Tee mit Weitblick erleben will, ist im **Woodward's Tea Room** in der breiten Fore Strect richtig.

Sehenswertes

St. Ives ist ein traumhaft schöner Badeort an der Nordküste Cornwalls in toller Umgebung, ein wahres Mittelmeer-Panorama, was Vegetation, Klima und die Atmosphäre anbelangt. Enge Gassen am Hang, toller Sandstrand, viele Läden, unzählige Galerien. Im Sommer sind die Zimmer alle ausgebucht, die Restaurants überfüllt, aber dennoch ein Ambiente wie im tiefsten Süden. Der Ort ist trotz des Rummels ein lohnendes Ziel, auch wegen der kurzen Bahnfahrt von St. Erth aus durch die Dünenlandschaft.

Newquay

Stichbahn von Par an der Hauptstrecke 28010, 6 Züge täglich.

Information

Vom Bahnhof über die Cliff Road hinüber, 100 m. Stadtplan und Zimmervermittlung.

Übernachten

Jugendherberge Aleandra Court, Narrowcliff, Tel. 0637/36381, März–November, ca. 22 DM, vom Bahnhof 8 Minuten, liegt am

Strand, oft belegt, soll renoviert werden.
Hostel Backpackers, Beachfield Avenue 15,
Tel. 0637/874668, vom Bahnhof 10 Minuten, ca. 20 DM. Unzählige **Bed and Breakfasts**, im Sommer sehr voll, z. B. **Bed and Breakfast Treveader**, Hillgrove Road 52,
Tel. 0637/873780, vom Bahnhof 8 Minuten nach rechts die Cliff Road und ihre Verlängerung, die Narrowcliff durch, bis rechts die Hillgrove Road abbiegt, ca. 26 DM.
Mehrere **Campingplätze** um Newquay, im Vorort Trennick der nächste Platz, vom Bahnhof 1 km. Viele schlafen auch *im Freien* im Park südlich vom Bahnhof.

Sehenswertes

Newquay ist ein völlig überlaufener Badeort an der Nordküste mit wunderschönen Sandstränden, Cafés, Kneipen, Restaurants, Hotels – eine Art englisches Rimini.
Wer es liebt, unter Menschen zu sein, ausgiebiges Nachtleben mit vielen Diskos und Bars schätzt, ist hier richtig.

Tintagel

Busse von Penzance, Exeter und Newquay mehrfach täglich.

Übernachten

Jugendherberge Tintagel Dunderhole Point, Tel. 0840/770334, April–September, 25 Betten, 20 DM. Das alte Gebäude liegt auf dem Steilabfall zum Meer. Den Weg zur Tintagel Church gehen, dann abbiegen. Weitere **Jugendherberge** in **Boscastle Harbour**, Palace Stables,
Tel. 0840/250287, offen März–November, 25 Betten, am Ende des alten Hafens.

Sehenswertes

Tintagel ist ein kleines Dorf an der *schönsten und wildesten Stelle* der Nordküste Cornwalls, das ganz von der **Legende um König Arthur** und seiner Tafelrunde lebt.
Überragt von einer alten Burgruine aus dem 12. Jahrhundert, zeigt Tintagel King-Arthur-Memorabila in Massen. Interessantestes Gebäude ist die **viktorianische Post**.

Im 12. Jahrhundert hatte ein englischer Geschichtsschreiber Tintagels Festung als Heimat König Arthurs notiert, obwohl die Burg nachweislich erst zu jener Zeit errichtet worden war. Vorher stand an ihrer Stelle ein keltisches Kloster. Wer nach Tintagel kommt – und es lohnt sich –, sollte es der wilden Küste und nicht der falschen Legende wegen tun.

Der **Klippenweg** von Tintagel nach Boscastle, 9 km nördlich, ist weit über Cornwall hinaus berühmt für seine schroffen Abstürze, wilden Buchten und immer neuen Küstenpanoramen, ein wahres Abenteuer.
Wer den Wanderweg von Boscastle nochmals 25 km weiter in den Norden laufen will, hat in Bude wieder Busanschluß nach Exeter.

Barnstaple

Stichbahn von Exeter (28009/28010).
10 Züge täglich.

Information

In der North Devon Library in der Tuly Street, Stadtpläne, Umgebungspläne, Zimmervermittlung. Informationen über den Exmoor-Nationalpark gibt es in *Lynmouth* an der Esplanade, auch in *Lynton* in der Town Hall in der Lee Road.

Verkehr

Von Barnstaple fahren Busse mehrfach täglich in den Exmoor-Nationalpark und an die Küste nach Lynton. Von Lynton verkehren Busse auch nach Exeter, von Taunton an der Hauptstrecke 28010
London–Exeter Busse nach Minehead. In Barnstaple auch Fahrradverleih.

Übernachten

Jugendherbergen in Instow: **Worlington House**, New Road, Tel. 0271/860394,
März–Dezember, 58 Betten, ca. 20 DM,
Bus von Barnstaple Bahnhof 1 oder 2 nach Instow. Weitere **Jugendherberge** in **Ilfracombe, Ashmour House**, Hillsborough Terrace 1, Tel. 0271/865337, 10.4.–30.9.,

50 Betten, 19 DM, das Haus liegt nahe am Meer, von Barnstaple 21 km, mehrere Busse täglich von Barnstaple, auch von Lynton. Weitere **Jugendherberge** in **Lynton**, Lynbridge, Tel. 0598/53237, ganzjährig geöffnet (außer Januar), 38 Betten, 23 DM, 32 km von Barnstaple, Bus 310 von Barnstaple bis Lynton, das Haus liegt unten im Tal. Weitere **Jugendherberge** in **Minehead, Alcombe Combe**, Tel. 0643/702595, nur April–Oktober, 36 Betten, 18 DM, Bus 28 von Taunton. **Bed and Breakfasts** gibt es zahlreich in **Lynton**, teilweise ab 25 DM. **Campingplätze** am Rand von Lynmouth.

Sehenswertes

Barnstaple ist eine alte Handelsstadt an der breiten Mündung des Flusses Taw. Sehenswert ist die Börse in der Queen Anne's Walk. Nördlich der Stadt bei Braunton und Woolacombe gibt es Sandstrände (2 Busse täglich), ca. 10 km.

Lohnend ist die Tour ins **Exmoor**, (*Nationalpark* zwischen Barnstaple und der Nordküste), eine meist hügelige Landschaft mit viel Heidekraut, Schafen und Ponys. Am besten kennen lernt man das Exmoor per Fahrrad (Verleih in Barnstaple) oder Bus von Barnstaple Richtung *Lynton* und *Lynmouth* (ca. 15 km).

An der Nordküste verkehrt zwischen **Lynmouth** und **Lynton** eine rumpelnde alte Zahnradbahn (werktags, ca. 1 DM). Ist der Wasserbehälter an der Bahn wieder gefüllt, rumpelt der eine Zug wieder den Berg hinab und zieht den anderen hinauf.

Die prächtige Küstenlandschaft der Umgebung lernt man auf dem **Küstenwanderweg** nach Westen Richtung **Ilfracombe** (ca. 20 km) kennen oder nach Osten Richtung **Minehead** durch das berühmte **Valley of the Rocks**, wo merkwürdige Felsen mit merkwürdigen Namen bezeichnet werden. In beiden Orten gibt es Jugendherbergen (siehe oben).

Taunton

Strecke 28010 London Paddington–Exeter, auch Züge nach Bristol.

Information

In der Library in der Corporation Street, gute Stadtpläne.

Verkehr

In die Quantock Hills kommt man mit Bussen von Taunton aus. Von Taunton verkehrt auf der stillgelegten Bahnstrecke nach Minehead am Nordende des Exmoor-Nationalparks (siehe Barnstaple) im Sommer eine Privatbahn, teilweise mit Dampfloks bis zu fünfmal täglich quer durch die Quantock Hills, zudem kann man in Taunton Fahrräder mieten.

Übernachten

In Taunton mehrere **Bed and Breakfasts**, vor allem in der zentralen Wellington Road. Eine **Jugendherberge** in den Quantock Hills liegt in **Crowcombe Heathfield, Denzel House**, Tel. 0984/667249, nur April–September, 36 Betten, 18 DM, direkt an der Privatbahn Taunton–Minehead, Bahnhof Crowcombe, oder Bus 28 von Taunton bis Triscombe Cross. Eine weitere **Jugendherberge** in den Quantock Hills: **Sevenacres** in **Holford**, Tel. 0278/741224, nur April–September, 24 Betten, 18 DM, Bus 15 von Bridgewater (Bahnstation an der Hauptstrecke 28010).

Sehenswertes

Taunton ist die Hauptstadt der ehemaligen Grafschaft Somerset. Die Häuser gruppieren sich um die Kathedrale St. Mary-Magdalene. Über der Stadt finden sich die Reste einer normannischen Festung, heute ein Museum für Archäologie und Geologie (werktags 10–17 Uhr, 3 DM). Zudem informiert das Museum über die Terrorherrschaft Jeffreys, der im 17. Jahrhundert unzählige Protestanten ihres Glaubens wegen hinrichten ließ.

Taunton bietet sich an als Ausgangspunkt zu Wanderungen in die liebliche Hügellandschaft der **Quantock Hills**, die sich von hier bis zur Nordküste bei Minehead (siehe Barnstaple) erstrecken (ca. 25 km). Bei gutem Wetter sieht man von den Hügeln bis nach Wales. Eine weitere Attraktion ist die Privatbahn von Taunton nach Minehead, die im Sommer mit Diesel- und Dampfloks durch die Quantock Hills zuckelt.

Weston-super-Mare

Strecke Taunton–Bristol, ca. 8 Züge täglich.

Information

Beach Lawns, Pläne und Zimmervermittlung.

Übernachten

Jugendherberge in Bristol oder Bath, viele **Bed and Breakfasts** in der Locking Road und der Severn Road, **Campingplätze** am Ortsrand.

Sehenswertes

Die Badestadt am Bristol Channel hat im Sommer Hochbetrieb. Die Nachbarstadt Burnham-on-Sea entwickelt sich genau wie Weston-super-Mare immer mehr zu einem Klein-Rimini.

Attraktion des Umlands ist die **Cheddar Gorge**, eine schmale, tiefe Schlucht bei Cheddar in den Mendip Hills, 15 km östlich von Weston. Oberhalb der Schlucht genießt man eine prächtige Aussicht auf die Küste. Unten befindet sich zudem eine Höhle mit Stalagmiten (Eintritt 6 DM, Bus ab Weston ca. 10 DM). Im Sommer viele Tagesausflügler.

Bristol

Züge von London (Paddington) alle 30 Minuten, zudem Verbindungen nach Cardiff, Bath, Cheltenham, Taunton.

Information

Im Haus der Jugendherberge, Narrow Quay 14, Pläne und Zimmerübersicht.

Verkehr

Hauptbahnhof ist **Bristol Temple Meads** nahe am Zentrum, das über den Redcliffe Way in 15 Minuten zu erreichen ist. Außerhalb der Innenstadt liegt der Bahnhof **Bristol Parkway**, Bus 72 und 73 fahren in die Stadt.

Übernachten

Jugendherberge Hayman House, Narrow Quay 14, Tel. 0117/9221659, ganzjährig geöffnet, keine Schließzeit, 120 Betten, 10 Minuten vom Temple Meads Station, vom Bahnhof den Redcliffe Way entlang, geradeaus über die Brücke, anschließend erste Straße links, deren Verlauf nach rechts folgen. **Camping Baltic Wharf Caravan Club**, Tel. 0117/268030, im Sommer Zelten gestattet, liegt in der Stadt, vom Temple Meads Station 15 Minuten, vom Bahnhof zum Fluß Avon, dann der Clarence Road und ihren Verlängerungen Commercial Road und Cumberland Road folgen immer dem Flußufer entlang.

Essen und Trinken

Viele Lokale und Pubs in der Park Street und um die King Street mit studentischem Publikum. Besonders lohnend **Woodes Café** in der Park Street mit Freilufttischen.

Sehenswertes

Bristol ist eine große Industriestadt am Fluß Avon nicht weit von der breiten Mündung des Severn, der Wales von England trennt und von der Bahnstrecke nach Cardiff in einem langen Tunnel unterfahren wird. Im 18. Jahrhundert wurde Bristol durch die vielen Kaufleute zur bedeutendsten Stadt Englands nach London. Von dieser Zeit ist jedoch im Stadtbild nicht viel übriggeblieben, sorgten doch die brutalen Bombardements der deutschen Luftwaffe für eine weitgehende Zerstörung der Stadt. Besonders beeindruckende Sehenswürdigkeiten sind daher nur noch zwei Kirchen: zum einen die **Kathedrale** der Stadt, deren Chor Kunstfreunde zu wahren Begeisterungsstürmen hinreißt, und die

Kirche **St. Mary Redcliffe** (300 m vor dem Temple Meads Station), auf den roten Felsen am Ufer des Avon erbaut (daher der Name), mit einem prächtig umrahmten Nordportal und schlanken Pfeilern. Das mächtige Universitätsgebäude liegt auf einem Hügel, wuchtig und bedrohlich wirkend. Abwärts, Richtung Kathedrale, steht der **Cabot Tower**, ein Aussichtsturm mit weitem Rundblick (täglich 9–19 Uhr, 6 DM). Auf vielen Postkarten ist die im westlichen Stadtteil Clifton über die Avon-Schlucht reichende Hängebrücke zu sehen, die bereits in der Mitte des letzten Jahrhunderts gebaut wurde. Der Ingenieur dieser Brücke, Brunel, konstruierte auch die Bahnstrecke von London her und ließ das erste Dampfschiff mit einer Schraube als Antrieb herstellen, das ab 1845 nach Amerika fuhr. Die «**Great Britain**» ist heute im Hafen zu besichtigen (6 DM) und war der Stolz der ehemaligen Weltmacht.

Bath

Züge von London Paddington und von Bristol, alle 30 Minuten.

Information

The Colonnades, Bath Street 11, bei den Römischen Bädern, Stadtpläne und Zimmervermittlung.

Übernachten

Jugendherberge Bathwick Hill, Tel. 0225/465674, ganzjährig geöffnet, Schließzeit 23 Uhr, 120 Betten, ca. 23 DM, 2 km vom Bahnhof, in Gegenrichtung zur Stadt, Bus 18 der Badgerline vom Busbahnhof 100 m vor dem Bahnhof Richtung Bathwick Hill. **Hostel des CVJM** in der Broad Street, Tel. 0225/460471, für beide Geschlechter, DZ und Schlafsaal, ab ca. 28 DM mit Frühstück, liegt im Zentrum, ca. 300 m nordwestl. der Pulteney Bridge. Viele **Bed and Breakfasts** vor allem südlich vom Bahnhof, auf der anderen Flußseite wesentlich preiswerter, z. B. in der Pulteney Road. Nur ca. 26 DM kostet das **Bed and Breakfast Raby Place** in der Bathwick Hill,

Tel. 0225/465120, die Straße über die Bahn zur Jugendherberge. **Camping Newton Mill**, Tel. 0225/333909, ganzjährig geöffnet, 5 km westlich, Bus 5 vom Busbahnhof zur Newton Road.

Essen und Trinken

Die Attraktion unter den Cafés der Stadt ist der **Pump Room** in den Römischen Bädern. Man trinkt Tee oder Kaffee aus der Wasserquelle mit Heilwirkung und ist stolz, einen der begehrten Plätze erhalten zu haben (nur bis 17 Uhr geöffnet). Preiswerte Mahlzeiten gibt es im **Grapes** in der Westgate Street nicht weit von der Abteikirche, viele Studenten.

Sehenswertes

Man glaubt sich im 18. Jahrhundert zu bewegen, wenn man in Bath aus dem Zug steigt. Fast 5000 Bauwerke aus jener Zeit stehen unter Denkmalschutz. Sie schmiegen sich vom Tal des Avon aus sanft den Berghang hoch, umschließen Parks und Plätze und geben den Blick auf römische Ruinen frei. Bath war nämlich schon unter den Römern wegen der heißen Quellen ein vielbesuchtes Heilbad. Die mitten im Ort ausgegrabenen *Bäder* künden davon, das Museum zeigt Fundstücke aus jener Zeit: **Roman Bath Museum** (täglich 10–18 Uhr, 10 DM).

Vom Bahnhof Bath Spa Station nahe am Zentrum kommt man in 5 Minuten die Manvers Street entlang zu den Parade Gardens östlich der zentralen **Abteikirche**. Dieses wunderschöne Bauwerk zeigt eine prächtige Glasfassade über dem Altar, die das Leben Jesu widerspiegelt. Im Hof spielen Straßenmusikanten, Leute flanieren, und es herrscht eine ausgelassene Stimmung.

Unter König George III. wurde Bath am Anfang des 18. Jahrhunderts erbaut, den Römern nachempfunden. Sehenswert ist auch die Brücke über den Avon, die **Pulteney Bridge**, ca. 200 m von der Abteikirche entfernt. 1770 errichtet, ähnelt sie der ebenfalls mit kleinen Läden flankierten Ponte Vecchio in Florenz. Folgt man geradeaus den Upper Borough Walls, dann der

Barton Street nach rechts, stößt man auf den Queen Square, das königliche Wohnquartier um einen rechteckigen Platz, wo die Häuserfronten einem Palast gleichen. Die Gay Street entlang kommt man zum **Circus**, einen vollkommen kreisförmigen Wohnblock, von dem drei Straßen in drei verschiedene Richtungen ausgehen. Vom Circus über die Brock Street geht es zum **Royal Crescent**: 30 aneinandergereihte Häuser in einem halbmondförmigen Rund mit über 100 mächtigen Säulen und einem tollen Ausblick auf die grüne Landschaft um Bath. Weiter im Norden der Stadt steht ein ähnliches Gebäude, der **Landsdown Crescent**. Westlich vom Royal Crescent liegt der sehr schöne Royal Victoria Park, dahinter folgen die Botanischen Gärten.

London

Information

Der **London Tourist Board**, Grosvenor Gardens 26, SW 1 W ODU London, beantwortet schriftliche Anfragen zu Sehenswürdigkeiten. Zimmervermittlung unter Tel. 071/8248844. Die wichtigste Informationsquelle befindet sich vor der **Victoria Station** (täglich 8–20 Uhr). Hier gibt es unzählige Pläne und Broschüren, auch Zimmervermittlung für preiswerte Hostels, allerdings gegen Gebühr von ca. 15 DM. Das Büro ist ständig von Leuten belagert, dennoch freundliche Auskunft. Das **British Travel Centre** in der Regent Street 12 gibt Infos über London, aber auch die ganze Insel. Pläne und Zimmervermittlung (täglich 10–17 Uhr).

Interrail Center

In der Jugendherberge City of London. Carter Lane 36. Infos, Gepäckaufbewahrung.

Verkehr

Hauptbahnhöfe
Victoria: Züge nach Südengland, Dover, liegt nicht weit vom Buckingham Palace.

Paddington: Züge nach Cornwall und Süd-Wales, liegt nördlich vom Hyde Park.
Waterloo: Züge nach Südengland und durch den Kanaltunnel nach Paris und Brüssel, liegt südlich der Themse, etwa gegenüber den Houses of Parliament.
Charing Cross: Züge nach Südostengland, liegt nördlich der Themse gegenüber der Waterloo Station.
St. Pancras: Züge nach Mittelengland. Ein Prachtgebäude, schöner als manche Kirche! Liegt neben King's Cross Station.
King's Cross: Züge nach Nordostengland und Schottland, liegt nördlich der Innenstadt.
Euston: Züge nach Nord-Wales und Schottland, liegt nördlich der Innenstadt.
Liverpool Street: Züge nach Norwich, liegt nordöstlich der St. Pauls Kathedrale.

Unterwegs in London
Sämtliche **Vorortzüge** sind für Interrailer und andere Bahnpässe in und um London kostenlos. Auf der Strecke von Elephant and Castle im Süden über Blackfriars nach Farrington und Kings Cross im Norden kann man London per Bahn von Süd nach Nord durchqueren, ohne die U-Bahn zu benutzen.

Das Nahverkehrssystem ist trotz schlimmer Verkehrspolitik der konservativen Regierungen immer noch gut, sein Rückgrat ist die **U-Bahn**, im Volksmund «Tube» oder «Underground» genannt. Das Netz verfügt über 290 Stationen, und die Bahnen verkehren bis nach Mitternacht. Jeden Tag fahren 2,5 Millionen Menschen mit der U-Bahn. Tickets gibt es an Automaten und Fahrkartenschaltern. Die Preise sind abhängig von der Entfernung, also Fahrziel eingeben. Tickets bis zum Bestimmungsort aufheben, da sie eingesammelt werden. Nach Kauf der Fahrkarte das Ticket in den Schlitz der Sperre stecken und oben wieder herausziehen. Fährt man quer durch London, benötigt man ca. 3–4 Zonen, ca. 8 DM. Lohnend ist der Kauf einer **Travelcard** für 1, 3 oder 7 Tage oder 1 Monat. Sie gilt ab 9,30 Uhr, also erst nach der morgendlichen Rush-hour, Samstag und Sonntag den ganzen Tag in verschiedenen bzw. allen Zonen für beliebig viele Fahrten mit der U-Bahn und den Doppelstockbussen sowie den Nachtbussen und der Docklands Railway. Für eine einzelne Zone kostet die Travelcard für einen Tag ca. 11 DM, für alle Zonen für einen Tag ca. 15 DM, für 3 Tage 20 DM bzw. 35 DM. Die Travelcard gibt es in allen U-Bahn-Verkaufsstellen. Für die Wochenkarte benötigt man 2 Paßfotos, Automaten in vielen Stationen. **Übersichtspläne** über die U-Bahn-Linien gibt es in den Verkaufsstellen kostenlos.

Busse: Von den Doppelstockbussen aus hat man den besten Überblick. Die Preise sind auch hier nach Zonen gestaffelt, die Travelcards ebenfalls gültig. Einzelfahrscheine gibt es beim Schaffner oder Fahrer des Busses. Bei den großen Haltestellen – Symbol auf weißem Grund – halten die Busse immer, bei den Tafeln mit dem Symbol («Request») auf rotem Grund nur, wenn man Handzeichen gibt oder im Bus läutet. Die einstöckigen Schnellbusse «Red Arrows» fahren meist zu den größeren Bahnhöfen. Nachts verkehren vom Trafalgar Square aus Nachtbusse in alle Stadtteile, meist einmal pro Stunde. Auch für die Busse gibt es kostenlose Übersichtspläne.

Docklands Railway: Vollautomatisch fahrende Bahn durch die neu errichteten Siedlungen und Büroklötze in den Docklands vom Tower Hill (U-Bahn) bzw. Cannon Street (U-Bahn: Monument) aus. Endstation zur Zeit Island Gardens, sie wird weitergebaut Richtung Beckton.

Übernachten

Großes Angebot an Jugendherbergen, Hostels, Billighotels, Campingplätzen, aber dennoch kann es im Hochsommer lange dauern, bis man eine Unterkunft findet. Wer länger bleiben will, sollte sich anmelden. Im Notfall das Fremdenverkehrsamt vor der Victoria Station fragen. In den Bahnhöfen, vor allem Victoria, bieten Studenten Hostels an, vor der Zusage erst überprüfen. Sollte in London alles belegt sein, auf die Jugendherbergen in Oxford oder Cambridge ausweichen, gute Zugverbindungen.

Jugendherbergen
Es gibt 7 Häuser, die auch über die einheitliche Telefonnummer reserviert werden können: 071/2486547 (bis 23 Uhr).

City of London, Carter Lane 36, Tel. 071/2364965, ganzjährig geöffnet, 191 Betten in Mehrbettzimmern, keine Schließzeit, ca. 55 DM, U-Bahn: Blackfriars oder St. Pauls.

Earls Court, Bolton Gardens 38, Tel. 071/3737083, 154 Betten, ganzjährig geöffnet, keine Schließzeit, ca. 50 DM, U-Bahn: Earl's Court.

Hampstead Heath, Wellgarth Road 4, Tel. 081/4589054, 201 Betten, ganzjährig geöffnet, keine Schließzeit, ca. 43 DM, U-Bahn: Golders Green.

Highgate Village, Highgate West Hill 84, Tel. 081/3401831, ganzjährig geöffnet (außer Januar), Schließzeit 24 Uhr, 69 Betten, liegt außerhalb, nur 32 DM, U-Bahn: Archway, dann über den Highgate Hill links in die South Grove und bis zu deren Ende durchlaufen.

Holland House, Holland Walk, Tel. 071/9370748, keine Schließzeit, ganzjährig geöffnet, 201 Betten, ca. 48 DM, liegt im Holland Park, schönes Gebäude, U-Bahn: Holland Park oder High Street Kensington.

Rotherhithe, Salter Road, Tel. 071/2372919, keine Schließzeit, ganzjährig geöffnet, 320 Betten, ca. 53 DM, U-Bahn: Rotherhithe.

Oxford-Street, Noel Street 14, Tel. 071/7341618, keine Schließzeit, 89 Betten, 48 DM, U-Bahn: Oxford Circus, liegt zentral im westlichen Soho, vom U-Bahnhof Regent Street Richtung Innenstadt, ca. 200 m laufen, bis links die Great Marlborough Street kommt, dieser 200 m folgen, bis zur Verlängerung Noel Street.

CVJM/YMCA und YWCA
Diese **Hostels** sind unter den Nummern 081/52055 und 071/4301524 zu buchen.

Für beide Geschlechter: **Hostel Elizabeth House**, Warwick Way 118, Tel. 071/6300741, Schlafsaal, aber auch DZ, ab ca. 48 DM, U-Bahn Victoria, von der Victoria Station nur 400 m, über den Hudson Place zur Belgrave Road, diese 300 m nach links, dann rechts in den Warwick Way.

Private Hostels
Diese Unterkünfte lassen ihre Gäste zeit-

53

weise kostenlos durch studentische Werber am Victoria Station abholen. Ihr Bus nennt sich «Accomodation Express».

Hostel Kirness, Belgrave Road 29, Tel. 071/8340030, ca. 50 DM in Mehrbettzimmern, kleines Hostel, nur 200 m von der Victoria Station.

Hostel Simone, Belgrave Road 49, Tel. 071/8282474, ca. 52 DM in DZ, nur 200 m von der Victoria Station.

Hostel Colliers, Warwick Way 97, Tel. 071/8346931, ca. 55 DM in Mehrbettzimmern, 500 m von der Victoria Station, von der Belgrave Road nach rechts.

Hostel Talbot, Talbot Square 2, Tel. 071/4027202, ca. 28 DM im Mehrbettzimmer, aber nicht sehr sauber, U-Bahn: Paddington, vom Bahnhof geradeaus zu den Sussex Gardens durchlaufen, ca. 500 m.

Hostel Palace Court, Pembridge Square 12, Tel. 071/7274412, große Zimmer, ca. 35 DM, großes Haus, U-Bahn: Notting Hill Gate, bei den Kensington Gardens.

Hostel Albert, Queens Gate 191, Tel. 071/5843019, große Räume, ca. 28 DM, U-Bahn: Gloucester Road, von der U-Bahn-Station die Cromwell Road Richtung Innenstadt, an der Kreuzung in die Queens Gate.

Hostel Wood Green, Brabant Road, nur im Sommer geöffnet, Tel. 081/8814432, Einzelzimmer, nur ca. 30 DM, außerhalb, im Nordosten, U-Bahn: Wood Green.

Hostel Centre Francais, Chepstow Place 61, Tel. 071/2218134, großer Raum, ca. 36 DM, leicht nördlich des Kensington Gardens, U-Bahn: Bayswater, von der Station die Moscow Road stadtauswärts laufen, dann folgt rechts nach ca. 400 m die Chepstow Place.

Tonbridge School Sleeping, Cromer Street 120, Tel. 071/8374406, mit Schlafsack in Sporthalle schlafen (im Sommer), ca. 18 DM, U-Bahn: King's Cross, dann durch die Argyle Street in die Whidborne Street (rechts) bis zur Cromer Street.

Hostel Anne Elizabeth, Collingham Place 30, Tel. 071/3704821, große Zimmer, ca. 30 DM, U-Bahn: Gloucester Road, die Cromwell Road stadtauswärts ca. 400 m, kommt links die Collingham Place.

Bed and Breakfast

Es gibt viele, aber kaum unter 50 DM, besonders beim Victoria Station, zum Beispiel in der Belgrave Road und den angrenzenden Straßen, zudem auch beim Paddington Station.

Campingplätze

Nur in den Außenbezirken:

Crystal Palace Camping, Tel. 081/7787155, Zug vom Victoria Station nach Crystal Palace, dort 1 km auf einen Hügel mit großem Platz, von Rucksacklern häufig benutzt, ganzjährig geöffnet.

Camping Tent City, Old Oak Common Lane, Tel. 081/7435708, nur Mai–September, U-Bahn: East Acton. Massenschlafräume in Zelten sind vorhanden, eigener Schlafsack notwendig, ca. 15 DM, Leser warnen vor Diebstahl.

Camping Abbey Wood, Federation Road, Tel. 081/3102233, ganzjährig, mit Zug von Charing Cross nach Abbey Wood. *Umsonst im Freien schlafen* ist gut möglich im *Paddington Station* und im *Euston Station*, die Bahnbeamten tolerieren sogar große Gruppen von Interrailern. Aber nicht in den Londoner Parks schlafen, sowohl verboten als auch gefährlich.

Essen und Trinken

Das internationale Angebot ist besonders auf Soho konzentriert. Asiatische Restaurants bieten hier überraschend preiswert ihre Dienste an, oft auch zum Mitnehmen. In der benachbarten Chinatown findet sich eine große Auswahl an chinesischen Lokalen. Die Pubs in der westlichen Innenstadt rund um die Victoria Station, um den Piccadilly und das British Museum werden häufig von Fremden besucht, sind daher teuer und kaum mehr ursprünglich. Lohnender sind die Pubs im Osten der Stadt, nordöstlich des Towers oder auch südlich der Themse, wo sich auch Londoner treffen.

Ley Ons, Wardour Street 56, chinesisches Lokal in Soho mit preiswerten Angeboten.

Wong Kei, Wardour Street 43, auf der anderen Straßenseite, preiswert, sehr gut besucht.

County Life, Heddon Street 1, nicht weit vom Piccadilly Circus, preiswertes vegetarisches Lokal, für 18 DM steht das ganze Angebot frei. Eines der schönsten *Cafés* liegt im Anbau der Kirche im Zentrum St. Martin in the Fields: **Café in the Crypt** in der Duncannon Street vor der Charing Cross Station. Zu den schönsten *Pubs* gehören das **Windsor Castle** in der Campden Hill Road 114 (U-Bahn: Notting Hill Gate) mit tollem Holzinventar und Gartenbewirtung, dazu noch preiswert, das **Princess Louise** in der High Holborn 208 (U-Bahn: Holborn) mit viktorianischem Interieur und das **Dublin Castle** in der Parkway 94 (U-Bahn: Camden Town) mit Live-Blues. Das **Blackfriars** in der Queen Victoria Street 174 (U-Bahn: Blackfriars) mit seiner prächtigen Jugendstilausstattung ist zum Touristentreff mutiert. Besonders originell ist das **Sherlock Holmes** in der Northumberland Street (U-Bahn: Charing Cross) mit Sherlock-Holmes-Museum.

Nachtleben

Diskos gibt es in London wie Sand am Meer, schließlich ist die Stadt das Popmusikzentrum der Welt. Was läuft, kann man in den wöchentlichen Magazinen «City Limits» (4 DM) und «Time out» (4,50 DM) nachlesen. Die bekanntesten und vollsten Diskos sind wohl:

Dingwall, Camden Look, U-Bahn: Camden Town, jeden Abend gerammelt voll, Nachtbus N2, N29.

Milk Bar, Sutton Row 12 in Soho, U-Bahn: Tottenham Court Road.

Limelight, Shaftesbury Avenue 136, U-Bahn: Leicester Square.

Hippodrom, Charing Cross Road 26, U-Bahn: Leicester Square, futuristisch gestylt, Eintritt Freitag/Samstag ca. 30 DM, sonst 20 DM, riesige Räume.

The Fridge, Town Hall Parade, Brixton Hill, U-Bahn: Brixton, liegt im Vorort Brixton, gemischtes Publikum, Nachtbus N2.

Einkaufen

Am meisten Spaß macht das Einkaufen und Bummeln auf den Märkten der Stadt.

Im Stadtteil **Soho** gibt es jeden Werktag den großen Markt in der Berwick Street, U-Bahn: Oxford Circus. Ein riesiger **Fischmarkt** läuft täglich am Westindia Quay, mit der Dockland Railway von Tower Hill aus zu erreichen (6–10 Uhr). Der größte **Flohmarkt** der Stadt findet jeden Werktag an der Portobello Road im westlichen Stadtteil Notting Hill statt, wo viele Einwanderer leben, U-Bahn: Notting Hill Gate oder Bayswater. Wer samstags kommen kann, erlebt den Höhepunkt des Treibens. Alles, was sich irgendwie verramschen läßt, wird hier angeboten. Insgesamt erstrecken sich die Stände über eine Entfernung von mehr als einem Kilometer (9–15 Uhr). Sonntags läuft im Osten der Stadt in der Middlesex Street ein von vielen Touristen frequentierter Markt. U-Bahn: Aldgate East (9–13 Uhr). Der urigste *Markt* ist der in **Brixton**, wo vor allem Menschen aus der Karibik einkaufen, begleitet von Reggaemusik. (Zug von der Victoria Station oder U-Bahn: Brixton).

Die berühmtesten *Einkaufsstraßen* Londons sind die **Regent Street** und die **Oxford Street**. Das berühmte **Kaufhaus Harrod's** liegt bei der U-Bahn-Station Knightsbridge südlich vom Hyde-Park. Das Kaufhaus **Marks and Spencer** hat seinen Hauptsitz in der Oxford Street.

Sehenswertes

Die Hauptstadt des Vereinigten Königreichs ist die kosmopolitischste Stadt Europas: Chinesen, Inder und Afrikaner, Menschen aus allen Ländern des ehemaligen Empire. London hat mehr als acht Millionen Einwohner, rechnet man das Umland dazu, werden es über elf Millionen. Obwohl etwas größer, ist London dennoch nicht mit Paris zu vergleichen. Der Stadt fehlt die Eleganz der französischen Metropole, dafür hat London ursprünglichere Stadtviertel und viele grüne Parks mitten in der Stadt. Die bekanntesten Sehenswürdigkeiten in der Innenstadt sind von der Victoria Station gut per Pedes zu erreichen.

Gleich rechts von der Victoria Station stößt man auf das Regierungsviertel mit der **Westminster Abbey**, der Kirche, in der fast alle britischen Könige seit Wilhelm dem Eroberer (1066) gekrönt und später begraben wurden. Zudem liegen hier die berühmtesten Söhne des Landes wie Darwin und Dickens. Zu besichtigen sind ferner der Königsthron von 1307 und die Kapelle Heinrichs VII. (Vorderteil der Kirche kostet keinen Eintritt, Hauptteil ca. 8 DM, täglich ca. 10–17 Uhr). Hinter der Abbey an der Themse die **Houses of Parliament** mit dem berühmten **Big Ben**. Hier sitzen das Unterhaus sowie das Oberhaus zu politischen Entscheidungen zusammen. Der Big Ben wird nach der 13 Tonnen schweren Glocke, die er beherbergt, benannt. Sie hat ihren Namen von dem Beamten Benjamin Hall, der 1859 bei Errichtung des Turms ihr Modell auswählte. Parallel zur Themse folgt hinter der Westminster Bridge **Whitehall**, der Komplex mit sämtlichen Regierungsstellen, dahinter **Downing Street No. 10** mit dem Sitz des Premierministers. Vor der Whitehall der zentrale Platz der Stadt, **Trafalgar Square**, mit dem Admiral Nelson, der bei Trafalgar 1805 Napoleon schlug, dabei aber selbst getötet wurde. Direkt am Platz die **Nationalgalerie** aus dem Jahr 1838 mit einer riesigen Gemäldesammlung mit Werken von Leonardo da Vinci, Michelangelo, Rembrandt, Rubens, Renoir, van Gogh, Goya, Gainsborough u. a. (täglich 10–18 Uhr, sonntags 14–18 Uhr, kostenlos).

Folgt man der Charing Cross Road vom Trafalgar nach Norden, stößt man links, kurz nach der Shaftesbury Avenue, auf **Chinatown** mit unzähligen preiswerten Restaurants. Nördlich schließt sich Soho an, vom Piccadilly Circus bis zur Oxford Street. Ein Rest von Reeperbahn, aber immer mehr Kneipen, Restaurants, Läden sowie Filmateliers der britischen Filmindustrie – Soho wandelt sein Gesicht. Hier sind die preiswertesten Restaurants, auch der tägliche Markt in der Berwick Street. Südwestlich von Soho, der Piccadilly Road folgend, erstreckt sich die grüne Lunge der Stadt: der **St. James Park** (im Süden, zwischen der Mall und dem Regierungsviertel liegt ein See mitten im St. James Park), der **Green Park** (südlich davon der Buckingham-Palast, wo die Königin lebt – ihre Anwesenheit wird von der Flagge auf dem Schloß signalisiert) und weiter im Westen

das große Areal des **Hyde Park**, an den sich direkt die Kensington Gardens anschließen. Zwischen diesen beiden weiten Parkanlagen liegt der «Serpentine» genannte See, um den herum ein unglaublicher Rummel (vor allem sonntags) herrscht. Am Nordostende des Hyde Parks liegt die **Speaker's Corner**, wo jeder nichtssagende oder aber sehr provozierende Reden halten kann. 800 m nördlich der Kensington Gardens liegen der *Bahnhof Paddington*, direkt südlich an die Gardens anschließend das **Albert Memorial** und die **Royal Albert Hall**, in der Konzerte stattfinden. Südlich der Albert Hall erreicht man das **Naturhistorische Museum** und dann, durch die Brompton Road nach Osten, das berühmte Riesenkaufhaus **Harrods**. Vom Trafalgar Square der Strand Avenue nach Osten folgend, passiert man rechts den Bahnhof *Charing Cross* und links, einige Straßenzüge nördlich, den alten Markt der Stadt, **Covent Garden**, in dessen Hallen heute viele (teure) kleine Läden, Restaurants, Straßentheater, Musik und viele Touristen vorzufinden sind. Die Strand Avenue mündet weiter östlich in die berühmte **Fleet Street**, in der bis vor wenigen Jahren sämtliche Zeitungen der Stadt hergestellt wurden. Inzwischen sind die Großkonzerne jedoch auf die neuen Standorte in den Docklands ausgewichen, weil sie dort mit neuen Maschinen nach Massenentlassungen billiger produzieren können. Hier an der Fleet Street liegt auch der Hauptgerichtshof Englands (**Law Courts**) sowie etwas südlich Richtung Themse das Viertel The Temple, in dem die am Gerichtshof zugelassenen Rechtsanwälte, die «Barristers», ihre Büros haben. **The Temple** blieb seit dem Mittelalter unversehrt. Die Fleet Street läuft direkt auf die wichtigste Kirche der Stadt und des Landes zu, die **St. Paul's Cathedral**. Nach einem der unzähligen Londoner Großbrände (ursprünglich waren alle Häuser aus Holz) wurde im 17. Jahrhundert auch diese Kirche aus Stein erbaut; sehr gute Aussicht vom Turm der Kirche (ca. 8 DM). Einige Straßenzüge weiter nördlich liegt das **Museum of London**, das einen interessanten Einblick in das Leben und die Geschichte der Stadt bietet. Östlich von der St. Paul's

Cathedral passiert man links die **Bank of England**, die Nationalbank. Weiter östlich, gleich an der Themse, befindet sich der **Tower**. Dieser Palast wurde von Wilhelm dem Eroberer im 11. Jahrhundert erbaut, später zum Staatsgefängnis umfunktioniert, in dem der schottische König im 14. Jahrhundert, der französische König, König Heinrich VI. von England sowie u. a. die Königinnen (Frauen von Heinrich VIII.) Anne Boleyn und Kathi Howard festgehalten und manche von ihnen hingerichtet wurden. Wer den Tower besuchen will (täglich 10–18 Uhr, sonntags erst ab 14 Uhr, ca. 18 DM), kann sich Waffen oder auch die Kronjuwelen Ihrer Majestät ansehen. Östlich vom Tower steht die **Tower Bridge**, das Wahrzeichen der Stadt, von 1894, die ihre Fahrbahnen hochklappen kann, um große Schiffe durchzulassen. Über der Straße läuft ein verglaster Fußgängerweg von Turm zu Turm, der aber Eintritt kostet (ca. 9 DM). Östlich des Towers breiten sich entlang der Themse Neubauviertel aus, mit teuren Wohnungen und Büros. Wo vor 30 Jahren noch unzählige Schiffe be- und entladen wurden, sind heute verrottete Gebäude zu sehen, die nur noch von ärmeren Leuten bewohnt werden. Den besten Überblick über dieses Gebiet hat man von der vollautomatischen Dockland Railway aus, die an der U-Bahn-Station Tower Hill startet.

Außerdem

Madame Tussaud's Wachsfigurenkabinett in der Marylebone Road (U-Bahn: Baker Street): das bekannteste Museum Londons mit unzähligen in Wachs modellierten Persönlichkeiten (täglich 10–17 Uhr, ca. 19 DM).

Kew Gardens: 80 000 Pflanzen werden gezeigt, drei Seen, Wiesen, Waldstücke, riesige Glashäuser gehören zu diesem Botanischen Garten (täglich 10–19 Uhr, 5 DM, U-Bahn: Kew Gate).

British Museum: Liegt südlich der Universität, zeigt Schätze aus der gesamten Welt des ehemaligen Commonwealth, erworben und gestohlen. U-Bahn: Goodge Street oder Tottenham Court Road (täglich 10–17 Uhr, sonntags 14–17 Uhr, kostenlos).

Victoria and Albert Museum: Eines der größten Kunstmuseen der Welt. Sammlungen der bildenden Künste und des Kunsthandwerks aus allen Ländern und in allen Stilarten. Zudem befinden sich hier Fotoausstellungen, britische Miniaturen und Modekollektionen (Mo–Sa 10–17.50 Uhr, So 14.30–17.50 Uhr, Eintritt: Spende, U-Bahn: South Kensington).

Tate Gallery: Nationalsammlung englischer Gemälde vom 16. Jahrhundert bis heute, zudem allgemein Gemälde und Skulpturen des 20. Jahrhunderts. Umfangreiche Sammlung zeitgenössischer Drucke. Berühmt ist die Turner-Abteilung (Mo–Sa 10–17.50 Uhr, So 14–17.50 Uhr, Eintritt kostenlos, U-Bahn: Pimlico).

Windsor

London Waterloo – Windsor Talbahnhof oder London Paddington – Slough (umsteigen) – Windsor Bergbahnhof. Auf beiden Strecken dichter Zugverkehr.

Sehenswertes

Hier steht das prächtige **Windsor Castle** des englischen Königshauses. Im 17. Jahrhundert wurde die Burg in ein Schloß verwandelt. In der St. George's Chapel liegen Heinrich VIII. und Karl I. begraben. Der kleine Ort Windsor zeigt schöne alte Gassen, durch die Touristenflut herrscht meist viel Betrieb. Jenseits der Themse, durch eine Brücke verbunden, liegt **Eton** mit seiner berühmten Eliteschule. Die Besichtigung des Windsor Castle, das von beiden Bahnhöfen in wenigen Minuten zu erreichen ist, kostet ca. 20 DM (täglich 11–17 Uhr).

Nördlich von London

Oxford

Strecke 28021 London Paddington – Reading – Oxford, alle 60 Minuten Züge.

Information

Gegenüber der Townhall im Zentrum, Broschüren und Pläne zur Stadt, Zimmervermittlung.

Übernachten

Jugendherberge, Jack Straw's Lane 32, Tel. 0865/62997, ganzjährig geöffnet, keine Schließzeit, 114 Betten, ca. 23 DM, im Sommer oft voll, vom Bahnhof 4 km, der kleine grüne Bus fährt vom Job Centre mitten in der Stadt zur Herberge. **Hostel des CVJM, Alexandra Residential**, Woodstock Road 133, Tel. 0865/52021, nur für Frauen, ca. 18 DM, Bus 60, nur in den Semesterferien. **Bed and Breakfasts** zahlreich vorhanden, vor allem in der Cowley Road und der Iffley Road am östlichen Stadtrand, dem Bahnhof entgegengesetzt. **Studentenzimmer** gibt es von Juli bis September beim **Mitre Rooms**, Turl Street 48, Tel. 0865/279821, ca. 45 DM. **Campingplatz Oxford International** am westlichen Stadtrand in der Abingdon Road, Bus zur Endstation Red Bridge Park. **Camping** auch um die Jugendherberge.

Essen und Trinken

Großes Angebot an Lokalen und Cafés. Ein preiswertes exotisches Restaurant ist das **Rick's Caribbean** in der Cowley Road 146 im östlichen Stadtbereich, dort, wo es die vielen Bed and Breakfasts gibt. In derselben Straße (Nr. 58) gibt es das **Moonlight Tandoori** mit indischer Küche, ebenfalls nicht zu teuer. Im Zentrum liegt der prächtig eingerichtete **Turf Tavern Pub** mit vielen Studenten und großem Salatangebot. In der zentralen St. Aldate's Street befindet sich nicht weit vom Fremdenverkehrsamt das gemütliche **St. Aldate's Church Coffee House**. Abends gibt es *Live-Musik* im **The Mudd Pub** in der George Street und der **Jericho Tavern** in der Walton Street, beide mit vielen Studenten.

Sehenswertes

Oxford ist eine arbeitsame Studentenstadt mit der ältesten Universität Englands aus dem 12. Jahrhundert. Romantische Gassen mit sehenswerten Colleges bringen viel Atmosphäre in die Stadt. Rings um die High Street findet man die wichtigsten Unigebäude in den Seitensträßchen. Die umfangreichste britische **Bibliothek Bodleian** ist zu besichtigen, ebenso das Ashmolean Museum mit alten Gemälden (täglich, 11–18 Uhr, kostenlos). Lohnend ist die **Kathedrale** am Christ Church College, hier sollte man unbedingt die Fenster betrachten. Berühmt sind die romantisch-malerischen Innenhöfe der Colleges (täglich 10–18 Uhr zu besichtigen, teilweise kostenlos, sonst ca. 5 DM, auch Führungen). In den Außenbezirken wirkt Oxford modern und von städtischer Hektik getrieben, ganz anders als das gemütlichere Cambridge.

Cambridge

Strecke 28036 London Kings Cross – Cambridge, alle 60 Minuten.

Information

In der Wheeler Street mitten in der Stadt, am Ende des Market Square. Viele Pläne über die Stadt und die Colleges, Zimmervermittlung, Übersicht über Veranstaltungen.

Übernachten

Jugendherberge in der Tenison Road 97, Tel. 0223/354601, ganzjährig geöffnet, keine Schließzeit, 118 Betten, ca. 28 DM, nur 400 m vom Bahnhof, die erste Straße nach rechts, oft voll. **Hostel Queen Anne des CVJM**, Gonville Place, 500 m vom Bahnhof, für beide Geschlechter, Tel. 0223/356998, ca. 43 DM mit Frühstück. Viele **Bed and Breakfasts**, gleich in der Tenison Road bei der Jugendherberge, auch in der Chesterton Road in der Innenstadt, im Sommer oft ausgebucht. **Bed and Breakfast Anderson**, Chesterton Road 168, ca. 45 DM, Tel. 0223/355487. **Bed and Breakfast Lyngamore**, Chesterton Road 37, Tel. 0223/312369, großes Haus, nur ca. 37 DM. **Hillside Guest House**, Chesterton Lane 13, Tel. 0223/353604, einfache Zimmer ab ca. 34 DM mit Frühstück. **Camping-platz Highfield Farm**, ca. 5 km im Nachbar-dorf Comberton, nur im Sommer offen, Bus 118 vom Busbahnhof.

Essen und Trinken

Viele Lokale und Cafés stehen zur Aus-wahl. **Taj Mahal**, Regent Street 39, preis-wertes indisches Restaurant. Mitten im Zentrum das vegetarische Lokal **King's** mit großer Salatbar, King's Parade 9, nicht weit davon beim Queen's College der urige **Pub The Mill** mit vielen Studenten. Live-Musik gibt es im **Junction Pub** in der Clifton Road und im **Boat Race Pub** an der East Road sowie in der **Disco Geldart** in der Ainsworth Road.

Sehenswertes

Cambridge ist die schönste englische Uni-versitätsstadt mit mehr als 20 Colleges, die alle eine lange Tradition genießen. Das größte ist das **Trinity College** mit seiner berühmten Bibliothek. Etwas weiter folgt das **King's College** mit sehenswerter Kir-che. Umgeben sind die Colleges vom Fluß Cam und weiten Wiesenflächen, die von jungen Leuten ständig bevölkert sind. Bei einer Paddeltour auf dem Fluß Cam sieht man die Colleges und die vielen Park- und Rasenflächen.

Norwich

Strecke 28037 London Liverpool Street – Norwich, alle 30 Minuten Züge.

Information

In der Guildhall am Marktplatz. Stadtpläne und Zimmervermittlung.

Übernachten

Jugendherberge in der Turner Road 112, Tel. 0603/627647, außer Januar immer geöffnet, 68 Betten, ca. 25 DM, vom Bahn-hof 3 km, Bus 19. Zwei **Hostels des CVJM**: **Hostel** für beide Geschlechter, St. Giles Street 46, Tel. 0603/620269, ca. 35 DM mit

Frühstück. **Hostel** nur für Frauen, Bethel Street 61, Tel. 0603/625982, ca. 25 DM ohne Frühstück. Viele **Bed and Breakfasts** gleich in Bahnhofs-Nähe in der Thorpe Street. **Campingplatz Lakenham**, ca. 1 km außerhalb, Bus 31, Tel. 0603/620060.

Essen und Trinken

Sehr großes Angebot an Lokalen und Pubs, einer der schönsten ist der **Pub Take Five** in der zentralen St. Andrews Street mit altem Mobiliar, viel Holz, dazu mo-derne Bilder, preiswert.

Sehenswertes

Norwich ist eine Stadt mit schmalen Gassen und vielen alten Kirchen, die mittelalter-liche Stimmung entstehen läßt. Besonders sehenswert ist die **Kathedrale** mit einem fast 100 m hohen Turm und schönen Kreuzgän-gen (täglich 8–18 Uhr, kostenlos). Mitten in der Stadt thront die alte **Festung** auf einem Bergsporn, in dem heute ein Museum resi-diert, das die Geschichte der Burg und der Stadt dokumentiert (täglich 10–17 Uhr, 5 DM). Die Krönung der alten Gassen ist die *Elm Hill* nordwestlich der Kathedrale, die von der Wensum Street abzweigt.

Mittelengland

Mittelengland wird dominiert von Groß-städten wie *Birmingham*, *Nottingham*, *Derby*, *Manchester*, *Sheffield*, *Liverpool*. Das industrielle und geographische Herz des Landes ist heute teilweise zu einem großen Elendsquartier verkommen, das von Arbeitslosigkeit, vielen verfallenen Straßenzügen und leerstehenden Industrie-gebäuden dominiert wird. Mehrere Bahn-linien führen von London nach Nordeng-land und in diese mittelenglische Region.

Liverpool

Strecke 28030 London Euston – Liverpool

Information

100 m vom Hauptbahnhof, links über die Lime Street, im Clayton Square Shopping Centre. Stadtpläne und Zimmervermittlung, zudem eine Beatles-Broschüre für 4 DM.

Übernachten

Hostel Embassie, Falkner Square 1, Tel. 051/7071089, ganzjährig geöffnet, keine Schließzeit, sehr nettes Team, ca. 25 DM, gemeinsame Küche zum Selbstverpflegen, ca. 1 km vom Bahnhof, auch Bus von dort. **Hostel des CVJM**, Mount Pleasant 56, Tel. 051/7099516, für beide Geschlechter, mit Frühstück ca. 42 DM. **Campingplatz Wirral Park**, jenseits des Mersey, Tel. 051/6484371, per Schiff rüber nach Woodside, weiter mit Bus 71, dann noch ca. 1 km zu Fuß.

Sehenswertes

Liverpool ist für die meisten wohl nur die Heimatstadt der *Beatles*. Treffpunkt ihrer Fans in der Stadt ist die **Penny Lane Bar** in der gleichnamigen Straße 116 mit Live-Musik, in der Info-Broschüre detailliert erklärt. Der Cavern-Club, in dem sie unzählige Male spielten, wurde längst abgerissen, der neue Club ist nur ein Nachbau. Im **Albert Dock** am Hafen ist das **Beatles Story Experience Museum** zu finden (täglich 10–17 Uhr, ca. 9 DM). Gleich daneben das lohnendere **Liverpool and Maritime Museum** im neu errichteten Gebäudekomplex, der früher die Werften beherbergte, mit einer sehr informativen Übersicht über die Geschichte der Region und der Stadt (täglich 11–17 Uhr, 9 DM). Bei dem Stahlbetonbau, der einem gewaltigen Zelt ähnelt, steht etwa 500 m links vom Hauptbahnhof, handelt es sich um die katholische Kathedrale, die erst vor wenigen Jahrzehnten fertiggestellt wurde. Die anglikanische **Kathedrale**, 1970 errichtet, ca. 800 m von der katholischen entfernt, gilt als größter Kirchenbau Englands. Von ihrem Turm kann man bis nach Wales sehen (täglich, ca. 5 DM).

Chester

Strecke 28060 London Euston – Holyhead, alle 60 Minuten. Von Manchester alle 60 Minuten Züge.

Information

Mitten in der Stadt im Rathaus, zudem in der Vicar's Lane neben dem Grosvenor Park. Viele Prospekte, auch in Deutsch, Zimmervermittlung.

Übernachten

Jugendherberge Hough Green House, Hough Green 40, Tel. 0244/680056, ganzjährig geöffnet (außer Dezember), 130 Betten, vom Bahnhof 2,5 km, quer durch die Altstadt, über die Grosvenor Bridge über den Fluß Dee, dann an der großen Kreuzung nach rechts in den Hough Green (oder Bus 16 oder 17 vom Busbahnhof in der George Street), ca. 22 DM. **CVJM Hostel**, nur für Frauen, City Road 49, ca. 400 m vor dem Bahnhof, Tel. 0244/20127, ca. 23 DM. Viele **Bed and Breakfasts** gleich rechts vom Bahnhof in der Hoole Road, die am Bahnhof über die Gleise führt. **Campingplatz Chester Caravan Park**, ca. 4 km außerhalb, Bus nach Marlston.

Sehenswertes

Chester hat eine wunderschöne Altstadt mit gut erhaltenen Georgian-Style-Häusern, unter deren überdachten Balkonen man auch im ersten Stock an den Geschäften entlanggehen kann. Auf den Resten der römischen Festung wurde die **Stadtmauer** gebaut, die samt ihren Toren sehr gut erhalten ist. An ihr liegt auch die **Kathedrale**, ein Bau aus rotem Sandstein. Zudem gibt es noch ein großes römisches **Amphitheater** zu besichtigen. Die Altstadt ist in wenigen Minuten zu Fuß vom Bahnhof über die City Road zu erreichen. Bei jeder Tour nach Nord-Wales oder Schottland sollte man in Chester Zwischenstation machen.

Lincoln

Strecke London King's Cross – Newark,
umsteigen nach Lincoln, Züge alle 60 Minuten, auch nach Doncaster – York.

Information

In der Guildhall, 200 m halblinks vom
Bahnhof über den Wigford Way. Stadtplan,
Zimmervermittlung.

Übernachten

Jugendherberge, South Park 77,
Tel. 0522/522076, nur März–Dezember,
50 Betten, 1,5 km vom Bahnhof nach rechts
bis zur Brücke über die Bahn, diese hinüber und die Canwick Road entlang bis
zum South Park rechts. **CVJM-Hostel**,
Rumbold Street 16, Tel. 0522/511811,
600 m vom Bahnhof nach rechts zur Pel-
ham Road, diese links über den Fluß und
die Broadgate entlang bis zur Rumbold
Street rechts, für beide Geschlechter, ca.
25 DM. Viele **Bed and Breakfasts** in der
Yarborough Road in der westlichen Innenstadt.

Sehenswertes

Vom Bahnhof halblinks die High Street
entlang kommt man über die High Bridge
in die Altstadt und zur großen **Kathedrale**,
die die Stadt markant überragt. Hinter
dem Sakralbau erstrecken sich schmale
Gassen mit niedrigen Häusern und vielen
Shops bis hin zu den Ruinen der alten **Burg**
aus dem 11. Jahrhundert, von der nur die
Mauer und 3 Türme übrigblieben (täglich
10–18 Uhr, ca. 5 DM).

Nord-England

York

Strecke 28035 London King's Cross – Edinburgh, alle 30, zeitweise alle 60 Minuten,
auch Züge nach Scarborough und Leeds.

Information

Im Bahnhof nur im Sommer; ganzjährig
nahe der Stadtmauer westlich der Kathedrale, viele Broschüren, Zimmervermittlung.

Übernachten

Jugendherberge York International, Water
End, Clifton, Tel. 0904/653147, nur
Februar–November, keine Schließzeit,
156 Betten, ca. 30 DM, vom Bahnhof 1,5 km
die Station Road nach links über den Fluß
Ouse, dann 1 km dem Uferweg folgen nach
links. **Hostel Bishophill**, Bishophill Senior
Road 11, Tel. 0904/625904, Schlafsaal und
DZ, ab ca. 26 DM, 500 m vom Bahnhof,
nach links die Station Road, bis rechts die
Rougier Street abzweigt, diese durch, die
Verlängerung Hudson Street entlang, dann
die Micklegate 30 m nach rechts, kommt
links die Bishophill. Viele **Bed and Breakfasts** in der Bootham Street westlich der
Kathedrale. **Campingplatz Club Site**, nur
ca. 800 m vom Bahnhof, oft voll, sehr teuer,
vom Bahnhof nach rechts die Queen
Street, dann geradeaus die Nunnery Lane
und die Price's Lane durch, geradeaus die
Clementhorpe weiter bis zur Terry Avenue
beim Campingplatz. **Campingplatz Raw-
cliffe**, 3 km außerhalb an der Manor Lane,
Bus 17 vor dem Bahnhof bis Manor Lane,
dann noch 5 Minuten Fußweg.

Sehenswertes

York ist eine der schönsten mittelalterlichen
Städte Englands, sehr gut erhalten. Die riesige **Kathedrale** wurde 1984 bei einem Brand
teilweise zerstört, sie gilt als größte nördlich
der Alpen. Um die Stadt führt an der Stelle
der alten römischen Befestigung die **Stadtmauer**, auf der es sich spazieren und den
Blick auf die Stadt genießen läßt. Die schmalen Gassen haben Kopfsteinpflaster, und
links und rechts stehen schiefe **Fachwerkhäuser**. Das **Burgmuseum** zeigt die Folklore
der Region in verschiedenen Jahrhunderten.
Von der Festung selbst stehen nur noch
Reste: Im **Clifford-Turm** suchten im Mittelalter Juden vergeblich Zuflucht. Wer die
Touristenmassen in York satt hat, geht ins

61

Eisenbahnmuseum am Bahnhof, wo ein Blick auf Englands erste Eisenbahnen lohnt (täglich 10–18 Uhr, 5 DM).

Scarborough

Strecke 28040 Liverpool – Manchester – York – Scarborough, Züge alle 2 Stunden, auch Züge von Hull.

Information

250 m vor dem Bahnhof, Nicholas Cliff, Zimmervermittlung.

Übernachten

Jugendherberge The White House, Burniston Road, Tel. 0723/361176, ganzjährig geöffnet (außer Januar), 64 Betten, ca. 18 DM, 3 km vom Bahnhof, am nördlichen Stadtrand. Unzählige **Bed and Breakfasts**. 5 **Campingplätze** nördlich und südlich der Stadt an der Küste, ca. 3 km außerhalb.

Sehenswertes

Scarborough ist das wohl bekannteste Seebad im Norden Englands an der Ostküste unweit von York. Zwei große lohnende Sandstrände laden direkt in der Stadt zum Baden, dazwischen ragt auf einer geschwungenen Landzunge der Rest einer Festung ins Meer. Viele Touristen sind im Sommer unterwegs, viele Läden, Restaurants und Pubs.

Von Scarborough die Küste entlang in den Norden führt ein abenteuerlicher Klippenweg Richtung **Whitby** (30 km), wo eine Stichbahn zur Hauptstrecke beginnt (auch Busse nach Whitby). Südlich von Scarborough liegt an der Bahnstrecke nach Hull das Seebad **Bridlington** mit schönen Sandstränden und romantischem Fischerhafen.

Durham

Strecke 28035 London King's Cross – Edinburgh, etwa alle 60 Minuten, aber nicht alle Züge halten in Durham.

Information

Market Place, gleich über dem Fluß, vom Bahnhof ca. 400 m. Pläne und Zimmervermittlung.

Übernachten

Jugendherberge Durham Sixth Form Centre, Providence Row, Tel. 091/3842217, nur Juli und August, 40 Betten, vom Bahnhof 800 m über die Brücke rüber. **Studentenzimmer** in der Festung gibt es in den Semesterferien, Tel. 091/3743865, ca. 30 DM. **Campingplatz Finchale** ca. 4 km nördlich.

Sehenswertes

Schon vom Zug aus spürt man die Faszination der kleinen Stadt. Unübersehbar thronen die prächtige **Kathedrale** und die alte **Festung** in einem engen Bogen des Flusses Wear. Die Kirche zählt zu Recht zu den schönsten Gotteshäusern der gesamten Insel. Vom Kirchturm genießt man einen tollen Rundumblick (täglich 10–17 Uhr, 2 DM). **Durham Castle** wurde von Wilhelm dem Eroberer errichtet. Heute beherbergt die Festung Wohnungen für Studenten. Die **Altstadt** mit ihren Pubs und Restaurants fällt steil zum Flußtal ab, und im August quillt die Stadt vor Besuchern über: Dann findet ein berühmtes Folk-, Sing- und Tanzfestival statt.

Lake District

Von Oxenholme an der Hauptstrecke 28050 London – Schottland fahren jede Stunde Züge nach Windermere, von hier Busse in alle Regionen des Districts.

Information

Windermere: Am Bahnhof. Pläne und Zimmervermittlung. **Ambleside**: Old Courthouse in der Church Street.

Übernachten

Im gesamten Lake District gibt es 28 Jugendherbergen, unzählige **Bed and Break-**

fasts und viele **Campingplätze**. Genaue
Übersicht über alle Unterkünfte in
den Fremdenverkehrsämtern von Windermere und Ambleside. Die wichtigsten
Jugendherbergen: **Windermere**: High
Close, Bridge Lane, Troutbeck,
Tel. 05394/43543, ganzjährig geöffnet,
3 km außerhalb Richtung Ambleside,
oft voll. **Ambleside**: Waterhead,
Tel. 05394/34408, nur März–Dezember,
226 Betten, liegt am See, ca. 20 Minuten
von der Schiffslandestelle entfernt. **Coni-
ston** (westlich vom Lake Windermere):
Holly How, Far End, Tel. 05394/41323,
ganzjährig geöffnet, 69 Betten, liegt an
der Straße von Ambleside. Die zweite
Herberge **Coppermines House**,
Tel. 05394/41261, nur April–Oktober,
liegt unterhalb des Berges Old Man. **Grasmere** liegt nördlich von Ambleside und hat
auch 2 Jugendherbergen: Butterlip How,
Tel. 05394/35316, ganzjährig geöffnet,
96 Betten. Thorney How,
Tel. 05394/35591, ganzjährig geöffnet,
48 Betten, ca. 800 m vom Ort. In **Ambleside** gibt es ein **CVJM-Hostel**, Old
Lake Road, Tel. 05394/32340, mit Frühstück ca. 35 DM, für beide Geschlechter.

Sehenswertes

Sanfte Hügel mit grünen Wiesen, liebliche
Seen, kleine Dörfer und die höchsten
Berge des Landes, aber nicht zu vergessen
sind die Schattenseiten: viel Regen, sehr
viele Touristen und am westlichen Rand
des Lake District die englische Wiederauf-
bereitungsanlage für atomare Brennstäbe
Windscale/Sellafield, bekannt für die Ver-
seuchung der Irischen See mit radioaktiven
Stoffen und Ursache der erhöhten Krebs-
rate in der Region. Wer ursprüngliche
Schönheit sucht, muß abseits der großen
Wege gehen, am besten wandern oder ein
Fahrrad mieten. Fahrradverleihstationen
gibt es in vielen Dörfern des Lake District
(je Tag ca. 20 DM).
   Zudem führt die **Cumbrian Coast Line**
südlich, westlich und nördlich um den Lake
District herum, von der aus es ebenfalls
Zugänge gibt. Diese Strecke zweigt in
Carnforth von der Hauptlinie ab (umstei-
gen in Preston oder Lancaster) und führt

über Ulverston, Barrow-in-Furness, Mil-
lom, Ravenglass, Sellafield (Wiederauf-
bereitungsanlage), Whitehaven, Working-
ton nach Carlisle zur Hauptstrecke. Unterwegs, in Ulverston, kann man in den Bus
umsteigen und nach Haverthwaite fahren.
Hier wartet im Sommer eine Schmalspurbahn nach Lakeside (ca. 15 DM), im Süden
des Windermere-Sees, Busse fahren nach
Windermere, zudem Schiffe über den See.
An den zahlreichen Sandstränden der
Cumbrian Coast Line kann man baden.
   Von Windermere aus kann man ebenfalls per Schiff auf die andere Seite des
Sees hinüberfahren. Je weiter man sich von
diesem stark besuchten Ort entfernt, desto
ruhiger wird es (die Sealink-Schiffe geben
teilweise Prozente für Bahnpässe). Die
Städtchen Ambleside, Grasmere und Coni-
ston haben viel Charme und passen sich
angenehm in die Landschaft ein.

Süd-Wales

Wales präsentiert neben Schottland die
reizvollsten Landschaften der Britischen
Inseln: Gebirge im Inneren, Überreste alter Kohleminen im Süden, Sandstrände
und Burgen im Norden. Die Geschichte
des Landes ist von den Kelten geprägt:
Nach dem Vormarsch der Angelsachsen
hatten sich die Kelten nach Wales zurückgezogen. Auch die Normannen machten
sich Wales im 13. Jahrhundert untertan,
doch konnten sich die eigenständige Kultur
und Sprache halten, was man an den zwei-
sprachigen Bahnhofsschildern erkennt.
Heute lebt Wales vor allem von englischen
Touristen, was die Nachbarn aber kaum
beliebter macht. Neben seinen wilden
Landschaften bietet Wales als besondere
Attraktion viele *Schmalspurbahnen* an, die
als «Great Little Trains of Wales» unzählige Besucher anlocken. Inzwischen sind
alle Linien privatisiert und mit Bahnpässen
nicht mehr kostenlos zu benutzen.
   *Drei Bahnlinien führen von England
nach Wales*: Im *Süden* der Küste entlang
von Bristol über Cardiff nach Fishguard, in

Mittel-Wales von Birmingham über Shrewsbury nach Aberystwyth und Pwllheli, im *Norden* der Küste entlang von Chester über Llandudno und Bangor nach Holyhead.

Cardiff

Von Bristol führt die Bahnlinie 28059 in einem Tunnel unter der Severn-Mündung durch nach Cardiff.

Information

Bridge Street 8, Stadtpläne und Zimmerverzeichnis.

Übernachten

Jugendherberge, Wedal Road 2, Roath Park, Tel. 0222/462303, ganzjährig geöffnet (außer Dezember), Schließzeit 23 Uhr, 68 Betten, 2,5 km vom Bahnhof, Bus 78, 80, 82 vom Bahnhof. **CVJM-Hostel**, Newport Road, für beide Geschlechter, ca. 30 DM. Viele **Bed and Breakfasts** in der Cathedral Road, ab ca. 26 DM.

Essen und Trinken

Die berühmte Brauerei Brains versorgt die ganze Stadt mit ihrem Real Ale. Den Gerstensaft gibt es hinter der Brauerei in der St. Mary Street im **Cottages Pub**, in derselben Straße finden sich **Sam's Bar** mit Rock und Blues sowie der **Philharmonic Pub** mit Live-Musik.

Sehenswertes

Die Hauptstadt von Wales leidet stark unter der hohen Arbeitslosigkeit der Region, ausgelöst durch die Schließung der Kohlegruben. Sehenswert sind das mächtige **Castle** mit kunstvoll hergerichteten Zimmern (täglich 11–18 Uhr, 10 DM). Die Stadt selbst ist von modernen Gebäuden geprägt und hat wenig Flair.

Die Umgebung von Cardiff

Von Cardiff nach **Merthyr Tydfil** führt eine Nebenstrecke, auf der alle 30 Minuten Züge fahren. Eintönige alte Bergmannssiedlungen begleiten die Tour: Abraumhalden und verfallene Schachtanlagen, in denen nicht nur die Männer der Umgebung, sondern auch schon Kinder schuften mußten.

Auf der Nebenstrecke von Cardiff nach Rhymney erreicht man beim Ort **Caerphilly** (alle 30 Minuten Züge, 10 Minuten Fahrzeit) das riesige Festungsbauwerk *Caerphilly Castle* mit wuchtigen Mauern, Schutzwall und Zugbrücke (Eintritt 11–18 Uhr, ca. 8 DM).

Die Südküste

Die Hauptstrecke 28059 führt von Cardiff nach **Swansea**, dem Zentrum der Schwerindustrie mit großen wirtschaftlichen und ökologischen Problemen. Hinter Swansea zweigt in Whitland eine Nebenstrecke zur Südküste ab, alle 90 Minuten befahren. Sie führt nach **Tenby**, einem schönen Bade- und Fischerstädtchen mit einer netten Altstadt. Endpunkt dieser Bahnstrecke ist die kleine Hafenstadt **Pembroke** mit einem gut erhaltenen alten Kern und mittelalterlicher Burg und 2 Bahnhöfen: Pembroke nahe der Stadt und Pembroke Dock bei den Schiffen nach Irland. (1–2 Fähren nach Rosslare, ca. 40 DM). Nimmt man das Schiff zur anderen Seite der Bucht (jede Stunde, ca. 8 DM), kann man dort in **Milford Haven** die Züge der Nebenbahn besteigen, die zurück zur Hauptstrecke fahren (Milford Haven – Carmarthen alle 2 Stunden. Carmarthen liegt an der Hauptstrecke Cardiff – Fishguard kurz vor Fishguard).

Fishguard ist der Endpunkt der Hauptstrecke von Cardiff. Hier laufen die Schiffe nach **Rosslare** in Irland aus, gleich nach Ankunft der Züge, für Interrailer 30 Prozent ermäßigt. Die felsige Küste und die grünen Täler rund um das noch beschauliche Städtchen locken zu Wanderungen, etwa den **Pembrokeshire Coast Path** entlang, der 269 km weit die ganze Felsenküste im Westen von Wales erschließt. (*Über-*

nachten in der **Jugendherberge Pwll Deri**,
Castell Mawr, Tref Asser, Tel. 03485/233,
nur April–September, 32 Betten, ca.
22 DM, 7 km von Fishguard. **Fishguard
Camping**, ca. 2 km außerhalb, am Meer. **Ju-
gendherberge** am Küstenweg in **St. David's,
Llaethdy**, Tel. 0437/720345 (nur
April–Oktober, ca. 22 DM, 44 Betten, 3 km
von St. Davids, 24 km von Fishguard, auch
Busverbindung).

Mittel-Wales

Die Strecke von Shrewsbury nach Aberystwyth führt mitten durch die abwechslungsreiche Landschaft der Cambrian Mountains (alle 2 Stunden ein Zug). Wenige Kilometer vor dem Meer erreicht der Zug
Machynlleth. 7 km außerhalb liegt ein bekanntes *Zentrum* für Wind- und Solarener-
gie mit erklärender Führung, das **Centre
for Alternative Technology** (drei Busse täglich vom Bahnhof, täglich 10–17 Uhr, ca.
14 DM Busticket und Eintritt).
Kurz hinter Machynlleth in Dovey Junction teilt sich die Bahnstrecke: nach Süden
Richtung Aberystwyth und der Westküste,
in den Norden folgend bis Pwllheli.

Aberystwyth

Information

Terrace Road, Pläne der Dampf- und
Schmalspurbahnen und Zimmervermittlung.

Übernachten

Jugendherberge in **Borth**, der Bahnstation
vor Aberystwyth, Morlais, Tel. 0970/
871498, nur März–Oktober, ca. 24 DM,
auch Busse von Aberystwyth Nr. 511, 512,
520, 524. Unzählige **Bed and Breakfasts** in
Aberystwyth, viele in der Queens Road,
Cambrian Road und Rheidol Terrace,
preiswert. **Bed and Breakfast Myrddin**,
Rheidol Terrace 1, Tel. 0970/612799, ca.
28 DM. **Bed and Breakfast Hafod**, South

Marine Terrace 1, Tel. 0970/617579, ca.
30 DM, toller Blick aufs Meer. **Campingplatz Midfield**, 3 km außerhalb.

Essen und Trinken

The Black Lion Pub, Bridge Street 24, viele
junge Leute. **Rummers Pub**, Bridge
Street 29, Live-Musik. **Cooper's Arms Pub**,
Northgate Street 15, tolle Folk-Musik aus
Wales. **Corkers Pub**, Bridge Street, bietet
junge Leute und große Salatauswahl.

Sehenswertes

Aberystwyth hat eine schöne Uferpromenade, einen langen Sandstrand und viele
junge Leute, die meist an der Universität
studieren. Die Preise liegen allgemein niedriger als in England, die Pubs sind meist urig
und werden von jungen Leuten frequentiert.
Im Nachbarort Borth (Bahnstation vor
Aberystwyth, wo die Jugendherberge liegt)
gibt es einen weiteren riesigen Sandstrand.
  Von Aberystwyth fährt eine der aufregendsten walisischen Nebenbahnen, die
Vale of Rheidol, das Flußtal des Rheidol
hinauf nach *Devil's Bridge* durch wilde
Berge zu den Wasserfällen von Mynach.
Die Strecke ist 19 km lang, die Fahrzeit be-
trägt ca. 1 Stunde. Ursprünglich für den
Transport von Erzen gebaut, ist die Bahn
heute eine Touristenattraktion. Vom End-
bahnhof kann man die Schlucht über ver-
schiedene Brücken erreichen (mehrere
Züge täglich, ca. 20 DM Rückfahrkarte).
  Cambrian Coast Railway: Die nördliche
Bahnstrecke zweigt in Dovey Junction kurz
vor Aberystwyth von der Hauptstrecke von
Shrewsbury her ab und führt als Cambrian
Coast Railway immer der mittelwalisischen
Küste entlang nach Norden. Alle Bahnpässe sind gültig. Die Züge fahren meist direkt ans Wasser, oft durch einsames Gebiet.
In **Aberdovery** finden sich lange Sandstrände nicht weit vom Bahnhof. Im nächsten Ort **Tywyn** startet eine *Schmalspurbahn* durch die Gwerhol-Schlucht nach
Abergynolwyn, zudem gibt es hier am
Bahnhof das **Tywyn Narrow Gauge Railway Museum**. (Fahrt mit der Talyllin Railway von Tywyn ca. 18 DM Rückfahrt, ca.
12 km, 3mal täglich).

Am nächsten Bahnhof in **Fairbourne** startet erneut eine Schmalspurbahn, zudem liegt nicht weit vom Bahnhof ein Campingplatz. Der nächste Ort **Barmouth** bietet nahe am Bahnhof riesige Sandstrände. In **Harlech** thront ein wuchtiges *Castle* über dem Ort, zwischen dem Meer und den Bergen des Snowdonia Nationalparks. (Jugendherberge in **Llanbedr**, 2 Bahnhöfe vor Harlech, Plas Newydd, Tel. 03 41/24 12 87, nur März–Oktober, ca. 15 DM, vom Bahnhof Llanbedr 5 Minuten zu Fuß.) Etwas weiter im Norden, in **Minffordd**, kann man in die Privatbahn der *Ffestiniog Railway* umsteigen, mittels der man die Bahnstrecke an der Nordküste von Wales erreicht (siehe unten). Die Cambrian Coast Railway fährt weiter bis *Pwllheli* über Porthmadog.

Nord-Wales

Conwy Valley Line

Die Nebenstrecke von Llandudno Junction folgt dem Fluß Conwy hinauf in die Berge östlich des Snowdon-Massivs. Am Bahnhof **Betws-y-Coed**, einem Feriendorf im Bergland, liegt das Conwy Valley Railway Museum, ein kleines Eisenbahnmuseum. Endpunkt der Bahnlinie ist die alte Bergwerksstadt *Blaenau Ffestiniog*, wo früher Schiefer abgebaut wurde. Nördlich des Städtchens findet sich das Bergbaumuseum *Gloddfa Ganol Mountain Centre*, Busverbindung vom Bahnhof (täglich 10–18 Uhr, 8 DM). Die Bahnstrecke bis Blaenau ist mit Bahnpässen kostenlos. (*Übernachten* in **Betws-y-Coed**: **Bed and Breakfast Swn-y-Dwr**, Mill Street 10, Tel. 06902/648. **Campingplatz** 50 m vom Bahnhof. **Jugendherberge Capel Curig**, Plas Curig, Tel. 06904/225, nur März–Dezember, ca. 22 DM, 6 km von Betws-y-Coed. **Jugendherberge Lledr Valley**, Lledr House, Pont-y-Pant, Tel. 06906/202, nur März–Dezember, ca. 22 DM, ca. 1 km vom Bahnhof **Pont-y-Pant**, Bahnhof nach Betws-y-Coed.)

Ffestiniog Railway

Eine der vielen Kleinbahnen, die in Wales zum Abtransport der Erze gebaut wurden, ist die Ffestiniog Railway. Sie dampft auf nur 60 cm breiten Schienen durch eine wilde Landschaft zum Meer hinunter. In **Minfford** oder **Porthmadog** (hier liegen die beiden Bahnhöfe aber weit auseinander) kann man umsteigen in die Cambrian Coast Railway (siehe oben). Die Ffestiniog Railway kostet ca. 15 DM, Bahnpässe nicht gültig, lohnt sich aber.

Conwy

Nordküstenbahn: Die Hauptstrecke 28060 von London – Chester – Llandudno führt weiter nach *Conwy*, *Bangor* und nach *Holyhead* auf der Insel *Anglesey*.

Information

In der Castle Street, Pläne und Unterkunftsverzeichnis.

Übernachten

Mehrere **Bed and Breakfasts**. **Hostel** in **Penmaenmawr**, Penmaenbach, Tel. 04 92/62 34 76, Bahnhof 6 km westlich von Conwy, **Campingplatz Conwy** 2 km außerhalb.

Sehenswertes

Wunderschöne Altstadt mit Stadtmauer und prächtigem Schloß auf einem Berg über der Küste. Interessantes Museum über die Geschichte der Stadt (täglich 10–18 Uhr, 3 DM).

Bangor

Information

Theatr Gwynedd, Deiniol Road. Pläne auch über den Snowdonia National Park und Zimmervermittlung.

Übernachten

Jugendherberge Tan-y-Bryn, Tel. 0248/
353616, nur Februar–November, 2 km vom
Bahnhof. Ab zwei Nächten gibt es **Studentenzimmer** bei der Universität,
Tel. 0248/351151. Viele **Bed and Breakfasts**, vor allem in der Deiniol Road, häufi-
ger schlafen Rucksackler vor dem Bahnhof.

Sehenswertes

Bangor ist eine kleine Universitäts- und
Touristenstadt am Kanal von Anglesey mit
netter Innenstadt und sehenswerter Kathe-
drale und Festung, auch Ausgangspunkt zu
Touren in den Snowdonia National Park.
Die Busse nach Caernarfon fahren am
Bahnhof ab.

Caernarfon und der Snowdonia National Park

Busse alle 2 Stunden von Bangor nach Caernarfon oder direkt nach Llanberis.

Information

Bei der Burg.

Übernachten

In Caernarfon einige **Bed and Breakfasts**,
vor allem in der Beddgelert Street. **Campingplatz** zwischen Caernarfon und Llanberis. **Jugendherberge** in **Llanberis**, Llwyn
Celyn, Tel. 0286/870280, ganzjährig geöffnet (außer Januar), 67 Betten, 22 DM,
Bus 77 von Bangor (17 km). **Jugendherberge Snowdon Ranger**, Rhyd Ddu,
Tel. 0286/650391, nur Januar–Oktober,
67 Betten, 22 DM, im Snowdon-Massiv am
Rand von Llyn Cwellyn. **Jugendherberge
Pen-y-Pass**, Nant Gwynant, Tel. 0286/
870428, nur Februar–November.

Sehenswertes

Caernarfon zeigt ein berühmtes **Castle** mit
riesigen Ausmaßen. Bereits die Römer hatten an derselben Stelle im Jahr 78 n. Chr.
das Fort Segontium gegründet. Das Castle

wurde von den Engländern zwischen 1283
und 1330 gebaut, um die Walliser besser
unter Kontrolle halten zu können (täglich
9–18 Uhr, ca. 10 DM).

Von Caernarfon, aber auch direkt von
Bangor kann man per Bus nach Llanberis
fahren, einem kleinen Ort am Fuß des
Mount Snowdon, 1085 m hoch. Der Berg ist
ohne Bäume und Sträucher, eine wilde,
rauhe Landschaft. Von Llanberis aus fährt
eine Schmalspurbahn am See entlang (ca.
15 DM Rückfahrt). Die berühmte **Snowdon
Mountain Railway** schnauft in ca. 90 Minuten quer durch den Nationalpark, mit
prächtiger Aussicht und einzigartigen
Landschaftspanoramen. Bei schlechtem
Wetter können die Fahrten ausfallen, da
der tobende Wind dann eine sichere Fahrt
kaum zuläßt. Oben kann es auch im Sommer sehr kalt werden. In den Sommermonaten riesiger Andrang (ca. 32 DM Rückfahrt).

Insel Anglesey

Fährt man auf der Hauptstrecke 28060 weiter von Bangor, überquert der Zug den Kanal von Anglesey und kommt auf die
gleichnamige Insel. Der erste Bahnhof auf
der Insel hat den Namen **Llanfairpwllg-
wyngyllgogerychwyrndrobwllllantysil-
liogogogoch**, was übersetzt soviel bedeutet
wie «Kirche der Heiligen Maria im Tal des
weißen Haselnußstrauchs nach der Strom-
schnelle und der Tysiliokirche bei der roten
Höhle». Hier werden Bahnsteigkarten verkauft, die reißenden Absatz finden. Die
Bahnlinie endet im reizlosen **Holyhead**, wo
die Fähre ins irische Dun Laoghaire abgeht
(4 Fähren täglich, nach Ankunft der Züge,
ca. 45 DM, für Interrailer 30 Prozent).

Schottland

Das Bahnerlebnis auf der Insel! Die reizvollsten Bahnstrecken Großbritanniens
queren die Highlands im Westen Schottlands.

67

Glasgow

Strecke 28050 von London King's Cross
und London Euston, Züge jede Stunde.
Zudem Züge nach Edinburgh, Perth,
Stranraer, Oban, Mallaig.

Information

St. Vincent Place 35, Stadtpläne und Zimmervermittlung, 100 m vom Queen Street
Station. 200 m vom Central Station.

Verkehr

Zwei große Bahnhöfe: **Central Station** mit
den Zügen von England liegt mitten im
Zentrum am Fluß Clyde. Nur 500 m weiter
nordöstlich liegt **Queen Street Station** mit
Verbindungen aus Schottland. Vom Central
Station zum Queen Street Station läuft
man nach rechts die Gordon Street bis zur
Fußgängerzone Buchanan Street, diese
nach links bis zur George Street, dort ist
rechts der moderne Bahnhof, ca. 7 Minuten.

In Glasgow fahren Stadtbusse sowie eine
U-Bahn (Einzelticket ca. 2 DM, Tagesticket
ca. 10 DM).

Übernachten

Jugendherberge, Park Terrace 7, Tel. 041/
3323004, Schließzeit 2 Uhr nachts, 158 Betten, 26 DM, von den Bahnhöfen 2 km,
Bus 11, 44, 59 bis Woodlands Road. **Hostel
Backpackers**, Tel. 041/3325412, Kelvin
Lodge, Park Circus 8, nur Juni–September,
28 DM, Bus 11, 44 oder 59 bis Woodlands
Road. **Smiths Hostel**, Sauchiehall
Street 963, Tel. 041/3396363, DZ ca.
30 DM, ca. 1 km westlich der Bahnhöfe,
Verlängerung der Fußgängerzone nordwestl. der Queen Street.

Essen und Trinken

In der Sauchiehall Street finden sich viele
Restaurants und Cafés. **Gandhi**, preiswertes, indisches Lokal in Nr. 331. In Hausnummer 350 das **Third Eye Centre** mit
Buchhandlung und Café-Restaurant, preiswert. In der Renfrew Street, eine Parallel-
straße zur Sauchiehall (nördlich), liegt die
Mensa der University of Arts, ca. 6 DM.
Die südliche Parallelstraße der Sauchiehall,
die Bath Street, beherbergt den auffallendsten *Pub* der City, den **Griffin**, in Jugendstil-Interieur. *Disko* mit Live-Musik findet
man im **Sub Club** in der Jamaica Street 22.

Sehenswertes

Die größte Stadt Schottlands ist von der
Industrie geprägt. Seit Glasgow 1990 zur
europäischen Kulturhauptstadt erklärt
wurde, sind seine vielen Museen bekannt
geworden. Dennoch ist Edinburgh weitaus
reizvoller als Glasgow. Wer sich dennoch
hierher wagt, sollte den Besuch der **Art
Gallery** am Kelvingrove Park mit ihren unzähligen Gemälden unbedingt mit einplanen. Van Gogh ist ebenso vertreten wie
Cézanne und Picasso (täglich 11–18 Uhr,
kostenlos).

Die **Kathedrale** Glasgows überrascht mit
ihrem Inneren, und die Umgebung wurde
in den letzten Jahren hergerichtet, um den
Ruf der Stadt zu verbessern. So erstrahlt
das Rathaus in der Nähe des Queen-Street
Bahnhofs in neuem Glanz. Lohnend ist
auch der Besuch des Kulturtreffs Third
Eye in der langen Sauchiehall Street mit
vielen Veranstaltungen. Berühmt über die
Grenzen Glasgows hinaus sind auch der
Botanische Garten und der **People's Palace** im Park Glasgow Green am Clyde, ein
Museum zur Sozialgeschichte Schottlands.

Edinburgh

Strecken 28035/28050 London King's Cross
– Edinburgh, Züge über die Ostküste und
die Westküste, ca. alle 30 Minuten, auch
Züge nach Glasgow, Stirling, Dundee.

Information

Princes Street 3, im Einkaufstempel Waverley Market im Anbau des Hauptbahnhofs.
Viele Pläne und Broschüren, auch in deutscher Sprache, Zimmervermittlung für ca.
10 DM.

Verkehr

Hauptbahnhof ist **Waverley Station** direkt am Zentrum, nicht weit vom Castle. **Haymarket Station** liegt 2 km westlich. In der Stadt ist alles gut zu Fuß erreichbar.

Übernachten

Jugendherberge Bruntsfield, Bruntsfield Crescent 7, Tel. 031/4472994, ganzjährig geöffnet (außer Januar), 170 Betten, ca. 22 DM, vom Waverley Station 3 km, Bus 11, 15, 16, 17, C1, C11 bis Forbes Road. **Jugendherberge Eglinton**, Eglinton Crescent 18, Tel. 031/3371120, ganzjährig geöffnet (außer Dezember), 184 Betten, ca. 26 DM, nur 400 m von der Haymarket Station, aus dem Bahnhof die Haymarket Terrace entlang bis zur Coates Gardens, diese nach rechts ca. 200 m. **Hotel Blackfriars**, Blackfriars Street 8, Tel. 031/5573984, großer Raum, ca. 28 DM, Küche zum Selberkochen, keine Schließzeit, freundliche Leute, liegt 400 m südlich vom Waverley Station, über die North Bridge nach links in die High Street, nach 100 m rechts kommt die Blackfriars Street. Studentenzimmer gibt es von Juni–September bei der **Heriot-Watt Students Centre-Vermittlung**, Bristo Street, Tel. 031/6674583, nahe dem Waverley Station, die Bristo Street läuft parallel zur North/South Bridge ca. 300 m westlich. Ebenso beim **Old College**, South Bridge, Tel. 031/6671011, 400 m südlich vom Waverley Station in der Verlängerung der North Bridge. **CVJM-Hostel**, Belford Road, Tel. 031/2256509, ca. 28 DM, riesiger Raum, durch Decken abgetrennt in einer Kirche, ca. 800 m von der Haymarket Station, nach rechts die West Maitland Street 200 m entlang, dann links die Palmerston Place bis zum Ende laufen. **Cowgate Hostel**, The Cowgate 112, Tel. 031/2262153, Juli–September, 28 DM, 400 m südlich von Waverley-Station, über die North/South Bridge. **Bed and Breakfasts** zahlreich, im Sommer aber voll, meist um die Verlängerung der North/South Bridge nach Süden. **Campingplatz Municipal Silverknowes**, liegt am Firth of Forth, am Nordende der Stadt, Bus 8 a von der North Bridge.

Essen und Trinken

Die meisten *Pubs* findet man 5 Minuten vom Waverley Station in der Rose Street, der nördlichen Parallelstraße zur Princes Street. **Helio's Fountain** am Grassmarket gilt als preiswertes vegetarisches Restaurant, großer Zulauf. Das **Khushi Tandoori** in der Broughton Street 32, 600 m nördlich vom Waverley Station, bietet preiswert indische Küche. **Live-Musik**: Gibt es in vielen Pubs, so in der Rose Street (oben). Besonders zu empfehlen sind der **Fiddlers Arms** südlich der High Street und das **Osbourne Hotel** im York Place mit echtem schottischem Folk (mittwochs und samstags).

Sehenswertes

Edinburgh ist eine der schönsten Städte Europas. Südlich vom Hauptbahnhof Waverley, den Berg hinauf, findet man die *Altstadt* mit engen Gassen, Treppen, vielen Pubs und vielen Studenten. Die High Street führt kerzengerade vom Schloß Holyrood zum berühmten **Castle**. Die Festung thront grandios über der Stadt, bietet eine prächtige Rundumsicht. Im 16. Jahrhundert lebte hier Maria Stuart, deren Räume zu besichtigen sind. Im Castle sind zudem unzählige Waffen von Kanonen bis zu Schwertern zu sehen (täglich 10–18 Uhr, ca. 12 DM).

Die High Street trägt den Beinamen Royal Mile, weil hier die Könige von ihrem Schloß zur Kathedrale St. Giles und weiter zum Castle fuhren. Die Kathedrale direkt südlich vom Bahnhof stammt schon aus dem 12. Jahrhundert, und wenige hundert Meter südlich findet man den zentralen Platz der Altstadt, den **Grassmarket**, auf dem früher der Galgen stand.

Nördlich der Waverley Station erstreckt sich das Geschäftszentrum der Stadt rund um die Princes, Rose, George und Queen Street. Das Walter-Scott-Denkmal erinnert an den schottischen Nationaldichter und zeigt Figuren aus seinen Büchern (Besteigung ca. 4 DM). In der Mound Street am Ende des Bahnhofs bietet die **Scottish National Gallery** Werke von Manet, Rubens und Rembrandt an (täglich 10–18 Uhr, kostenlos). Folgt man der Waterloo Place vom Bahnhof nach rechts, erreicht man nach 500 m den **Carlton Hill**, eine 328 m hohe Erhebung mit dem Nationalmonument und dem Observatorium. Das Nationalmonument mit seinen seltsamen Säulen erinnert an den Krieg gegen Napoleon Anfang des 19. Jahrhunderts. Nebenan steht das Nelson Monument, das den Ausblick noch reizvoller gestaltet (ca. 1,50 DM Eintritt ins Nelsonmonument). Weit umfassender wird der Ausblick, wenn man den alten Vulkansockel *Arthur's Seat* besteigt, immerhin 823 m hoch, ein kaum bewachsenes Felsungetüm am Rand der Altstadt. Vom Holyrood-Schloß benötigt man ca. 30 Minuten, prächtige Aussicht auf die Innenstadt und das Meer mit dem Firth of Forth.

Im August und September platzt die Stadt aus allen Nähten, wenn das berühmte **Festival** mit Folklore, Musik, Tanz und Theateraufführungen gefeiert wird.

Lohnend ist eine Fahrt mit dem Zug über den *Firth of Forth*. Die gewaltige Eisenkonstruktion nördlich der Stadt ist über 100 Jahre alt. Direkt am Nordende der Brücke ist ein kleiner Bahnhof, wo die Nahverkehrszüge halten, hier läßt sich die einmalige Brücke besonders gut betrachten und fotografieren.

Schottlands Ostküste

Strecke 28050/28051 Edinburgh – Dundee – Aberdeen – Inverness. Die Städte und Landschaft im Osten enttäuschen im Vergleich zum Westen des Landes. Einzig die Fahrten über die Firth-of-Forth- und Firth-of-Tay-Brücke stellen einen Höhepunkt dar. Letztere, kurz vor Dundee, ist mehr als 3 km lang, ebenfalls über 100 Jahre alt und berühmtberüchtigt durch ihre Vorgängerin: 1879 brachte ein schrecklicher Seesturm das Gerüst der Brücke zum Einsturz und begrub einen ganzen Zug im Wasser.

Dundee verfügt nur über viele Industrie- und Hafenanlagen, ebenso die Ölstadt **Aberdeen**, vor deren Küste seit Jahren Öl aus der Nordsee gefördert wird. (**Jugendherberge** in **Aberdeen**: **The King George Memorial Hostel**, Queen's Road 8,

Tel. 02 24/64 69 88, außer Januar offen, 108 Betten, 22 DM, 2 km vom Bahnhof, Bus 14, 15.)

Nördlich von Aberdeen liegen die bedeutendsten **Whisky-Destillerien** Schottlands. In **Keith**, ca. 80 km nach Aberdeen, lädt die Strathisla zur Besichtigung mit kostenlosem Umtrunk (nicht weit vom Bahnhof, Mo – Fr 9 – 16 Uhr). Im benachbarten Dufftown sitzen andere Destillerien wie die berühmte Glenfiddich (Busverbindung von Keith, ca. 10 DM, Besichtigung täglich, auch So, ca. 10 – 16 Uhr, kostenlos).

Zentral-Schottland

Strecke 28050 Edinburgh/Glasgow – Perth – Inverness. Die Bahnlinie durchs Landesinnere zeigt äußerst reizvolle Landschaften. Vor allem nördlich von *Perth* kämpft sich der Zug durchs schottische Bergland.

Pitlochry ist ein bekannter Touristenort mit Dudelsackbläsern, einer Whisky-Destillerie nicht weit vom Bahnhof und unzähligen Wanderwegen in die Berge ringsum. (**Übernachten: Jugendherberge Braeknowe**, Knockard Road, Tel. 07 96/47 23 08, 2 km vom Bahnhof. Viele **Bed and Breakfasts**, vermittelt durch das Fremdenverkehrsamt in der Atholl Street. **Campingplatz Milton** ca. 1 km vom Bahnhof, am Ende des Ortes.)

Der Zug überwindet nördlich von Pitlochry den Pass Killicrankie und erreicht **Blair Atholl** mit einem der schönsten schottischen Castle, dem **Blair Atholl Castle**, ca. 2 km vom Bahnhof in wunderschönem Bergland (Besichtigung ca. 10 DM, täglich 10 – 17 Uhr).

Der Zug windet sich jetzt durch die **Grampian Mountains**, eine Hochgebirgslandschaft mit wilden Bergrücken ohne größere Vegetation, und erreicht das nette **Kingussie**, idealer Ausgangspunkt zu Wanderungen in die Umgebung. Im Ort lohnt das **Folk Museum** mit Freiluftanlage den Besuch (täglich 10 – 17 Uhr, 5 DM). Kingussie ist noch nicht ganz so überlaufen wie die Nachbarorte (**Übernachten** in der **Jugendherberge Viewmount**, Tel. 05 40/66 15 06, nur März – September, vom Bahnhof 1 km. Einige **Bed and Breakfasts** nicht weit vom Bahnhof. Viele Interrailer schlafen auch wild am Bergsee hinter dem Hügel oder am Rand des Golfplatzes).

Nördlich von Kingussie folgt **Aviemore** mit vielen Touristen (**Übernachten: Jugendherberge**, Tel. 0479/810345, nur Januar–Oktober, vom Bahnhof 2 km. Unzählige **Bed and Breakfasts** in Aviemore ab ca. 33 DM). Von Aviemore fährt im Sommer eine Schmalspurbahn nach Grantown on Spey. Wenige Kilometer von Aviemore entfernt liegt der **Loch Morlich** in prächtiger Umgebung, mehrere Busse täglich (11 km, ca. 6 DM. **Jugendherberge** am **Loch Morlich**, Tel. 0479/861238, offen außer Oktober und November, 23 DM).

Die Bahnstrecke trifft schließlich in *Inverness* mit der Ostküstenstrecke zusammen.

Inverness

Bahnknotenpunkt, Züge nach Perth, London, Aberdeen, Thurso, Wick, Kyle of Lochalsh.

Information

150 m vom Bahnhof geradeaus, Church Street 23. Pläne der Stadt, vom Loch Ness und Zimmervermittlung.

Übernachten

Jugendherberge, Old Edinburgh Road 1, Tel. 0463/231771, ganzjährig geöffnet (außer Januar), 128 Betten, 23 DM, vom Bahnhof 1 km, die Academy Street nach links, dann die High Street nach rechts, dann die Castle Street nach links bis zur Old Edinburgh Road. **Student Hostel**, Culduthel Road 8, Tel. 0463/236556, oft belegt, ca. 24 DM, liegt direkt bei der Jugendherberge. Viele **Bed and Breakfasts** gleich hinter der Jugendherberge. **Campingplatz** am Fluß Ness, jenseits des Ness ca. 1,5 km immer am Ness entlang.

Sehenswertes

Inverness ist im Sommer voll von Touristen. Schön ist die Burg direkt über dem Fluß Ness. Den River Ness entlang kommt man per Fahrrad zum berühmten See **Loch Ness**, wo das sagenhafte Ungeheuer Nessy leben soll. (Fahrradverleih am Bahnhof, ca. 25 DM/Tag, der See ist ca. 10 km von Inverness entfernt, auch Busverbindung, ca. 20 DM.) Leider ist Loch Ness voller Schlamm- und Torfstücke, die die Sicht ins tiefere Wasser verbergen. Der See hat zudem eine Tiefe von bis zu 280 m, so daß die Suche nach dem Ungeheuer noch lange dauern wird.

Nord-Schottland

Strecke 28052 Inverness – Thurso/Wick, 3 Züge werktags, sonntags keine Züge.

Die Bahnstrecke in den nur wenig besiedelten Norden Schottlands führt durch weitgehend einsame Landschaften. Nach Inverness folgt der Zug dem Ufer des Beauly Firth. In **Muir of Ord** gibt es eine Whisky-Destillerie nur 400 m vom Bahnhof (täglich kostenlose Führungen).

Nach **Dingwall**, wo die Strecke nach Kyle of Lochalsh abzweigt, folgt die Strecke dem Ufer des Cromarty Firth (rechts sitzen), wenige Minuten später dem Dornoch Firth. Im kleinen *Culrain* verlassen fast alle Rucksack-Reisenden den Zug, hier liegt die lohnendste **Jugendherberge** des Landes: **Carbisdale Castle** – eine Festung inmitten einer völlig einsamen Gegend. Vom Bahnhof sind es nur 7 Minuten zu Fuß, der Weg ist bezeichnet. Das Castle hat sehr stilvolle Räume und eine tolle Empfangshalle (Tel. 0549/421232, nur März–Oktober, 225 Betten, ca. 23 DM, im Sommer zeitweise belegt, anmelden!). Das Castle ist Ausgangspunkt zu Wanderungen (Culrain ist Bedarfshalt – beim Schaffner anmelden). Weiter nördlich kommt der Zug wieder an die Küste, folgt dann lange dem Meer mit riesigen Sandstränden. Kurz vor Thurso zweigt die Bahnlinie nach Wick ab. **Thurso** bietet nichts Sehenswertes, das Städtchen ist sehr ruhig, nur um den 20. Juli feiert es ein bekanntes Folkfestival. Von hier sind es nur wenige Kilometer bis zum Dunnet Head, dem nördlichsten Punkt der Insel. (**Übernachten** in **Thurso**: Einige **Bed and Breakfasts** über die Tourist-Info im Riverside Car Park. **Camping-platz Thurso** ca. 1,5 km außerhalb Richtung Scrabster, liegt aussichtsreich über dem Meer.)

Orkney-Inseln

Übernachten

Jugendherbergen: Rackwick auf der Insel Hoy, nur 8 Betten, März–Oktober, ca. 12 DM, mit Schiff bis Moaness/Lyness. **Hoy** auf der großen Insel Hoy, 25 Betten, nur Mai–September, Schiff bis Moaness, dann noch 500 m. **Kirkwall** auf der Hauptinsel Mainland, Old Scapa Road, Tel. 0856/872243, nur März–Oktober, 90 Betten, ca. 20 DM, vom Hafen ca. 2 km. In Kirkwall kann man sich auch für die beiden anderen Herbergen in Rackwick und Hoy anmelden. **Stromness** auf Mainland, Tel. 0856/850589, nur März–September, 40 Betten, vom Hafen 2 km, auch Bus von Kirkwall. **Eday**, Tel. 08572/283, nur März–Oktober, 24 Betten, ca. 12 DM, liegt auf der Insel Eday, Schiff von Kirkwall. **Papa Westray** auf der nördlichsten Insel Westray, Beltane House, Tel. 08574/267, 16 Betten, ca. 20 DM, Schiff von Kirkwall, vom Hafen 3 km. **Campingplätze** nahe der Schiffslandestelle in **Kirkwall** und **Stromness**.

Sehenswertes

Schiffe fahren von **Scrabster**, 3 km nördlich von Thurso (Busverbindung) ca. 2 mal je Tag zur Insel **Mainland** in den Ort **Stromness**, die Hauptinsel der Orkneys (ca. 2 Stunden Fahrt, ca. 35 DM). Die Orkney-Inseln haben meist steile Küsten, viele Wiesen, sogar Felder und Äcker; hübsche Holzhäuser im schwedischen Stil bestimmen das Bild. Fahrradvermietung in Stromness und Kirkwall. Besonders schön ist die kleine Insel Hoy mit steilen Felsabbrüchen im Süden der Orkneys – die Schiffe nach Stromness umrunden Hoy.

Von Inverness nach Kyle of Lochalsh/Insel Skye

Strecke 28052, 3 Züge täglich, sonntags kein Verkehr.

Eine der schönsten Bahnlinien in Schottland führt von Inverness in den Norden bis Dingwall, zweigt dann dort in den Westen mitten in die berühmten *Highlands* ab. Die Fahrt geht ins menschenleere Gebirgsland, an Seen und Meeresbuchten entlang, quer durchs wilde Gebirge. Optimal ist die Weiterfahrt per Fähre und Bus nach **Mallaig**, wo die schönste Strecke Großbritanniens nach Glasgow beginnt. **Kyle of Lochalsh** ist ein kleiner Ort direkt vor der **Insel Skye**, die Fähre legt gleich neben dem Bahnhof ab, fährt alle halbe Stunde hinüber (Überfahrt für Fußgänger kostenlos, ca. 5 Minuten Dauer) nach **Kyleakin**. (**Jugendherberge** 200 m vom Hafen, Tel. 0599/4585, 78 Betten, ca. 20 DM, offen April–September.) In Kyleakin kann man Fahrräder mieten, zudem fahren 3 Busse je Tag die 20 km in den Süden nach **Armadale**, wo die Fähre nach **Mallaig** hinüberfährt (Bus ca. 10 DM, Fähre ca. 6 DM, Sonntag keine Busse und keine Fähre!) **Jugendherberge in Armadale: Ardvasar**, Tel. 0471/844260, März–September, 42 Betten, ca. 15 DM, vom Fährhafen ca. 1 km, bis zur Kreuzung, dann rechts, oft voll. **Campingplatz in Armadale** kostenlos, bis zur Kreuzung, dann links. Weitere **Jugendherberge** 10 km nördlich von Armadale und 10 km westlich von Kyleakin: **Broadford**, Tel. 04718/22442, offen Februar–Oktober, ca. 16 DM, 3 Busse je Tag von beiden Orten. Von Kyle of Lochalsh fahren im Sommer auch Schiffe direkt nach Mallaig, Dauer ca. 2 Stunden, ca. 20 DM.

West Highland-Strecke Glasgow–Mallaig

Strecke 28053 Glasgow Queen Street – Mallaig, 3 Züge täglich, ab Fort William 4 Züge, sonntags nur ein Zug, 5 Stunden Fahrt. *Die schönste Bahnstrecke Großbritanniens* zählt zu den Höhepunkten europäischer Bahnfahrten. 265 km lang fah-

ren die Züge über unzählige Brücken mitten durch das schottische Hochland. Anfangs führt die Strecke durch die Vororte Glasgows und flaches Tiefland. Bei **Arrochar** erklimmt sie die ersten Anhöhen und passiert den Loch Long. Bei **Tarbet** erreicht der Zug den berühmten **Loch Lomond**, der als schönster See des Landes gilt. Mehrere Kilometer lang begleitet die Bahn den See. In **Crianlarich** zweigt die Nebenstrecke nach **Oban** ab, die durch einsame Täler am Fuß des 1124 m hohen Ben Cruachan führt. Der Zug streift das Nordende des Loch Awe und kommt dann ans Meer hinunter nach *Oban*, einen schönen Hafenort am Ende des Firth of Lorne, Ausgangspunkt für Schiffstouren auf die winzige Insel Kerrera oder auf die Insel Mull, eine urige Bergregion mit vielen Wanderwegen (**Jugendherberge Oban**, Esplanade, Tel. 06 31/6 20 25, nur März–Oktober, 124 Betten, ca. 22 DM, ca. 2 km von Bahnhof und Schiffsanleger. **Jugendherberge** auf der **Insel Mull**: **Tobermory**, Busse vom Hafen Craignure 3mal täglich, Tel. 06 88/30 24 81, nur März–September, ca. 12 DM).
Die Hauptstrecke führt von **Crianlarich** (**Jugendherberge** beim Bahnhof, Tel. 08 38/30 02 60, nur März–Oktober, 78 Betten, ca. 20 DM) weiter nach Norden durch riesige Hochmoore, steinige Bergregionen, an unzähligen Seen vorbei. Anschließend schraubt sie sich hoch nach **Kinloch Rannoch**, einen «Ort» mit einem einzigen Haus neben dem Bahnhof. Der höchste Punkt der Fahrt wird in **Corrour** erreicht, umrahmt von bis zu 1000 m hohen Bergriesen. In **Spean Bridge** kann man in den Bus (oder per Fahrrad, ca. 28 km) umsteigen, um am Loch Ness entlang nach Inverness zu kommen. Danach erreicht der Zug *Fort William*.

Fort William

Information

In der High Street, beim Bahnhof.

Übernachten

Jugendherberge Glen Nevis, Tel. 03 97/ 70 23 36, ganzjährig geöffnet (außer November), 127 Betten, 5 km vom Bahnhof. **Campingplatz** kurz vor der Jugendherberge. **Hostel Backpackers**, Alma Road 10, Tel. 03 97/70 07 11, nur 400 m vom Bahnhof, oft voll, ca. 28 DM.

Sehenswertes

Touristenort am Fuß des höchsten Bergs Großbritanniens, dem 1343 m hohen **Ben Nevis**. Die Jugendherberge und der Campingplatz sind Ausgangspunkt für den anstrengenden Aufstieg zum Gipfel, der oft in Wolken hängt und auch bei scheinbar schönem Wetter plötzlich in Regenmassen zu ertrinken droht. Ca. 3 Stunden Aufstieg in herrlicher Umgebung, aber nur in Regenkleidung. Im Sommer viel Betrieb.

Von Fort William nach Mallaig

Das restliche Stück der Strecke ist die Krönung der Highland-Linie. Sie windet sich die Berge wieder hoch, durch Schluchten, Tunnel, rauhe Geröllpartien, vorbei an Seen, Mooren, Sümpfen. Über **Glenfinnan** mit seinem ungewöhnlichen Viadukt und **Lochailort** kämpft sich der Zug über die Berge und erreicht bei **Morar** wieder das Meer. (**Jugendherberge Garramore**, Tel. 06 875/2 68, nur März–Oktober, 80 Betten, ca. 20 DM, ca. 3,5 km vom Bahnhof Morar entfernt. **Campingplatz** bei der Jugendherberge.) Von Morar bis zum Endbahnhof Mallaig fährt die Bahn der Küste entlang.

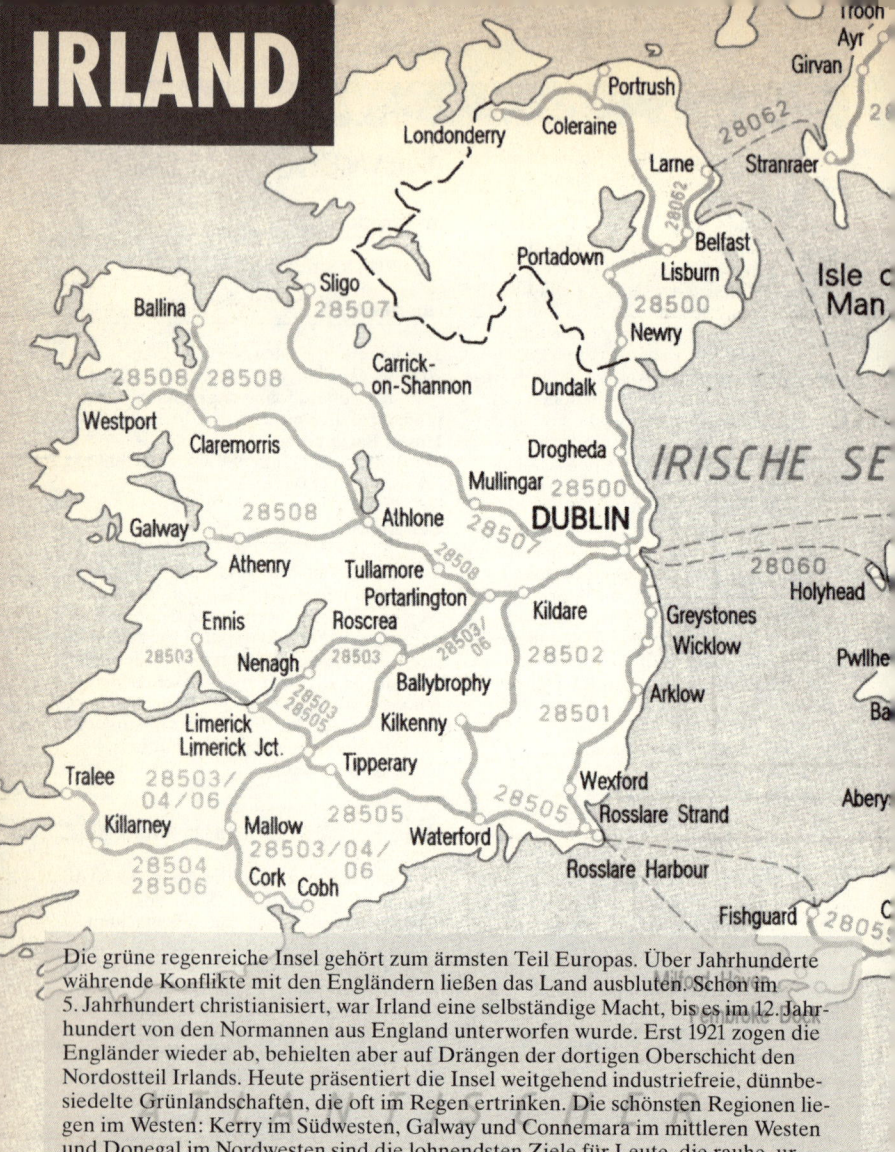

IRLAND

Troon
Ayr
Girvan
Portrush
Londonderry
Coleraine
28062
Larne
Stranraer
Portadown
28062
Belfast
Lisburn
Isle of
Man
Sligo
28507
28500
Newry
Ballina
Carrick-
on-Shannon
Dundalk
28508 28508
Westport
Claremorris
Drogheda
IRISCHE SE
Mullingar 28500
Galway
28508
Athlone
28507
DUBLIN
Athenry
Tullamore
28508
28060
Holyhead
Portarlington
Ennis
Roscrea
Kildare
Greystones
28503
28503
28503/
06
Wicklow
Pwllhe
Nenagh
28503
28502
Ba
28505
Ballybrophy
Limerick
28501
Arklow
Limerick Jct.
Kilkenny
Tralee
28503/
Tipperary
28505
Wexford
Abery
04/06
28505
Rosslare Strand
Killarney
Mallow
28503/04/
Waterford
28504
Cork Cobh
06
Rosslare Harbour
28506
Fishguard 28055
Die grüne regenreiche Insel gehört zum ärmsten Teil Europas. Über Jahrhunderte
während Konflikte mit den Engländern ließen das Land ausbluten. Schon im
5. Jahrhundert christianisiert, war Irland eine selbständige Macht, bis es im 12. Jahr-
hundert von den Normannen aus England unterworfen wurde. Erst 1921 zogen die
Engländer wieder ab, behielten aber auf Drängen der dortigen Oberschicht den
Nordostteil Irlands. Heute präsentiert die Insel weitgehend industriefreie, dünnbe-
siedelte Grünlandschaften, die oft im Regen ertrinken. Die schönsten Regionen liegen im Westen: Kerry im Südwesten, Galway und Connemara im mittleren Westen
und Donegal im Nordwesten sind die lohnendsten Ziele für Leute, die rauhe, ursprüngliche Landschaften suchen und sich dabei nicht von Wind und Wetter beeindrucken lassen.

   Bahnstrecken führen in alle Teile des Landes, allerdings fahren in dem menschenleeren Gebiet nur wenige Züge. Will man weiter in abgelegenere Regionen vordrin-
gen, ist man auf die wenigen Busse oder das Fahrrad angewiesen, mit dem sich die
schmalen Sträßchen fast ohne Autoverkehr angenehm befahren lassen.

Gun
Newquay
Par
St. Ives
Truro
Penzance 28010 Falmouth

Carlisle
Newcastle
Sunderland
Hartlepool
Middlesbrough
Penrith
Bis. Auckland
28030/41
50/62
Darlington
Saltburn
Whitby
Windermere
Northallerton
Scarborough
Oxenholme
28035
28050
28040
Barrow
Long Preston
Morecambe
Lan-
caster
Harrogate
York
Selby
Hull
28045
Leeds
28032
28040
Blackpool
28045
Bradf.
Barton-on-Humber
Preston
Blackburn
Grimsby
Southport
Manchester
28032
Doncaster
Liverpool
28040
Sheffield
Cleethorpes
Birk.
Retford
Lincoln
Chesterfd
Skegness
Chester
28060
Matlock
28031
Newark
Sheringham
Crewe
Stoke
Boston
Cromer
Blaenau
Derby
Grantham
King's Lynn
Yarmo
Ffestiniog
28024
Notting-
ham
28032
Spalding
Norwich
Shrewsbury
Stafford
28025
60/62
Leicester
28041
28036
Dovey Jct.
Wolverhampton
28025
Nun.
Peterborough
28037
Craven Arms
Birmingham
March
Ely
28041
Lowesto
Worcester
Coventry
Rugby
28031
28032
Stowmark
28024
28022
Stratford
Northampton
28035
28050
Cambridge
Ipswich
Hereford
28022
Bedf.
28036
Colchester
Rhymney
Gloucester
Cheltenham
Aylesb.
Harwic
Merthyr T.
28024
Clacton
reherbert
Newport
Oxford
28021
Southminst
28011
Didcot
28020
Southend
3020/59
Bristol
Bath
Swindon
LONDON
Margate
Cardiff
28011
Reading
Canterbury
Weston-super-Mare
Westbury
28010
Basing.
Gatwick
Ashford
Ra
ga
mstaple
Taunton
Salisbury
28007
Uckfield
28002
Folke-
stone
Do
Yeovil
Southampton
28008
Hartings
Exeter
28010
Ryde
Worthing
Brighton
Newhaven
Eastbourne
Boulogn
Exmouth
28008
Yarmouth
Portsmouth
Bognor Regis
Littlehampton
Newton Abbot
Weymouth
Dorchester
Poole
Bournemouth
Lymington
Shanklin
outh
Torquay
Paignton

DER KANAL

Le Tréport-Mers

Dier

Das Wichtigste vorweg

Geld

1 Irisches Pfund = 100 New Pence
1 DM = 0,44 Ir£   1 Ir£ = 2,30 DM
1 öS = 0,06 Ir£   1 Ir£ =   16 öS
1 sfr = 0,56 Ir£   1 Ir£ = 1,90 sfr

Telefon nach Hause

Deutschland 1649   Telefon-Notruf 999
Österreich 1643
Schweiz 1641

Botschaften in Dublin

Deutschland: Trimleston Avenue 31, Dublin, Tel. 01/2693011
Österreich: Ailesbury Road 5, Dublin 4, Tel. 01/694577
Schweiz: Ailesbury Road 6, Dublin 4, Tel. 01/692515

Fähren nach Irland

Le Havre (Frankreich) – **Rosslare**: 2mal je Woche, 20 Stunden, ca. 150–250 DM, Interrail 50 Prozent.
Cherbourg (Frankreich) – **Rosslare**: 2mal je Woche, 18 Stunden, ca. 150–250 DM je nach Jahreszeit, Interrail 50 Prozent.
Le Havre (Frankreich) – **Cork**: 1mal je Woche, 22 Stunden, ca. 140–250 DM, Interrail 50 Prozent.
Cherbourg (Frankreich) – **Cork**: 1mal je Woche, 19 Stunden, ca. 150–250 DM, Interrail 50 Prozent.
Fishguard (Wales) – **Rosslare**: 3mal täglich, 3 Stunden, 40 DM, Interrail 50 Prozent.
Holyhead (Wales) – **Dublin**: (B & I Lines): 2mal täglich, 3 Stunden, 55 DM, Interrail 50 Prozent.
Stranraer (Schottland) – **Larne** (Nordirland): 2mal täglich, 2 Stunden, 50 DM, Interrail 30 Prozent.
Holyhead (Wales) – **Dun Laoghaire** (Stena Sealink): 2mal täglich, 3 Stunden, 45 DM, Interrail 50 Prozent.
Pembroke (Südwales) – **Rosslare**: 1mal täglich, 4 Stunden, ca. 50 DM, Interrail 30 Prozent.

Reiseführer

Christoph Potting/Annette Weweler: «Anders reisen: Irland», Rowohlt

Literatur

Schulze-Marmeling/Sotscheck: «Der lange Krieg. Macht und Menschen in Nordirland», Verlag die Werkstatt. Ursachen und Hintergründe des unbegreifbaren Irrsinns.
    «Diogenes Lesebuch irischer Erzähler», Diogenes Verlag. Eine Auswahl bekannter und unbekannter irischer Erzähler.

Unterwegs in Irland

Verpflegung

Wie in England fällt das Frühstück recht umfangreich aus. Die Preise fürs Essen und Trinken sind relativ hoch, die für Restaurants sind jedoch geringer. Wenn man in abgelegene Regionen reist, sollte man Verpflegung mit sich führen. Eine Besonderheit sind die irischen Pubs, die oft Live-Musik einheimischer Künstler bieten.

Übernachten

Irland ist mit Jugendherbergen gut versorgt. Die meisten befinden sich an der Ostküste. Wie in England sind die Preise für Leute unter 18 um 30 Prozent ermäßigt. Normalerweise zahlt man um die 20 DM, in Dublin und Galway um die 30 DM. Zudem gibt es sehr viele Hostels, von denen sich etliche zu der Organisation der Independent Hostels verbunden haben. Auch sie kosten meist um die 20 DM, haben aber nur selten vorgeschriebene Schließzeiten. Bed and Breakfasts gibt es viele, sie kosten mit gutem Frühstück mindestens 35 DM. Auch Camping- plätze sind überall zu finden, wobei man aber die zahlreichen Regengüsse nicht vergessen darf. Abseits der Ortschaften macht wildes Übernachten keine Schwierigkeiten – es kann aber recht kalt und naß werden.

Günstige Tickets in Irland

Inter Rail Zone A

Gilt auf allen Strecken der irischen Bahn, auf den meisten Fähren (siehe oben) 50 Prozent Ermäßigung.

Euro Domino

Freie Fahrt auf Irlands Eisenbahnen

Tage (innerhalb 31)	3	5	10
Jugendliche	87 DM	144 DM	213 DM
Erwachsene	95 DM	160 DM	237 DM

nur für die 2. Klasse zu haben

Travelsave Stamp

Diese Karte kostet 25 DM und bringt in allen staatlichen Bussen und Zügen sowie auf den Fähren der B & I nach England und auf die Aran-Inseln 50 Prozent Ermäßigung. Um die Karte zu erhalten, muß man den ISIC-Studentenausweis vorlegen bei: **Travel Company of Students**, Dublin, Aston Quay 19, Tel. 01 / 77 81 17.

Besonders schöne Bahnstrecken in Irland

Durch das ungewohnt menschenleere Land zu fahren hat seinen eigenen Reiz. Es geht sehr gemütlich durch die mal flache, mal hügelige Landschaft. Von der Umgebung her sind sich viele Bahnstrecken in Irland ähnlich; alle streben jedoch nach Osten, auf die Haupstadt Dublin zu. Die lohnendsten Bahnstrecken führen von Dublin in den äußersten Südwesten nach **Tralee** (28504/28506), in den Westen nach **Galway, Westport** und **Ballina** (28508) und in den Nordwesten nach **Sligo** (28507). (Bahnstreckenkarte siehe Großbritannien, S. •.)

Ziele in Irland

Dublin

Information

Upper O'Connell Street 14, von der Connolly Station ca. 500 m die Talbot Street entlang, Stadtpläne, Zimmervermittlung.

Verkehr

Zwei große *Bahnhöfe*: **Connolly Station**, Züge nach Sligo, Belfast und Rosslare, liegt am Zentrum, östlich.

Heuston Station, Züge in den Westen des Landes, liegt westlich der Stadt, ca. 2 km von Connolly, Bus 19 verbindet. Der zentrale **Busbahnhof** liegt beim Connolly Station. Der **Hafen** von Dublin liegt 4 km außerhalb, Bus 53 ab Connolly Station. Der *Hafen* von Dun Laoghaire liegt 12 km außerhalb, Verbindung mit Vorortzügen vom Bahnhof Connolly und vom **Pearse Station** im südlichen Zentrum. Die Vorortzüge sowie die Busse vom Bahnhof Connolly zum Bahnhof Heuston sind mit Bahnpässen kostenlos zu nutzen.

Die **Doppeldeckerbusse** erschließen ganz Dublin und Umgebung, Einzelticket ca. 2,50 DM, der «Dublin Explorer» gilt 4 Tage für alle Busse ab 9.30 Uhr werktags, Sa und So immer, ca. 18 DM. Die Innenstadt läßt sich aber gut zu Fuß bewältigen.

Übernachten

Jugendherbergen: **Dublin International**, Mountjoy Street 61, Tel. 01/8 30 17 66, 400 Betten, 25 DM, ganzjährig geöffnet, ca. 500 m nördlich der Connolly Station. **Harcourt**, Harcourt Street 69, Tel. 01/75 04 30, nur Juli und August, 120 Betten, 25 DM, Bus 16, 22 oder 19 nach Southbound. **Hostel Isaac's**, Frenchman's Lane 2, Tel. 01/74 93 21, ca. 260 Betten, das bekannteste Hostel Dublins, nur 3 Minuten vom Connolly Station, Schlafsaal ca. 22 DM, DZ ca. 30 DM, oft belegt. **Hostel Cardjin**, Talbot Street 13, 5 Minuten vom Connolly Station geradeaus, Tel. 01/78 84 84, ca. 26 DM mit Frühstück. **Hostel Kinlay House**, Lord Edward Street 2, Tel. 01/6 79 66 44, gemeinsame Küche, 4-Bett-Zimmer und DZ, ca. 28 DM und 35 DM mit Frühstück, ca. 1 km von der Tara Station bei der Christchurch oder Bus 50, 56, 77. **CVJM-Hostel**, Lower Baggot Street 64, Tel. 01/7 66 27 73, ca. 33 DM mit Frühstück im DZ, für beide Geschlechter, liegt neben Stephen's Green im Süden der Innenstadt, ca. 800 m vom Pearse Station.

Unzählige **Bed and Breakfasts** in der Stadt (Vermittlung über das Fremdenverkehrsamt, 5 DM Gebühr). Viele liegen um die Connolly Station. **Campingplätze** weit außerhalb, am nächsten ist der **Cromlech Caravan Park** in der Killiney Road Richtung Dun Laoghaire, Vorortzug.

Essen und Trinken

Die Restaurants sind teuer, preiswertes Lokal ist das im bekannten **Hostel Isaac's**, mit Tagesmenü ab ca. 12 DM, Frenchman's Lane 2. Selbstbedienung bietet das **Bewley Café** in der Grafton Street 79 und der Westmoreland Street 11, nach 14 Uhr nur noch Kaffee und Kuchen. **Pubs** gibt es in Dublin in Hülle und Fülle. Besonders die mit echt irischer Folkmusik faszinieren besonders, etwa der **Merchant** in der Lower Bridge Street 12, der **O'Donoghue's**, Merrion Row 15, in dem die Dubliners auftraten, als sie noch unbekannt waren, oder der **Four Seasons** in der North King Street.

Sehenswertes

Kennzeichen Dublins sind die weitläufigen Betonbänder der **O'Connel Street**, der entlang sich Geschäfte und Restaurants aufreihen. Von hier gehen die Fußgängerzonen aus, in denen die meisten Läden und Kaufhäuser sind, von der Connolly Station ca. 800 m entfernt, über die Talbot Street zu erreichen.

Überquert man den Fluß Liffey, der sich mitten durch Dublin wälzt, kommt man in die *Altstadt* mit dem **Trinity College**, der ältesten Hochschule des Landes. Berühmt ist die *Bibliothek* mit der alten keltischen Bibel, dem «Book of Kells» (täglich außer So, 10–16 Uhr, ca. 6 DM). Mitten in der Stadt liegen die **Christchurch Kathedrale** und südlich davon die **St. Patricks Kathedrale**. Östlich davon erhebt sich das **Castle**, wo bis 1920 die englischen Soldaten stationiert waren. Die düsteren Gefängnisverliese sind zu besichtigen (täglich 10–19 Uhr, 4 DM). Nicht weit vom Trinity College liegt südlich Richtung Stephen's Green das **Nationalmuseum**, das einen umfassenden Überblick über die Geschichte des Landes gewährt. Neben Auszügen aus dem Book of Kells finden sich interessante Erklärungen über die Unterdrückung durch die englischen Besatzer (täglich außer Mo, 10–18 Uhr, kostenlos).

Der Süden

Wexford

Strecke 28501 Dublin Connolly – Rosslare,
4 Züge täglich je Richtung.

Information

Am Hafen, vom Bahnhof immer dem Fluß
entlang.

Übernachten

Campingplatz Ferrybank, ca. 1 km vom
Bahnhof, über den Fluß, dann rechts.
Jugendherberge in **Rosslar**e, Tel. 053/
3 33 99, 85 Betten, 18 DM, vom Hafen und
Hafenbahnhof 5 Minuten.

Sehenswertes

Nur 20 km vom Hafen Rosslare entfernt
liegt eine der schönsten irischen Städte.
Enge Gassen, Reste der alten Stadtmauer
im Westgate und eine alte Kirche aus dem
11. Jahrhundert sind die Attraktionen des
Ortes. Im Hafen befindet sich ein **Schiffsmuseum** (täglich, 10–16 Uhr). Der wichtigste Teil Wexfords liegt etwas außerhalb, ca.
3 km: Das **Irish National Museum**, eine
Übersicht über die Gebäude des Landes,
von prähistorischen Zeiten bis heute (täglich 10–18 Uhr, 8 DM). Fahrradverleih zum
Museumspark in der Hauptstraße.

Kilkenny

Strecke 28052 Dublin Heuston – Waterford,
alle 3 Stunden.

Information

In der Rose Inn Street, 5 Minuten vom
Bahnhof, Stadtplan, Zimmervermittlung.

Übernachten

Kilkenny Tourist Hotel, Parliament
Street 35, Tel. 056/6 35 41, DZ ca. 35 DM
mit Frühstück.

Sehenswertes

Eine der schönsten irischen Kleinstädte mit
Festung mitten über den schmalen Gassen.
Nach der Hektik Dublins wirkt Kilkenny
richtig erholsam. Die Kathedrale stammt
aus dem 13. Jahrhundert, wie viele andere
Gebäude ringsum. Das Castle kann besichtigt werden (täglich 10–18 Uhr, 4 DM). Im
Museum der Stadt wird die Geschichte des
irischen Südostens seit vorchristlicher Zeit
erklärt, war Kilkenny doch im Mittelalter
die Hauptstadt Irlands (täglich 11–17 Uhr,
3 DM). Die Pubs der Stadt sind weit über
die Region hinaus berühmt, beliefert werden sie von der Smithwick-Brauerei (kostenlose Besichtigungen werktags ab
13 Uhr) gegenüber vom Kilkenny Hotel.

Cork

Strecken 28503/28504/28506 Züge von
Dublin Heuston, via Mallow auch in den
Westen nach Tralee, Fähren von Le Havre.

Information

Grand Parade, bei der South Mall.

Übernachten

Jugendherberge, Redclyffe 1, Western
Road, Tel. 021/5 43 2 89, 110 Betten, 18 DM,
2 km vom Bahnhof, Bus 5 oder 6. **Hostel
Isaac's**, Curtain Street 48, Tel. 021/5 00011,
großer Raum, ca. 18 DM, DZ ca. 30 DM,
Kochgelegenheit, vom Bahnhof 10 Minu-
ten. **International Tourist Hostel**, Glanmire
Road 100, Tel. 021/5 09089, ca. 20 DM,
3 Minuten vom Bahnhof rechts. **Bed and
Breakfasts** gleich in Bahnhofsnähe an der
Glanmire Road. **Campingplatz Cork**, 2 km
außerhalb, mit Bus in den Vorort Togher.

Essen und Trinken

Auch in Cork gibt es eine Menge *Pubs*, am
bekanntesten wohl die am Rathaus wie der
Donkey's Ears und der **Charlies**, beide mit
Live-Folk. Lobenswertes Lokal ist das vegetarische **Co-Op** im Sullivans Quay 24 mit
preiswerten Gerichten.

Sehenswertes

Cork ist eine hektische Hafenstadt mit viel
Industrie, ihre Gebäude sind alle relativ
neu. Nach dem Aufstand gegen die englischen Besatzer 1920 brannten die Engländer Teile der Stadt ab, erhalten blieb einzig
die Altstadt auf der Insel zwischen den beiden Flußläufen rund um die Patricks
Street.

Killarney

Strecke 28506 Dublin Heuston – Tralee,
5 Züge täglich.

Information

In der Hauptstraße im Rathaus.

Übernachten

Jugendherberge Aghadoe House, Tel. 064/
312 40, 220 Betten, 16 DM, liegt 5 km außerhalb; jeder Zug, der ankommt, wird von einem Bus erwartet, der Interessenten kostenlos zum Haus fährt. Von der Herberge
aus tolle Wanderwege in die Umgebung.
Hostel Neptune, Ecke New Street,
Tel. 064/352 55, großer Raum, ca. 18 DM,
DZ ca. 30 DM, Busabholung am Bahnhof
kostenlos. **Sugan Hostel**, College Street,
Tel. 064/331 00, 500 m vom Bahnhof, gemeinsame Küche, ca. 18 DM, oft voll. **Camping** im Park der Jugendherberge, falls
diese voll ist: **Campingplatz** 800 m vom
Bahnhof Richtung Cork.

Essen und Trinken

In all dem Touristenrummel lohnt wohl nur
das auch vegetarische Gerichte bietende
preiswerte Lokal im **Sugan Hostel** nicht
weit vom Bahnhof den Besuch.

Sehenswertes

Killarney selbst schreckt nur noch ab: unzählige Läden, Restaurants und Pubs, alle-
samt auf die Sommertouristen abgerichtet,
reihen sich aneinander. Lohnend ist aber die
Umgebung, die man per Fahrrad (mehrere

Verleihstationen im Ort) oder zu Fuß, teilweise mit Bussen erkunden kann. Wilde
Felsgruppierungen, Flüsse, ein großer See,
unzählige Wiesen – ein Stück typisches Irland liegt vor der Tür. Besondere Attraktion
ist **Gap of Dunloe**, eine fast romantisch anmutende Schlucht im Gebirge in der Nähe
Killarneys. Am reizvollsten ist die Tour per
Fahrrad, bleibt man der Landschaft so doch
am ehesten verbunden. Man folgt der Straße
nach Killorglin ca. 5 km, fährt dann zum
Dearney Cottage, wo die Schlucht beginnt.
Die Sohle des von Bergen eingerahmten
Weges zieht sich langsam in die Höhe, mehrere Kilometer lang, um dann jenseits des
Gipfelpunkts steil abzufallen. Insgesamt ca.
18 km Weglänge liegen hinter einem, wenn
man die **Jugendherberge Black Valley** am
Ende der Schlucht erreicht hat
(Tel. 064/347 12, 50 Betten, 15 DM). Die Alternative für den Rückweg ist die Fahrt mit
einem Kahn über den Upper Lake River
(die Räder kann man mitnehmen) Richtung
Killarney. (Auskunft in der Jugendherberge.)

Ein noch berühmteres Ausflugsziel von
Killarney ist der **Ring of Kerry**, eine ca.
150 km lange Straße entlang der Küste um
die *Halbinsel Iveragh* mit Steilabfällen,
wilden Buchten, rauhen Felsklippen, eine
wahre Urlandschaft zwischen Gebirge und
Meer. Busse fahren von Killarney bis *Cahirciveen*, wo es mehrere **Bed and Breakfasts** ab ca. 30 DM gibt. Per Fahrrad kann
man den Ring of Kerry weiterverfolgen,
etwa Richtung **Valentia**, einer kleinen Insel. Im größten Ort gibt es eine **Jugendherberge**, in **Knightstown**, Valentia Island,
Tel. 066/761 41, nur Juni–Oktober, 16 DM,
von Killarney ca. 70 km, von Cahirciveen
ca. 30 km. Fischer bieten Bootstouren auf
die umliegenden Skellig-Felseninseln an,
auf denen Tausende von Vögeln brüten.

Limerick

Strecken 28503 und 28505 Dublin Heuston
und Rosslar – Limerick. Bahnhof ist Limerick Station, der Haltepunkt Limerick
Junction ist 30 km entfernt.

Information

St. Johns Square, 5 Minuten vom Bahnhof.

Übernachten

Jugendherberge, Pery Square 1, Tel. 061/
31 4672, 66 Betten, 18 DM, vom Bahnhof
5 Minuten. **Hostel Limerick**, Quay
Georges 10, Tel. 061/41 5222, ca. 20 DM,
1 km vom Bahnhof.

Sehenswertes

Die große Stadt schreckt mit ihren modernen, unwohnlichen Straßenzügen eher ab.
Sehenswert sind einzig die Burganlage und
die Kathedrale. Limerick dient eher als
Ausgangspunkt zu Bustouren an die Küste
und nach Norden, etwa nach Galway, Endpunkt einer anderen Bahnlinie.

Der Westen

Galway

Strecke 28508, Züge von Dublin Heuston,
4 Züge täglich.

Information

3 Minuten vom Bahnhof am Eyre Square.

Übernachten

Jugendherberge St. Mary's College,
St. Mary's Road, Tel. 091/2 7411, nur Juli
und August, 178 Betten, Bus vom Bahnhof
nach Salthill. **Arch View Hostel**, Upper
Dominik Street 1, Tel. 091/6 6661, Koch-
gelegenheit, ca. 20 DM, in der Nähe der
O'Brien-Brücke am Hafen, Fahrradverleih.
Campingplätze im Vorort Salthill am Meer,
Busverbindung.

Essen und Trinken

Auch in Galway warten viele berühmte
Pubs wie der **Neachtain** in der Cross Street
mit tollen Holzwänden und Live-Folk auf
Besucher. Am meisten von jungen Leuten
belagert scheint der **King's Head Pub** in
der High Street 15.

Sehenswertes

Die besten Zeiten der Stadt im Westen Irlands sind längst vorbei, heute lebt Galway
im Sommer vom Tourismus. Die meisten
nutzen Galway als Ausgangspunkt zu Touren in die menschenleeren Maumturk
Mountains und ins Bergland von **Connemara** (Busverbindung, auch zahlreiche
Fahrradverleihstationen in der Stadt) oder
zu Schiffsexkursionen auf die **Aran Islands**.

Lohnend ist besonders die Fahrt per Bus
von Galway nach *Clifden*, ca. 8 Busse täglich. 12 km vor dem Ort befindet sich die
Jugendherberge Ben Lettery, Tel. 095/
3 4636, nur April–September, 52 Betten,
15 DM, schönes Bergpanorama. Abseits
des großen Touristenrummels liegt die
kleine *Jugendherberge Killary Harbour* im
Weiler *Rosroe* (Tel. 095/43 4317, offen
April–September, 44 Betten, 15 DM, Busse
von Galway nach Renvyle, in Salruck aussteigen). Die Herberge war früher das Feri-
enhaus des Philosophen Ludwig Wittgen-
stein. Sie liegt am südlichen Ufer des Mee-
resarms Killary Harbour, der nördlich von
Clifden weit ins Land einschneidet.

Im Sommer fährt ein Bus täglich weiter
von Clifden nach **Westport**, wo eine weitere
Bahnlinie von Dublin endet. Die **Aran Islands** sind mit Fähren von *Galway* zu erreichen (im Sommer 3 Schiffe täglich, Abfahrt
vom Hafen, 500 m vom Bahnhof, 2 Stunden
Überfahrt, Rückfahrt 50 DM, mit Travel-
save Stamp 50 Prozent). Die Hauptattraktion der aus drei Inseln bestehenden Fel-
sengruppe ist die aus vorchristlicher Zeit
stammende Burg Dun Aengus auf einem
Felssockel 130 m über dem Meer (auf der
größten Insel Inishmore). Im wichtigsten
Ort der Arans, wo auch die Fähren anlegen, in **Kilronan**, gibt es viele **Bed and
Breakfasts**, ca. 33 DM, am Hafen sowie das
Aran Hostel, 3 Minuten vom Hafen,
Tel. 099/61 2 55, ca. 22 DM, auch einen
Campingplatz, ca. 1 km vom Hafen. Am
Hafen auch Fahrradverleih.

Westport

Strecke 28508 Dublin Heuston – Westport,
3 Züge täglich.

Information

The Mall, 5 Minuten vom Bahnhof.

Übernachten

Jugendherberge Club Atlantic Hostel, Altamont Street, Tel. 098/26644, nur März–Oktober, 120 Betten, 22 DM, liegt direkt am Bahnhof. **Hostel Granary**, Quay, Tel. 098/25903, am Rand Westports vom Bahnhof 1 km, ca. 25 DM. **Hostel The Mill**, James Street, Tel. 098/27045, ca. 25 DM, 10 Minuten vom Bahnhof. Viele **Bed and Breakfasts** in Westport, 2 **Campingplätze** am Ortsrand.

Essen und Trinken

Viele *Pubs* ohne großen Touristenrummel, zum Teil mit Live-Folk.

Sehenswertes

Westport ist selbst im Sommer noch sehr ursprünglich. Musikfreunde, die gerne Irish-Folk genießen, sind hier am richtigen Ort, denn in vielen Pubs treten Gruppen aus ganz Irland auf.

Der Nordwesten

Sligo

Strecke 28507 Dublin Connolly – Sligo,
4 Züge täglich.

Information

Temple Street, Pläne und Broschüren.

Übernachten

Hostel The White House, Markievisz Road, Tel. 071/45160, ca. 20 DM, DZ ca. 30 DM, nur 5 Minuten vom Bahnhof, sehr stilvolles, altes Haus, ganzjährig geöffnet. Mehrere **Bed and Breakfasts** in Sligo, nicht weit vom Bahnhof.

Sehenswertes

Sligo liegt romantisch am Fluß Garavogue an der Sligo Bay. Die Stadt bietet nicht viel Besonderes, dient aber als Ausgangspunkt zu Touren in die wildeste Region Irlands, nach **Donegal**. Nirgendwo im Land gibt es noch solch unberührte Regionen wie hier. Weitaus weniger Touristen als in anderen Regionen, dafür äußerst rauhe Küsten und Berglandschaften – und viel Regen und Sturm.

Nur 7 km von Sligo entfernt erhebt sich der *Bulben*, ein Berg von 450 m Höhe, den man von *Drumcliffe* aus besteigen kann. In dem Ort befindet sich auch das Grab des irischen Dichters William Butler Yeats, der in der ganzen Region verehrt wird.

Bei **Bridgend**, nahe der Grenze zu Nordirland, stehen die Überreste des **Grianan of Eileach**, aus der Zeit um 1700 vor Christus, ein 5 m hoher Mauerkreis mit 23 m Durchmesser.

Mehrere Busse täglich fahren vom Bahnhof in Sligo in den Norden. Nach 20 km erreichen sie **Ballyshannon**, einen wegen seines Folk-Festivals bekannten Ort. Ende Juli bis Anfang August spielen in sämtlichen Pubs des Örtchens unzählige Musikgruppen, Tausende von Zuhörern bevölkern den Ort und den wunderschönen Sandstrand Rossnawlagh Beach unterhalb.

30 km weiter nördlich liegt die kleine Stadt **Donegal**, die der Landschaft den Namen gab. Im Städtchen gibt es eine Schloßruine und vier Kirchen (**Übernachten** in Donegal: **Jugendherberge Ball Hill**, Tel. 073/21174, 60 Betten, 15 DM, liegt 4 km außerhalb an der Küste Richtung Killybegs, Busse nach Killybegs, dann noch 800 m zu Fuß. **Camping** am Hafen in Donegal).

Wenige km westlich von Donegal liegt das kleine **Killybegs**. Im Ort und seiner Umgebung werden in Heimarbeit die berühmten Aran-Pullover, Donegal-Teppiche und der Tweed-Stoff hergestellt. Die Küste in der Umgebung ist unglaublich wild mit unzähligen Steilabfällen ins Meer.

Von Killybegs kommt man per Bus nach *Carrick*. In seiner Nähe stürzt der Slieve League über 600 m senkrecht ins Meer, einer der steilsten Küstenabschnitte. Wenige km weiter liegt das kleine **Glencolumkille**, wo der katholische Pfarrer McDyer ein Freilichtmuseum aus alten Bauernhäusern aufbaute, um der völlig verarmten Bevölkerung eine kleine Einkommensquelle zu verschaffen (täglich, 10–19 Uhr, 5 DM).

Nordirland

Belfast und Umgebung

Strecke 28500, Züge nach Dublin (Irland), Derry, Larne.

Information

North Street 59, Pläne und Zimmervermittlung.

Verkehr

Hauptbahnhof Central Station direkt an der City, keine Gepäckaufbewahrung wegen Attentaten. Züge nach Derry und nach Dublin. **Belfast York Station**, 1 km nördlich, Züge nach Larne zur Fähre nach Schottland. Busverbindung zwischen den Bahnhöfen.

Übernachten

Jugendherberge Belfast International, Donegall Road 22, Tel. 0232/324733, 128 Betten, 25 DM, von den Bahnhöfen 5 km, Bus 89, 90 vom City Centre. **Studentenzimmer** bei der **University Residence**, Malone Road 78, Juni–September, Tel. 0232/ 665938, ca. 25 DM. Viele **Bed and Breakfasts** in der Malone Road.

Sehenswertes

Um die City Hall, die Kathedrale, die Universität und den Botanischen Garten, auf der Great Victoria Street mit unzähligen Lokalen und Pubs herrscht reges Leben. In den Vororten dagegen sind die Narben des Bürgerkriegs noch deutlich zu sehen. Im Osten liegen die mehrheitlich von Protestanten bewohnten Siedlungen, im Westen leben mehr die Katholiken.

An der Bahnlinie Richtung Larne liegt die wuchtige Burgfestung **Carrickfergus** beim gleichnamigen Bahnhof (Besichtigung täglich, ca. 5 DM).

Auf der Strecke nach Norden Richtung Derry kommt man ab **Coleraine** in die menschenleeren Regionen der **Sperrin Mountains**, eine ideale Gegend zum Wandern. In Coleraine kann man umsteigen in die Züge nach **Portrush**, von wo aus Busse zur faszinierenden Küste des «achten Weltwunders» verkehren. Der **Giant's Causeway** ist eine bizarre Küstenformation aus polygonalen Basaltsäulen, entstanden aus vulkanischem Material. Über den «Shepherd's Path» kann man sich die verschiedenen Steingebilde an der wilden Küste ansehen. (Busse von Portrush fahren 200 m oberhalb vom Bahnhof nach **Whitepark Bay**, eine wunderschöne Dünenlandschaft am Meer [Busse Richtung Ballycastle]. Oder mit Bussen nach *Bushmills* zum *Giant's Causeway*. Übernachten in der **Jugendherberge Whitepark Bay**, Whitepark Road 157, Tel. 02657/31745, 44 Betten, ca. 18 DM, 5 Minuten von der Bushaltestelle. Die Herberge liegt wunderschön, aber kein Laden in der Nähe. **Campingplatz Portballintrae**, 2 km außerhalb von Bushmills.) Drei Kilometer südlich vom Giant's Causeway liegt das Städtchen **Bushmills** mit der ältesten Whisky-Brennerei der Welt aus dem Jahr 1608. Bereits 1276 läßt sich die Produktion des «Lebenswassers» hier nachweisen (tägliche Führungen, kostenloses Probieren).

SCHWEDEN

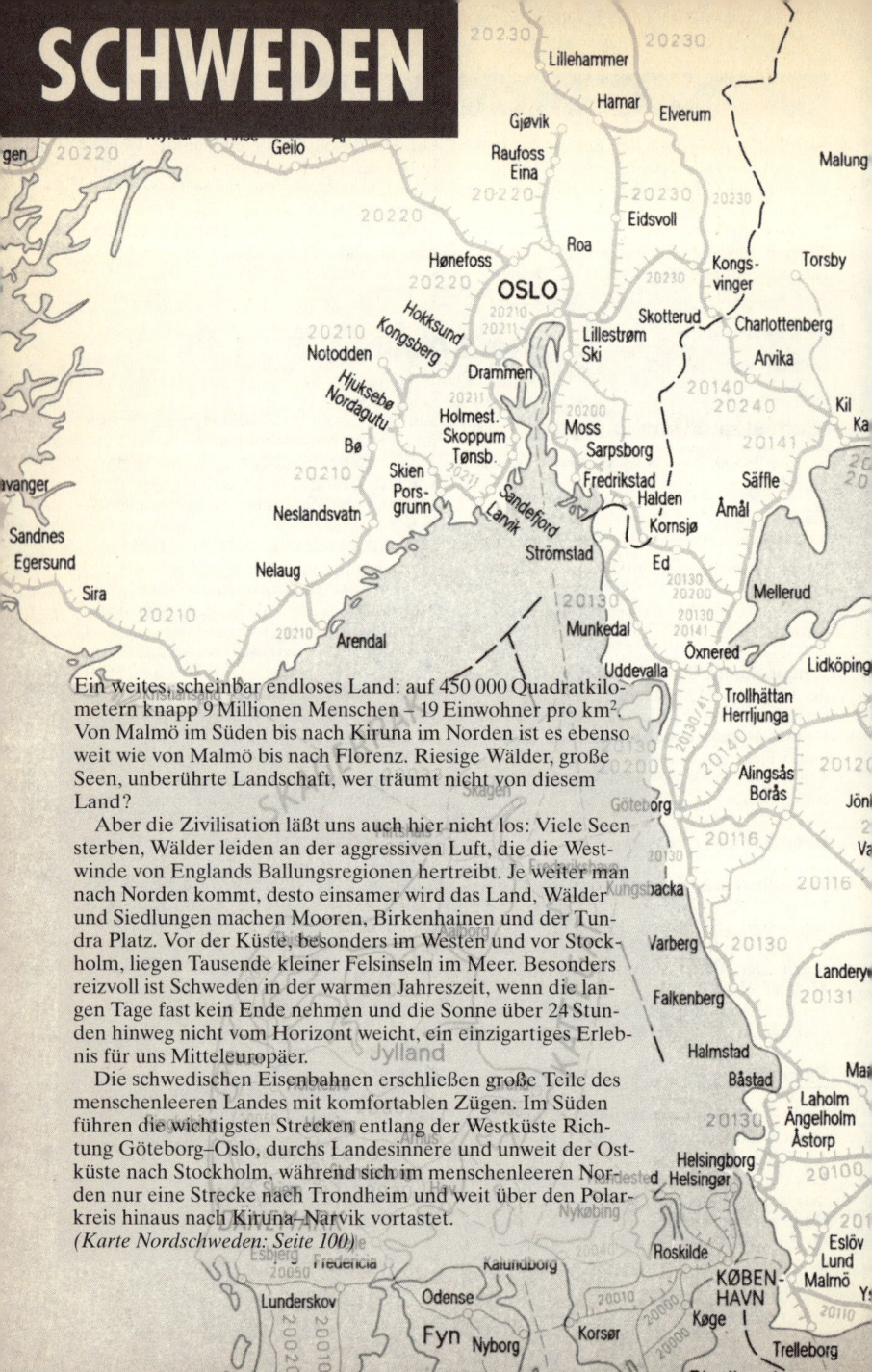

Ein weites, scheinbar endloses Land: auf 450 000 Quadratkilometern knapp 9 Millionen Menschen – 19 Einwohner pro km². Von Malmö im Süden bis nach Kiruna im Norden ist es ebenso weit wie von Malmö bis nach Florenz. Riesige Wälder, große Seen, unberührte Landschaft, wer träumt nicht von diesem Land?

Aber die Zivilisation läßt uns auch hier nicht los: Viele Seen sterben, Wälder leiden an der aggressiven Luft, die die Westwinde von Englands Ballungsregionen hertreibt. Je weiter man nach Norden kommt, desto einsamer wird das Land, Wälder und Siedlungen machen Mooren, Birkenhainen und der Tundra Platz. Vor der Küste, besonders im Westen und vor Stockholm, liegen Tausende kleiner Felsinseln im Meer. Besonders reizvoll ist Schweden in der warmen Jahreszeit, wenn die langen Tage fast kein Ende nehmen und die Sonne über 24 Stunden hinweg nicht vom Horizont weicht, ein einzigartiges Erlebnis für uns Mitteleuropäer.

Die schwedischen Eisenbahnen erschließen große Teile des menschenleeren Landes mit komfortablen Zügen. Im Süden führen die wichtigsten Strecken entlang der Westküste Richtung Göteborg–Oslo, durchs Landesinnere und unweit der Ostküste nach Stockholm, während sich im menschenleeren Norden nur eine Strecke nach Trondheim und weit über den Polarkreis hinaus nach Kiruna–Narvik vortastet.
(Karte Nordschweden: Seite 100)

Das Wichtigste vorweg

Geld

1 Schwedische Krone = 100 Öre
1 DM = 4,50 skr 100 skr = 22 DM
1 öS = 0,65 skr 100 skr = 154 öS
1 sfr = 5,60 skr 100 skr = 17 sfr

Telefon nach Hause

Deutschland: 0 09 49
Telefon-Notruf **90 00 00**
Österreich: 0 09 43
Schweiz: 0 09 41

Botschaften in Stockholm

Deutschland: Skarpögatan 9,
Tel. 08/6 63 13 80
Österreich: Kommandörsgatan 35,
Tel. 08/23 34 90
Schweiz: Birger Jarlsgatan 64,
Tel. 08/23 15 50

Reiseführer

Helmut Steuer/Herbert Neuwirth: «Anders reisen: Schweden», Rowohlt Taschenbuch Verlag.

Literatur

Sjöwall, Maj/Wahlöö, Per: «Alarm in Sköldgatan»; «Das Ekel aus Säffle»; «Der Mann auf dem Balkon», Rowohlt Taschenbuch Verlag. Insgesamt zehn hochspannende, verzwickte, aber dennoch aggressiv gesellschaftskritische Krimis des Stockholmer Schriftsteller-Pärchens, die, in den sechziger und siebziger Jahren geschrieben, nichts von ihrer Aktualität verloren haben. Man muß sie in der richtigen Reihenfolge lesen, da sich die Personen in den einzelnen Bänden ständig weiterentwickeln.
Selma Lagerlöf: «Wundersame Reise des Nils Holgersson mit den Wildgänsen». Schweden vom Süden bis in den Norden lernt man kennen – Anfang unseres Jahrhunderts, begibt man sich mit den Wildgänsen auf den Flug übers Land.
August Strindberg: «Die Leute auf Hemsö». Das Leben auf den kargen Schären, bevor der Wohlstand in Schweden Einzug hielt. Ein äußerst gesellschaftskritisches Buch.

Unterwegs in Schweden

Verpflegung

1993 wurde die schwedische Währung drastisch abgewertet, aber dennoch liegen die Preise über unserem Niveau, sie sind aber deutlich niedriger als in Norwegen. Eine Mahlzeit in einem durchschnittlichen Restaurant kostet ca. 30 DM, mittags gibt es mit dem Tagesmenü eine preiswerte Alternative. Kein Wunder, daß Fast-food-Restaurants überall im Land billige Kost anbieten. Hat man großen Hunger, lohnt sich in großen Lokalen und auf vielen Fähren ein «Smörgasbord» für 30 DM vom Büfett zu holen. Relativ preiswert sind auch Milchprodukte wie Joghurt oder Kefir, die

literweise angeboten werden. Tante-Emma-Läden gibt es nur noch in kleinen Dörfern, sonst dominieren Supermärkte. Alkohol ist noch immer reglementiert und teuer; Schnaps und Likör sind nur in staatlichen «Systembolaget»-Läden zu erhalten.

Übernachten

Jugendherbergen gibt es sehr viele und wirken eher wie Hotels. Manche bieten Doppelzimmer mit Dusche oder höchstens Viererzimmer an, Frühstücksbüfetts verblüffen teilweise mit großer Auswahl. Es versteht sich, daß die Preise daher höher als in südlichen Ländern sind. Mit JH-Ausweis kostet die Übernachtung ca. 25 DM, ohne Ausweis ca. 35 DM, das Frühstück schlägt mit ca. 10 DM zu Buche. Vor allem im Juni und Juli sind die Häuser oft belegt, daher vorher anrufen. Ab Mitte August dagegen wird es wieder ruhig, allerdings sind viele Jugendherbergen nur von Mai bis September geöffnet.

Hotels oder Pensionen sind meist sehr teuer, und ein Doppelzimmer ist kaum unter 80 DM zu haben. Als Alternative bieten sich Hütten an, die man oft für ca. 50 DM am Tag mieten kann (mit Platz für mehrere Personen). Privatzimmer sind zu ca. 60 DM fürs Doppel, Campingplätze zu ca. 15 DM ohne Zelt zu haben. Wild übernachten, auch mit Zelt, ist prinzipiell erlaubt in Schweden, doch schließt dies die Verpflichtung ein, sorgsam mit der Natur umzugehen, keine Abfälle zu hinterlassen und kein Feuer zu entfachen.

Günstige Tickets in Schweden

Inter Rail Zone B

Gilt auf allen Strecken der Schwedischen Staatsbahn, zudem auf den Fähren von Helsingør (Dänemark) nach Helsingborg. 50 Prozent Ermäßigung auf den Fähren von Stockholm nach Turku/Helsinki sowie von Göteborg nach Frederikshavn, von Travemünde nach Trelleborg. 50 Prozent Ermäßigung auch auf der inzwischen privaten Inlandsbahn Mora–Östersund–Gällivare.

Scanrailpass (früher: Nordische Touristkarte)

Netzkarte für alle vier skandinavischen Länder: Dänemark, Schweden, Norwegen, Finnland. Freie Fahrt auf allen Eisenbahn-Strecken (Inlandsbahn 50 Prozent); auf den Fähren der Vogelfluglinie Puttgarden–Rødby, Helsingør–Helsingborg sowie Stockholm–Turku freie Fahrt. Rabatte auf allen übrigen Bus- und Schiffslinien.

Gültig für:	Erwachsene		Jugendliche (12–25)	
	2. Klasse	**1. Klasse**	**2. Klasse**	**1. Klasse**
5 Tage innerhalb von 10 Tagen	310 DM	376 DM	233 DM	281 DM
10 Tage innerhalb von einem Monat	420 DM	516 DM	315 DM	386 DM
1 Monat	606 DM	756 DM	454 DM	566 DM

Kinder (4–11) zahlen den halben Preis der Erwachsenenkarte.

Euro Domino

Freie Fahrt auf Schwedens Eisenbahnen (Inlandsbahn 50 %)

Tage (innerhalb 31)	**3**	**5**	**10**
Jugendliche	153 DM	220 DM	293 DM
Erwachsene	206 DM	293 DM	392 DM
Erwachsene 1. Klasse	281 DM	402 DM	535 DM

Liegewagen/Schlafwagen

Ein Liegewagenbett im Abteil für 6 Personen kostet ca. 26 DM, ein Schlafwagen-Bett im 3er-Abteil ca. 45 DM.

Besonders schöne Bahnstrecken in Schweden

Drei Bahnstrecken im Land verdienen besondere Aufmerksamkeit: Die **Westküstenlinie** von **Helsingborg** über Falkenberg nach **Göteborg** und ihre Fortsetzung nach **Strömstad** (20130) mit vielen Blicken auf die Schärenküste von Bohuslän, die Linie durch **Mittelschweden** von (Stockholm-) **Gävle** über **Östersund** nach **Storlien** und weiter ins norwegische Trondheim (20170) durch Wälder, entlang von Seen und durchs einsame schwedisch-norwegische Hochgebirge sowie die **Lapplandstrecke** von **Stockholm** über Boden–Gällivare – **Kiruna** ins norwegische **Narvik** (20180), eine der abenteuerlichsten europäischen Bahnrouten durch die einsame Tundra, Wälder- und Gebirgslandschaften. Die Fahrt über den Polarkreis bis Narvik zeigt in 24 Stunden, wozu die berühmte russische Transsibirische Eisenbahn 10 Tage benötigt. Was man auf keinen Fall versäumen darf, ist die Fahrt ins angrenzende Norwegen. Die *Bergenbahn* dort und die *Nordlandbahn* bilden die absolute Krönung europäischer Bahnabenteuer. Prinzipiell muß man sich angesichts der geringen Bevölkerungsdichte vor allem in Schwedens Norden darüber klar sein, daß pro Strecke meist nur wenige Züge unterwegs sind – auf der Lapplandlinie nach Narvik etwa nur der Lapplandpfeil von Göteborg und der Nordpfeil von Stockholm. Im Süden dagegen verkehren die Züge fast im Stundentakt (Stockholm–Göteborg).

Ziele in Schweden

Helsingborg

Hier landen die Fähren aus Helsingör/Dänemark. Direkte Züge nach Stockholm (20100), Malmö (20100), Göteborg (20130), Oslo (20130), Kopenhagen (Fähre mit Zug 20001).

Information

Im ersten Stock des modernen Empfangsgebäudes.

Übernachten

Jugendherbergen: Villa Thalassa, Dag Hammarskjölds väg, Tel. 042/210384, schönes Haus auf Hügel über dem Meer, Bus 7 vom Empfangsgebäude Knutpunkten, 4 km. **KFUM** Nyckelbo Scoutstigen, Tel. 042/92005, 7 km vom Bahnhof, Bus 252.

Sehenswertes

Nach dem Einlaufen der Fähre ist man über das Empfangsgebäude überrascht, in dem auch Busse und Züge unterirdisch abfahren. Die Stadt selbst enttäuscht, wurde sie doch mehrfach zerstört. So blieb nur der **Kärnan-Turm** vor dem Slottshagen, dem Schloßgarten (Aussicht täglich, 4 DM), über den Stortorget, den Rathausplatz zu erreichen.

Lund

Strecken 20100 Malmö–Stockholm und 20130 Helsingborg–Malmö.

Information

Kattesund 6, im Haus der Kyrkoruin.

Übernachten

Jugendherberge Taget, Vävaregatan 22, Bjeredsparken, Tel. 046/142820. Die Herberge besteht aus Eisenbahnwagen – im Speisewagen wird gefrühstückt, auf einem Abstellgleis 300 m nördlich vom Bahnhof, vom Hinterausgang zu erreichen. **Campingplatz**, 2 km außerhalb, Bus 1 fährt links vom Bahnhof. Freibad neben dem Platz kostenlos für Camper.

Sehenswertes

Eine Kleinstadt mit Gassen und einer Atmosphäre wie im Süden – und dazu noch 25 000 Studenten. Tolle schmale Straßen und kleine Häuser in der **Altstadt**, vom Bahnhof über die Klostergatan in 2 Minuten zu erreichen. Der große *Dom* liegt mittendrin (astronomische Uhr mit Glockenspiel um 12 und 15 Uhr). Die Universität, eine der bedeutendsten in Schweden, liegt nördlich vom Dom im Lundagard-Park. Auf der anderen Seite des Doms befindet sich am Tegners Pladsen das **Freiluftmuseum Kulturen** mit Häusern aus zwei Jahrhunderten (täglich 11–18 Uhr, 10 DM).

Der Martenstorget ist Schauplatz des Marktes, nicht weit davon die **Kyrkoruin**, eine zerstörte Kirche aus dem 16. Jahrhundert. Bei Kunstkennern genießt das **Skissernas Museum** großes Ansehen, es zeigt genau, wie ein künstlerisches Modell entworfen und verwirklicht wird (täglich, 12–16 Uhr, 4 DM). In den benachbarten Gassen und auf den Plätzen Straßencafés mit viel jungem Publikum.

Malmö

Strecke 20130 Helsingborg–Malmö und Fähren von Kopenhagen.

Information

Skeppsbron 1, über den Bahnhofsvorplatz, zum Fähranleger; Stadtplan und Privatzimmervermittlung.

Interrail Center

Mitten in der Stadt am Stortorget im Jugend-Treff Suck, eine Art Café, vom Bahnhof 3 Minuten. Hier gibt es kostenlose Gepäckaufbewahrung, Infopläne über die Umgebung und kostenlose Duschen.

Verkehr

Der Bahnhof liegt am Rand der Altstadt am Hafen. Die Fähren legen direkt vor ihm (Stirnseite) ab. In die Altstadt geht es links über den Kanal über die Mälarbron und den Hamngatan, 3 Minuten. Die **Malmökortet** erlaubt 24 Stunden Freifahrt mit allen Bussen und freien Eintritt in die Museen.

Übernachten

Jugendherberge, Backavägen 18, Tel. 040/82220, 4 km vom Bahnhof, Bus 21 A vom Centralplan bis zum Vandrarhem (Richtung Kastanjegarden). **Sibbarps Camping** am Strandgatan, 5 km außerhalb am Strand, Bus 11 A vom Bahnhof.

Sehenswertes

Vom Bahnhof geht es über die Mälarbron und den Kanal ins Stadtzentrum, dem Stortorget: gleich rechts die Residenz, in Platzmitte das Reiterdenkmal von Karl X. und links das Rathaus, dahinter die nüchterne St. Petri Kyrka. Links im Eck des Stortorget steht der Kompaniehof, wo auch die Fußgängerzone Södergatan beginnt. Rechts hinter dem Stortorget, vorbei am Interrail Center, schließt sich der idyllische Lillatorg an, ein romantischer kleiner Platz mit Fachwerkhäusern, wo sich der andere Teil der Fußgängerzone fortsetzt, der südlich auf den Gustav Adolfs Torg trifft, ein belebter Platz. In einer der schmalen Gassen um den Lillatorg ist das berühmte **Form Design Center** mit Produkten aus schwedischen Firmen untergebracht. Folgt man den Gassen vom Lillatorg nach rechts, stößt man nach 200 m auf den weiträumigen, von einem Wassergraben umsäumten Kungsparken. Im **Schloß Malmöhus** befindet sich das Museum der Stadt mit Kunst und Geschichte der Region (täglich 12–16 Uhr, 5 DM). Rechts hinter dem Schloß liegt das Kommendanthuset mit dem **Marinemuseum**, 50 m weiter das **Technikmuseum** mit einer Übersicht über die Entwicklung der Schiffahrt (täglich 12–16 Uhr, 5 DM).

Ystad

Strecke 20110 Malmö – Simrishamn

Information

St. Knuts Torg, am Bahnhof, Stadtplan und
Privatzimmervermittlung.

Übernachten

Jugendherberge Kantarellen im Vorort
Sandskog, Fritidsvägen, Tel. 0411/66566,
2 km vom Bahnhof, Bus 304 oder 572 oder
573, die Herberge liegt nicht weit vom
Strand und vom **Camping Sandskog**.

Sehenswertes

Wunderschönes Städtchen mit kleinen
Fachwerkhäuschen: Die alte Apotheke in
der Pilgränds-Gasse gilt als das älteste erhaltene Fachwerkgebäude Skandinaviens.
Sehenswert sind zudem das Alte Rathaus
am Stortorget, die Kirche St. Maria, das
Franziskanerkloster sowie der Gerberhof
und das Jacobsens-Haus gegenüber. Vom
Bahnhof am Hafen ist man in 5 Minuten in
der Altstadt. Schiffe fahren zur Insel Born-
holm (Dänemark).

Die schwedische Westküste

Die Bahn fährt auf der Strecke 20130
Malmö – Göteborg–Strömstad in langen
Passagen direkt an der reizvollen Küste
entlang. Viele Felsinseln, Schären im Meer,
unzählige Sandstrände mit schönen kleinen
Touristenorten.

Göteborg

Strecken nach Malmö, Oslo, Strömstad
(20130), Stockholm (20140), Kalmar
(20116).

Information

Im Östra Nordstan vor dem Hauptbahnhof,
Stadtplan und teure Zimmervermittlung.

Verkehr

Der **Hauptbahnhof** liegt mitten in der
Stadt. **Straßenbahnen** und **Busse** erschließen Zentrum und Umgebung. Einzelfahrschein ca. 4 DM, billig ist das 24-Stun-
den-Ticket für 12 DM. *Göteborgskortet* ca.
30 DM für 24 Stunden: alle Straßenbahnen,
Busse und mehrere Schiffe kostenlos, zudem freier Eintritt in Museen (gibt es beim
Info).

Übernachten

Mehrere **Jugendherbergen**: **Ostkupan**, Me-
jerigatan 2, Tel. 031/401050, nur Juni bis
August, Straßenbahn 1, 3, 4, 6 vom Bahn-
hof, ca. 5 km. **Kärralund**, Olbersgatan,
Tel. 031/252761, Straßenbahn 5 bis Welan-
dergatan, 5 km vom Bahnhof. **Camping
Kärralund** unweit der Jugendherberge,
Straßenbahn 5 bis Welandergatan, kein
Strand.

Essen und Trinken

Preiswerte Gerichte gibt es in der Cafeteria
im Bahnhof und im Östra Nordstan vor
dem Bahnhof.

Sehenswertes

Die zweitgrößte Stadt Schwedens zeigt in
den Außenbezirken viel Industrie und Hafenanlagen und im Zentrum nüchterne
Häuserkomplexe und breite Straßen.
   Durchquert man vor dem Bahnhof das
große Einkaufszentrum, stößt man unmittelbar dahinter auf den **Gustav Adolfs
Torg**, das Zentrum der Altstadt. Rechts
führt eine Brücke zum Hafen, zum **Cen-
trum Maritim**, wo viele Schiffe besichtigt
werden können (täglich 11–17 Uhr, 10 DM).
Am Gustav Adolfs Torg liegt das Rathaus,
dahinter die deutsche Kristine Kirche und
das **Ostindienhaus**, ein Museum mit historischer, archäologischer und völkerkundli-
cher Abteilung (täglich 11–16 Uhr, ca. .

9 DM). Geradeaus geht es zum Skeppsbro-platsen, wo links von der Kanalmündung die Fähren zu den Schären starten. Wendet man sich nach rechts, stößt man 50 m hinter dem Ostindienhaus auf das **Kronhuset** mit dem Stadtmuseum (täglich 11–16 Uhr, 6 DM). Vom Gustav Adolfs Torg nach links der Ostre Hamngatan folgend, kommt man zum Kungsportsplatsen am äußeren Kanal, wo Schiffe für Rundfahrten durch die verbliebenen Kanäle ablegen. Hier beginnt auch die zentrale Straße der Neustadt, der **Kungsportsavenyn**, auf dem bis in die späte Nacht viel Leben herrscht. Die Straße führt zum **Götaplatsen**, wo das **Kunstmuseum** mit Werken von Rembrandt, van Gogh und vielen Skandinaviern (täglich, 10–16 Uhr, ca. 10 DM), das Konzerthaus und das Theater zu finden sind.

Uddevalla / Bohuslän-Küste

Übernachten

Jugendherberge Bassholmen, liegt auf der Insel vor der Küste, Tel. 0522/651308, nur Mitte Juni bis Mitte August, Schiff von Uddevalla nach Bassholmen/Kärlingsund, nach Voranmeldung persönliche Abholung durch den JH-Vorsteher. Drei **Campingplätze** am Nordrand von Uddevalla: **Hafstens Camping**, Hafsten 32, nur April bis Oktober; **Skeppsvikens Camping**, Göteborgsvägen, **Unda Camping**, beide nur im Sommer.

Sehenswertes

Äußerlich schreckt die Stadt ab mit viel Industrie, Straßen und modernen Gebäudekomplexen. Wenige Kilometer vom Zentrum entfernt befindet man sich aber urplötzlich in freier Natur an der Küste, gute Busverbindung vom Bahnhof zu den nördlichen Küstenabschnitten.

Strömstad

Information

2 Minuten vom Bahnhof Richtung Hafen.

Übernachten

Jugendherberge, N Kyrkogatan 12, Tel. 0526/10193, nur April bis Oktober. Privates **Hostel** auf der Insel Süd-Koster: Bergdalens Turistanläggning, Anlegestelle: Ekenäs brygga, Tel. 0526/20125. Auf Süd-Koster zudem viele kleine Hütten (ca. 60 DM/Tag) und Privatzimmer. **Campingplatz** am Nordostende von Nord-Koster, Anlegestelle: Vettnets brygga. Auf Nord- und Süd-Koster zudem viele Möglichkeiten, abseits wild zu übernachten. Zimmervermittlung auf den Koster-Inseln durch die Information in Strömstad, ebenso Inselpläne.

Sehenswertes

Strömstad ist Endpunkt der Bahnlinie von Göteborg, der Bahnhof liegt nahe am Hafen. Busse fahren weiter ins norwegische Halden, wo man auf die Bahnlinie Göteborg–Oslo stößt (15 km bis Halden). Auch Fähren legen nach Norwegen ab, nach Frederikstad (1 Stunde Fahrt, auf der anderen Seite der Halbinsel in Strömstad). Strömstad ist ein netter kleiner Erholungsort mit winzigem Zentrum, viel Betrieb am Hafen und Badestrand. Hauptattraktion sind die vorgelagerten Koster-Inseln (sprich: Köster) inmitten des Schären-Gürtels, beide autofrei mit einer herrlichen Landschaft. Nord-Koster und das etwa doppelt so große Süd-Koster (ca. 4 km lang, 1,5 km breit) liegen ca. 10 km vor der Küste direkt an der Grenze zu Norwegen, von einem schmalen Kanal voneinander getrennt.

Südschweden

Växjö

Strecke 20116 Göteborg–Kalmar; von Helsingborg, Malmö und Stockholm her im benachbarten Alvesta umsteigen.

Information

Kronobergsgatan 8 (im Zentrum, nicht weit vom Bahnhof)

Übernachten

Jugendherberge Växjö, liegt in Evedal, Tel. 0470/63070, vom Bahnhof 6 km, mit Bus. 500 m weiter ein **Campingplatz**.

Sehenswertes

Växjö liegt im Binnenland am Helgasjön-See. Seit fast 200 Jahren leben die Menschen in der Umgebung von der Glasbläserei, die Anfang des 19. Jahrhunderts von deutschen Einwanderern mitgebracht wurde. In der Stadt steht auch das bedeutende **Smålands Museet**, das ausführlich über die Geschichte der Glasbläserei informiert (werktags 10–15 Uhr, sonntags 13–17 Uhr, ca. 7 DM, Adresse: s. Järnvägsgatan 2). Das **Utvandrarnas Hus** im Strandvägen stellt ausführlich die Geschichte der Auswanderung armer Schweden nach Amerika im 19. Jh. dar und zeigt die sozialen Hintergründe, warum über eine Million Schweden ihre Heimat verlassen mußten (werktags 10–15 Uhr, sonntags 13–17 Uhr, ca. 7 DM).

Kalmar

Strecke 20116 Göteborg–Kalmar; von Helsingborg, Malmö und Stockholm in Alvesta umsteigen.

Information

Larmgatan, 5 Minuten vom Bahnhof.

Übernachten

Jugendherberge Kalmar, Rappegatan 1 c, Tel. 0480/12928, ganzjährig geöffnet, vom Bahnhof 1,5 km. **Jugendherberge** auf der **Insel Öland** in Borgholm, Rosenfors, Tel. 0485/10756, Mai–September offen, Bus von Kalmar nach Borgholm, vorher aussteigen. Mehrere **Campingplätze** bei Borgholm am Strand.

Sehenswertes

Gleich im Park vor dem Bahnhof stehen Reste der Stadtmauer und ein alter Wasserturm. Rechts davon erstrecken sich in geradliniger Form die Straßen der Altstadt, mittendrin die Stortorget mit dem Rathaus. Zum Meer hin findet man das **Länsmuseum** mit den Überresten eines alten, versunkenen Kriegsschiffes aus dem 17. Jahrhundert (täglich 10–17 Uhr, 8 DM). Südwestlich des Zentrums liegt das berühmte **Schloß**, ein wuchtiger Bau mit fünf Türmen mitten im Wasser.

Von Kalmar läuft eine fast 7 km lange Straßenbrücke hinüber zur **Insel Öland**, Schwedens großer Erholungs- und Radfahrer-Insel. Lange Sandstrände machen Öland besonders attraktiv. Im Hauptort Borgholm steht das königliche Schloß, in dem sich das schwedische Königspaar im Sommer aufhält. Gute Busverbindung zur Insel, drüben Fahrradverleih, viele Campingplätze, drei Jugendherbergen.

Jönköping

Strecken 20120 Nässjö–Falköping und 20131 Värnamo–Jönköping; von Stockholm und Helsingborg her in Nässjö, von Göteborg her in Falköping umsteigen.

Information

Im Einkaufszentrum vom Bahnhof jenseits der Brücke.

Übernachten

Jugendherberge im Nachbarort Huskvarna, Odengatan, Tel. 036/148870, in Huskvarna Bahnhof aussteigen oder Bus von Jönköping. **Campingplatz** Rosenlund am See, Bus von Jönköping.

Sehenswertes

Die kleine Industriestadt am Südende des langgestreckten **Vätternsees** dient als Ausgangspunkt zur Busfahrt nach Gränna. In Jönköping saß die wichtigste Streichholzproduktion der Welt, hier wurden die

«Tändstickers» erfunden und 150 Jahre lang als Monopol produziert. Die ganze Stadt lebte von den vielen Fabriken, man wurde reich, bis 1988 das Monopol für die Streichholzproduktion fiel. Heute gibt es in Jönköping das lustige **Tändsticksmuseet** in der Västra Storgatan (18 a) mit den Maschinen und unzähligen Streichholzheftchen (Mo–Fr 10–17 Uhr, Sa und So 10–15 Uhr, September–Mai erst ab 13 Uhr, ca. 5 DM).

Gränna

Mit Stadtbus von Jönköping (Busse fahren 100 m vor dem Bahnhof) oder von Huskvarna. Die Busse fahren am Ostufer des Vätternsees entlang ca. 45 km nach Norden, ca 10 DM. Jede Stunde ein Bus.

Information

Große Touristeninfo am zentralen Platz. Stadtplan, Inselplan von Visingsö, Privatzimmervermittlung.

Übernachten

Jugendherberge Gränna, Andree-Museet, Tel. 0390/11010, kleines Haus, nur Juni und Juli, **Campingplatz** in Erstad im Norden der Insel Visingsö.

Sehenswertes

Gränna ist ein Erholungsort direkt am *Vätternsee* mit alten Holzhäusern und Badestränden. Berühmt ist das Örtchen für das Polkagrisar, rot-weiß-gestreifte, klebrigsüße Zuckerstangen, die von den Konditoren gefertigt werden. Vom Grännaberg aus genießt man eine schöne Aussicht auf den Vättersee, vor allem bei Sonnenuntergang. Besonders attraktiv ist die autofreie **Insel Visingsö** direkt vor Gränna. Sie ist 14 km lang und maximal 1 km breit, ganz im Süden liegen die Reste eines der ältesten schwedischen Schlösser von Näs. Schiffe von Gränna fahren alle 30 Minuten (Juni–August, sonst alle 2 Stunden), Fahrräder kann man am Hafen mieten.

Mittelschweden

Stockholm

Direkte Züge von Malmö, Helsingborg (20100), Göteborg (20140), Oslo (20240), Östersund (20170), Mora/Dalarna (20171), Kiruna (20180)

Information

Im Hauptbahnhof (unten) Stadtpläne, Zimmervermittlung gegen Gebühr (ca. 5 DM). Das Fremdenverkehrsamt sitzt am Eck des Kungsträdgardens im Sverigehuset, täglich 9–17 Uhr geöffnet, Stadtpläne, Informatierial über ganz Schweden, Zimmervermittlung, Fährenfahrpläne zu den Schären.

Interrail-Information

Mitten im Hauptbahnhof, Infomaterial, Zimmervermittlung, kurzfristige Gepäckaufbewahrung.

Verkehr

Der **Hauptbahnhof** liegt direkt im Zentrum der Stadt, zu Fuß ist man in wenigen Minuten in der Altstadt, am Schloß oder auf dem zentralen Platz, dem Kungsträdgarden. Im Bahnhof gibt es Gepäckaufbewahrung (im Untergeschoß), Geschäfte und ein nettes Café mit Aquarium. Die Stockholmer **Metro**, die Tunnelbana, erschließt die gesamte Stadt mit der Stadion T-Centralen unter dem Bahnhof. Die U-Bahnhöfe sind teilweise prächtig mit moderner Kunst ausgestaltet, wie etwa der Station Kungsträdgarden. Tickets für Tunnelbana und Busse kosten ca. 3 DM, 24-Stunden-Karte ca. 10 DM für den Innenbereich. Wichtiger als Metro und Bus sind in Stockholm die **Fähren**, etwa vom Nybroplan oder Skeppsbron nach Djurgarden, der Fahrpreis ist im 24-Stunden-Ticket enthalten. Lohnende Touristenfahrten mit Schiffen kosten ca. 25 DM, sie starten am Strömkajen vor dem Nationalmuseum. Auch die Schiffe auf die Stockholmer Schären legen hier ab. Die **Stockholmskortet** kostet ca. 35/70/100 DM (für 1/2/3

Tage) für freie Fahrt in allen Tunnelbana, Bussen, Nahverkehrszügen, Fähren, freien Eintritt in Museen und im Vergnügungspark Gröna Lund sowie im Freilichtmuseum Skansen.

Die **Fähren** der Gesellschaften Silja Lines und Viking Lines nach **Finnland** und zu den **Åland-Inseln** verkehren im Sommer täglich. Die Viking-Lines fahren abends gegen 18 Uhr nach Helsinki vom Stadtteil Södermalm aus, südlich der Gamla Stan. Anfahrt per Tunnelbana bis Slussen, dann kostenloser Zubringerbus bis zum Vikingterminalen. Das Terminal der Silja-Lines liegt im Industriehafen nordöstlich der Stadt, per Tunnelbana 13 oder 14 bis Ropsten, von dort kostenloser Zubringerbus. Ebenfalls läuft abends ein Schiff nach Helsinki aus. Beide Linien bieten (im Sommer) zwei tägliche Verbindungen nach Turku. Die Route der Viking-Line ist beim Passieren Stockholms reizvoller, sieht man von den Schiffen doch direkt «unter» sich die Gamla Stan, Skeppsholmen und Djurgården liegen. Interrailern geben die Fähren 50 Prozent Ermäßigung, mit dem Scanrailpaß sind die Fahrten nach Turku frei. Der Zwischenaufenthalt auf den Åland-Inseln – die Schiffe halten in Mariehamn – ist besonders reizvoll. Noch billiger sind allerdings die Viking-Line-Fähren von Kapelskär nördlich von Stockholm nach Naantali, ebenfalls mit Halt auf den Åland-Inseln. Die Schiffe fahren zweimal täglich im Sommer, ein Bus von Stockholms Technischer Hochschule ist im Fahrpreis enthalten (ca. 45 DM, für Interrailer 35 DM).

Übernachten

Af Chapman, ein Segelschiff vor der Insel Skeppsholmen mitten im Zentrum der Stadt, Tel. 08/6795015, 15 Minuten vom Bahnhof über den Klarabergsgatan, Hamngatan, Kungsträdgården und Nationalmuseum vorbei bis zur Insel oder Bus 65 vom Bahnhof, oft ausgebucht, morgens 7–8 Uhr persönliche Anmeldung. **Skeppsholmen Västra Brobänken**, Tel. 08/6795017, das große Haus steht direkt beim Segelschiff auf der Insel Skeppsholmen. **Backpackers Inn**, Banérgatan 56, Tel. 08/6607515, nur Juni–August. **Långholmen**, Kronohäktet,

Tel. 08/6680510, liegt auf der Insel Långholmen, Tunnelbana 13 oder 14 bis Hornstull und dann den Langholmsgatan entlang und links vor der Brücke, am Ufer bis zur nächsten Brücke, die rechts hinüber, Anmeldung auch in der Nacht. **Balettakademien Sleep Inn**, Döbelnsgatan 56, Tel. 08/363064, nur Juli–August, Tunnelbana bis Radmansgatan, ca. 30 DM. **Klubbensborg**, Tel. 08/6461255, Tunnelbana bis Mälarhöjden, ganzjährig geöffnet. **Gustav af Klint**, Stadgardskajen 153, Tel. 08/6404077, altes Schiff, liegt hinter Gamla Stan, Tunnelbana bis Slussen. **Ängby Camping**, liegt 10 km von Stockholm am Mälar-See, Tunnelbana 17 und 18 bis Ängbyplan, dann 10 Minuten zu Fuß.

Essen und Trinken

In Stockholm relativ teuer. Im Lokal **Pele**, 5 Minuten vom Bahnhof, links durch die Vasagatan, gibt es Salatbüfett für ca. 16 DM. Im Bistro **Bohème**, Drottningsgatan 71 A, kostet ein Gericht ca. 15 DM. **Musiktreffs** sind in der Altstadt Gamla Stan das **Stampen**, Stora Nygatan 5 für Jazzer (Eintritt 25 DM), das **Kaos** auf der anderen Straßenseite (Live-Blues) und das **Mosebacke**, Mosebacke Torg, Tunnelbana Slussen, mit toller Aussicht von der Terrasse, preiswert.

Sehenswertes

Vom Bahnhof über den Klarabergsgatan kommt man direkt zum Platz der modernen Stadt, dem **Sergelstorg**. Hier im **Kulturhaus**, in dem man internationale Presse lesen und Ausstellungen kostenlos betrachten kann. Im **Konserthuset** werden die Nobelpreise überreicht, und 150 m den Sveavägen weiter, liegt in der **Adolf Fredriks Kirche** der 1986 erschossene Ministerpräsident Olof Palme begraben.

Vom Sergelstorg erreicht man über die Hamngatan in wenigen Minuten den **Kungsträdgården**, den Stadtpark. Gleich rechts an der Ecke liegt das Fremdenverkehrsamt, daneben Cafés und Kneipen. Folgt man dem Park nach rechts, kommt man an der Jakobskirche vorbei zum Wasser. Links legen die Fähren zu den Schären ab, rechts führt eine Brücke hinüber zur Altstadt, der Gamla Stan. Diesem Stadtteil ist die kleine Insel **Helgeandsholmen** mit dem **Reichstagsgebäude** des Parlaments und dem **Medeltidsmuseum** vorgelagert, das die Ruinen der unter dem heutigen Reichtstag gelegenen mittelalterlichen Häuser enthält (Di–So 11–17 Uhr, ca. 7 DM). Im Nordosten liegt das **Königliche Schloß**, das 1750 fertiggestellt wurde. Ohne Spektakel findet die Wachablösung täglich um zwölf Uhr statt.

Neben dem Schloß die mächtige **Storkyrka**, in der die Könige gekrönt und getraut werden. In der Nähe liegt der große **Stortorget**, ein Platz mit schönen Gebäuden, 100 m weiter südlich die Deutsche Kirche St. Gertrud mit üppigen Glasfenstermalereien. Jetzt gelangt man in die romantisch verwinkelten Altstadtgassen mit vielen kleinen Läden, Kneipen, Cafés, eine der schönsten Regionen der Stadt. Im Nordwesten der Altstadt findet man das **Ritterhaus** und die **Riddarholms-Kirche**, in der die Könige bestattet wurden. Die östlich von Gamla Stan gelegene Insel **Skeppsholmen**, vor der das Segelschiff der Jugendherberge liegt, ist über eine Brücke vom **Nationalmuseum** her zu erreichen. In diesem Museum finden sich viele Gemälde von Breughel bis Rubens (Di–So 11–17, Do bis 21 Uhr, 10 DM). Auf der Insel gibt es das **Museum Moderna** (Di–So 11–17 Uhr, 10 DM) und an der Nordspitze das Ostasiatische Museum. Über die kleine Brücke kommt man auf die winzige Insel Kastellholmen mit den Resten des Kastells und bulligen Felsen in grüner Umgebung, wo es sich mit prächtiger Aussicht auf die Insel Djurgården gut relaxen läßt.

Vom Nybroplan fahren Schiffe (200 m östlich vom Kungsträdgården) regelmäßig zur Insel Djurjarden, dem ehemaligen Jagdgelände der Könige. Im Norden des Eilands liegt das **Nordiska Museet** mit beeindruckender Sammlung allgemein schwedischer Volkskunst (Di–Fr 10–17 Uhr und Sa+So 12–17 Uhr, 8 DM). Der Hauptstraße Djurgardsvägen folgend, stößt man 300 m weiter auf das **Biologiske Museet** mit unzähligen ausgestopften Tieren (Di–So 10–17 Uhr, 7 DM). Läuft man die nächste Straße jetzt nach rechts, sieht man das Ge-

bäude mit der berühmten **Wasa**, einem Kriegsschiff der schwedischen Flotte aus dem 17. Jahrhundert, vor sich. Die Wasa war 1628 im Stockholmer Hafen gesunken. Erst 350 Jahre später wurde die Wasa geborgen und anschließend im speziellen Wasa-Museum renoviert. Führungen auch in deutscher Sprache (10–17 Uhr, täglich, ca. 6 DM). Nicht weit vom Wasa-Museum liegt der Eingang zum Stockholmer Vergnügungspark **Gröna Lunds Tivoli** (10 DM).

Weitaus lohnender ist das **Skansen Freilichtmuseum** mit wunderschön nachgeahmten Häusern aus ganz Skandinavien, Bauernhöfen, Handwerksbetrieben, alten Villen. Dazu kommen ein Aquarium und ein kleiner Zoo (ca. 10 DM). Besonders stimmungsvoll sind im Sommer die **Open-air-Konzerte** auf Djurgården in Skansen und im Gröna Lunds Tivoli sowie im Kungsträdgården in der Neustadt. Weitere Informationen stehen im Heft «Stockholm diese Woche». Höhepunkt ist das **Stockholm Water Festival** Mitte August: In der gesamten Innenstadt werden Kirmesbuden aufgestellt und Wettschwimmen im Norrström, Schlagerfestivals und ein Riesenfeuerwerk veranstaltet.

Mariefred mit Schloß Gripsholm

Strecke Stockholm–Södertälje–Eskilstuna, umsteigen in Läggesta in die Museumsbahn (6 DM) nach Mariefred.

Übernachten

Campingplatz am Mälarsee, vom Bahnhof 25 Minuten.

Sehenswertes

Der deutsche Schriftsteller Kurt Tucholsky flüchtete 1928 vor den Nazis hierher, wo er seine Liebesgeschichte **«Schloß Gripsholm»** schrieb. Das romantische Städtchen am Mälarsee beherbergt in dem Schloß mit den wuchtigen Rundtürmen ein Gemäldemuseum (täglich 10–16 Uhr, 10 DM). Den Ausflug nach Mariefred kann man auch mit einer Schiffahrt von Stockholm her unternehmen, 1 1/2 bis 4 Stunden Fahrt (ca. 15–25 DM).

Stockholmer Schären

Linienschiffe vom Nationalmuseum, je nach Insel alle 30 Minuten oder nur eine Verbindung pro Tag (im Sommer).

Information

Im Schweden-Haus, der Touristen-Information in Stockholm, Übersichtspläne und Zimmervermittlung.

Übernachten

Jugendherberge Finnhamn, Tel.08/5424 6212, ganzjährig geöffnet, 76 Betten, im Sommer oft überfüllt. Möja Gästhem, Langvik auf Möja, Tel.08/5716 4720, **und** Juni–August, ca. 35 DM. Jugendherberge Utö, Gruvbyn auf Utö, Tel. 08/5015 7660, nur Mai–September.

Sehenswertes

Fast 30 000 Inseln liegen vor Stockholm im Wasser, ein Stück herrlicher, zum Teil fast unberührter Natur, im Sommer leicht mit Linienschiffen zu erreichen. Die Schiffe halten teilweise nur auf Bedarf. Lohnend ist eine «Batluffarkort», ein Ticket, mit dem man 16 Tage mit allen Schiffen umherfahren kann (ca. 60 DM). Wer nur einen Tag durch die Schären kreuzen kann, dem sei die Tour nach **Finnhamn** enpfohlen: Etwa dreistündige Fahrt mit einem der meist älteren Schiffe durch die labyrinthischen Schären. Die Jugendherberge auf der Insel nennt sich Utsikten und liegt auf einem Felsen mit herrlichem Rundumblick.

Uppsala

Strecke 20170/20180 Stockholm–Uppsala, Taktverkehr alle 60 Minuten ein Zug.

Information

Liegt vom Bahnhof 5 Minuten entfernt in der Straße Richtung Dom über den Fluß, Stadtpläne und Zimmervermittlung.

Übernachten

Jugendherberge Sunnersta Herrgard, Sunnerstavägen 24, Tel. 018/3242 20, 6 km vom Bahnhof, 3 Minuten zum Fluß laufen, dort in der Agatanstraße in Bus 20 (ab 20 Uhr Bus 50) steigen, geöffnet vom 1.5. bis 31.8. **Hostel Fritisgården Tunet**, Torbjörnsgatan 2, Tel. 018/188571, Bus 7 ab Stora Torget, ca. 30 DM, nur Juli und August. **Campingplatz Fyris** in der Stadt neben der Badmintonhalle.

Sehenswertes

Vom Bahnhof ist man in wenigen Minuten in der Fußgängerzone. Geht man geradeaus über den Fluß Fyrisan, hat man die Altstadt erreicht. Im großen **Dom**, dem größten Gotteshaus Skandinaviens, liegt König Gustav Wasa begraben. Davor befindet sich das *Uppland Museum* mit Objekten aus der Region (freier Eintritt), dahinter das **Gustavianum** mit einem alten Leichenseziersaal (täglich 11–16 Uhr, 5 DM). Es folgt die Universität, mit über 20 000 Studenten die älteste des Landes. Die **Bibliothek Carolina Rediviva** zählt über 3 Millionen Bücher, darunter auch die handschriftliche Bibelübersetzung des gotischen Bischofs Wulfila, der *«Codex Argenteus»* (So–Fr 10–19 Uhr, So nur bis 15 Uhr, 5 DM). Hinter der Bibliothek erstrecken sich der große Englische Park und der Botanische Garten. Vor ihm thront unübersehbar das **Schloß Gustav Wasa** aus dem 16. Jahrhundert.

Falun

Strecke 20101 Stockholm–Falun.

Information

Am Stora Torget.

Übernachten

Jugendherberge, Hälsinggardsvägen 7, Tel. 023/10560, ganzjährig geöffnet, vom Bahnhof 3 km mit Bus 1 und 4.

Sehenswertes

Schon seit dem 11. Jahrhundert werden in Falun Eisenerze gefördert. Am Rand der Stadt liegt die **Pinge Stora Stöten**, ein 100 m tiefes Loch, das durch eingestürzte Stollen entstand. Heute steht dort ein Bergbaumuseum, und man kann per Fahrstuhl das Bergwerk besichtigen (täglich 10–16 Uhr, ca. 14 DM). Über die Stadt und ihre Umgebung informiert das **Darlarna-Museum** (täglich 10–15 Uhr, 4 DM).

In **Sundborn**, 12 km nordöstlich von Falun (Busse fast jede Stunde), steht das **Museum** des Malers **Carl Larsson**, dessen typische Bilder auch außerhalb Schwedens bekannt sind.

Rättvik

Strecke 20171 Stockholm–Mora

Dalarna nennt man in Schweden die Region zwischen Falun und der norwegischen Grenze, deren Herz der Siljansee bildet. Eingebettet in eine grüne Berglandschaft, bietet Dalarna im Sommer Wander-, Schwimm- und Kulturferien in reizenden Ferienorten.

Information

Auf dem Bahnhofsvorplatz, Pläne und Zimmervermittlung.

Übernachten

Jugendherberge, Centralgatan, Tel. 0248/10566, nur 8 Minuten vom Bahnhof. **Campingplätze** am See und 500 m hinter der Jugendherberge im Park, 1 km vom Bahnhof im Gammelgarden.

Sehenswertes

Rättvik ist ein typischer Sommerferienort am Nordostzipfel des Siljansees. Waldreiche Umgebung, mehrere Musikfeste im Sommer, ein Freiluftmuseum mit schönen alten Häusern und sehenswerter Kirche im **Gammelgarden**. Berühmt ist das große Tanzfestival **Rättviksdansen** (nur in geraden Jahren im Juli).

Von Stockholm nach Norden

Traumziel vieler Reisender ist Schwedens menschenleerer Norden. Bald nach Uppsala und Falun werden die Siedlungen noch seltener als ohnehin schon im Süden des Landes, statt Laubbäume tauchen Nadelwälder auf. Heute bietet sich nur noch die Strecke etwa parallel zur Ostküste in den hohen Norden an, da die abwechslungsreiche Inlandsbahn leider privatisiert und teilweise stillgelegt wurde. Lohnend ist auch die Fahrt nach Östersund und weiter ins norwegische Trondheim (20170). Zwei Züge fahren die über 2100 km lange Strecke nach Norden: der «Nordpilen» gegen 17.40 Uhr ab Stockholm (Ankunft in Narvik 14.00 Uhr) und der «Lapplandpilen» von Göteborg (Abfahrt 16.10 Uhr, Ankunft Lulea 11.11 Uhr) mit Anschluß in Boden nach Narvik (an 17.42 Uhr). Die erste größere Stadt nach Uppsala ist Gävle.

Gävle

Information

Hattmakaregatan 2, in der Innenstadt.

Übernachten

Jugendherberge, Södra Radmansgatan 1, Tel. 026/621745, vom Bahnhof 5 Minuten, ganzjährig geöffnet. Am Meer im Vorort Engeltofta gibt es im Sommer eine weitere **Jugendherberge**, Bönavägen 118, Tel. 026/96160, Busverbindung. In der Nähe dieser Herberge auch ein **Campingplatz**, ca 7 km vom Bahnhof.

Sehenswertes

Hafenstadt mit Fähren nach Turku/Finnland. Leider brannte im 19. Jahrhundert ein großer Teil der Stadt ab, so ist heute nur noch der schöne Altstadtteil **Gamla Gävle** mit alten Holzhäusern erhalten.

Östersund

Nach Gävle teilt sich die Bahnstrecke in einen östlicheren und einen westlicheren Ast, die sich erst in Langsele wieder treffen. Vom westlichen Streckenabschnitt zweigt in Bräcke die Bahnlinie nach Östersund und weiter nach Trondheim ab, ein Abstecher, der sich lohnt.

Information

Gegenüber vom Rathaus, 10 Minuten vom Bahnhof, wo es Stadtpläne und Übernachtungsverzeichnisse gibt.

Übernachten

Jugendherberge, Södra Gröngatan, Tel. 063/139100, nur Mitte Juni bis Mitte August, 500 m vom Bahnhof. *Campingplatz* nahe am See mit Strand, aus dem Bahnhof nach rechts die Hauptstraße entlang immer parallel zu den Schienen, ca. 1 km. **Holzhütten** mit Küche im Wald auf dem Berg der Insel Frösö, vom Bahnhof 35 Minuten, nach links dem See entlang, über die Brücke auf die Insel, den Berg hoch dem Skilift entlang, ca. 30 DM.

Sehenswertes

Östersund liegt sehr schön am riesigen **Storsjön-See**, der Bahnhof liegt am Wasser. Ein Badestrand ist 500 m links vom Bahnhof. Ausflugsschiffe über den langgestreckten See starten kurz vorm Strand. 500 m weiter, den See entlang, kommt man zum **Freilichtmuseum Jamtli** mit 60 verschiedenen Gebäuden und originaler Inneneinrichtung und alten Handwerksbetrieben (täglich 11–18 Uhr, ca. 13 DM). Ein wahres Naturparadies findet man auf der *Insel Frösö*. **Die Bahnstrecke von Östersund nach Trondheim** führt ins einsame Gebirge mit herrlicher Landschaft. Aussteigen lohnt sich in **Ann** (**Jugendherberge**, Tel. 0647/71070, direkt am Bahnhof), in **Enafors** (**Hostel** Jämtlandia 100 m vor dem Bahnhof, ca. 25 DM; 8 km von Enafors liegt die **Berghütte** von **Blahammaren**, Tel. 0647/70120, ca. 35 DM, Juni–September) oder in der Grenzstation **Storlien** (**Jugend-**

herberge 4 km vom Bahnhof, Tel. 0647/70050, Busverbindung, Juli–August). Von Storlian fahren die Züge steil abwärts zum Trondheim-Fjord.

Von Lulea / Boden nach Narvik (20180)

Diese Strecke wurde Ende des 19. Jahrhunderts eigens für die Verladung des Erzes, das in Kiruna in riesigen Gruben abgebaut wird, ins Gebirge gehauen. Da der schwedische Ostseehafen Lulea etwa sechs Monate im Jahr von Eis versperrt wird, kann kein Schiff die Erze abtransportieren. So wurde die abenteuerlich verlaufende Linie übers Hochgebirge nach Norwegen konstruiert und in Narvik eigens ein Hafen gebaut. In **Boden** mit seinem tollen Holzbahnhof (**Campingplatz** am See, vom Bahnhof den Kungsgatan entlang, nach der Brücke rechts den Strandplan zur Kirche, dann den Fußweg am See entlang) zweigt die Strecke nach Lulea und nach Haparanda/Tornio/Finnland ab, zur Zeit nur Busverkehr. Auf halbem Weg zwischen Boden und Gällivare passiert der Zug den Polarkreis: «Polarcircel» ist eine Haltestelle im Wald. **Gällivare** (**Jugendherberge**, Barnhemsvägen 2, Tel. 0970/14380, vom Bahnhof nur 400 m über den Fluß. **Campingplatz** am Ortsrand, 20 Minuten.) zeigt die in ganz Schweden berühmte weiße **Holzkirche**, vom Bahnhof 5 Minuten jenseits vom Fluß. Der Erzbergbau ruht, heute wird Gold gefördert (Besichtigung alter Bergwerke 20 DM).

Kiruna

Information

Kleiner Stand am Bahnhof, das Fremdenverkehrsamt liegt gegenüber dem Rathaus.

Übernachten

Jugendherberge, Skyttegatan 16 A,
Tel. 09 80/17195, nur Mitte Juni–Mitte August, liegt im Zentrum, vom Bahnhof die
Janssongatan und Mangigatan durch bergauf, dann in den Hedingsvägen. **Campingplatz** ca. 2 km nördlich vom Bahnhof.

Sehenswertes

Von der Fläche her gehört Kiruna zu den
größten Städten der Welt (so groß wie das
Bundesland Rheinland-Pfalz), hat aber nur
30 000 Einwohner, die vom Erzbergbau leben. Die riesigen Abbaustätten kann man
besichtigen, und Führungen werden vom
Fremdenverkehrsamt veranstaltet (ca.
18 DM).

Die Mitternachtssonne, die im Sommer
in Kiruna über dem Horizont steht, hat zudem für die Menschen hier ihre winterliche
Kehrseite: Dunkelheit von Oktober bis Februar, was die Lebensbedingungen sehr erschwert.

Abisko

Übernachten

Jugendherberge in Abisko-Östra,
Tel. 09 80/4 02 00, das kleine Haus liegt
1 km vom Bahnhof Östra. Die große **Turiststation**, weithin sichtbar, Bahnhof Turiststation, DZ ca. 80 DM, bietet auch einfachere, billigere Zimmer. **Campingplatz**
500 m vom Bahnhof Turiststation. Wildes
Zelten ist nicht gestattet, weil Abisko in einem Naturpark liegt. Im Bahnhof Abisko-Östra (kommt vor der Turiststation), der
beheizt ist, übernachten häufig Interrailer.

Sehenswertes

Abisko liegt beim Torneträsk-See, und das
Naturschutzgebiet ist Ausgangspunkt für
lange Bergwanderungen. Am bekanntesten
ist der **Kungsleden** (Königsweg), ein Wanderweg durch völlig menschenleere Landschaften von Hütte zu Hütte. Verpflegung
muß man mitnehmen, zudem unbedingt

Kleidung, die auch winterlichen Verhältnissen (und sei es im Juli!) angepaßt ist. Das
Übernachten in den Kungsleden-Hütten
kostet ca. 25 DM, sofern sie nicht bewirtschaftet sind, nach eigenem Ermessen.

Bahnfahrt Abisko–Narvik: Bald nach
Abisko erreicht die Bahn (drei Züge täglich je Richtung, dazu unzählige lange Erzzüge) die Grenzstation Riksgränsen. Unterwegs kann man irgendwo an den kleinen
Stationen aussteigen und wandern, die
übrigen Personenzüge halten überall. Nach
Narvik fahren die Züge am tiefen Rombaksfjord entlang. Unbedingt rechts sitzen!

NORWEGEN

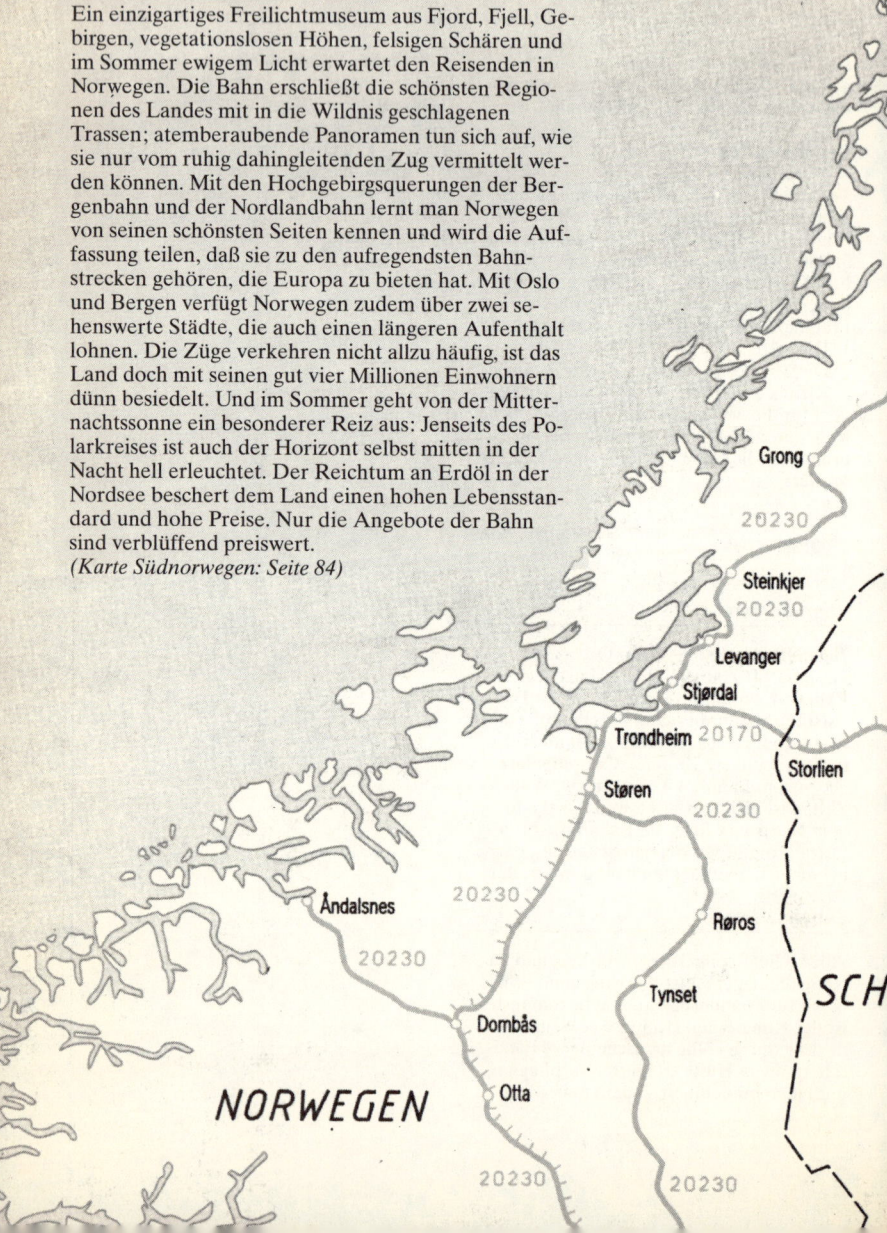

Ein einzigartiges Freilichtmuseum aus Fjord, Fjell, Gebirgen, vegetationslosen Höhen, felsigen Schären und im Sommer ewigem Licht erwartet den Reisenden in Norwegen. Die Bahn erschließt die schönsten Regionen des Landes mit in die Wildnis geschlagenen Trassen; atemberaubende Panoramen tun sich auf, wie sie nur vom ruhig dahingleitenden Zug vermittelt werden können. Mit den Hochgebirgsquerungen der Bergenbahn und der Nordlandbahn lernt man Norwegen von seinen schönsten Seiten kennen und wird die Auffassung teilen, daß sie zu den aufregendsten Bahnstrecken gehören, die Europa zu bieten hat. Mit Oslo und Bergen verfügt Norwegen zudem über zwei sehenswerte Städte, die auch einen längeren Aufenthalt lohnen. Die Züge verkehren nicht allzu häufig, ist das Land doch mit seinen gut vier Millionen Einwohnern dünn besiedelt. Und im Sommer geht von der Mitternachtssonne ein besonderer Reiz aus: Jenseits des Polarkreises ist auch der Horizont selbst mitten in der Nacht hell erleuchtet. Der Reichtum an Erdöl in der Nordsee beschert dem Land einen hohen Lebensstandard und hohe Preise. Nur die Angebote der Bahn sind verblüffend preiswert.
(Karte Südnorwegen: Seite 84)

Grong

20230

Steinkjer
20230

Levanger

Stjørdal

Trondheim 20170

Storlien

Støren

20230

Åndalsnes

20230

Røros

20230

Tynset

Dombås

SCH

Otta

NORWEGEN

20230

20230

Das Wichtigste vorweg

Geld

1 Norwegische Krone (nkr) = 100 Öre.

1 DM	= 4,10 nkr	100 nkr	= 23 DM
1 öS	= 0,60 nkr	100 nkr	= 161 öS
1 sfr	= 5,10 nkr	100 nkr	= 18 sfr

Telefon nach Hause

Telefonieren innerhalb Norwegens: die Vorwahlnummern sind seit 1994 abgeschafft, nur noch Direktwahl.
Deutschland 09549   Telefon-Notruf 110011
Österreich 09543
Schweiz 09541

Botschaften in Oslo

Deutschland: Oscarsgate 45, Tel. 22552010–12

Österreich: Sophusliesgate 2, Tel. 02552348
Schweiz: Bygdoy Allé 78, Tel. 22430590

Reiseführer

Gunnar Köhne: «Anders reisen: Norwegen», Rowohlt Taschenbuch Verlag.

Literatur:

Herbjorn Wassmo: «Das Haus mit der blinden Glasveranda.» Eindrucksvoller Roman über das Schicksal eines Mädchens in Nordnorwegen, das von einem deutschen Besatzungssoldaten gezeugt worden war.

Unterwegs in Norwegen

Verpflegung

Da die Währung durch den Ölreichtum stabil bleibt, nach Norwegen sehr viel importiert werden muß und die Landwirtschaft nur zu hohen Kosten produzieren kann, sind die Lebensmittelpreise trotz staatlicher Subventionen sehr hoch. Man muß damit rechnen, für die Flasche Mineralwasser bis zu 3 DM zahlen zu müssen und für ein normales Essen im Restaurant mindestens 30 DM. Wie in Schweden sollte man sich daher weitgehend selbst verpflegen und auf Milchprodukte ausweichen. Bier, Wein und

Hochprozentiges ist sehr teuer, alkoholfreie Getränke natürlich preiswerter.

Übernachten

Es gibt sehr viele Jugendherbergen («Vandrerhjem»), allerdings zu gehobenen Preisen, Übernachtung ohne Frühstück mit Ausweis ca. 28–38 DM. Hütten und Campingplätze sind preiswerte Alternative zu unbezahlbaren Hotels, und wildes Campen ist erlaubt. Überraschend billig sind die Schlafwagen der Bahn, nur ca. 32 DM in einer Kabine zu dritt.

Günstige Tickets in Norwegen

Interrail Zone B

Gültig auf allen Strecken der Norwegischen Bahnen. 50 Prozent Ermäßigung auf den Schiffslinien Hirtshals (Dänemark)–Kristiansand und Frederikshavn (Dänemark)–Larvik. Zudem 50 Prozent Ermäßigung für die Busse von Bodø/Fauske nach Narvik–Kirkenes und in der Region More und Romsdal.

Scanrailpass (früher: Nordische Touristkarte)

Netzkarte für alle vier skandinavischen Länder: Freifahrt auf allen Bahnstrecken in Skandinavien. Zusätzliche Ermäßigungen in Norwegen bei den Fähren wie mit Interrail.
Preise: Siehe Schweden, S. 87.

Euro Domino Norwegen

Freie Fahrt auf Norwegens Bahnen.

Tage (innerhalb 31)	**3**	**5**	**10**
Jugendliche	153 DM	220 DM	287 DM
Erwachsene	201 DM	287 DM	382 DM
Erwachsene 1. Klasse	287 DM	402 DM	535 DM

Liegewagen/Schlafwagen

Liegewagen gibt es in Norwegen nicht, die komfortablen Schlafwagen sind überraschend billig: Ein Bett im Abteil zu dritt kostet ca. 32 DM, nicht teurer als in der Jugendherberge.

Die schönsten Bahnstrecken in Norwegen

Höhepunkte sind ohne Zweifel die *Bergenbahn* und die *Nordlandbahn*. Im Rahmen der Bergenbahn darf man auf den Abstecher nach Flam nicht verzichten. Sehr schön sind aber auch die *Dovrebahn*, die *Raumabahn* und die *Rorosbahn*. Weniger lohnend allein die Sorlandbahn von Oslo nach Stavanger. Die Fahrt mit der Nordlandbahn läßt sich zudem mit dem Omnibustrip Fauske–Narvik mit der schwedischen Lappland-Bahn Stockholm–Narvik kombinieren.

Ziele in Norwegen

Oslo

Information

Im Hauptbahnhof Stadtpläne und Zimmervermittlung sowie der Veranstaltungskalender «Oslo diese Woche». **Use it:** Vor dem Hauptbahnhof, beim Uhrturm und in der Mollergate 3. Spezielle Informationen für junge Leute, auch Zimmervermittlung und Broschüre «Streetwise». **Inter Rail Center:** Im Hauptbahnhof, kostenlose Informationen über Norwegen, Oslo, Stadtpläne, kostenlose Gepäckaufbewahrung, für ca. 1 DM duschen (Juni–September, täglich 7–23 Uhr).

Verkehr

Der Hauptbahnhof **Sentralstasjon** liegt direkt im Zentrum, am besten den Ausgang zur Karl Johans Gate benutzen. In Oslo fahren **Tunnelbana** (Metro), Straßenbahnen und Busse sowie Fähren. Ticket ca. 4 DM, gilt auf Tunnelbana, Straßenbahn, Bus. 24-Stunden-Karten gelten überall, ca. 16 DM. Die **Oslo-Kortet** lohnt sich nur, wenn man viele Museen besuchen will, sie kostet 30/40/50 DM für 1/2/3 Tage und beinhaltet Freifahrt in Bus, Tunnelbana, Straßenbahn, auf Fähren, freien Zutritt zu den Museen, Ermäßigungen in Geschäften wie dem Norway Shop und im Kino. Die Oslo-Karte gibt es beim Fremdenverkehrsamt im Bahnhof.

Übernachten

2 Jugendherbergen:

Haraldsheim, Haraldsheimveien 4, Tel.
22 22 29 65 und 22 15 50 43, ca. 5 km vom
Bahnhof, Straßenbahn 1 und 7 von Storgata bis Sinsen, die Anhöhe hinauf oder
per Zug nach Gufsen und 10 Minuten zu
Fuß, großes Haus mit guter Übersicht über
den Oslo-Fjord, Januar bis November
geöffnet. **Holtekilen**, Michelets vei 55, im
Vorort Stabekk, Tel. 67 53 38 53, nur
Juni–August, vom Bahnhof 10 km.

Hostels

Inter Rail Point, Mollergate 1, Tel.
22 20 83 97, vom Bahnhof nur 5 Minuten, geradeaus zum Stortorvet, dann rechts, nur
Juli bis 20. August, großer Schlafsaal, eigener Schlafsack erforderlich, ca. 25 DM. **Hostel Pan**, Sognsveien 218, Tel. 22 15 50 43,
nur Juni–August, Tunnelbana 13 bis
Kringsja, ca. 10 km vom Bahnhof, ca.
45 DM.

Camping

Camping Bogstad am Bogstad-See in der
Nähe vom Holmenkollen-Skizentrum,
große Anlage, mit Hütten, ganzjährig
geöffnet, Bus 32 und 41 vom Bahnhof.
Camping Ekeberg, auf einem Hügel, tolle
Sicht auf Oslo, nur Juni–August, Bus 24
vom Bahnhof direkt (Haltestelle auf der
rechten Seite des Bahnhofs). Viele Interrailer schlafen im Sommer auch im Bahnhof, andere im Park vor dem Schloß und
außerhalb am Bogstad-See oder in der
Nähe vom Sognsvann-See.

Essen und Trinken

Das bei «Use it» erhältliche Magazin
«Streetwise» enthält eine aktuelle Übersicht
über preiswerte Lokale. **Last Train**, Karl Johans Gate 45, Tagesmenü («Dagens Rett»)
zu ca. 15 DM, 5 Minuten vom Bahnhof. **Bras-
serie 45**, Karl Johans Gate 45, nebenan, Dagens Rett zu ca. 15 DM. **Regnbuen**, Storgata
38, Dagens Rett unter 20 DM, Straße rechts
vom Dom. *Den Rosa*, Lilletorget 1, Café und
Restaurant, Dagens Rett ca. 18 DM. **Café
Sara**, Hausmannsgatan 1, am Ende der Storgata, Storgata 45, Dagens Rett ca. 15 DM.

Café Sekel, Tollbugata 6, gute Salatauswahl,
Dagens Rett ca. 15 DM.

Musik-Kneipen

Coco Chalet, Ovre Slottsgate 8, Jazz bis
spät in die Nacht. **Last Train**, Karl Johans
Gate 45, abends Rock. **Café Nordraak**, St.
Olavsgate 2, dezenter Blues. **Hannibals hy-
bel**, Aker Brygge, toller Blick zum Hafen,
verrückte Einrichtung.

Nachtleben

Rund um die Karl Johans Gate, auch am
Hafen bei der Aker Brygge. **Rockefeller
Musichall**, Torggata 16, altes Schwimmbad,
heute Live-Musik von Rock'n'Roll bis Reg-
gae. **Caramba**, Storgata 25, Disko mit
Techno. **Planet Rockall**, Rosenkrantzgata
22, viel Rock'n'Roll.

Sehenswertes

Direkt vor dem Hauptbahnhof beginnt die
wichtigste Straße Oslos, die Karl Johans
Gate, die als Fußgängerzone den Stadtkern
durchzieht. Gleich am Anfang liegt die
Domkirke mit auffallenden Türen, später
folgen das **Nationaltheater** und die **Universität**, rechts die **Nationalgalerie** und das **Historische Museum** mit norwegischer Kunst
und einer Übersicht über die Wikinger
(Di–So 11–15 Uhr, freier Eintritt). Im grünen Schloßgarten steht das sympathisch bescheidene Schloß. Auf dem Rückweg vom
Schloß kommt man rechts zum **Rathaus**, in
dem schöne Räume mit riesigen Gemälden
zur norwegischen Tradition zu bestaunen
sind. Vom Rathaus Richtung Fjord stößt
man auf die **Festung Akershus** aus dem
13. Jahrhundert, die im Zweiten Weltkrieg
den deutschen Besatzern als Hauptquartier
diente. Ein Denkmal erinnert an die
schlimme Zeit. Vom Rathausplatz aus kann
man per Fähre zur Halbinsel **Bygdøy** übersetzen, wo sich das **Expeditionsschiff Fram**
des Polarforschers *Nansen* befindet. Er
wollte mit ihm bis zum Nordpol gelangen,
indem er sich mit dem Packeis nach Norden treiben ließ, was aber nicht ganz gelang. Daneben *Thor Heyerdahls* Schiff
Ra II, mit dem er von Marokko bis Ja-
maika in neun Wochen über den Atlantik
segelte, um zu zeigen, daß Südamerika von

afrikanischen Schiffsbesatzungen früh besiedelt worden sei. Auch Heyerdahls **Kon-Tiki**, ein Floß, mit dem er 1947 von Südamerika zu den Osterinseln segelte, um zu beweisen, daß die Inseln von Südamerika aus besiedelt wurden (täglich 9–18 Uhr, 6 DM).

Auf Bygdøy findet man auch das *Seefahrtsmuseum* und das *Wikinger-Schiffsgelände* mit fast 1000 Jahre alten Wikingerschiffen (täglich 10–18 Uhr, ca. 6 DM). Etwas weiter kommt man zum **Norwegischen Volksmuseum** mit einer unbedingt den Besuch lohnenden **Stabkirche** aus dem 12. Jahrhundert. Zudem wurden eigens für das Museum unzählige Gebäude aus dem ganzen Land herbeigeschafft (täglich 10–18 Uhr, 10 DM). Nicht weit davon entfernt liegt der Badestrand auf Bygdøy.

Das **Munch Museums** in der Tøyengate 53 (Bus 20 vom Rathaus oder Tunnelbana 3, 4, 5, 6 bis Tøyen) bietet einen Überblick über das Schaffen des bekannten expressionistischen Malers, der mit seinen Porträts Weltruhm erlangte (täglich 11–18 Uhr, 12 DM). Im Stadtteil Skøyen liegt die **Vigelands-Anlage** mit unzähligen Skulpturen des Künstlers Vigeland, teilweise mehrere Meter hoch (zu Fuß durch den Schloßpark, dann von dessen linkem Ende aus immer der Gyldenløvesgata folgen, ca. 15 Minuten; oder Straßenbahn 2 vom Nationaltheater zum Frognerplatz. Täglich 10–18 Uhr, So erst ab 12 Uhr, ca. 5 DM). Der Ausflug zum **Holmenkollen** mit der berühmten Skischanze und dem Skimuseum sowie dem Bogstad-See ist eine gute Ergänzung zu den Museen. Nur 15 Minuten läuft man vom Holmenkollen zum Turm **Tryvannstarn**, den man mit dem Aufzug erklimmen kann. Oben Fernsicht über den Fjord bis nach Schweden (Tunnelbana ab Nationaltheater bis Holmenkollen).

Sorlandbahn

Strecke Oslo–Stavanger 20210. Mehrere Züge täglich, 8 Stunden Dauer. Die Strecke entlang der Südküste Norwegens führt mit einer Länge von 585 km meist durch hügeliges, waldreiches oder landwirtschaftlich genutztes Land.

Nach dem Verlassen des Industriegürtels um Oslo erreicht die Bahn Hokksund. Hinter dem Ort erscheinen die Seen Fiskumvatn und Eikeren, in Kongsberg gibt es ein Silberbergwerk. Nach dem Durchqueren des Hjerpetjernshov-Gebirges in einem Tunnel liegt die Telemark vor dem Zug. Er fährt hier hoch über dem Tal. Die Gipfel des Gausta und Lifjell thronen in der Höhe. Dann beginnt die Landschaft der Seen und Moore. Man passiert den Herefoss-Wasserfall, sieht den Herefossfjord liegen. Bei Oggevatn zeigt sich der gleichnamige See. **Kristiansand** ist die einzige größere Stadt in der Region. Sie wurde 1641 von Christian IV. geplant und erbaut, daher die geradlinig verlaufenden Straßen. Am Wasser liegt die Burg Christiansholm. Nicht weit vom Bahnhof legen die Fähren aus dem dänischen Hirtshals an (Interrail und Scanrailpass 50 Prozent; **Übernachten** in Kristiansand: **Jugendherberge** Tangen, Skansen 8, Tel. 38028310, ganzjährig geöffnet, vom Bahnhof und Hafen 10 Minuten. **Campingplatz** vom Bahnhof 2 km jenseits des Flusses am Meer).

Nach Kristiansand wird die Fahrt wieder gebirgiger: Über Berg und Tal windet sich die Strecke und passiert dann den 8,5 km langen Haegebostadtunnel und den 9 km langen Kvinesheitunnel. Dann erreicht man Dalane, eine wilde Gebirgsszenerie. In Egersund nähert sich die Bahn dem Meer, das sie in **Stavanger** endgültig erreicht. 1125 gegründet, verfügt die Industriestadt über schöne Gassen mit geschmückten Häusern in *Gamla Stavanger*, der Altstadt. Dominiert wird Stavanger vom Geld und den Beschäftigten der nahen Nordsee-Ölbohrplattformen. (**Übernachten: Jugendherberge Stavanger**, Mosvangen, Tjensvall 1 b, Tel. 51532971, nur Juni bis Ende August, vom Bahnhof 3 km. **Hostel Inter Rail Point**, Rektor Berntsensgata 7, Juli und August, ca. 30 DM. **Campingplatz Mosvangen** am Ufer des Mosvangen-Sees, Bus 78).

Bergenbahn

Strecke Oslo–Bergen 20 220. Mehrere Züge täglich, 7 Stunden Dauer. Die wohl aufregendste Bahnstrecke Skandinaviens: Entfernung 470 km, höchster Punkt der Bahn 1301 m, Ausgangs- und Endpunkt auf Meereshöhe. 203 Tunnel, 300 Brücken, 70 km unter Schneedächern mit Guckfenstern.

Von Oslo windet sich die Linie von der Meeresbucht durch typisch mitteleuropäische Wald- und Seelandschaften in die Höhe. Allmählich werden die Bäume niedriger, und nach mehreren Stunden Fahrt bewegt sich der Zug durch eine reine Fels- und Eisregion. Das ganze Jahr über haben die Eisenbahner Probleme, die Gleise schneefrei zu halten. Auf dem Scheitelpunkt der Strecke, bei den Ausläufern des Gletschers Hardangerjökul, wurde 1994 nach mehrjähriger Bauzeit ein 15 km langer Tunnel fertiggestellt, der die Trasse vor Wind und Wetter schützt.

Wo die Bahn wirklich aufregend wird, liegt der Touristenort **Geilo** (**Jugendherberge**, 200 m neben dem Bahnhof, Gjeilegutveien 1, Tel. 32 09 03 00, Mai und Oktober geschlossen). In *Haugastol*, 988 m hoch, endet die Straße. Von jetzt an begleitet nur noch der steinige *Rallarvegen* die Bahn, ein von Eisenbahnern im vorigen Jahrhundert erbauter Weg, auf dem nur Fahrradfahrer und Wanderer unterwegs sind. Die Bahn bietet in Finse, Geilo, Voss und Flam einen Fahrradverleih an, dazu ein genaues Begleitbuch über die Strecke. 16 km nach Haugastol erreicht der Zug den Storurdivatn-Gletschersee in 1140 m Höhe, die Bahn fährt an seinem Ufer entlang. Im Sommer bietet die Bahn in dieser Hütte den Radfahrern zeitweise heiße Getränke und Verpflegung für die abenteuerliche Tour an, die Züge halten jedoch nicht.

In 1222 m Höhe erreicht die Bahn dann **Finse**, eine Ansammlung von Holzhütten mit einer Naturfreunde-Hütte in einzigartiger Umgebung, wo alle Züge halten. (**Übernachten** in der **Norske Turistforening Turiststation**, nur Juni–September, ca. 30 DM, 3 Minuten vom Bahnhof) Finse ist optimaler Ausgangspunkt für Wanderungen in der Hochebene, zum Hardangerjö-

kul-Gletscher oder für Radtouren über die Vidda bis hinunter nach Flåm am Aurlandfjord (Radverleih in Finse ca. 15 DM, Fahrt bis Flåm ca. 55 km, eine tolle Schußfahrt, da Flåm auf Meeresspiegelhöhe liegt).

Den höchstgelegenen Streckenabschnitt (1301 m) direkt nach Finse legt der Zug seit 1994 leider im Tunnel zurück, zu oft mußte die Bahn hier gesperrt werden, weil Wasser und Geröll die Schienen weggespült oder überdeckt hatten, zudem wird die Fahrt dadurch etwas schneller. Wenige km hinter Hallingskeid erreicht der Zug dann **Myrdal** in 870 m Höhe. Kurz vor der Einfahrt in den Bahnhof liegt rechts unten das **Flåmtal**, in das die **Flåmbahn** von Myrdal aus fährt. Die Flåmbahn ist nur 20 km lang, aber sie überwindet dabei 870 m Höhenunterschied, bis sie Flåm am Aurlandfjord, einen Nebenarm des riesigen Sognefjord, erreicht. Unbedingt umsteigen in die Flåmbahn! Das kleine Bähnchen windet sich den Hang entlang durch Tunnel und atemraubende Schluchten. Falls der Zug hält und der Blick nur auf schwarze Tunnelwände fällt, unbedingt durch den Zug und aussteigen, denn dann handelt es sich um einen Fotoaufenthalt, und der Wagen stand noch im Tunnel. Gleich nach Vatnahalsen stoppt der Zug beim unglaublich riesigen Wasserfall. Unten in Flåm gibt es nur ein paar Häuser, den Hafen und seit wenigen Jahren leider auch eine Straße, die viel von der Ruhe des kleinen Ortes nimmt. **Übernachten** in Flåm: **Jugendherberge** Flåm, Tel. 57 63 21 21, 1. Mai–30. September, 3 Minuten vom Bahnhof. Nebenan **Campingplatz** mit Hütten. Von Flåm kann man per Schiff wunderschön im Fjord nach Aurlandsvangen fahren (30 Minuten, 7 DM) und dann am Ufer wieder zurücklaufen. Oder weiter nach Gudvangen per Schiff (2 Stunden, 20 DM), von dort per Bus nach Voss (15 DM) an der Bergenbahn; der Bus fährt bald nach Ankunft des Schiffes in Gudvangen ab, zudem hat man in Voss gleich Anschluß vom Bus in den Zug nach Bergen. Die gesamte Schiffstour von Flåm bis Bergen immer durch den Fjord kostet etwa 120 DM, Interrail und Scanrailpass 50 Prozent. Der Sognefjord, den das Schiff dabei benutzt, ist mit 180 km der längste Fjord Norwegens (6 Stunden Fahrt, 2 Schiffe jeden Tag).

Aufregend ist aber auch die Fahrt von **Myrdal** (mit dem Zug von Flåm wieder hoch und dann weiter) Richtung Bergen. Gleich nach dem Hochgebirgsbahnhof von Myrdal fährt der Zug in den langen Tunnel Gravahalsen, erreicht dann in 850 m Höhe die Berghütte von Upsete, Lokalzüge halten. Begleitet vom Rallarvegen geht es jetzt durch das Gebirgstal abwärts. Mitten in der grandiosen Landschaft liegt eine Jugendherberge, gerade 300 m vom Bahnhof **Orneberget** weg (**Jugendherberge Mjolfjell**, Reimegrend, Tel. 56 51 81 11, nur Lokalzüge halten hier. Wer im 6 km entfernten Mjolfjell aussteigt, genießt einen besonderen Service: Der Bahnbeamte ruft in der Herberge an, damit die Gäste abgeholt werden können. Das Haus ist im März und April und vom 15.6. bis 30.9. geöffnet, trotz der irren Lage wenig Betrieb, sogar Freibad, ca. 38 DM mit Frühstück.) Wenige km unterhalb, bei Skiple, kann man den Eisenbahnerfriedhof erkennen, auf dem die beerdigt liegen, die beim Bau der Strecke ums Leben kamen.

Erst in **Voss** folgt wieder eine kleine Stadt (**Jugendherberge**, Tel. 56 51 20 17, ganzjährig geöffnet, im November und Dezember nur bei Voranmeldung; vom Bahnhof nach rechts, 700 m, liegt am See. **Camping** in Voss, 500 m vom Bahnhof links). Oberhalb des Bahnhofs von Voss fährt eine Bergbahn auf die Hanguren, 300 m weiter geht es zum lohnenden Freilichtmuseum Molstertunet. Von Voss aus kann man zudem per Bus 15 km nach Granvin fahren zu einem Seitenarm des Hardangerfjords.

Die Bergenbahn erreicht auf ihrem letzten Abschnitt zwischen Voss und Bergen überraschend schöne Landschaften: Über Kilometer hinweg fährt sie (rechts sitzen) an steilen Fjorden entlang, direkt neben den Gleisen die glatte Felswand.

Bergen

Information

Torgalmenning, nahe am Hafen, 12 Minuten vom Bahnhof, immer geradeaus.

Übernachten

Jugendherberge Montana, Johan Blyttsvei 30, Tel. 55 29 29 00, bis auf Dezember und Januar immer geöffnet, großes Haus, 40 DM mit Frühstück, vom Bahnhof 6 km, Bus 4 vom Kalfarveien. **Intermission Hostel**, Kalfarveien 8, Tel. 05/31 32 75, 5 Minuten vom Bahnhof, rechts, nur Mitte Juni–Mitte August, Schlafraum, ca. 29 DM ohne Frühstück. **Hostel Inter Point** mit **Interrail Center**, Nedre Korskirkealm 4, Tel. 05 31 73 32, Juni–August, 28 DM mit Frühstück, 5 Minuten vom Bahnhof bei der Korskirche. **Camping Bergenshallen**, Tel. 05/27 01 80, nur Juni–August, 3 km vom Bahnhof, Bus 3 von der Post.

Sehenswertes

Die zweitgrößte Stadt Norwegens liegt sehr schön zwischen Bergen und Meer. Auf der rechten Seite des Hafens stehen die Fassaden der Lagerhäuser, der **Bryggen**. Eines davon ist das **Hanseatische Museum**, es zeigt im Inneren den früheren Originalzustand (10–17 Uhr, täglich, 5 DM). Auf der Straße dahinter, der Övregaten, befinden sich die **Marienkirche** und unterhalb das **Bryggen-Museum**, das die Stadtgeschichte Bergens zeigt (täglich 11–18 Uhr, 4 DM). Einige Meter hinter dem Ende der Bryggen sieht man schon die alte Burg **Bergenhus** und die **Hakonshalle**. Der auffällige *Rosenkrantz-Turm* bildete das östliche Ende der Burg (täglich 10–17 Uhr, ca. 4 DM). Die frisch restaurierte Hakonshalle wurde im Krieg von deutschen Soldaten zerstört, jetzt kann sie wieder besichtigt werden. Zurück zum Torget, kann man auf der Halbinsel links hinauslaufen und stößt auf die alten Gassen und Holzhäuschen von **Alt-Bergen** und am Ende auf das **Aquarium** (täglich 10–17 Uhr, 10 DM).

Da in Bergen das Gebirge bis zum Meer vorstößt, lohnt sich folgender Ausflug: Etwa 100 m oberhalb vom Torget startet die Seilbahn auf den 320 m hohen **Floien** (zu Fuß ca. 30 Minuten, leichter Serpentinenwaldweg, die Bahn kostet ca. 8 DM incl. Rückfahrt), von oben sehr schöne Aussicht. Außerhalb der Stadt (Sonderbus zur Seilbahn alle 30 Minuten, Talstation in

Haukeland, Fahrt mit der Seilbahn und zurück 15 DM) fährt die Seilbahn auf den **Ulriken**, 606 m hoch. Unbedingt empfehlenswert ist eine Wanderung, die beide Berge miteinander verbindet, genießt man doch von den Gipfeln und von unterwegs unglaubliche Rundumblicke auf die Stadt und die Fjorde.

Dovrebahn

Strecke 20 230 Oslo–Dombas–Trondheim, Fahrzeit 7 Stunden.

Die Dovrebahn ist die westliche zweier von Oslo in den Norden nach Trondheim führenden Bahnlinien. Beide sind landschaftlich äußerst reizvoll. Die Dovrebahn (550 km) führt durchs weltbekannte Gudbrandstal.

Hamar

Übernachten

Jugendherberge, Akersvikaveien 10, Tel. 62 52 60 60, vom Bahnhof 8 Minuten. **Campingplatz** am See, 1 km hinter dem Eisenbahnmuseum.

Sehenswertes

In Hamar gibt es ein **Eisenbahnmuseum** mit kleiner Schmalspurbahn, 3 km nördlich vom Bahnhof, mit Bus oder immer am See entlang laufen (mit Bahnpässen freier Eintritt). Nicht weit davon liegt das **Freilichtmuseum Hedmark** (täglich 10–17 Uhr, ca. 6 DM).

Lillehammer

Information

Vor dem Bahnhof.

Übernachten

Jugendherberge Skyss-stasjonen, Jernbanetorget 2, Tel. 61 26 25 66, das Haus liegt direkt am Bahnhof, ganzjährig offen. **Campingplatz** mit Hütten, Juni–August, am Waldrand, 10 Minuten vom Bahnhof.

Sehenswertes

Die wichtigste Stadt im Gudbrandstal war 1994 Ort der Olympischen Winterspiele. Die Sportstätten sind zur Besichtigung frei. Attraktion Nr. 1 ist nach wie vor das **Freilichtmuseum Maihaugen** mit über 100 Bauernhöfen aus der Region, wohl das beeindruckendste weit und breit (täglich 10–16 Uhr, im Sommer bis 18 Uhr, 12 DM, auch deutschsprachige Führungen).

Gudbrandstal und Jotunheimen

Lillehammer liegt im Gudbrandstal. Nach Norden zu wird das Tal schmaler, die Flanken steiler. Der Zug folgt ihm unzählige km aufwärts. Die Vegetation wird spärlicher, die Bäume weichen mehr und mehr zurück. In **Otta**, dessen Bahnhof innen prächtig mit Holz ausgestattet wurde, ergeben sich optimale Wandermöglichkeiten im **Rondane-Nationalpark** (östlich der Bahn) und im Hochgebirgsland des **Jotunheimen-Massivs**. 30 km weiter im Norden zweigt in **Dombas** die abenteuerlich verlaufende Route der Gebirgsbahn nach Andalsnes ab (siehe «Raumabahn». Übernachten in **Dombas: Jugendherberge**, Tel. 61 24 10 45, vom Bahnhof 10 Minuten, offen von Mitte Juni–Mitte August. Im Sommer gibt es zwei **Campingplätze** in Dombas.) Die Bahn fährt jetzt noch weiter ins Gebirge hinauf. Im Kehrtunnel Grönbogen zieht sie eine große Schleife. Jetzt geht es durch die Hochmoore von Fokstua, die unter Naturschutz stehen. **Hjerkinn** ist die schönste Station mit einer Höhe von 1026 m. Vom Bahnhof gehen Wanderwege in den **Dovrefjell-Nationalpark**. Im Westen erhebt sich mitten im gewaltigen Dovre-Massiv der Snöhetta auf 2286 m Höhe. Hier gibt es viele Rentiere und Moschusochsen.

Durchs wilde Drivatal fährt der Zug jetzt wieder abwärts. In **Oppdal** gibt es ein

kleines Freilichtmuseum, von hier kann
man ins mysteriöse, nebelverschlungene
Massiv des **Trollheimen**, der Sage nach die
Heimat der Trolle, wandern (**Übernachten:
Jugendherberge Oppdal**, Ruserveien 5 B,
Tel. 72 42 13 30, vom Bahnhof 5 Minuten,
das ganze Jahr über geöffnet). Jetzt geht es
steil abwärts, dem Trondheim-Fjord zu.

Raumabahn

Strecke 20 230 Dombås–Åndalsnes, Fahrzeit 2 Stunden.
   Die Raumabahn ist nur 114 km lang, hat
es aber in sich: Die Strecke führt von **Dombås** an der Dovrebahn durch ein Gebirgsmassiv und wilde Schluchten in die Tiefe.
Bei **Bjorli** herrliche Aussicht auf das
Romsdal, dem der Zug folgt: Aus Glet-
scherwasser entstandene Wasserfälle stürzen viele hundert Meter an steilen Felsen
hinab. Im 1340 m langen Staven-Tunnel
macht die Bahn im Gebirge einen Bogen
und kommt in entgegengesetzter Richtung
wieder heraus. Jetzt sieht man den Verma-
foss-Wasserfall fast 400 m ins Tal stürzen.
Danach macht die Bahn im Tunnel, der
Kylling-Schleife, wieder einen Bogen und
überquert anschließend die Kylling-
Brücke. 60 m über den Schienen fließt die
Rauma in ihrer Schlucht. Anschließend
folgt Wasserfall auf Wasserfall: Der bekannteste ist der Brudesløret, der
Brautschleier, der in die Schlucht bei Flat-
mark stürzt. Oben thront das berühmte
Romsdalshorn, das oft mit dem Matterhorn verglichen wird. Schließlich windet
sich die Bahn vollends ins Tal, und *Åndalsnes* kommt in Sicht.

Åndalsnes

Information

Vorm Bahnhof, über die Brücke, Zimmervermittlung.

Übernachten

Jugendherberge, Setnes, Tel. 71 22 13 82,
nur Mitte Mai–Mitte September, vom
Bahnhof 2 km, Bus Richtung Alesund bis
zur ersten Haltestelle. **Camping** mit Hütten, zweite Station derselben Buslinie.

Sehenswertes

Åndelsnes liegt an einem Ausläufer des
Romsdalsfjords in wunderschöner Alpen-
landschaft. Dank des Golfstroms ist die Vegetation hier überaus reich, der Ort wurde
zum Touristenzentrum. Der Gipfel des
Romsdalshorn über dem Städtchen ist ein
beliebtes Fotomotiv. Åndalsnes wird gern
genutzt zu einem Ausflug in die Welt der
Fjorde, besonders den berühmten **Geiran-
gerfjord**. Dieser liegt ca. 50 km südlich des
Ortes und wird mit einer abenteuerlichen
Busfahrt erreicht. Die Busse überwinden auf
dem serpentinenreichen Trollstigveg über
800 Höhenmeter. Bei **Trollstigen** zeigen sich
wilde Wasserfälle. Auf der anderen Seite des
Gebirges führt die Straße wieder hinunter
zum Norddalsfjord, den man mit einer Fähre
überquert (von Linge nach Eidsdal). Weiter
geht es mit dem Bus nach **Geiranger**. (Die
Fahrt kostet aber hin und zurück ca. 60 DM,
mit Bahnpässen ca. 50 Prozent. Man kann
bei der Jugendherberge bzw. dem Campingplatz in Åndalsnes zusteigen, der erste Bus
fährt ca. 6.35 Uhr ab, Rückkehr ca. 19 Uhr.)
Unterwegs in **Valldal** (4 km weiter, in Linge,
steigt man auf die Fähre um) gibt es eine
Jugendherberge, Tel. 70 25 75 11, nur
10. 6.–31. 8., gleich neben der Bushaltestelle.

Rørosbahn

Strecke 20 230 Oslo–Røros–Trondheim,
Fahrzeit 8 Stunden.
   Die Rørosbahn ist die östliche Parallel-
strecke zur Dovrebahn, 563 km lang. Sie
zweigt, von Oslo kommend, bei Hamar von
der Dovrelinie nach Osten ab. **Elverum**,
die wichtigste Stadt des Österdals, dem die
Bahn jetzt folgt, wurde im Zweiten Welt-

krieg von deutschen Truppen dem Erdboden gleichgemacht. Man fährt durch unendlich große Waldgebiete, nur selten zeigen sich Bauernhöfe. Die Gegend von **Koppang** ist bekannt für ihren Reichtum an wilden Tieren: Elche, Füchse, Luchse, auch Wölfe und Bären sollen hier unterwegs sein. Bei **Alvdal** thront der 1666 m hohe Tronjfell. (**Jugendherberge** in Alvdal, Tel. 62 48 70 74, nur 1. 6.–1. 9., kleines Haus mit 28 Betten und 200 m vom Bahnhof.) Nach Alvdal schraubt sich der Zug über die Hochebene Rørosvidda.

Røros

Übernachten

Jugendherberge Idrettsparken, Oraveien 25, Tel. 72 41 10 89, ganzjährig geöffnet, vom Bahnhof 500 m, über die Gleise rüber. 500 m vom Bahnhof ein **Campingplatz**, nur Mai–August. Außerhalb, 2 km südlich, **Haneset Camping** mit Hütten.

Sehenswertes

Die Bergwerksstadt entstand 1644 durch die Förderung von Kupfererzen, doch der Bergbau wurde 1977 eingestellt. Insgesamt wurden in über 300 Jahren über 100 000 Tonnen reines Kupfer abgebaut. Heute steht die Stadt auf der *UNESCO*-Liste und gehört zum Kulturerbe der Menschheit. Die Häuser sind ausnahmslos aus dunklem, verwittertem Holz. Im **Museum** wird die Geschichte von Røros und des Erzbergbaus gezeigt (täglich 10–16 Uhr, 7 DM). Eine der Bergbaugruben wurde ebenfalls für touristische Zwecke ausgebaut. Tägliche Führungen mit Busfahrt an den Stadtrand zeigen originale Stollen (ca. 20 DM).

Nördlich von Røros schraubt sich die Bahn bis Harborg in eine Höhe von 670 m, dem höchsten Punkt der Strecke. Dann wird das Tal bei Alen wieder enger, und es geht bis Haltdalen den Hang hinunter. Anschließend folgt die Bahnlinie dem Fluß Gaula und trifft bei Støren auf die Dovrebahn.

Trondheim

Endpunkt der Dovrebahn und der Rørosbahn von Oslo. Ausgangspunkt der Nordlandbahn nach Bodø. Ausgangspunkt der Bahnlinie über Storlien nach Östersund in Mittelschweden.

Interrail Center: Im Sommer von 7–22 Uhr im Bahnhof (kurz vor dem Aufgang zur Halle bei den Schließfächern links). Kostenlose Stadtpläne, Duschen (3 DM) und Kochgelegenheit.

Information

Am Marktplatz Torvet, vom Bahnhof geradeaus die Sondregate ca. 300 m entlang, dann nach rechts in die Kongensgate 100 m.

Übernachten

Jugendherbergen: Rosenborg, Weidemannsvei 41, Tel. 73 53 04 90, ganzjährig geöffnet, großes Haus, oft voll, vom Bahnhof 2 km, Bus 63 vom Bahnhof oder zu Fuß 200 m geradeaus vom Bahnhof bis zur Tryggvasonsgate, dann links über die Bakke-Brücke, an der Kirche vorbei, die Nonnegate rechts hoch, vierte Querstraße nach links. **Jarlen**, Kongensgate 40, Tel. 73 51 32 18, nur 1. 6.–31. 8., liegt mitten im Zentrum, vom Bahnhof 8 Minuten, die Sondregate geradeaus bis zur Kongensgate, oft voll. **Hostel Inter Rail Center**, Elgeseter Gate 1, Tel. 73 89 95 38, offen 27. 6.–28. 8., preiswerteste Unterkunft, sie werben schon im Bahnhof, zeigen den Weg zum Bus, Bus 41, 42, 48, 49, 52 oder 63 zur Haltestelle Studentersamfundet, großes Matratzenlager, mit Frühstück ca. 25 DM, leicht zu finden, liegt an der Verlängerung der Prinsensgate über dem Fluß. **Hostel Traveller's Inn**, Bakke Bydelshus, Nordre berggate 2, Tel. 75 11 12 58, nur Juli und August, zu Fuß vom Bahnhof 8 Minuten, richtige Betten, auch ein Restaurant mit niedrigen Preisen dabei, Geldwechsel, Duschen, Küche, ca. 24 DM inkl. Frühstück, vom Bahnhof geradeaus die Sondregate bis zur Tryggvasonsgate, dann links über die Bakke-Brücke und geradeaus eine Straße hoch, dann die erste Querstraße rechts. **Campingplätze** nur weit außerhalb, in *Heimdal*, Bahnhof südlich von Trondheim. Viele Interrailer schlafen auf den Wiesen rund um den Dom in Trondheim.

Essen und Trinken

Preiswert essen kann man im Restaurant des **Hostels Traveller's Inn** (siehe oben). Gute Pizza gibt es im **Pizzakjelleren** in der Fjordgate 7 (Parallelstraße zum Hafen vor dem Bahnhof) oder in der **Indian Pizza Bar** in der Elgesetergate 21 hinter dem Studentenverein, je ca. 20 DM, große Portionen. Im **Studentenverein** (Interrail Center) gibt es ein sehr preiswertes **Café** und abends eine **Disko**, gemütlich ist auch der **Pub Adrian** in der Kongensgate 15.

Sehenswertes

Aus dem Bahnhof über die Brücke und dann die Fjordgate nach rechts stößt man auf den **Fischmarkt**, werktags viel Betrieb. 150 m weiter, die Munkegate entlang, findet sich das große Holzhaus **Stiftsgarden**, das der Königsfamilie gehört. Gleich dahinter der Marktplatz **Torvet** mit vielen Geschäften. Über die Munkegate trifft man auf den **Nidaros-Dom**, einer der größten Bauwerke des Nordens. Er wurde über dem Grab von Olav dem Heiligen errichtet. Vom Turm bietet sich ein toller Ausblick über den Fjord (9–18 Uhr, 3 DM). Der Westfront gegenüber steht in einem Garten das Haus des Erzbischofs Erkebispegarden, das älteste profane Bauwerk des Nordens, begonnen im 12. Jahrhundert und Residenz des Erzbischofs bis zur Reformation. In ihm ist heute das **Museum der Widerstandsbewegung** mitsamt der alten Rüstkammer untergebracht, wo die Kriege gegen die Dänen, die Schweden und vor allem gegen die deutsche Wehrmacht dokumentiert werden (täglich, frei, 9–15 Uhr). Läuft man vom Dom 100 m die Bispegate nach rechts, sieht man die **alte Brücke Bybrua** und den Hafen mit den **alten Holzlagerhäusern** am Fluß Nidelv vor sich. Oberhalb erkennt man die große Burganlage **Kristiansten Festung**, die eine schöne Aussicht über den Trondheim-Fjord erlaubt. Unbedingt zu empfehlen ist eine Fahrt vom Hafen auf die nahe Festungsinsel **Munkholmen** mit dem Badestrand der Stadt, Schiffe jede Stunde (8 DM). Das **Trondelag Folkemuseum** liegt westlich vom Nidelv bei den Ruinen der ehemaligen Burg Sverresborg. Es ist ein Freilichtmuseum und zeigt die nördlichste Stabkirche des Landes aus Haltdalen aus dem Jahr 1170, eine Zahnarztpraxis, eine Druckerei und andere Werkstätten aus vergangenen Jahrhunderten (im Sommer 11–18 Uhr, auch deutsche Führungen, 8 DM, Bus 8 und 9 von Dronningensgate bis Wullumsgarden). Im Stadtteil Lade gibt es das **Ringve-Museum**, Norwegens einziges Spezialmuseum für Musikinstrumente mit Musikdarbietungen durch Künstler. Es enthält Musikinstrumente aus aller Welt und darf nur mit Musikern begangen werden, Tel. 73 92 24 11, die Zeiten erfragen, im Sommer meist ca. 12 und 14 Uhr, ca. 12 DM, Bus 4 ab Prinsensgate Richtung Fagerheim nach Lade. In der Fjordgate 6, gleich links vor dem Bahnhof über dem Kanal, liegt das **Seefahrtsmuseum** mit Segelschiffmodellen und Überresten eines Wracks aus dem 18. Jahrhundert im ehemaligen Zuchthaus (täglich 9–15 Uhr, 4 DM).

Nordlandbahn

Strecke 20 230 Trondheim–Bodø, Fahrtzeit 11 Stunden.

Von Trondheim bis Bodø sind es 730 km, eine der abenteuerlichsten Touren Europas. Der Zug fährt zuerst am Fjord entlang (links sitzen) bis **Hell**, wo die Bahnstrecke ins Gebirge hinauf nach Mittelschweden abzweigt. Nördlich von Hell steigt die Linie nur langsam an bei **Levanger** (**Jugendherberge**: Tel. 74 08 16 38, nur 1.5.–31.8., 5 Minuten vom Bahnhof, kleines Haus) trifft die Strecke erneut auf den Trondheimsfjord, unzählige km weiter bei Steinkjer auf den Beitstadfjorden. Die nächsten 30 km begleitet auf der linken Seite der Snasavatnet-See die Bahn. An seinem Nordende liegt die kleine Stadt **Snasa** (**Jugendherberge**, Tel. 74 15 10 57, nur 1.6.–30.8., 2 km vom Bahnhof). Die nächsten 150 km kämpft der Zug sich durchs wilde **Namsen-**

tal, eine der wildreichsten Gegenden Norwegens. Oft überqueren im Winter Elche die Bahnlinie. Über mehrere Gebirgspässe hinweg, vorbei an Mooren, Gebirgsseen und Schluchten, erreicht der Zug *Mosjøen* am Ende des Vefsnfjords.

Anschließend säumen schneebedeckte Berge die Bahn, begleitet von zahlreichen Tunnels, Schluchten und Aufschüttungen. Dann senkt sich die Linie wieder, begleitet zuerst den Elsfjord, dann den Sörfjord und schließlich den Nordrana in einem wunderschönen Panorama (immer links von der Bahn) bis zur Stadt **Mo i Rana**. Trotz des großen Stahlwerks herrliche Gebirgsumgebung. (**Jugendherberge** in Mo i Rana, Tel. 75 15 09 63, nur 2.5.–15.9., 15 Minuten vom Bahnhof. **Campingplatz** neben dem Stahlwerk, 2 km vom Bahnhof, am Fjord.) Hoch über der Stadt thront Norwegens zweitgrößter Gletscher, der **Svartisen**. An ihm vorbei fährt der Zug durchs Dunderlandstal der Hochebene des Saltfjell entgegen, später am Svartisengletscher entlang.

Hinter **Bolna** sieht man die Steinpyramiden, die den nördlichen Polarkreis anzeigen: Polarsirkelen. Nicht weit davon große Steine: Reste einer alten Opferstätte der Samen. Langsam verläßt der Zug die kahle Hochebene, nähert sich wieder dem Meer, das in Rognan erreicht wird. Dem Saltdalsfjord entlang nach **Fauske**, wo die Busse nach **Narvik** und zum **Nordkap** abzweigen. (**Jugendherberge** in **Fauske**: Nyveien 6, Tel. 75 64 67 06, nur 1.6.–15.8., 10 Minuten vom Bahnhof. **Campingplatz** am Ortsrand.) Die Busse fahren vom Bahnhof Fauske 300 m über Nacht in Richtung Norden nach Narvik, wo man Anschluß an die Lapplandbahn aus Schweden hat. Abfahrt 15 Minuten nach Ankunft der beiden Züge von Trondheim. Busfahrt dauert 6 Stunden, ca. 80 DM, mit Bahnpässen 50 Prozent. Die Strecke von *Fauske* nach *Bodø* lohnt sich, denn der Zug fährt am Skjærstadfjord entlang mit wunderbarem Hochgebirgspanorama. Wer links sitzt, sieht alle Gipfel des Børvasstind-Massivs.

Bodø und die Lofoten

Information

Sjogate 21, vom Bahnhof 3 Minuten oben die Sjogate entlang nach rechts.

Übernachten

Hostel Interrail Center, preiswert, ca. 28 DM inkl. Frühstück, das Personal steht bei Ankunft der Züge im Bahnhof und holt die Gäste ab. **Jugendherberge Flatvold**, Nordstrandsveien 1, Tel. 75 52 56 66, nur 20.6.–16.8., vom Bahnhof 15 Minuten, links aus dem Bahnhof, dann immer den Gleisen entlang zurück. Beim Fremdenverkehrsamt werden viele **Privatzimmer** und Pensionen vermittelt, DZ ca. 60 DM. **Campingplatz** am Rand der Stadt hinter dem Saltfjord hinter dem Flughafen, Bus 12 vom Bahnhof, ganzjährig geöffnet auch Hütten.

Sehenswertes

Bodøs Hafen ist unter dem Einfluß des Golfstroms ganzjährig eisfrei. Die im Krieg zerstörte Stadt zeigt keine besonderen Bauwerke, einzig die neue evangelische Kirche überrascht mit ihrem modernen Baustil. Unbedingt empfehlenswert ist eine kleine Wanderung auf die Bergkette östlich der Stadt. Besonders bei Nacht, wenn die Sonne immer noch über dem Horizont steht, ist der Blick von oben über unzählige Inseln und die Küste ein unvergeßliches Erlebnis. (Vom Bahnhof immer den Gleisen folgen, an der Jugendherberge vorbei, nach links und nach ca. 500 m rechts durch die Neubausiedlung den Hang hoch, ca. 40 Minuten). Bekannt ist der Aussichtspunkt auf dem Rønvikfjell, etwa 4 km von der Stadt, mit Bus zu erreichen. Wunderbare Aussicht, aber überlaufen.

Die Fahrt zum **Saltstraumen** ist eine weitere Attraktion Bodøs. Etwa 30 km südlich der Stadt läßt sich ein einzigartiges Naturschauspiel beobachten: An der engsten Stelle des Fjords, er ist dort nur 150 m breit, schieben sich bei beginnender Flut gewaltige Wassermassen mit einer Geschwindigkeit bis zu 70 km/h durch die Engstelle, wenige Stunden später, bei einsetzender Ebbe, kehrt sich die Richtung der Wassermassen um (mehrere Busse täglich, ca. 20 DM). Von Bodø fahren täglich Schiffe zu den bis zu 1000 m hohen **Lofoten**-Inseln nach **Stamsund** (**Jugendherberge**, Justad Rorbuer, Tel. 76 08 93 34, ca. 25 DM, übernachten in Fischerhütten) und **Svolvaer**, überwältigende Landschaften.

Narvik

Endpunkt der Lapplandbahn von Kiruna (Schweden) 20180. Busverbindung von Fauske (Nordlandbahn).

Information

Kongensgate 66, aus dem Bahnhof nach rechts zur Brücke hoch, links vor der Brücke ist das Fremdenverkehrsamt, Stadtpläne und Zimmervermittlung.

Übernachten

Jugendherberge Nordkalotten, Havnegate 3, Tel. 76 94 25 98 und 76 94 23 29, ganzjährig geöffnet, vom Bahnhof 2 km, vom Bahnhof nach rechts zur Brücke hoch, dann links die Kongens Gate entlang bis zum Haus über dem Wasser. Die Herberge liegt sehr schön, man kann die Erzverladung beobachten, oft aber voll; ab 15 Uhr Anmeldung, Kochgelegenheit, mit Frühstücksbüfett ca. 40 DM. **Narvik Camping**, auch Hütten, vom Bahnhof zur Brücke hoch, danach der Hauptstraße Rombaksveien ca. 1,5 km folgen. **Privatzimmer** vom Fremdenverkehrsamt, Vermittlungsgebühr ca. 6 DM, DZ ab ca. 45 DM, können billiger sein als die Jugendherberge. Viele Interrailer schlafen in der Umgebung des Bahnhofs, auch in den Grünanlagen ca. 300 m dahinter.

Sehenswertes

Narvik entstand durch den Transport von Eisenerzen aus dem schwedischen Kiruna. Ganze Züge kippen ihre Ladung in den Bauch der Massengutschiffe. Die Stadt wurde 1944 von der deutschen Wehrdem Erdboden gleichgemacht; das Kriegsmu-

seum erinnert daran (10–20 Uhr). Unbedingt lohnend ist ein Ausflug zu Fuß oder per Seilbahn auf den 1000 m hohen *Fagernesfjellet*. Von oben eine unbeschreibliche Aussicht, besonders nachts im Sommer. Aber Vorsicht, selbst im Juli wird es sehr kalt, und die Nässe kann heimtückisch werden. Die Seilbahn fährt bis 2 Uhr nachts, zu Fuß ca. 2 Stunden.

Zum Nordkap

In Narvik endet die Bahn, weiter geht es nur mit teuren Linienbussen (Bahnpässe 50 Prozent). Die Tour lohnt sich aber nicht.

Tromsö liegt auf einer Insel, über eine riesige Brücke zu erreichen. Von Narvik 5 Stunden Busfahrt, ca. 60 DM. Durch die kleine Hochschule gibt es hier viele junge Leute (**Jugendherberge Tromsö**, Elverhoy Gitta Jonsonsveien 4, Tel. 77 68 53 19, nur 20. 6.–19. 8., 300 m von der Bushaltestelle. **Campingplatz** gegenüber in Tromsdalen).

Zwei Busse fahren im Sommer weiter bis **Hammerfest**, das als Europas nördlichste Stadt gilt, 6–7 Stunden Fahrt, ca. 60 DM. Eine **Jugendherberge** gibt es nur auf halbem Weg in **Alta**, Midtbakkveien 52, Tel. 78 43 44 09, gleich an der Bushaltestelle. In Hammerfest existiert ein **Campingplatz** mit Hütten (Bodenfrost im Sommer). Bis zum **Nordkap** fahren im Sommer 2 Busse von Hammerfest bis Kafjord/Honningsvåg (Fährüberfahrt), ca. 50 DM, von dort weiter zum Nordkap. Meist sind die Felsen von Wolken bedeckt. Ein Touristenshop und eine Poststelle mit dem Sonderstempel «Nordkapp» sind vorhanden. (**Übernachten** in der **Jugendherberge Nordkap** (deutsch 1 p, norweg. 2 p), Honningsvåg, Tel. 78 47 33 77, nur 20. 5.–20. 9., neben der Bushaltestelle. Unterwegs, wenige km vor dem Nordkap auch ein Campingplatz mit Hütten.)

Außer mit Bussen kann man auch mit den Schiffen der **Hurtigruten** von Bergen, Bodø, Hammerfest her zum Nordkap reisen. Die Postschiffe fahren zweimal die Woche, legen in Honningsvåg an, 12 km vom Nordkap entfernt. Fahrpreis von Bodø ca. 150 DM, ca. 20 Stunden Fahrt.

FINNLAND

SCHWEDEN

Vännäs

Umeå

20180

Mellansel

Långsele

0180

Härnö-
sand

ndsvall

Das Land der Wälder und Seen, mehr
als 160 000 soll es davon geben, bietet
Natur pur: Gerade 5 Millionen Einwohner verteilen sich auf eine Fläche von
340 000 Quadratkilometern, und der
größte Teil von ihnen lebt im Süden des
Landes. Die Seen, viele von ihnen miteinander verbunden, sind Relikte der
letzten Eiszeit, als die Gletscher schmol-
zen. Durch die stehenden Gewässer gibt
es allerdings noch mehr Stechmücken
als in Norwegen und Schweden, was einem besonders beim wilden Campen die
Freude verleiten kann. Ein Mittel gegen
Insekten mitzunehmen gehört daher ins
Reisegepäck.

Finnlands Züge sind komfortabel und
schnell, im Süden verkehren sie in einem
dichten Netz und häufigen Abständen,
um Helsinki herum im Stundentakt. Je
weiter man nach Norden kommt, desto
seltener verkehrt die Eisenbahn. Einige
Schwierigkeiten bereitet in Finnland die
Sprache, die nur mit dem Ungarischen
verwandt ist und für uns fremd wirkt.
Zum Glück spricht die jüngere Genera-
tion Englisch, und im Süden sind die
meisten Schilder zweisprachig (schwedisch). Bei der Einreise ins Land darf
man nicht vergessen, seine Uhr umzu-
stellen, da es im Sommer und Winter in
Finnland immer eine Stunde später ist.

MEERBUS

Brahestad

Kannus

Kokkola/Karleby

Pännäinen/Bennäs

20300

Vaasa/Vasa

Seinäjoki

20300

Haapam

20300

Parkano

Pori/Björneborg

Ta

T

20300

Kokemäki/Kumo

Humppila

Raurna/
Raumo

Härr
Ta

Loimaa

20300
20320

Ahvenanmaa/
Åland

Naantali/Nådendal

Turku/Åbo

Salo

20330

Karjaa/
Karis

Maarianhamina/
Mariehamn

Uppsala   Norrtälje

Hanko/Hangö

Das Wichtigste vorweg

Geld

1 Finnmark (fmk) = 100 Penniä
1 DM =   3 fmk   100 fmk = 33 DM
1 öS   = 0,42 fmk   100 fmk = 240 öS
1 sfr = 3,70 fmk   100 fmk =   25 sfr

Telefon nach Hause

Deutschland 9 90 49   Telefon-Notruf 0 00
Österreich 9 90 43
Schweiz 9 90 41

Botschaften in Helsinki

Deutschland: Frederikinkatu 61,
Tel. 90/6 94 33 55
Österreich: Eteläesplanadi 18,
Tel. 90/17 13 22
Schweiz: Utudenmaankatu 16,
Tel. 90/64 94 22

Unterwegs in Finnland

Verpflegung

Immer noch teuer, obwohl die finnische
Währung in den letzten Jahren infolge der
wirtschaftlichen Probleme nach dem Zer-
fall des Ostblocks als Hauptkunden der finnischen Industrie mehrfach abgewertet
wurde. Man muß versuchen, genau wie in
den anderen skandinavischen Ländern,
sich möglichst selbst zu verpflegen. Auf
den Märkten und in Supermärkten finden
sich Sonderangebote. Als Mahlzeiten kann
man sich wie in Schweden das Tagesmenü
leisten, das wie dort meist mittags angeboten wird. Will man sich satt essen, gibt es
wie im Nachbarland das «Iß, soviel du
willst»-Angebot zu etwa 20 DM aufwärts,
es nennt sich «Voileipäpoyta». Wein und
Schnaps gibt es nur in den teuren staatlichen «Alko»-Lâden.

Übernachten

Auch in Finnland gibt es wie in ganz Skandinavien viele sehr gut gepflegte Jugendherbergen, allerdings meist nur in den Sommermonaten geöffnet. Die Übernachtungs-
preise sind hoch, kaum unter 35 DM für Mit-
glieder, das Frühstück geht extra. Dafür
bieten sie oft Doppelzimmer (meist etwas
teurer), Küchen für Selbstversorger und
Saunen an. In den Großstädten ergänzen
Hostels das Angebot, in großen Schlafräu-
men sind sie billig, sonst nicht unter 40 DM.
Normale Hotels sind teuer. Campingplätze
gibt es Mitte Juni bis Mitte August viele, sie
haben oft Hütten (ca. 60 DM für 2 Personen). Beim Campen wie auch beim Übernachten in der Landschaft kann leider das
Problem mit den Stechmücken zur Plage
werden. Privatzimmer gibt es wenige, sie
werden nur selten angeboten.

Günstige Tickets in Finnland

Interrail Zone B

Gültig auf allen Bahnstrecken in Finnland. Gibt 50 Prozent Ermäßigung auf die Überfahrt
mit den Fähren der Silja- und Viking-Line von Stockholm nach Helsinki und Turku sowie
der Silja-Line von Umea und Sundsvall in Schweden nach Vaasa in Mittelfinnland. 10 Prozent Ermäßigung auf der Finnjet-Silja-Line von Lübeck-Travemünde nach Helsinki.

Scanrailpass (früher: Nordische Touristkarte)

Freifahrt auf allen Bahnstrecken in Finnland und den Fähren Stockholm–Turku/Helsinki. Preise siehe Schweden, S. 87.

Euro Domino

Freie Fahrt auf den Finnischen Eisenbahnen

Tage (innerhalb 31)	**3**	**5**	**10**
Jugendliche	122 DM	166 DM	229 DM
Erwachsene	163 DM	222 DM	306 DM
Erwachsene 1. Klasse	247 DM	333 DM	459 DM

Liegewagen/Schlafwagen

Liegewagen gibt es wie in Norwegen nicht, die Schlafwagen sind dafür konkurrenzlos preiswert (nicht am Wochenende), ein Bett kostet im Abteil zu dritt nur ca. 32 DM, also billiger als eine Jugendherberge. Freitag, Samstag und Sonntag allerdings erhöhte Tarife, ca. 40 DM für das Schlafwagenbett.

Die schönsten Bahnstrecken in Finnland

Im äußersten Norden, in Finnisch-Lappland, etwa von Kemijärvi nach Kemi (ein Zug je Tag) geht es ähnlich wie in Nordschweden durch endlose Moore, Buschlandschaften, kahle Hügel und Berge (20300). In der Mitte des Landes und im Süden bestimmen die Seen und Wälder das Bild. Den besten Eindruck von der Seenplatte gewinnt man etwa auf der Fahrt von Helsinki nach Kontiomäki oder nach Joensuu (20310).

In den letzten Jahren wurden leider sehr viele finnische Bahnstrecken stillgelegt, das Bahnnetz wird mehr und mehr auf Helsinki ausgerichtet, die Verbindung der kleinen Orte dem flachen Land, vor allem im Norden und der Mitte, leidet zunehmend an Auszehrung. Dort ist man immer stärker auf die Linienbusse angewiesen.

Zuschlagpflichtige Züge verkehren nur wenige, mit EP bzw. EXP gekennzeichnet, ca. 8 DM Platzreservierung.

Die Anreise nach Finnland

Mit der Bahn

Eine halbe Weltreise! Man fährt mit der schwedischen Lapplandbahn bis **Boden**, steigt dort um nach **Haparanda** (guter Anschluß aus Stockholm und aus Göteborg) an der schwedisch-finnischen Grenze. Zeitweise fahren von Boden bis Haparanda Busse statt Züge (Bahnpässe auf jeden Fall kostenlos). Von Haparanda fahren Busse, zeitweise auch Züge, die auf die Passagiere aus Boden warten, übers finnische Tornio nach **Kemi**. Von Kemi fahren alle drei Stunden direkte Expreßzüge die 800 km lange Strecke bis Helsinki. Mit allen Bahnpässen ist die ganze Tour kostenlos.

Mit der Fähre

Von **Stockholm** aus verkehren jeden Tag Schiffe der Viking- und Silja-Lines nach **Turku** und **Helsinki**. Vom kleinen **Kappelskär** nördlich von Stockholm fahren Schiffe der Viking-Lines nach Naantali (siehe unter Stockholm: Die Fähren nach Finnland, S. 94). Sehr schöne Fahrt durch die Stock-

117

holmer Schären und die Aland-Inseln.
Stockholm–Turku ist mit Scanrailpass mit
der Silja-Line kostenlos, mit Interrail ca.
50 DM, Fahrtdauer ca. 12 Stunden. Büffet
auf dem Schiff («essen, soviel man will»)
ca. 30 DM. Stockholm–Helsinki 14 Stunden, ca. 100 DM, mit Interrail und Scanrailpass ca. 70 DM, da es die 50 Prozent Ermäßigung oft nicht auf die billigsten Plätze
gibt. Von Kappelskär aus sind es ca. 8 Stunden Fahrt, Kosten ca. 45 DM, mit den
Bahnpässen ca. 35 DM. Von Deutschland
aus fahren Schiffe der Finnjet-Silja-Line
etwa zweimal pro Woche nach Helsinki.
Dauert ca. 25 Stunden, im Herbst und Winter wegen Eisgang bis zu 40 Stunden. Kosten ca. 300 DM, mit Interrail ca. 150 DM.

Mit Bahn und Fähre

Wer die Anreise kombinieren will, kann
per Bahn von Stockholm ins nordschwedi-
sche **Vännäs** fahren, von wo es nach **Umea**
weitergeht (Ankunft in Vännäs frühmorgens ca. 6.30 Uhr). Von Umea fahren im
Sommer täglich Schiffe nach **Vaasa** in Mittelfinnland. Zudem tägliche Fähren vom
nordschwedischen **Sundsvall** (mehrere direkte Züge täglich von Stockholm) nach
Vaasa. Die Überfahrt dauert ca. 3 (von
Umea) bzw. 5 (von Sundsvall) Stunden, kostet ca. 35 (von Umea) bzw. 50 (von Sundsvall) DM, Bahnpässe je 50 Prozent. In
Vaasa mehrere direkte (bzw. umsteigen in
Seinäjoki) Züge nach Helsinki.

Ziele in Finnland

Helsinki

Information

Hotellikeskus, gleich neben dem Hauptbahnhof, mit Stadtplänen und Zimmervermittlung gegen Gebühr, auch Hostels.
Fremdenverkehrsamt in der Pohjoises-
Straße, mit der deutschsprachigen Broschüre «Helsinki diese Woche», nicht weit
vom Marktplatz.

Jugend-Info

Linnankatu 10: auch kostenlose Gepäckaufbewahrung, Café, nur im Sommer geöffnet. **Information Center** der **Jugendherbergen**: Yrjönkatu 38, vom Busbahnhof um
die Ecke, werktags bis 17 Uhr.

Verkehr

Der **Hauptbahnhof** liegt direkt am Zentrum.
Gepäckaufbewahrung, mehrere Läden im
Untergeschoß, bei Dauerregen eine gute
Unterschlupfmöglichkeit. **Busse, Straßen-
bahnen** und **U-Bahn** können mit einer Fahr-
karte benutzt werden, Einzelticket ca. 4 DM,
Touristen-24-Stunden-Ticket ca. 25 DM, 10
Fahrscheine ca. 32 DM. Die Helsinki-Karte

für 1/2/3 Tage kostet ca. 40/60/70 DM, sie
bietet freie Fahrt in Bus, Straßenbahn,
U-Bahn, per Schiff zu den vorgelagerten Inseln, eine Hafenrundfahrt, freien Eintritt zu
allen Museen und ein Essen in einem Café.

Übernachten

Jugendherbergen
Eurohostel, Linnankatu 9, Tel. 90/66 44 52,
24 Stunden und ganzjährig geöffnet, großes
Haus, 2 km vom Bahnhof, Straßenbahn 4,
sehr gut eingerichtet. **Stadium**, Pohj Sta-
diontie 3 B, Tel. 90/49 60 71, ganzjährig
geöffnet, im Sommer auch tagsüber, großer
Schlafraum, nur ca. 25 DM, liegt am Olympiastadion, vom Bahnhof 2 km, mit Straßenbahn 3 B oder 7, die in der Nähe des Bahnhofs an der Mannerheimintie abfährt.
Academica, Hietaniemenkatu 14, Tel. 90/
40 20 206, nur 1. 6.–1. 9., 24 Stunden geöffnet, nur 62 Betten, vom Bahnhof 10 Minuten
Fußweg, Mehrbettzimmer ca. 35 DM.
Satakuntatalo, Lapinrinne 1, Tel. 90/
69 58 51, nur 29.5.–1.9., 24 Stunden geöffnet,
großes Haus mit 133 Betten, ca. 35 DM, vom
Bahnhof nur 500 m. **Campingplatz Rastilla**,
mit der U-Bahn bis Itäkeskus, dann Bus 90,
96 oder 98 bis zum Platz direkt hinter der
großen Brücke, ca. 10 km vom Bahnhof,
ca. 15 DM.

Essen und Trinken

Mittags wird in den Kaufhäusern ein Tagesmenü zu ca. 18 DM angeboten, Fast food an allen Ecken der Stadt. Auf dem Marktplatz und in der Halle frisches Obst, aber natürlich teuer. Die Cafés in der Nähe des Marktplatzes haben bei schönem Wetter Stühle vor der Tür, das **Esplanada Café** sogar Tische im Grünen. In der Mannerheimintie auf der anderen Seite des Bahnhofs mehrere Lokale, auch eine stilvolle Tanzdisko **The Old Baker's**.

Sehenswertes

Scheint in Helsinki mal die Sonne, leuchten viele Gebäude hell auf, die «weiße Stadt im Norden» macht ihrem Ruf alle Ehre. 1550 von den Schweden gegründet, wurde die Stadt 1640 weiter zum Wasser hin verlegt. Die Hauptstadt Finnlands hat ca. 500 000 Einwohner und weist in ihrem Zentrum einige prunkvolle Bauten auf.

Vom Hauptbahnhof über den großen Vorplatz, wo die Busse abfahren, kommt man rechts zum **Regierungspalast**, zur Universität und zum hoch über der Stadt aufragenden **Dom**, zu dem eine breite Treppe hinaufführt. Innen ist die Kirche angenehm schlicht ausgestattet. Richtung Hafen schließen sich das **Stadthaus** und dahinter die reizvolle **Uspenski-Kathedrale** an, die Kirche der russisch-orthodoxen Gemeinde (Besichtigung Mo–Fr 10–18 Uhr). Jetzt hat man den belebten **Marktplatz** am alten Hafen erreicht, dahinter die mächtige Fassade des **Staatspräsidentenpalastes**, der in der russischen Zeit Sitz des Generalgouverneurs war.

Landeinwärts liegen die Gebäude des **Nationalmuseums** mit Ausstellungen über die finnische Handwerkskunst und Geschichte (täglich 11–16 Uhr, 7 DM, Dienstag freier Eintritt) und des **Parlaments** gleich hinter dem wuchtigen Bahnhof. Hier steht auch die **Konzerthalle Finlandia**, ein Werk des berühmten Architekten Ivar Aalto. Nicht weit davon liegt die 1970 errichtete **Felsenkirche**, deren Besuch sich unbedingt lohnt. In ihrem Inneren empfängt den Besucher eine zum Meditieren animierende Stimmung und eine ungewöhnliche Akustik.

Folgt man der Bahnlinie nach Norden, ist man schnell am **Olympiastadion** (Turmbesteigung täglich bis 20 Uhr, 5 DM) und am Vergnügungspark **Linnanmäki**, ganztägig bis 22 Uhr geöffnet, viel Rummel, ca. 5 DM. (Zeitweise kostenloser Eintritt für Jugendherbergsgäste der Stadium-Herberge.)

Lohnend ist die Fahrt mit der Fähre zur **Festungsinsel Suomenlinna** vom Marktplatz aus – die riesige Anlage dient heute zum Teil als Museum – oder zum **Freilichtmuseum** auf der **Insel Seurasaari** mit Holzhäusern, Bauernhöfen und einer alten Kirche (täglich 10–17 Uhr, Mittwoch freier Eintritt). Zur Insel kommt man mit dem Bus 24 bis zur Endhaltestelle, dann über einen schmalen Weg. Wer eine der typisch finnischen Saunen besuchen will, gleich in der Nähe der Stadium-Jugendherberge beim Olympiastadion liegt das Schwimmbad mit mehreren Saunen.

Turku

Züge alle 2 Stunden von Helsinki, auch von Nordfinnland her (20330/20300), Schiffe von Stockholm.

Information

Im Bahnhof, Stadtpläne und Zimmervermittlung. Das Fremdenverkehrsamt liegt im Zentrum in der Käsityöläis-Straße 3, ein weiteres am Fähranleger. **Interrail Center**: Läntinen-Ranta-Straße 47, Richtung Hafen, am Fluß, leider nicht in Bahnhofsnähe, kostenlose Gepäckverwahrung.

Verkehr

Vom Hauptbahnhof zum Hafen fahren Züge. Zudem verkehrt Stadtbus 1 vom Hafen zum Marktplatz mitten im Zentrum.

Übernachten

Jugendherberge, Linnankatu 39, Tel. 921/2316578, zwischen 10 und 15 Uhr geschlossen, 124 Betten, ganzjährig geöffnet, vom Bahnhof 2 km, zu Fuß leicht zu finden, oder Bus 3 bis Boren Puisto, vom Hafen Bus 1, große Räume, ca. 25 DM. **Hostel**

Retkeilymaja Karen, Hämeenkatu 22, Tel.
921/32 04 21, vom Bahnhof 2 km, Bus 3 ab
Bahnhof, Bus 1 ab Marktplatz und Hafen,
ca. 40 DM, aber viele Doppelzimmer, im
Mehrbettzimmer ca. 27 DM, nur Juni–August. **Campingplatz** auf der Landenge Ruis-
salo mit Strand, Bus 8 vom Marktplatz, ca.
8 km außerhalb.

Essen und Trinken

Nicht versäumen sollte man den Besuch im
stimmungsvollen **Café** auf der Rückseite
der Museums-Apotheke, eine Zeitreise ins
vorige Jahrhundert, teuer.

Sehenswertes

Turku war bis 1812 Finnlands Hauptstadt,
als das Land noch von den Schweden beherrscht wurde. Der Hauptbahnhof liegt
nahe an der Innenstadt, immer geradeaus
die Käsityöläiskatu durch (an der Zentral-
Info vorbei), dann die Yliopistonkatu nach
links kommt man zum Kauppatori, dem
Marktplatz. Gleich in der Nähe liegt die
Markthalle. Am Fluß Aura findet sich das
eingeschossige Holzhaus der **Museums-
Apotheke** mit altem Inventar, täglich zu
besichtigen (ca. 3 DM). Dahinter das sehenswerte Café.
   Geht man auf die andere Seite des Flusses, vom Marktplatz her, trifft man auf den
Dom aus dem 13. Jahrhundert mit Gräbern
finnischer Fürsten. In der Nachbarschaft
befindet sich das **Museum Jan Sibelius**, das
über das Leben des berühmten finnischen
Komponisten informiert (außer Mo
11–16 Uhr, 10 DM).
   Läuft man nach Süden, kommt man zu
den einzigen **Holzhäusern**, die vom großen
Brand verschont blieben. Heute enthalten
sie ein **Museum**, das über die finnische
Handwerkskunst informiert (täglich
10–18 Uhr, ca. 10 DM).
   Sehenswert in Turku sind zudem das alte
Segelschulschiff Suomen Joutsen und das
Nachbarschiff **Sigyn** bei der Jugendher-
berge (täglich 10–17 Uhr, 6 DM). Auf dem
Vardberg liegt das **Observatorium**, und im
Hafen legen die Fähren nach Schweden ab.
Von Turku fahren alle 20 Minuten Busse
ins 15 km entfernte mittelalterliche Städt-

chen **Naantali** mit vielen Holzhäusern. Von
Naantali (**Campingplatz** nicht weit vom
Hafen) gehen die preiswertesten Fähren
ins schwedische Kapellskär.

Hanko

Alle 2 Stunden Züge von Helsinki bzw.
Turku, umsteigen in Karjaa.

Information

Am Hafen, Zimmervermittlung.

Übernachten

Campingplatz, 4 km nördlich vom Bahnhof
(kein Bus), aber eine Station vorher in
Hanko-Pohjoinen aussteigen, dann sind es
noch ca. 2 km. Der Platz liegt am Sandstrand am Waldrand, nur Juni–August,
oder **Privatzimmer**.

Sehenswertes

Bekanntes Erholungsstädtchen der Leute
aus Helsinki. Es liegt auf einer Halbinsel
genau in der Mitte zwischen der neuen
(Helsinki) und der alten (Turku) Hauptstadt. Toller langer Badestrand, wunderschön der Blick auf die umliegenden
Schären.

Åland-Inseln

Schiffsverbindung Stockholm–Turku und
Kapellskär–Naantali.

Information

Storagata 11, ca. 200 m vom Hafen in Mariehamn. Karte der Inseln kostenlos mit
Campingplatzlage, Zimmervermittlung.

Verkehr

Die Fähren von Stockholm nach Turku
bzw. von Kapellskär nach Naantali (siehe
Stockholm) halten in Mariehamn. (Mit Interrail und Scanrailpass 50 Prozent, mit
Silja-Line mit Scanrailpass kostenlos.) Zu-

dem fahren im Sommer von Grisslehamn (30 km nördlich von Kapellskär, Busse von Stockholm und Norrtälje) täglich Fähren der Reederei Eckerö nach Storby im Westen der Ålands-Inseln, Fahrzeit ca. 2 Stunden, Kosten ca. 18 DM, keine Ermäßigung.

Auf den Inseln selbst verkehren Busse, soweit die größeren Inseln durch Brücken miteinander verbunden sind. Die kleinen Inseln kann man durch kostenlose Fähren erreichen, meist aber nur morgens und abends. Optimal ist es, sich auf den Inseln mit dem Fahrrad zu bewegen, wenig Autoverkehr. Fahrradverleih am Hafen in Mariehamn, Kosten je nach Fahrrad 15–20 DM je Tag, Wochenpauschale ca. 60–80 DM.

Übernachten

Jugendherberge Alida, im Hafen Östra Hamnen in **Mariehamn**, altes Schiff, Tel. 928/13755, vom Fährhafen 1 km, wird zur Zeit renoviert, Wiedereröffnung unklar, aber **Privatzimmer** werden reichlich angeboten. **Campingplatz Gröna Uden**, Mai–September offen, 10 Minuten vom Hafen Richtung Östrahamnen-Hafen, am Wasser, beliebter Platz, in **Mariehamn**. Drei **Campingplätze** in **Storby**, wo die Fähren aus Grisslehamn anlegen, und im Nachbarort Eckerö im Westen der Ålands.

Essen und Trinken

In Mariehamn gibt es eines der gemütlichsten **Cafés** Skandinaviens, das **Amanda**, ein kleines Holzhaus mitten im Ort, leider nicht billig, schöne Inneneinrichtung.

Sehenswertes

Die Ålands-Inseln bestehen aus einer Sammlung von ca. 6000 zum Teil recht kleiner Felsinseln und werden von 20000 Menschen bewohnt, die Schwedisch sprechen. Die Ålands waren bis ins 19. Jh. schwedisch, daher sind alle Bezeichnungen dort verständlicher.

Die Stadt **Mariehamn** ist der einzige größere Ort mit 12000 Einwohnern. Wunderschöne Holzhäuser stellen eine besondere Sehenswürdigkeit des Ortes dar, At-

traktion ist das **Ålandsmuseum** mit einer ausführlichen Übersicht über die Geschichte und Natur der Inseln (10–16 Uhr täglich, ca. 6 DM, Dienstag kostenlos). Das **Schiffsmuseum** am Hafen zeigt mit dem alten deutschen Schiff **Pommern** Einblicke in die Seefahrt des vergangenen Jahrhunderts (10–18 Uhr, täglich, ca. 7 DM).

Da die meisten Inseln der Ålands mit Brücken miteinander verknüpft sind, kann man sich per Fahrrad gut umsehen. Der Inseltrip läßt sich sogar mit der Fahrt nach Finnland verbinden: Von Mariehamn fahren Busse ins winzige **Hummelvik** auf der Insel **Vardö**. Zweimal am Tag geht eine Fähre auf die Insel **Brandö**, wo ein Bus nach Turku wartet.

Von Helsinki nach St. Petersburg und Tallin

Praktisch vor der «Haustür» liegt die prächtige alte Hauptstadt Rußlands. Von Helsinki aus fahren 2 Züge täglich, die 8 Stunden benötigen. Für den russischen Teil der Strecke benötigt man auch für die Rückfahrt eine Platzreservierung (schon in Finnland buchen), und das Ticket kostet 80 DM.

Will man länger in der Stadt bleiben, muß man einen Hotelnachweis oder Unterkunft bei Freunden nachweisen. In Deutschland kann man daher vor Abfahrt 2 Nächte in St. Petersburg buchen, z. B. bei CVJM-Reisen, An der Alster 40, 20099 Hamburg, Tel. 040/241391, zu Kosten von ca. 50 DM je Nacht, dort gleich den Paß und 3 Fotos einreichen, dann besorgt dieses Unternehmen innerhalb 24 Stunden ein Visum.

Ausflugsschiffe, die von Helsinki nach St. Petersburg fahren, kosten ca. 160 DM. Sie fahren abends ab, treffen morgens in Rußland ein, bieten eine geführte Stadtbesichtigung und fahren in der Nacht wieder zurück. Dieser Trip ist ohne ein Visum möglich, der Reisepaß genügt.

Von Helsinki fahren alle 2 Tage Schiffe nach **Tallinn**, der Hauptstadt von **Estland**, Rückfahrt ca. 50 DM; Visum kostet ca. 30 DM.

Zur östlichen Seenplatte

20310 Riihimäki–Lahti–Imatra–Joensuu/
Savonlinna.

Riihimäki

Übernachten

2 Jugendherbergen:
Finnhostel, Merkuriuksenkatu 7, Tel.
914/741471, nur 15.5.–31.8., vom Bahnhof
nur 300 m durch die Unterführung, rechts.
Seurahuone, Hämeenkatu 29, Tel.
914/7721, vom Bahnhof 500 m, ganzjährig
offen.

Sehenswertes

Die Stadt liegt am Bahnknoten, wo sich die
östliche Seenplattenstrecke von der Bahnlinie in den Norden Finnlands trennt. Da die
Leute hier seit Jahrhunderten von der
Glasbläserei leben, entwickelte sich früh
die Glasfabrikation in großem Maßstab.
Heute gibt es das **Finnische Nationale
Glasmuseum Lasimuseo** in der Tehtaan-
katu (täglich 11–18 Uhr, 6 DM).

Lahti

Übernachten

2 **Jugendherbergen**: **Kivikatu** 1, Tel.
918/826324, ganzjährig geöffnet, vom
Bahnhof 2 km, Bus 9 fast bis zum Haus,
viele Doppelzimmer. **Mukkula**, Ritanie-
menkatu 10, Tel. 918/306554, ganzjährig
geöffnet, keine Sperrzeiten, vom Bahnhof
4 km, Bus 6, ca. 4 DM teurer als die andere
Herberge. **Campingplatz** 12 km vom Bahnhof, Bus 9 bis Endstation, noch 5 Minuten
laufen.

Sehenswertes

Die drei Skisprungschanzen machen die
Großstadt mit fast 100 000 Einwohnern
zum Wintersportplatz. Ein **Skimuseum** und
eine **Skischanze** mit toller Aussicht sind die

Hauptattraktionen (täglich, 10–17 Uhr, ca.
5 DM). Vom Nordwesten der Stadt fahren
Schiffe über den riesigen Päijänne-See in
den Norden.

Lappeenranta

Information

An der Abfahrtstelle der Busse.

Übernachten

2 Jugendherbergen: **Finnhostel**, Kuu-
simäenkatu 18, Tel. 953/4515555,
ganzjährig geöffnet, liegt 3 km vom Bahnhof, ca. 40 DM, Bus 22 vom Marktplatz.
Karelia-Park, Korpraalinkuja 1, Tel.
953/675211, nur 1.6.–31.8., liegt nur 5 Minuten vom Finnhostel, kostet aber nur ca.
30 DM, Bus 22. **Campingplatz** direkt an der
Finnhostel-Herberge, mit Hütten.

Essen und Trinken

Ein preiswertes Lokal im Sommer in der Jugendherberge Karelia-Park, steht auch anderen Leuten offen, nur einfache Gerichte.

Sehenswertes

Schöne Stadt mit alter Holzarchitektur nahe
der Grenze zu Rußland (15 km entfernt).
Eine besondere Attraktion ist der Stadtteil
auf einem Hügel, eine ehemalige Kaserne
aus dem 18. Jahrhundert, wo sich mehrere
Museen befinden: Das **Historische Museum**
mit einem großen Überblick über die Geschichte und Kultur **Kareliens**, des östlich-
sten Teils von Finnland, der heute zu Rußland gehört. Etwas weiter das **Karelische
Gemäldemuseum** mit Werken aus der Region, hinter dem Eingangstor zur Kaserne
das **Waffenmuseum** (alle Museen täglich
10–18 Uhr, ca. 10 DM für alle 3 Museen).
  In der Stadt herrscht im Sommer eine
stimmungsvolle Atmosphäre mit vielen
jungen Leuten und Touristen. Lappeen-
ranta gilt als Ausgangspunkt für Schiffstouren auf dem riesigen **Saimaa-See**, zu dem
mehrere tausend Seen gehören.

Savonlinna

Strecke 20310 Helsinki–Joensuu, umsteigen in Parikkala.

Information

500 m vom Bahnhof, über die Brücke. See-Karten der Umgebung kostenlos, Gepäck-verwahrung, Zimmervermittlung.

Übernachten

2 Jugendherbergen: **Malakias**, Pihlajave-denkuja 6, Tel. 957/23283, nur 1.7.–7.8., vom Bahnhof 1,5 km, Bus 2 und 3 bis Mala-kias. **Vuorilinna**, Kylpylaitoksentie, Tel. 957/5750430, nur 1.6. bis 27.8., 150 m vom Kauppatori-Bahnhof, über die Brücke bis zur Insel. **Campingplatz** 6 km außerhalb, Busverbindung. **Privatzimmer** beim Frem-denverkehrsamt.

Sehenswertes

Mitten in der Seenlandschaft des riesigen Saimaa-Sees liegt eines der schönsten Touri-stenzentren Finnlands. Die Stadt verfügt über ein reizvolles Altstadtviertel. Aussteigen kann man aus dem Zug unmittelbar am Marktplatz im **Nebenbahnhof Kauppatori**, wo sich auch die Anlegestelle der unzähligen Ausflugsschiffe über die Seen befindet. Das Wahrzeichen der Stadt steht auf einer Insel: Die wuchtige **Burg Olavinlinna**, 1457 erbaut, diente den Schweden zur Festigung ihrer Präsenz in Ostfinnland. Erst 1714 konnte die Burg von den Russen erobert werden (Be-sichtigung täglich, 10–18 Uhr, 10 DM).

Im Juli ist Savonlinna durch den **Opern-monat** mit vielen Aufführungen überfüllt.

Vom Marktplatz aus verkehren die Schiffe im Sommer in alle Richtungen, so-gar bis Joensuu, wo man wieder in den Zug steigen kann.

Joensuu

Information

Vom Bahnhof über den Fluß Richtung In-nenstadt.

Übernachten

3 Jugendherbergen: **Kesähotelli Joensuun Elli**, Länsikatu 18, Tel. 973/225927, nur 1.6.–31.8., 2 km vom Bahnhof. **Partiotalo**, Vanamokatu 25, Tel. 973/123381, nur 1.6.–31.8., 2 km vom Bahnhof. **Finnhostel Joensuu**, Itä-Suomen Liikuntaopisto, Kale-vankatu 8, Tel. 973/1675076, ganzjährig geöffnet, vom Bahnhof 2 km, Bus bis Koki-kadun linja-autoasema. **Campingplatz Lin-nunlahti** beim See, vom Bahnhof 15 Minu-ten.

Sehenswertes

Universitätsstadt im Nordosten der Seen-platte mit ihren vielen jungen Leuten, Straßenmusikern, Cafés und Freibad am Fluß. Auf der Insel Ilossari befindet sich das **Folklore-Museum** mit einer Übersicht über die Region Karelien (täglich, 10–17 Uhr, zeitweise kostenlos).

Die mittlere Seenplatte

20310 Kouvola–Mikkeli–Pieksämäki–Kuo-pio–Oulu.

Mikkeli

Information

Am Marktplatz.

Übernachten

Jugendherberge Tekuila, Raviradantie 3, Tel. 955/366542, nur 1.6.–15.8., vom Bahn-hof 10 Minuten. **Campingplatz** außerhalb im Visulahti-Sportpark, 3 km, Bus 1.

Sehenswertes

Mitten im Zentrum der finnischen Seen-platte liegt die kleine Stadt als Ausgangs-punkt zu Schiffstouren in alle Richtungen. Hier befindet sich auch das Nationale **Mi-**

litärmuseum **Mannerheim**, das die Geschichte Finnlands im Zweiten Weltkrieg
dokumentiert, als das Land unter General
Mannerheim gegen die Russen kämpfte
(täglich 10–18 Uhr).

Kuopio

Information

Im Bahnhof, Stadtpläne und Zimmervermittlung.

Übernachten

2 Jugendherbergen: **Tekma**, Taivaanpan-
kont 14 B, Tel. 9 71/2 82 29 25, nur
10.6.–10.8., vom Bahnhof 2,5 km, Bus 5.
Rauhalahti, Katiskaniementie 8, Tel.
9 71/3 61 17 00, ganzjährig offen, 6 km vom
Bahnhof, Bus 10 vom Busbahnhof neben
dem Bahnhof, liegt direkt am See, eigener
Bootsverleih. **Campingplatz Rauhalahti**,
bei der Herberge am See, Bus 10 bis Rauhalahti.

Sehenswertes

Die größte Stadt der ostfinnischen Seenplatte, auf allen Seiten von Seen umgeben.
Im Zentrum liegt das **Freiluftmuseum** mit
vielen alten Holzhäusern (täglich,
10–18 Uhr, ca. 6 DM). Der Marktplatz
Kauppatori ist Treffpunkt der ganzen Umgebung mit vielen Straßencafés, die Jugend
kommt am Abend. Der **Dom** gilt als die
größte Kirche der Seenplatte. Lohnend ist
der **Turm Pujio** am Stadtrand, 30 Minuten
vom Marktplatz, mit einzigartigem Blick auf
die vielen Seen der Umgebung (täglich,
10–22 Uhr, ca. 8 DM, oben dreht sich ein Lokal).
   Von Kuopio aus bieten sich viele Schiffstouren in die Seenregion.

Die Westküstenstrecke

20300 Helsinki–Tampere–Oulu–Kemi–
Tornio/Kemijärvi.

Tampere

Information

Im Bahnhof.

Übernachten

Jugendherbergen: **Retkeilymaja NNKY**,
Tuomiokirkonk 12 A, Tel. 9 31/2 25 44 6, nur
1.6.–25.8., vom Bahnhof nur 5 Minuten, ca.
100 m geradeaus, dann die 2. Straße rechts,
liegt beim Dom. **Domus**, Pellervonkatu 9,
Tel. 9 31/2 55 00 00, nur 1.6.–31.8., vom
Bahnhof 1,5 km, auf der anderen Bahnhof-
seite. **Härmälä**, Nuolialantie 50, Tel.
9 31/2 65 13 55, nur 2.6.–27.8., vom Bahnhof
5 km, Bus nach Härmälä. **Campingplatz
Härmälä** nicht weit von der Jugendherberge in Härmälä, Juni–August.

Sehenswertes

Finnlands zweitgrößte Stadt liegt auf einem
schmalen Landstreifen zwischen 2 Seen.
   Nicht weit vom Bahnhof steht der Dom
aus dem späten 19. Jahrhundert. Auffälliger
ist die im Osten der Innenstadt gelegene
Fischkirche Kalevala, deren Grundriß dem
christlichen Symbol des Fisches nachge-
ahmt ist. Geht man vom Bahnhof über die
Geschäftsstraße über den Fluß, kommt
man zum Marktplatz mit dem Rathaus, der
hübschen Alten Kirche von 1824 und dem
Theater. Läuft man die Hauptstraße weiter,
stößt man auf die neugotische Alexander-
kirche. In ihrer Nähe findet sich in der Ma-
kasiinin-Straße das **Arbeitermuseum Amu-
rin**, das die Lebensumstände der Menschen
zur Zeit der industriellen Revolution im
19. Jahrhundert anschaulich darstellt.

Oulu

Information

Am Rathaus, vom Bahnhof 500 m die Hallituskatu entlang Richtung Innenstadt.

Übernachten

Jugendherbergen: **Otokylä**, Haapanatie 2, Tel. 981/5308413, nur 18.5.–15.8., vom Bahnhof 2 km, Bus bis zur Jugendherberge. **Välkkylä**, Kajaanintie 36, Tel. 981/3118060, nur 2.6.–30.8., vom Bahnhof 10 Minuten, nicht in Richtung Innenstadt, sondern auf der anderen Seite gelegen. Das Haus hat ein kleines preiswertes Lokal. **Campingplatz** am Strand, Bus 5.

Sehenswertes

In Oulu treffen sich die Bahnlinien durch die finnische Seenplatte und entlang der Westküste. Die Stadt wurde durch die Holzverarbeitung groß. Mehrfach durch Brände zerstört, zeigt sie ein nüchternes Stadtbild ohne besondere Reize. Sehenswert sind der Dom und das Folklore-Museum **Pohjanmaa**, das über die nordfinnische Region und die Kultur der Samen unterrichtet (täglich, 10–18 Uhr, ca. 4 DM, vom Bahnhof die Hallituskatu durch, über den Kanal, ca. 15 Minuten).

Der Norden

Strecke 20300 Kemi–Rovaniemi-Kemijärvi.
    Die Linie von Kemi in den Norden führt – wie in Schweden – durch endlose Wälder, Moore und Buschlandschaften, auf Dauer eher langweilig. Ein Zug fährt die Strecke am Tag.

Rovaniemi

Information

Im Bahnhof (nur Juni–August).

Übernachten

Jugendherberge Tervashonka, Hallituskatu 16, Tel. 960/344644, ganzjährig geöffnet, vom Bahnhof 5 Minuten beim Lapplandhaus. **Campingplatz** 5 Minuten vom Bahnhof, neben der Flußbrücke auf der anderen Seite.

Sehenswertes

Im Sommer überraschend viel Betrieb. Lohnend ist allein der Besuch des **Lappland-Folklore-Museums** mit vielen Stücken der Kultur der Samen (täglich, 10–18 Uhr, 7 DM). Touristengag ist der «Polarkreis-Passierschein», der 7 km nördlich von Rovaniemi direkt am Polarkreis vergeben wird, ein Sonderstempel der Post kommt dazu, und auch der Weihnachtsmann gibt sich die Ehre (Busse vom Busbahnhof, 50 m vom Bahnhof, mehrfach täglich, ca. 10 DM, zum Napapirii).

Kemijärvi

Information

100 m vor dem Bahnhof (im Sommer).

Übernachten

Jugendherberge: **Hostel Kemijärvi**, Lohelankatu 1, Tel. 9692/813253, ganzjährig geöffnet, vom Bahnhof 12 Minuten. **Campingplatz** am See, 1 km vom Bahnhof.

Sehenswertes

Ein alter Triebwagen bringt die Reisenden an den Endpunkt der Bahnstrecke mitten im dichten Nadelwald. Kemijärvi liegt am Pöyliojärvi-See, hat etwas Industrie und dient als Ausgangspunkt zu Wanderungen.
    Von Kemijärvi fahren Busse weiter in den Norden (einmal am Tag) nach Inari am riesigen Inari-See, von dort gehen Busse ins norwegische Lappland nach Karasjok, von dem aus man zum Nordkap gelangt (Busfahrkarten sind teuer).

DÄNEMARK

Das nördliche Nachbarland verfügt über ein engmaschiges Netz von Bahnen und Fähren. Alle Landesteile werden von Kopenhagen aus im Stundentakt erschlossen. Langsame Lokalzüge fahren ebenso wie schnelle moderne Intercity-Triebwagen über Brücken von Insel zu Insel. Zwar ist das Land sehr flach und zeigt über weite Strecken gleichförmige Landschaften, doch gibt es viele Anreize, Dänemark einen ausführlicheren Besuch abzustatten: die kilometerlangen Traumsandstrände an der Nordsee, die abwechslungsreiche Inselwelt der Ostsee, freundliche, tolerante Menschen überall und gemütliche Städte mit aufwendig restaurierten Straßenzügen wie Odense, Århus oder Kopenhagen.

Von Deutschland aus erreichen Eisenbahnfähren via Puttgarden–Rødby (Vogelfluglinie) das Land, mit Interrail und Scanrailpass kostenlos. Auf dem Festland fahren Züge von Hamburg über Flensburg nach Fredericia und weiter in alle Landesteile. Da in diesen Jahren erstmals auch der Große Belt zwischen den Inseln Fünen und Seeland durch eine Brücken-Tunnel-Kombination per Schiene (und eine Straßenbrücke) überwunden wird, ist es demnächst möglich, Kopenhagen ohne Schiff zu erreichen. Lohnende Ergänzung der Bahn sind in Dänemark dennoch die unzähligen Fähren, die etwa hundert bewohnte Inseln erschließen und damit Einblick in traumhafte Welten abseits des großen Rummels bieten.

Das Wichtigste vorweg

Geld

1 Dänische Krone = 100 Öre

1 DM	=	4 dkr	100 dkr = 25,50 DM
1 öS	=	0,60 dkr	100 dkr = 178 öS
1 sfr	=	5 dkr	100 dkr = 19 sfr

Telefon nach Hause

Innerhalb Dänemarks gibt es keine Orts-
vorwahl-Nummern.

Deutschland 00949   Telefon-Notruf 999
Österreich 00943
Schweiz 00941

Botschaften in Kopenhagen

Deutschland: Stockholmsgade 57, Tel.
31 26 16 22
Österreich: Gronningen 5, Tel. 33 12 46 23
Schweiz: Amaliegade 14, Tel. 33 14 17 96

Unterwegs in Dänemark

Verpflegung

Wie die anderen skandinavischen Länder
ist auch Dänemark ein relativ teures Land,
was man beim Essengehen besonders
merkt. Wer sich selbst verpflegt, spart viel
Geld. In fast allen Bahnhöfen Dänemarks
gibt es einen kleinen Supermarkt, der nicht
als überteuert gilt, und ein Restaurant mit
schmackhafter Kost zu akzeptablen Preisen. Nirgendwo wird man auf den Bahnhöfen so gut versorgt wie in diesem Land.

Übernachten

Es gibt, wie in allen skandinavischen Ländern, viele, sehr empfehlenswerte Jugendherbergen. Oft gleichen sie eher Hotels als
Massenunterkünften. Die meisten bieten
Doppelzimmer mit Dusche oder höchstens
Vierbettzimmer an. Das Frühstück, meist
als Büfett, ist das reinste Vergnügen für
hungrige Interrailer. Die Übernachtung kostet mit Ausweis ca. 25 DM, das Frühstück
ca. 10 DM, ohne Ausweis Zuschläge; für
wenige Mark wird ein Ersatzausweis ausgestellt.

Hotels und Pensionen sind meist sehr
teuer, auf dem flachen Land oder auf den
Inseln kann man oft preiswerte Privatzimmer bekommen, am besten, man fragt im
Laden oder der Post des Ortes nach.

Campingplätze sind vor allem an den
Küsten zahlreich, im Sommer bis Mitte
August oft stark belegt, einen Campingaus-
weis erhält man auf jedem Platz.

Günstige Tickets in Dänemark

Interrail Zone C

Gilt auf allen Strecken der Dänischen Staatsbahn, zudem auf den Fähren Helsingør–Helsingborg (Schweden), Århus–Kalundborg (3 Stunden Fährüberfahrt innerhalb Dänemarks), Puttgarden Mitte See–Rødby (für Österreicher und Schweizer ist diese Fährroute
kostenfrei, für deutsche Interrailer erst ab Mitte See, da ja im Heimatland der Fahrpreis zu
50 Prozent bezahlt werden muß).

50 Prozent Ermäßigung gibt es auf der Privatbahn Frederikshavn–Skagen sowie auf den
Fähren Esbjerg–Harwich (England), Esbjerg–Newcastle (England), Kopenhagen–Oslo,
Frederikshavn–Göteborg, Hirtshals–Kristiansand (Norwegen). 40 Prozent für die Tragflü-
gelboote Kopenhagen–Malmö (Schweden).

Scanrailpass (früher: Nordische Touristenkarte)

Netzkarte für alle vier skandinavischen Länder: Dänemark, Schweden, Norwegen, Finnland. Freie Fahrt auf allen Eisenbahnstrecken, auf den Fähren der Vogelfluglinie Puttgarden–Rødby, Helsingør–Helsingborg, Stockholm–Turku. Rabatte auf allen übrigen Bus- und Schiffslinien.

Gültig für:	Erwachsene		Jugendliche (12–25)	
	2. Klasse	1. Klasse	2. Klasse	1. Klasse
5 Tage innerhalb von 10 Tagen	310 DM	376 DM	233 DM	281 DM
10 Tage innerhalb eines Monats	420 DM	516 DM	315 DM	386 DM
1 Monat	606 DM	756 DM	454 DM	566 DM

Kinder (4–11) zahlen den halben Preis der Erwachsenen-Karte.

Euro Domino

Freie Fahrt auf Dänemarks Eisenbahnen (Frederikshavn–Skagen 50 Prozent)

Tage (innerhalb 31)	**3**	**5**	**10**
Jugendliche	98 DM	147 DM	197 DM
Erwachsene	138 DM	197 DM	264 DM
Erwachsene 1. Klasse	208 DM	300 DM	396 DM

Liegewagen / Schlafwagen

Ein Liegewagenbett im Abteil zu sechst kostet ca. 26 DM, ein Schlafwagenbett im Abteil zu dritt ca. 45 DM. Fährt man von Deutschland nach Kopenhagen, kann man im Nachtzug im Bett liegenbleiben, während der Wagen in der Fähre steht.

Zuschläge

Die durchgehenden Eurocity-Züge Hamburg–Kopenhagen kosten 6 DM Zuschlag. Die schnellen dänischen Intercity-Triebwagen darf man nur mit Platzreservierung (6 DM) benutzen, meist fahren aber gleich nach ihnen nur wenig langsamere Züge hinterher, die ohne Zuschlag benutzt werden können.

Besonders schöne Bahnstrecken in Dänemark

Fast alle Bahnstrecken des Landes führen an grünen Weideflächen, sandigen Dünenfeldern oder weiten Meeresbecken entlang. Nur selten tauchen Waldgebiete ins Blickfeld, fast nirgends Hügel oder gar Berge nennenswerter Höhe. Dennoch kann man vom Zug aus die höchste Erhebungen des Landes bei Silkeborg und Skanderborg (20030/20051) betrachten.

Viele benutzen Dänemark nur als Durchgangsland in die schwedischen und norwegischen Traumlandschaften. Ihnen sei empfohlen, die Rückfahrt auf einem anderen Weg durch Dänemark zu planen:

Einen Weg etwa über die **Vogelfluglinie** mit der **Fährüberfahrt** nach **Puttgarden** und den zwei **gewaltigen Brücken** übers Meer bei **Nykobing** und **Vordingborg** (20000), den anderen Weg dann aber durch die neue Tunnel/Brücken-Kombination zur Insel **Fünen** und nach Jütland, zumal diese Tour jetzt kaum mehr Zeit in Anspruch nimmt als die direkte Route.

Der hervorragende Stundentakt, mit dem die Bahn das gesamte Land erschließt, macht Bahnfahren zu einem absoluten Vergnügen.

Ziele in Dänemark

Kopenhagen

Information

Danmarks Turistrad: Neben dem Haupt-eingang des Tivoli, 150 m vom Bahnhof, of-fen 9–17 Uhr, Sa und So 9–14 Uhr, sonn-tags nur im Sommer geöffnet, kostenlose Stadtpläne, Zimmervermittlung und die Broschüre «Copenhagen this week» mit Veranstaltungen. **Interrail Center**: im Bahnhof, nur Juni–September, 7–24 Uhr, kostenlose Stadtpläne, Schließfächer, Kochgelegenheit, Duschen. **Use it**: Rad-husstraede 13, vom Bahnhof 10 Minuten zu Fuß durch die Fußgängerzone Stroget, dann Nytorf nach rechts, 9–19 Uhr, im Sommer auch Sa und So, kostenlose Stadt-pläne, billige Zimmervermittlung, Gepäck-aufbewahrung kostenlos für einen Tag, Tel. 33 15 65 18, mit billigem Lokal Spisehuset.

Verkehr

Hauptbahnhof Hovedbanegarden: direkt vor dem Tivoli, nahe der City, nur ca. 5 Min. zum Rathausplatz. Schließfächer, Supermarkt, Café im Bahnhof. Die Innen-stadt läßt sich bequem zu Fuß erreichen.
S-Bahn: Fährt auf denselben Gleisen wie die übrigen Züge, erschließt in kurzen Ab-ständen den größten Teil Seelands. Kosten-los mit Bahnpässen.
Stadtbusse: Busse fahren vom HBF und vom Rathausplatz alle paar Minuten in alle Winkel der Stadt. Fahrkarten im Bus oder den S-Bahn-Bahnhöfen, gelten auch für die S-Bahn. Innenstadt-Zone kostet ca. 2,50 DM.
Copenhagen Card: Gültig für alle Mu-seen, Fähren, Busse, S-Bahnen im Mu-seen, Fähren, Busse, S-Bahnen im Mu-seen, Fähren, Busse, S-Bahnen im Groß-raum Kopenhagen, nach Kauf alles kostenfrei. Für 1 Tag ca. 30 DM, 2 Tage ca. 50 DM, 3 Tage 70 DM. Lohnt nur bei vielen Museumsbesuchen.
Fahrrad-Verleih im Hauptbahnhof beim Cykelcenter oder bei Danwheel in der Colbjornsensgade 3, nur 5 Minuten vom Bahnhof, je ca. 15 DM am Tag.

Übernachten

Jugendherbergen
Amager, Vejlandsallé 200, Tel. 32 52 29 08, ganzjährig geöffnet, großes Haus mit 528 Betten auf der anderen Seite vom Südha-fen auf der Insel Amager, kleine Zimmer, Bus 46 vom Hauptbahnhof oder S-Bahn A und E bis Sjaelör, von dort Bus 37, ca. 23 DM. **Bellahoj**, Herbergvejen 8, Tel. 31 28 97 15, großes Haus mit 300 Betten im Bellahoj-Park im Stadtteil Bronshoj, Bus 2 vom Rathaus bis Fuglsang Allé, ca. 23 DM.

Hostels
Sleep In, Absalonsgade 8, Tel. 31 31 20 70, nur 1.5.–31.8., große Schlafräume, 12 Minu-ten vom Bahnhof: links raus in die Isted-gade, diese entlang bis zur Absalongade, ca. 25 DM. **Sleep-In**, Per Henrik Lings Allé 6, Tel. 35 26 50 59, Mehrbett- u. Doppelzim-mer mit Frühstück 25 DM/33 DM, nur 1.7.–31.8., keine Schließzeit, Bus 1 vom Bahnhof nach Osterbro bis zum Sleep-In in einem Eisstadion. **Inter Point**, Store Kanni-kesträde 19, Tel. 33 11 30 31, nur Juli und August, großer Schlafraum, für CVJM-Mit-glieder nur ca. 25 DM mit Frühstück (für Fremde + 10 DM), vom Bahnhof 15 Minu-ten. **Sofolkenes Hostel**, Skramsgade 19, Vierbettzimmer, ca. 30 DM je Person, vom Bahnhof 15 Minuten beim Nyhavn. **Cam-ping Absalon**, 9 km außerhalb, S-Bahn (ko-stenlos) bis Brondybyoster, dann 10 Minu-ten zu Fuß, Tel. 31 41 06 00. **Camping Bel-lahoj** bei der Jugendherberge, nur Juni–September, große Anlage, 15 DM.
Viele Interrailer schlafen *kostenlos* im Park im Vorort Klampenborg (nördlich), gute S-Bahn-Verbindung dorthin.

Essen und Trinken

Spisehuset im **Use it**, Radhusstraede 13, unschlagbar preiswerte Mahlzeiten ab 15 DM mit viel jungem Publikum. **Cafete-ria** im Bahnhof, wie in jedem dänischen Bahnhof akzeptable Preise bei gutem Es-sen. **Spiseloppen** in Christiania, vegetarisches Lokal, preiswert. Weitere Lokale in Christiania. **Inter Point**, Store Kannikestraede, preiswerte Pizza (siehe Übernachten). Der **Supermarkt** im Hauptbahnhof hat bis 23 Uhr geöffnet.

Nachtleben

Rund um die Fußgängerzone Stroget und den Grabrodretorv viele Lokale und Diskos, auch in Christiania der **Loppen. Jazzhus** und **Disco Montmartre**, Norregade 41, der Abendtreff mit Livemusik.

Sehenswertes

Gleich rechts vom Bahnhof liegt der **Tivoli**, das Original vieler Vergnügungsparks (10–24 Uhr offen, ca. 10 DM Eintritt oder ca. 30 DM für alle Attraktionen), Samstag und Sonntag gegen 23 Uhr Feuerwerk. Vom 105 m hohen **Turm des Rathauses** hat man einen guten Überblick über die Stadt (10, 12, 14 Uhr Führungen, 5 DM). Gleich dahinter beginnt die große Fußgängerzone **Stroget**, auf der immer viel Betrieb herrscht. Folgt man der Skindergade, stößt man auf einen sehr schönen Treffpunkt mitten in der Stadt, den **Grabrodretorv**, in dessen Nähe sich auch die Uni und die Domkirche befinden.

Weiter nach rechts geht's zum **Runden Turm**, der sich ohne Treppen besteigen läßt. Früher ritten die feinen Herrschaften mit dem Pferd hinauf. Nicht weit hinter dem Turm folgt das **Schloß Rosenborg** mit seinem Park. Im Schloß kann man die Juwelen der dänischen Könige besichtigen. Nicht weniger interessant sind der **Botanische Garten** direkt daneben und das staatliche **Museum der Kunst** mit vielen italienischen und niederländischen Werken (Eintritt frei).

Von hier zum Hafen sind es am **Kastell** vorbei ca. 20 Minuten zu Fuß bis zur berühmten **Kleinen Meerjungfrau**.

Stadteinwärts am Hafen entlang kommt man zum wichtigsten Schloß der Stadt: **Amalienborg** im Stadtteil Friedrichstadt mit der königlichen Schloßwache und den eindrucksvollen Wachwechseln. Hinter dem Schloß liegt die prächtige **Frederikskirche** mit einer gewaltigen Kupferkuppel.

Am **Nyhavn**, dem ehemaligen Vergnügungsviertel, stehen sehr schöne kleine bunte Häuser. Hier, am Ende der Fußgängerzone Stroget, findet sich eine der anmutigsten Szenen der ganzen Stadt, wo die Segelboote im Nyhavn-Kanal malerisch dümpeln.

Stadteinwärts liegen das **Königliche Theater** und **Schloß Christiansborg**, in dem heute das Parlament tagt. Daneben befindet sich das **Thorvaldsen-Museum**, dem gleichnamigen Bildhauer gewidmet. Hinter der Brücke liegt **Christiania**, eine besondere Attraktion Kopenhagens. Seit 1971 existiert dieser «Freistaat» für Leute, die das bürgerliche Konsumleben satt haben oder aus anderen Gründen hierhergezogen sind. Die Aussteiger leben auf einem alten Armeegelände und ernähren sich durch vielfältige Jobs. Auf Druck des Staates – die Konservativen wollten Christiania ohnehin längst räumen – wurden in eigener Regie harte Drogen, mit denen einst gehandelt wurde, aus dem Verkehr gezogen. Heute steht der Alltag ganz im Zeichen ökologischer Verantwortung: Energie soll gespart werden, und sogar politisch Verfolgte finden hier Zuflucht. Wer Christiania unterstützen möchte, sollte dort in den Läden einkaufen und die Restaurants besuchen. Das eigene Kulturzentrum Loppen bietet viele Nachmittags- und Abendveranstaltungen an. Richtung Bahnhof liegen das **Nationalmuseum** und die **Glyptothek** mit alter und moderner Bildhauerei.

Eine der neuesten Attraktionen Kopenhagens ist das **Erotik-Museum** beim Rathausplatz in der Vesterbrogade 31 (täglich 12–20 Uhr, ca. 14 DM, So nur zum Teil geöffnet). Zünftiger Abschluß einer Kopenhagen-Tour kann auch die Besichtigung der riesigen Brauerei **Carlsberg** sein. Werktags gegen 11 und 14 Uhr wird Besuchern das Werk gezeigt, anschließend besteht Gelegenheit zum Biertrinken (Carlsberg Vej 140, S-Bahn bis Enghave, der Weg vom dortigen Bahnhof ist ausgeschildert).

Von Kopenhagen fahren Schiffe jede Stunde nach Malmö (Tragflügelboote, ca. 1 Stunde Fahrt, 20 DM, mit Bahnpässen 40 Prozent, aber von Helsingør aus ist die Überfahrt kostenlos).

Das **Freilichtmuseum Lyngby** am Rand

Kopenhagens zeigt über 100 Gebäude aus ganz Dänemark (S-Bahn Richtung Hillerød, Bahnhof Sorgenfri, 10–17 Uhr, außer Mo, 8 DM).

Helsingør

Strecke 20001 Kopenhagen–Helsingør, alle 20 Minuten.

Fähren nach Helsingborg (Schweden) gehen direkt am Bahnhof ab, nach Ankunft der Züge, alle 20 Minuten. Durchgehende Züge nach Schweden werden in die Fähre verladen, man kann im Zug sitzenbleiben, mit Bahnpässen alles kostenlos.

Information

Vor dem Bahnhof.

Übernachten

Jugendherberge, Ndr. Strandvej 24, Tel. 49 21 16 40, im Januar und Dezember geschlossen, 2 km vom Bahnhof am Meer mit Badestrand. **Campingplatz** kurz vor der Jugendherberge, neben der Bahnlinie nördlich vom Hafen.

Sehenswertes

Vom Schiff aus sieht man das prächtige **Schloß Kronborg** nördlich der Stadt im Grünen liegen, im 18. Jahrhundert errichtet, um den Schiffsverkehr im schmalen Meeresarm zwischen Schweden und Dänemark zu überwachen. Täglich finden Führungen statt, zudem beherbergt das Schloß heute das Schiffahrtsmuseum (täglich, 10–18 Uhr, 6 DM). Auch der kleine Ort selbst ist reizend.

Hillerød

S-Bahn von Kopenhagen und Helsingør, Bahnpässe kostenlos.

Übernachten

Jugendherberge Fredensborg, Ostrupvej 3,

Tel. 42 28 03 15, ganzjährig geöffnet, abends bis 23 Uhr, liegt 6 Minuten vom Bahnhof Fredensborg an der Strecke Helsingør–Hillerød, ca. 10 Minuten vom Schloß Fredensborg.

Sehenswertes

In Hillerød befindet sich eines der schönsten Schlösser Dänemarks, das **Schloß Frederiksborg**, mit sehenswertem Schloßgarten und einer teuren Orgel in der Schloßkapelle. Die Schloßbesichtigung zeigt die schönsten Gemächer der früheren Herrscher (täglich, 10–18 Uhr, 10 DM).

Zwischen Helsingør und Hillerød liegt das kleine **Fredensborg** mit dem gleichnamigen Schloß, ca. 10 Minuten vom Bahnhof Fredensborg (hier auch die Jugendherberge). Schloß Fredensborg wird heute noch von der dänischen Königsfamilie bewohnt, daher keine Besichtigung.

Vogelfluglinie

Puttgarden–Rødby–Roskilde–Kopenhagen (20000).

Die Hauptstrecke von Deutschland nach Kopenhagen und weiter nach Schweden. Von **Puttgarden** auf der deutschen Insel Fehmarn wird der Zug in die Fähre nach **Rødby** auf der dänischen Insel **Lolland** geschaukelt. Die Überfahrt dauert genau 1 Stunde. Es lohnt sich unbedingt, den Zug im Bauch des Schiffes zu verlassen und die Fahrt auf Deck zu genießen. Zudem gibt es auf den Fähren vieles zollfrei zu kaufen.

Von Rødby aus durchquert man die touristisch noch recht unberührte Insel **Lolland** (gute Badestrände) bis zu einer Brücke nach **Falster**. Auch diese Insel ist noch verhältnismäßig ruhig.

Nachdem der Zug Falster bis in ihren äußersten Norden durchfahren hat, überquert er (atemberaubend!) auf einer mächtigen, 6 km langen Brücke die Ostsee, um auf die größte Insel Dänemarks zu gelangen, nach **Sjælland/Seeland**. Über Vordingborg, Næstved, Ringsted und Roskilde nähert sich die Bahn Kopenhagen.

Roskilde

Information

200 m vor dem Bahnhof, Richtung Dom.

Übernachten

Jugendherberge Hørgarden, Hørhusene 61, Tel. 42 35 21 84, offen 1.5.–1.10., 4 km vom Bahnhof, Bus 601. **Campingplatz** am Roskildefjord, 5 km vom Bahnhof, Bus 602.

Sehenswertes

Eine der ältesten und geschichtsbeladensten Städte des Landes, weit älter als Kopenhagen. 38 Könige Dänemarks sind im **Dom**, dem bedeutendsten Bauwerk der Stadt, beerdigt. Attraktion sind auch die Uhrwerksfiguren an der Fassade, die sich zu jeder vollen Stunde bewegen (vom Bahnhof nur 3 Minuten entfernt). Die Universität belebt das hübsche Innenstadtpanorama. Nördlich vom Zentrum liegt eine Halle mit alten **Wikingerschiffen**, die von Archäologen geborgen und restauriert wurden (täglich von 9 – 18 Uhr, 10 DM). Zwischen dem 25. Juni und dem 5. Juli erbebt Roskilde unter dem Ansturm von Rockfans, die zum **Roskilde Rock** die Stadt stürmen.

Fyn / Fünen

Fruchtbare, sehr grüne, vegetationsreiche Insel im Herzen Dänemarks zwischen Jütland und Seeland. Zwei Bahnlinien erschließen die Insel: Die **Hauptstrecke** von Kopenhagen her, die seit 1997 in Korsør auf Seeland in einen Tunnel taucht, um 8 km unter der Ostsee, dem Großen Belt, durchzufahren, bis die restlichen 10 km von einer Insel bis zum Festland auf einer Brücke bewältigt werden. In Nyborg erreicht sie Fünen, durchquert die Insel dann in ihrer Mitte von Ost nach West, um bei Middelfart mittels einer Brücke über den Kleinen Belt wieder die Ostsee Richtung

Fredericia auf Jütland (20010) zu überfahren. Die zweite Bahnlinie zweigt in **Odense** von der Hauptstrecke nach Süden ab, um in Svendborg die «dänische Südsee» zu erreichen, das herrliche Gebiet voll kleiner Inseln südlich von Fünen (20013). Auf beiden Bahnstrecken herrscht Stundentakt, die Region ist optimal per Bahn zu erreichen.

Nyborg

Übernachten

Jugendherberge, Havnegade 28, Tel. 65 31 27 04, 15.1.–15.12. geöffnet, das Haus liegt direkt neben dem Bahnhof.

Sehenswertes

Nyborg wird wegen seines mittelalterlichen und seines hochmodernen Bauwerks besucht: Sein **Schloß** stammt aus dem Jahr 1170 und war für die Treffen dänischer Fürsten berühmt, und die neue **Brücke** über den Großen Belt macht die Fähren nach Korsør auf Seeland überflüssig. Die gewaltige Brücke für Bahn und Autos führt 10 km weit bis zum winzigen Inselchen Sprogø mitten im Belt, dort fahren die Züge in einen neuerbauten Tunnel die restlichen 8 km nach Seeland, die Autos bleiben auf der ebenfalls neuen Brücke. Ursprünglich sollte die Bahnverbindung 2 Jahre vor der Autobrücke stehen, um die Reisenden daran zu gewöhnen, die Strecke eher per Bahn zurückzulegen, doch dann brach beim Tunnelbau Wasser ein, und die Fertigstellung verzögerte sich. Insgesamt dennoch ein gewaltiges Unternehmen, das im Windschatten des Kanaltunnels zwischen England und Frankreich stand.

Odense

Information

Im Rathaus, vom Bahnhof die Jernbanegade durch bis zur 4. Querstraße, die Vestergade nach links, ca. 5 Minuten.

133

Übernachten

Jugendherberge Kragsbjerggaarden, Kragsbjergvej 121, Tel. 66 13 04 25, im Januar und Dezember geschlossen, ein ehemaliges Sommerschloß, Bus 61 vom Bahnhof, 2 km. **Inter Point**, Rodegardsvej 91, Tel. 66 14 23 14, nur Juli und Anfang August geöffnet, 2 km vom Bahnhof. **Campingplatz Odense**, Odensevej 102, Tel. 66 11 47 02, am östlichen Ende des Parks Fruens Boege, Züge von Odense nach Svendborg halten alle Stunde im Bahnhof Fruens Boege, von dort 400 m.

Sehenswertes

Am Nebenausgang liegt direkt an den Gleisen das **Dänische Eisenbahnmuseum** mit Modellbahn und Dampfloks (mit Bahnpässen kostenlos). Geht man aus dem Bahnhof durch den kleinen Park Kongens Have an der Hans-Kirche vorbei, kommt man schon bei der 2. Querstraße nach links auf die romantische Hans Jensens Straede mit dem **Geburtshaus** des größten Sohnes der Stadt, des Märchenerzählers **Hans Christian Andersen**, heute als Museum hergerichtet (täglich, 10–18 Uhr, 5 DM). Südwestlich davon erstreckt sich die weitläufige Fußgängerzone. An deren südwestlichem Ende steht das Kulturzentrum **Brandts Klaedefabrik** mit dem Museum **Kunsthallen** mit modernen Skulpturen und dem **Museet for Fotokunst**, einer Übersicht über die moderne Fotografie, sowie **Danmarks Grafiske Museum / Danmarks Pressemuseum** mit einer Dokumentation über die Buchveröffentlichungen in Dänemark (Eintritt für alle 3 Museen ca. 12 DM, täglich, 10–17 Uhr).

Lohnend ist auch der Besuch des **Freilichtmuseums Den Fynske Landsby** mit vielen Bauerngehöften, alten Betrieben, sogar einer Schule im Süden der Stadt direkt am Bahnhof Fruens Boege (Eintritt täglich 10–18 Uhr, 7 DM). Im Sommer finden im Freilichttheater im Park Aufführungen der Hans-Christian-Andersen-Theatergruppen statt. Die modernen Gebäude der Universität liegen in der Nähe des Bahnhofs Sygehus (Züge nach Svendborg).

Von Odense fahren jede Stunde Vorortzüge nach Svendborg. Unterwegs passieren sie Kværndrup (alle Züge halten), von wo aus man in 30 Minuten zum **Wasserschloß Egeskov** laufen kann (täglich 9–18 Uhr, ca. 15 DM).

Svendborg

Information

Centrumspladsen mitten in der Stadt, auffallend modernes Gebäude, 3 Minuten vom Bahnhof, auf halbem Weg zur Jugendherberge.

Verkehr

Der Bahnhof liegt nur 150 m vom Hafen entfernt, wo die Fähren zu den Inseln ablegen. Einen Fahrradverleih gibt es gleich in Bahnhofsnähe in der Havnegade 4.

Übernachten

Jugendherberge, Vestergade 45, Tel. 62 21 66 99, ganzjährig geöffnet, sehr komfortabel, auch Doppelzimmer. Vom Bahnhof halblinks die Brogade hoch, dann die Gerritsgade nach links, die Vestergade nach rechts, kommt links der Eingang zum Vandrerhjem, ca. 8 Minuten vom Bahnhof.

Camping Rantzausminde, zu Fuß 30 Minuten vom Bahnhof Svendborg Vest; aus dem Bahnhof rechts bis zur Kreuzung, die Wandallsvej links und dann rechts den Rantzausminde entlang, liegt am Wasser. Auch Busverbindung nach Svendborg.

Sehenswertes

Nette Kleinstadt mit Fachwerkhäusern und Fußgängerzone zum Bummeln direkt vom Bahnhof aus. Unbedingt lohnend sind Trips auf die kleinen Inseln der Umgebung in die «dänische Südsee».

Durch eine Brücke mit Svendborg verbunden ist die Insel **Tasinge**, mit Fahrrad oder Bus schnell zu erreichen. (Auf Tasinge mehrere Campingplätze am Wasser.) Von Tasinge geht eine Straßenverbindung zur Insel **Langeland**, bekannt für ihre Sandstrände. (Jugendherberge in **Rudkø-**

bing auf Langeland, Engdraget 11, Tel.
62 51 18 30, nur 1. 3.–30. 11., 500 m vom Bus.)
Wichtigste Attraktion der Umgebung ist
die kleine Stadt **Æroskøbing** auf der Insel
Ærø, ca. alle 2 Stunden ein Schiff (8 DM)
von Svendborg aus. Der Ort steht unter
Denkmalschutz und gilt als schönste Kleinstadt Dänemarks mit vielen Fachwerkgas-
sen. (**Jugendherberge Æroskøbing**: Smede-
vejen 13, Tel. 62 52 10 44, nur 1. 4.–30. 9.,
200 m vom Hafen.)
2 Schiffe täglich fahren nach Hjortö, ein
winziges Eiland, autofrei, 2 Häuser.

Jylland / Jütland

Jütland ist der einzige Festlandteil Dänemarks, alle anderen Regionen des Landes
liegen auf Inseln. Von Hamburg führt eine
direkte Strecke über Flensburg die gesamte Ostküste Jütlands entlang bis in den
äußersten Norden (20010/20030). Auch an
der Westküste Jütlands gibt es eine Eisenbahn, allerdings wurden die letzten 10 km
in Deutschland stillgelegt, so daß man dieses kleine Stück von Niebüll nach Tønder
per Bus fahren muß (20020/20050/20060).

Die Ostküste

Padborg ist die erste Stadt in Dänemark
nach der deutschen Grenze. 10 km weiter
nördlich kann man in Tinglev nach **Sønderborg** umsteigen, um das Schloß aus dem
Jahr 1256 zu bewundern, das heute als Museum Südjütlands ausgebaut ist (**Jugendherberge Sønderborg**, Kaervej 70, Tel.
74 42 31 12, nur im Januar und Dezember
geschlossen, vom Bahnhof 1 km, Busverbindung). In **Fredericia** zweigt die Bahnstrecke auf die Insel Fünen ab. Fredericia,
1644 als Festung am Kleinen Belt gegründet, ist heute stark auf Industrie ausgerichtet (**Jugendherberge in Fredericia Pro
Pace**, Skovlobervænget 9, Tel. 75 92 12 87, im
Dezember und Januar geschlossen, vom
Bahnhof 1,5 km, Bus 2. Am Meer auch ein
Campingplatz).

Richtung Norden führt die Strecke
durch hügelige Wälder, nach Horsens passiert man die höchste Erhebung Dänemarks, den 173 m hohen Yding Skovhoj.
Die Stadt **Skanderborg** liegt sehr schön auf
einer Halbinsel inmitten einer Seen- und
Waldlandschaft.

Århus

Information

Im Rathaus, ca. 400 m vom Bahnhof.

Übernachten

Jugendherberge Pavillonen, Marienlunds-
vej 10, Tel. 86 16 72 98, ganzjährig geöffnet,
vom Bahnhof 3 km, Bus 1 + 2 bis Marien-
lund. **Campingplatz Blommehavn**, ca. 5 km
südlich, Bus 19 vom Bahnhof.

Essen und Trinken

Preiswerte Mahlzeiten aller Art im **Huset**
in der Vesterallé 15, einem Jugendhaus mit
vegetarischem Lokal und Cafeteria.

Sehenswertes

Die zweitgrößte Stadt Dänemarks hat mit
ihrem Hafen und der Universität viel Atmosphäre. Die Altstadt ist nur klein, lohnt
mit den schmalen Straßen rings um den
Dom den Besuch. Am Domplatz steht das
Kriegsmuseum, das sehr beeindruckend
die Unterdrückung und Zerstörung Dänemarks durch die deutschen Soldaten im
Zweiten Weltkrieg dokumentiert (täglich,
10–18 Uhr, 5 DM). Im gleichen Gebäude
befindet sich das zum Nachdenken anre-
gende **Kvindemuseum**, das die Stellung
von Mann und Frau in der alten und modernen Gesellschaft aufzeigt (täglich,
10–18 Uhr, 5 DM). Die wichtigste Attraktion der Stadt ist das **Freilichtmuseum Den
gamle By**. Ein ganzes Stadtviertel aus
Fachwerkhäusern wurde rekonstruiert und
mit Inneneinrichtungen ausgekleidet (täglich 10–18 Uhr, 10 DM, vom Bahnhof halblinks 100 m geradeaus, dann links den Park

135

durchqueren und über die breite Straße in den nächsten Park, rechts hindurch zur Hauptstraße, dieser etwa 50 m folgen, dann 500 m nach links zum Eingang).

Von Århus fahren auch Schiffe nach Kalundborg auf Seeland (mit Bahnpässen frei).

Westlich von Århus liegt **Silkeborg** mitten im herrlichen Wald- und Seenland Mitteljütlands. Die Stadt eignet sich gut als Ausgangspunkt zu Bootstouren auf einem der vielen Seen. Besondere Attraktion Silkeborgs ist das **Museum** mit zwei sehr gut erhaltenen, 2000 Jahre alten Moorleichen, dem Tollundmann und dem Elling-Mädchen, die beide als Mordopfer sterben mußten (täglich, 10–17 Uhr, 4 DM). Silkeborg liegt an der (20051) Bahnstrecke Århus–Skjern, jede Stunde ein Zug (**Jugendherberge** in der Åhavevej 55, Tel. 86823642, nur 1.3.–30.11., vom Bahnhof 300 m).

Nach Nordwesten hin fahren von Århus Züge nach **Viborg** (20061), einer alten traditionsreichen Stadt am See. Seit Menschengedenken versammelten sich die Menschen aus ganz Nordjütland und berieten sich. Bereits 1063 wurde Viborg Bischofssitz, der Dom kündet davon. Die Kirche überragt die gesamte Umgebung, weil sie auf einer kleinen Anhöhe steht. Früher wurden in Viborg die dänischen Könige in ihr Amt eingesetzt. (**Jugendherberge Søndersoe**, Vinkelvej 36, Tel. 86671781, nur 1.3.–30.11., vom Bahnhof 3 km, Bus 707 und 500 m laufen. Direkt neben der Jugendherberge liegt der **Campingplatz Viborg**, beide auf der anderen Seeseite.)

Die Strecke nach Norden führt von Århus weiter nach Randers und Skørping, wunderschön in einer üppig grünen Waldlandschaft mit einem See gelegen. Die einzige Großstadt im Norden ist **Ålborg**, eine alte Handelsstadt am Limfjord mit dem weißen Dom. Draußen am Fjord die alte Festung Ålborghus, die den Durchgang zum Limfjord bewachte, mit sehenswerter Fachwerkarchitektur. Außerhalb, ca. 4 km vom Zentrum, findet man den alten **Wikingerfriedhof Lindholm Høje** mit kleinem Museum (zu Fuß über die Brücke über den Fjord oder Bus 4, täglich 10–18 Uhr, 5 DM). (**Jugendherberge** in **Ålborg Fjord-**

parken, Skydebanevej 50, Tel. 98116044, nur im Januar geschlossen, vom Bahnhof 4 km, Bus 8 zum kleinen Hafen. **Campingplatz** nicht weit von der Herberge.) Weiter nach Norden kann man in **Frederikshavn** in die Privatbahn nach Skagen umsteigen. Fähren fahren mehrfach täglich von Frederikshavn nach Göteborg (Schweden, 3 ½ Stunden Fahrt, 40 DM, mit Interrail 50 Prozent, Scanrailpass kostenlos; **Jugendherberge** in **Frederikshavn Fladstrand**, Buhlsvej 6, Tel. 98421475, außer Januar immer geöffnet, vom Bahnhof 1,5 km. **Campingplatz Nordstrand** 2 km vom Bahnhof).

Skagen

Information

500 m vom Bahnhof im Laurentiivej.

Übernachten

Jugendherberge, Rolighedsvej 2, Tel. 98442200, ganzjährig geöffnet, nur 300 m vom Bahnhof. Vier **Campingplätze** außerhalb von Skagen, vom Bahnhof ca. 2 km.

Sehenswertes

An der Nordspitze der Halbinsel liegt der Badeort Skagen. An der Ostsee befindet sich der eigentliche Ort mit dem Hafen, schönen Holzhäusern und viel Betrieb im Sommer. Das **Kunstmuseum Skagen** zeigt Werke dänischer Maler aus der Umgebung. Skagen war aufgrund seiner Lage schon lange ein Magnet für Künstler aus vielen Landesteilen. Private Galerien stellen ebenfalls Gemälde aus. Besondere Attraktion ist Gammel Skagen, das alte Städtchen an der Nordseeseite mit verwitterten Holzhäusern. Den tilsandede Kirke nennt der Volksmund den Überrest der alten Kirche, die von den Dünen mit Sand bedeckt wurde und heute nur noch mit ihrem Turm aus dem Sand ragt.

An der Küste entlang kann man bis zum Nordende laufen, «Grenen» genannt, wo die beiden Meere zusammenstoßen, ca. 4 km vom Ort.

Die Westküste

An der Westküste Schleswig-Holsteins entlang muß man von Hamburg her in Niebüll in den Bus umsteigen, weil die 10 km Bahnstrecke bis Tønder nicht mehr befahren werden. Schönster Ort in dieser Region ist **Ribe**.

Ribe

Information

Am Marktplatz, vom Bahnhof 5 Minuten die Dagmarsgade geradeaus, liegt das Fremdenverkehrsamt rechts vom Dom, gute Stadtpläne.

Übernachten

Jugendherberge Ribehallen, Sct. Pedersgade 16, Tel. 75 42 06 20, Dezember und Januar geschlossen, 5 Minuten vom Bahnhof, halbrechts aus dem Bahnhof durch die Sct. Nicolaigade, dann 10 m rechts in die Saltgade, sofort links in die Sct. Pedersgade, liegt direkt am Rand der Altstadt über dem Fluß. **Ribe Camping**, 2 km nördlich der Stadt, Bus nach Farup.

Essen und Trinken

Ein preiswerter Fast food **Kvickly** im Seminarievej 1 (nördl. von Bahnhof und Jugendherberge im neuen Ort). Einladend wirkt das Café **Pepper's** am Marktplatz, aber teuer; bezahlbar sind die **Pizzeria Pinocchio** in der Fußgängerzone Overdammen 7 und das **Café Nicolaj** in der Sct. Nicolajgade 6 (zwischen Bahnhof und Jugendherberge). Im Plantagevej öffnet im Sommer abends die **Disco Carousellen** (aus der Jugendherberge die Sct. Pedersgade durch, dann links die Verlängerung der Saltgade).

Sehenswertes

Ribe ist ein winziges Städtchen mit kleinen Fachwerkhäuschen und schmalen Gassen. Vom Bahnhof kommt man in 5 Minuten in die verwinkelte Altstadt und genießt vom Turm des **Doms** gute Rundumsicht. Mitten im Städtchen gelegen, zeigt sich der auch Frauenkirche genannte Dom als einzige fünfschiffige Kirche Dänemarks. Die Glocken der Kirche spielen um 8, 12, 15 und 18 Uhr Volkslieder. Das **Wikinger-Museum** informiert über die Vorgeschichte der Region, das **Ribes Kunstmuseum** in der Nicolaigade zeigt Gemälde des 19. Jahrhunderts, der **Quedens Gard** Einblicke in den Alltag vergangener Zeiten (alle Museen täglich, 10–17 Uhr, je ca. 4 DM). Im Sommer bildet der **Wächterrundgang** (1.5. bis 15.9.) eine besondere Attraktion: Wie früher läuft der Wächter singend und die Geschichte Ribes erzählend an allen Sehenswürdigkeiten vorbei durch die Stadt. Der Rundgang beginnt am Domplatz Torvet um 20 bzw. um 22 Uhr. Freundlicherweise spricht der Wächter nicht nur Dänisch, sondern auch Eenglisch.

Wenige Kilometer nördlich von Ribe kommt die Bahnlinie in die Industrie- und Hafenstadt Esbjerg. Die Stadt ist nur als Fährhafen von und nach England interessant (Fähren nach Harwich fast jeden Tag und nach Newcastle 2mal je Woche, 150/200DM, mit Interrail 50 Prozent). Zudem gehen Schiffe auf die vorgelagerte Insel **Fanø** mit langen Sandstränden (im Sommer aber viel Rummel, Überfahrt 5 DM, 15 Minuten. Übernachten in Esbjerg: **Jugendherberge**, Vardevej 80, Tel. 75 12 42 58, außer Januar immer geöffnet, vom Bahnhof 3 km, Bus 1, 9, 12. Auf Fanø gibt es 4 **Campingplätze** zwischen Nordby, wo die Fähren anlegen, und Rindby, vom Schiff ca. 15 Minuten zu laufen).

DEUTSCHLAND

80 Millionen Menschen leben auf relativ engem Raum, doch Deutschland bietet kontrastreiche Landschaften wie die langen Sandstrände der Nord- und Ostsee, romantische Flußtäler, die grünen Mittelgebirge und hohen Alpengipfel. Hinzu kommen Städte mit eigener Atmosphäre, Regionen mit typischer Küche und unterschiedlichen Dialekten und eine Metropole wie Berlin. Noch führen mal schnelle, mal bummelnde Züge in alle Teile des Landes – trotz des seit Jahrzehnten einseitig geförderten Ausbau des Autobahnnetzes –, und ein von Jahr zu Jahr besser funktionierender Taktverkehr erschließt alle Bundesländer, ein Komfort, den nur wenige Länder Europas so perfekt bieten. Beim Besuch fremder Länder sollten wir es nicht versäumen, auch andere Gebiete unseres eigenen Staates kennenzulernen, sei es bei der Hinfahrt oder auf der Rückreise, so mancher Geheimtip abseits der großen Touristenrouten überrascht mit viel landschaftlichem Reiz und städtebaulichem Charme. Deutschland mit der Bahn – immer eine Reise wert.

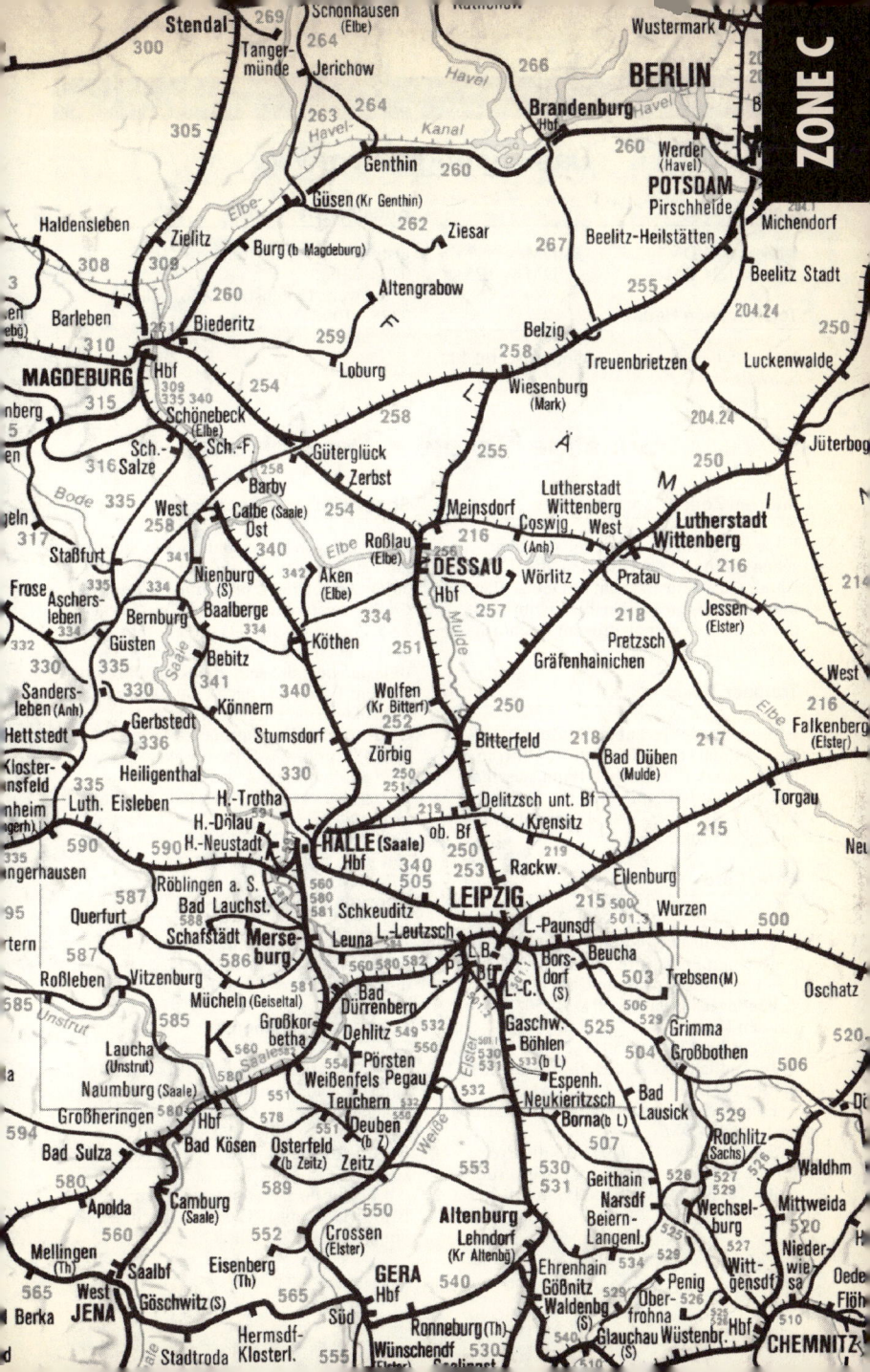

Das Wichtigste vorweg

Geld

1 öS = 0,14 DM	1 DM = 7 öS
1 sfr = 1,24 DM	1 DM = 0,75 sfr

Telefon nach Hause

Österreich 0043   Telefon-Notruf 110
Schweiz 0041

Botschaften in Bonn

Österreich: Johanniterstraße 2c, Tel.
0228/230051
    Schweiz: Gotenstraße 156, Tel.
0228/810080

Günstige Tickets in Deutschland

Interrail Zone C

Freie Fahrt auf den Strecken der Deutschen Bahn nur für Personen, die ihren ständigen Wohnsitz nicht in Deutschland haben. Deutsche zahlen auch beim Kauf der Zone C immer 50 Prozent des normalen Fahrpreises.

Tramper Ticket

Jugendliche bis 26 haben im Zeitraum eines Monats an 10 Tagen freie Fahrt in allen Zügen der Deutschen Bahn, zuschlagfrei auch im ICE, immer in der 2. Klasse. Preis des Tickets: 350 DM, Ausgabe nur Juni bis 15. Oktober.

Bahn Card

50 Prozent Ermäßigung bei allen Fahrten mit der Deutschen Bahn für ein Jahr, ausgenommen kurze Strecken in Verkehrsverbünden. Preise der Bahn Card:
    Kinder bis 11 Jahre: 50 DM (50 Prozent auf den Kindertarif)
    Teens bis 17 Jahre: 50 DM
    Jugendliche bis 22, Schüler/Studenten bis 26: 110 DM
    Erwachsene bis 59 Jahre: 220 DM, Ehepartner: 110 DM
    Senioren über 59: 110 DM (alle Preise für die 2. Klasse, für die 1. Klasse verdoppelter Preis der jeweiligen Bahn Card).

Sparpreis/SuperSparpreis

Fahrkarte von jedem Bahnhof in Deutschland zu irgendeinem anderen im Land, unabhängig von der Entfernung. Kostet für die 1. Person ohne ICE 199 DM, für die 2.–5. Person jeweils 99 DM. Hinfahrt muß bis zum ersten Montag nach dem 1. Geltungstag beendet sein, die Rückfahrt gilt ab dem 1. Samstag nach Gültigkeitsbeginn, Zuschläge sind enthalten. Mit ICE kostet die Karte 290 DM für die 1. Person, 145 DM für die 2.–5. Person. Verzichtet man auf den Freitag und den Sonntag als Reisetage, kostet die Karte als SuperSparpreis mit ICE 230 DM für die 1. Person, 115 DM für die 2.–5. Person. 1. Klasse kostet jeweils 50 Prozent mehr.

Normale Fahrkarten

Ab einem Fahrkartenpreis von 50 DM zahlt bei gemeinsamer Fahrt jede weitere mitreisende Person nur noch 50 %.

Schönes Wochenende

Für 35 DM dürfen bis zu 5 Personen an Samstag und Sonntag soviel fahren, wie sie wollen, gilt nur in Zügen des Nahverkehrs.

Guten-Abend-Ticket

Ab 19 Uhr bis 2 Uhr morgens. Preise: ohne ICE 59 DM, mit ICE 69 DM, Freitag und Sonntag je 15 DM mehr.

Nachts im Zug

Liegewagen kosten 27 DM, für Leute mit Schlafsack auf vielen Zügen aber nur 8 DM (nachfragen, auf welchen Zügen dieser Tarif gilt)! Schlafwagen kosten 58 DM. In den InterCityNight-Zügen Berlin–Bonn, Berlin–München und jeweils zurück kostet ein Liegesitz normal 154 DM, Interrailer und Euro-Domino-Besitzer zahlen aber nur 15 DM mit Reservierung (ohne: 21 DM).

Ziele und schöne Bahnstrecken in Deutschland

Der Norden

Der Norden zeigt sich von seiner besten Seite auf der Strecke 130 von **Niebüll** über den *Hindenburgdamm* durchs Wattenmeer nach *Westerland* auf der Insel *Sylt*, eine bei Flut atemberaubende Wasserdurchquerung, einzigartig im Land. Und die Schicki-Micki-Szene verliert man angesichts der 35 km langen Sandstrände bald aus den Augen. *Übernachten* in der **Jugendherberge Niebüll**, einem alten, reetgedeckten Haus, das unter Denkmalschutz steht, unter der sehr freundlichen Leitung von Frau Lüders, Deezbüll Deich 2, Tel. 04661/8762. **Jugendherberge Hörnum** auf dem Südzipfel der Insel Sylt, Friesenplatz 2, Tel. 04653/294, Bus alle Stunde vom Bahnhof Westerland 16 km bis Hörnum, 5 Minuten Fußweg, das große Haus liegt nahe am Sandstrand. **Jugendherberge List** auf dem Nordzipfel der Insel Sylt, *Mövenberg*, List, Tel. 04651/870397, Bus alle 2 Stunden von Westerland nach List, im Sommer bis zur Herberge, sonst 2 km Fußweg.

Flensburg hat eine schöne Fußgängerzone, 10 Minuten vom Bahnhof. Viele Kneipen, weiße Hausfassaden, tolle Atmosphäre. Rechts unterhalb der Fußgängerzone beginnt die Meeresbucht mit Promenade, hier fahren die Schiffe ab. **Jugendherberge**, Fichtestraße 16, Tel. 0461/37742, vom Bahnhof 3 km geradeaus durch die Innenstadt, das Haus liegt rechts oberhalb der Bucht, oder Bus 1 bis Omnibusbahnhof, dann Bus 3, 5, 7 bis Stadion.

Die *Überquerung* des **Nord-Ostsee-Kanals** wird vor allem auf der Strecke 131 **Neumünster–Flensburg** bei **Rendsburg** zum Abenteuer. Der Zug schraubt sich auf der alten, langen Brücke langsam in die Höhe, um nach ca. 5 Minuten Fahrt den Bahnhof von Rendsburg zu überqueren, dem sich der Kanal anschließt. **Übernachten** in der **Jugendherberge Rendsburg**, Rotenhöfer Weg 48, Tel. 04331/71205, im Januar zu, vom Bahnhof 2 km, Bus 1, 2, 3.

Die **Holsteinische Schweiz** zählt zu den schönsten Landschaften Deutschlands: Seen, Hügel, grüne Wiesen durchquert die Bahn im Stundentakt auf der Strecke 145 von **Lübeck** über **Eutin, Malente, Plön** nach **Kiel**. Wassersportler kommen voll auf ihre Kosten, auch die Ostsee ist nicht weit. **Übernachten** in der **Jugendherberge Eutin**, Jahnhöhe 6, Tel. 04521/2109, vom Bahnhof 15 Minuten zu Fuß. **Jugendherberge Malente**, Kellerseestr. 48, Tel. 04523/1723, 40 Minuten vom Bahnhof, der Lindenallee, Kellerseepromenade, dann der Kellerseestraße folgen. **Jugendherberge Plön**, Ascheberger Straße 67, Tel. 04522/2576, vom Bahnhof der Uferpromenade Richtung Prinzeninsel folgen, am Bahndamm entlang bis zur Bundesstraße, dort nach links.

Lübeck

Information

Im Bahnhof. Auch am Markt.

Übernachten

Jugendgästehaus, Mengstraße 33, Tel. 0451/7020399, Schließzeit um Mitternacht mit Frühstück ca. 25 DM, vom Bahnhof 10 Minuten, liegt mitten in der Altstadt. **Ju-**

gendherberge, Am Gertrudenkirchhof 4, Tel. 0451/33433, vom Bahnhof 3 km, Bus vom Busbahnhof 1, 3, 11, 12 bis Gustav-Radbruch-Platz, mit Frühstück 22 DM.

Sehenswertes

Bedeutendste Hansestadt mit restaurierter Altstadt. Geradeaus vom Bahnhof über den Fluß trifft man auf das berühmte **Holstentor**, dahinter der Markt mit dem Rathaus und der riesigen **Marienkirche**. Sehenswert sind das Wohnhaus Thomas Manns, das **Buddenbrookhaus**, der Füchtingshof, das **Café Niederegger** mit dem berühmten *Marzipan*.

Hamburg

Information

Im Hauptbahnhof, Ausgang Kirchenallee im Bieberhaus gegenüber vom Hauptbahnhof, Zimmervermittlung 4 DM.

Verkehr

3 große *Bahnhöfe:* **Hauptbahnhof** mit allen Einrichtungen, vielen Geschäften, Züge in fast alle Richtungen. **Dammtor-Bahnhof** jenseits der Alster. **Altona** mit den Zügen nach Sylt, Kaufhaus im Bahnhof. Hervorragendes Netz von U-Bahnen, S-Bahnen, Bussen, Schiffen auf Elbe und Alster, Tageskarten zu 12 und ca. 16 DM.

Übernachten

Jugendherberge Auf dem Stintfang, Alfred-Wegener-Weg 5, Tel. 040/313488, tolle Lage direkt über den Elblandungsbrücken mit Aussicht über den Hafen, vom Hauptbahnhof S-Bahn 1, 2, 3, und U-Bahn 3 bis Landungsbrücken direkt bei der Herberge, Februar geschlossen, ca. 23 DM mit Frühstück. **Jugendherberge Horner Rennbahn**, Rennbahnstraße 100, Tel. 040/6511671, vom Hauptbahnhof U-Bahn 3 bis Horner Rennbahn und 1 Busstation bis Tribünenweg oder 500 m Fußweg, im Januar geschlossen, mit Frühstück ca. 28 DM. **Kolpinghaus**, Schmilinskystraße 78 im Stadtteil

St. Georg, Tel. 040/246609, vom Bahnhof über die Kirchenallee, 5 Minuten zu Fuß, ca. 32 DM. Mehrere **Pensionen** ab 30 DM nicht weit vom Hauptbahnhof, Ausgang Kirchenallee. *Camping Buchholz*, Kieler Straße 374, Tel. 040/5404532, S-Bahn 3 oder 21 bis Stellingen.

Essen und Trinken

Uni-Mensen in der Schlüterstraße 7 und in der Rothenbaumchaussee im Curio-Haus, beide ca. 500 m vom Dammtorbahnhof oder U-Bahn Hallerstraße, Gerichte ab 5 DM. Viele preiswerte Lokale, kurdische, türkische, fernöstliche Küche nicht weit vom Bahnhof Altona.

Treffs

Die Blätter «Szene», die Hamburger Ausgabe der «Tageszeitung» informieren über Veranstaltungen. Die **Fabrik**, Barnerstraße 30, nicht weit vom Bahnhof Altona, bietet Musikalisches und Kulturelles. **Große Freiheit**, an der gleichnamigen Straße 36, Querstraße der westlichen Reeperbahn, Disco mit Bar und Kneipen, am Wochenende Live-Musik. **Gröninger**, Brandstwiete, mit eigener Bierquelle.

Sehenswertes

Hamburg ist nach Berlin größte Stadt Deutschlands und gilt mit der Alster als schönste Stadt des Landes. Westlich des Hauptbahnhofs kommt man durch die Fußgängerzone zum **Rathausmarkt** und über einen Kanal zum **Jungfernstieg** an der Binnenalster. Richtung Elbe liegt der Neue Wall mit teuren Einkaufspassagen, südlich davon der **Hafen** und die *Speicherstadt*, weiter westlich das Wahrzeichen der Stadt, der **Michel**, mit guter Aussicht vom Turm. Ein Stück elbabwärts folgen die **Landungsbrücken**, wo die Barkassen zu den Hafenrundfahrten starten. Sonntag morgens findet 500 m weiter westlich der **Fischmarkt** statt, die Reeperbahn liegt weiter nördlich. Empfehlenswert ist die Fahrt mit der S-Bahn (11 oder 1) oder per Schiff elbabwärts nach **Blankenese**, dem schönsten Vorort am Hang über der Elbe, und nach

Wedel, wo in Schulau die Schiffe begrüßt
und verabschiedet werden.

Bremen

Information

Vor dem Hauptbahnhof, auch Zimmervermittlung.

Übernachten

Jugendgästehaus, Kalkstraße 6, Tel.
04 21/17 13 69, vom Bahnhof die Bürgermei-
ster-Smidt-Straße bis zur Weser, davor liegt
rechts das Haus, 15 Minuten oder S-Bahn 6
oder Bus 26 vom Bahnhof bis Brill, ca.
28 DM mit Frühstück. **Jugendherberge** im
Vorort Blumenthal, Bürgermeister-Dehn-
kamp-Straße 22, Tel. 04 21/60 10 05, mit
Nahverkehrszug bis Vegesack, dann
Bus 70/71 Richtung Farge bis Kreinsloger,
mit Frühstück 21 DM.

Essen und Trinken

Junge Leute treffen sich im Ostertorviertel
rings um den Sielwall, vom Bahnhof nach
links über den Rembertiring, Remberti-
straße und Kohlhökerstraße zu erreichen.
Hier sind viele Kneipen, wie der **Pferde-
stall** (Nr. 9).

Sehenswertes

Schöne Altstadt, nicht weit vor dem Bahnhof. Nach 500 m Bahnhofstraße kommen
links der *Dom*, der *Marktplatz* und das *Rathaus* mit dem *Roland* davor, das Wahrzeichen der Stadt. Dahinter die Böttcher-
straße und das beliebte *Schnoor*-Viertel mit
vielen Läden und Kneipen; lohnend ist das
Ostertorviertel mit vielen Szene-Treffs, das
Überseemuseum und die Kunsthalle.

Harz

Eine der abenteuerlichsten Bahnfahrten
des Landes bietet die Harzquerbahn, eine
Dampf-Schmalspurbahn von **Nordhausen**
an der Hauptstrecke Kassel–Halle, über

Benneckenstein und *Drei Annen*, 540 m, in
3 Stunden Fahrt quer durch den Harz nach
Wernigerode. Von Drei Annen schieben
sich Züge auf den **Brocken**, 1120 m hoch.
Übernachten in der **Jugendherberge/Bil-
dunghaus** in *Nordhausen*, Parkallee, Tel.
0 36 31/85 87, am Stadtrand.

Berlin

Information

Im Bahnhof Zoo und im Hauptbahnhof,
zudem im Europa-Center und in der Mar-
tin-Luther-Straße 105. Die «Tageszeitung»,
«Tip» und «Zitty» informieren, was gerade
läuft.

Verkehr

Großes und sicheres U-Bahn und S-Bahn-
Netz, zudem Busse und Straßenbahnlinien
im Ostteil der Stadt. 30-Stunden-Ticket für
1/2 Personen ca. 17/25 DM. Sieben-Tage-
Karte übertragbar, ca. 45 DM. «Berlin-Wel-
come-Card», 3 Tage Freifahrt und ermäßig-
ter Eintritt für Museen, ca. 35 DM.

Übernachten

Jugendherberge Ernst Reuter, Hermsdor-
fer Damm 48, Tel. 030/4 04 16 10, vom
Bahnhof Zoo U-Bahn 9 bis Leopoldplatz,
U-Bahn 6 bis Alt-Tegel, Bus 125 Richtung
Frohnau 4 Stationen, liegt in Tegel-Herms-
dorf, mit Frühstück ca. 27 DM. **Jugendgästehaus Berlin**, Kluckstraße 3, Tel.
030/2 61 10 97/8, vom Bahnhof Zoo
U-Bahn 2 bis Wittenbergplatz, dann U 1 bis
Kurfürstenstraße, 5 Minuten auf der Potsdamer Straße bis zur Lützowstraße gehen,
diese nach links, 364 Betten, mit Frühstück
ca. 33 DM. **Jugendgästehaus am Wannsee**,
Badeweg 1, Tel. 030/8 03 20 35, vom Bahnhof Zoo S-Bahn 3 oder 7 bis Nikolassee,
Ausgang Strandbad Wannsee, links über
die Fußgängerbrücke bis zum Kronprinzes-
sinnenweg Ecke Badeweg, 10 Minuten,
264 Betten, mit Frühstück ca. 33 DM.

CVJM-Hostel, Einemstraße 10, Tel. 030/2649100, U-Bahn 1, 2, 4 bis Nollendorfplatz in Schöneberg, mit Frühstück im DZ 44 DM. **Heim der Schreberjugend Kreuzberg**, Franz-Künstler-Straße 10, Tel. 030/6151007, U-Bahn 1, 6 bis Hallesches Tor, liegt nördlich vom Patentamt, im großen Raum mit Frühstück 43 DM, im DZ ca. 46 DM. Weitere Zimmerangebote übers Info: 030/2626031.

Essen und Trinken

Currywurst oder Döner Kebab gehören zu den Grundnahrungsmitteln der Berliner und sind an fast jeder Straßenecke zu allen Tages- und Nachtzeiten erhältlich. Leckere Sandwiches bietet auch das **Brooklyn** in der Oranienstraße, Ecke Adalbertstraße am U-Bahn Kottbusser Tor, und leckere Falafel im Imbiß **Rissani** am Spreewaldplatz 6, U-Bahn Görlitzer Bahnhof. Im **Café Übersee**, Paul-Lincke-Ufer 44, frühstückt die Müsli-Fraktion Kreuzbergs, U-Bahn Kottbusser Tor. In der Nähe vom Bahnhof Zoo bieten das **Schwarze Café**, Kantstr. 148, und das **Café Hardenberg** an der gleichnamigen Straße 10 preiswertere Speisen an. Noch billiger geht's mittags gegenüber in der **TU-Mensa** zu; mehrere Gerichte zur Auswahl vom Fließband.

Nachtleben

Berlin kennt keine Sperrstunde: die Kreuzberger Nächte sind lang. Seit der Wende bietet der Bezirk Prenzlauer Berg die interessantesten Entdeckungen, zum Beispiel rund um den Kollwitzplatz, U-Bahnhof Senefelderplatz, und in Mitte in den Nebenstraßen zwischen Rosenthaler Platz und Hackescher Markt. Stachelbeerwein bis zum Abwinken bietet die alte Likördestillation **Leydicke** in der Mansteinstr. 4. Zum Tanzen reicht das Spektrum vom **Far Out** am Ku-Damm und das **Metropol** am Nollendorfplatz 5, über den **Tresor** bis zum mehrstöckigen **Bunker**, Reinhardtstraße / Albrechtstraße, beide in Mitte.

Sehenswertes

Vom Bahnhof Zoo ist es nur ein Katzensprung zur Gedächtniskirche und zum **Kurfürstendamm**, der Prachtmeile im alten Berliner Westen. Bei gutem Wetter lohnt sich die Fahrt mit der S-Bahn bis zum Alexanderplatz, um vom **Fernsehturm** einen ersten Überblick zu gewinnen und anschließend «Unter den Linden» bis zum Brandenburger Tor zu bummeln (oder mit dem Bus 100), vorbei am Berliner Dom und der **Museumsinsel** mit dem Alten Museum, Bodemuseum und dem Pergamonmuseum auf der rechten Seite, gefolgt vom Deutschen Historischen Museum und der Humboldt-Universität hinter der Schloßbrücke. Auf der linken Seite liegen die Marienkirche, das Rote Rathaus, das **Nikolaiviertel**, die Deutsche Staatsoper und etwas weiter südlich der Platz der Akademie mit dem Konzerthaus von Schinkel. Weiter geht es zum Reichstag und zur Kongreßhalle, dem jetzigen **Haus der Kulturen der Welt**, oder in südliche Richtung zu Europas größter Baustelle am Potsdamer Platz.

Lohnend sind auch ein Abstecher zum **Haus am Checkpoint Charlie**, U-Bahnhof Kochstraße, und ein Spaziergang durch die Friedrichstraße mit den neuen Gebäudekomplexen bis zur Oranienburger Straße mit Berlins lebendigster Ruine, dem Kulturzentrum **Tacheles.**

Vom S-Bahnhof Jannowitzbrücke legen Schiffe zu verschiedenen Rundfahrten auf Spree und Landwehrkanal ab. Weitere Ausflüge führen zum Wannsee und zum Müggelsee, per S-Bahn zur Gedenkstätte **Sachsenhausen**, S-Bahnhof Oranienburg (Linie S 1) im Norden der Stadt oder nach **Potsdam** (S-Bahn Linie S 1), der ehemaligen Residenzstadt der brandenburgischen Kurfürsten und seit 1701 der preußischen Könige mit dem Park von Sanssouci, dem Neuen Palais, dem Cecilienhof, dem Holländischen Viertel und der Nikolaikirche.

Der Osten

Ostsee-Inseln

Besonders reizvoll ist die Dampf-Schmalspurbahn *«Rasender Roland»* von *Putbus* (hier von der Hauptstrecke umsteigen) nach *Göhren* im Osten der Insel **Rügen**. Lohnende Sandstrände zeigt die Insel **Usedom**, die von Wolgast im Westen bis in den äußersten Osten zum *Seebad Ahlbeck* von der Bahnstrecke 194 durchquert wird. **Übernachten** in der **Jugendherberge Binz** auf Rügen, Strandpromenade 35, Tel. 03 83 93/3 25 97, mit Frühstück 20 DM, 15 Minuten vom Bahnhof der Hauptstrecke, 10 Minuten vom Rasenden Roland in Binz Ost. **Jugendherberge** auf *Usedom* in **Heringsdorf**, Puschkinstraße 7, Tel. 03 83 78/2 23 25, vom Bahnhof Heringsdorf 10 Minuten, das Haus liegt an der östlichen Promenade, mit Frühstück 20 DM.

Dresden

Direkte Züge von Berlin, Leipzig, Warschau, Prag, Paris, Wien, Frankfurt und München.

Information

Prager Straße 10, 100 m geradeaus vom Hauptbahnhof.

Übernachten

Jugendherberge, Hübnerstraße 11, Tel. 03 51/4 71 06 67, 800 m vom Hauptbahnhof, ca. 24 DM mit Frühstück. **Jugendgästehaus**, Maternistraße 17, Tel. 03 51/4 65 72 51 oder 4 84 52 02, mit Frühstück ca. 40 DM. **Jugendherberge** im Vorort **Oberloschwitz**, Sierksstraße 33, Tel. 03 51/3 66 72, Bus 84 bis Malerstraße, mit Frühstück ca. 23 DM. **Jugendherberge** im Vorort **Radebeul**, Weintraubenstraße 12, Tel. 03 51/8 30 52 07, vom Bahnhof Radebeul-Weintraube 5 Minuten, mit Frühstück ca. 23 DM.

Sehenswertes

Das Elbflorenz wurde durch einen der schlimmsten Bombenangriffe des Zweiten Weltkriegs weitgehend zerstört, heute ist die Restaurierung in vollem Gang. Vom Hauptbahnhof kommt man über die Prager Straße mitten ins Herz der Stadt, 5 Minuten bis zum **Altmarkt**. Besonders zu erwähnen sind die barocke Kreuzkirche, das Neue Rathaus mit einem 100 m hohen Turm mit toller Rundsicht, das schöne, restaurierte Gewandhaus, dahinter auf dem **Neumarkt** die Ruine der Frauenkirche. Dahinter steht das **Albertinum** mit Gemälden aus dem 19. und 20. Jahrhundert, einer Münzensammlung, einer Skulpturenabteilung und dem berühmten **Grünen Gewölbe** mit exklusiven Ausstellungsstücken. Daneben erstreckt sich die **Brühlsche Terrasse** mit breiten Treppen, üppigen Grünanlagen und mehreren Denkmälern mit prächtigem Blick auf die nördlich davor fließende Elbe. An der Brühlschen Terrasse anschließend, folgt das **Schloß** mit dem Fürstenzug am *Langen Gang*, eine 100 m lange bildhafte Darstellung aller Könige und bedeutenden Personen. Hinter dem Schloß führt die Augustusbrücke über die Elbe, hier thront die Katholische Hofkirche. Neben ihr die berühmte **Semperoper** und der **Dresdener Zwinger**, unter August dem Starken bis 1732 errichtet. Hier befindet sich die zweitgrößte Porzellansammlung der Welt sowie das berühmte Gemäldemuseum mit Werken von Raffael, Rubens, Rembrandt, auch die «Sixtinische Madonna» (Di–So, 10–17 Uhr, 8 DM).

Lohnende Ausflüge führen in die **Sächsische Schweiz**, alle 30 Minuten per S-Bahn Richtung Rathen–Bad Schandau, oder mit dem Schiff. Besonders reizvoll die 200 m über der Elbe thronende Bastei, über die Elbfähre vom Bahnhof Rathen auf einem abenteuerlichen Weg zu erreichen.

Weimar

Strecken
605/580 Frankfurt/Kassel–Leipzig/Jena

Information

Marktstraße 4. Museumskarte 12 DM, gilt für alle Museen der Stadt.

Übernachten

Jugendherberge Germania, Carl-August-Allee 13, Tel. 03643/202076, nur 500 m vom Bahnhof, 21 DM mit Frühstück. **Jugendherberge Am Poseckschen Garten**, Humboldtstraße 17, Tel. 03643/64021, vom Bahnhof 3 km, 20 DM mit Frühstück.

Sehenswertes

Auf den Spuren von Goethe, Schiller, Herder und dem Bauhaus – die kleine Kulturhauptstadt ist ein frisch renoviertes Juwel. Auch die Erinnerung an die schlimmsten Jahre wird nicht verleugnet, Bus 157 fährt alle Stunde vom Bahnhof zum Konzentrationslager Buchenwald auf dem Hügel über der Stadt (täglich außer Mo 9–16,30 Uhr, freier Eintritt).

Der Westen

Ruhrgebiet

Übernachten

Jugendherberge Essen im Vorort Werden, Pastoratsberg 2, Tel. 0201/491163, S-Bahn-Station Essen-Werden, von hier Bus 190 Richtung Ruhrlandklinik, liegt über dem Baldeneysee, ca. 23 DM mit Frühstück. **Jugendherberge Duisburg**, Kalkweg 148, Tel. 0203/724164, vom Hauptbahnhof Duisburg Bus 934 oder 944, liegt im Sportpark Wedau, 23 DM mit Frühstück.

Sehenswertes

Deutschlands mit Abstand größtes Freizeit-, Unterhaltungs- und Kulturzentrum.

Nirgendwo sonst gibt es so viele Kinos, Diskos, Kneipen, Fußballstadien mit Bundesligaklubs, Theater, Hochschulen, Grünflächen und Erholungsseen – alle per Straßenbahn oder S-Bahn innerhalb weniger Minuten zu erreichen. Völlig zu Unrecht wird den Städten im Ruhrrevier schlechte Luft und miese Lebensqualität nachgesagt – viele Leute haben noch nicht begriffen, daß hier nur deswegen öfter Smogalarm ausgelöst wird, weil die Grenzwerte niedriger liegen als in Stuttgart oder München. Mit 24-Stunden-Tickets zu ca. 10 DM kann man sich einen kleinen Teil der Region für ca. 25 DM das gesamte Revier bis nach Wuppertal und Mönchengladbach ansehen, mit allen öffentlichen Verkehrsmitteln, die die gesamte Region in Abständen von Minuten erschließen.

Köln

Information

Vor dem Bahnhof, gegenüber vom zentralen Domportal.

Übernachten

Jugendherberge Köln-Deutz, Siegesstraße 5a, Tel. 0221/814711, liegt rechts vom Rhein, 3 Minuten vom Bahnhof Köln-Deutz oder 10 Minuten Fußweg über die Eisenbahnbrücke, ca. 30 DM mit Frühstück. **Jugendgästehaus Köln-Riehl**, An der Schanz 14, Tel. 0221/767081, U-Bahn 5, 16, 18 bis Boltensternstraße Richtung Mülheim, ca. 33 DM mit Frühstück.

Sehenswertes

Direkt neben dem Bahnhof ragt der 157 m hohe Dom in die Höhe. Rechts davon die große Fußgängerzone, hinter dem Gotteshaus die einzigartige Museums-Kombination: **Römisch-Germanisches Museum**, (Di–So 10–17 Uhr), **Wallraf-Richartz-Museum** sowie das **Museum Ludwig** mit riesigen Kunstsammlungen und einzigartiger Pop-art-Ausstellung (Di–So 10–18 Uhr, je 6 DM). Rheinwärts dahinter die kleine Altstadt, südlich das **Deutsche Schokoladenmuseum** mit flüssiger Schokolade, auch zum Probieren (täglich 9–17 Uhr, 10 DM).

Der Rhein

Die landschaftlich reizvollste Bahnstrecke Deutschlands begleitet den Rhein von **Koblenz** bis **Bingen** und **Rüdesheim**. Städte, Dörfer und Burgen wechseln sich hier mit einer Anmut ab, daß nicht nur Japaner und Amerikaner ausflippen, wenn der Zug die Loreley passiert. Von oben prächtiger Ausblick auf das Rheintal mit vielen Schiffen und Zügen, die im Abstand von wenigen Minuten auf beiden Flußseiten fahren. Reizvolle Orte sind **St. Goar** (2 Minuten vom Bahnhof zum Rhein, eventuell mit der Fähre hinüber nach St. Goarshausen, wo man in die Züge der rechtsrheinischen Strecke wechseln oder in 30 Minuten Fußweg die Loreley erklimmen kann), *Oberwesel* und *Bacharach* mit netten kleinen Altstadtkernen. **Übernachten** in der **Jugendherberge St. Goar**, Bismarckweg 17, Tel. 06741/388, vom Bahnhof 10 Minuten, das Haus liegt am nördlichen Ortsrand unter der Burg Rheinfels. **Turner- und Jugendheim** auf der *Loreley*, Tel. 06771/2619, vom Bahnhof St. Goarshausen immer am Rhein entlang laufen bis zur Loreley, dort führt ein Treppenwanderweg nach oben, ca. 18 DM mit Frühstück, wunderschöne Lage. **Jugendherberge Bacharach**, Burg Stahleck, Tel. 06743/1266, die Herberge liegt in der Burg Stahleck aus dem 12. Jh. hoch über dem Rheintal, vom Bahnhof 15 Minuten zu Fuß, ca. 23 DM mit Frühstück. **Jugendherberge Bingen**, Herterstr. 51, Tel. 06721/32163, das Haus liegt fast direkt über dem Hauptbahnhof Bingen, deutlich sichtbar, ca. 21 DM mit Frühstück.

Landschaftlich überwältigend ist auch die Fahrt mit der **Eifelbahn** von *Köln* nach *Trier* auf der Strecke 474, ebenso die wildromantische Mittelgebirgsquerung von **Hagen** nach **Gießen** quer durchs Siegerland (440/445). Nicht minder reizvoll sind die Fahrten entlang der **Mosel** von *Trier* nach *Koblenz (*690*)* und entlang der *Lahn* von **Koblenz** nach *Gießen (*625*)*. **Übernachten** in der **Jugendherberge Koblenz** in der Festung Ehrenbreitstein, Tel. 0261/73737, toller Blick auf Rhein und Mosel, Seilbahn vom rechtsrheinischen Bahnhof Koblenz-Ehrenbreitstein oder Bus 7, 8, 9, 10, ca. 23 DM mit Frühstück.

Frankfurt

Information

In der Mitte des Hauptbahnhofs.

Übernachten

Jugendherberge, Deutschherrnufer 12, Tel. 069/619058, 5 Minuten vom Südbahnhof am südlichen Mainufer, über die Mainbrücke nahe der Innenstadt, ca. 23 DM mit Frühstück.

Sehenswertes

Schon der **Hauptbahnhof** der Bankenstadt «Mainhattan» ist eine Welt für sich, der gigantischste im Land. Zu Fuß oder per S-Bahn gelangt man zur Hauptwache, zur Haupteinkaufsmeile *Zeil*. Richtung Main liegt der **Römer**, ein Platz mit dem alten Rathaus und dem Historischen Museum. Nicht weit davon die **Paulskirche**, nach der 1848er Revolution erster Tagungsort des deutschen Parlaments. Über den Eisernen Steg kommt man auf der anderen Mainseite zum Kunsthandwerk-, Film- und Achitekturmuseum (kostenlos), dann folgen das Postmuseum, die **Städtische Kunstgalerie Städel** und das Skulpturenmuseum Liebighaus. Am Mainufer samstags der riesige Flohmarkt, 1 km mainaufwärts **Sachsenhausen** mit schmalen Gassen und Ebbelwoikneipen für Touristen.

Der Süden

Reizvoll ist die Fahrt mit der **Neckarbahn** von *Heidelberg* nach *Heilbronn* (705). Berühmt sind die Bahnstrecken des *Schwarzwaldes*: Die **Murgtalbahn** von *Ra-*

statt nach *Freudenstadt (*716), die **Schwarz-
waldbahn** von *Offenburg* über *Villingen* an
den *Bodensee (*720) und die **Höllentalbahn**
von *Freiburg* nach *Titisee-Schluchsee (*727).
Übernachten in den **Jugendherbergen** in
Schluchsee, im Wolfsgrund 28, Tel.
0 76 56/3 29, 10 Minuten vom Bahnhof,
22 DM mit Frühstück. In **Seebrugg**, Endstation der Bahnlinie, Haus 9, Tel.
0 76 56/4 94, vom Bahnhof Seebrugg 5 Minuten, mit Frühstück 21 DM.

Heidelberg

Information

Vor dem Hauptbahnhof und beim Schloß,
Stadtpläne.

Übernachten

Jugendherberge, Tiergartenstraße 5, Tel.
0 62 21/41 20 66, vom Bahnhof Bus 33 zur
Herberge, 3 km, liegt entgegengesetzt zur
Altstadt, ca. 23 DM mit Frühstück. Weitaus
reizvoller ist die **Jugendherberge** in **Mann-
heim**, 15 Bahnminuten von Heidelberg,
Rheinpromenade 21, Tel. 06 21/82 27 18,
vom Bahnhof, Ausgang Lindenhof zu Fuß
7 Minuten, direkt am Rhein, ca. 21 DM mit
Frühstück. **Campingplatz** beim Bahnhof
Heidelberg-Schlierbach, Tel.
0 62 21/80 25 06, und auf der anderen
Neckarseite weiterer Platz.

Essen und Trinken

Mehrere **Uni-Mensen** am Uniplatz in der
Altstadt.

Sehenswertes

Vom Hauptbahnhof 2 km geradeaus zum
Bismarckplatz beginnt die weltberühmte
Altstadt (oder vom Bahnhof Karlstor aus
direkt in die Altstadt) mit der über 2 km
langen Fußgängerzone, schmalen Seitengassen und den Gebäuden der **Alten** und
der **Neuen Universität**. Heute studieren
über 40 000 Studenten an der *ältesten Universität Deutschlands* aus dem Jahr 1386.

Über der Altstadt thront das **Schloß** (ständige Führungen, 5 DM), im Keller das
Große Faß. Schöner Ausblick vom Schloß
und den dahinterliegenden Scheffel-Terras-
sen. Per Bergbahn hoch auf den Königs-
stuhl, zu Fuß in 1 Stunde. Lohnend ist der
Philosophenweg, der sich auf der anderen
Neckarseite mit prächtiger Aussicht über
die Stadt hinzieht, Treppenwege führen
von der *Alten Brücke* nach oben.

Freiburg

Information

200 m geradeaus vom Bahnhof durch die
Eisenbahnstraße zum Rotteckring.

Übernachten

Jugendherberge, Kartäuserstraße 151, Tel.
07 61/6 76 56, vom Bahnhof 4 km, Straßenbahn 1 von der Brücke über den Bahnhof
Richtung Littenweiler bis Römerhof, dann
über die Dreisam, 10 Minuten Fußweg, mit
Frühstück ca. 23 DM.

Essen und Trinken

Uni-Mensen in der Hebelstraße und in der
Rempartstraße in der Innenstadt.

Sehenswertes

Die Schwarzwaldhauptstadt mit den wärmsten Temperaturen des Landes ist geprägt
von Studenten, Bergen und Touristen. Vom
Bahnhof sind es geradeaus nur 3 Minuten
in die **Altstadt** und zum **Münster** mit dem
115 m hohen Turm. Per Seilbahn oder zu
Fuß auf den Schloßberg oder den Schauins-
land.

Stuttgart

Information

Königstraße 1 a, links vor dem Bahnhof.

Übernachten

Jugendherberge, Haußmannstraße 27, Tel. 0711/241583, vom Bahnhof 10 Minuten, zu Fuß links durch den Park, dann die Treppen hoch, schöne Lage, mit Frühstück 23 DM. **Sleep cheap**, Wiener Straße 317, Tel. 0711/8177476, nur Juli–August, 10 DM, S-Bahn bis Feuerbach, dann U 6 bis Sportpark Feuerbach.

Sehenswertes

Links aus dem Hauptbahnhof, geradeaus durch die Fußgängerzone Königstraße ist man in wenigen Minuten auf dem Schloßplatz mit **Neuem Schloß**, rechts davon das **Alte Schloß**. Gleich neben dem Neuen Schloß die Staatsgalerie mit reicher Kunstsammlung (täglich 9–17 Uhr, kostenlos). Rechts vom Bahnhof das Lindenmuseum der Völkerkunde, das Rosensteinmuseum der Geologie Richtung Bad Cannstatt. Tolle Fahrt per Zahnradbahn vom Marienplatz nach Degerloch hoch, vom Hauptbahnhof per Straßenbahn zu erreichen.

Der Bodensee

Schöne Aussicht bietet die Bahnlinie 731 von *Radolfzell* nach **Lindau** am Nordufer des Bodensees, Badegelegenheiten in der Nähe der Bahnhöfe Überlingen-Ost und Sipplingen. In Lindau liegt der Bahnhof auf der Insel am Wasser. *Übernachten* in der **Jugendherberge Überlingen**, Alte Nußdorferstraße 26, Tel. 07551/4204, vom Bahnhof 3 km, Busse vom Bahnhof Richtung Friedrichshafen bis Kramerwerke.

Nürnberg

Übernachten

Jugendgästehaus, Burg 2, Tel. 0911/241352, vom Bahnhof 20 Minuten Fußweg durch die Altstadt, die Herberge liegt im Zentrum weithin sichtbar oben auf der Burg, Straßenbahn 9 bis Krelingstraße, ca. 29 DM mit Frühstück.

Sehenswertes

Eine der schönsten Städte Bayerns mit mittelalterlicher *Altstadt*. Lohnend sind die alte Mauthalle und das **Albrecht-Dürer-Museum**, in dem der Künstler lebte, die Frauenkirche und die wuchtige **Kaiserburg**. Neben dem Bahnhof das **Eisenbahn-Verkehrsmuseum**, freier Eintritt mit Interrail, sonst 4 DM. Nebenan liegt das **Germanische Nationalmuseum** (5 DM, Di–So 9–17 Uhr)

München

Information

Im Hauptbahnhof, Heft «München für junge Leute».

Übernachten

Jugendherberge, Wendl-Dietrich-Straße 20, Tel. 089/131156, vom Hauptbahnhof 2 km, die Arnulfstraße links an den Gleisen entlang bis hinter die Donnersberger Brücke laufen, dann 200 m rechts oder U 1 bis Rotkreuzplatz, ca. 23 DM mit Frühstück. **Jugendgästehaus**, Miesingstraße 4, Tel. 089/7236550, 8 km südlich vom Zentrum, U 1 bis Sendlinger Tor, dann U 3 bis Thalkirchen, ca. 26 DM mit Frühstück.

Essen und Trinken

Uni-Mensen in der Arcisstraße 17, 10 Minuten vom Bahnhof in der Leopoldstraße 13 in Schwabing und im Olympiadorf.

Sehenswertes

Gleich vor dem Hauptbahnhof und dem Stachus beginnt die Fußgängerzone, die bis zum *Rathaus* reicht. In seiner Nähe der *Viktualienmarkt*. Lohnend sind der *Englische Garten*, die *Residenz*, das *Olympiagelände* und das *Deutsche Museum* sowie die *Alte* und *Neue Pinakothek*. Mit der S-Bahn 2 und Bus 722 ist die Gedenkstätte im ehemaligen Konzentrationslager *Dachau* zu erreichen, Besichtigung täglich außer Mo 9–17 Uhr, Eintritt frei.

149

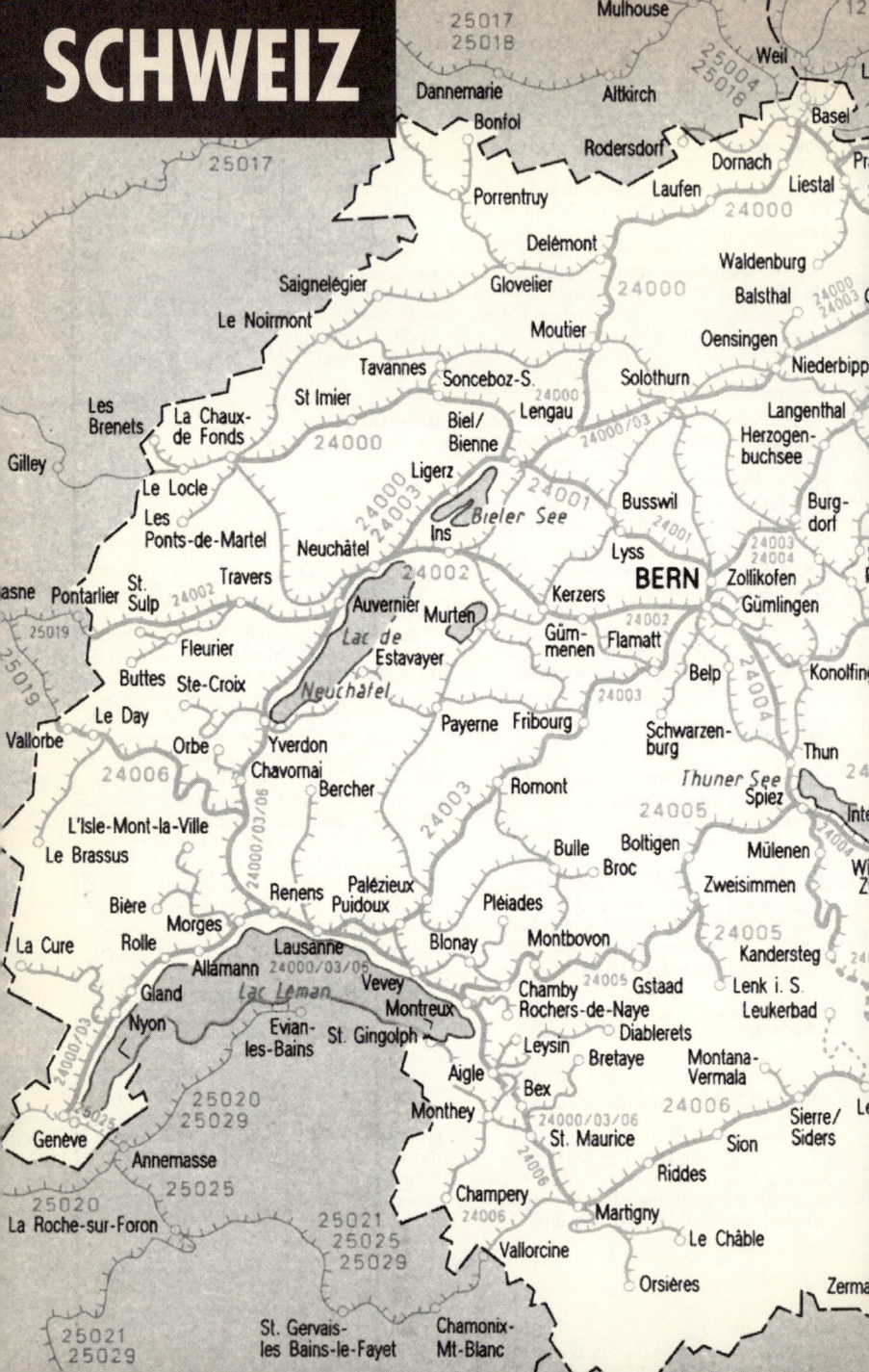

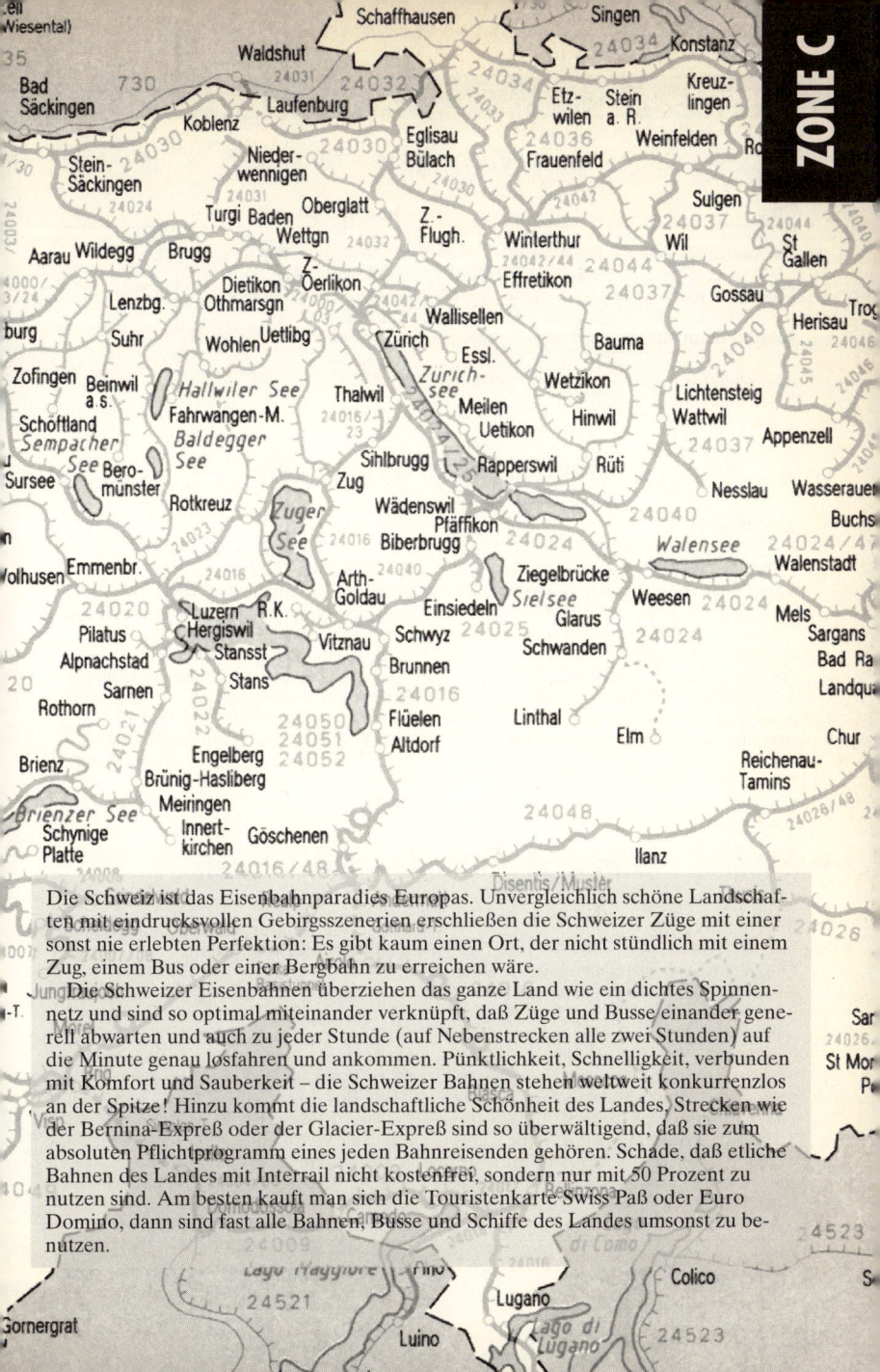

Die Schweiz ist das Eisenbahnparadies Europas. Unvergleichlich schöne Landschaften mit eindrucksvollen Gebirgsszenerien erschließen die Schweizer Züge mit einer sonst nie erlebten Perfektion: Es gibt kaum einen Ort, der nicht stündlich mit einem Zug, einem Bus oder einer Bergbahn zu erreichen wäre.

Die Schweizer Eisenbahnen überziehen das ganze Land wie ein dichtes Spinnennetz und sind so optimal miteinander verknüpft, daß Züge und Busse einander generell abwarten und auch zu jeder Stunde (auf Nebenstrecken alle zwei Stunden) auf die Minute genau losfahren und ankommen. Pünktlichkeit, Schnelligkeit, verbunden mit Komfort und Sauberkeit – die Schweizer Bahnen stehen weltweit konkurrenzlos an der Spitze! Hinzu kommt die landschaftliche Schönheit des Landes. Strecken wie der Bernina-Expreß oder der Glacier-Expreß sind so überwältigend, daß sie zum absoluten Pflichtprogramm eines jeden Bahnreisenden gehören. Schade, daß etliche Bahnen des Landes mit Interrail nicht kostenfrei, sondern nur mit 50 Prozent zu nutzen sind. Am besten kauft man sich die Touristenkarte Swiss Paß oder Euro Domino, dann sind fast alle Bahnen, Busse und Schiffe des Landes umsonst zu benutzen.

Das Wichtigste vorweg

Geld

1 Schweizer Franken = 100 Rappen
1 DM = 0,77 sfr   100 sfr = 123 DM
1 öS = 0,10 sfr   100 sfr = 850 öS

Telefon nach Hause

Deutschland 0049   Telefon-Notruf 117
Österreich 0043

Botschaften in Bern

Deutschland: Willadingweg 83,
Tel. 031/440831–36
Österreich: Kirchenfelderstraße 28,
Tel. 031/430111

Unterwegs in der Schweiz

Verpflegung

Dadurch, daß der Schweizer Franken in Relation zu allen anderen Währungen sehr hoch steht, fällt ein Aufenthalt in der Schweiz nicht billig aus. Preiswert sind auch die Restaurants der zahlreichen Migros- und Coop-Supermärkte. Sich selbst zu verpflegen, fällt in den erwähnten Supermärkten am preiswertesten aus. Ansonsten sind die Märkte eine lebendige Alternative.

Übernachten

In der Schweiz gibt es viele Jugendherbergen, die meisten bieten sehr viel Komfort zu günstigen Preisen. Im Vergleich zu den teuren Hotels und den relativ hohen Lebenshaltungskosten stellen sie eine preiswerte Alternative dar. Da sie im Sommer jedoch gut besucht sind, sollte man sich in größeren Städten anmelden und immer den Mitgliedsausweis bei sich führen. Auf dem Land bieten sich auch Privatzimmer an, Campingplätze liegen meist an Seen und am Stadtrand.

Günstige Tickets in der Schweiz

Interrail Zone C

Gilt in der Schweiz auf allen Strecken der Bundesbahnen SBB, bei der Bern-Lötschberg-Simplon-Bahn BLS und der Rhätischen Bahn RhB. Dies sind die wichtigsten Bahnen. So kann man mit Interrail fast alle wichtigen Strecken der Schweiz befahren, auch im berühmten Bernina-Expreß. Der Glacier-Expreß steht jedoch nur von St. Moritz bis Disentis frei, weil die Furka-Oberalp-Bahn nicht mitspielt. Für die meisten Nebenbahnen gibt es aber 50 Prozent Ermäßigung mit Interrail.

Folgende Bahnen gewähren Interrailern 50 Prozent Ermäßigung:

AB – Appenzeller Bahn, BAM – Bière – Morges, BGF – Grindelwald – First, BKM – Lauterbrunnen – Mürren, BOB – Berner Oberland-Bahnen, BOW – Oberdorf-Weissenstein, BrS – Brienzer See, BTI – Biel-Täuffelen-Ins, BVB – Bex – Villars – Bretaye, BVZ – Brig – Visp – Zermatt, CFV – Chemins de fer Veveysans, CJ – Chemins de fer du Jura, CMN – Chemins de fer des Montagnes Neuchâteloises, DPB – Davos – Parsenn-Bahnen, DSB – Davos – Schatzalp, EBT – Emmental – Burgdorf – Thun, FB – Forchbahn, GBS – Gürbetal–Bern–Schwarzenburg, GFM–Chemins de fer fribourgeois (inkl. Buslinien), GFM/VMCV–Vevey–Châtel–St. Denis–Bossonnens, GGB–Gornergratbahn, GN–Glion–Rochers-de-Naye, JB–Jungfraubahn, LAF–Adliswil–Felsenegg, LAS–Les Avants–Sonloup, LEB–Lausanne–Echallens–Bercher, LLB -Leuk–Leukerbad, LLPR–Lenzerheide–Parpaner Rothorn, LSE–Luzern–Stans–Engelberg, LSM–Stöckalp–Melchsee-Frutt, LSMS–Stechelberg–Schilthorn, LSSt–Schatzalp–Strelapaß, LWM–Wengen–Männlichen, MC–Martigny–Châtelard, MGI–Montreux–Glion, MO–Matigny–Orsières (inkl. Buslinien), NStCNM–Nyon–Saint-Cergue–Morez, OeBB–Oensingen–Balsthal, OJB–Oberargau–Jura, PBr–Pont-Brassus, RVT–Règional du Val-de-Travers, SBN–Beatenberg–Niederhorn, SGA–St. Gallen-Gais–Appenzell–Altstätten, SGV–Vierwaldstätter See, SMB–Solothurn–Moutier, SMtS–St.-Imier–Mont-Soleil, SNB–Solothurn–Niederbipp, STB–Sensetalbahn, STI–Steffisburg–Thun–Interlaken (inkl. Buslinien), SZB–Solothurn–Zollikofen–Bern, SZU–Sihltal–Zürich–Uetliberg-Bahn, TB–Trogener Bahn, TBB–Thuner See–Beatenberg, ThS–Thuner See, URh–Untersee und Rhein, VBW–Bern-Worb, VCP–Vevey–Mont-Pèlerin, VHB–Vereinigte Huttwil-Bahnen, WAB–Wengernalpbahn, WB–Waldenburger Bahn, WSB–Wynental- und Suhrentalbahn, YSteC–Yverdon–Ste–Croix, ZSG–Zürichsee

Swiss Paß und Swiss Flexi Paß

Netzkarte für alle Bahnstrecken, Busse, Schiffe, für viele Berg- und Seilbahnen des Landes. Die wenigen Unternehmen, die keine Freifahrt gewähren, geben 50 Prozent Ermäßigung. Nur Nicht-Schweizer können die Karte kaufen.

Swiss Paß

	2. Klasse	1. Klasse
4 Tage	246 DM	368 DM
8 Tage	308 DM	442 DM
15 Tage	360 DM	518 DM
1 Monat	490 DM	710 DM

Swiss Flexi Paß

3 Tage innerhalb
von 15 Tagen   246 DM   368 DM
Kinder (6–16) zahlen 50 Prozent der Erwachsenenkarte.

Euro Domino

Dieselben Bedingungen wie beim Swiss Paß. Gilt fast überall, der Rest gibt 50 %.

Tage (innerh. 31)	3	5	10
Jugendliche	178 DM	199 DM	265 DM
Erwachsene	235 DM	266 DM	351 DM
Erw. 1. Klasse	352 DM	401 DM	513 DM

Halb-Preis-Abonnement

50 Prozent Ermäßigung auf allen Schweizer Bahn-, Bus- und Schiffsstrecken für jedermann, ein Jahr lang gültig. Preis: 150 Franken, für einen Monat: 90 Franken.

Regional-Pässe

In den meisten Regionen der Schweiz gibt es preisgünstige Netzkarten für Bahnen, Busse und Schiffe der jeweiligen Region für ein paar Tage oder Wochen.

Besonders schöne Bahnstrecken in der Schweiz

Bernina-Expreß-Strecke

Strecke Chur–Filisur–St. Moritz–Alp Grüm–Tirano (24026/24029), mit Interrail und Bahnpässen kostenlos. Die Krönung des Bahnfahrens ist die Reiseroute des Bernina-Expreß durch die Ostschweiz und den Kanton Graubünden. Die Züge der Rhätischen Bahn verkehren fast den ganzen Tag im Stundentakt. Der Bernina-Expreß selbst kostet Zuschlag, man sollte auf normale Züge ausweichen.

Die Bahn fährt von **Chur** im Rheintal auf 585 m Höhe zum Zusammenfluß von Vorder- und Hinterrhein direkt am Bahnhof von Reichenau. Anschließend folgt sie dem Hinterrhein und kämpft sich ab Filisur über unzählige Brücken und durch Tunnels die Berge hoch. Einer der Höhepunkte folgt nach Bergün, einem kleinen Bergstädtchen, das man mehrfach aus dem Zug erblickt. Zwischen **Bergün** und **Preda** überwindet die Bahn auf nur 12,6 km in unzähligen Schleifen, Kehrtunnels, steilen Händen einen Höhenunterschied von 416 m. Im Winter ist die schmale Landstraße zwischen Bergün und Preda gesperrt und die längste Schlittenbahn Europas. Im Bahnhof Preda kann man für 10 Franken einen Schlitten ausleihen, in 20 Minuten die 420 m Höhenunterschied ins Tal nach Bergün hinunterrasen und von dort mit den alle 30 Minuten verkehrenden Zügen wieder hochfahren. Im Sommer gibt es einen Wanderweg, von dem aus man die unglaublich verschlungene Bahnstrecke betrachten kann.

Direkt hinter dem Bahnhof von Preda fährt der Zug in den höchsten Alpentunnel, den Albula in 1820 m Höhe. Auf der anderen Seite erreicht er das Engadin. In **Samedan**, dem ersten Bahnhof, steigt man um, wenn man nicht den eigentlichen Bernina-Expreß benutzt. Der Expreß fährt weiter nach **St. Moritz**, dem teuersten Erholungsort in 1800 m Höhe, und nach **Pontresina**, wo auch die Linie direkt von Samedan her eintrifft. Die anschließende Fahrt über den Bernina-Paß gehört zum Schönsten, was Europa zu bieten hat. Die Schmalspurbahn klettert ohne Zahnstangen bis auf 2253 m Höhe hinauf. Bei Montebello eröffnet sich ein einzigartiger Blick in die Hochgebirgswelt mit Sicht über den Morteratsch-Gletscher. Dann kriecht der Zug durch die bis in den Juni hinein schneebedeckte Einöde des Bernina-Passes und direkt am Ufer des Bernina-Stausees entlang. Über dem See thronen die Eismassen der riesigen Gletscher. Direkt über dem See steht der Bahnhof **Ospizio Bernina**, der im Winter nur wenige Meter aus den Schneewächten herausragt. Von Ospizio Bernina geht es abwärts. In langsamen Schleifen nähert sich der Zug dem

Bahnhof von **Alp Grüm**, einer wunderschönen Aussichtsterrasse mit Blick auf Eis und Schnee. Hier stehen in einer unglaublichen Landschaft aus Gletscher, See, Tälern und Weiden ganze zwei Häuser: der Bahnhof mit Bewirtschaftung und Übernachtungsmöglichkeit, und eine weitere Übernachtungs-Hütte, beide in 2100 m Höhe, ohne Straße und Autos, in völliger Ruhe.

Nach Alp Grüm verläßt der Zug die Höhe und schraubt sich in unzähligen engen Serpentinen ins Tal nach Poschiavo. In **Poschiavo** verlaufen die Gleise über Kilometer hinweg auf der schmalen Landstraße, Autos müssen ausweichen. Bei La Prese erreicht die Bahn den Poschiaver See, fährt an seinem Ufer entlang und hält am Badestrand. Nach **Brusio** mit seinem einzigartigen Viadukt, auf dem der vordere Teil des Zuges beinahe über seine letzten Wagen hinwegfährt, erreicht man die italienische Grenze, um nach **Tirano** auf nur noch 429 m Höhe zu gelangen. Hier besteht Anschluß an die italienischen Bahnlinien (24523) zum Comer See.

Übernachten

St. Moritz, Jugendherberge, Via Surpunt 60, Tel. 82/3 39 69, 19. 6.–29. 10. und 18. 12.–23. 4., vom Bahnhof 15 Minuten am See entlang oder Bus bis Hotel Sonne. **Pontresina, Jugendherberge Tolais**, Tel. 82/6 72 23, 5. 6.–22. 10. und 4. 12.–23. 4., gleich neben dem Bahnhof. **Bahnhof Alp Grüm**, Tel. 82/5 03 18, Matratzenlager ca. 38 DM, bei Voranmeldung ganzjährig geöffnet, Doppelzimmer ca. 80 DM.

Glacier-Expreß-Strecke

Strecke St. Moritz–Reichenau–Disentis–Andermatt–Brig–Zermatt (24026/24048/24049)

Mit Interrail bis Disentis kostenlos, Disentis–Brig keine Ermäßigung, Brig–Zermatt 50 Prozent. Mit Swiss Paß und Euro Domino ist die ganze Strecke kostenlos.

Der berühmteste Schweizer Zug überquert die Hochalpen in Ost-West-Richtung und zeigt dabei Bilder von einer traumhaft schönen Gebirgslandschaft. Die Gesamtstrecke wird meist im Stundentakt, im Bereich der Furka-Oberalp-Bahn etwa im Zwei-Stunden-Takt befahren, die Glacier-Expreß-Züge selbst kosten Zuschlag und sind oft ausverkauft, man sollte auf normale Züge ausweichen, die die Strecke befahren, und unterwegs in Reichenau, Disentis und Brig umsteigen. Ausgangspunkt ist **St. Moritz** auf 1822 m Höhe im Engadin, wo sich der Glacier-Expreß mit dem Bernina-Expreß trifft. Durch den Albula-Tunnel hindurch fährt der Zug steil hinunter in unzähligen Serpentinen nach Bergün. In Filisur zweigt eine schöne Strecke der Rhätischen Bahn nach Davos, Klosters und Landquart ab. Bei **Tiefencastel** überquert der Zug den eindrucksvollen Landwasserviadukt, um dann bei Thusis die Via Mala, die berühmte düstere Schlucht des Hinterrheins, zu erreichen (mit Postbus zur Schlucht, kostenlos mit Swiss Paß und Euro Domino).

Am tiefsten Punkt der Fahrt kommt er auf 600 m Höhe in Reichenau, wo Hinterrhein und Vorderrhein zusammenfließen. Hier wechselt der Zug die Fahrtrichtung und folgt jetzt dem Vorderrhein ins Gebirge. Durch die weißen Schluchten des Vorderrheintals kämpft er sich hoch nach **Disentis** auf 1143 m Höhe, wo die Furka-Oberalp-Bahn die Regie übernimmt. Jetzt folgt ein atemberaubend schönes Stück. In wilder Bergeinsamkeit kämpft sich die Bahn in ein immer menschenfeindlicheres Tal hinauf, um den **Oberalp-Paß** in 2033 m Höhe zu erreichen. Am Stausee entlang fährt der Zug hoch über **Andermatt** vor, die kleine Stadt liegt mehrere hundert Meter unter der Strecke. Tief unter Andermatt fährt die berühmte Gotthard-Bahn im Tunnel von Norden nach Süden. Vom Oberalp-Paß schraubt sich der Zug in unglaublich engen Serpentinen den Hang hinunter. Bis Realp bleibt er auf gleicher Höhe (1447 m), danach geht es in den 15,4 km langen Furka-Tunnel (der Furka-Paß selbst wird nur im Sommer von Sonderzügen befahren), nach Oberwald im **Oberwallis**. Vorbei an wunderschönen kleinen Dörfern mit dunklen Holzhäusern folgt die Bahn jetzt dem breiter werdenden Tal und trifft in Brig auf die Simplon-Lötschberg-Bahn und die Wallistalstrecke. Bei Visp verläßt

der Zug das Wallis auf ca. 650 m Höhe, um über Stalden (von hier mit Bus nach Saas Fee, immer der Schlucht entlang, kostenlos mit Swiss Paß und Euro Domino) und St. Niklaus das Mattertal zu erreichen. Nun schraubt sich die Bahn auf 1616 m hinauf und läuft schließlich mit prächtigem Blick aufs Matterhorn in Zermatt ein.

Übernachten

St. Moritz siehe Bernina-Strecke. **Göschenen, Jugendherberge**, Gotthardstr. 222, Tel. 44/65169, 10.4.–15.10., vom Bahnhof 2 Minuten, von Andermatt nach Göschenen fahren ständig Züge, 15 Minuten Fahrt. **Hospental, Jugendherberge**, Tel. 44/67889, 29.5.–15.10., 5 Minuten vom Bahnhof Hospental (Station nach Andermatt Richtung Furka). **Zermatt, Jugendherberge**, Winkelmatten, Tel. 28/672320, 29.5.–29.10. und 18.12–30.4., vom Bahnhof 5 Minuten.

Die Rhätische Bahn

Mit allen Bahnpässen kostenlos.

Die Rhätische Bahn führt durch die schönsten Landschaften der Schweiz. Die Strecken von **Chur** nach **Arosa** (24047) und von **Landquart** nach **Klosters**, **Davos** und **Filisur** (24027), zeigen beide reizende Hochgebirgstäler. Ebenfalls großartig ist die **Engadin-Bahn** (24028) von **St. Moritz**–Samedan (umsteigen aus Richtung Chur) dem Lauf des Inn nach **Zernez** folgend, wo der Schweizer Nationalpark beginnt, ein friedliches Wandergebiet inmitten der wilden Bergwelt. Nach Zernez wechselt die Bahn wieder auf die nördliche Talseite und gewährt dem Reisenden herrliche Blicke in die Schlucht des tief darunter fließenden Inn und die Gebirgsmassive. Kleine Dörfer wie Lavin und Guarda lohnen mit ihren Holzhäusern den Besuch. In **Scuol**, der Endstation der Engadiner Bahn, hat sich das Tal wieder geweitet; Wahrzeichen der Region ist das vom Zug deutlich sichtbare Schloß Tarasp. Von Scuol aus fahren Postbusse (kostenlos mit Euro Domino und Swiss Paß) zum letzten Schweizer Dorf Martina vor dem Finstermünz-Paß und weiter nach Landeck in Österreich.

Übernachten

Jugendherberge in **Arosa**, Seewaldstraße, Tel. 81 / 31 13 97, 19. 6.–22. 10. und 18. 12.–23. 4., vom Bahnhof 5 Minuten. **Jugendherberge** in **Klosters**, Talstr. 73, Tel. 81 / 69 13 16, 19. 6.–29. 10. und 18. 12.–7. 5., vom Bahnhof 5 Minuten. **Jugendherberge** in **Davos** im Vorort Wolfgang, Tel. 81 / 46 14 84, 5. 6.–29. 10. und 18. 12.–23. 4., vom Bahnhof Davos-Wolfgang 10 Minuten.

Gotthard-Bahn

Strecke 24016 Luzern / Zürich – Lugano.
Mit allen Bahnpässen kostenlos.

Die berühmteste Nord-Süd-Querung der Alpen führt seit 1880 durch den 15 km langen Gotthard-Tunnel bis ins Tessin hinein. Von **Luzern** aus am Rigi-Massiv und dem Zuger See vorbei trifft der Zug in Arth-Goldau auf die Strecke aus Zürich (die führt am Zürich See und am Zuger See entlang). In Arth-Goldau startet auch die Bahn auf den Rigi. Am Lauerzer See und an Schwyz vorbei erreicht die Bahn in **Brunnen** wieder den Vierwaldstätter See und folgt ihm bis **Flüelen** (von Luzern in 3 ½ Stunden mit einer grandiosen Schiffstour erreichbar, kostenlos mit Euro Domino und Swiss Paß). Nach Altdorf und Erstfeld (458 m) geht es jetzt in die Höhe, um mit mehreren Kehrtunnels in **Göschenen** eine Höhe von 1101 m und den Tunnel zu erreichen. Das **Tessin** mit seiner Mittelmeervegetation besitzt ein mildes Klima. Leider verschandelt die neue Autobahn große Teile des schönen Tals. Der Zug, an die Felslandschaft angepaßt, verliert jetzt an Höhe und trifft in **Bellizona** auf die Abzweigung nach **Locarno**. Danach windet sich die Bahn erneut in die Höhe, um nach **Lugano** zu gelangen, wo eine völlig neue Vegetation und der in die Felsen gebettete See den Reisenden verzaubern. Vom Bahnhof zum Zentrum und der Promenade sind es nur wenige Schritte, auch der Badestrand ist nicht weit (dem Seeufer nach links folgen). Bei Melide fährt die Bahn auf einem Damm quer über den See nach Capolago, wo die Bahn auf den Monte Generoso und **Chiasso** an der Grenze zu Italien abzweigt.

Übernachten

Luzern:
Jugendherberge, Sedelstr. 12 am Rotsee, nördlich der Innenstadt, Tel. 41 / 36 88 00, ganzjährig geöffnet, Schließzeit 23.30 Uhr, vom Bahnhof 2 km, Bus 18 bis Gopplismoss. **Göschenen, Jugendherberge**, Gotthardstr. 222, Tel. 44 / 6 51 69, 10. 4.–15. 10., gleich beim Bahnhof. **Lugano, Jugendherberge**, im Vorort Savosa, Tel. 91 / 56 27 28, 20. 3.–29. 10., vom Bahnhof 1,5 km, Bus 5 bis Crocifisso.

Lötschberg-Simplon-Bahn

Strecke 24004 Bern – Brig – Domodossola.
Mit allen Bahnpässen frei.

Neben der Gotthard-Bahn ist die Lötschberg-Bahn die zweite große Alpenquerung von Nord nach Süd. Sie führt von der Hauptstadt *Bern* nach Thun und Spiez am Thuner See entlang und dann stetig in die Höhe, um nach mehreren Schleifen und Tunnels bei *Kandersteg* in 1176 m Höhe den Lötschberg-Tunnel zu erreichen. Der eröffnet nach 15 km den Blick ins Wallis, in das der Zug langsam absinkt, bis er bei Brig (681 m hoch) einen wichtigen Umsteigebahnhof erreicht. Keine 5 km südlich von Brig geht es dann in den 20 km langen Simplon-Tunnel, einen der längsten Europas. Erst im italienischen Iselle di Trasquere gelangt der Zug wieder ins Freie. In Domodossola besteht Anschluß an die Centovalli-Bahn ins Tessin.

Übernachten

Bern: siehe Bern. **Leissingen, Jugendherberge La Nichée**, Tel. 36 / 47 12 14, 1. 5.–1. 10., kleines, gemütliches Haus direkt am Thuner See; Leissigen liegt an der Strecke Spiez–Interlaken, 2. Bahnhof nach Spiez, vom Bahnhof Leissigen 5 Minuten zur Herberge.

Brünig-Bahn

Strecke 24021 Luzern – Interlaken.
Mit allen Bahnpässen kostenlose Fahrt.
Die Schmalspurbahn fährt von Luzern

teilweise am Vierwaldstätter See entlang (in Alpnachstad zweigt die tolle Zahnradbahn auf den Pilatus ab, mit Euro Domino und Swiss Paß 25 Prozent), dann nach Sarnen und am **Sarner See** vorbei nach Giswil zum **Lungerner See**. Nach Lungern schraubt sich der Zug mit Zahnradbetrieb bis auf 1000 m hoch zum Bahnhof **Brünig-Hasliberg** in wunderschöner Umgebung. In steiler Fahrt verläßt er dann den Paß, um nach Meiringen hinunterzukommen; von dort aus geht es nach Brienz und Interlaken am nördlichen Ufer des Brienzer Sees entlang. In Brienz fährt die urige Dampf-Zahnradbahn aufs Rothorn.

Übernachten

Luzern: siehe Gotthard-Bahn. **Meiringen, Jugendherberge**, am Alpbach, Tel. 36/711715, 23.5.–29.10. und 18.12.–23.4., vom Bahnhof 5 Minuten. **Brienz, Jugendherberge**, Strandweg 10, Tel. 36/511152, 27.2.–3.12., vom Bahnhof 10 Minuten, liegt direkt am See. **Interlaken, Jugendherberge** im Nachbarort **Bönigen**, Aareweg 21, Tel. 36/224353, 30.1.–22.10., vom Bahnhof Inlaken-Ost 1,5 km, Bus 1 bis Lütschinen Brücke, liegt direkt am See.

Panoramic-Expreß-Stecke

Strecke 24005 Spiez–Montreux
Freie Fahrt mit allen Bahnpässen.
Von Spiez am Thuner See mit herrlichem Rundblick über den ganzen See fährt die Bahn das Simmental entlang bis Zweisimmen. Von hier windet sich der Zug durch grüne Almmatten bis auf über 1000 m hinauf nach **Gstaad**. Die blau-weiße Bahn kurvt weiter durch eine romantische Gegend voll grüner Hügel bis zum Genfer See, der plötzlich tief unten zu sehen ist. In unzähligen Serpentinen schraubt sich die Strecke abwärts. Zu Füßen der Berge erreicht man am Ufer des Sees die Stadt **Montreux**, wo Anschluß nach Genf und ins Wallis besteht.

Übernachten

Leissigen: siehe Lötschberg-Bahn. **Saanen, Jugendherberge Chalet Rüblihorn**, Tel. 30/41343, 29.5.–22.10. und 4.12.–23.4., vom Bahnhof Saanen (Station nach Gstaad) 5 Minuten. **Chateau d'Oex, Jugendherberge**, Les Riaux, Tel. 29/46404, 1.4.–29.10. und 18.12–1.3., vom Bahnhof Chateau d'Oex 5 Minuten (3. Station nach Gstaad). **Montreux, Jugendherberge** im Vorort Territet, Passage de l'Auberge 8, Tel. 21/9634934, ganzjährig geöffnet, vom Bahnhof Montreux-Territet an der Strecke Montreux–Sion 200 m, Lokalzüge halten.

Rigi-Bahn

Mit Euro Domino und Swiss Paß 25 Prozent Ermäßigung.
Von **Arth-Goldau** an der Gotthard-Bahn führt die Rigi-Bahn per Zahnrad auf den Aussichtsberg *Rigi* hoch über dem Zuger und dem Vierwaldstätter See. Nicht allein das Panorama vom Gipfel in 1798 m Höhe, sondern auch die unzähligen herrlichen Ausblicke unterwegs, etwa bei Klösterli, machen den Rigi zu einem Highlight unter den berühmten Bergen. Zur Abwechslung fährt von der Bergstation Rigi-Kulm auch eine Zahnradbahn zur Südseite des Berges, ohne Sicht auf den Zuger See, aber mit direktem Blick auf den Vierwaldstätter See. An dessen Ufer, in Vitznau, endet die Bahn, das Schiff fährt weiter nach Brunnen oder Luzern.

Übernachten

Luzern: siehe Gotthard-Bahn. **Jugendherberge** in **Gersau-Rotschuo**, Tel. 41/841277, 6.3.–3.12., die Herberge liegt 2 km von Vitznau, der Endstation der Rigi-Bahn entfernt.

Wengernalpbahn und Jungfraubahn

Strecke 24007/24008
Interrail 50 Prozent Ermäßigung, Euro Domino und Swiss Paß bis Wengen kosten-

los, dann 25 Prozent Ermäßigung, Normalpreis für die Rückfahrt ca. 100 DM, für den Frühzug Interlaken ab 6.30 Uhr 40 Prozent zusätzliche Ermäßigung. Von Interlaken Ost zwischen Thuner und Brienzer See fährt der Zug durch Wiesen und Wälder nach **Lauterbrunnen**. Dort steigt man um in die Wengernalpbahn, die den Hang steil nach **Wengen** hochfährt. Von dort geht es in prächtiger Panoramafahrt zur **Kleinen Scheidegg**, wo man in die Jungfraubahn umsteigt. Die schiebt sich größtenteils im Felstunnel in die Höhe, um auf 3454 m Höhe, dem höchsten Bahnhof Europas, das Jungfraujoch zu erreichen. Die Aussicht ist phantastisch.

Übernachten

Jugendherberge Interlaken: siehe Brünig-Bahn. **Jugendherberge Grindelwald**, Terrassenweg, Tel. 36/531009, 29.5.–29.10. und 18.12.–16.4. Schließzeit 23 Uhr, vom Bahnhof Grindelwald 1 km den Berg hoch. In **Interlaken** gibt es 3 **Campingplätze**.

Centovalli-Bahn

Strecke 24009 Locarno–Domodossola.
  Mit allen Bahnpässen kostenlos, auch die Strecke in Italien. Die romantische Schmalspurbahn beginnt in Locarno am Lago Maggiore und fährt durchs Centovalli, ein typisches Tal im **Tessin**. Bis Camedo verläuft die Strecke in der Schweiz, die restlichen 100 km sind italienisches Territorium. In Domodossola gibt es einen Anschluß an die Lötschberg-Simplon-Strecke.

Übernachten

Campingplatz Delta in **Locarno** am Lago Maggiore, 20 Minuten vom Bahnhof.

Ziele in der Schweiz

Basel

Information

Im SBB-Bahnhof unten. Hauptstelle ist der Verkehrsverein am Rhein, Blumenrain 2, Stadtpläne und Zimmervermittlung bei beiden Stellen.

Verkehr

Basel besitzt **2 Hauptbahnhöfe**: Der wichtigere ist der **Bahnhof SBB**: er liegt westlich des Rheins nahe am Zentrum. Hier fahren alle Züge ab, mit Ausnahme der langsameren Züge Richtung Deutschland. Der **Badische Bahnhof** liegt östlich vom Rhein, Züge nach Deutschland, ca. 2 km von der Altstadt. Intercity-Züge und ICE nach Deutschland fahren von beiden Bahnhöfen ab. **Straßenbahnen** erschließen zusammen mit Bussen die Stadt, vom SBB-Bahnhof ist man aber zu Fuß in wenigen Minuten im Zentrum. Einzelfahrschein ca. 3 DM.

Übernachten

Jugendherberge, St. Alban-Kirchrain 10, Tel. 61/2720572, ganzjährig geöffnet, 228 Betten, direkt am Rhein, vom SBB-Bahnhof ca. 15 Minuten über den Aeschengraben und die St.-Alban-Anlage, das Haus liegt zwischen der Wettsteiner und der St.-Alban-Rheinbrücke, vom Bahnhof SBB auch Straßenbahn 2. **YWCA-Hostels** nur für Frauen, Klingentalstr. 59, Tel. 61/264166 und in der Spalentorgasse 10, Tel. 61/250658, beide sehr preiswert, ca. 20 DM im großen Raum, ohne Frühstück. **Campingplatz** im Vorort Reinach, Bahnhof Richtung Dornach.

Essen und Trinken

Die **Uni-Mensa** in der Bernoullistraße 12 hat ganzjährig von 11–18 Uhr geöffnet, Mittagessen ca. 4 DM, auch Cafeteria.

Sehenswertes

Die bedeutendste Chemie- und Industriestadt der Schweiz verfügt über eine sehenswerte **Altstadt** westlich des Rheins. Der Weg ist von beiden Bahnhöfen aus deutlich gekennzeichnet. Zentrum der Altstadt ist das romanische **Münster** auf einem Hügel über dem Rhein, dessen Kreuzgang filigrane Fenster und virtuose Rippengewölbe aufweist. Von der Aussichtsplattform hinter der Kirche hat man einen schönen Blick auf den Rhein und die sogenannte Kleinseite mit ihren prächtigen Häuserzeilen am Ufer. Rings um das Münster sind schmale Gassen und stimmungsvolle Plätze. In der St. Albanstraße 16 steht das berühmteste **Kunstmuseum** der Schweiz mit Werken von Cranach, Grünewaldt, van Gogh, Picasso, Dalí (Di–So 10–17 Uhr, 7 DM).

Bern

Information

Im Bahnhof, Stadtpläne und Zimmervermittlung.

Übernachten

Jugendherberge Jugendhaus, Weihergasse 4, Tel. 31/31163 16, ganzjährig geöffnet, vom Bahnhof 10 Minuten, liegt unter dem Bundeshaus an der Aare. **Campingplatz** im Stadtteil Eichholz an der Aare, Straßenbahn 9 bis Wabern Endstation, sehr schöner Platz.

Essen und Trinken

Die **Uni-Mensa** in der Gesellschaftsstr. 2 hat ganzjährig geöffnet von 11–18 Uhr, Mittagessen ca. 4 DM, Cafeteria dabei.

Sehenswertes

Vom Bahnhofsplatz aus gelangt man direkt in die wunderschöne Altstadt. Die Straßen sind von Arkaden gesäumt. Hier findet man die Heiliggeistkirche, den Käfigturm

und den Zeitglockenturm mit einem Glockenspiel, das jede Stunde seine Figuren in Bewegung setzt. Nicht weit davon stehen das Rathaus und auf der anderen Seite das **Münster**. Das Parlamentsgebäude, das **Bundeshaus**, liegt ebenfalls auf dieser Seite, nahe der Jugendherberge. Über der Aare, auf der anderen Flußseite, findet man die Museen Berns: Das **Alpine Museum**, das **Historische Museum** mit einer Dokumentation der Geschichte der Schweiz und ihrer Bundeshauptstadt, sowie das **Naturhistorische Museum** (Di–So, 11–17 Uhr, je Museum ca. 7 DM). Auf dem **Bärengraben** leben Bären, die Wappentiere der Stadt. Viele junge Leute und Straßenmusiker beleben speziell in der Nähe des Münsters und um den Kindlifresserbrunnen die Altstadt.

Zürich

Information

Vor dem Bahnhof. Stadtpläne, Schweiz-Infos, Zimmervermittlung, viel Betrieb.

Verkehr

Der **Hauptbahnhof** liegt mitten in der Stadt, besteht aus mehreren Ebenen, im Untergeschoß fahren **S-Bahnen** und **Nahverkehrszüge** in die Region, alles ist optimal verbunden. Im Bahnhof gibt es ganze Ladenzeilen und mehrere Lokale. Die S-Bahn ist mit den Bahnpässen kostenlos, die **Straßenbahnen** fahren vom Bahnhofsvorplatz ab, Einzelfahrschein ca. 3,50 DM. Die **Bergbahn** fährt 200 m vom Bahnhof auf der anderen Seite der Limmat den Hang hoch zum Unigelände, ca. 1 DM. **Schiffe** fahren ca. 500 m vom Bahnhof in alle Orte am See.

Übernachten

Jugendherberge im Vorort Wollishofen, Mutschellenstr. 114, Tel. 01/4823544, ganzjährig geöffnet, Schließzeit 1 Uhr, 310 Betten, mit Straßenbahn 7 bis Morgenthal. **CVJM-Heim Glockenhof**, Sihlstr. 33, Tel. 01/2213673, nur für Männer, ca.

35 DM ohne Frühstück, liegt 5 Minuten vor dem Bahnhof, Bahnhofstraße entlang Richtung See, 5. Querstraße rechts. **Campingplatz Seebucht** in Wollishofen, Tel. 01/4821612, liegt am Zürich-See, Bahn bis Wollishofen, dann 15 Minuten am Ufer weiterlaufen. **Campingplatz Kehlhof** in **Stäfa**, Seestraße, Tel. 01/9264334, liegt 50 km südöstlich von Zürich am Ostufer des Zürich-Sees, Züge nach Meilen–Uetikon–Rapperswil halten in Stäfa, gute Verbindung.

Essen und Trinken

Die **Universitätsmensen** liegen nicht weit vom Zentrum in der breiten Rämistraße, vom Bahnhof geradeaus über die Limmat und durch die steile Straße oder mit der Bergbahn hoch, gleich neben der oberen Station liegt die erste Mensa. Mahlzeiten ca. 5 DM, auch Cafeteria. Werktags gibt es in den **Stadtküchen**, z. B. Sihlquai 332 (auf der anderen Bahnhofsseite am Limmatufer), von 11.30 Uhr–12 Uhr für ca. 12 DM Essen. Viele **Fast-food-Lokale** gleich am Anfang der Fußgängerzone beim Bahnhof über die Limmatbrücke, dann gleich rechts.

Sehenswertes

Die Geld-Hauptstadt der Schweiz zeigt zwei Gesichter: Teure Villen ziehen sich am **Zürichsee** entlang, wo gutgekleidete Leute und exklusive Geschäfte das Bild bestimmen. Wer jedoch vom Bahnhof aus geradeaus geht, sieht ein anderes Zürich: Auf beiden Seiten der Limmat findet man schmale Gassen, lauschige Plätze, alte Häuser, steile Wege, die zu Aussichtspunkten führen, und viele junge Leute. Überquert man die Limmatbrücke und wendet sich nach rechts, kommt man in die langgestreckte Fußgängerzone des sogenannten **Niederdorfs**, das einen zeitweise um mehrere Jahrhunderte zurückversetzt. Richtung See stößt man auf das berühmte **Großmünster** aus dem 12. Jahrhundert, in dem Zwingli seit 1519 als Pfarrer wirkte und die Reformation durchsetzte. Etwas oberhalb steht das **Kunsthaus** mit einer riesigen Gemäldesammlung vor allem des 20. Jahrhunderts (Di–So 10–17 Uhr,

8 DM). Unterhalb, am Limmatquai, gibt es mehrere repräsentative Gebäude wie mittelalterliche Zunfthäuser, das Rathaus, die Wasserkirche und das Helmhaus. Drumherum sind auch etliche Bars und Nachtkneipen. Auf der anderen Seite der Limmat steht das **Fraumünster** mit Glasfenstern von **Marc Chagall** und die St.-Peters-Kirche, darüber, schon nahe am Bahnhof, liegt der schöne Aussichtsplatz Lindenhof. Nördlich vom Bahnhof befindet sich das große **Schweizer Landesmuseum** mit einem Überblick über die Geschichte der Schweiz (Di–So, 10–17 Uhr, kostenlos).

Schaffhausen

Bahnstrecken aus Deutschland und nach Zürich, Winterthur, Kreuzlingen.

Übernachten

Jugendherberge Belair, Randenstr. 65, Tel. 053/258800, 27.2.–29.10., vom Bahnhof 1,5 km, Bus 3 und 6 bis Schützenhaus. **Jugendherberge Schloß Laufen** am Rheinfall, in **Laufen-Dachsen**, Tel. 053/296152, offen 27.2.–26.11., liegt 1 Minute über dem Bahnhof *Neuhausen Schloß Laufen* an der Bahnstrecke 24033 Schaffhausen–Winterthur, direkt über dem berühmten Rheinfall.

Sehenswertes

Das kleine Städtchen hinter der deutschen Grenze weist ein schönes mittelalterliches Stadtbild mit prächtig verzierten Häuserfassaden und schmalen Gassen auf. Die Festung über dem Rhein und das Münster mitten in der Stadt sind besondere Glanzpunkte. Bekannt ist Schaffhausen vor allem wegen des nahen **Rheinfalls**. Der Rhein stürzt wenige km südlich von Schaffhausen in einer gewaltigen Wasserfall-Parade 25 m über steile, aus seinem Bett ragende Felsen. Man kann sich die Wasserfälle von mehreren Seiten aus ansehen, der Zug fährt fast unmittelbar über sie hinweg und hält dort sogar. Am besten steigt man am kleinen Bahnhof **Neuhausen-Schloß Laufen** jenseits der Brücke aus, die nördlich des Rheinfalls über den Fluß führt. Vom

Bahnhof **Neuhausen** aus kann man ans Rheinufer hinunterlaufen und am Wasser entlang direkt zu den Rheinfällen gehen, ca. 15 Minuten.

Fribourg

Strecke 24003 Bern–Lausanne.

Übernachten

Jugendherberge, Rue de l'Hôpital 2, Tel. 037/231916, 30.1.–3.12., vom Bahnhof 10 Minuten.

Die kleine Stadt am Nordrand der Alpen gilt weithin als das Rothenburg der Schweiz, zeigt sie doch eine romantische Altstadt mit engen, verwinkelten Gassen.

Lausanne

Strecken 24003 Basel–Genf und 24006 Genf–Brig.

Information

Im Bahnhof.

Übernachten

Jugendherberge in der Chemin du Muguet 1, Tel. 021/6165782, ganzjährig geöffnet, vom Bahnhof 1,5 km, Bus 1 bis La Batalière oder vom Bahnhof aus links die Av. de la Gare entlang bis zur Av. de Milan, diese nach links unter der Bahnlinie durch, dann rechts in die Av. de Cour bis zum Chemin du Stade, 100 m links bis zum Chemin du Muguet, dann rechts. **Campingplatz** am Genfer See, Bus 1 bis Maladiere.

Sehenswertes

Die moderne Stadt liegt schön an einem sonnigen Hang nördlich vom Ufer des Genfer Sees. Unten am Ufer sind schöne Parks, Baumalleen und kleine Promenaden. In den Geschäftsstraßen reihen sich teure Läden aneinander, weiter oben findet man schmale, ehrwürdige Gassen. Rings um die Kathedrale, oben am Hang,

herrscht eine angenehme Atmosphäre mit überdachten Treppen und Straßen mit schöner Aussicht.

Genf/Genève

Strecken 24000/24003 Basel–Genf, 25025 Genf–Annemasse (Frankreich), auch direkte TGVs nach Paris.

Information

Im Bahnhof.

Übernachten

Jugendherberge, Rue Rothschild 30, Tel. 022/7326260, ganzjährig geöffnet, 350 Betten, vom Bahnhof 1 km nach links durch die Rue de Lausanne laufen, dann zweigt rechts die Rue Rothschild ab, oder Bus 1 bis Palais Wilson. **Campingplatz Bise**, im Vorort Vesenaz am Seeufer.

Essen und Trinken

Mensa der Universität in der Avenue de Miremont mit Cafeteria.

Sehenswertes

Reiche Prachtfassaden am Genfer See umrahmen die Stadt, in der viele internationale Organisationen wie die UNO ihren Sitz haben. Neben dem Bahnhof liegt der alte Stadtteil Les Grottes, mit Kaffeehäusern und Geschäften. Enge, schmale Gassen findet man in der **Altstadt** jenseits der Rhône, vom Bahnhof halbrechts über eine der Brücken zu erreichen. Um die **Kathedrale St. Pierre** herum findet man stimmungsvolle Plätze wie die Place Bourg du Four mit vielen jungen Leuten. An der teuren Rue du Rhône dagegen sieht man betuchtere Einkäufer, Boutiquen und Juweliere wechseln einander ab. Wahrzeichen Genfs ist der **Jet d'eau**, eine gewaltige, 145 m hohe Fontäne im See, die nachts beleuchtet ist. Hier, am Südufer der Rhône, befinden sich schöne Grünanlagen mit vielen Straßenmusikern, jungen Leuten und internationalem Publikum.

ÖSTERREICH

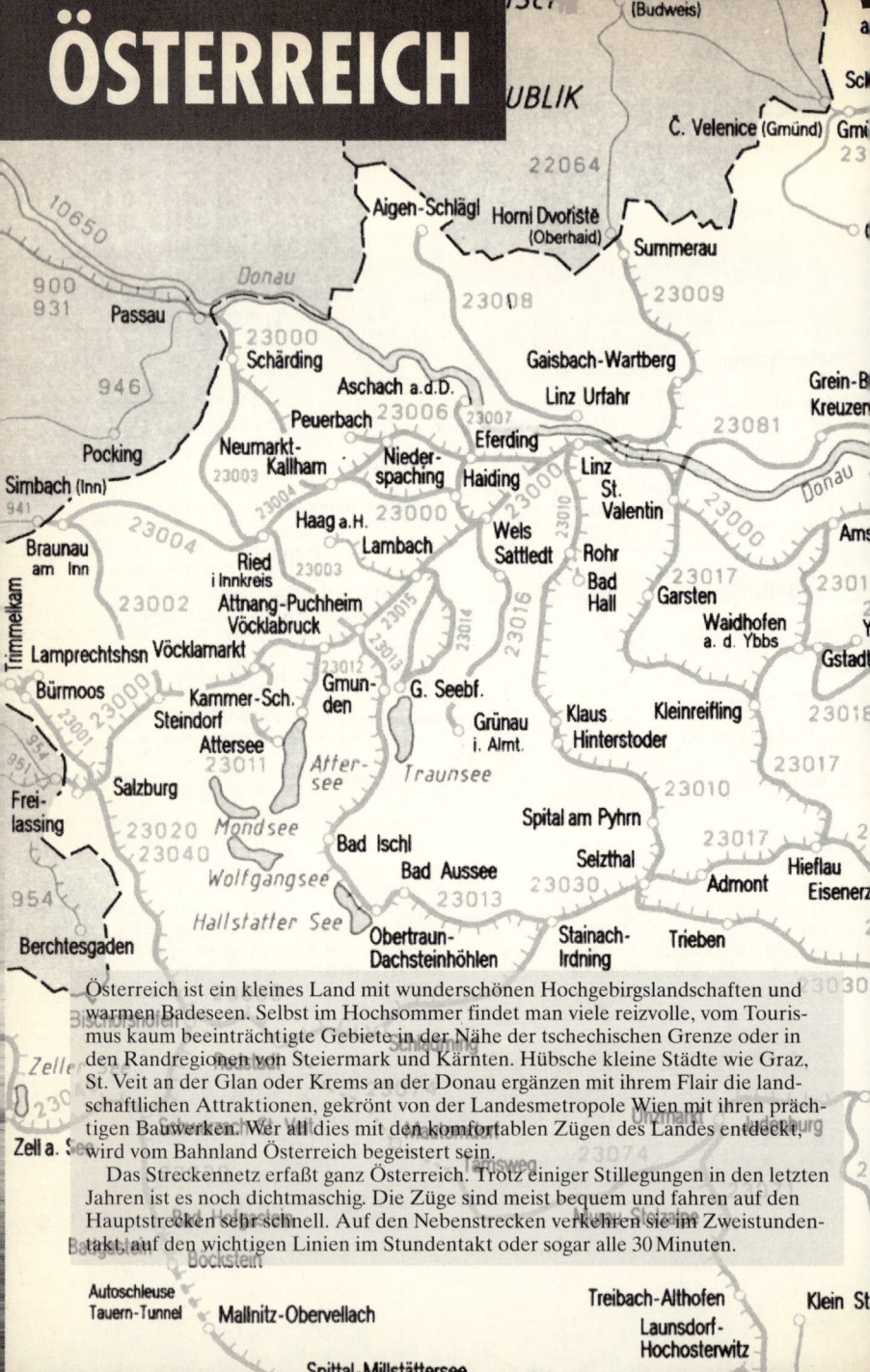

Österreich ist ein kleines Land mit wunderschönen Hochgebirgslandschaften und warmen Badeseen. Selbst im Hochsommer findet man viele reizvolle, vom Tourismus kaum beeinträchtigte Gebiete in der Nähe der tschechischen Grenze oder in den Randregionen von Steiermark und Kärnten. Hübsche kleine Städte wie Graz, St. Veit an der Glan oder Krems an der Donau ergänzen mit ihrem Flair die landschaftlichen Attraktionen, gekrönt von der Landesmetropole Wien mit ihren prächtigen Bauwerken. Wer all dies mit den komfortablen Zügen des Landes entdeckt, wird vom Bahnland Österreich begeistert sein.

Das Streckennetz erfaßt ganz Österreich. Trotz einiger Stillegungen in den letzten Jahren ist es noch dichtmaschig. Die Züge sind meist bequem und fahren auf den Hauptstrecken sehr schnell. Auf den Nebenstrecken verkehren sie im Zweistundentakt, auf den wichtigen Linien im Stundentakt oder sogar alle 30 Minuten.

Drosendorf

23084 Satov Hevlin Laa a.d.Th. 23085

Göpfritz 23080 Retz Bern-hardsthal Hohenau

Zellerndorf Laa a.d.Th. Stadt Enzersdorf Zistersdorf Stadt Drösing

Sigmundsherberg Rosenburg Mistelbach

23080 Hollabrunn Gaweinstal

ettl 23081 23084

23081 Absdorf-Hippersdf Gr. Schweinbarth Stockerau Obers-dorf Gänserndf Zohor

Hadersdorf Krems a.d.D. Korneu-burg Marchegg

Spitz a.d.D. Tulln 23085 23088 Devinska N.V

23095 Heilig. Flor. Engelhart-stetten Bratislava

3081 23082 23082 WIEN 23087 FJ Bf Donau Wolfsthal

Herzogenburg W Hütl. Meidling Westbf. S. Hegyeshalom

St. Pölten Kledering Gramatneusiedl Parndorf Ort

23000 23070 23092

Pöchlarn Traisen Baden 23090 Neusiedl a.S.

Leobersdorf Wittmannsdf. Wampersdf Ebenfurth 23093 23090

Wieselburg a.d.E. Kirchberg a.d.P. Freiland Wöllersdf. Felixdf. Wiener Neustadt Schützen a.G. Neusiedler Se

Türnitz Gutenstein Bad Fischau-Brunn Eisenstadt Wulkaprodersdf Parnhager

Kienberg Gaming z a.S. Puchberg a.Sch. 23093 Sopron Fertöújlak 23100

Mariazell Markt St. Ägyd a.N. Hochschnee-berg 23070 Loipersbach-Sch. 23094 Fertöszentm

j Neuberg 23075 Deutschkreutz Fertöszentm

Mürz-zuschlag Semmering Aspang 23093 23094 23101

rnberg 23070 Friedberg Lackenbach Köszeg Bük 2310 2311

23030 23071 Birkfeld 23075 Oberwart Szom-bat-hely Sárvá

23030 23070 Bruck a.d. Mur Hartberg Porpác UNGARN

Leoben 23101

St Michael Weiz 23104

Übelbach Peggau-Deutschfeistritz 23075 Bierbaum Körmend

71 Gleisdorf 23075 Fürstenfeld Zala-szentiván

öflach Graz Lieboch Jennersdf Szentgotthárd Zala-egerszeg

. Leonhard Feldbach Fehring Zala-lövö

Pred.-Wieseldorf 23070 23075 Bad Gleichenberg Bajánsenye

Deutschlands-berg Leibnitz 23070 Murska Sobota Rédics

Pölfing-Brunn Spielfeld- Bad

Das Wichtigste vorweg

Geld

1 Schilling	=	100 Groschen
1 DM	= 7,0 ÖS	100 ÖS = 14,20 DM
1 sfr	= 8,5 ÖS	100 ÖS = 11 sfr

Telefon nach Hause

Deutschland 060   Telefon-Notruf 927101
Schweiz 050

Botschaften in Wien

Deutschland: Metternichgasse 3,
Tel. 0222/736511/18
Schweiz: Wagramerstr. 14,
Tel. 0222/239538

Reiseführer

«Anders reisen: Wien», hg. von Falter,
Rowohlt Taschenbuch Verlag

Literatur

Thomas Bernhard: «Wittgensteins Neffe»,
Suhrkamp Verlag
    Der verstorbene österreichische «Nest-beschmutzer» Bernhard beschreibt seine Beziehung zum Bruder des Philosophen Wittgenstein und enthüllt ganz nebenbei und sarkastisch einige Abstrusitäten von Wiens besserer Gesellschaft.

Unterwegs in Österreich

Verpflegung

Die Preise in Österreich sind mit denen in Deutschland etwa vergleichbar, je touristischer die Region, desto teurer ist das Land. Abseits der wichtigsten Sehenswürdigkeiten gibt es überraschend preiswerte Lokale, ein Mittagessen um die 15 DM ist da keine Ausnahme. Vor allem auf dem flachen Land abseits der touristischen Wege sollte man in den recht ursprünglichen Lokalen essen. In Wien bieten sich unzählige alte **Kaffeehäuser** mit ihrer nicht immer gemütlichen originellen Atmosphäre als Ruhepol an.

Übernachten

In Österreich gibt es viele Jugendherbergen, die sehr sauber und gut eingerichtet sind. Ohne Frühstück kosten sie meist um die 20 DM, ein Mitgliedsausweis ist nicht immer notwendig, kann im Sommer aber bei vollen Häusern den Ausschlag geben, außerdem verbilligt er die Übernachtung. Da das Land in weiten Teilen auf Tourismus ausgerichtet ist, werden viele Privatzimmer angeboten. Weicht man von den großen Zentren ab, kann man auf diese Weise recht preisgünstig übernachten, in der Nebensaison zahlt man ab ca. 40 DM fürs Doppelzimmer. Campingplätze sind preiswert und zahlreich. In den Nachtzügen zwischen Wien und Innsbruck kann man unter der Woche meist gut schlafen. Berghüttenlager kosten ca. 15 DM.

Günstige Tickets in Österreich

Interrail Zone C

Gilt auf allen Strecken der Bundesbahnen. 50 Prozent Ermäßigung gibt es für die Schneeberg- und die Schafbergbahn, für die Steiermärkischen Landesbahnen, für die Schiffahrt der ÖBB auf dem Wolfgangsee, die Schiffe der Donau-Dampfschiffahrtsgesellschaft von Wien nach Passau (bei einem Tag Voranmeldung auch von Wien nach Budapest) sowie für die Schiffe auf dem Bodensee.

Bundesnetzkarte

Netzkarte für alle Strecken der Österreichischen Bundesbahnen, gilt 31 Tage lang: 510 DM (2. Klasse), 780 DM (1. Klasse). Paßfoto wird benötigt.

Österreich-Puzzle

Netzkarte für Teile Österreichs, Freifahrt auf allen Bahnstrecken dort. Gilt an 4 Tagen innerhalb von 10 Tagen.
Kosten: 85 DM / 128 DM Jugendliche 2. Klasse / 1. Klasse
         140 DM / 215 DM Erwachsene 2. Klasse / 1. Klasse
Ein Paßfoto wird benötigt.

Euro Domino

Gilt auf allen Strecken der Österreichischen Bundesbahnen, dazu 50 Prozent Ermäßigung wie bei Interrail.

Tage (innerhalb 31)	**3**	**5**	**10**
Jugendliche	157 DM	174 DM	321 DM
Erwachsene	208 DM	233 DM	417 DM
Erwachsene 1. Klasse	314 DM	350 DM	625 DM

Halbpreispaß

50 Prozent Ermäßigung auf allen Bahnstrecken für jedermann.
Für 1 Jahr: 155 DM, für 2 Jahre: 285 DM, für Senioren: 38 DM

Liegewagen / Schlafwagen

Liegewagen kosten ca. 27 DM im Abteil zu sechst, Schlafwagen ca. 55 DM im Abteil zu dritt.

Besonders schöne Bahnstrecken in Österreich

Wenige Länder haben so viele landschaftlich reizvolle Bahnlinien anzubieten wie Österreich.

Arlbergbahn

23060 Bregenz–Innsbruck.
  Mit Bahnpässen kostenfrei.
  Eine der schönsten Gebirgsbahnen des Landes beginnt am Bodensee in **Bregenz**. Die Stadt hat eine schöne Uferpromenade und bietet vom 1064 m hohen Pfänder, der sich auf einer leichten Wanderung oder mit der Seilbahn erklimmen läßt, einen prächtigen Blick auf Bodensee und Schweizer Berge. Der Bahnhof liegt direkt am Seeufer. Die Strecke führt über **Feldkirch** mit seinem malerischen Marktplatz, den man vom Bahnhof aus links der Bahnlinie entlang in 10 Minuten erreicht, und seiner wuchtigen Burganlage über der Stadt in Richtung **Bludenz**. Auch Bludenz hat eine mächtige Burg in der Nähe des Bahnhofs. Anschließend kämpft sich die Bahn die Berge hoch bis **Langen am Arlber**g, wo es

165

in den langen **Arlberg-Tunnel** geht. Nach 10 km Tunnelfahrt erreicht man auf der anderen Seite des Gebirgsmassivs **St. Anton am Arlberg**, einen teuer-mondänen Erholungsort mit schönen Wanderwegen in 1303 m Höhe. Auch die weitere Strecke in Richtung Landeck bietet einzigartige Landschaftspanoramen. Über unzählige Brücken, durch Schluchten, an gewaltigen Gebirgsmassiven entlang gelangt die Bahn nach *Innsbruck*. Etwa 15 Minuten, bevor der Zug in der Tiroler Hauptstadt ankommt, sieht man links oben im steil abfallenden Massiv des Karwendelgebirges die in die Felsen gehauene abenteuerliche Karwendelbahn.

Übernachten

Bregenz: Jugendherberge, Belruptstr. 16 a, Tel. 055 74/428 67, 1.4.–30.9., vom Bahnhof Richtung Pfänderbahntalstation. **Campingplatz** am See 5 Minuten vom Bahnhof (auf der seezugewandten Seite). **Feldkirch: Jugendherberge**, Reichstr. 111 im Vorort Levis, Tel. 055 22/7 31 81, 10.1.–5.4. und 20.4.–15.10., vom Bahnhof 2 km, Bus 2, schönes altes Holzhaus.

Karwendelbahn

Strecke 23065 Mittenwald (Deutschland)–Innsbruck.
   Mit allen Bahnpässen kostenlos.
   Die interessante Gebirgsbahn zwischen Mittenwald und Innsbruck erreicht in **Seefeld in Tirol** auf 1181 m ihren höchsten Punkt, um dann in atemberaubender, teils in den Fels gehauener, teils ausgesetzter Streckenführung dem Inntal mit Innsbruck entgegenzustreben. Vom Bahnhof Hochzirl in 922 m Höhe aus ergibt sich eine phantastische Aussicht aufs Inntal. Außerdem kann man hier gut bergab wandern.

Brennerbahn

Strecke 23050 Innsbruck–Brenner.
   Mit allen Bahnpässen kostenlos.
   Weithin bekannt ist die Bahnlinie von Innsbruck über den Brennerpaß nach Süd-

tirol. Die Strecke verläuft durch schöne Landschaften, aber durch die parallel laufende Autobahn und Bundesstraße ist die gesamte Region mit einem unaufhörlichen Lärmpegel und extremen Abgasmengen belastet. Das Projekt eines Bahntunnels befindet sich noch im Stadium der Planung. Mit dem Euro Domino Österreich und der Bundesnetzkarte dürfen genau wie mit Interrail auch die Korridorzüge benutzt werden, die von Innsbruck über den Brenner durch Italien (Pustertal) nach Osttirol (Lienz) fahren.

Zillertalbahn

Strecke 23049 Jenbach–Mayrhofen.
   Mit den Bahnpässen 50 Prozent Ermäßigung; mit Interrail keine Ermäßigung.
   Hochgelobte Privatbahn auf Schmalspurschienen von Jenbach im Inntal (Strecke Innsbruck–Kufstein 23040) nach Mayrhofen im Zillertal, auf der jeden Tag 4 planmäßige Dampfzüge mit urigen Wagen fahren. Es besteht die Möglichkeit, selbst Lokführer zu spielen – gegen Bezahlung. Landschaftlich ist das Zillertal allerdings weitaus weniger interessant als die Strecke der Mariazeller Schmalspurbahn, zudem sehr überlaufen.

Achenseebahn

Strecke: Jenbach–Achensee (Maurach).
   Euro Domino und Bundesnetzkarte 50 Prozent; Interrail keine Ermäßigung.
   Ebenfalls von Jenbach im Inntal aus führt eine andere Schmalspurbahn steil, teilweise mit Zahnradbetrieb, die Berge hoch zum malerischen, aber recht überlaufenen **Achensee**. Die Strecke bietet eine sehr schöne Landschaft und ein herrliches Seepanorama.

Korridorbahn

Strecke Kufstein–Deutschland–Salzburg.
   Alle Bahnpässe kostenlos.
   Von **Kufstein** mit seiner wuchtigen Burganlage, deren Orgel mittags um 12 Uhr das

ganze Tal mit ihrem Klang erfüllt, fahren Korridorzüge etwa im 2-Stunden-Takt durch Bayern ohne Halt nach **Salzburg**, weil diese Strecke nur halb soviel Zeit benötigt wie die längere über Kitzbühel–Zell am See. Die Linie durch Österreich ist aber landschaftlich weitaus reizvoller (Tiroler Bahn).

Tiroler Bahn

Strecke 23040 Innsbruck–Kitzbühel–Zell am See.

Alle Bahnpässe kostenlos.

Diese Bahn befährt eine prächtige Gebirgsstrecke von Innsbruck über **Wörgl**, einem idealen Einkaufsort für Rucksacktouristen, weil in der Hauptstraße, geradeaus vom Bahnhof, unzählige Lebensmittelläden aufgereiht sind. Dann geht es über viele Serpentinen hoch nach Hopfgarten und dem 820 m hohen **Kirchberg in Tirol** mit vielen Touristen, aber ausgezeichneten Wanderwegen mit herrlicher Aussicht. Weiter gelangt man über **Kitzbühel** und **St. Johann**, zwei überlaufene, teure Orte, ins reizvollere **Fieberbrunn** und hinauf nach **Hochfilzen** (970 m). Abwärts führt die Strecke nach Saalfelden und **Zell am See**. Der Zug fährt hier direkt am See entlang. Das Wasser ist kalt, aber die Strände sind angenehm. Von Zell starten Wanderwege und eine Seilbahn auf den Prachts-Aussichtsberg Schmittenhöhe (1950 m).

Übernachten

Zell am See: Jugendherberge Haus der Jugend, Seespitzstraße 13, Tel. 06542/7185, außer November ganzjährig geöffnet, vom Bahnhof aus an den See, dem Ufer ca. 1 km nach rechts folgen.

Krimmler Bahn

Strecke Zell am See–Krimml 23041.

Alle Bahnpässe kostenlos.

Die Schmalspurbahn führt dem Lauf der Salzach entlang bis Krimml, an Wochenenden teilweise mit Dampfbetrieb. In Krimml befinden sich Europas höchste

Wasserfälle, vom Bahnhof 1 km entfernt. Steigt man links an den Wasserfällen vorbei hoch, auf einen beschwerlichen Weg nach oben, kann man alles von dort aus gratis betrachten. Auf dem normalen Weg kostet es ca. 4 DM Eintritt.

Salzachbahn

Strecke Zell am See–Salzburg 23040.

Mit allen Bahnpässen kostenlos.

Von Zell am See fährt der Zug immer die reißende Salzach entlang durch enge Schluchten, eine landschaftlich überaus spannende Strecke. Das Tal wird immer enger, als würde man nicht mehr hindurchkommen. In **Schwarzach-St. Veit** zweigt die Tauernbahn ab, kurz darauf in **Bischofshofen** die Steiermarkbahn. Dann verengt sich das Salzachtal wieder, und der Zug kämpft sich an der wuchtigen Burg Werfen vorbei in die Ebene um *Salzburg*.

Übernachten

Jugendherberge in Hallein, Bahnhof 19 km südlich von Salzburg, bekannt durch sein Salzbergwerk, **Schloß Wispach-Esterhazy**, Tel. 06245/80397, 1.4.–30.9, vom Bahnhof Hallein 15 Minuten zum Schloß.

Tauernbahn

Strecke 23020 Salzburg–Badgastein–Villach.

Mit allen Bahnpässen kostenlos.

Die Tauernbahn ist eine der reizvollsten Gebirgsbahnen mit unzähligen Viadukten, kühnen Talübergängen und herrlicher Aussicht auf die darunter liegende Landschaft. Von Schwarzach-St. Veit aus windet sich der Zug hoch über das Salzachtal hinauf nach Badgastein und Böckstein auf 1171 m Höhe, dann durch den langen Tauerntunnel nach **Mallnitz**. Auf der anderen Seite des Tunnels geht es steil abwärts ins Mölltal, die Züge hängen weit oben am Fels und überwinden in neuen weitgespannten Brücken große Seitentäler. Auf 500 m Höhe trifft die Bahn in Villach im Drautal ein. Unterwegs, in Spittal, zweigt die Osttiroler Bahn ab. In **Villach** kommt man vom Hauptbahnhof über die Drau zum Paracelsushof mit schönen Arkaden. Sehenswert ist auch die Kirche St. Jakob mit ihrer Steinkanzel.

Übernachten

Badgastein, Jugendherberge, Ederplatz 2, Tel. 0 64 34 / 20 80, ganzjährig geöffnet. **Spittal, Jugendherberge,** auf dem Stadiongelände neben der Talstation der Goldeckbahn, Tel. 0 47 62 / 32 52, ganzjährig geöffnet außer November. **Jugendherberge** in **Spittal** in 1650 m Höhe auf dem **Goldeck,** Tel. 0 47 62 / 27 01, 26. 12.–31. 3., und 28. 6.–20. 9., mit der Goldeckbahn hochfahren. **Jugendherberge** in **Villach,** Dinzlweg 34, im Vorort St. Martin, Tel. 0 42 42 / 5 63 68, ganzjährig geöffnet außer November.

Osttiroler Bahn

Strecke 23021 Spittal–San Candido / Innichsen.
Mit allen Bahnpässen kostenlos.
Die landschaftlich reizvolle Bahnlinie führt das Drautal hoch von Spittal nach **Lienz** in Osttirol und weiter nach Südtirol ins Pustertal auf 1178 m Höhe. Korridorzüge fahren das ganze Pustertal entlang bis zum Brenner und dann nach Innsbruck. Der Zauber der nordöstlichen Dolomiten erfaßt jeden Reisenden.

Übernachten

Jugendherberge in **Sillian** an der österreichisch-italienischen Grenze, Arnbach 84, Tel. 0 48 42 / 63 21, 1. 2.–30. 4., 1. 6.–31. 10. und 20. 12.–31. 12.

Ossiacher See–Bahn

Strecke 23022 Villach–St. Veit an der Glan.
Mit allen Bahnpässen kostenlos.
Von *Villach* fahren Nahverkehrszüge am **Ossiacher See** entlang, wo es von den Bahnhöfen Sattendorf, St. Urban oder Bodensdorf aus viele Badeplätze gibt. Der See ist auch bei schönem Wetter nicht so überfüllt

wie der wärmere Wörthersee, die Landschaft ist wunderschön, mit viel Wald und Bergen. Endpunkt der Bahnlinie ist eine hübsche Kleinstadt, **St. Veit an der Glan,** wo man in die Kärntner Bahn umsteigen kann.

Übernachten

Jugendherberge in **Feldkirchen,** Briefelsdorf 7, Am Maltschachersee, Tel. 0 42 77 / 26 44, ca. 2 km vom Bahnhof Feldkirchen, 23. 4.–15. 10.

Kärntner Bahn

Strecke 23071 Villach–Klagenfurt–Bruck an der Mur.
Mit allen Bahnpässen kostenlos.
Die landschaftlich sehr schöne Bahnstrecke führt von *Villach* aus am Wörthersee entlang mit vielen warmen Bademöglichkeiten, etwa von den Bahnhöfen Velden, Portschach oder Krumpendorf aus. In **Klagenfurt** kommt man vom Bahnhof geradeaus zur Fußgängerzone, weiter nach links stößt man auf den Lindwurmbrunnen, dann das Gurker-Haus mit einer prächtigen Rokokofassade, das Landhaus mit 2 Türmen und einem schönen Arkadenhof.
Nach Norden kommt **St. Veit an der Glan,** wo man vom Bahnhof nach links und der Hauptstraße entlanggeht, um die gut erhaltene Stadtmauer zu sehen. Sehenswert sind auch der schöne Obere Platz mit dem Schlüsselbrunnen, die marmorne Pestsäule, prächtige Patrizierhäuser und das Rathaus mit seinem Arkadenhof.
Die nächste Station ist **Hochosterwitz** mit der mächtigen Burg gleichen Namens, eine der schönsten und gewaltigsten Burganlagen überhaupt. Vom Bahnhof geht man etwa 3 km der Landstraße nach in Richtung Burg, die sich spiralförmig um den Bergrücken hochwindet.
Weiter im Norden folgt die Stadt der Burgen, **Friesach,** mit vielen, teilweise verfallenen Gräben und einer alten Stadtmauer. Vom Bahnhof läuft man halb links, dann rechts zum Zentrum mit der Dominikanerkirche, dem Renaissancebrunnen und der Deutschordenskirche. Auf dem nahen Petersberg thront die Peterskirche.

Über den Paß fährt der Zug zum **Wildbad Einöd**, einer verträumten, waldreichen Gegend «am Ende der Welt». Hier erreicht die Strecke ihre maximale Höhe. In **Neumarkt** in der Steiermark hat sie 841 m Höhe erklommen. Anschließend geht es abwärts zum Murtal mit dem Ort Unzmarkt. In St. Michael und Leoben zweigt die Steiermarkbahn ab.

Übernachten

Jugendherberge Klagenfurt, Jugendgästehaus, Neckheimgasse 6, im Universitätsviertel, Tel. 0463/230020, ganzjährig geöffnet außer Januar, 3 km vom Bahnhof, Busverbindung zur Uni. **Kolping-Jugendgästehaus Klagenfurt**, Enzenbergstr. 26, Tel. 0463/56965, 10.7.–10.9. **Jugendgästehaus Judenburg**, Kaserngasse 22, Tel. 03572/7355, ganzjährig geöffnet, 2 km vom Bahnhof Judenburg.

Steiermarkbahn

Strecke 23030 Bischofshofen–Graz.
Mit allen Bahnpässen kostenlos.

Von **Bischofshofen** führt die Strecke durch landschaftlich vom Hochgebirge geprägte Regionen über Schladming am Dachsteinmassiv nach Stainach-Irdning, wo die Hallstätter-See-Linie abzweigt. Weiter geht es nach Selzthal, dem Anschluß an die Pyhrnbahn und die Gesäusebahn. Landschaftlich unglaublich reizvoll ist die weitere Strecke über den Schoberpaß der Liesing folgend zum Murtal. Bruck an der Mur mit einer gewaltigen Burg ist die Verbindung mit der Kärntner- und der Semmeringbahn. Der Mur folgend, fährt der Zug nach **Graz**.

Übernachten

Jugendherberge in **Schladming**, Coburgstraße 253, Tel. 03687/24531, ganzjährig geöffnet, vom Bahnhof 2 km. **Jugendherberge** in **Bruck an der Mur**, Theodor-Körner-Straße 37, Tel. 03862/53465, ganzjährig geöffnet, freundliche Leute, 10 Minuten vom Bahnhof.

Hallstätter-See-Bahn

Strecke 23013 Stainach-Irdning–Hallstatt–Attnang-Puchheim.
Mit allen Bahnpässen kostenlos.

Das ist eine Bahnstrecke mit wunderschönen Ausblicken! Von Stainach-Irdning fährt der Zug durchs Gebirge nach Bad Aussee. Danach folgt der schönste Teil der Strecke: Die Bahn windet sich durch weite Hochtäler. In **Obertraun-Dachsteinhöhlen** ergibt sich die Möglichkeit, mit einer Seilbahn zur riesigen Dachstein-Höhlenwelt zu schweben, einem ganzen System von einem Fluß ins Gebirge gegrabener Höhlen (tägliche Führungen, inkl. Seilbahn, ca. 25 DM, 10–18 Uhr). Wenige km weiter erreicht die Bahn den Hallstätter See und windet sich an seinem östlichen Ufer entlang durch die steile Felsszenerie. Vom Bahnhof **Hallstatt** aus kann man parallel zur Bahnlinie auf einem herrlichen Weg dem See folgend unterhalb steiler Felswände bis zum Bahnhof Steeg-Gosau laufen (7 km). Auf der anderen Seite des Sees, 1,5 km vom Bahnhof, liegt das Traumstädtchen Hallstatt, ein romantischer Anblick. Es klammert sich mit kleinen Häusern und schmalen Gassen zwischen See und Fels. Bekannt ist der Ort zudem durch das alte Schädelhaus neben der Kirche mit über 1000 Totenschädeln. Attraktionen sind außerdem das Salzbergwerk und die bedeutenden prähistorischen Funde, die so zahlreich sind, daß eine ganze Periode der Vorgeschichte als «Hallstattzeit» benannt wird. Funde sind im Museum am See ausgestellt (täglich, 10–18 Uhr, kostenlos). Will man das Salzbergwerk besichtigen, fährt man mit der Bergbahn auf 850 m Höhe. Auf dem Weg zum Bergwerk sieht man oben die alten Gräber aus dem 8. Jahrhundert vor Christus, die belegen, daß seit fast 3000 Jahren Salzabbau betrieben wird (Bahn und Eintritt ca. 20 DM). Die Bahnlinie verläßt anschließend am Traunsee vorbei die Alpen.

Übernachten

Jugendherberge Obertraun, Winkl 26, Tel. 06131/360, fast das ganze Jahr geöffnet, 160 Betten. **Jugendherberge Hallstatt** nicht

weit von der Bergbahn-Talstation im Ortsteil Lahn, Tel. 061 34/2 79, 1.5.–30. 9.
Campingplatz in **Hallstatt** im Ortsteil Lahn. **Jugendherberge** in **Bad Ischl**, Am Rechensteg 5, Tel. 061 32/2 65 77, ganzjährig geöffnet, vom Bahnhof 8 Minuten.
Jugendherberge Bad Aussee, Jugenherbergsstraße 148, Tel. 0 36 22/5 22 38, ganzjährig geöffnet, vom Bahnhof 2 km.

Pyhrnbahn

Strecke 23010 Selzthal–Linz.
   Mit allen Bahnpässen kostenlos.
   Von dem kleinen Selzthal mit seinem riesigen Bahnhof fährt die Bahn durch eine Hochgebirgslandschaft nach Norden ins Hügelland um die Donau. Die Pyhrnbahn ist nicht so überwältigend wie die Hallstätter-See-Bahn oder die Gesäusebahn, die parallel laufen.

Gesäusebahn

Strecke 23017 Selzthal–Hieflau–Kleinreifling.
   Mit allen Bahnpässen kostenlos.
   Von Selzthal aus fährt der Zug vorbei am Kloster Admont mitten ins wilde Gebirge des Gesäuses, immer dem Lauf der Enns folgend. Auf beiden Seiten der Strecke mit wilden Felswänden erreicht der Zug die Bahnhöfe Gesäuse-Eingang, Johnsbach und Gstatterboden, die alle schöne Wanderwege direkt am Bahnhof und zugleich inmitten urtümlicher Natur anbieten: etwa von Johnsbach zur Hesshütte (3 Stunden, oben preiswertes Matratzenlager). Am Bahnhof Gstatterboden besteht zudem Bademöglichkeit in der reißenden Enns (auf der anderen Flußseite, über die Brücke). In **Hieflau**, dem früheren Ausgangspunkt der Eisenerzbergbahn, die heute nur noch sporadisch betrieben wird, verläßt der Zug das Gesäuse, folgt jedoch weiterhin dem abenteuerlich gewundenen, teilweise aufgestauten Lauf der Enns bis nach St. Valentin. Eine der schönsten Strecken des Landes.

Übernachten

Jugendherberge Admont in *Schloß Röthelstein*, Aigen 32, Tel. 0 36 13/24 32, ganzjährig geöffnet außer November und Dezember. **Berghütten** im *Gesäuse* bieten Matratzenlager zu ca. 15 DM an.

Semmeringbahn

Strecke 23070 Wien–Bruck an der Mur (Bahnhof Wien Süd).
   Mit allen Bahnpässen kostenlos.
   Die schöne Gebirgsstrecke steigt nach dem Bahnhof **Wiener Neustadt**, einer Stadt 50 km südlich von Wien, in vielen Schleifen den Semmering hoch. Um die Jahrhundertwende war dies eine der Attraktionen der Oberschicht des alten Kaiserreichs. Ständig neue Aussichten ergeben sich vom Zug aus. Im Semmering gibt es herrliche Wanderwege rund um die einzelnen Bahnhöfe. Im Bahnhof Semmering erreicht die Strecke ihren höchsten Punkt mit 896 m Höhe. Dann fährt der Zug langsam abwärts durch die Waldlandschaften der **Steiermark**, der Heimat des Schriftstellers Rosegger, die man nach Mürzzuschlag in **Krieglach** erreicht.

Übernachten

Jugendherberge in **Wiener Neustadt**, *Europahaus*, Promenade 1, Tel. 0 26 22/2 96 95, 1.7.–31.8.

Westbahn

Strecke 23000 Salzburg–Linz–Wien (Westbahnhof).
   Mit allen Bahnpässen kostenlos.
   Die Hauptbahnlinie Österreichs führt von Salzburg nach **Linz**. Die Stadt an der Donau ist von Industrie geprägt, im Stadtkern zeigt sie schöne Renaissancehäuser und ein Schloß auf einem Hügel über der Donau. Die Innenstadt erreicht man vom Bahnhof aus, indem man der Bahnlinie nach rechts folgt und dann an dem kleinen Park nach links durch die Fußgängerzone läuft. Das Kloster von **Melk** liegt 100 km

östlich von Linz, man sieht es von weitem schon aus dem Zug. Über St. Pölten führt die Strecke weiter nach Wien. Landschaftlich ist sie enttäuschend.

Übernachten

Jugendherberge in **Linz**, Blütenstraße 23, Tel. 0732/237078, ganzjährig geöffnet. **Jugendherberge**, Stanglhofweg 3, in **Linz**, Tel. 0732/664434, beim Stadion, vom Bahnhof 3 km, Bus 45, ganzjährig geöffnet. **Jugendherberge** in **Linz**, Kapuzinerstraße 14, Tel. 0732/782720. **Jugendherberge** in **Melk**, Abt-Karl-Straße 42, Tel. 02752/4257, 1.3.–30.10.

Mariazeller Bahn

Strecke 23083 St. Pölten–Mariazell.
Alle Bahnpässe kostenlos.

Die Schmalspurbahn von St. Pölten ins Gebirge hoch nach Mariazell ist eine der abenteuerlichsten Bahnstrecken Österreichs, im südlichen Teil führt sie durch eine einzigartige, wilde Landschaft. Die Bahn kämpft sich aus dem Flachland durch Schluchten und in grandiosen Serpentinen ins Hochgebirge hinauf, dem Tal der Pielach folgend. Erste Höhepunkte kommen hinter dem Bahnhof Kirchdorf, wo sich das Pielachtal stark verengt. Vom Bahnhof Laubenbachmühle an geht es steil aufwärts. Nach der Durchfahrt durch den Gösingtunnel erreicht die Bahn 892 m Höhe und eine sehr schöne Naturlandschaft. Die mehrfach aufgestaute Erlauf und riesige Wälder geben mit den Bergen Ötscher (1893 m) und Gemeindealm ein phantastisches Bild ab. Bis **Mariazell**, dem katholischen Wallfahrtsort ohne größeren Reiz, passiert der Zug insgesamt 75 Brücken und 21 Tunnels.

Übernachten

Jugendherberge Annaberg, Annarotte 77, Tel. 02728/8496, 1.5.–30.9., vom Bahnhof 2 km. **Jugendherberge Mariazell**, Fischervon-Erlach-Weg 2, Tel. 03882/2669, vom Bahnhof 2,5 km.

Donautalbahn

Strecke 23081 St. Valentin–Wien (Franz-Josefs-Bahnhof).
Mit allen Bahnpässen kostenlos.

Die Bahnlinie führt links der Donau entlang von St. Valentin in der Nähe von Linz gemächlich durch die Wachau, eine lieblich-romantische Landschaft voll grüner Hügel. Höhepunkte der Fahrt sind die Städte **Grein** mit einem sehr schönen Ortskern und Blick auf die Donau, **Dürnstein** mit prächtiger Burg und **Krems an der Donau**, eine der schönsten Städte Österreichs mit mittelalterlichem Kern, vielen Kirchen und echt österreichischer Gemütlichkeit.

Übernachten

Jugendherberge in **Krems**, Ringstraße 77, Tel. 02732/83452, 1.4.–30.9.

Waldviertelbahn

Strecke 23080 Wien–Gmünd (Wien Franz-Josefs-Bahnhof).
Mit allen Bahnpässen kostenlos.

Die Bahnstrecke führt «ans Ende der Welt», dort, wo es in Österreich noch besonders gemütlich und altertümlich zugeht. Unterwegs kann man Störche beobachten. Endpunkt der Strecke durch Felder, Wälder, Hügel und Ebenen ist **Gmünd** in Niederösterreich nahe an der Grenze zur Tschechischen Republik (durchgehende Züge). Von Gmünd zweigen viele Schmalspurstrecken ab, die bis vor wenigen Jahren im normalen Betrieb waren. Heute finden teilweise Sonderfahrten, auch mit Dampfloks, statt.

Übernachten

Viele **Privatzimmer** werden angeboten, teilweise auch **Gasthöfe**, Übernachtung ab ca. 15 DM.

Schneebergbahn

Private Schmalspurbahn, mit Bahnpässen 50 Prozent, ca. 15 DM.

Mit Dampfloks und Zahnradbetrieb schnaufen die kurzen Züge als große Touristenattraktion von Puchberg (Nahverkehrszüge von Wiener Neustadt her) auf den 1796 m hohen **Hochschneeberg** mit toller Aussicht und schönen Wanderwegen.

Burgenlandbahn

Strecke 23090 Wien (Südbahnhof)–Neusiedl am See.

Mit allen Bahnpässen kostenlos.

Die Strecke ins Burgenland führt weiter nach Ungarn. In Parndorf zweigt der kurze Abstecher nach **Neusiedl** ab. Vom Bahnhof zum See sind es etwa 3 km, ein Weg geht durch den Schilfsumpf zum Strand (Busverbindung).

Übernachten

Jugendherberge in **Neusiedl**, Herbergsgasse 1, Tel. 02167/2252, 1.3.–30.11. Mehrere **Campingplätze** am Neusiedler See.

Innsbruck

Strecke 23060/23040 Bregenz–Salzburg.

Information

Im Hauptbahnhof

Übernachten

Jugendherbergen: Reichenauer Straße 147, Tel. 0512/346179, Schließzeit 23 Uhr, ganzjährig geöffnet, 178 Betten, Bus R, 6 Haltestellen, **Studentenheim**, dieselbe Adresse und Telefonnummer wie oben, 5.7.–31.8., 96 Betten. **Rennweg** 17 b, Tel. 05222/25814, 1.7.–31.8., 75 Betten, Bus C bis Handelsakademie, noch 200 m laufen. **Volkshaus**, Radetzkystr. 47, Tel. 0512/495882, 52 Betten. **St. Nikolaus**, Innstr. 95, Tel. 0512/286515, 100 Betten, vom Bahnhof 5 km, Bus nach St. Nikolaus. **Campingplatz Reichenau** neben der Jugendherberge an der Reichenauer Straße, Bus R.

Essen und Trinken

Universitätmensa am Inn, die Innrainstraße durchlaufen, ca. 7 DM.

Sehenswertes

Vom Bahnhof sind es ca. 10 Minuten in die Altstadt: Man geht rechts bis zur Kreuzung, dann links. Am Inn stehen die alten verzierten Herrschaftshäuser in der Maria-Theresia-Straße. Berühmt ist das **Goldene Dachl**, ein Gebäude mit goldüberzogenen Kupferziegeln. Sehenswert sind auch die Hofburg und der Dom.

Die Lage der Stadt inmitten hoher Gebirgsmassive im Süden und Norden ist sehr beeindruckend. Man sollte die ideale Lage zu Touren in die Berge nutzen, etwa nach Hochzirl, Leithen, Seefeld (siehe Karwendelbahn) mit wunderschöner Aussicht auf Innsbruck und das Inntal, mit Bahnpässen kostenlos. Die Stubaitalbahn fährt nach **Fulpmes**, ein beliebtes Ausflugsziel von Innsbruck, es geht durch ein schönes Tal zu dem sauber herausgeputzten Örtchen (ca. 10 DM, keine Ermäßigung). Die Zahnradbahn aufs Hungerburgplateau belohnt mit einem schönen Ausblick aufs Tal.

Salzburg

Strecke 23000
Innsbruck/München–Wien/Bischofshofen.

Information

Im Bahnhof auf dem breiten Zwischenbahnsteig, Stadtpläne, Zimmervermittlung, spezielle Informationen für Jugendliche.

Übernachten

Jugendherbergen: **Jugendgästehaus** im Vorort **Nonntal**, Josef-Preis-Allee 18, Tel. 0662/8426700, 390 Betten, ganzjährig geöffnet, vom Bahnhof Oberleitungs-Bus 5 und 51 bis Justizgebäude, danach Wegweiser folgen. **Aigner Straße** 34, Tel. 0662/633248, 1.7.–31.8., Schließzeit 24 Uhr, 120 Betten, im Vorort **Aigen**, Bus 49. Eduard-Heinrich-Straße 2, Tel. 0662/625976, im Vorort **Jose-**

fiau, Schließzeit 24 Uhr, 150 Betten, Bus 51
und 95. **Glockengasse 8**, Tel. 0662/876241,
1.4.–30.9., Oberleitungsbusse 2, 5, 29 oder 51
bis Mirabellplatz, umsteigen in Bus 29 bis
Hofwirt, liegt am Kapuzinerberg, zu Fuß
12 Minuten. **Haunspergerstraße** 27, Tel.
0662/875030, 1.7.–26.8., Schließzeit 24 Uhr,
105 Betten, vom Bahnhof 10 Minuten nach
rechts in die Kaiserschützenstraße und zum
Forum-Kaufmarkt, 3. Querstraße nach
links. **Walserfeld**, Schulstraße 18, Tel.
0662/851377, 1.7.–25.8., Schließzeit 24 Uhr,
Bus 77 nach Walserfeld. **Campingplatz** ca.
12 Minuten vom Bahnhof, nach rechts, dann
über die Fußgängerbrücke.

Essen und Trinken

Universitäts-Mensen am Mirabellplatz mit
Cafeteria und in der Hellbrunner Straße 30,
ca. 6 DM. Touristentreff Nr. 1 ist der **Stiegl-
bräukeller** unter der Festung mit tollem
Blick auf die Stadt und nicht besonders
teuer.

Sehenswertes

Salzburg ist eine gemütliche Stadt mit typisch österreichischem Charme, unverkennbar aber auf ein älteres konservativ-
betuchtes Publikum eingestellt. Vom Bahnhof aus läuft man links den Bahndamm
entlang, bei der 2. Unterführung durch den
Bahntunnel und ist mitten im Zentrum.
Rechts ist der Eingang zum **Mirabellgarten**
mit schöner Parkanlage, Schloß, Münz-
brunnen und Blick auf die Festung. Überquert man jetzt die Salzach, so kommt man
in die **Getreidegasse** mit schönen Häusern,
sehr noblen Geschäften und viel Betrieb.
Am linken Ende der Gasse ist der Uniplatz. Mozarts Geburtshaus ist in der Getreidegasse 9, als Museum hergerichtet
(täglich 10–18 Uhr, 6 DM). Die große
Fußgängerzone ist sehr angenehm, das Leben ist trotz der vielen Leute wenig hektisch, man trifft sich und plaudert. Über
der Altstadt schwebt die **Festung Hohen-
salzburg**, leicht zu erlaufen, die Bergbahn
lohnt daher nicht. Im Sommer herrscht auf
der Festung ständig Touristenrummel,
Ruhe und einen fast genauso schönen Blick
hat man auf dem gegenüberliegenden

Kapuzinerberg, auf der anderen Seite der
Salzach. Mit dem Bus erreicht man **Schloß
Hellbrunn** im Süden der Stadt, das älteste
Lustschloß im deutschen Sprachraum, und
die Fremdenführer zeigen dort gern, wie
die alten Erzbischöfe, die die Stadt regier-
ten, das Geld ihrer Untertanen verpraßten:
Wasserfontänen sprudeln plötzlich aus den
steinernen Stühlen der Besucher, sie über-
raschten die erlauchten Gäste der alten
Herrscher (Eintritt ca. 8 DM, täglich
9–19 Uhr). Die schönste Aussicht über die
Stadt und die Umgebung hat man vom
Gaisberg aus, jenem weithin sichtbaren
Rücken mit dem Sender östlich der Stadt.
Die 1300 m Höhe kann man in 2 Stunden
leicht vom Bahnhof Aigen aus erwandern
oder mit dem Bus hinauffahren (8 DM).
Auf der Rückseite des Bergs lockt eine
Rutschbahn mit schlittenähnlichen Gefähr-
ten (5 DM).

Graz

Strecke 23030/23070 Bischofshofen/
Wien–Graz.

Information

Am Anfang der Altstadt über der Mur.

Übernachten

Jugendherberge Idlhofgasse 74, Tel.
0316/914876, ganzjährig geöffnet, 144 Betten, vom Bahnhof 10 Minuten rechts durch
die Eggenberger Straße bis zur Josef-Hu-
ber-Gasse, links abbiegen, dann rechts in
die Idlhofgasse. Drei **Campingplätze** am
Stadtrand, Straßenbahn 31 vom Jakominiplatz aus.

Sehenswertes

Die zweitgrößte Stadt Österreichs ist die
Hauptstadt der Steiermark, des wohl schönsten Bundeslandes. Graz strahlt ähnlich wie
Salzburg viel von dem aus, was man unter
österreichischem Charme versteht. Anders
als Salzburg leidet Graz aber nicht so stark
unter dem Tourismus. Zur schönen Altstadt
gelangt man in 10 Minuten vom Bahnhof aus

geradeaus, am Park rechts und links über die Brücke über die Mur. Auf der anderen Seite des Flusses beginnt am **Jakominiplatz** die Fußgängerzone. Viele gemütliche Straßenbahnen und schöne barocke Häuserfassaden sorgen für ein stimmungsvolles Ambiente. Im Landhaus in der Fußgängerzone befindet sich das alte **Waffenmuseum** mit Geräten aus der Zeit der Türkenkriege. Oberhalb, auf dem **Schloßberg**, den man auf Treppen schnell erklommen hat (Bahn 7 DM), findet man Grünanlagen mit einer schönen Aussicht auf Stadt und Voralpen.

Wien

Information

In allen drei Hauptbahnhöfen. Broschüre «Wien live», Übersichtsplan über alle Verkehrsmittel.

Verkehr

3 Hauptbahnhöfe: **Westbahnhof:** Züge aus Deutschland, von Westösterreich. Nahe am Zentrum, viele Läden, Duschen, Gepäckaufbewahrung. **Südbahnhof:** Züge über den Semmering nach Südostösterreich, Graz, Italien, Slowenien, Kroatien; Gepäckaufbewahrung, Läden. **Franz-Josefs-Bahnhof:** Züge aus der Tschechischen Republik, Nordösterreich, von der Donau her. Der Bahnhof ist in einen Gebäudekomplex integriert.

U-Bahnen und **Straßenbahnen** erschließen die Stadt sehr gut, auch von den Bahnhöfen aus. Einzelticket ca. 3 DM, 24-Stunden-Karte ca. 12 DM. Die S-Bahnen sind mit allen Bahnpässen kostenlos. Nachts, etwa ab Mitternacht, fahren nur noch Nachtbusse, sie kosten ca. 4 DM je Fahrt, allerdings nur wenige Linien, Freitag und Samstag viele Nachtbusse.

Übernachten

Jugendherbergen: **Jugendgästehaus Brigittenau**, Friedrich-Engels-Platz 24, Tel. 01/3328 29 40, Schließzeit 1 Uhr, 334 Betten, ganzjährig geöffnet, liegt nördlich von der City, vom Westbahnhof U 6 bis Nussdorfer Straße, dann Bus 35 A bis Friedrich-Engels-Platz. **Myrthengasse** 7, Tel. 01/52363160, Schließzeit 1 Uhr, 241 Betten, ganzjährig geöffnet, liegt nahe am Westbahnhof, ca. 1 km, am Gürtel vor dem Bahnhof nach links, sehr modernes Haus, ca. 25 DM, oft voll. **Lechnerstraße** 12, Tel. 01/7131494, 1.3.–30.11., Straßenbahn 18, U-Bahn 3 bis Kardinal-Nagl-Platz. **Ruthensteiner**, Robert-Hamering-Gasse 24, Tel. 01/8934202, 77 Betten, liegt nicht weit vom Westbahnhof, 5 Minuten nach rechts, ganzjährig geöffnet, sehr modern, auch Doppelzimmer. **Jugendgästehaus**, Schloßberggasse 8 in Hütteldorf, Tel. 01/8771501, Schließzeit 23.45 Uhr, liegt nicht weit vom Bahnhof Wien-Hütteldorf an der Strecke Wien–Salzburg, 281 Betten, ca. 22 DM. **Schloßherberge am Wilhelminenberg**, Savoyenstraße 2, Tel. 01/4585037 00, Schließzeit 24 Uhr, 164 Betten, liegt weit außerhalb im Westen der Stadt, Bus 46 B oder 146 B ab Süd/Westbahnhof, umsteigen in U 6 bis Thaliastraße/Josefstädter Straße. **Campingplatz Wien West**, beide Plätze nennen sich so, Hüttelbergstraße 50 und 80 in Hütteldorf, Tel. 01/941449 und 01/942314, April–Oktober, Bahnhof Hütteldorf (Strecke nach Salzburg), dann Bus 52 B. **Camping Wien Süd**, Breitenfurter Straße 269, April–Oktober, Tel. 01/869218, Straßenbahn 60 oder S-Bahn bis Meidling, dann Bus 62 B. **Camping Rodaun**, An der Au 2, Tel. 01/884154, März–Oktober, Straßenbahn 60. Vor dem Westbahnhof schlafen viele auf den Grünanlagen, im Bahnhof gibt es einen Waschraum und Duschen (ca. 3 DM).

Essen und Trinken

Mensen der Universität gibt es in der Universitätsstraße 7 (1. Bezirk) und dem Karlsplatz 13 (4. Bezirk), Essen ca. 7 DM. Preiswerte *Restaurants* mit Mahlzeiten um 15 DM: **Kuschldragoner,**

Seitenstettengasse 3 (1. Bezirk). **Zum lustigen Radfahrer**, Wimmergasse 9 (5. Bezirk). **Hungerkünstler**, Gumpendorfer Straße (6. Bezirk). **Puppenstube**, Neustiftgasse 5 (7. Bezirk). **Tunnel**, Florianigasse 39 (8. Bezirk). *Kaffeehäuser:* Touristenhochburg **Café Sacher** mit der berühmten Torte. Genauso gut ist sie beim **Café Dehmel**, wo man vor lauter Touris kaum einen Platz bekommt. Uriger sind mitten in der Stadt das **Café Museum**, Friedrichstraße 6, mit vielen jungen Leuten, und das **Café Diglas**, Wollzeile 10, beide im 1. Bezirk. Gemischte Lokale, halb Kaffeehaus, halb Szenetreff, sind die **Kaktusbar**, Seitenstettengasse 5, viele junge Leute; **Wunderbar**, Schönlaterngasse 8, gemütlicher Platz zum Reden mit Musik; **Miljöö**, Dorotheengasse 19, abends viel los. *Diskotheken:* **Petersplatz**, Petersplatz 2; **Opus One**, Mahlerstraße 11; **Uni-Audi Max**, Karl-Lueger-Ring 1; **Lime Light**, Karlsplatz 2; **Graffiti**, Krugerstr. 8; alle im 1. Bezirk. Im Stadt-Magazin *Falter*, das wöchentlich erscheint, gibt es Veranstaltungstips (ca. 4 DM).

Sehenswertes

Wien ist in 23 Bezirke eingeteilt, die das Orientieren erleichtern. Der 1. Bezirk liegt im Zentrum, die folgenden Bezirke gruppieren sich im Kreis drum herum, je höher die Zahl, desto weiter außerhalb liegt der Bezirk. Die breiten Gürtel-Straßen, die sich vom West- und Südbahnhof um die Stadt ziehen, sind die Grenzen zwischen den ein- und zweistelligen Bezirken.

Vom Westbahnhof halb rechts kommt man über die Mariahilfer Straße geradeaus zum **Kunsthistorischen Museum**, einer großen Gemäldegalerie. Gegenüber steht das Naturhistorische Museum. Ein Stück weiter stößt man auf die Neue Hofburg. Die **Alte Hofburg** war Regierungssitz der österreichischen Kaiser, dahinter liegt die **Spanische Hofreitschule**. Rechts von den Museen findet man die Staatsoper und das berühmte Hotel Sacher. Geradeaus durch die Kärntner Straße, wo viel los ist, gelangt man zum berühmten **Stephansdom**, dem Wahrzeichen der Stadt. Er ist nicht so

pompös und überladen wie andere Kathedralen, besonders beachten sollte man die Kanzel mit der Selbstdarstellung des Bildhauers und die riesige Orgel.

Weiter in nordöstlicher Richtung gelangt man durch die Rotenturmstraße zum Donaukanal und zum **Prater** mit Riesenrad und Rummel (U-Bahn [4] bis zum Praterstern). Geht man vom Stephansdom in der anderen Richtung weiter, kommt man zur **Kapuzinerkirche** mit der **Kaisergruft**, in der die Habsburger Regenten begraben liegen, und an der Staatsoper vorbei bis zum Ring. Hier entfaltet sich noch immer die ganze Pracht der einstigen Residenzstadt. Nicht weit von den Museen und dem Alten Burgtor stehen das **Burgtheater**, das Parlamentsgebäude, das neue Rathaus, das allerdings schon mehr als 100 Jahre steht.

Nicht versäumen sollte man einen Gang über den **Naschmarkt**, keine 5 Minuten von der Oper in Richtung Südosten, der wohl nur mit dem Münchner Viktualienmarkt zu vergleichen ist. Von hier gelangt man durch ein, zwei Seitengassen ostwärts zum **Karlsplatz** mit der eindrucksvollen **Karlskirche**.

Sehenswert sind auch die **Belvedere-Schlösser** am Südbahnhof, die im Auftrag des Prinzen Eugen von Savoyen errichtet und von einem streng symmetrisch angelegten Park umgeben werden. Beide Schlösser beherbergen heute Museen, die mit einem gemeinsamen Ticket besucht werden können. (Am besten beginnt man mit der österreichischen Gemäldegalerie im Oberen Belvedere.) Wesentlich weitläufiger sind die Anlagen um das **Schloß Schönbrunn** (U-Bahn 4 oder zu Fuß vom Westbahnhof durch die Mariahilfer Straße stadtauswärts). Dieses Schloß diente den österreichischen Kaisern als Sommerresidenz. Obwohl es meist überfüllt ist, lohnt sich die Führung durch die Schauräume dennoch.

Natürlich gehören zu Wien auch die Kaffeehäuser, die man sich unbedingt ansehen sollte. Für einen «kleinen Braunen» oder Schwarzen reicht wohl auch in den teureren Establissements das Geld.

Interessant ist auch ein Ausflug an den Neusiedler See, Strecke 23090 von Wien Süd.

POLEN

Darlowo, Słupsk, Lebork, Reda, Gdynia, Gdańsk
Korzybie, Somonino, Kościerzyna, Tczew
Koszalin, Białogard, Lipusz, Słosinko, Chojnice, Wierzchucin, Laskowice Pom., Gruc
Kamień Pomorski, Płoty, Runowo Pom., Szczecinek
Wysoka Kamieńska, Pasewalk, Szczecin, Goleniów, Stargrad Szcz., Złocieniec
Grambow, Tantow, Angermünde, Szcz. Dąbie, Choszczno, Piła, Bydgoszcz, Chełmza, Torun
Godków, Głażów, Gorzów Wkp., Krzyż, Rogoźno, Wągrowiec, Inowrocław
Küstrin-Kietz, Kostrzyn, Międzychód, Poznań, Gniezno
Werbig, Rzepin, Kunowice, Zbąszynek, Września, Konin
Frankfurt (Oder), Wolsztyn, Jarocin
Gubin, Zielona Góra, Kolsko, Leszno, Krotoszyn, Zduńska Wola
Cottbus, Zasieki, Lubsko, Głogów, Rawicz, Ostrów Wkp.
Forst, Żagań, Rudna, Gwizdanów, Ścinawa
Senftenberg, Węgliniec, Oleśnica, Kępno
Bautzen, Görlitz, Zgorzelec, Legnica, Wrocław, Kluczbork, Lubliniec
Schöna, Zittau, Lubań, Jelenia Góra, Jarworzyna Śl.
Dolní Žleb, Szklarska, Mysłakowice Poręba Svoboda n. U., Karpacz, Wałbrzych, Opole, Bytom
Ústí n. L., Turnov, Trutnov, Kamieniec Ząbk., Nysa, Gliwice, Katowice
Bakov n. J., Jičin, Kudova Zdrój, Kłodzko, Kędzierzyn Koźle
Kralupy, Všetaty, H. Králové, Tyniště n. O., Stronie Śl., Międzylesie, Nezda, Baborów, Rybnik, Chałupki
PRAHA, Zdice, Čerčany, Kolin, Pardubice, Lichkov, Bohumín, Chesky Těšin, Zebrzydowice
Zdice, Třebovice v Č., Ostrava Poruba
TSCHECH. REP., Havlíčkův, Olomouc, Hranice n. M.

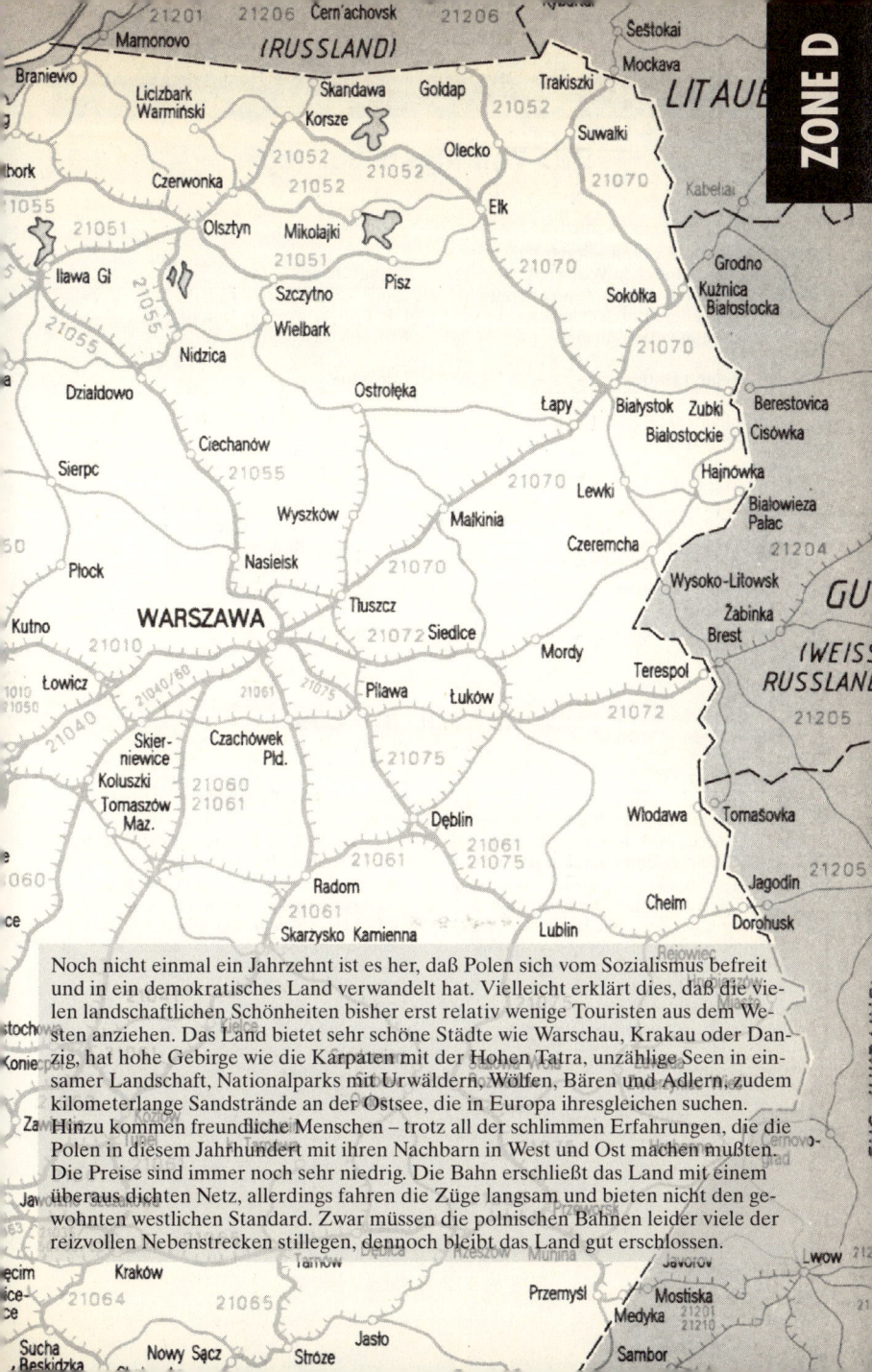

Noch nicht einmal ein Jahrzehnt ist es her, daß Polen sich vom Sozialismus befreit und in ein demokratisches Land verwandelt hat. Vielleicht erklärt dies, daß die vielen landschaftlichen Schönheiten bisher erst relativ wenige Touristen aus dem Westen anziehen. Das Land bietet sehr schöne Städte wie Warschau, Krakau oder Danzig, hat hohe Gebirge wie die Karpaten mit der Hohen Tatra, unzählige Seen in einsamer Landschaft, Nationalparks mit Urwäldern, Wölfen, Bären und Adlern, zudem kilometerlange Sandstrände an der Ostsee, die in Europa ihresgleichen suchen. Hinzu kommen freundliche Menschen – trotz all der schlimmen Erfahrungen, die die Polen in diesem Jahrhundert mit ihren Nachbarn in West und Ost machen mußten. Die Preise sind immer noch sehr niedrig. Die Bahn erschließt das Land mit einem überaus dichten Netz, allerdings fahren die Züge langsam und bieten nicht den gewohnten westlichen Standard. Zwar müssen die polnischen Bahnen leider viele der reizvollen Nebenstrecken stillegen, dennoch bleibt das Land gut erschlossen.

Das Wichtigste vorweg

Geld

Der polnische Zloty ist seit der Umstrukturierung der polnischen Wirtschaft so instabil, daß es unmöglich ist, feste Umtauschkurse anzugeben. Bei der Bank nach dem aktuellen Stand erkundigen.

Telefon nach Hause

Deutschland 0049 Telefon-Notruf 997
Österreich 0043
Schweiz 0041
Bisher klappt die Verbindung nur von Postämtern oder Telefonzellen aus.

Botschaften in Warschau

Deutschland: ul. Dabrowiecka 30,
Tel. 022/173012
Österreich: ul. Gagarina 34,
Tel. 022/410081

Schweiz: Aleje Ujazdowskje 27,
Tel. 022/280481

Reiseführer

Ute Frings: «Anders reisen: Polen»,
Rowohlt Taschenbuch Verlag

Literatur

Andrzej Szczypiorski: «Die schöne Frau Seidenmann», Diogenes Verlag. Roman über die Situation des von den Nazis besetzten Warschau.
 Günter Grass: «Die Blechtrommel», Luchterhand. Eine Familie in Danzig.
 Wolfgang Koeppen: «Es war einmal in Masuren», Suhrkamp Verlag. Erinnerungen an die alte Heimat.

Unterwegs in Polen

Verpflegung

Essen und Trinken ist selbst in guten Restaurants sehr preiswert. Je weiter man sich von den Großstädten und Touristengebieten entfernt, desto dünner wird die Versorgung mit Lokalen und um so urwüchsiger und preiswerter das Angebot. Bäckereien muß man lange suchen, oft gibt es Brot nur in Supermärkten, die sich meist «Delikatesy» nennen. Die Märkte bieten eine große Auswahl, auf dem Land kann man Obst und Gemüse oft auch privat bei Bauern kaufen.

Übernachten

Polen bietet sehr viele Jugendherbergen, die meist sehr einfach eingerichtet sind.

Besonders im Süden des Landes, im touristisch erschlossenen Gebirge, gibt es viele Herbergen. Meist sind sie von 10–17 Uhr und abends ab 22 Uhr geschlossen. Stehen nicht genügend Plätze zur Verfügung, werden die Betten zuerst an Leute unter 26 Jahren vergeben. In den Großstädten gibt es viele Studentenzimmer. Eine preiswerte Möglichkeit zu übernachten sind auch Privatzimmer, deren Vermieter oft am Bahnhof auf Interessenten warten, ca. 20 DM. Campingplätze gibt es noch nicht sehr viele, auf dem Land kann man Bauern um Erlaubnis fragen, um auf ihrem Gelände zu übernachten.

Günstige Tickets in Polen

Interrail Zone D

Gilt auf allen Strecken der polnischen Bahnen.

Euro Domino

Freie Fahrt auf Polens Eisenbahnen.

Tage (innerhalb 31)	3	5	10
Jugendliche	65 DM	76 DM	122 DM
Erwachsene	76 DM	99 DM	164 DM
Erwachsene 1. Klasse	111 DM	145 DM	222 DM

Polrailpaß

Netzkarte für alle Strecken der polnischen Staatsbahnen.

Günstig für:	Erwachsene		Junioren bis 26	
	2. Kl.	1. Kl.	2. Kl.	1. Kl.
8 Tage	75 DM	100 DM	55 DM	75 DM
15 Tage	90 DM	135 DM	63 DM	94 DM
21 Tage	105 DM	150 DM	75 DM	105 DM
1 Monat	135 DM	195 DM	94 DM	135 DM

Normale Fahrkarten

Sehr preiswert: 100 km kosten in der 2. Klasse ca. 11 DM.

Liege-/Schlafwagen

Sehr preiswert: Liegewagen kosten ca. 13 DM, Schlafwagen ca. 30 DM.

Besonders schöne Bahnstrecken in Polen

Polen ist weitgehend flach und eben. An der Ostsee gibt es Sandstrände, Dünen und Steilküsten. Die Seenplatten in Pommern und Masuren sind Eiszeitrelikte, Moränen mit Seen und Wäldern. Diese Landschaft erlebt man sehr schön auf der Strecke 21052 von (Danzig)-Olsztyn–Mikolajki–Elk. Im mittleren Polen liegen vor allem Felder mit wenigen bewaldeten Hügeln und Bergen. Im Süden des Landes ragen die Gebirge der Karpaten und Sudeten in fast 2000 Meter Höhe, was man besonders auf der Bahnstrecke 21064 von Krakau nach Zakopane nachvollziehen kann.

Ziele in Polen

Warschau

Großer Bahnknotenpunkt. Mehrere direkte Züge aus Deutschland, Fahrzeit von Berlin 6 Stunden.

Information

Pl. Zamkowy 1, 9–18 Uhr, am Schloßplatz. Stadtpläne.

Verkehr

Der **Hauptbahnhof Warszawa Centralna** liegt mitten im Zentrum, fast alle Züge fahren hierher. Gepäckaufbewahrung im Untergeschoß, sie ist 24 Stunden offen. **Straßenbahnen** und **Busse** kosten ca. 50 Pfennig, Ticket am Ruch-Kiosk. Die Sehenswürdigkeiten der Stadt sind zu Fuß erreichbar oder mit dem Bus 160.

Übernachten

Zimmervermittlung: Ul. Krucza 17, Tel. 022/217864, 8–20 Uhr. **Jugendherbergen: Karolkowa**, ul. Karolkowa 53 a, Tel. 022/328829, 160 Betten, 15 DM, vom Centralna-Bahnhof 12 Minuten oder Straßenbahn 24. **Smolna**, ul. Smolna 30, Tel. 022/278952, 100 Betten, 12 DM, vom Centralna-Bahnhof Bus 175 oder zu Fuß ca. 10 Minuten die Jerozolimskie-Straße entlang bis 100 m nach dem Nowy Swiat links. Diese Herberge liegt sehr zentral. **Reytana**, ul. Reytana 6, Tel. 022/499164, 100 Betten, 13 DM, 7 km vom Centralna-Bahnhof, Bus 505, 131, 515. **Lokalna**, ul. Lokalna 51, Tel. 022/129521, im Januar geschlossen, 119 Betten, 12 DM, 2 km vom Bahnhof Miedzeszyn, Bus C. **Klopotowskiego**, ul. Klopotowskiego 36, Tel. 022/185317, 160 Betten, 13 DM, vom Centralna-Bahnhof 15 km, Bus 517 oder Straßenbahn 25. **Solidarnosci**, Al. Solidarnosci 61, Tel. 022/184989, 60 Betten, 14 DM, vom Centralna-Bahnhof 15 km, Bus 512, 517, 160. **Studentenzimmer** bei Almatur, ul. Kopernika 23, Tel. 022/262356, 9–15 Uhr, Juli und August. **Privatzimmer:** Biuro Kwatery, Krucza 17, Tel. 022/257201, 8–18 Uhr. **Hostel ZNP**, Wybrzeze Koscjuszki 33, Tel. 022/262600, ca. 25 DM, 10 Minuten vom Centralna-Bahnhof bei der Nowy Swiat. **Campingplatz Wisla**, Wery-Kostrzewy 15, beim Busbahnhof.

Essen und Trinken

Treffpunkte liegen um den Neuen und Alten Markt sowie in der Krakowski Przedmiescie. Äußerst preiswertes Essen in der **Studenten-Mensa Bar Mleczny** in der Krakowskie Przedmiescie mitten in der Stadt, 8–19 Uhr. *Cafés* sind bei Studenten sehr beliebt, etwa das **Nowy Swiat** in der Nowy Swiat 61 oder das **Marysienka** in der Ul. Krzywa. Das **Wedel** in der ul. Szpitalna ist berühmt für seine heiße Schokolade. Bekannteste *Studenten-Diskothek* ist die **Stodola** in der ul. Batorego 10, bis 3 Uhr morgens, sie dient auch als Kulturzentrum.

Sehenswertes

Warschau, die Hauptstadt des Landes mit ca. 2 Millionen Einwohnern, liegt beidseits der Weichsel/Wisla. Die Stadt war vom September 1939 an von den Deutschen besetzt. In einem unglaublichen Terrorwahn ermordeten die Besatzer einen Großteil der Bevölkerung, zudem alle Juden, die ab 1940 im **«Warschauer Getto»** eingesperrt und dort zu Hunderttausenden dem Hungertod ausgesetzt oder direkt umgebracht wurden. Bis Ende 1944 wurde die Stadt dem Erdboden gleichgemacht, ca. 90 Prozent wurden zerstört. Ein Großteil des neuen Warschau wurde nach alten Plänen wiederaufgebaut.

Vom Warschauer Hbf. (Warszawa Centralna) westlich der Weichsel ist es nicht weit ins Herz der Stadt. Am besten geht man über die Jerozolimkie-Allee ca. 7 Minuten nach Nordosten und dann links in die Nowy Swiat ab. In der Verlängerung der Jerozolimskie liegt rechts das **Nationalmuseum** (täglich, 10–17 Uhr). Geht man die Nowy Swiat entlang, sieht man rechts den Staszic-Palast, in dem sich Teile der Polnischen Akademie der Wissenschaften befinden. Links steht die **Heiligkreuzkirche** (Kosciol Sw. Krzyza) mit einem Gedenkstein an den Komponisten Frédéric Chopin. Die Nowy Swiat nimmt an dieser Stelle den Namen Krakowskie Przedmiescie an, läuft aber geradlinig weiter. Rechts folgen Teile der Universität, daneben die **Kirche Wizytek** aus dem 18. Jahrhundert, die als eines der wenigen Bauwerke den deutschen Terror unversehrt überstand. Etwas weiter, ebenfalls rechts, steht das **Palais Radziwill**, heute Sitz des Ministerrats, davor das Reiterstandbild von General Poniatowski. In einer Parallelstraße sieht man das Denkmal des Unbekannten Soldaten mit zwei Soldaten als Wächter. Nach dem Palais Radziwill folgen die **Kirche** und das **Kloster der Karmeliter**, ein Stück weiter die St.-Anna-Kirche, die ursprünglich aus dem 15. Jahrhundert stammt. Rechts führt die Slasko-Dabrowski über die Weichsel. Am besten geht man geradeaus weiter, dann stößt man direkt auf den **Schloßplatz** Plac Zamkowy, an dem die Hauptstraße Krakowskie Przedmiescie endet. Mitten auf dem Schloßplatz steht die nach dem Krieg rekonstruierte Säule des Königs Sigismund (Kolumna Zygmunta). Oben erhebt sich Sigismund III., der Warschau 1596 zur königlichen Residenz machte. Das bis 1984 neu erbaute **Schloß** liegt rechts davon. Geradeaus weiter steht die **St.-Johannes-Kathedrale** aus dem 14. Jahrhundert, auch sie wurde neu aufgebaut. Neben der Kathedrale findet man die **Marienkirche Kosciol Jezuitow**, daneben den **Marktplatz** der Altstadt: **Rynek Starego Miasta**. Nördlich vom Markt das Museum der Geschichte Warschaus mit beeindruckenden Informationen über die traurige Vergangenheit der Stadt (täglich außer Mo, 12 – 19 Uhr). Weiter nördlich steht die **Barbakane**, eine alte Festung vor dem Stadttor Brama Nowomiejska, die bis 1954 restauriert wurde. Noch etwas weiter nördlich der Rynek Nowego Miasta kommt der Marktplatz der mittelalterlichen Neustadt mit schön wiederaufgebauten Häusern.

Gdansk / Danzig

Direkte Züge von Warschau, Stettin, Berlin (21000/21055).

Information

Gegenüber dem Hauptbahnhof, ul. Heweliusza 8. Zweites Fremdenverkehrsamt quer gegenüber, ul. Heweliusza 23.

Verkehr

Der **Hauptbahnhof Gdansk Glowny** liegt nahe am Zentrum, Gepäckaufbewahrung.

Übernachten

Jugendherbergen: Walowa, ul. Walowa 21, Tel. 058/312313, 100 Betten, liegt im Zentrum, nur 10 Minuten vom Hauptbahnhof. **Grunwaldzka**, Grunwaldzka 244, Tel.

058/411660, 30 Betten, liegt 9 km vom Bahnhof in einem Sportzentrum bei Oliwa, Straßenbahn 6, 12 oder Bus 101. **Kartuska**, ul. Kartuska, Tel. 058/326044, 122 Betten, außerhalb. *Jugendherberge* in der Nachbarstadt **Gdynia**, 19 km nördlich, ul. Morska 108, Tel. 058/270005, 100 Betten, vom Bahnhof Gdynia 3 km, Straßenbahn 25, 22, 30. **Hostel Nauczyciela**, ul. Sawickej 28, Tel. 058/414917, eigentlich ein Hostel für Pädagogen, aber auch für Reisende frei, ca. 20 DM, 12 Minuten vom Hauptbahnhof Gdansk. **Hostel Motlawa**, ul. Wartka, Tel. 058/317151, ca. 23 DM, ein Hotelschiff einfachster Art im alten Hafen, wo der Radunia-Kanal in die Motlawa mündet. Vermittlung von **Privatzimmern**: ul. Elzbieta 10, Tel. 058/312634. **Campingplatz** in der ul. Jetlikowska 23, Tel. 058/532731, auch Hütten, 5 Minuten von der Endhaltestelle der Straßenbahnen 2, 4 und 15.

Essen und Trinken

Große Auswahl an Lokalen und Cafés rund um die Hauptstraße Dluga, ca. 10 Minuten rechts vom Hauptbahnhof. **Zolty Kur** am Ende der Dluga, dem Dlugi Targ 4, bietet preiswerte Mahlzeiten, aber sehr voll. Das **Itaka** in der Dluga 25 ist eine polnische Fast-food-Ausgabe mit Pommesfrites-Gerichten. Berühmteste **Bar** Danzigs ist wohl die **Neptuny** in der Dluga 32. Viele junge Leute, vor allem Studenten, trifft man im **Zak** am Hauptbahnhof in der Waly Jagiellonski. 10 Minuten links vom Bahnhof liegt das bekannte Lokal **Karczma Michal** in der Jana Zkolna beim Arbeiterdenkmal mit preiswerten Mahlzeiten, ein Treffpunkt von Arbeitern und Journalisten, als unter Walesa gestreikt wurde.

Sehenswertes

Die Stadt an der Danziger Bucht, wenige Kilometer vom Meer entfernt, hat heute 500000 Einwohner. Seit 1309 gehört Danzig zum Deutschen Ritterorden, als souveräne Freie Stadt stand sie lange unter dem Schutz des polnischen Königs. 1793 kam sie zum königlichen Preußen, nach dem Versailler Vertrag wurde Danzig 1920 Freistaat unter dem Schutz des Völkerbunds. Anfang September 1939 nahm die deutsche Wehrmacht die Stadt ein. Nach dem 2. Weltkrieg wurde sie polnisch.

Danzig liegt beidseits der Stara Motlawa und der Nowa Motlawa; der wichtigste Teil der Stadt liegt westlich der Stara Motlawa. Vom Hauptbahnhof geradeaus liegt die **Altstadt** (Stare Miasto) mit der **Großen Mühle**, seit dem 14. Jahrhundert in Betrieb und heute Museum. Nicht weit davon steht das **Alte Rathaus** aus dem 16. Jahrhundert. Über den Kanal gelangt man in die **Glowne Miasto**, die rechts vom kleinen Fluß Radunia gelegene Mittelstadt mit der **Katharinenkirche** aus dem 14. Jahrhundert, nach dem Krieg wiederhergestellt. Nicht weit davon befindet sich die **Mikolaja**, Nikolauskirche aus dem 12. Jahrhundert, ihr gegenüber die **Jacek-Bastei**, die mächtige Festung aus dem 14. Jahrhundert. Südlich davon sieht man das nach dem Krieg wiederaufgebaute **Große Theater**, etwas weiter das **Große Zeughaus** mit der Kunsthochschule und die **Goldene Pforte**, einen Renaissance-Triumphbogen des Holländers van den Blocke. Dem Fluß Radunia zu liegt das Brama Wyzynna, das **Hohe Tor**, wo hohe Besucher empfangen wurden. Folgt man der Straße Dluga nach Osten, kommt man zum **Rathaus** aus dem 14. Jahrhundert, hinter dem nördlich die riesige Marienkirche steht. Sie kann 25000 Besucher aufnehmen und ist einer der gewaltigsten Kirchenbauten überhaupt. Neben dem Rathaus am schönen Marktplatz stehen der **Artushof**, in dem die Kaufmannsniederlassungen waren, und etwas weiter, am Ende des Marktplatzes, das Brama Zielona, das **Grüne Tor**.

Treffpunkte der Stadt sind der zuletzt genannte Marktplatz und der Gorkiego-Platz am Hauptbahnhof.

Wroclaw/Breslau

Großer Bahnknotenpunkt. Züge aus Warschau, Krakau, Berlin (21006), Leipzig, Görlitz (21030).

Information

Orbis-Büro, Rynek 45, auf dem Marktplatz mitten in der Stadt. Zweites Fremdenverkehrsamt in der ul. Swierczewskiego 62, die breite Straße vor dem Hauptbahnhof nach links.

Verkehr

Der auffallende Bau des **Hauptbahnhofs Glowny** liegt etwa 800 m südlich vom Stadtzentrum. Fast alle Züge kommen hier an. Ins Zentrum sind es zu Fuß ca. 12 Minuten, geradeaus durch die Hugona Kollataja. **Straßenbahn** 0 fährt das gesamte Zentrum ab, Ticket ca. 1 DM.

Übernachten

Jugendherbergen: Kielczowska, Schronisko Mlodziezowe, Tel. 071/253076, 100 Betten, Bus N, 131. **Kollataja**, Kollataja 20, Tel. 071/38856, 32 Betten, liegt nur 5 Minuten vom Hauptbahnhof geradeaus die Kollataja entlang. **Privatzimmer** gibt es bei: **Odra**, Swierczewskiego 98, Tel. 071/444101 gegenüber dem Hauptbahnhof. **Studentenzimmer** im Sommer bei **Almatur**, Tadeusza Kosciuski 34, Tel. 071/443003. **Campingplatz** in der ul. Grobli 16 an der Oder, auch Hütten, ca. 18 DM in einer Hütte, Tel. 071/34442, ca. 2 km vom Bahnhof. **Campingplatz** in der ul. Olimijska 35, Tel. 071/484651, im Osten der Stadt beim Olympiastadion, Straßenbahn 9, 16 oder 17, auch Hütten, ca. 18 DM in einer Hütte.

Essen und Trinken

Alle Touristen laufen ins **Piwnica Swidnica** im Untergeschoß des Rathauses und zahlen horrende Preise, weil das Lokal seit 1273 existiert. Wer preiswerter essen will, geht zum **Mister Beef** in der ul. Pilsudskiego 56, einem typischen Fast-food-Lokal. Nicht weit vom Bahnhof liegt das Fast-food-Restaurant **Wzorcowy** in der Swierczewskiego 80. Eines der schönsten und preiswertesten *Cafés* ist das **Kalamburem** in der Kuznicza 29 mit Jugendstil-Interieur.

Sehenswertes

Die 700000-Einwohner-Stadt liegt links und rechts der Oder. Sehenswert sind das mitten in der Altstadt gelegene **Rathaus** aus dem 14. Jahrhundert, das ca. 500 m südlich zu findende **Schloß** mit dem Volkskundemuseum sowie die berühmte, wieder aufgebaute **Maria-Magdalena-Kirche** aus dem 15. Jahrhundert rechts vom Rathaus. Die nach 1945 mühsam wieder hochgezogene Sandkirche liegt auf einer kleinen Insel in der Oder. Treffpunkte in der Stadt sind der **Marktplatz** vor dem prächtigen Rathaus, der Schloßplatz sowie der Park auf der kleinen Insel in der Oder.

Krakow / Krakau

Bahnknotenpunkt. Züge von Warschau, Wroclaw, Prag, Wien, Budapest, Zakopane.

Information

Vor dem Bahnhof, ul. Pawia 8. Viele Stadtpläne und Broschüren (8–16 Uhr). Zweites Fremdenverkehrsamt auf dem Rynek Glowny 41 (8–19 Uhr).

Übernachten

Jugendherbergen: **Oleandry**, ul. Oleandry 4, Tel. 012/338822, 350 Betten, ca. 15 DM, vom Bahnhof 2 km, Straßenbahn 15, 18, liegt westlich vom Zentrum hinter dem teuren Cracovia-Hotel. **Kosciuszki**, ul. Kosciuszki 88, Tel. 012/221951, 110 Betten, in einem alten Kloster, Blick auf die Weichsel, Straßenbahn 1, 2, 6 oder 21. **Szablowskiego**, ul. Szablowskiego 1, Tel. 012/372441, 150 Betten, Straßenbahn 4 oder 12. **Hostel PTTK Dom Turysty**, ul. Westerplatte 15, Tel. 012/229566, im DZ ca. 20 DM, nur 8 Minuten vom Bahnhof, die Hauptstraße vom Fremdenverkehrsamt links. **Juventur Hostel**, ul. Slawkowska 3, Tel. 012/214222, nur 5 Minuten vom Bahnhof, ca. 20 DM. **Hostel Korona**, ul. Pstrowskiego 9, Tel. 012/666511, im Süden der Stadt im Vorort Podgorze, ca. 15 DM.

Privatzimmer und **Studentenzimmer** bei **Almatur**, Rynek Glowny 7. **Privatzimmer** beim Fremdenverkehrsamt, ul. Pawia 6, Tel. 012/221921. **Campingplatz Krak**, ul. Radzikowskiego 99, Tel. 012/372122, im Nordwesten der Stadt, Bus 118, 173 und 208.

Essen und Trinken

Sehr preiswertes Essen gibt es im Restaurant des **Hostel PTTK Dom Turysty** in der Westerplatte 15 nicht weit vom Bahnhof, Selbstbedienung. Immer voll, weil gut und preiswert, ist das **Pani Stasi** in der Mikolajska östlich vom Rynek, selbstgemachte Gerichte, nur bis 14.30 Uhr. Die **Pizzeria Piccolo** in der Nähe der Universität, ul. Szewska 14, ist ebenfalls preiswert. *Live-Musik* zum Essen bei günstigen Preisen gibt es im **Polski** in der Pijarska 17 im gleichnamigen Hotel. Ein sehr schönes *Café* ist das **Literacka** in der Pijarska 7 nicht weit vom Polski, schönes Jugendstil-Interieur. Beim **Café Pasieka** auf dem angenehmen Maly Rynek läßt's sich schön im Freien sitzen. Das **Maxime** in der Florianska 32 fungiert tagsüber als Bar, nachts als Disko (bis 4 Uhr morgens offen).

Treffpunkt der Stadt ist der stimmungsvolle Marktplatz mit vielen jungen Leuten, Studenten und Travellern.

Sehenswertes

Krakau im Süden Polens, am Oberlauf der Weichsel, gilt als die schönste Stadt Polens. Die **Altstadt** entstand im 13. Jahrhundert und besitzt heute noch etwa 700 Bauten, die im Krieg nicht beschädigt wurden, obwohl die Deutschen 1945 die gesamte Stadt mit Sprengsätzen versehen hatten. Durch den überraschenden Vormarsch der Russen konnte Krakau vor dem deutschen Terror gerettet werden.

Der Hauptbahnhof liegt direkt an der Altstadt, in wenigen Gehminuten erreicht man alle Sehenswürdigkeiten. Über die Lubicz- und die Basztowa-Straße kommt man zum **Florianstor** aus dem Jahr 1307. Daneben steht die **Barbakane**, ein massiger Rundbau mit 130 Schießscharten. Innerhalb der Stadtmauer befindet sich das **Czartoryski-Palais**, heute mit einem Teil des Krakauer Museums. Geradeaus liegt der von wunderschönen Adelspalästen umrundete **Marktplatz**. In der Mitte stehen die Sukiennice, **Tuchhallen**, in denen im Mittelalter die Händler ihre Waren feilboten. Außen herum haben die Tuchhallen Arkaden, über den Restaurants ist eine

Gemäldegalerie. Daneben erhebt sich der **Rathausturm**, auf der anderen Seite die **Marienkirche** (Maiacki) aus dem 14. Jahrhundert mit dem berühmten *Marienaltar von Veit Stoß*. Rechts hinter dem Marktplatz steht die **St.-Anna-Kirche**, dahinter das Collegium Maius mit einem schönen Arkadenhof. Vom Marktplatz aus ist man auch schnell bei der **Franziskanerkirche**. In einer Parallelstraße findet man das **Dominikanerkloster** mit Kirche. An der **Peter-und-Paul-Kirche** vorbei erhebt sich der Hügel namens **Wawel**, der schon in prähistorischer Zeit bewohnt war. Seit dem 9. Jahrhundert trägt er eine Festung. Durch das *Wasa-Tor* hindurch gelangt man zur **Kathedrale**, in der die Könige Polens gekrönt wurden. Vom Turm der Kathedrale hat man einen tollen Rundblick. Neben der Kirche ist das **Schloß** mit tollem *Arkadenhof*.

Im südlichen Teil der Altstadt, der von einem Weichselbogen eng umschlossen wird, finden sich noch die *Katharinenkirche*, das *Alte Rathaus* und die *Alte Synagoge*, heute mit einem Museum, das über die Religion und Geschichte der Juden informiert.

Westlich von Krakau liegt Oscwiecim, **Auschwitz**, das berüchtigte Nazi-Vernichtungslager, wo Millionen von Menschen ermordet wurden.

Masurische Seenplatte

Bahnstrecken 21051/21052: Olsztyn–Elk

Information

In *Olsztyn* im COIT-Büro unterhalb des Hohen Tors, ul. Warszawska 13. Pläne über das Seen-Gebiet.

Übernachten

Im Gebiet der Seenplatte gibt es einige **Jugendherbergen**: in **Olsztyn**, ul. Kopernika, Tel. 089/276650. **Hostel Relaks**, ul. Zdnierska 13, Tel.089/277534. In **Mikolajki**: Szkola Podstawowa, Juli und August. In **Elk**: ul. Sikorskiego 7, Tel. 087/2514, 30 Betten. **Campingplätze** gibt es in allen

Orten. Oft kann man auf Wiesen zelten, wenn man die Bauern um Erlaubnis fragt.

Sehenswertes

Im Nordosten Polens erstreckt sich die berühmte Seenplatte Masurens mit unzähligen Seen und Flüssen inmitten einer hügeligen Landschaft, die von Birken und Kiefern geprägt ist. Ca. 3000 Seen zählt man dazu, von winzigen Teichen bis hin zu großen Gewässern. Die Bahnlinien 21051/21052 führen mitten durch die Seenplatte und erschließen auch die wichtigsten Städtchen und Seen Masurens.

Lohnendes Reiseziel ist das im Krieg stark zerstörte **Olsztyn** (Allenstein) mit alter **Ritterordens-Burg** und einer **Sonnenuhr**, die von Nikolaus Kopernikus entworfen wurde. **Gizycko** (Lötzen) liegt zwischen den zwei großen Seen Manry (Mauer-See) und Niegocin (Löwentin-See). Die Stadt ist heute ausgesprochenes **Wassersportzentrum** mit tollen Ausflugsmöglichkeiten per Schiff oder Rad in die masurische Landschaft, auch Kanu-Verleih.

Mikolajki (Nikolaiken) liegt zwischen dem Beldany-See und dem Sniardwy-See. Der hübsche kleine Ort ist von Fachwerkhäusern und schmalen Gassen geprägt. Die Umgebung lädt zu Bootstouren ein.

Hohe Tatra

Strecke 21064 Krakau–Zakopane.

Information in Zakopane

Tatry, ul. Kosciuszki 7 (8–20 Uhr), 5 Minuten vom Bahnhof, geradeaus durch die Kosciuszki, Zimmervermittlung. Zweites Fremdenverkehrsamt: **Orbis**, ul. Krupowski 22.

Verkehr

Der **Bahnhof** liegt 500 m vom Zentrum in Zakopane, geradeaus durch die Kosciuszki. Die **Seilbahn** auf den Gubalowka startet nördlich von der Innenstadt.

Übernachten

Jugendherberge in **Zakopane**: ul. Nowotarska 45, Tel. 0165/66203, 270 Betten, 13 DM, vom Bahnhof 5 Minuten, am Busbahnhof vorbei, an der Sienkiewicza nach rechts, dann links durch die Nowotarska. **Hostel Juventur**, ul. Stoleczna 2a, Tel. 0165/66253. **Campingplatz** am Rand der Stadt, östlich. Rings um Zakopane gibt es im Gebirge 7 **Hütten** des PTTK-Vereins, wo man billig übernachten kann. (Bett ca. 15 DM, Übernachten auf dem Boden ca. 8 DM, meist sind alle Betten belegt.) Genaue Lage der Hütten beim PTTK-Büro in Zakopane neben dem Tatra-Museum, ul. Krupowki 37 (täglich 8–16 Uhr).

Sehenswertes

Die Hohe Tatra ist das höchste **Gebirge** des Landes im äußersten Süden mit Erhebungen von bis zu 2655 m. Die vielbefahrene Bahnlinie führt von Krakau zum berühmten Gebirgsort **Zakopane** am Fuß der Hohen Tatra. Zakopane ist viel besucht, aber seiner Umgebung wegen unbedingt lohnend. Es gibt ein Thermalbad, mehrere Skilifte und viele Restaurants. Auf die nahen Berge Kasprowy Wierch (1988 m) und Gubalowka (1123 m) führen Seilbahnen. In der Hohen Tatra stehen Adler, Luchse und Bären unter Naturschutz.

Hohe Tatra
(Slowakische Republik)

Strecke 22500/22501. Direkte Züge alle 2 Stunden von Puchov, Prag, Bratislava.

Information

In Stary Smokovec, nicht weit vom Bahnhof: Cedok, Tel. 0969/2497.

Verkehr

Die Region ist von der Bahn sehr gut erschlossen. Man steigt entweder in Strba aus den Zügen von Prag oder Bratislava aus und wechselt in die **Zahnradbahn** nach **Strbske Pleso** (einfach 5 DM) oder fährt auf der Hauptstrecke weiter bis Poprad-Tatry, wo Züge nach Stary Smokovec und weiter nach Strbske Pleso bereitstehen.

Übernachten

Jugendherberge Junior Hotel in **Strba**, Tel. 0969/96291, 700 m hoch, nur 500 m vom Bahnhof Strba, mit Frühstück 20 DM. **Jugendherberge Rekreacne Zaradenie** in **Kremna**, Tel. 0963/95114, 14 DM mit Frühstück, vom Bahnhof Stara Lubovna 6 km, Busverbindung nach Kremna bis 150 m vom Haus. **Hostel Junior** in Horny Smokovec, Tel. 0969/26613, 1050 m hoch, ca. 25 DM. **Campingplatz Tatracamp Pod Lesom** in Dolny Smokovec, nur Juni–August. Auch **private Zimmer** werden angeboten, wenn man mit einem Nachtzug morgens ankommt, findet man am ehesten die Unterkunft.

Sehenswertes

Die Hohe Tatra liegt im nördlichen Grenzbereich, teilweise schon auf polnischem, meist aber auf slowakischem Gebiet. Mit 2663 m ist die **Gerlsdorfer Spitze** die höchste Erhebung des ganzen Landes. Sehr schön ist die Fahrt am Fuß der Hohen Tatra entlang von Strbske Pleso nach Stary Smokovec und weiter nach Taranska Lomnica (schöner Holzbahnhof). Entlang der gesamten Strecke fahren Seilbahnen in die Höhe. Strbske Pleso gilt mit 1350 m als höchstgelegener Ort der Slowakischen Republik und bietet tolle **Wandermöglichkeiten** ins Gebirge. Von Tatranska Lomnica aus fährt eine Seilbahn auf die **Lomnitzer Spitze**, dem mit 2632 m zweithöchsten Berg des Landes, nahe der polnischen Grenze. Einzigartig ist der Ausblick vom Gipfel. Im Norden des Gebirges liegt der polnische Touristenort Zakopane.

TSCHECHISCHE REPUBLIK

Lobau
Luban
Gryfów
236
231
236
Ebersbach (S)
235
Zittau
Černousy
rk
sdf
Jele
Hrádek n. Nisou

536 517 (Erzg)
Česká Lípa
Tanvald
Liberec
22014
22032
22032
22015
Harrach
Svoboda n.
Duchcov
Ústí n.L.- hl.n.
Ústí n.L.- Střekov
22024
Bärenst
Vejprty
22004
Most
Litoměřice hor. n.
22020
Stará Pa
22004
Lovosice
Turnov
Chomutov
Kadaň
Obrnice
22010
Ml. Boleslav
Bakov n. Jizerou
22032
Žatec
Postoloprty
Roudnice n. L.
Vraňany
22020
Jičín
Louny
Kralupy-n. Vlt.
Hradec
Kaštice
Všetaty
Velelíby
Nymburk hl.n.
Králov
Vary
22016
Podlešín
PRAHA
22030
Lysá n. L.
22030
no u Jesenice
Lužná u Rakovníka
Poříčany
22032
22004
Rakovník
Masaryk.n.
hl.n.
22040 22050
22051 22060
Velký Osek
22040 Pardul
22051
Beroun
Kolín
nské Láz.
Zdice
22000
22000
22005
Čerčany
22050
Čáslav
2000
22005
22060
Plzeň
22005
Lochovice
22064
Benešov u Prahy
Světlá n. Sáz.
22001
Březnice
TSCHECHISCHE
Havlíčkův Brod
003
22064
Nepomuk
22005
REPUBLIK
22060
Klatovy
22070
Tábor
22070
22070
Jihla
Janovice
Horažďovice pr.
Bechyně
22064
Kostelec u
22003
Písek
22001
Strakonice
Ražice
Protivín
Veselí nad Lužnicí
Horní Cerekev
Železná Ruda město
Čičenice
22064
22001
Slavonice
22005
Vimperk
Prachatice
Čes. Budějovice
22064
Jemnice
Volary
22001
Waidhofen a. d. Thaya
Nové Údolí
České Velenice
Drosendf.
22064
Aigen-Schlägl
Lipno n. V.
Gmünd NÖ
Schwarzenau
230
D
Passau
Horní Dvořiště
23080
Zwettl
Sigmundsherberg
946
Schärding
23008
Šumerau
23009
23081
Krems

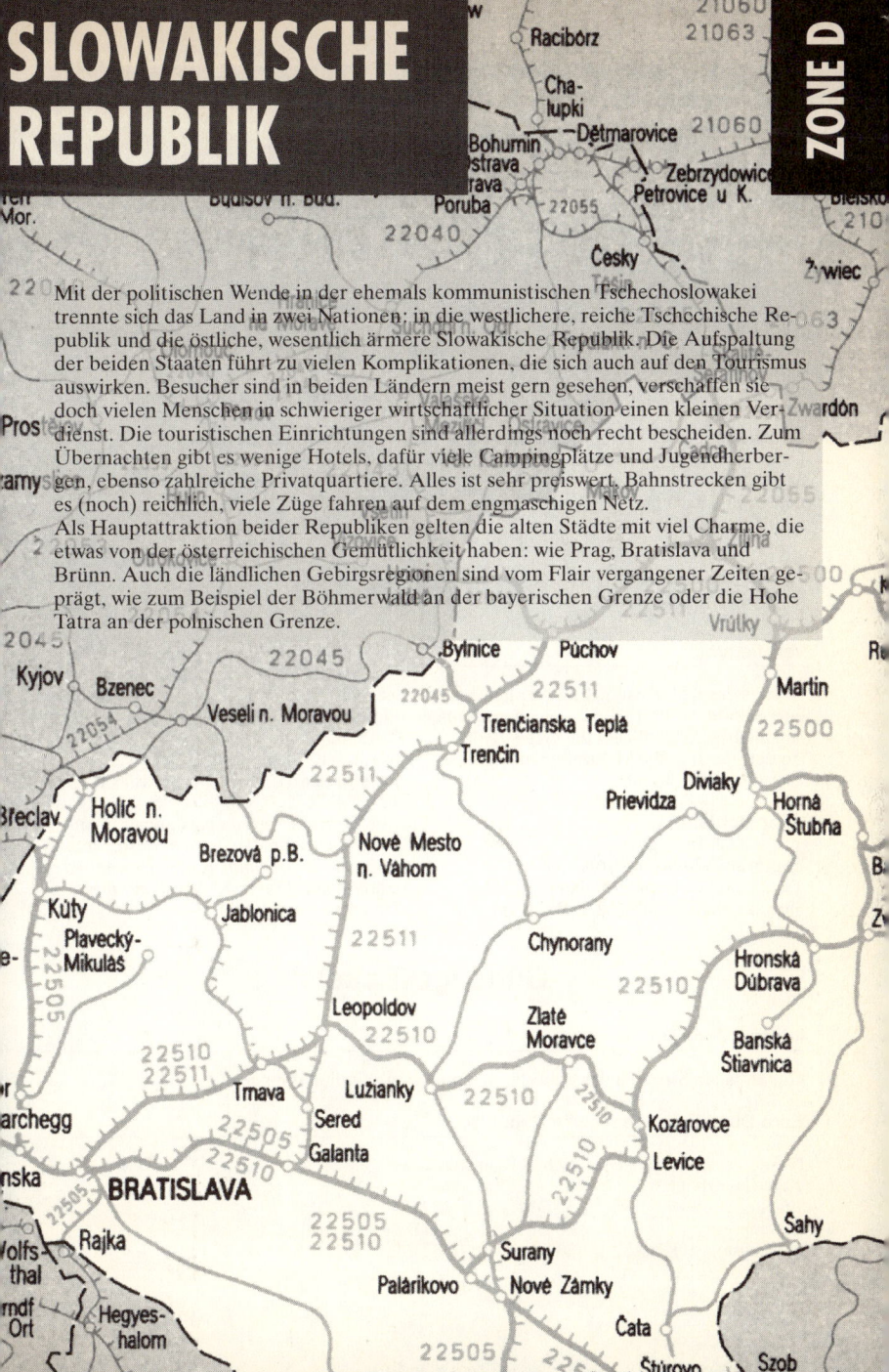

SLOWAKISCHE REPUBLIK

Mit der politischen Wende in der ehemals kommunistischen Tschechoslowakei trennte sich das Land in zwei Nationen: in die westlichere, reiche Tschechische Republik und die östliche, wesentlich ärmere Slowakische Republik. Die Aufspaltung der beiden Staaten führt zu vielen Komplikationen, die sich auch auf den Tourismus auswirken. Besucher sind in beiden Ländern meist gern gesehen, verschaffen sie doch vielen Menschen in schwieriger wirtschaftlicher Situation einen kleinen Verdienst. Die touristischen Einrichtungen sind allerdings noch recht bescheiden. Zum Übernachten gibt es wenige Hotels, dafür viele Campingplätze und Jugendherbergen, ebenso zahlreiche Privatquartiere. Alles ist sehr preiswert. Bahnstrecken gibt es (noch) reichlich, viele Züge fahren auf dem engmaschigen Netz.

Als Hauptattraktion beider Republiken gelten die alten Städte mit viel Charme, die etwas von der österreichischen Gemütlichkeit haben: wie Prag, Bratislava und Brünn. Auch die ländlichen Gebirgsregionen sind vom Flair vergangener Zeiten geprägt, wie zum Beispiel der Böhmerwald an der bayerischen Grenze oder die Hohe Tatra an der polnischen Grenze.

Das Wichtigste vorweg

Geld

Die tschechische und slowakische Krone gewinnen zwar an Kaufkraft, sind jedoch noch so instabil, daß es unmöglich ist, feste Umrechnungskurse anzugeben. Vor der Einreise bei den Banken nach dem aktuellen Stand fragen.

Telefon nach Hause

Deutschland 9049
Österreich 9043
Schweiz 9041
Direktwahl nach Hause ist nur von speziellen Automaten aus möglich.

Telefon-Notruf:
In beiden Ländern: 150

Botschaften in Prag

Deutschland: Mala Strana, Vlasska 19, Prag 1, Tel. 02/24510323
Österreich: Ulice Viktoria Huga 10, Prag 5, Tel. 02/546558
Schweiz: Pevnosti 7, Prag 6, Stresovice, Tel. 02/24311228

Botschaften in Bratislava

Deutschland: Ulice Palisady 47, Tel. 07/315300
Österreich: Ulice Holubyho 11, Tel. 07/311103
Schweiz: Botschaft in Prag

Unterwegs

Verpflegung

Abseits der schlimmsten Touristenhochburgen sind die Preise immer noch erstaunlich niedrig. Je ländlicher die Gegend, desto deftiger sind die Mahlzeiten, und das Bier schmeckt überall.

Übernachten

Es gibt etwa 30 *Jugendherbergen* in der Tschechischen Republik, aber nur 11 in der Slowakischen Republik. Die Preise reichen von 7 bis 30 DM. Reservieren kann man bei: Tschechische Republik: KMC-Travel-Service, Karoliny Svetle 30, CZ-11000 Prag 1, Tel. 02/24230633, Fax 02/24230633 oder 02/8550013
Slowakische Republik: UMS-Travel-Service, Prazska 11, SK-81336 Bratislava, Tel. 07/417271, Fax 07/494715.

Im Sommer bieten sich Zimmer in *Studentenheimen* an. Die preiswerteste Unterkunft sind *Privatzimmer*, die meist am Bahnhof angeboten werden. *Campingplätze* sind ebenso zahlreich.

Günstige Tickets

Interrail Zone D

Gilt auf allen Strecken der tschechischen und slowakischen Bahnen.

Euro Domino Tschechische Republik

Freie Fahrt auf den tschechischen Bahnstrecken

Tage (innerhalb 31)	**3**	**5**	**10**
Jugendliche	59 DM	89 DM	148 DM
Erwachsene	80 DM	118 DM	191 DM
Erwachsene 1. Klasse	120 DM	178 DM	287 DM

Euro Domino Slowakische Republik

Freie Fahrt auf den slowakischen Bahnstrecken

Tage (innerhalb 31)	3	5	10
Jugendliche	48 DM	65 DM	86 DM
Erwachsene	63 DM	86 DM	115 DM
Erwachsene 1. Klasse	96 DM	130 DM	172 DM

Besonders schöne Bahnstrecken

Die meisten Bahnstrecken in beiden Ländern führen durch interessante Mittelgebirge. Schon bei der Fahrt in die beiden Staaten durchquert man die Berge. Vom deutschen Schirnding in Nordostbayern kommt man über **Cheb** und **Pilsen** nach **Prag** (Strecke 22000, mehrfach täglich, Züge von Dortmund, München, Frankfurt, Nürnberg, Paris), zudem übers Nordostbayern **Furth im Wald – Domazlice** (22002), übers sächsische **Plauen – Bad Brambach – Vojtanov** (22008) und vor allem über **Dresden**

– Decin (22010, Züge im Zweistundentakt direkt Berlin – Prag). Auch die Strecken von der Tschechischen und Slowakischen Republik in andere Länder sind landschaftlich schön: etwa die von Prag nach **Polen** (22040), nach **Budapest** (22050, sehr gute Verbindung) oder die von Prag nach **Wien** (22064, etwa alle 2 Stunden). Die interessanteste Bahnstrecke führt in der Slowakischen Republik zur Hohen Tatra, dem bis zu 2665 m hohen Gebirge an der polnischen Grenze (22500).

Ziele

Karlovy Vary / Karlsbad

Strecke 22007 Cheb – Chomutov. Hauptbahnhof ist Dolni Nadrazi.

Information

Cedok im Bahnhof. Zimmervermittlung.

Übernachten

Jugendherberge Cajkovsky, Sadova 32, Tel. 017/2 84 37, vom Bahnhof 1,5 km, ca. 25 DM. **Jugendherberge Albion**, Zamecky 43, Tel. 017/2 34 73, Bus 1. **Campingplatz Gejzirpark**, 3 km außerhalb, Bus 7 Richtung Bresova.

Sehenswertes

Karlsbad ist ein schöner alter Kurort, mit einer Stimmung wie im 19. Jahrhundert. Die meisten Gebäude werden wieder frisch herausgeputzt. Angesichts der nahen deut-

schen Grenze und der vielen Besucher ist die Stadt relativ teuer.

Pilsen

Bahnknotenpunkt. Strecke 22000 Cheb – Prag, mehrere direkte Züge von Deutschland.

Information

Cedok an der Presovska 10. Zimmervermittlung.

Übernachten

Jugendherberge Hotel Armabeton Servis, Borska 53, Tel. 019/27 65 00, 308 Betten, vom Bahnhof 2 km, Bus 22, Straßenbahn 16.

Sehenswertes

Große, recht schmutzige Industriestadt, die wirklich nur für leidenschaftliche Biertrinker interessant ist. Das Brauereigelände liegt nur 250 m vom Bahnhof, das dazugehörige große Lokal wird ständig von Touristen belagert: Hier gibt es das echte **Pilsner Urquell**. Das Biermuseum liegt in der Innenstadt in der Pivovarske-Straße hinter dem Marktplatz und der großen Kathedrale St. Bartholomäus mit einem 105 m hohen Turm.

Prag

Bahnknotenpunkt, alle 2 Stunden direkte Züge aus Berlin.

Information

Mitten in der Neustadt in der Na Prikope 20, Tel. 02/544444. Stadtpläne.

Verkehr

Hauptbahnhof ist der **Hlavni Nadrazi**, er liegt nahe an der Altstadt mitten im Zentrum. Die Züge aus Deutschland kommen hier an oder im Bahnhof **Holesovice** nördlich des Zentrums. Langsamere Züge halten oft am Bahnhof **Masarykovo**, der nicht weit vom Hauptbahnhof entfernt ist. Die **Metro** erschließt mit drei verschiedenen Linien die ganze Stadt. Am Hauptbahnhof laufen die Linien zusammen. Vom Bahnhof in die Altstadt kann man gut laufen oder man fährt mit der Linie C bis Haje eine Station bis zum Stop Muzeum (Nationalmuseum) und steigt hier in die Linie A Richtung Dejvicka um, eine Haltestelle bis zum Stop Mustek (wo der Wenzelsplatz in die Prikope-Straße übergeht). Die Fahrt mit der Metro kostet etwa 80 Pfennig, ebenso die Fahrt mit **Straßenbahn** oder **Bus**. Tickets an Automaten oder am Kiosk kaufen, bei Fahrtantritt dann im Automaten entwerten. Für Fahrten mit Bus oder Straßenbahn muß man beim Umsteigen einen neuen Fahrschein lösen, bei der Metro nicht. Ein Ticket für 3 Tage für alle Verkehrsmittel kostet ca. 12 DM.

Übernachten

Trotz vieler Zimmer gibt es ständig Übernachtungsprobleme wegen Überfüllung. Preiswerte **Zimmer** werden vermittelt durch: **Cedok**, Na Prikope 18, Tel. 02/212 71 11 (werktags bis 21 Uhr, So bis 16 Uhr). **Student Accomodation Board**, Opletalova 38, Tel. 02/22 26 53. **Pragotur**, Obecniho Domu 2, Tel. 02/231700. **AVE**, in allen Bahnhöfen, private Zimmervermittlung gegen geringe Gebühr, Tel. 02/242 23 26. **Konvex**, Smeckach 29, Tel. 02/264901. **Top Tur**, Rybna 3, Tel. 02/23 210 77. **Jugendherbergen: CKM Juniorhotel**, Zitna 12, Tel. 02/29 29 84, 50 Betten, 500 m vom Hlavni-Nadrazi-Bahnhof entfernt. **Hotel Beta**, Roskotova 1225/I, Tel. 02/462791, 250 Betten, keine Schließzeit, 5 km vom Hlavni-Nadrazi-Bahnhof, Metro C bis Budejovicka, dann Bus 124. **Hotel Standart**, Vodni Stavby, Pristavni 2, Tel. 02/876541, 150 Betten, keine Schließzeit, 300 m vom Bahnhof Holesovice oder Metro C bis Nadrazi.

Viele **Privatzimmer** werden an den Bahnhöfen von den Besitzern direkt angeboten. **Campingplätze** sind zahlreich vorhanden, eine Übernachtungsmappe gibt es bei Pragotur (siehe oben). Dem Zentrum am nächsten liegen das **Motol-Camping** im Vorort Motol, Busverbindung, und das **Troja Camping** in der Trojska 171, nicht weit vom Zoo, Tel. 02/842833, mit Bus 112 vom Bahnhof Holesovice zu erreichen.

Essen und Trinken

Die Restaurants sind im Sommer oft besetzt. Vor allem um den Wenzelsplatz herum gibt es viele Lokale, allerdings zu gehobenen Preisen. Am billigsten sind der **Baltic Grill** (am Wenzelsplatz) sowie die **Imbißlokale** mit «Bramboracky», aus Kartoffelteig gebratenen schmackhaften Snacks. Treffpunkte der Stadt sind bei Tag und Nacht ebenfalls der Wenzelsplatz und die Karlsbrücke. Großen Zulauf haben auch das Live-Musik-Lokal **Reduta** mit vielen amerikanischen und deutschen Jazzfans sowie das **Theater Laterna Magica** mit urigen Tanzmusikvorstellungen, beide um den Wenzelsplatz. Die meistgelobte Disco ist wohl immer noch das **Luxor** gleich nebenan.

Sehenswertes

Die Metropole des Landes mit ihren 1,3 Millionen Einwohnern gehört zu den schönsten Städten des Kontinents. Kaiser Karl IV. gründete hier 1348 die erste Universität des Deutschen Reiches. Unter seiner Regie entstanden auch die wichtigsten gotischen Gebäude.

In der Barockzeit nach dem 30jährigen Krieg blühte Prag erneut auf, mit unzähligen Palästen, die man heute noch bewundern kann. Vom Hauptbahnhof Hlavni Nadrazi folgt man der Hauptstraße parallel zu den Gleisen nach links und kommt nach ca. 500 m zum **Nationalmuseum** (täglich außer Di 9–16 Uhr, 5 DM) mit prähistorischen und geologischen Funden. Daneben steht die **Statue des heiligen Wenzel**. Hier beginnt rechts die Prachtstraße Vaclavske Namesti, der **Wenzelsplatz**, umgeben von vielen Cafés, Restaurants und Hotels. Durch die Freiheitsdemonstration von 1968 ist der Wenzelsplatz zum Zeichen für politische Befreiung geworden. An seinem anderen Ende stößt man auf die Prikope-Straße, das moderne Einkaufszentrum der Stadt. Läuft man weiter über die Prikope geradeaus und dann halbrechts, erreicht man den Mittelpunkt der **Altstadt** (Stare Mesto), den **Altstädter Ring** mit dem **Altstädter Rathaus** aus dem 14. Jahrhundert. Berühmt ist die **Astronomische Uhr** am 70 m hohen Turm des Rathauses. Sie stammt aus dem Jahr 1410 und präsentiert alle Stunde bei jedem Glockenschlag bewegliche Figuren der christlichen Geschichte. Auf dem Platz steht auch das **Denkmal für Jan Hus**, dem Vorläufer Luthers, der im frühen 15. Jahrhundert die katholische Kirche zu Reformen bewegen wollte, aber entgegen dem Ehrenwort der katholischen Kirchenväter in Konstanz verbrannt wurde. Am Platz stehen außerdem die gotische **Teynkirche** (1365) mit dem Grab des dänischen Astronomen Tycho Brahe sowie alte Patrizierhäuser. An der Ecke des Platzes ragt zudem die **Nikolauskirche** hoch, neben der das Geburtshaus von Franz Kafka steht. Entgegengesetzt

dazu, im Südosten des Platzes, verläuft die Straße Celetna, an der das **Carolinum**, das Zentralgebäude der alten Universität, zu finden ist.

Nördlich vom AltstädterRing befindet sich die eigentliche Altstadt mit ihren engen Gassen; nordwestlich vom Ring ist das **Judenviertel** mit dem **Jüdischen Museum**, das über die Geschichte der Juden im Land Aufschluß gibt (täglich außer Sa 9–16 Uhr, 1 DM). Hier stehen auch zwei Synagogen, wobei die Pinkas-Synagoge am Rand des Judenfriedhofs als Erinnerung an die Nazimorde dient. Die Straße Karlova führt vom südwestlichen Ende des Altstädter Rings direkt zur berühmten *Karluv most*, der **Karlsbrücke**. Vor der Brücke liegt der Kreuzherrenplatz, umringt von barocken Kirchenfassaden: der **Salvatorkirche**, der **Kreuzherrenkirche** sowie dem **Klementinum**, das früher die Jesuiten beherbergte und heute Nationalbibliothek ist. Unter dem Altstädter **Brückenturm** hindurch gelangt man jetzt auf die Brücke, die Fußgängern vorbehalten ist, mit schönen Laternen, vielen Tauben, Dutzenden von Statuen und Menschen aus aller Welt. Die 1357 erbaute Brücke ist 505 m lang. Vor allem abends werden das Geschehen auf der Brücke und der Blick auf die Stadt zum einzigartigen Erlebnis.

Auf der anderen Seite der Moldau führt die Mostecka-Straße direkt zur riesigen **Nikolauskirche** aus dem 18. Jahrhundert mit einem riesigen Deckengemälde. Rechts davon zweigt der Weg zur Burg hinauf ab. Hier steht der für den Feldherrn des Dreißigjährigen Kriegs, Wallenstein, erbaute **Palast Waldstein**. Vom prunkvollen Barockbau ist aber nur die Rückseite zu besichtigen. Von diesem Stadtviertel, das allgemein **Mala Strana** (Kleinseite) genannt wird, kommt man über Treppen zur Burg hinauf. Die Burgstadt, der berühmte **Hradschin**, eine mächtige Anlage aus dem 14. Jahrhundert, war Sitz der böhmischen Könige. Ein erster Festungsbau wurde hier bereits im 9. Jahrhundert erstellt; seit dieser Zeit beherrscht der Hradschin die gesamte Region. Durch das *Matthiastor* kommt man in den zweiten Burghof. Im rechts angrenzenden Gebäude befindet sich heute der Sitz des Staatspräsidenten. Daneben steht die *Heiligkreuzka-*

191

pelle mit dem Domschatz; etwas weiter befindet sich die **Gemäldegalerie** mit Bildern von Rubens. Im dritten Burghof steht der **Veitsdom**. Seit dem 10. Jahrhundert wurde hier an der wichtigsten Kathedrale des Landes gebaut, mit 25 Kapellen, einem Haupt- und zwei Nebentürmen. In der Schatzkammer werden die Juwelen der böhmischen Könige verwahrt, die **Wenzelskapelle**, der Krönungsort der Könige, beherbergt das Grab, ein Standbild und ein Gemälde des heiligen Wenzel. Neben der Kirche steht die *Statue des heiligen Georg*, dahinter folgt der **Wladislaw-Saal** mit prächtigem, gotischem Schmuck. Hier werden heute die Staatspräsidenten ernannt. Nebenan die Landrechtsstube, in der bis zur Mitte des 19. Jahrhunderts der böhmische Landtag tagte, ihr folgt der berühmte **Statthalter-Saal**, wo 1618 böhmische Vertreter zwei Gesandte des Kaisers aus dem Fenster warfen und dadurch den 30jährigen Krieg auslösten. Neben dem Hauptturm der Festung erhebt sich die **Goldene Pforte**, die früher wichtigster Eingang zur Anlage war. Weiter östlich folgt die **Georgsbasilika**, eine romanische Kirche mit Bauten aus dem frühen 10. Jahrhundert, die zu den sehenswertesten Kirchen in Prag zählt. Das Zlata ulicka, das **Goldene Gäßchen** hinter der Basilika, zeigt mehrere kleine Häuser, in denen früher die Dienstboten in der Burgmauer wohnten. Heute tummeln sich hier die Touristen auf der Suche nach dem Häuschen, in dem Franz Kafka gewohnt hat.

Nördlich des Hradschin steht noch das **Belvedere-Schlößchen**, ein prächtiger Renaissance-Bau, und westlich der Burganlage, um den Hradschiner Platz herum, folgen drei Paläste aus dem 16. und 17. Jahrhundert mit Museen wie der Nationalgalerie, der bedeutendsten tschechischen Gemäldesammlung.

Ein weiteres historisch wichtiges Gebäude ist das **Palais Lobkowitz** mit der deutschen Botschaft, südlich des Hradschin: Tausende von Menschen aus der ehemaligen DDR suchten hier im August und September 1989 Zuflucht, bis ihnen die freie Ausreise zugesichert wurde, und bereiteten dadurch dem DDR-Regime ein Ende.

Brno/Brünn

Bahnknotenpunkt, Strecke 22050 Prag – Bratislava – Budapest, fast jede Stunde ein Zug von Prag (3 Stunden Fahrt), auch direkte Züge von Berlin.

Information

Fremdenverkehrsamt beim Rathaus, Radnicka 4.

Übernachten

Zimmervermittlung bei **Cedok**, Divadelni 3. Preiswerte Zimmer bei **CKM**, Ceska 11, Tel. 05/2 36 41 oder 33 11 11. **Jugendherberge Ubytovna Interservis**, Lomena 38, Tel. 05/33 11 11, 150 Betten, vom Bahnhof Bus 40, 49 oder Straßenbahn 22. **Campingplatz Bobrava**, 11 km außerhalb, Busverbindung.

Sehenswertes

400 000 Einwohner leben in der früheren Hauptstadt von Mähren, die heute weitgehend von Industrie geprägt wird. Nur in ihrem Zentrum spürt man noch etwas vom Flair der Universität und der historischen Tradition Brünns. Der Hauptbahnhof Hlavni Nadrazi liegt direkt an der Altstadt. Keine 5 Gehminuten vom Bahnhof thront halblinks der **Petrus-Paulus-Dom**, dessen Türme erst im 20. Jahrhundert errichtet wurden. Vom **Dompark** aus hat man einen guten Ausblick auf die Stadt. Benachbart liegen das **Mährische Museum** mit Gemälden von Rubens und die **Kapuzinerkirche** mit den Gräbern von Brünner Adligen. Nördlich, nur wenige Minuten entfernt, liegt das Stara Radnice, das Alte Rathaus, mit dem **Brünner Drachen** im Inneren, jenem sagenumwobenen Ungeheuer, das die Jungfrauen der Stadt verfolgte. Halblinks davon liegt das **Neue Rathaus**, das 500 Jahre jünger ist, also aus dem 18. Jahrhundert stammt. Neben ihm findet man den schönen **Kreuzgang** eines alten Klosters und die **Michaelskirche**. Von hier aus gelangt man in wenigen Minuten zur **Festung** hoch, die auf dem Spielberg in 283 m Höhe als Wahrzeichen die Stadt

überragt. Im südwestlich, unterhalb der Burg, gelegenen **Augustinerkloster** war der Wissenschaftler Gregor Mendel tätig, der die Vererbungslehre entwickelte.

Lohnend ist die Fahrt mit der Straßenbahn (Linie 3) nach **Obrany**, wo man Höhlen des mährischen Karstgebirges besichtigen kann.

Bratislava/Preßburg

Bahnknotenpunkt, Strecke 22050 Prag – Budapest. Etwa alle 2 Stunden direkte Züge von Prag (Fahrtdauer 5 Stunden) und Budapest (Fahrtdauer 3 Stunden). Direkte Züge von Berlin, Warschau, Bukarest. Mehrere Züge täglich nach Wien (Strecke 23088, Fahrtdauer nur 1 Stunde).

Information

Panska 18, Pläne und Zimmervermittlung.

Übernachten

Zimmervermittlung bei **Cedok**, Jesenskeho 5, Tel. 07/52002. Preiswerte Zimmer bei **UMS**, Prazska 11, Tel. 07/417271. Oder bei: **CKM**, Hviezdoslavovo nam 16, Tel. 07/331607. **Jugendherberge Juniorhotel**, Drienova 14, (Mo–Fr 9–17 Uhr), Tel. 07/238000, 200 Betten, 4 km vom Bahnhof, Bus 22 oder Straßenbahn 12. **Jugendherberge Juventa**, Karloveska 64, Tel. 07/722686 oder 722303, 30 Betten, Schließzeit 23 Uhr, 5 km vom Bahnhof, Straßenbahn 5, 9 bis Juventa. 3 **Campingplätze am See Zlate Piesky**, Holzhütten, 8 km nördlich, am Rand der Stadt, Bus 110 oder Straßenbahn 12.

Essen und Trinken

Bratislava ist berühmt für seine Weinlokale, die den nördlich der Stadt angebauten Wein ausschenken. Am bekanntesten ist das **Velki Frantiskani** im alten Kloster mit Blasmusik und vielen jungen Leuten.

Sehenswertes

Die Hauptstadt der Slowakischen Republik liegt an der Donau, nur 50 km von Wien und 20 km von Ungarn entfernt. Sehenswert ist die Altstadt an der Nordseite der Donau mit der hoch über der Innenstadt thronenden **Burg**, vom Hauptbahnhof fährt man die ca. 2,5 km am besten mit der Straßenbahn. Von der Burg aus hat man einen phantastischen Blick auf das «Dreiländereck». Unterhalb der Burg liegt der dem heiligen Martin geweihte **Dom Martina**, in dem vom 16. bis ins 19. Jahrhundert die Könige Ungarns gekrönt wurden – schließlich war Bratislava nach der Eroberung Budapests durch die Türken die Hauptstadt Ungarns. An der nördlichen Donauseite liegt die **Slowakische Nationalgalerie** mit Gemälden und Kunstwerken slowakischer Künstler. Weiter östlich folgt das **Museum der Slowakischen Geschichte** und landeinwärts die **Komensky-Universität**, die bereits im 15. Jahrhundert gegründet wurde. Sehenswert in der Altstadt sind auch das **Alte Rathaus** mit barocken Sälen, dahinter der **Primatialpalast** mit der Städtischen Gemäldesammlung und, etwas nördlich, die älteste Kirche der Stadt, die **Franziskanerkirche** aus dem Jahr 1297.

Hohe Tatra

Siehe Polen Seite 185.

UNGARN

WIEN

ÖSTER-REICH

Wiener-Neustadt

BUDAPEST

n. Váhom

22500
22511

Chynorany

Leopoldov

22510

Hornská-Dúbrava

Zvole

Zohor

Marchegg
Devín. N. Ves

23088

23000

Bratislava   Galanta

Wolfsthal

23090

Rajka

Parndorf
Ort

Hegyeshalom

Wulkaprodersdorf

Sopron

Parnhagen

Fertöújlak

23075

Deutschkreutz

Fertö-
szentmiklós

Friedberg

23093
23094

Köszeg

23101

Celldömölk

Szombathely

23104
23110

Pápa

23101

Ukk

23104

Jenners-dorf

23101

Szentgotthárd

Zalaszentiván
Tapolca

Majánsenye

Zalalövö

Zalalövö

Murska
Sobota

Rédics

Badacsony

Keszthely

23112

Balaton-
szentgyörgy

23101

Ormož   Čakovec

Varaž-din

Kotoriba

Nagykanizsa
Murakeresztúr

23112

Gyékényes

Botovo
Koprivnica

23113

Somogyszob

23208

Križevci

23208

Bjelovar

Barcs

Dugo Selo

KROATIEN

Középrigóc

Pcelić

23200

Sisak

Banova
Jaruga

23200

Sunja

Novska

23210

Lužianky

22510

22510

Kozárovce

Levice

Šurany
N. Zámky

22505
22510

Čata

Šahy

Komárno

22505

22505

Štúrovo   Szob

23095

Esztergom

Vác

Györ   23100   Komárom

Csorna

23102

23104

Kisbér

Tatabánya

Veszprém-
varsány

Oroszlány

B-Kelenföld

23103

23100

Székesfehérvár

23102

23110

Veszprém

Alsóörs

Szabad-
battyán

Balatonfüred

23111

Lepsény

Dunaúj-
város

Mezöfalva

Siófok

23112

Fonyód

Rétszilas

Tamási

Pince-
hely

Paks

23113

Dombóvár

Kaposvár

23113

Bátaszék

Baja

Pécs

Mohács

Szent-
lörinc

23113

Sellye   Beremend

Magyarbóly
Beli Manastir

Sombor

23208

Velika

Našice

Osijek

Bani

Zvole

23131

231

Rako

Pusztaszabolcs

23114

K.-Tas

231

Solt

Fü

Dunapataj

Kalocsa   23

Kiskur

Jú

Bo

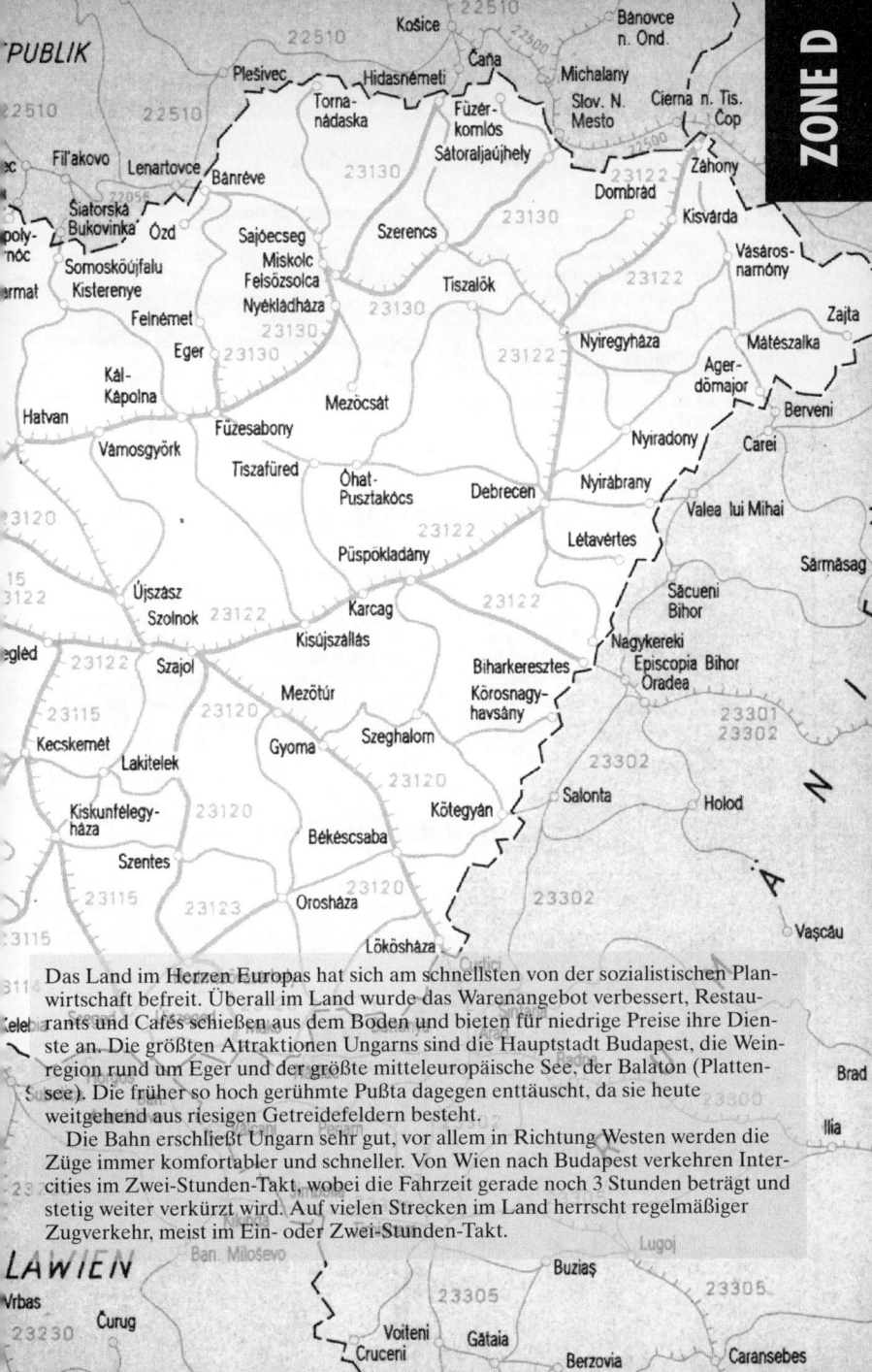

Das Land im Herzen Europas hat sich am schnellsten von der sozialistischen Planwirtschaft befreit. Überall im Land wurde das Warenangebot verbessert, Restaurants und Cafés schießen aus dem Boden und bieten für niedrige Preise ihre Dienste an. Die größten Attraktionen Ungarns sind die Hauptstadt Budapest, die Weinregion rund um Eger und der größte mitteleuropäische See, der Balaton (Plattensee). Die früher so hoch gerühmte Pußta dagegen enttäuscht, da sie heute weitgehend aus riesigen Getreidefeldern besteht.

Die Bahn erschließt Ungarn sehr gut, vor allem in Richtung Westen werden die Züge immer komfortabler und schneller. Von Wien nach Budapest verkehren Intercities im Zwei-Stunden-Takt, wobei die Fahrzeit gerade noch 3 Stunden beträgt und stetig weiter verkürzt wird. Auf vielen Strecken im Land herrscht regelmäßiger Zugverkehr, meist im Ein- oder Zwei-Stunden-Takt.

Das Wichtigste vorweg

Geld

Der Forint ist noch so instabil, daß man sich vor Antritt der Reise über den aktuellen Kurs informieren sollte.
1 Forint = 100 Filler

Telefon nach Hause

Deutschland 0049   Telefon-Notruf 07
Österreich 0043
Schweiz 0041

Botschaften in Budapest

Deutschland: Stefania utca 101,
Tel. 01/2518999
Österreich: Benczur utca 16,
Tel. 01/2696700
Schweiz: Stefania utca 107, Tel. 01/2681838

Reiseführer

Hubertus Knabe: Anders Reisen:
«Ungarn», Rowohlt Taschenbuch Verlag

Unterwegs in Ungarn

Verpflegung

Sowohl in Restaurants als auch bei Selbstversorgung kommt man in Ungarn recht preiswert davon. Natürlich sind die Preise in Budapest und anderen touristischen Gebieten stark angestiegen, auf dem Land aber zahlt man noch die gewohnt niedrigen Preise. In vielen Gaststätten gibt es Live-Musik zum Essen.

Übernachten

In Ungarn gibt es ca. 40 Jugendherbergen, 33 davon allein in Budapest. Privatzimmer werden über die Fremdenverkehrsämter vermittelt, viele Vermieter stehen aber auch am Bahnhof. Die Zimmer kosten abseits von Budapest und Balaton 15–25 DM pro Bett. Es gibt sehr viele Campingplätze, besonders um den Balaton herum.

Günstige Tickets in Ungarn

Interrail Zone D

Gilt auf allen Strecken der ungarischen Bahnen.

Euro Domino

Freie Fahrt auf Ungarns Eisenbahnen.

Tage (innerhalb 31)	**3**	**5**	**10**
Jugendliche	61 DM	88 DM	166 DM
Erwachsene	80 DM	119 DM	222 DM
Erwachsene 1. Klasse	124 DM	182 DM	342 DM

Touristenabonnement MAV

Freifahrt für Erwachsene auf Ungarns Bahnen.

Preise	**2. Klasse**	**1. Klasse**
10 Tage	150 DM	220 DM
20 Tage	200 DM	300 DM

Ungarn-Explorerpaß

Freie Fahrt auf Ungarns Bahnen für Leute unter 26.
7 Tage   59 DM (2. Klasse)   93 DM (1. Klasse)

Besonders schöne Bahnstrecken in Ungarn

Die Einreise ins Land führt über Österreich auf der Strecke 23100 Wien – Budapest. Auch von der Slowaischen Republik her bestehen gute Verbindungen auf der Strecke 22505 mit direkten Zügen von Prag – Bratislava – Budapest. Nach Kroatien fahren Züge auf der Strecke 23112 Budapest – Nagykanisza – Zagreb und weiter nach Rijeka und Venedig, nach Serbien auf der Linie 23114 Budapest – Kelebia – Beograd.

Direkte Verbindungen mit Rumäniens Hauptstadt Bukarest gibt es auf den Strecken 23120 und 23122.

Besonders abwechslungsreich sind die ungarischen Bahnstrecken nicht. Da in Ungarn die Modernisierung gewaltig fortschreitet, ersetzen landwirtschaftliche Monokulturen die ehemalige Pußtalandschaft.

Ziele in Ungarn

Sopron

Strecke 23093 Wien-Südbahnhof – Sopron – Györ – Budapest.

Information

Ogabona Ter 8, an der westlichen Straße um die Altstadt, vom Bahnhof 12 Minuten. Zimmervermittlung.

Übernachten

Am billigsten sind **Privatzimmer**, die über das Fremdenverkehrsamt vermittelt werden. **Studentenzimmer** im Sommer bei Fekete Zoltan Kollegium, Ady Endre Utca 5. Preiswertes **Hotel Lokomotiv** Löver Korut 1, Tel. 099/31 41 80, 20 Minuten vom Bahnhof oder Bus 2, ca. 25 DM mit Frühstück. **Campingplatz Löver**, Pocsidomb, auch Hütten, Tel. 0 99/31 17 15, 3 km außerhalb, Bus 12 vom Zentrum.

Sehenswertes

Sopron ist ein wunderschönes Städtchen an der Grenze zu Österreich, mit mittelalterlichem Flair, schmalen Gassen und kleinen Häuschen. Vom Bahnhof läuft man 10 Minuten durch die Matyas Kiraly Utca und trifft auf die Überreste der Stadtmauer, hinter der sich links die Altstadt erstreckt. Lohnend ist der **Stadtturm** mit schönem Blick auf die Stadt (täglich außer Mo, 10–18 Uhr, ca. 2 DM). Der alte **Platz Fö Ter** zeigt prächtige alte Barockgebäude, die teilweise besichtigt werden können. Die Synagoge weiter im Süden der Altstadt aus dem 13. Jahrhundert wurde frisch renoviert (täglich 10–17 Uhr). Das Bergbaumuseum in der Templon Utca informiert über den Kohleabbau im Mittelalter (täglich 10–18 Uhr).

Budapest

Bahnknotenpunkt. Direkte Züge von Paris, Stuttgart, München, Wien, Berlin, Prag, Bratislava, Bukarest, Zagreb.

Information

Budapest Tourist, Roosevelt Ter 5. Auch in

197

der Sütö Utca 2 bei der zentralen Metro-Station Deak Ter. Zimmervermittlung.

Verkehr

Drei große Bahnhöfe: **Keleti pu**: östlich der Donau, im Stadtteil Pest. Züge nach Wien, Beograd, in viele andere Richtungen. Größter Bahnhof. **Deli pu**: westlich der Donau, im Stadtteil Buda. Züge an den Plattensee, auch nach Österreich. **Nyugati pu**: östlich der Donau, nicht weit vom Fluß im nördlichen Pest. Züge nach Bratislava, in den Osten. *In Budapest* verkehren viele **Straßenbahnen, Busse** und **3 Metro-Linien**: Metro 1 (gelb) fährt in Pest. Metro 2 (rot) fährt von Buda nach Pest, auch vom Deli-pu-Bahnhof zum Keleti-pu-Bahnhof. Metro 3 (blau) fährt von Süd-Pest nach Nord-Pest. Ab 23.30 sind **Nachtbusse** unterwegs. Tickets sind sehr billig, sie gelten für alle Verkehrsmittel, ca. 0,60 DM. Die Tageskarte für alle Verkehrsmittel kostet ca. 4 DM, die Wochenkarte ca. 14 DM, mit Paßfoto. Zentrale Metro-Station ist Deak ter, deren Schalter sind immer offen.

Übernachten

Private Zimmer werden an den Bahnhöfen oder auf der Straße angeboten, ca. 18 DM pro Bett. Vor der Zusage sollte man sich das Zimmer ansehen. Die **Ibusz-Büros** vermitteln ebenso wie Budapest Tourist (siehe oben) Privatzimmer: Ibusz, Ferenciek ter 5, Tel. 01/1186866; zudem Ibusz-Büros in allen 3 großen Bahnhöfen bis 20 Uhr. In Budapest gibt es 33 **Jugendherbergen**. Es empfiehlt sich, sie unter einer der folgenden Zentralbuchungsbüros zu bestellen, da die Hostels oft ausgebucht sind: **Express-Büro**, Szabadsag ter 16, Tel. 01/1317777; Express-Büro, Semmelweis utca 4, Tel. 01/1178600; **More than Way's-Büro**, Dozsa Gy utca 152, Tel. 01/1298644; **Universum-Büro**, Bathory utca 18, Tel. 01/2159111; **Eper-Büro**, Wiener utca, Tel. 01/1111780. **Campingplätze** liegen weit außerhalb: **Harshegyi** in der Harshegyi utca 7, mit Hütten, Tel. 01/1151482, Bus 22 vom Moszkva ter bis Budakeszi utca, April–September. **Camping Csilleberci Gyermek**, Thege Miklos utca 21,

Tel. 01/1565772, speziell für junge Leute, mit Hütten, ganzjährig geöffnet, Bus 90 bis zur Endhaltestelle.

Essen und Trinken

Sehr preiswert ist das Restaurant **Stop Bisztro** am südlichen Ende der Vaci utca, 50 m von der Freiheitsbrücke, große Auswahl, teilweise Selbstbedienung, bis 3 Uhr morgens offen. Überlaufen, aber sehr preiswert ist das **Kakas Vendeglö** in der breiten Attila utca 27 unterhalb des Burgbergs, Mahlzeiten unter 10 DM.

Am meisten los ist nachts im **Petöfi-Jugendzentrum** in der Zichy Mihaly utca 19, jeden Abend Live-Musik, Disco und Treff, Bus 70 vom Keleti-pu-Bahnhof. Viele Studenten trifft man in der **Disco Közgac** in der Fövam ter, vor allem freitags und samstags. Bekannt ist auch das **Rock-Café** in der Dohany utca 20, ca. 5 Minuten von der Metro-Station Astoria, mit Live-Rock, Eintritt und Getränk ca. 5 DM. Zur neuesten Wochenend-Attraktion hat sich der Studententreff in der Raday utca 43, **Student Disco**, entwickelt.

Sehenswertes

Im Keleti-Bahnhof in Pest findet man die **Innerstädtische Pfarrkirche** aus dem Jahr 1064, das älteste Bauwerk der Stadt. Donauaufwärts folgt das wuchtige **Parlament** vom Ende des 19. Jahrhunderts. In Pest stehen auch das **Kunstgewerbemuseum** und das Nationalmuseum, beide im südlichen Teil in der Nähe der Donau. Weiter entfernt vom Fluß, nördlich des Keleti-Bahnhofs, ist das **Stadtwäldchen** samt See, dicht dabei steht das **Museum der Bildenden Künste.**

Im nördlichen Teil der Innenstadt trifft man mitten in der Donau auf die **Margaretheninsel**. Sie ergrünt aus dem Fluß mit vielen Pflanzen, weist aber auch eine *Klosterruine* und *Freibäder mit Thermalwasser* auf. Die Eintrittspreise für die vielen Bäder sind recht niedrig.

Nach Buda führt die berühmte **Kettenbrücke** oder die **Elisabethbrücke**. Direkt am Fluß thront der **Burgherr** mit dem **Barockschloß** von Maria Theresia. Im Inneren ist jetzt das *Museum der Arbeiterbewegung*. Südlich davon erhebt sich der **Gellertberg** mit der **Zitadelle** der Habsburger und einer herrlichen Aussicht auf die Stadt.

An der Nordseite des Burgbergs steht die gotische **Matthias-Kirche**, in der die ungarischen Könige gekrönt wurden. Daneben sieht man die neuromanische **Fischerbastei** und unten am Fluß die **St.-Anna-Kirche**. Weiter nördlich folgen wiederum Heilbäder, dann die **Grabkapelle** des türkischen Derwischs Baba aus dem 16. Jahrhundert und schließlich, etwa in Höhe der Margaretheninsel, Reste des **Amphitheaters** von *Aquincum*, der ehemals römischen Stadt. Abends ist vor allem unter der Burg und auf der Margaretheninsel viel los, mit Musik und Happenings.

Balaton / Plattensee

Zwei Bahnstrecken führen von Budapest am See entlang, die Hauptlinie 23112 Richtung Zagreb am Südufer entlang (jede Stunde Züge), die Nebenstrecke 23111 nach Tapolca am Nordufer entlang (alle 2 Stunden Züge).

Übernachten

In allen Orten am See gibt es unzählige **Campingplätze** und viele **Privatzimmer**, mit zentralen Vermittlungsbüros. **Siofok: Jugendherberge Ezüstpart**, Liszt setany 3, Tel. 0 84 / 35 06 22, 1660 Betten, ab 25 DM. **Campingplatz Aranypart**, nur 300 m vom Bahnhof. **Balatonföldvar: Jugendherberge Juventus**, Jozsef Attila utca 9, Tel. 0 84 / 34 03 13, Mai–September, 200 Betten, ab 15 DM, nur 500 m vom Bahnhof. **Balatonfenyves: Jugendherberge**, Kölcsey utca 45, Tel. 0 85 / 36 16 86, Mai–September, 100 Betten, nur 500 m vom Bahnhof. **Alsoörs: Jugendherberge Dunafer**, Tel. 086 / 347138, Mai–September, ab 12 DM. **Balatonfüred**: Zimmervermittlung MAV am Bahnhof. **Campingplatz Földvar** nur 500 m vom Bahnhof.

Sehenswertes

Die Landschaft des größten mitteleuropäischen Sees ist von der Bahn optimal erschlossen. Beide Bahnstrecken erreichen alle Badeorte. Im Süden ist die gesamte Küste sehr touristisch, die Landschaft eher flach und langweilig. Im Norden gibt es noch ruhigere Orte, die Landschaft ist hügelig und geht langsam in die Höhen des Bakonywaldes über. Reizvoll ist die **Halbinsel Tihany** mit einer alten Kirche und unter Naturschutz stehender Vegetation.

Eger

Strecke 23130 von Budapest.

Information

Eger-Touristik, Bajcsy-Zsilinsky utca 9. Stadtpläne.

Übernachten

Privatzimmer, entweder direkt durch Vermieter am Bahnhof oder durch: **Eger-Tourist** (siehe oben), Tel. 0 36 / 31 17 24; **Express**, Szechenyi utca 28, Tel. 0 36 / 31 07 57; **Villa Tours**, Deak Ferenc utca 53, Tel. 0 36 / 31 78 03. **Campingplatz Eger**, Rakoczi utca 79, Tel. 0 36 / 310 5 58, am Stadtrand, Bus 11 und 12. **Campingplatz Szepasszony-Vülgy**, am Rand der Stadt beim Tal der schönen Frau nahe der Weinkeller.

Sehenswertes

Eger ist eine prächtige kleine Stadt mit einer großen Burg, die viele Ungarn an den Abwehrkampf gegen die Türken erinnert (Besichtigung auch der türkischen Waffen, täglich 9–17 Uhr, 5 DM). Sehr schöne Gebäude aus dem Barock findet man in der Hauptstraße Szechenyi. Am Eszterhazy ter steht die klassizistische Basilika aus dem 19. Jahrhundert. Am Rand der Stadt gibt es mehrere Weinkeller am Berghang, die im Sommer Weinproben mit Live-Musik veranstalten. Sie liegen im Tal der schönen Frau Szepasszony-Vülgy. Schön ist auch eine Fahrt mit der Nebenbahn von Eger nach Szilvasvarad und weiter ins Tal der Szalajka.

KROATIEN

Karlovac

Sisak-Caprag

23207

Ogulin

Oštarije

Sunja

Oštarije-Ravnice

23210
23211

Krk

23204

23207

Cres

23250

KROATIEN

Bihać

Bos
No

...rula

Rab

Pag

Gospić

23211

Lička K

Dugi Otok

Zadar

23207

Benkovac

Knin

232

. Ancona

Šibenik

Perkovi

232

23207
23211

23250

Brač

Hvar

Vis

ADRIAT

Der Bürgerkrieg im ehemaligen Jugoslawien hat auch in Kroatien zu vielen Zerstörungen geführt, deren Ausmaß sich noch gar nicht abschätzen läßt. Dadurch werden teilweise auch die traumhaften Gebirgs- und Küstenlandschaften sowie die herzliche Gastfreundschaft beeinträchtigt. Noch sind viele Gebiete von den Folgen des Krieges gezeichnet. Daher sollte man sich vor jeder Reise vorher genau über die aktuelle politische Lage und die Verkehrsverbindungen informieren.

Das Wichtigste vorweg

Geld

Die neue kroatische Währung Kuna ist
noch so instabil, daß man sich bei der Bank
vor Antritt der Reise über den aktuellen
Kurs informieren sollte.

Telefon nach Hause

Deutschland 99 49
Österreich 99 43
Schweiz 99 41

Botschaften in Zagreb

Deutschland: Avenija Vukovar 64,
Tel. 041 / 519200
Österreich: Jabukovac 39, Tel. 041 / 27 33 92
Schweiz: Bogoviceva 3, Tel. 041 / 42 15 73

Unterwegs in Kroatien

Verpflegung

Abseits der Krisengebiete ist die preiswerte Versorgung mit allen lebensnotwen-
digen Grundnahrungsmitteln gesichert. In
typischen Touristenregionen schießen die
Preise in die Höhe.

Übernachten

Es gibt nur wenige Jugendherbergen, dafür
aber viele preiswerte Privatzimmer. Meist
stehen die Vermieter am Bahnhof oder an
der Bushaltestelle. Campingplätze sind vor
allem an der Küste zahlreich.

Günstige Tickets in Kroatien

Interrail Zone D

Gilt auf allen Strecken der kroatischen Bahnen.

Euro Domino

Freie Fahrt auf Kroatiens Eisenbahnen.

Tage (innerhalb 31)	**3**	**5**	**10**
Jugendliche	53 DM	59 DM	120 DM
Erwachsene	69 DM	76 DM	151 DM
Erwachsene 1. Klasse	103 DM	115 DM	226 DM

Besonders schöne Bahnstrecken in Kroatien

Die mit Abstand schönsten Strecken des
Landes führen von Zagreb aus übers Ge-
birge Richtung Adria, so die Linie 23205
über Ogulin nach Rijeka und 23207 über
Gospic und Knin nach Zadar, Sibenik und
Split.

Ziele in Kroatien

Zagreb

Bahnknotenpunkt. Direkte Züge von Leipzig, München, Salzburg, Venedig, Budapest, Ljubljana, Rijeka, Split.

Information

Büro am Bahnhof.

Übernachten

Jugendherberge, Petrinjska 77, Tel. 041/434962, Schließzeit 23 Uhr, 210 Betten, ca. 20 DM, nur 500 m vom Hauptbahnhof, von der Dampflok am Bahnhof 400 m geradeaus, dann links. **Private Zimmer** werden im Bahnhof angeboten. **Studentenzimmer** werden im Sommer vermittelt vom Sudentski Centar, Savska Cesta 25, Tel. 041/274674. **Campingplatz** im Vorort Sesvete, Straßenbahn bis Dubrava, weiter nach Sesvete.

Sehenswertes

Zagrebs Zentrum besteht aus zwei Teilen: der Unter- und der Oberstadt.

Vom Bahnhof, etwa von der Dampflok aus, geht man geradeaus durch die Parks zum Trg Republike. Hier steht der **Dom**. Dahinter erstreckt sich die **Altstadt Kaptol**. Die schönere Altstadt Zagrebs liegt aber oben. Sie ist auch mit einer Seilbahn, am Platz der Republik, zu erreichen (**Gornji Grad**). Oben findet man kleine Gassen, viele Kirchen, wie die prächtige **Markus-Kirche**. Im Sommer bietet die Studentenstadt viele kulturelle Veranstaltungen.

Rijeka

Strecke 23205 von Zagreb und 23201 von Ljubljana und Triest.

Information

Am Trg Republike 9 am Hafen.

Übernachten

Private Zimmer werden im Bahnhof angeboten und durch Büros vermittelt: **Kvarner-Express**, Trg Toglijatija 3 beim Busbahnhof. **Generalturist**, Supila 2. **Campingplatz Kostrena**, außerhalb.

Sehenswertes

Rijeka ist der bedeutendste Hafen des Landes. Industrie und Autoabgase plagen die Stadt, so daß es sich am ehesten in der Fußgängerzone aushalten läßt. Zur **Festung** gelangt man über eine lange Treppe und hat von oben eine schöne Aussicht aufs Meer. In der Altstadt befinden sich das alte **Rathaus**, der **Stadtturm** und der **Dom Sveta Marija**.

Von Rijeka aus fahren mehrere Busse täglich über eine Brücke auf die **Insel Krk** (mehrere **Campingplätze** sowie eine **Jugendherberge** in *Punat*, Tel. 051/854037, Juni–September).

Pula

Strecke 23204 Rijeka/Ljubljana – Divaca – Pula

Information

Istarska 13

Übernachten

Privatzimmer am Bahnhof durch Vermieter oder Büros: **Transimpeks**, Premanturska 6. **Arenaturist**, Trg Bratstva i Jedenstva 4, Tel. 052/34355. **Jugendherberge**, Zaljev Valsaline 4, Tel. 052/34595, April–Oktober, 145 Betten, vom Bahnhof 4 km, Bus 2 oder 4. **Campingplätze** mehrfach vorhanden.

Sehenswertes

Die Stadt am Südzipfel Istriens enthält als größte Attraktion die von den Römern erbaute große **Arena** mit Platz für 20000 Menschen, nicht weit vom Hafen. Zudem gibt es in Pula einen **Augustus-Tempel** und ein archäologisches Museum. In der Nähe des Tempels befindet sich auch der **Dom** der Stadt. Verläßt man den Zug bereits im kleinen Kanfanar, gelangt man per Bus weiter nach **Jadran**, einem kleinen Badeort an der Adria. Von Pula fahren zudem ständig Busse in die kleinen Touristenzentren **Porec** und **Rovinj**, zwei traumhaft schöne, auf Halbinseln ins Meer ragende Städtchen mit schmalen Gassen und kleinen Häusern. Rovinj gilt zu Recht als Venedig Istriens und ist das reizvollere Ziel. Beide Städte werden von unzähligen **Campingplätzen** flankiert.

Zadar

Strecke 23207 Zagreb – Knin – Zadar

Information

Am Trg Narodni, im Zentrum. Zimmervermittlung.

Übernachten

Jugendherberge Borik, Obala Kneza Trpimira 76, Tel. 057/443145, April–Oktober, Schließzeit 23 Uhr, 330 Betten, ca. 15 DM, 4 km vom Bahnhof, Bus 5 oder 8. **Campingplatz Borik** nicht weit von der Jugendherberge. Am Bahnhof werden viele **Privatzimmer** angeboten, ebenso an Bushaltestelle und Hafen. Das **Sunturist-Büro** am Trg Narodni und das **Liburnija-Büro** in der Omladinska 1 vermitteln auch Zimmer.

Sehenswertes

Zadars Altstadt zieht sich auf einer schmalen Halbinsel am Meer entlang und ist teilweise von alten Mauern eingerahmt. Sehenswert sind der **Dom**, die runde **Donatskirche** aus dem 9. Jahrhundert, deren Fundament von römischen Quadern gebildet wird, sowie das **Forum**. Viele Stadtteile sind vom Bürgerkrieg gezeichnet. Das Seefahrtsmuseum ist wieder geöffnet. Interessant ist Zadar als Ausgangspunkt zu Inselfahrten, zum Beispiel zu den Koronaten, auf denen es touristisch noch recht ruhig zugeht.

Sibenik

Strecke 23207 Zagreb – Knin – Sibenik

Information

Beim Dom, Trg Republike.

Übernachten

Jugendherberge Subicevac, Put Lugusa 1, Tel. 059/26410, Mai–Oktober, Schließzeit 23 Uhr, 40 Betten, ca. 12 DM, liegt 2 km vom Bahnhof. **Campingplätze** am Ortsrand. **Private Zimmer** werden am Bahnhof und am Hafen angeboten.

Sehenswertes

Sibenik hat eine schöne Altstadt, die sich am Berg entlang in die Höhe zieht. Von der **Festung** hat man einen herrlichen Blick auf die Stadt. Unten sieht man die prächtige **Kathedrale Svetog Jakova** und die **Burg Subicevac**. Der Krkafluß, der in Sibenik ins Meer mündet, verläuft weiter im Landesinneren in mehreren Wasserfällen. Diesen prächtigen Anblick kann man im Ausflugsboot von **Sibenik** aus genießen falls nicht gerade das Wasser durch Turbinen läuft, um Strom zu produzieren. Im Meer vor Sibenik liegen mehrere Inseln, die wie Primosten über einen Damm oder per Schiff zu erreichen sind.

Split

Strecke 23207 Zagreb – Knin – Split

Information

Titova Obala 12 und 5. Beide Büros haben auch Zimmervermittlung, sie liegen am Hafen, nahe am Hauptbahnhof.

Übernachten

Private Zimmer werden am Bahnhof angeboten oder von den beiden Fremdenverkehrsämtern vermittelt, ca. 20 DM. Das private **Hostel Srebrena Vrata** am Ende des Diokletianspalasts, Buliveva Poljana,

Tel. 058/46869, nicht weit von der Promenade, kostet ca. 25 DM. **Campingplatz Trstenik**, 4 km östlich, nicht sauber, Bus 7.

Sehenswertes

Die große Industrie- und Hafenstadt wird zwar im Sommer gut besucht, dient aber eher als Umsteigeort zu den Inseln oder anderen Küstenorten. Gleich am Hafen liegt der **Palast des römischen Kaisers Diokletian** aus dem 4. Jahrhundert, dessen Tore und Mauern noch teilweise erhalten sind. Heute ist der Palast ein großes Wohnquartier, in dem mehr als 2500 Menschen leben. Nebenan liegt das Mausoleum des Diokletian, das zur Kathedrale umgebaut wurde. Vom Turm hat man eine schöne Rundumsicht (ca. 3 DM). Im **Archäologischen Museum** in der Zrsijsko Frankopanska 25 werden Ausgrabungsfunde römischer Siedlungen bei Split gezeigt (täglich außer Mo 9–17 Uhr, 2 DM). Kunstkenner loben das **Ivan-Mestrovic-Museum** in der Setaliste Mose Pijade 48, das Werke des Künstlers zeigt und westlich der Altstadt liegt (täglich 9–17 Uhr). Schiffe fahren von Split zu den Inseln Brac, Hvar, Korcula, alle mit Badestränden, Campingplätzen und wenig Betrieb.

Insel Hvar

3 Fähren täglich von Split zur Insel mit den Orten Vira, Hvar und Starigrad.

Information

Gleich neben der Schiffsanlegestelle in Hvar, Zimmervermittlung.

Übernachten

Viele **Privatzimmer** werden am Hafen von den Vermietern, oder übers Fremdenverkehrsamt angeboten. **Campingplatz** im kleinen Vira, wo auch Fähren anlegen. Weitere Plätze in Starigrad, wo Fähren von Split ankommen, und in Jelsa.

Sehenswertes

Hvar ist eine sehr schöne grüne Insel mit üppiger Vegetation und duftenden Lavendelblüten (im Juni). Der Hauptort Hvar ist prächtig herausgeputzt, ein altes Städtchen mit schmalen Gassen und einer venezianischen Burg über den Häusern. Baden kann man auf kleinen vorgelagerten Inseln, die ständig mit Booten angefahren werden. Zwischen Hvar, Vira und Starigrad verkehren mehrere Busse.

Dubrovnik

Busse von Split, ca. alle 2 Stunden, ca. 5 Stunden Fahrt.

Übernachten

Die **Jugendherberge** ist wieder geöffnet: Vinka Sagrestana 3, Tel. 050/23241, April–Oktober, Schließzeit 24 Uhr, vom Hafen 2 km. Vermietung von **Privatzimmern**.

Sehenswertes

Vor dem Krieg war Dubrovnik die Traumstadt Jugoslawiens, heute – nach vielen Zerstörungen – scheint sie langsam wieder zu genesen. Von der Seilbahn oder der Straße in den Süden aus bietet sich das Bild der **wunderschönen Altstadt**, so wie sie einst war. Auf der **Stadtmauer** kann man sie auch ganz umrunden. Innerhalb der Mauer fahren keine Autos, alles spielt sich auf den engen Gassen und Treppen ab. Durchs Pile-Tor kommt man auf die Placa, die große Straße der Altstadt. Gleich links beginnt der Aufstieg zur Stadtmauer. Dahinter steht das **Kloster St. Klara**, dann folgt die **Velika Gospa**, die große Kirche der Stadt. Im **Sponza-Palast** saßen die Vorsitzenden des Stadtrates, der im Rektorenpalast tagte. Am Ende der Placa stand der Uhrturm, der früher mit dem Läuten seiner Glocken die Einwohner vor Feinden warnte. Dahinter liegt der Hafen. Die **Insel Lokrum**, die von hier aus zu erkennen ist, wird mit Schiffen angefahren und bietet eine schöne Vegetation und bessere Bademöglichkeiten.

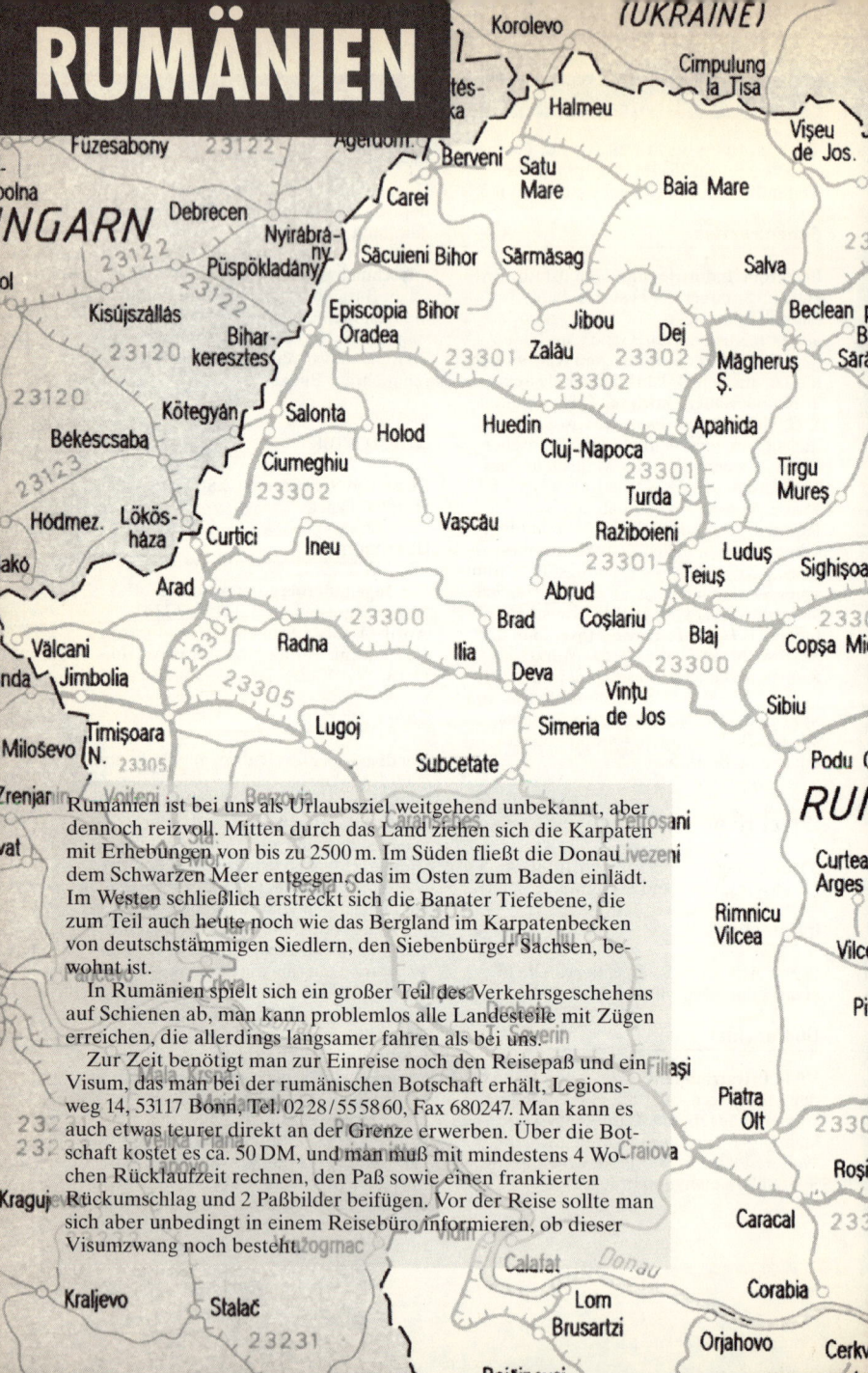

RUMÄNIEN

Rumänien ist bei uns als Urlaubsziel weitgehend unbekannt, aber dennoch reizvoll. Mitten durch das Land ziehen sich die Karpaten mit Erhebungen von bis zu 2500 m. Im Süden fließt die Donau dem Schwarzen Meer entgegen, das im Osten zum Baden einlädt. Im Westen schließlich erstreckt sich die Banater Tiefebene, die zum Teil auch heute noch wie das Bergland im Karpatenbecken von deutschstämmigen Siedlern, den Siebenbürger Sachsen, bewohnt ist.

In Rumänien spielt sich ein großer Teil des Verkehrsgeschehens auf Schienen ab, man kann problemlos alle Landesteile mit Zügen erreichen, die allerdings langsamer fahren als bei uns.

Zur Zeit benötigt man zur Einreise noch den Reisepaß und ein Visum, das man bei der rumänischen Botschaft erhält, Legionsweg 14, 53117 Bonn, Tel. 0228/55 58 60, Fax 680247. Man kann es auch etwas teurer direkt an der Grenze erwerben. Über die Botschaft kostet es ca. 50 DM, und man muß mit mindestens 4 Wochen Rücklaufzeit rechnen, den Paß sowie einen frankierten Rückumschlag und 2 Paßbilder beifügen. Vor der Reise sollte man sich aber unbedingt in einem Reisebüro informieren, ob dieser Visumzwang noch besteht.

Das Wichtigste vorweg

Geld

Einen festen Wechselkurs anzugeben ist unmöglich, da die rumänische Währung starken Schwankungen unterworfen ist. Oft kann man mit DM oder Dollar zahlen. Die Währung ist der Leu (Mehrzahl Lei). Die Ein- und Ausfuhr von Lei ist noch verboten.

Telefon nach Hause

Telefonieren nach Westeuropa ist nur aus Ämtern mit Vermittlung möglich.
Telefonnotruf 061 und 055

Botschaften in Bukarest

Deutschland: Strada Rabat 21,
Tel. 212 22 15
Österreich: Strada Dumbrava Ros. 7,
Tel. 611 43 54
Schweiz: Strada Pitar Mos 12, Tel. 210 02 99

Unterwegs in Rumänien

Verpflegung und Übernachten

Essen und Trinken ist in Lokalen von unterschiedlicher Qualität, obgleich die Küche sehr vielseitig und reichhaltig ist. Außerhalb der großen Städte und der Touristenzentren sind die Läden auch noch schlecht bestückt.

Jugendherbergen existieren nicht. Im Hochsommer gibt es Jugendhotels, die aber oft von Gruppen belegt sind. Preiswerte Campingplätze findet man in den Feriengebieten. In Universitätsstädten kann man in Studentenheimen privat unterkommen. Hotels sind relativ teuer, preiswerter sind Privatzimmer. Liege- und Schlafwagen sind ebenfalls günstig.

Günstige Tickets in Rumänien

Interrail Zone D

Gilt auf allen Strecken der rumänischen Bahnen.

Normale Fahrkarten

Die normalen Fahrkarten sind sehr billig, 100 km ca. 4 DM.

Liege- und Schlafwagen

Liegewagen kosten ca. 12 DM, Schlafwagen, die in allen Nachtzügen mitgeführt werden, ca. 15 DM. Beide sind aber rechtzeitig zu reservieren.

Euro Domino

Freie Fahrt auf Rumäniens Bahnen.

Tage (innerhalb 31)	**3**	**5**	**10**
Jugendliche	48 DM	76 DM	140 DM
Erwachsene	67 DM	109 DM	199 DM
Erwachsene 1. Klasse	101 DM	164 DM	300 DM

Besonders schöne Bahnstrecken in Rumänien

Rumäniens Bahnstrecken lassen sich in zwei große Gruppen einteilen: die Gebirgsstrecken durch die **Karpaten** und das **Apusenigebirge** und die Tieflandstrecken der Donauniederung, der Walachei. Natürlich sind die Gebirgsstrecken die landschaftlich reizvolleren.

Lohnend auf der Hauptstrecke von Budapest nach Bukarest (23300) ist vor allem der Abschnitt von **Brasov** bis **Sinaia**, einem Erholungsort in den Karpaten mit Schloß und Kloster, und weiter nach **Ploiesti**, wo die Bahn das Bergland verläßt. Ebenso interessant sind die von dieser Strecke abzweigenden Gebirgsdurchquerungen von **Simeria** über **Petrosani** nach **Filiasi** und von **Podu Olt** über **Rimnicu Vilcea** nach **Piatra Olt**. Eine der schönsten Karpatenlinien verläuft aber im nördlichen Teil des Gebirges: Von **Cluj-Napoca**, früher Klausenburg, das man von Ungarn kommend direkt erreicht (Strecke 23301), führt die Bahnstrecke über **Dej** nach **Beclean** (23302). Hier zweigt die landschaftlich reizvolle Linie über Deda und Ciceu nach Brasov ab. Empfehlenswert ist es aber, von Beclean über **Salva** direkt in die Karpaten weiterzufahren. Dann erstreckt sich vor einem das Tal der Klöster, links und rechts der Strecke liegen prächtige Klosterbauten wie das Kloster Moldovita (umsteigen in Vama), das Kloster Voronet oder das Kloster Humor. Die Stadt **Suceava** lohnt wegen ihrer schönen Kirchenbauten und Klostergebäude ebenfalls den Besuch. Nach Süden zu verliert die Strecke an Reiz. Daher empfiehlt es sich, in **Bacau** (Strecke 23303) in die Bahn nach **Bicaz** (23303) umzusteigen. Dann gelangt man nach **Piatra-Neamt**, einer hübschen Gebirgsstadt, die sich «Fels der Deutschen» nennt.

Zum **Eisernen Tor**, der engen Stelle im südlichen Karpatenbogen, in der sich die Donau durch 700 m hohe Felsen zwängt, führt die Bahnstrecke von Bukarest nach **Temesvar** (Strecke 23305). In der Nähe der Stadt Orsova preßt sich der vorher breite Strom durch die Felsen der Kazanpässe. Allerdings gibt es bei der Stadt **Turnu-Severin** eine große Schleuse, durch die sich heute das Wasser samt den Schiffen bewegt. Die Stadt **Baile Herculane** kannten schon die Römer durch das warme Wasser, das hier aus der Erde tritt. Sie weihten die Thermalquelle Herkules, dem Schutzpatron des Kaisers Trajan.

Genügend Badegelegenheiten findet man von Bukarest aus in **Constanta** und **Mangalia** (Strecke 23303). Dort ist es im Sommer recht voll, das Bild ist von Hotelklötzen geprägt. In Constanta lohnt sich aber auch der Besuch des Freilichtmuseums sowie eventuell der Moschee.

Ziele in Rumänien

Timisoara / Temesvar

Strecke 23305: Belgrad – Bukarest

Information

Republicii 6.

Übernachten

Hotel Nord, Strada 13. Decembrie 47, ca. 50 DM. **Campingplatz Padurea Verde** am Rand der Stadt, Straßenbahn 1 ab Bahnhof.

Sehenswertes

Die Hauptstadt des Banats liegt am schiffbaren Bega-Kanal. Sie hat viele Kirchen, vor allem den **Dom** aus dem 18. Jahrhundert, und ist Sitz eines katholischen und eines orthodoxen Bischofs. Das **Theater** hat auch eine deutsche Abteilung. Die **Burg** aus dem Jahre 1212 konnte nicht davor schützen, daß die Stadt schon 1241 von den Mongolen zerstört wurde. 1552 tauchten die Türken auf, eroberten die Stadt und räumten sie erst 1716 wieder. Nach dem Ersten Weltkrieg wurde das Banat – und damit auch das bis dahin ungarische Temesvar – rumänisch.

Sibiu / Hermannstadt

Strecke 23300: Budapest – Bukarest

Information

Strada Nicolae Balcescu 52.

Übernachten

Private Zimmer übers Fremdenverkehrsamt oder direkt über Einwohner. **Campingplatz** Dumbrava 4 km vom Bahnhof, Straßenbahn 5, auch Holzhütten zu mieten.

Sehenswertes

Die Stadt am Rande der Karpaten hat eine schöne Altstadt, die in eine Ober- und eine Unterstadt aufgeteilt ist. Treppen und steile Gassen verbinden beide Teile.
Im 12. Jahrhundert von Nürnberger Kolonisten gegründet, wurde die Stadt 1241 von den Mongolen zerstört. Im 14. Jahrhundert wurde Sibiu Mittelpunkt der **Siebenbürger Sachsen**. Daher finden sich hier große Bauten aus dieser Zeit: Mauern und Türme der Befestigung aus dem 15. Jahrhundert, die evangelische Stadtkirche aus dem 14. Jahrhundert, das Rathaus samt Turm sowie das Bischofspalais und das Brukenthalpalais. Dieses ist heute ein Museum mit Werken niederländischer Künstler und einer riesigen Bibliothek. Zudem gibt es ein Museum der Naturwissenschaft und das Astra-Museum mit rumänischer Volkskunde.

Brasov / Kronstadt

Strecke 23300/23301: Budapest – Bukarest

Information

Armata Rosie 6.

Übernachten

Studentenzimmer bei der Universität, Bulevard Gheorghe Dej, werktags zu erfragen. **Hotel Turist**, Strada Karl Marx 32, ca. 35 DM. **Campingplatz** in Risnov, 10 km südlich von Brasov, gute Bahnverbindung, liegt unterhalb einer wuchtigen Festung.

Sehenswertes

Auf drei Seiten von Bergen umrahmt, liegt die Stadt mit 180 000 Einwohnern am Rand der Karpaten. 1211 vom Deutschen Ritterorden gegründet und von sächsischen Siedlern bewohnt, lebten die Menschen vom Verkauf ihrer handwerklichen Erzeugnisse. Gut erhalten sind heute noch die aus dem Mittelalter stammende **Stadtmauer** und einige **Türme**. Inmitten der Stadt steht die evangelische **Schwarze Kirche** aus dem Jahr 1477, daneben das Rathaus. In der Altstadt findet man auch die Bartholomäus-Kirche aus dem 14. Jahrhundert und in der oberen Stadt die griechisch-orthodoxe Nikolaus-Kirche. Im 17. Jahrhundert brandschatzten die Österreicher die Stadt, 100 Jahre später wurde sie von den Russen erobert. Erst 1921 kam sie zu Rumänien.

Bucuresti / Bukarest

Die Hauptstadt Rumäniens ist direkt von Wien und Budapest aus zu erreichen, Strecken 23300 + 23301, außerdem auch von Belgrad-Donaubahnhof (23305).

Information

Im Hauptbahnhof Nord. Zimmervermittlung.

Übernachten

Studentenzimmer beim BTT-Büro erfragen: Strada Onesti 6, Tel. 140566. Oder direkt Studenten ansprechen. **Preiswerte Zimmer** auch beim ONT-Büro, Bulevard Magheru 7, Tel. 613 39 15. **Hotel Gri-**

vitza, Calea Grivitzei 130, Tel. 6506995, ca. 40 DM, 5 Minuten vom Bahnhof. **Hotel Universal**, Strada Gabroveni 12, Tel. 6148533, ca. 25 DM, in der Innenstadt. **Campingplatz Baneasa**, 10 km nördlich, U-Bahn bis Cringasi, dann Straßenbahn 41 bis Presei Libere und Bus 148.

Sehenswertes

Die Stadt wurde schon von den Türken, den Ungarn und Russen umkämpft und besetzt. Sehenswert sind das **Naturhistorische Museum** und das **Archäologische Museum**. Im Westen Bukarests liegt das **Schloß Cotroceni** mit großem botanischem Garten. Es gibt auch einen Zoo in der Nähe des Militärmuseums. Wuchtig ist das *Athenäum* und etwas typisch für die Nachkriegszeit ist die **Halle der Republik** am gleichnamigen **Platz der Republik**.

Donaudelta

Bahnhof Tulcea Oras, Nebenstrecke von Medgidia (Bukarest – Constanta 23304).

Information

Strada Isacea 2. Informationen über das ganze Deltagebiet, gute Karten. Vermittlung von Dampferfahrten und Ruderbooten mit Führern.

Übernachten

Hotel Egreta, Strada Pacii 1, ca. 50 DM. **Campingplätze** am Rand von Tulcea, bei Crisan und Gura Portitei.

Sehenswertes

Das Gebiet, in dem sich die Donau in mehrere Arme teilt und ins Schwarze Meer mündet, ist heute noch ein Paradies längst verloren geglaubter Naturlandschaften. Zwischen den drei Hauptflüssen der Donau, Kilija, Sulina und St. Georghe, erstrecken sich Schilflandschaften und Wälder mit einzigartigem Pflanzen- und Tierreichtum. Seit Jahrtausenden konnte sich die Natur hier friedlich entfalten. Das

ganze Delta ist mehr als achtmal so groß wie der Bodensee und wächst jedes Jahr weiter ins Meer hinaus. Millionen Zugvögel, Kormorane, Störche, Reiher, Wildgänse, Pelikane, Flamingos und Seeadler nisten hier, und in den undurchdringlichen Schilfwäldern leben Bisamratten, Wildkatzen, Fischotter und Wölfe. Inzwischen gibt es Pläne, das ganze Delta stillzulegen und wirtschaftlich zu nutzen. Die Proteste gegen diese ökologisch unverantwortlichen Pläne ließen nicht auf sich warten.

Die zentrale Stadt des Deltas ist **Tulcea Oras**. Es ist ein hübscher, auf sieben kleinen Berghügeln errichteter Ort, kurz vor der Stelle, wo sich der Sulina-Arm und der St.-Georghe-Arm voneinander trennen. Beim Fremdenverkehrsamt von Tulcea gibt es gute Informationen. Führungen mit Booten sind nicht billig. Es ist aber viel zu gefährlich, auf eigene Faust ins Delta vorzudringen. Spricht man privat einen einheimischen Bootseigentümer an, wird die Deltafahrt preiswerter.

BULGARIEN

Piatra Olt

23305

Roşiori N.

Caracal

23305

Donau

Vidin

Calafat

ac

T. Măgu-rele

Corabia

Lom

Belene

Brusartzi

Orjahovo

Cerkvitza

Oreş

Boičinovci

Pleven

Jasen

i Krst

23231

23401

Le

Mezdra

Červen brjag

Berkovica

Kalotina-Zapad

Loveč

Dimitrovgrad

Dragoman

Zlatna panega

23400

Zlatica

23400

Trojan

Karlovo

Pernik

SOFIA

Panagjurište

2340

Radomir

23402

23400

Stara

23400

Miha

Kjustendil

Dupnitza

Pazardžik

Plovdiv

Gjueševo

Septemvri

23400

E-

Kočani

Dimit

Peštera

Dobrinište

DONIEN

BULGARIEN

23402

23231

Sandanski

Kulata

Promachon

23601

gelija

Strymon

Drama

Xanthi

omeni

23601

Serrè

Kavála

Das Land zwischen Donau, Rhodopen und Schwarzem Meer wird vom Balkangebirge in zwei Teile zerschnitten: ins Tiefland südlich der Donau und in die Thrakische Ebene zwischen Balkan und Rhodopen. Die Hauptstadt Sofia liegt im äußersten Westen nahe der Grenze zu Ex-Jugoslawien im Hügelland zwischen Balkan, Vitosa-Gebirge und dem bis 2925 m hohen Rila-Massiv.

Erst seit der demokratischen Revolution 1990 hat sich Bulgarien dem Westen gegenüber geöffnet, obwohl viele Westeuropäer schon vorher die feinsandigen Strände des Landes am Schwarzen Meer als Pauschalurlauber besucht haben. Für den Individualreisenden sind diese Baderegionen aber kaum von Interesse. Reizvoller ist die Bahnfahrt von Sofia am Rila-Massiv entlang, vielleicht mit einem Busausflug zum berühmten Rila-Kloster, und am Westhang der Rhodopen vorbei nach Kulata und Thessaloniki (23402). Äußerst interessant ist auch die weite Strecke von Sofia nach Burgas (23400). Zur Zeit benötigt man sowohl zur Durchreise als auch zur Durchfahrt in die Türkei ein Visum. Es kann ca. 4 Wochen vorher bei der Botschaft oder bei der Einreise erworben werden. Vor der Reise sollte man sich erkundigen, ob die Visumpflicht inzwischen aufgehoben wurde, Visumbüro der Bulgarischen Botschaft: Auf der Hostert, 53173 Bonn, Tel. 0228/3630615, Fax 358215. Bei Visumantrag Paß, zwei Paßbilder und frankierten Rückumschlag beifügen. Kosten: ca. 50 DM.

Das Wichtigste vorweg

Geld

Hier einen Wechselkurs anzugeben ist unmöglich, da die bulgarische Währung starken Schwankungen unterworfen ist. Oft
kann man mit DM oder Dollar zahlen.
1 Lewa = 100 Stotinki.

Telefon nach Hause

Deutschland 0049   Telefon-Notruf 166
Österreich 0043
Schweiz 0041
Telefon ins Ausland nur aus Postämtern
möglich.

Botschaften in Sofia

Deutschland: Ulica Joliot Curie 25,
Tel. 02/650451

Österreich: Zar Oswobodizel 13,
Tel. 02/803572
Schweiz: Sipka 33, Tel. 02/443198

Uhrzeit

In Bulgarien gibt es die osteuropäische
Zeit (MEZ + 1 Stunde), im Sommer MEZ
(ebenfalls + 1 Stunde).

Schrift

In Bulgarien wird in kyrillischer Schrift geschrieben (wie in Serbien und Rußland).

Unterwegs in Bulgarien

Verpflegung und Übernachten

Alles ist sehr billig, da westliche Devisen
hoch im Kurs stehen. Restaurants und Lokale gibt es in den größeren Städten und
Touristengebieten in wachsender Anzahl.
Lebensmittelgeschäfte bieten vor allem
dort eine größere Auswahl, wo Touristen
zu finden sind.

Jugendherbergen sind in ausreichender
Anzahl übers ganze Land verteilt, mit niedrigen Preisen und Frühstück. Hotels sind
oft auf Touristen ausgerichtet und teuer.
Besser ist es, auf preiswerte Privatzimmer
auszuweichen. Campingplätze einfachster
Qualität sind ebenfalls zahlreich.

Günstige Tickets in Bulgarien

Interrail Zone D

Gilt auf allen Strecken der bulgarischen Bahnen.

Euro Domino

Freie Fahrt auf Bulgariens Bahnen.

Tage (innerhalb 31)	**3**	**5**	**10**
Jugendliche	61 DM	76 DM	138 DM
Erwachsene	76 DM	96 DM	172 DM
Erwachsene 1. Klasse	118 DM	148 DM	266 DM

Besonders schöne Bahnstrecken in Bulgarien

Die alten Züge sind allgemein gut besetzt und fahren langsam. Dafür sind die wichtigsten Regionen des Landes mit der Bahn gut zu erreichen; teilweise fast im Taktverkehr. Mittags geht sogar jede Stunde ein Fernzug von Sofia zum großen Bahnknoten Gorna Orjahovica, auf der Strecke Sofia-Kulata (Thessaloniki) verkehren die Züge im Vier- bzw. Zwei-Stunden-Takt. Auf den Hauptstrecken von Sofia zum Schwarzen Meer (Linien 23400 nach Burgas und 23401 nach Varna) verkehren ebenfalls viele Züge, von Sofia Richtung Bukarest (23401) vier Fernzüge pro Tag, von Sofia nach Kulata an der griechischen Grenze täglich fünf Züge. Alle Fernzüge führen zudem tagsüber Speisewagen, nachts preiswerte Schlafwagen mit.

Ziele in Bulgarien

Sofia und Umgebung

Züge von Bukarest, Belgrad, Thessaloniki, Istanbul, Burgas, Varna.

Information

Boul. Stamboliiski 27 und Boul. Stamboliiski 30: Vermittlung von Jugendherbergs-Übernachtungen.

Verkehr

Der moderne *Hauptbahnhof* liegt direkt nördlich vom Zentrum. Geldwechsel, Auskunft, Schließfächer.

Übernachten

Jugendherbergen in und um Sofia: Anmeldung bei **Touristenagentur Pirin**, Stamboliiski Boulevard 30, unweit vom Stadtzentrum, nicht weit vom Maria Luisa-Boulevard, Tel. 870687. **Jugendherberge Tourist**, im Krasma polyana-Komplex, Tel. 02/881070, am nächsten zum Zentrum, 8 km vom Bahnhof, Straßenbahn 11 und 4 oder Bus 83, 77 oder 283. **Jugendherberge Belite Brezi**, liegt im Vitosha-Nationalpark, Tel. 02/881079, 16 km vom Bahnhof, Bus 61 und 62. **Campingplatz**: Bus Richtung Bankja, etwa 2 km vor der Stadt. In Bankja großes Freibad. **Campingplatz Cernia Kos**, 10 km östlich, Bus Richtung Gorubljane.

Sehenswertes

Die Millionenstadt im Westen des Landes ist seit 1879 Hauptstadt. Das fast 2500 Jahre alte Sofia wurde vom Vater Alexanders des Großen im 4. Jahrhundert vor Christus, dann vom Hunnenkönig Attila im 5. Jahrhundert nach Christus zerstört. Vom 14. bis ins später 19. Jahrhundert herrschten die Türken, erst 1879 entstand ein selbständiges Bulgarien, wobei Tarnovo seine Hauptstadtfunktion an Sofia abgeben mußte. Heute zeigt das von mehreren Gebirgen eingerahmte Sofia ein modernes Gesicht und ist von breiten, meist geradlinig verlaufenden Straßen geprägt. Vom Hauptbahnhof man geradeaus bis zum breiten Boulevard Maria Luisa, diesen an der alten Bädermoschee vorbei bis zur Georgi-Kirche. Vor der Kirche biegt man links zum Platz des 9. September und zur Fußgängerzone den Boulevard Ruski ab, der wichtigsten Straße der Stadt. Hier findet man rechts hinter dem modernen Hotel die Große Moschee mit neun verschiedenen Kuppeln und auf der linken Seite der Ruski-Straße drei Museen: die **Nationalgalerie** mit Bildern dieses Jahrhunderts, das **Volkskundemuseum** und etwas weiter das **Naturkundemuseum**. Dicht dahinter steht die russische Nikolauskirche. Folgt man der Ruski-Straße, stößt man auf das Parlament, die Universität und die von bronzenen Adlern gesäumte Brücke hinüber zum großen Freiheitspark mit Sportanlagen. Vorher aber sieht man, kurz nach der Nikolauskirche, die beiden bekanntesten Kirchen der Stadt: die **Sofienkirche** aus dem 6. Jahrhundert, die der Stadt den Namen gab, und die **Alexander-Nevski-Kirche**, der Dom der Stadt, der von 1904 bis 1912 aus Dank für die Befreiung von der türkischen Diktatur erbaut wurde. In die riesige Kirche sollen über 5000 Menschen passen, in ihrem Innenraum befindet sich ein reichhaltig ausgestattetes Museum bulgarischer Ikonen.

Lohnenswerte Ausflüge führen ins bis zu 2290 m hohe **Vitosa-Gebirge**, das südlich von Sofia liegt. Es besteht eine ständige Busverbindung nach Dragalevci (30 Minuten), wo Seilbahnen auf fast 2000 m Höhe starten. Zum **Rila-Kloster** fahren von Sofia aus mehrere Züge täglich Richtung Kocherinovo (Strecke nach Thessaloniki). Dort starten alle 30 Minuten Busse nach Rila (10 km). Zudem gehen mehrere Busse täglich von Sofia direkt nach Rila (Abfahrt am Ovca-Kupel-Bahnhof, mit der Straßenbahn 5 in Sofia zu erreichen). Das *Rila-Kloster*, inmitten dichter Bergwälder, mit einem Umfang von über 30 000 Quadratmetern, wirkt wie eine kleine romantische Stadt. Charakteristisch in seinem Innern sind die unzähligen, übereinander angeordneten Arkaden mit dünnen Pfeilern in ihrer Mitte. Neben der Klosterkirche im weiträumigen Innenareal, die eine große, aus Holz geschnitzte Wand aufweist, sind das Museum (täglich außer Di, 9–16 Uhr) und die Bibliothek sehenswert. Das Kloster geht aufs 10. Jahrhundert zurück, wurde zwischendurch jedoch mehrfach zerstört und wiederaufgebaut. Seine heutige Form stammt aus dem 19. Jahrhundert, als es zum nationalen Zentrum Bulgariens gegen die türkischen Besatzer erhoben wurde. Die herrliche Landschaft, die das Kloster umgibt, lädt zum Wandern ein.

Plovdiv

Strecke 23400 Sofia – Burgas bzw. Sofia – Istanbul.

Information

Gleich am Bahnhof. Zimmervermittlung.

Übernachten

Jugendherbergen liegen abseits in den Rhodopen. Am preiswertesten sind **Privatzimmer**, die vom Fremdenverkehrsamt oder direkt von den Anbietern am Bahnhof vermittelt werden. Der **Campingplatz Trakia** liegt 3 km westlich der Stadt, Bus 102 fährt hin.

Jugendherberge Rila Eleshn – Tza, Tel. 0 22/70, 114 Betten, 7 km vom Kloster entfernt an der Straße zwischen Sofia und Rila, Busse halten in der Nähe. Zwei **Campingplätze** befinden sich ca. 500 m vom Kloster entfernt, mit kleinen Holzhütten.

Sehenswertes

Die zweitgrößte bulgarische Stadt liegt am Fuß des Rhodopen-Gebirges auf und zwischen verschiedenen Anhöhen, mit sehenswerter Altstadt. Geht man vom Hauptbahnhof aus die Canco Djustabanov halbrechts entlang, stößt man am anderen Ende auf die Hauptstraße der Stadt, den Boulevard Georgi Dimitrov. Links geht es dann zur Altstadt. Auf einer Anhöhe liegen die **Marien-Kirche** und Überreste eines aus der Antike stammenden **Amphitheaters**. Auf der anderen Seite des Hügels steht links ein anderes, schön wiederhergestelltes **antikes Theater**. Ihm benachbart ist die große **Dzumaja-Moschee** mit schlankem Minarett. Von der Moschee führt die Maxim-Gorki-Straße den Hügel hinauf. Von oben hat man eine sehr schöne Sicht auf die ganze Stadt. Etwas unterhalb, in der Altstadt, befinden sich das alte Burgtor und die Konstantin-Elena-Kirche. Lohnend sind außerdem das **Archäologische Museum** weiter im Norden sowie das **Gemäldemuseum** auf einer anderen Anhöhe. Im Norden grenzt die Innenstadt an den Fluß Marica.

Empfehlenswert ist der Ausflug von Plodiv nach **Pamporovo** mit regelmäßigen Bussen, 1650 m hoch in den Rhodopen gelegen. Von Pamporovo führen unzählige Seilbahnen auf die umliegenden Gipfel, wo bis in den April hinein Schnee liegt.

Tarnovo

Verbindung über Gorna Orjahovitza, Bahnknotenpunkt (23401).

Information

Dimiter Blagoev 79 (Hauptstraße) «Pirin».

Übernachten

Jugendherberge Trapezica, Tel. 062/
20373, 84 Betten, 1 km vom Bahnhof, Bus
4 oder 12. **Jugendherberge Momina Kre-
post**, Tel. 062/20373, 230 Betten, Bus 7
oder 11. Am besten bei Pirin anmelden.
Campingplatz am Westrand der Stadt.

Sehenswertes

Tarnovo ist eine hochgerühmte Kleinstadt
nördlich vom Balkangebirge, die reizvoll
auf verschiedenen Hügeln zwischen der in
mehreren ungeordneten Kurven fließenden Jantra liegt. Die gesamte Altstadt
steht unter Denkmalschutz. Der 12 km
nördlich gelegene Bahnknotenpunkt
Gorna Orjahovitza ist von allen Teilen des
Landes gut zu erreichen. Der Hauptbahnhof von Tarnovo liegt südlich der Stadt,
man kann die Hügel auch schnell vom
nördlich gelegenen Bahnhof Trapezica erreichen. Unter den unzähligen sehenswerten Bauten der Stadt ist vor allem der
Palast des Zaren mitten im grünen Park-
gelände des Hügels Carevec zu erwähnen.
In der Nähe befinden sich die Reste einer
mittelalterlichen Kirche und einer **Moschee**. Über dem Bahnhof Trapezica erhebt sich auch der gleichnamige Hügel mit
den Resten einer Festung, zwischen beiden
Hügeln stehen mehrere mittelalterliche
Kirchen. Besonders reizvoll sind die Treppen und Gassen, die sich den Steilhang
vom Fluß hochziehen.

Varna

Strecke 23400/23401 von Sofia.

Information

Pirin, Kabakchiev 13. Zimmervermittlung
für die Jugendherberge. Fremdenverkehrsamt auch in der Avram Gaceva 33.

Übernachten

Jugendherberge Han Asparuh,
Tel. 052/222710, Bus 11 vom Bahnhof
Odessos. **Hotel Odessa**, Dimitrov Boulevard 1, Tel. 052/225312, ca. 35 DM. **Campingplatz** bei Galata an der Küstenstraße,
Busverbindung, mit Holzhütten. Südlich
und nördlich von Varna unzählige Campingplätze.

Sehenswertes

Der Hauptbahnhof liegt direkt am Schwarzen Meer, die Altstadt beginnt 500 m
entfernt, etwas oberhalb. Ganz nah am
Bahnhof befinden sich die Überreste **römischer Badeanlagen**, Zeichen für die Bedeutung Varnas in antiker Zeit. Die 300000-
Einwohner-Stadt besitzt auch einen schönen, ständig überfüllten Strand am Schwarzen Meer mit Kuranlagen. Sehenswert
sind das **Historische Museum**, die **Kathedrale Sveta Bogorodica** und der **Primorski
Park**.
   Rings um die Stadt gibt es gute Bademöglichkeiten an der Schwarzmeer-Kü-
stenstraße, die von Varna nach Norden und
nach Süden führt, allerdings herrscht dort
der Massentourismus. Auch von Burgas
aus (23400 Sofia–Burgas) viele Sandstrände zu erreichen.

NIEDERLANDE

Die Niederlande sind das dichtbesiedeltste Land Europas. Kaum hat der Zug eine Stadt verlassen, taucht schon bald die nächste auf. Die Bewohner sind offen und tolerant. Nur noch in Skandinavien scheint der Umgang mit Fremden von einer solchen Liberalität geprägt zu sein wie in den Niederlanden. Die schönste Stadt des Landes, Amsterdam, zeigt dies ganz deutlich: Menschen verschiedener Kulturen und Weltanschauungen leben hier weitgehend friedlich zusammen. Obwohl gerade die Niederlande unter dem Terror der deutschen Nazis ganz besonders litten, sind auch Deutsche bei den meisten Einwohnern gerngesehene Gäste.

Der Norden des Landes ist von prächtigen, kilometerlangen Sandstränden gekennzeichnet, wo man frische Nordseeluft schnuppern kann. Was Bahnfahrer besonders freut, ist der einzigartige Verbund aller Bahnen und Busse im Land. Die Züge verkehren in einem unglaublich dichten Netz, erschließen das ganze Land mit einem äußerst kundenfreundlichen System: Fast alle Züge fahren im Taktverkehr, zum Teil im Stunden-Takt, zum Teil aber auch im 30- oder gar 15-Minuten-Takt. Mit Ausnahme des Nordens funktioniert die Bahn wie ein Straßenbahnnetz. Hinzu kommt die Fahrrad-Freundlichkeit der Niederländer. Fast an jedem Bahnhof kann man gegen Kaution Räder mieten und die vorbildlichen Radwege befahren.

Das Wichtigste vorweg

Geld

1 Holländischer Gulden (hfl) = 100 Cent

1 DM = 1,11 hfl	100 hfl	= 89 DM
1 öS = 0,15 hfl	100 hfl	= 623 öS
1 sfr = 1,35hfl	100 hfl	= 68 sfr

Telefon nach Hause

Deutschland 0949   Notruf 222222
Österreich 0943
Schweiz 0941

Botschaften in Den Haag

Deutschland: Groot Hertoginnenlaan 18,
Tel. 070/3420600
Österreich: Alkemadelaan 342,
Tel. 070/3245470

Schweiz: Lange Vorhout 42,
Tel. 070/3642831

Reiseführer

Reinhold F. Bertlein: «Anders reisen: Amsterdam», Rowohlt Taschenbuch Verlag

Literatur

«Tagebuch der Anne Frank», Fischer Taschenbuch Verlag
    Die bewegendsten Tagebuchnotizen des 20. Jahrhunderts, geschrieben von der vor den Nazis in einem geheimen Zimmer versteckten jungen Jüdin Anne Frank, die 1944 in einem Konzentrationslager starb.

Unterwegs in den Niederlanden

Verpflegung

Im ganzen Land gibt es das Tourist-Menü in 3 Gängen zu einem Einheitspreis von ca. 22 DM. Fast foods überschwemmen alle Städte, eine oft preiswerte Alternative sind die indonesischen Restaurants mit reichhaltigen Mahlzeiten um die 20 DM. Märkte und Läden bieten ebenfalls ein großes Angebot.

Übernachten

Jugendherbergen gibt es überall im Land. Sie sind meist von hohem Komfort, kosten daher kaum unter 20 DM. Hostels ergänzen in den Städten das Angebot, je nach Qualität sind sie preiswert oder kosten im DZ an die 40 DM pro Person. Auch Campingplätze gibt es in den Ferienorten an der Küste ebenso wie private Zimmer sehr zahlreich.

Günstige Tickets in den Niederlanden

Interrail Zone E
Freie Fahrt in allen öffentlichen Verkehrsmitteln der Niederlande.

Euro Domino
Freie Fahrt auf den Bahnen der Niederlande.

Tage (innerh. 31)	**3**	**5**	**10**
Jugendliche	82 DM	126 DM	216 DM
Erwachsene	105 DM	166 DM	289 DM
Erwachsene 1. Klasse.	136 DM	214 DM	386 DM

Tramperticket Tour Time
Jugendliche bis 20 Jahre haben Freifahrt im ganzen Land, auch in ganz Belgien, aber nur in den Schulferien: innerhalb von 10 Tagen 4 frei wählbare Reisetage, 55 DM, mit allen öffentlichen Verkehrsmitteln 65 DM.

Meermannskart für Erwachsene
Freifahrt in den ganzen Niederlanden 1 Tag lang, 2 Personen 90 DM, 3 Personen 110 DM, 4 Personen 120 DM, 5 Personen 135 DM.

Besonders schöne Bahnstrecken in den Niederlanden

Der größte Teil des Landes ist eben, Hügel und Berge gibt es wenig. Im Süden überwiegen Häuser, Kanäle und Meeresbecken, im Norden Wiesen und Weiden mit Kühen, Feldern, Treibhäusern und Gärtnereien sowie Küsten. Wohin man auch fährt, das Bild ändert sich kaum. Zu empfehlen ist auf jeden Fall ein Trip nach **Amsterdam**, verbunden mit dem Besuch der Universitätsstädte **Utrecht** und **Leiden** sowie eine Visite in **Alkmaar** und **Delft**.

Ziele in den Niederlanden

Utrecht

Strecke 27002 Köln–Amsterdam.

Information

Im Bahnhof, Stadtplan und reichhaltiges Material.

Übernachten

Jugendherberge im Nachbarort **Bunnik**, Bahnhof von Utrecht Richtung Arnhem, Rhijnauwenselaan 14, Tel. 03405/61277, auch Bus CN 40, 43 vom Bahnhof Utrecht bis Rhijnauwen, ganzjährig geöffnet, 150 Betten. **Hostel Snurkhuis**, Jansveld 51, großer Schlafraum, Mehrbettzimmer, ca. 15 DM, ganzjährig geöffnet. **Campingplatz Berekuil**, 3 km vom Bahnhof, Arienslaan 5, Bus 57 vom Bahnhof.

Essen und Trinken:

Die **Mensen** der Universitätsstadt bieten Essen zu ca. 7 DM, Kromme Nieuwe Gracht 54, 17 Uhr–19 Uhr, mit Cafeteria, kein Ausweis nötig, im Juli geschlossen.

Sehenswertes

Die Universität und die Studenten bringen frisches Leben in die Stadt. Die Altstadt mit schmalen Gassen und malerischen Grachten verbreitet eine anheimelnde Atmosphäre. Die große Fußgängerzone lädt zum Bummeln ein. Gleich in der Nähe des Bahnhofs breitet sich das weiträumige Einkaufslabyrinth Hoge Catharijne aus, hinter ihm beginnt die Altstadt. Besondere Attraktionen sind der **Dom** aus dem 13. Jahrhundert mit seinem 1670 von einem Sturm demolierten Hauptgebäude, das nicht erneuert wurde. Der Turm läßt sich erklimmen, von oben hat man eine gute Übersicht über die Stadt (4 DM). Sehenswert ist auch das **Drehorgelmuseum Speelklok Museum** nicht weit vom Dom, das unzählige Drehorgeln zeigt, die sich noch bedienen lassen und bei einer Führung dann auch die verschiedensten Melodien und Rhythmen spielen (Di–So 10–17 Uhr, 6 DM). Interessant ist auch das **Centraal Museum** in der Agnietenstraße mit Gemälden niederländischer Künstler (Di–So, 10–17 Uhr, 5 DM).

Amsterdam

Strecke 27002 Köln–Amsterdam, direkte Züge von Köln alle 2 Stunden.

Information

Vor dem Hauptbahnhof, großes Fremdenverkehrsamt mit viel Material, kleine Stadtpläne. Große Stadtpläne kosten 2 DM, Zimmervermittlung gegen Gebühr, ca. 5 DM. Heft «Use it» mit Übersicht über Zimmer, Lokale, Stadtplan zeitweise zu haben, kostenlos. Heft «Amsterdam – Angenehm schlafen» mit Hotels und Hostels, kostenlos. Heft «What's on in Amsterdam» mit Übersicht über alles, was in der Stadt läuft, ca. 3 DM, zeitweise kostenlos.

Verkehr

Der **Hauptbahnhof Centraal Station** liegt direkt am Zentrum, mit Gepäckaufbewahrung, Läden, Geldwechsel (teuer). **Metro, Straßenbahn** und **Stadtbusse** können alle mit einer Fahrkarte benutzt werden, die in ganz Holland für alle öffentlichen Verkehrsmittel gilt. Eine Karte mit 15 Abschnitten kostet ca. 13 DM, mit 45 ca. 30 DM. Man muß sich die Zonen, die man passiert, merken und einen Abschnitt mehr als die durchfahrenen Zonen auf der Strippenkaart abstempeln (Automat oder beim Fahrer). 24-Stunden-Karten kosten 13/16/19 DM für 1/2/3 Tage. Will man nur die Innenstadt besuchen, kann man alles zu Fuß erledigen und eventuell eine **Schiffsfahrt** auf den Grachten anhängen. Rundfahrten starten auch am Bahnhof (Stationsplein), die Schiffe fahren die Singel, manchmal die Herengracht entlang, ca. 16 DM, lange Touren bis zu 35 DM. **Fahrräder** zu leihen ist zwar sehr landestypisch, der Diebstahlgefahr wegen aber nur bedingt ratsam, an jedem Bahnhof möglich, ca. 8 DM am Tag, Kaution ca. 100 DM.

Übernachten

Jugendherbergen: Vondelpark, Zandpad 5, Tel. 020/6831744, ganzjährig geöffnet, 350 Betten, Schließzeit 2 Uhr morgens, Straßenbahn 1, 2, 5 bis Leidseplein ab 0 Uhr Bus 74, liegt schön am Vondelpark. **Stadsdoelen**, Kloveniersburgwal 97, Tel. 020/6246832, ganzjährig geöffnet, außer Januar und Februar, 184 Betten, gepflegtes Haus mit Cafeteria, vom Bahnhof nur 20 Minuten zum Nieuwmarkt oder Metro bis Nieuwmarkt, derselbe Preis wie im Vondelpark. **Hostel Shelter**, Barndesteeg 21, beim Nieuwmarkt, 15 Minuten vom Bahnhof, religiöses Haus, allerdings im Prostituiertenviertel, Tel. 020/6253230, nur 20 DM mit Frühstück. **Hostel Meeting Point**, Warmoesstraat 15, große Schlafräume, nur 5 Minuten vom Bahnhof Richtung Nieuwmarkt, aber im Prostituiertenviertel, ca. 25 DM. **Hostel Kabul**, Warmoesstraat 38, Tel. 020/6237158, 280 Betten in Einzel-, Doppel-, Mehrbettzimmern, ab ca. 25 DM, vom Bahnhof 5 Minuten, im Prostituiertenviertel. **Hostel Sleep-in Mauritskade's**, Gravesandestraat 51, Tel. 020/6947444, 550 Betten, Schlafsäle, Doppel- und Einzelzimmer, ab 16 DM, Schließfächer wegen Diebstahlgefahr, Lokal, Cafeteria, Kino, Auftritt von Bands, geöffnet an Ostern, Pfingsten und Juni–September, keine Schließzeit, vom Bahnhof Metro bis Weesperplein, nachts Busse 76, 77. **Hostel Adam und Eva**, Sarphatistraat 105, Tel. 020/6246206, 90 Betten, große Mehrbettzimmer, ca. 22 DM, sauber und ruhig, Metro bis Weesperplein, nachts Busse 76, 77. **Bob's Youth Hostel**, Nieuwezijds Voorburgwal 92, Tel. 020/6230063, 160 Betten, Cafeteria, preiswert, mit Frühstück ca. 25 DM, vom Bahnhof 20 Minuten zum Dam, dann die Paleisstraat rechts, biegt die Voorburgwal links ab oder Straßenbahn 1, 2, 5. **Hostel Hans Brinker**, Kerkstraat 136, Tel. 020/6220687, 255 Betten, Mehrbett-, Doppel- und Einzelzimmer, ab ca. 30 DM, Straßenbahn 1, 2, 5 bis Leidseplein. **Hostel Eben Haezer**, Bloemstraat 179, Tel. 020/6244717, 114 Betten, ca. 16 DM. **Hostel Keizersgracht**, Keizersgracht 15, Tel. 020/6251364, 83 Betten, Mehrbett-, Doppel-, Einzelzimmer, ab 22 DM, 12 Minuten vom Bahnhof. **Hotel Schröder**, Haarlemmerdijk 48b, Tel. 020/6266272, Doppelzimmer 60 DM. **Hotel Pax**, Raadhuisstraat 37, Tel. 020/6249735, vom Bahnhof

12 Minuten, Doppelzimmer 60 DM. **Campingplätze: Het Amsterdamse Bos**, Kleine Noorddijk 1, Tel. 020/6416868, Bus 171 bis Legmerdijk, großer Wohnwagenplatz, Platz für Zelte. **Gaasper Camping**, Loosdrechtdreef 7, Tel. 020/6967326, Metro bis Gaasperplas, liegt im Park. **Vliegenbos**, Meeuwenlaan 138, Tel. 020/6368855, Bus 31, 32 vom Bahnhof, nahe am Zentrum, preiswertester Platz ab 8 DM pro Person, Mai–September, großer Jugendtreff, nachts erreichbar mit Bus 72. **Zeeburg**, Zuider IJdijk 44, Tel. 020/6944430, Bus 22 vom Bahnhof zum Zeeburgdijk, nachts Bus 71, ebenfalls großer Jugendtreff, Mai–September. *Wild übernachten* am Bahnhof oder im Vondelpark ist verboten, seit im Gefolge des Drogenkonsums Diebstahl und Überfälle stark zugenommen haben (Polizeikontrollen). Die unzähligen *Zimmervermittler* am Bahnhof sind mit Vorsicht zu genießen, verraten sie doch ungern, wie weit ihre Unterkunft entfernt ist. Erst das Zimmer ansehen!

Essen und Trinken

Mehrere **Universitäts-Mensen**, ohne Ausweis zu besuchen, Essen ca. 8 DM, Mo–Fr ca. 17–19 Uhr, im Juli geschlossen: Herengracht 88 mit Cafeteria, große Auswahl, auch Büffet. Oudezijds Achterburgwal 237, zeitweise auch 11–13 Uhr geöffnet, große Auswahl an Mahlzeiten. Preiswert und schmackhaft sind die Mahlzeiten bei den vielen *indonesischen* und *chinesischen* Restaurants in der Stadt, deren Besitzer aus der ursprünglich holländischen Kolonie stammen. Sehr nette Lokale finden sich gleich links vom Hauptbahnhof in und um die Warmoesstraat, andere im Prostituiertenbezirk. Am preiswertesten ist wohl das **Riaz** in der Bilderdijkstraat 193. Die Amsterdamer Kneipen laufen unter dem Namen **Café**, eine unvorstellbar große Auswahl wartet auf den Besucher. Am bekanntesten sind das **American Café**, Leidseplein 28, im großen Hotel, trotzdem lohnend, weil seine Jugendstil-Ausstattung sehr selten ist. **Café Prins**, Prinsengracht 124, romantische Lage an der Gracht, Studententreff. **Café de Schutter**, Voetboogstraat 15, Studententreff, viel Betrieb.

Die *Zentren des Nachtlebens* liegen im hinter der Prinsengracht gelegenen Viertel *Jordaan* im Nordwesten der Innenstadt sowie um den *Leidseplein*. Absolutes Zentrum alternativer Kultur ist das **Melkweg**, Lijbansgracht 243, beim Leidseplein mit Disco, Livemusik, Alternativkino, vegetarischem Lokal, Cafeteria, ab 19 Uhr Programm außer Mo und Di (Eintritt 5 DM). Fast genauso bekannt ist das **Paradiso**, Weteringschans 6, nicht weit vom Vondelpark, ebenfalls Livemusik, Disco ab 18 Uhr außer Mo und Di. Livemusik verschiedener Bands auch im **Hostel Sleep-in Mauritskade**, 's Gravesandestraat 51, Eintritt ca. 8 DM. **Dansen bij Jansen**, Handboogstraat 11, größte Disco der Stadt, voller Studenten, 22–4 Uhr, 5 DM. Neueste Konkurrenz ist **Escape Disco** am Rembrandtsplein, ca. 12 DM, Donnerstag ist der Eintritt für Studenten und Azubis frei.

Sehenswertes

Amsterdam ist mit seinen vielen **Grachten**, von Bäumen gesäumten Wasserstraßen, eine der schönsten Großstädte Europas. Durch die liberale Drogenpolitik der vergangenen Jahrzehnte wurden viele Drogenkonsumenten auch aus anderen Ländern zum Besuch der Stadt animiert, die Folge sind Drogenhandel und Beschaffungskriminalität, die dem Fremden oft in unbekannter Härte entgegentreten. Vorsicht vor Leuten, die irgendeinen Trip verkaufen wollen. Besonders halblinks vom Bahnhof im Prostituiertenviertel sollte man sich in acht nehmen vor Dealern. Von der *Centraal Station*, die auf einer künstlichen Insel liegt, kommt man direkt geradeaus zum **Dam**, dem zentralen Platz der Stadt. In seiner Mitte liegt das **Denkmal** der Befreiung der Niederlande von den Nationalsozialisten, die von 1940 bis Anfang 1945 ihre Terrorherrschaft über das kleine Nachbarland ausübten. Das alte jüdische Warenhaus Bijenkorf am Dam verlor in den deutschen Vernichtungslagern über 730 Verkäufer. Am anderen Ende des Dam stehen der **Königliche Palast**, dessen prächtige Räume besichtigt werden können (täglich, 12–17 Uhr, 6 DM), die große **Neue Kirche** und die **Börse**. Das **Wachsfigurenmuseum** der Madame Tussaud als Pendant zum Kabinett in London zeigt am Dam die Königin Beatrix, Mahatma Gandhi, Winston Churchill, aber auch Marilyn Monroe und die Spionin Mata Hari, zudem Popstars wie David Bowie oder Michael Jackson. Prunkstück des Museums sind Szenen aus dem Leben Rembrandts, ein Karikaturenkarussell und der Garten der Lüste von Hieronymus Bosch (täglich 10–18 Uhr, 10 DM).

Parallel zum Damrak, der vom Bahnhof zum Dam führt, verläuft die *Fußgängerzone* im Nieuwendijk mit vielen Läden. Östlich davon, also links vom Bahnhof, liegt das Stadtviertel um den **Nieuwmarkt** und der anschließende Red Light District. Das etwa 800 m südlich davon gelegene **Rembrandt-Haus** in der Jodenbreestraat zeigt als ehemaliger Wohnsitz des Malers viele seiner Werke (täglich 11–17 Uhr, 3 DM). Nicht weit davon steht das moderne **Opernhaus**, im Volksmund «Stopera» genannt, weil es auch noch das Rathaus beherbergt, mit seinen gewaltigen Ausmaßen aber nicht gerade anziehend wirkt (Stadhuis und Opera oder Stop der Opera = Stopera). Hinter dem Waterlooplein steht die **Moses-und-Aaron-Kirche**, die heute ein Alternativtreff mit Ausstellungen, Veranstaltungen und Teestube ist. Gegenüber steht die alte **Synagoge** mit dem **Joods Historisch Museum** in einem sehr gut restaurierten Komplex aus dem 17. Jahrhundert. Hier werden die Religion der Juden, ihr Einfluß auf die niederländische Gesellschaft und die Verfolgung der Juden dargestellt. In der ältesten öffentlichen Synagoge Westeuropas befinden sich Darstellungen aus der Geschichte der Juden und ein koscheres Lokal (täglich außer Samstag, 10–17 Uhr, 7 DM). Am Jüdischen Museum vorbei über die Gracht gelangt man zum lohnenden **Botanischen Garten** mit Pflanzen aus aller Herren Länder. Tropischer Urwald wird ebenso gezeigt wie ein japanischer Ziergarten oder die Welt der Wüstenpflanzen. Neben 6000 Pflanzenarten beeindrucken ein monumentales Palmenglashaus und die Orangerie (täglich 10–16 Uhr, 5 DM). Folgt man der Plantage Middenlaan ca. 1 km nach Osten, stößt man auf den **Zoo** (linker Hand, täglich 9–20 Uhr,

ca. 13 DM) und – zwei Grachten weiter – auf das **Tropenmuseum** am Anfang des Oosterparks. Das Museum stammt aus der Zeit, als Holland noch Kolonialmacht war, wurde aber in ein Abbild der tropischen Länder verwandelt. Man baute unter anderem die Straße einer nordafrikanischen Stadt nach, ein Haus auf Java, ein indisches Dorf, einen afrikanischen Markt, alles mit Originalgegenständen aus den betreffenden Regionen. Andere Abteilungen beschäftigen sich mit Musik und Theater aus der östlichen Welt, mit Religionen, Technik und Wirtschaft der Tropen sowie mit der dortigen Herstellung und Verwendung von Textilien. Berühmt ist auch die Sammlung von Kunstgegenständen aus Asien, Afrika und Südamerika. Die Darstellung ist kritisch und sehr pädagogisch aufbereitet (täglich 10–17 Uhr, 7 DM).

Läuft man vom Dam Richtung Westen die Radhuisstraat entlang, kommt man zur **Westerkerk**, die Rembrandts Grab beherbergt. Von ihrem Turm hat man einen guten Blick auf die Stadt (täglich 12–18 Uhr, 3 DM). Rechts hinter der Kirche steht das **Anne-Frank-Haus** in der Prinsengracht 263, in dem Anne Frank von 1942 bis 1944 ihr weltberühmtes Tagebuch schrieb. Mit ihrer Familie und vier anderen Personen hielt sie sich im Hinterhaus in einer kleinen Wohnung verborgen. Die deutschen Nazis kamen erst im August 1944 auf die Spur der jüdischen Bewohner. Nur der Vater Anne Franks überlebte die Vernichtungslager, alle anderen Familienmitglieder wurden getötet. Heute stellt das Museum das Leben der Familie Frank dar, aber auch moderne Formen des Faschismus, und ist eins der wichtigsten Häuser der Stadt (täglich 10–18 Uhr, 5 DM, im Sommer viele Besucher).

Zwischen dem Dam und der Westerkerk liegt das **Nationaal Spaarpottenmuseum**, das um die 2500 Sparbüchsen aus der ganzen Welt in wechselnden Ausstellungen zeigt. Außer Sparschweinen gibt es hindu-javanische Sparbüchsen aus dem 15. Jahrhundert und kunstvolle Exemplare aus Silber und Delfter Porzellan, zudem Sparbüchsen mit beweglichen Figuren oder Spieluhren (täglich 10–17 Uhr, 5 DM). Vom Dam geradeaus durch die Fußgängerzone und die Kalverstraat gelangt man zum romantischen **Begijnhof**, einem städtischen Gebäude aus dem 17. Jahrhundert, das für verwitwete Frauen errichtet worden ist. Ihm benachbart folgt das **Amsterdams Historisch Museum**, das die Geschichte der Stadt seit dem 13. Jahrhundert mit archäologischen Funden, Gebrauchsgegenständen, Gemälden und Fotos zeigt. Interessant sind besonders die Gruppenporträts wohlhabender Amsterdamer Bürger in der Museumsstraße, die direkt in den Begijnhof führt (die Museumsstraße ist kostenlos, das Museum kostet 4 DM, täglich 11 – 18 Uhr). 100 m östlich, jenseits der Gracht, liegt das **Allard Pierson Museum** mit der archäologischen Sammlung der Universität Amsterdam, mit Mumien, Särgen und Masken aus Ägypten, Reliefs und bronzenen Götterstatuen, Marmorstatuen und Grabplatten aus dem antiken Griechenland, bemalten Vasen und Krügen, sowie bronzenen Waffen und Helmen (täglich 11 – 18 Uhr, 6 DM).

Etwa auf der Höhe des Allard Pierson Museums führt die Leidsestraat geradeaus und dann halbrechts zum **Leidseplein**, dem abendlichen Jugendtreff der Stadt. Vom Leidseplein über die Gracht kommt man zum großen **Vondelpark**, wo früher die Alternativszene, heute Jugendliche verkehren und Open-Air-Festivals stattfinden. Etwa 200 m östlich vom Vondelpark reihen sich mehrere *Museen* aneinander: Das **Rijksmuseum** besitzt die größte Kunstsammlung der Niederlande. Werke von Rembrandt, Vermeer, Frans Hals, Albert Cuyp und Jan Steen sind ausgestellt, zudem Radierungen, Skulpturen, Möbel, Wandteppiche, Silber, Glas, Delfter Keramik und Porzellan. In der Abteilung asiatischer Kunst ist der berühmte tanzende Shiva aus dem 12. Jahrhundert zu sehen (Stadhouderstraat 42, Di–So 11 – 17 Uhr, 10 DM). 200 m davon entfernt liegt in der Potterstraat das **Rijksmuseum Vincent van Gogh**, das mit 200 Gemälden und 500 Zeichnungen des Künstlers die größte Van-Gogh-Sammlung der Welt ist. Ausgestellt sind dort auch die «Kartoffelesser», das «Schlafzimmer» und eine der Versionen der «Sonnenblumen», außerdem Werke von Gauguin und Toulouse-Lautrec (Di–So 11 – 17 Uhr, 10 DM).

Ein Haus weiter steht das **Stedelijkmuseum** mit moderner Kunst. Seine Sammlungen enthalten Gemälde und Skulpturen, Videos, Zeichnungen, Grafik, Fotografie, angewandte Kunst, Industriedesign, Plakate, zudem Werke von Monet, van Gogh, Cézanne, Picasso, Matisse, Kirchner, Chagall und Beckmann. Neben der einmaligen Sammlung des Russen Malewitsch zeigen die Werke der Künstler van der Leck und Rietveld das Entstehen der abstrakten Kunst. Es gilt als Avantgarde-Museum und ist für seine aufsehenerregenden Kreationen bekannt (täglich 11 – 17 Uhr, 5 DM). Besondere Touristenattraktionen der Stadt sind der **Flohmarkt** am Waterlooplein beim Opernhaus mit Kleidern, Antiquitäten und Trödel (täglich außer Sonntag 10 – 19 Uhr), das **Scheepvaartmuseum** mit 500 authentischen Schiffsmodellen in einem alten Lagerhaus an der Kattenburgerplein (vom Bahnhof 10 Minuten links laufen, immer der Prins Hendrikkade nach, dann links, Di–So, 11 – 17 Uhr, 10 DM) sowie die riesige **Heineken-Brauerei** in der Stadhouderskade 78, die gegen eine geringe Gebühr, die der UNESCO zugute kommt, besichtigt werden kann. Hier kann man trinken und essen, soviel man will (Mo–Fr 9 Uhr, 9.40 Uhr, 10.30 Uhr, 12.50 Uhr, 13.40 Uhr Einlaß, großer Andrang).

Mehrere Monate im Jahr verkehrt auch das **Museumsboot**, das auf den Grachten von Museum zu Museum pendelt. Alle 45 Minuten kann man zusteigen, die Tageskarte zu 15 DM gewährt bei vielen Museen Ermäßigungen, die Karte zu 23 DM sogar freien Eintritt in drei Museen eigener Wahl (und ganztägige Museumsbootfahrten).

Haarlem

Strecke 27007 Amsterdam–Zandvoort aan Zee.

Information

Gleich neben dem Bahnhof.

225

Übernachten

Jugendherberge, Jan Gijzenpad 3,
Tel. 023/37 37 93, 1. 3.–29. 10., 110 Betten,
3 km vom Bahnhof, Bus 2, 6 vom Bahnhof
bis Jeugdherberg. **Campingplätze** bei Zandvoort aan Zee (siehe unten).

Sehenswertes

Haarlem liegt 12 km von Amsterdam entfernt, 7 km vor der Küste. Die Altstadt bietet schöne schmale Gassen mit romantischen Häusern rund um den **Grote Markt**,
die Grote Kerk mit dem Grab des Künstlers Frans Hals und einer bekannten Orgel
sowie dem gewaltigen Rathaus. Das **Frans
Hals Museum** in der Heiliglandstraat 62
präsentiert mehrere Bilder des bekannten
Künstlers (täglich 11–17 Uhr, 5 DM). In der
Altstadt liegt das kleine **Corrie ten Boom-
Museum**, das an die überzeugte Christin
Corrie ten Boom und ihre Familie erinnert,
die während der Besetzung durch die Nazis
Juden und andere Verfolgte in diesem
Haus versteckte. Die Familie wurde nach
der Entdeckung ihres Tuns bis auf Corrie
im Vernichtungslager ermordet (Mo–Sa
11–17 Uhr, ca. 3 DM).

Zandvoort aan Zee

Strecke 27007 Amsterdam–Zandvoort,
Züge alle 30 Minuten.

Information

200 m vom Bahnhof im Schoolplein.

Übernachten

Mehrere **Campingplätze** am Strand.

Sehenswertes

Kleiner, traditionsreicher Badeort direkt
am Meer, wenige km von Amsterdam.
Schöne Sandstrände, im Sommer sehr viel
Betrieb, man kann aber weiter durch die
Dünen gehen, bis es ruhiger wird. In der
Nähe befindet sich die gleichnamige Auto-
rennstrecke.

Alkmaar

Strecke 27001 Amsterdam–Den Helder,
Züge alle 30 Minuten.

Information

In der Stadtwaage am Marktplatz.

Übernachten

Jugendherberge in **Egmond**, Herenweg
118, Tel. 022 06/22 69, 1. 4.–29. 10., 130 Betten, Bus 166 vom Bahnhof Heiloo. **Campingplatz Alkmaar**, April–Oktober, Bus
vom Bahnhof.

Sehenswertes

Fein herausgeputzter Erholungsort nordwestlich von Amsterdam mit verzierten
Häuschen, die von Grachten gesäumt werden. In der lebhaften Fußgängerzone mit
ihren schmalen Gassen herrscht eine angenehme Atmosphäre. Seit 350 Jahren findet
der **Käsemarkt** in Alkmaar statt, heute nur
noch Freitag morgens von 10–12 Uhr, ein
Bild wie aus dem Märchenbuch. Nach altem Brauch schleppen Männer in farbiger
Tracht den Käse herbei, dann werden die
Stücke gewogen und angeboten. Freitag
mittag gibt es Käsemarkt-Konzerte in Form
von Orgelmusik in der Großen Kirche,
nachmittags einen Künstlermarkt im nahen
Bergen, einem kleinen Ort mit malerischer Kirchenruine, von deren Turm
Donnerstag von 11–12 Uhr ein Glockenspiel ertönt. Um Bergen herum liegen Kie-
fernwälder, Heide, Dünen (Busse stündlich
von Alkmaar).
Südlich von Bergen liegt der Badeplatz
Bergen aan Zee direkt am Meer. Wenige
km südlich folgt das kleine **Egmond aan
Zee** mit einem schönen weißen Leuchtturm. In seiner Nähe liegt das Örtchen **Egmond Binnen** mit einer alten Benedikti-
nerabtei und **Bergen aan Hoef** mit den
Überresten des Schlosses der Grafen von
Egmond, umgeben von Dünen, Heide und
Kiefern. (Busse vom Bahnhof Heiloo.)

Den Helder / Insel Texel

Strecke 27001 Amsterdam–Den Helder,
alle 30 Minuten Züge.

Information

Bei der Bushaltestelle in Den Burg auf Texel Zimmervermittlung, Groeneplaats 9.

Verkehr

Vom Bahnhof Den Helder fahren immer
nach der Ankunft der Züge aus Amsterdam Busse (Nr. 3) zum Hafen, dann legen
sofort die Fähren nach t'Horntje auf Texel
ab, dort sofort Busanschluß nach Den
Burg, wo Anschlußbusse zu allen Inselorten warten. (Fähre ca. 20 Minuten Überfahrt, 13 DM, Busse mit Interrail und Euro
Domino teilweise kostenlos).

Übernachten

Jugendherberge in **Den Burg** auf Texel,
Panorama, Schansweg 7, Tel. 02220/15441,
140 Betten, ganzjährig geöffnet, Bus 29,
liegt am Rand des Ortes, gepflegtes Haus.
Jugendherberge De Eyercoogh, 1. 7.–10. 9.,
ebenfalls in Den Burg, Pontweg 106, dieselbe Telefonnummer wie Panorama-Herberge. Auf der Insel Texel gibt es rund 15
Campingplätze, Treff von jungen Rucksacktouristen ist der **Koogerstrand Camping** in der Nähe des Ortes De Koog. Genaue Informationen, auch über **Privatzimmer**, beim Fremdenverkehrsamt in Den
Burg.

Sehenswertes

Auf Texel gibt es 25000 Schafe, unzählige
Dünen mit kilometerlangem Sandstrand,
309 Vogelarten und über 6000 Fahrräder
zum Mieten. Alles ist auf Rädern unterwegs, ein Ausleih befindet sich schon im
Inselhafen t'Horntje. Im Westen der Insel
zum offenen Meer hin gibt es tolle Badestrände, von kleinen Kiefernwäldern abgeschirmt. Hauptort der Insel ist **Den Burg**
mit Läden und Pensionen. Im Touristenort
De Koog herrscht ziemlicher Rummel, er
liegt direkt an den Dünen mit unzähligen

Kneipen, Shops, Discos und vielen jungen
Travellern. Der kleine Hafen **Oudeschild**
zeigt eine Windmühle, die ab Windstärke
sechs, also vier Tage in der Woche, ganz
Oudeschild mit Strom versorgt. Nicht weit
davon ist das Juttersmuseum, in dem all
der Kram aufbewahrt wird, der sich im
Lauf der Zeit am Strand zusammenfindet.
Das Museum Eco Mare informiert über
Seehunde und die Umweltbedingungen der
Nordseeinseln, ihm angeschlossen ist eine
Abteilung, die sich wissenschaftlich mit den
Seehunden der Nordsee beschäftigt (täglich 10–17 Uhr, 7 DM).

Leiden

Strecke 27006 Amsterdam–Den Haag.

Information

Vor dem Bahnhof. Schöner Stadtplan, kostenlos.

Übernachten

Jugendherberge 15 km entfernt in **Noordwijk**, Langevelderlaan 45,
Tel. 02523/72920, Bus 60 vom Bahnhof
Leiden bis Langeveld. Oder **Jugendherberge** in **Haarlem** (oben). **Hostel Lits-Jumeaux** in Leiden, Lange Scheistraat 9, vom
Bahnhof 5 Minuten, Mehrbettzimmer, ca.
25 DM, aber oft voll, Tel. 071/128457.

Sehenswertes

Leiden ist eine der schönsten Städte der
Niederlande, mit fast mittelalterlich geprägtem Stadtbild, schmalen Gassen,
Grachten, Kopfsteinpflaster und viel Atmosphäre. Die altehrwürdige Universität,
eine der größten des Landes, gibt mit den
vielen Studenten der kleinen Stadt ihr Gepräge. Attraktion ist die **Windmühle De
Valk** aus dem 18. Jahrhundert mit altem Inventar, heute als Museum hergerichtet (5
Minuten vom Bahnhof, täglich 10–17 Uhr,
4 DM). Von Leiden fahren Busse zum **Keukenhof**, einem riesigen Blumengarten, der
von April bis Juni geöffnet, allerdings von
Besuchern ständig überfüllt ist.

Den Haag/'s-Gravenhage

Strecke 27006 Amsterdam–Den Haag und
27003 Den Haag–Utrecht.

Information

Vor dem Hauptbahnhof rechts, Stadtplan
und Zimmervermittlung.

Verkehr

Zwei große Bahnhöfe: **Hauptbahnhof Centraal Station** (*CS*), liegt nahe am Zentrum,
nicht weit vom **Binnenhof**. **Bahnhof
Hollandse Station** (*HS*), ca 1 km südlich
vom Zentrum. Für einen Besuch der Stadt
zum Hauptbahnhof durchfahren.

Übernachten

Jugendherberge, Monsterseweg 4,
Tel. 070/3970011, 367 Betten, 10 km vom
Hauptbahnhof, Bus 122, 123 oder 124 vom
Hauptbahnhof, liegt 1 km vom Nordsee-
strand entfernt.

Sehenswertes

Die Hauptstadt der Niederlande ist Sitz der
Regierung und des Internationalen Ge-
richtshofes. Zusammen mit dem Nachbar-
städtchen Scheveningen reichen die Häuser
bis zur Nordseeküste. Beide Orte sind sehr
städtisch geprägt.

Vom Hauptbahnhof gelangt man über
den Bezuidenhoutseweg in wenigen Minuten in die City zum **Binnenhof**, einem Bauwerk aus dem 14. Jahrhundert mit dem Parlamentsgebäude. Daneben ist das **Museum
Mauritshuis** mit Bildern von Rubens, Rembrandt und Frans Hals (Di–So 11–17 Uhr,
6 DM). Im **Buitenhof** neben dem Binnenhof kann man Folterwerkzeuge des Mittelalters besichtigen. Rechter Hand vom
Hauptbahnhof findet man am Ende des
Parks den **Königspalast**. Der **Internationale
Gerichtshof** sitzt an der Straße nach Scheveningen im **Vredespalast**. Seine Urteile
sind von allen Staaten der Welt zu befol-
gen, die Richter stammen aus verschiedenen Ländern. Mit einiger Spannung wird

der Prozeß gegen die bosnischen Serben-
führer Karadžić und Mladić erwartet.

Im Park **Scheveningse Bosjes**, den man
mit den Straßenbahnen 1 oder 7 Richtung
Scheveningen erreicht, befindet sich das
Madurodam, eine typische niederländische
Stadt in Miniatur mit fast allen
«markanten» Gebäuden des Landes,
abends romantisch beleuchtet. Man
braucht mehrere Stunden, bis man sich alles genau angesehen hat, es herrscht viel
Betrieb (täglich 9–22 Uhr, 10 DM).

In **Scheveningen** sind der Strand und die
Promenade mit unzähligen Shops, Kneipen
und einem Kurhaus relativ touristisch
(Straßenbahnen 1 und 7 von Den Haag).

Delft

Strecke 27005 Den Haag–Rotterdam.

Information

Marktplatz, Stadtpläne und Zimmerver-
mittlung. Studentenzimmervermittlung im
Krakelhof-Info, Beirenlaan 9,
Tel. 015/135953.

Übernachten

Jugendherbergen in Den Haag oder Rotterdam. In Delft gibt es von Juli–September eine eigene **Studentenzimmervermittlung** auch für eine oder wenige Nächte.
Campingplatz Delftse Hout im gleichnamigen Park, Bus 133 vom Bahnhof bis Ho-
flaan.

Sehenswertes

Sehr hübsche Stadt mit vielen Kanälen und
wunderschön geschmückten Häusern. Die
Universität bringt mit ihren Studenten viel
Leben in die schmalen Gassen. Der Reichtum aus der Produktion des berühmten
Delfter Porzellans spiegelt sich in den Fassaden der Bürgerhäuser wider. Sehenswert
sind die **Neue Kirche** und das **Rathaus** aus
dem 17. Jahrhundert. In der Kirche sind die
Könige der Niederlande begraben. Einige
Grachten weiter steht bei der Oude Kerk
das alte **Kloster Prinsenhof**, in dem Wil-

helm von Oranien, der im 16. Jahrhundert
für die Freiheit der Niederlande kämpfte,
getötet wurde. Das teure Porzellan kann in
verschiedenen Manufakturen besichtigt
werden, am bekanntesten ist wohl **De
Delftse Pauwe** in der Delftstraat 131 (täglich 10–16 Uhr, kostenlos, Kauf ist möglich).
Man sollte Delft nicht verlassen, ohne eines
seiner Schiffs-Cafés, die auf den Grachten
dümpeln, besucht zu haben (mehrere Cafés
sind vom Bahnhof über die Gracht und die
breite Straße links zu erreichen).

Rotterdam

Strecken 27003/27005/27006 Den
Haag–Amsterdam/Dordrecht.

Information

Im Hauptbahnhof, Stadtplan, Hafenplan.

Verkehr

Hauptbahnhof direkt am Zentrum.
Straßenbahn, U-Bahn und **Busse** fahren
vom Bahnhof ab. Streifenkarte, wie in den
Niederlanden üblich. Zum Hafen fährt
Straßenbahn 5.

Übernachten

Jugendherberge, Rochussenstraat 107,
Tel. 010/4365763, 152 Betten, ganzjährig
geöffnet, preiswert, ca. 15 DM, vom Bahnhof 3 km, Straßenbahn 6 bis Nieuwe Bin-
nenweg oder U-Bahn bis Dijkzigt. **Camping Rotterdam**, Kanaalweg 84, vom Bahnhof 3 km, Bus 33.

Sehenswertes

Die Industriestadt verfügt über den größten Hafen der Welt. Im Zweiten Weltkrieg
von deutschen Luftangriffen dem Erdboden gleichgemacht, ist die Stadt heute völlig neu und von gleichförmigen Bauwerken
gekennzeichnet. Der Besuch lohnt sich nur
wegen des Hafens, den man vom Willems-
plein aus besichtigen kann (Hafenrundfahrt 1–3 Stunden, 10–30 DM, Straßenbahn 5).

Gouda

Strecke 27003 Rotterdam–Utrecht.

Information

Auf dem Marktplatz.

Übernachten

Jugendherbergen in **Rotterdam** oder **Ut-
recht-Bunnik**. Privatzimmervermittlung
beim Fremdenverkehrsamt.

Sehenswertes

Gouda ist durch seine **Käseproduktion** in
ganz Europa bekannt geworden. Das hübsche Stadtbild wird überragt von einer der
mächtigsten Kirchen der Niederlande, der
St. Jans Kerk, mit besonders schönen Glasfenstern. Das prächtige Rathaus und das
Pfeifenmuseum im Haus De Moriaan mit
der größten Tabakpfeifensammlung Europas sind weitere Attraktionen. Die Herstellung von Tabakpfeifen war früher neben
der Käseproduktion das zweite wirtschaft-
liche Standbein Goudas. Heute sind nur
noch zwei Pfeifenmanufakturen erhalten
geblieben. Donnerstags wird die Stadt von
Menschen überschwemmt, die den
berühmten Käsemarkt miterleben wollen.

BELGIEN UND LUXEMBURG

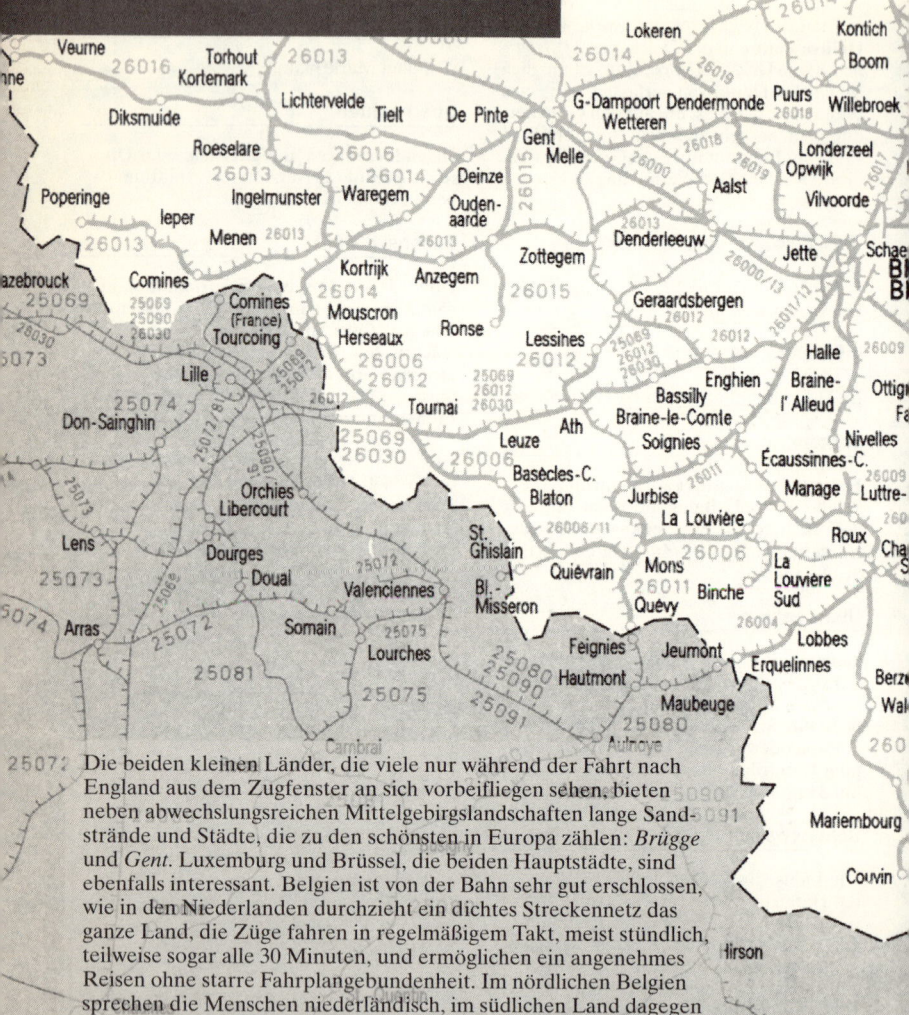

Die beiden kleinen Länder, die viele nur während der Fahrt nach
England aus dem Zugfenster an sich vorbeifliegen sehen, bieten
neben abwechslungsreichen Mittelgebirgslandschaften lange Sandstrände und Städte, die zu den schönsten in Europa zählen: *Brügge*
und *Gent*. Luxemburg und Brüssel, die beiden Hauptstädte, sind
ebenfalls interessant. Belgien ist von der Bahn sehr gut erschlossen,
wie in den Niederlanden durchzieht ein dichtes Streckennetz das
ganze Land, die Züge fahren in regelmäßigem Takt, meist stündlich,
teilweise sogar alle 30 Minuten, und ermöglichen ein angenehmes
Reisen ohne starre Fahrplangebundenheit. Im nördlichen Belgien
sprechen die Menschen niederländisch, im südlichen Land dagegen
französisch, im östlichen Grenzbereich gibt es eine kleine deutschsprachige Minderheit. In Luxemburg verstehen die Menschen sowohl französisch als auch deutsch.

FRANKREICH

Das Wichtigste vorweg

Geld

Belgische und Luxemburgische Francs sind gleich viel wert, man kann in Luxemburg mit beiden Währungen bezahlen, Scheine des luxemburgischen Franc gelten auch in Belgien.

1 Belgischer Franc = 100 Centimes.

1 DM	= 22 bfr	100 bfr =	4,85 DM
1 ÖS	= 3 bfr	100 bfr =	34 öS
1 sfr	= 27 bfr	100 bfr =	3,80 sfr

Botschaften in Luxemburg

Deutschland: Av. Emile Reuter 20,
Tel. 2 67 91 / 92
Österreich: Av. Royal 28, Tel. 2 69 57
Schweiz: Av. Royal 35, Tel. 2 74 74

Botschaften in Brüssel

Deutschland: Avenue de Tervueren 190,
Tel. 02 / 7 70 58 36 / 37 / 38
Österreich: Rue Saint Michel 80,
Tel. 02 / 7 34 91 00
Schweiz: Rue de la Loi 26,
Tel. 02 / 2 30 61 45

Telefon nach Hause

Aus beiden
Ländern gleich:
Deutschland 00 49
Österreich 00 43
Schweiz 00 41

Telefon Notruf
Belgien: 0 01
Luxemburg: 0 12

Unterwegs in Belgien und Luxemburg

Verpflegung

Essen gehen ist in den beiden Ländern sehr teuer. Dafür ist die Qualität der Restaurants bekanntlich hoch. Belgien genießt den Ruf einer Bier-Hochburg, haben sich hier doch erstaunlich viele kleine Brauereien am Leben halten können. In den Bars, Imbißbuden und Lokalen werden viele Sorten angeboten.

Übernachten

In beiden Ländern gibt es viele Jugendherbergen mit gehobenem Qualitätsstandard, ab ca. 18 DM, Hostels ergänzen das Angebot in den Städten. Campingplätze sind entlang der belgischen Küste und auch in Luxemburg sehr zahlreich.

Günstige Tickets in Belgien und Luxemburg

Interrail Zone E

Freie Fahrt auf den Bahnen beider Länder, in Luxemburg gilt das Ticket auch für alle Busse, die nicht dem lokalen Verkehr dienen. Auf der belgischen Straßenbahnstrecke De Lijn nicht gültig.

Euro Domino	Belgien			Luxemburg		

Freie Fahrt auf allen Bahnstrecken (wie Interrail).

Tage (innerhalb 31)	**3**	**5**	**10**	**3**	**5**	**10**
Jugendliche	75 DM	86 DM	159 DM	25 DM	31 DM	57 DM
Erwachsene	100 DM	115 DM	212 DM	35 DM	40 DM	75 DM
Erwachsene 1. Kl.	–	172 DM	320 DM	50 DM	60 DM	113 DM

Öko Billet Luxemburg

Freie Fahrt auf allen Bussen und Bahnen des Landes für Erwachsene, 1 Tag nur 10 DM.

Go Paß Belgien

10 beliebige Bahnfahrten in Belgien für Jugendliche innerhalb von 6 Monaten: 70 DM.

Besonders schöne Bahnstrecken

Dort, wo die Bahn durchs Gebirge fährt, ist die Fahrt besonders reizvoll: Das gilt für alle luxemburgischen Strecken und die Hauptlinie 26000 von Aachen nach Brüssel durch die Ardennen. Eine ganz besondere Attraktion ist die **Straßenbahn De Lijn**, die im 15 Minuten-Takt von **Knokke** an der niederländischen Grenze den Sandstränden der Küste folgend bis nach **De Panne** an der französischen Grenze fährt, die Fahrzeit der Sightseeing-Tour entlang der Nordsee beträgt 2 Stunden (Bahnpässe nicht gültig, Tageskarte ca. 18 DM für beliebiges Aus- und Zusteigen, auch Fahrradbeförderung möglich). In *De Panne*, der Endstation, wartet 500 m von der Station entfernt die riesige Dünenwelt **Sahara**, eine 400 m breite Wanderdüne.

Ziele in Belgien und Luxemburg

Leuven/Löwen

Strecke 26000 Köln–Brüssel, 2 Züge pro Stunde.

Information

Am Groote Markt am Anfang der Naamsestraat. Stadtplan und Zimmervermittlung.

Übernachten

Jugendherbergen im 30 km entfernten Brüssel. Im Sommer **Studentenzimmervermittlung** übers Fremdenverkehrsamt, auch **Privatzimmerangebote**.

Sehenswertes

Leuven ist die Hauptstadt des Brabant, stammt aus dem 9. Jahrhundert und hat sich in der Altstadt trotz starker Zerstörungen im Zweiten Weltkrieg ihre eigene Atmosphäre bewahrt. Die **Universität** aus dem Jahr 1425 trägt viel zu dem bezaubernden Flair bei, ebenso von jungen Menschen bevölkerte Cafés und Straßen. Leuven ist sternförmig gebaut. Im Zentrum befindet sich der Groote Markt mit dem reich verzierten **Rathaus** und der **St.-Peters-Kirche** aus dem 15. Jahrhundert mit weltbekannten Malereien im Innenraum. Sehenswerte Bauwerke sind auch die St.-Gertrud-Kirche, die Michaelskirche und die St.-Jacob-Kirche.

Bruxelles/Brüssel

Bahnknotenpunkt mitten in Belgien, Strecken in alle Richtungen.

Information

In der Rue du Marché aux Herbes 61, zwischen Zentralbahnhof und Grand Place, Stadtpläne und Zimmervermittlung. *Jugend-Fremdenverkehrsamt Infor Jeunes* in der Gare du Midi am Gleis 4 und in der Rue du Marché aux Herbes 27, Stadtpläne und Zimmervermittlung kostenlos (Mai–September).

Verkehr

Drei große *Bahnhöfe* in Brüssel: **Gare du Nord**: alle Züge halten, ca. 2 km nördlich von der City. Schließfächer. In der Nähe preiswerte Hostels. **Gare Centrale**: einige Züge aus Deutschland fahren hier durch, alle anderen halten, liegt direkt am Zentrum. Schließfächer, Duschen. **Gare du Midi**: alle Züge halten, ca. 2 km südlich der City, Schließfächer. **Straßenbahnen, U-Bahn** und **Busse** sind mit einer Karte zu nutzen, Einzelkarte ca. 2,40 DM, 5 Karten ca. 10 DM, 24-Stunden-Karte ca. 12 DM.

Übernachten

Jugendherbergen: **Bruegel**, Heilig Geeststraat 2, Tel. 02/5110436, 125 Betten, ganzjährig geöffnet, liegt nur 600 m von der Gare Centrale entfernt, den Boulevard de l'Empereur entlang, hinter der Kirche Chapelle, Schließzeit 0.30 Uhr. **Jean Nihon**, Rue de l'Eléphant, Tel. 02/4103858, 16.1.–31.12., 152 Betten, U-Bahn von der Gare Centrale bis Comte de Flandre, ca. 2 km. **Jacques Brel**, Rue de la Sablonnière 30, Tel. 02/2180187, 1.1.–13.12., Schließzeit 1 Uhr, 138 Betten, von der Gare du Nord ca. 1 km, die Rue Royale entlang oder U-Bahn bis Madou. **Hostel Sleep Well**, Rue de la Blanchisserie 27, Tel. 02/2185050, Einzel- und Mehrbettzimmer ab 20 DM, Schließzeit 1 Uhr, sehr sauber, oft voll, von der Gare du Nord ca. 1 km oder U-Bahn bis Rogier. **Hostel Maison International**,

Chaussee de Wavre 205, Tel. 02/6488529, Schließzeit 0 Uhr, ganzjährig geöffnet, liegt im Osten der Stadt ca. 1 km von der Gare du Quartier Leopold (Züge von der Gare Centrale), Doppelzimmer ca. 50 DM inkl. Frühstück. **Campingplätze: Hostel Maison International** (siehe oben), wenn dort alle Betten belegt sind, im Park am Haus. **Rosmant Camping**, außerhalb, U-Bahn bis Kraainem, dann Bus. *Übernachten* kann man zeitweise auch in den kleinen Räumen auf den Bahnsteigen der *Gare du Midi*. Die preiswertesten **Pensionen** findet man in der Umgebung der Gare du Nord.

Essen und Trinken

Die Restaurants verlangen stolze Preise. Neben Fast food sind die **chinesischen Lokale** am preiswertesten. Wer sich eines der berühmten Brüsseler Restaurants von innen ansehen will, sollte sich ein Tagesmenü genehmigen (ca. 15 DM mittags). Nördlich der Grand Place gibt es in Richtung zum Theater Monnaire viele Lokale. Unbedingt besuchen sollten Musik- und Bierfans das **Bierodrome**, eine Musikkneipe mit über 100 Biersorten im Angebot, Place Fernand Cocq, U-Bahn bis Porte de Namur.

Sehenswertes

Alles Sehenswerte liegt ganz in der Nähe des Zentralbahnhofs. Etwa 300 m halbrechts vom Bahnhof kommt man zur **Grand Place** mit dem wunderschönen spätgotischen **Rathaus** und den einzigartigen **Zunfthäusern**, deren Fassaden prächtig herausgeputzt sind. Der Platz ist in Brüssel *der* Treffpunkt schlechthin, vor allem am Abend. Im Rathaus lohnen interessante Wandbehänge die Besichtigung (3 DM, täglich 10–17 Uhr). Unweit der Grand Place findet man die berühmte Brunnenfigur des **Manneken-Pis** an der Ecke der Rue de Étuve. In der Oberstadt, 200 m nördlich von der Gare Centrale, steht die **Kathedrale St. Michael**, berühmt durch ihre Glasmalereien. Läuft man nach Osten, kommt man über die Rue Ravenstein zum Palast der Schönen Künste und zu den beiden **Museen Art Ancien** und **Art Moderne** mit Gemälden von Rubens, Frans Hals und

Breughel bzw. moderner Kunst (beide Di–So 10–17 Uhr, kostenlos). An der Rue de la Régence steht die Nôtre-Dame-Kapelle, am Ende der Straße überragt der **Justizpalast** die ganze Stadt.

Das **Atomium**, das bekannte Symbol der Brüsseler Weltausstellung von 1958 steht im Stadtteil Laeken, Straßenbahn 18 bis Heysel. Im unteren Teil gibt es ein naturwissenschaftliches Museum (täglich 10–17 Uhr, 6 DM). Die Gebäude der *Europäischen Union* befinden sich im Norden der Stadt.

Gent

Strecke 26000 Köln–Brüssel–Oostende, 2 Züge pro Stunde.

Information

Im Rathaus. Stadtpläne und Zimmervermittlung. Studentenzimmer werden im Sommer angeboten im Stalhof 6, Tel. 091/220911, vom Bahnhof ca. 1 km Richtung Pietersplein.

Verkehr

Mehrere Bahnhöfe, **Hauptbahnhof** ist **Gent-St. Pieters**, ca. 1,5 km vom Zentrum, alles gut zu Fuß zu erreichen (oder Straßenbahnen 1, 10, 11 in die Altstadt).

Übernachten

Jugendherberge, St. Widostraat 11, Tel. 09/2337050, 103 Betten, ganzjährig geöffnet, liegt nicht weit vom Schloß Gravensteen, 2 km vom Bahnhof, Straßenbahn 10. **Studentenzimmer** der Universität beim Uni-Fremdenverkehrsamt (siehe oben). **Campingplatz** im Grüngelände **Watersportsbaan**, Zuiderlan 12, vom Bahnhof St. Pieters mit Bus 38.

Essen und Trinken

Restaurants sind sehr teuer. Billig ist die **Mensa** der Universität, nur mit Ausweis, Overportstraat 49, 10 Minuten vom Bahnhof.

Sehenswertes

Die große Industriestadt besitzt eine äußerst attraktive Altstadt. Vom Bahnhof geradeaus sieht man links über dem Wasser die Bijloke-Abtei. Weiter zur Innenstadt kommt man zum Museum der Wissenschaften, und dann hat man schon die prächtigen Häuserfassaden an der Graslei im Blick. In der Nähe steht die gotische **Kathedrale Sint Baafs** – im Inneren befindet sich ein von Ratten angeknabberter Rubens, 24 Kapellen, und in einer dieser Kapellen der weltberühmte **Genter Altar**. Ein reicher Stadtrat, der Tuchhändler Judocus Vijd, bezahlte die Brüder van Eyck, die 15 Jahre lang den Altar malten, von 1417 bis 1432. Jedes Haar der Figuren ist einzeln gemalt, 42 Pflanzenarten sind fein säuberlich dargestellt. 1934 wurde ein Teil des Gemäldes gestohlen und durch eine Kopie ersetzt, die 1941 von dem Maler Vanderveken gemalt wurde.

Neben der Sint-Baafs-Kathedrale sieht man den **Belfried** und die Tuchhalle, um die Ecke das **Rathaus**. Hinter der Kathedrale liegt das Schloß Geraard des Teufels, der als Graf von Flandern im 13. Jahrhundert die Stadt regierte. Unter dem mächtigen Bau verbirgt sich die große Krypta. Am Rathaus vorbei gelangt man zum 's Gravensteen, einer mächtigen, von Wasser umgebenen Burg aus dem 12. Jahrhundert. An ihrer Vorderseite wurden früher die abgehackten Hände der Leute angenagelt, die sich den Soldaten widersetzt hatten. Unten am Freitagsmarkt steht die Große Kanone, die Tolle Grete genannt. Von der **Michaelsbrücke** hat man den schönsten Blick auf Stadt und St.-Nikolaus-Kirche. Insgesamt führen in Gent 80 Drehbrücken über die vielen Kanäle. Unbedingt lohnend ist auch das **Museum der schönen Künste** mit Werken von Rubens und van Dyck im Citadellpark (Di–So 10–17 Uhr, 5 DM).

Brügge

Strecke 26000 Köln–Brüssel–Gent–Oostende, 2 Züge pro Stunde.

Information

Im Bahnhof, Mo–Sa 14–21 Uhr, Stadtpläne und Zimmervermittlung. Fremdenverkehrsamt, Burg 11 in der Altstadt, Stadtpläne und Zimmervermittlung. Speziell für Jugendliche: Hertsbergestr. 1.

Übernachten

Jugendherberge Europa, Baron Ruzettelaan 143, Tel. 050/352679, 208 Betten, ganzjährig geöffnet, vom Bahnhof 2 km außerhalb, Bus 2 Richtung Steenbrugge.
Hostel Bauhaus, Langestraat 135, Tel. 050/341093, Einzel- und Mehrbettzimmer, ab 24 DM mit Frühstück, lärmende Kneipe, vom Bahnhof 1,5 km, Bus 6.
Bruno's Hostel, Dweersstraat 26, ca. 1,5 km vom Bahnhof, Tel. 050/340232, Mehrbettzimmer ab 24 DM mit Frühstück. **Campingplatz** St. Michel, 2 km vom Bahnhof, Bus 7 nach St. Michel.

Sehenswertes

Brügge ist eine traumhaft schöne, von Kanälen durchzogene Stadt. Früher war die Stadt Handelszentrum mit großem Hafen.

Vom Bahnhof gelangt man halblinks schnell in die Altstadt. Richtung Marktplatz passiert man den Bischofspalast, ein ehemaliges Patrizierhaus aus dem 18. Jahrhundert und die **St. Salvatorskathedrale**, die älteste Kirche der Stadt aus dem 12. Jahrhundert mit berühmten Gobelins, zahlreichen Gemälden und feinem Chorgestühl. Am Simon Stevin-Plein kommt man zur Statue des gleichnamigen niederländischen Wissenschaftlers aus dem 16. Jahrhundert. 50 m weiter steht der prachtvoll restaurierte «Hof van Watervliet», in dem Erasmus von Rotterdam lebte. Der **Marktplatz** bildet zusammen mit dem östlich benachbarten **Burgplatz** das Zentrum der Altstadt. Am Markt steht das Wahrzeichen der Stadt, der **Belfried**, dessen Schatzkammer im 2. Stock heute Museum ist. Die 366 Stufen des 83 m hohen Turmes lohnen den Aufstieg, oben liegt einem die ganze Stadt zu Füßen (täglich 10–17 Uhr, 5 DM). Dort hängen die 47 Glocken mit einem Gewicht von 27 Tonnen, die täglich als größtes Glockenspiel Europas

erklingen. Auf der anderen Seite des Marktplatzes sieht man den neogotischen Bau des Regierungsgebäudes. Am Burgplatz steht das sehenswerte gotische **Rathaus** aus dem 14. Jahrhundert, daneben die Heiligblut-Basilika. Südlich vom Rathaus führt eine Brücke über die Gracht zum **Fischmarkt,** auf dem werktags jeden Morgen viel Betrieb herrscht. Hier ist auch eine Anlegestelle der Boote, die die Grachten befahren. Gleich daneben, am Huidenvetters-Plein, befindet sich das ehemalige Zunfthaus der Gerber, 50 m weiter der romantische Rozenhoedkaai. Folgt man der Gracht weiter, kommt man zum Brangwynmuseum mit historischen Stadtansichten. In der Nähe ist auch das **Groeningemuseum** mit Meisterwerken flämischer Künstler des 15. bis 20. Jahrhunderts (10–18 Uhr täglich, 5 DM). Auf der anderen Seite der Gracht geht es zum **Gruuthusemuseum**, dem ehemaligen Palast der Gruuthuse-Familie aus dem 15. Jahrhundert, mit Mobiliar, das das Leben in vergangenen Jahrhunderten veranschaulicht (täglich 10–17 Uhr, 5 DM). Hinter dem Museum steht die berühmte **Liebfrauenkirche** aus dem 13. Jahrhundert mit einem 122 m hohen Turm. Sie enthält Gemälde, im hohen Chor die Gräber von Maria von Burgund und Karl dem Kühnen sowie die weißmarmorne Madonna mit Kind von Michelangelo (werktags 9–17 Uhr, Sonntag 14–17 Uhr, kostenlos). Auf der anderen Straßenseite stehen das alte St. Jansspital und das **Memlingmuseum.** Hier sind Meisterwerke von Hans Memling, einem der wichtigsten Künstler des 17. und 18. Jahrhunderts, zu sehen. Nach der **Straffe Hendrik-Brauerei**, die seit dem 16. Jahrhundert in Betrieb ist (Führungen mit Freibier um 11 und 15 Uhr, zudem nach Anmeldung: Tel. 050/332697), erreicht man über die Gracht den **Beginenhof Ten Wijngaarde** aus dem 13. Jahrhundert an einem kleinen See, der heute von Benediktinernonnen bewohnt wird.

Nicht versäumen sollte man, den Frauen bei ihrer **Spitzenklöppelei** zuzusehen, die man überall an den Fenstern sitzen sieht. Ebenso faszinierend kann eine Bootsfahrt auf den vielen Grachten sein, nicht zu Unrecht gilt Brügge als das Venedig des Nordens.

Antwerpen

Strecke 26017 Brüssel–Amsterdam.

Information

Vor dem Centraal-Bahnhof und am Grote
Markt. Stadtpläne und Zimmervermittlung.

Übernachten

Jugendherberge, Eric Sasselaan 2,
Tel. 03/2 38 02 73, 122 Betten, ganzjährig
geöffnet, 5 km vom Central-Bahnhof,
Straßenbahn 2 bis Bouwcentrum. **Hostel
New International**, Provinciestraat 256,
Einzel- und Mehrbettzimmer, Schlafraum
ab 22 DM mit Frühstück, Tel. 03/2 30 05 22,
vom Bahnhof 15 Minuten.

Sehenswertes

Antwerpen ist eine hektische Industriestadt. Der Hafen zählt zu den größten in
Europa, zudem gilt die Stadt als Metropole
der Diamantenverarbeitung. Nicht weit
vom Centraal-Bahnhof liegt rings um die
Kathedrale die schöne Altstadt. Die mäch-
tigste **Kathedrale** im Nordwesten Europas
ist die **Onze Lieve Vrouwe** am Groenplaats
mit ihrem über 120 m hohen Turm. Im Innenraum enthält sie berühmte Gemälde
von Rubens (werktags 10–17 Uhr, Sonntag
13–16 Uhr, 5 DM). Unbedingt sehenswert
sind auch das **Rathaus** und der **Grote
Markt** gleich in der Nähe der Kathedrale.
Rubens begegnet dem Besucher der Stadt
auf Schritt und Tritt; auch im **Museum der
schönen Kunst**, Leopold de Waelplaats 1
(Di–So 10–17 Uhr, kostenlos) kann
man sein Wohnhaus in der Rubensstraat
besichtigen (täglich 10–17 Uhr, 3 DM). Das
Platin-Moretus-Museum mit wunderschöner Fassade am Vrijdagmarkt zeigt die
Buchdruckerkunst von ihren Anfängen an
(täglich 10–17 Uhr, 5 DM). Das **Diaman-
tenmuseum** in der Herentalsestraat 31 veranschaulicht die Diamantenverarbeitung in
der Stadt (Mi–So 10–17 Uhr, kostenlos, nur
5 Minuten vom Bahnhof). Hafenrundfahrten beginnen beim Schiffahrtsmuseum in
der Festung Steen (Dauer über 2 Stunden,
ca. 20 DM).

Luxemburg

Bahnknotenpunkt, Strecken von Trier
(25900), Metz (25901) und Longwy (25902),
Liège (26001) und Brüssel (26008).

Information

Rechts vom Bahnhof im «Luxair». Stadtpläne und Zimmervermittlung.

Übernachten

Jugendherberge, Rue du Fort Olisy 2, Tel.
22 68 89, 280 Betten, ganzjährig geöffnet,
mit Frühstück ca. 20 DM, oft voll, 3 km
vom Bahnhof, Bus 9, liegt nahe am Zentrum direkt an den Kasematten. **Campingplatz Kockelscheuer**, 2 km südlich vom
Bahnhof, Rue Echternach, Bus 2. **Aus-
weich-Jugendherberge** im 70 km entfernten
Troisvierges, stündlich Züge (Strecke
25904), Rue de la Gare 24, Tel. 9 80 18,
ganzjährig geöffnet außer Februar und November, direkt am Bahnhof.

Sehenswertes

Die Hauptstadt des gleichnamigen Landes
ist auf Felsen über den Tälern der Flüsse
Alzette und Petrusse gebaut. Sechs Via-
dukte und sechzig Brücken überspannen
die Täler und Flüsse.
Vom Bahnhof aus gelangt man rechts
über die Avenue de la Gare und den Viadukt Passerelle in die **Altstadt**, die auf einem Berg zwischen den Schluchten von Petrusse und Alzette liegt. Im Zentrum liegen
die Kathedrale Nôtre Dame, das Palais
Grand Ducal, das Rathaus an der Place
Guillaume, die Place d'Armes und das
Landesmuseum Musées de l'Etat mit archäologischen Stücken und moderner
Kunst (Di–So 10–17 Uhr, kostenlos).
Berühmt ist die Stadt aufgrund ihrer wuchtigen **Festungsmauern**. Sie hängen hoch
über der Schlucht der Alzette, zudem sind
mehrere Höhlenwege der Festung unterirdisch in den Berg gegraben. Diese **Kasematten** sind von der Rue Sigefroi aus zu
besichtigen (täglich 10–17 Uhr, 5 DM).

FRANKREICH

Frankreich bietet alle Landschaftsformen unseres Kontinents: Von der rauhen Atlantikküste über liebliche Hügelregionen bis hin zur bizarren Gebirgswelt der Alpen und Pyrenäen. Dabei weist das Land mit seinen 57 Millionen Einwohnern viele menschenleere Regionen auf. In krassem Gegensatz zu ihnen steht die Metropole Frankreichs, auf die alle Verkehrswege und Bahnstrecken zulaufen: Paris. Hier entfaltet sich auf engstem Raum das ganze Panorama französischer Lebensart. Fasziniert von der überschäumenden Lebensfreude der Millionenstadt, könnte man fast die herrlichen Landschaften der Bretagne, der Pyrenäen oder des Zentralmassivs vergessen. Frankreich ist nicht nur Paris, sondern auch Cerbère, Arcachon, Menton oder Quiberon. Obwohl das Land so groß ist, kann man mit den schnellen Zügen in kürzester Zeit überall hinkommen. Kein anderes Land verfügt über so rasante Bahnen wie Frankreich. Die TGV-Züge (Train à Grande Vitesse) sind die Stars des französischen Verkehrsgeschehens. Mit 300 km/h verbinden sie fast alle Regionen. Auch kleinere Orte in den abgelegenen Provinzen haben mehrfach täglich ihren direkten TGV-Anschluß an die Hauptstadt. Wenn man vor einigen Jahren für die 600 km lange Strecke von Paris nach Bordeaux noch 6 Stunden brauchte, so überbrücken die TGVs diese Entfernung heute in weniger als der halben Zeit – fast immer ohne Zuschlag, nur mit vorheriger Platzreservierung.

Mantes
Creil
La Ferté-M.
Reims
Verdun
Metz
Be

PARIS
Meaux
Epernay
Châlons-s-Marne
Conflans-Jarny
Lér.
Pagny s.M
Nancy

Versailles
Brétigny
Gretz-A.
Provins
La Ferté-G.
Longueville
St.Dizier
Toul
Blain.
Lu

Melun
Moret
Troyes
25002

Malesh.
Les Aubrais
Montargis
Orléans
Laroche
St. Florentin-
Verg.
Chaumont
Langres
Cul.-Chalindrey
Merrey
25018
Épinal
Ailleviliers
Colmar

Cravant
P.d'Atelier
Vesoul
Lure
Mulhous
Belfort

Salbris
Vierzon
Bourges
Clamecy
Dijon
Francois
Besan-
çon
Delle
Bi

I.-M.
Nevers
Corbigny
Etang
Dole
Mouchard
Le Locle
Pont-
arlier
BE

Châteauroux
Saincaize
Montchanin
Chagny
Le Creusot TGV
Frasne
Vallorbe
Ren.
SCHWE
Lausa

Montluçon
St. Germain-
d.-Fosses
Paray
Mâcon
St Amour
Genève
Evian
Annem.
M

Busseau
Vichy
Roanne
Bourg-e.B.
Ambérieu
Belle-
garde
La Roche
S. Gervais
Chan

Sulpice
Felletin
Gannat
Riom
Lyon
Culoz
Cham-
béry
Aix-l.-
Bains
B.-S
Mau

Eygur.
Clerm.-Ferrand
St Etienne
St André
le Gaz
Moirans
Montmélian
Modane

Meymac
Bort
Ussel
Le Mont-
Dore
Arvant
St. Georges
Grenoble
St.G.-
d.-Com.
Briançon

Tulle
Brive
Neussarg.
Dunieres
Le Puy
Valence
Livron
La
Mure
Gap

St. Denis
Aurillac
Capdenac
Le
Monastier
Rodez
La Bastide
Bessèges
Veynes-Dévoluy

Séverac-
le-Château
Alès
Avignon
St. Auban
Digne
B

Tessonnieres
St. Sulpice T.
Millau
Nimes
Tarascon
Aix-en-Provence

Mazamet
Montpellier
Sète
Arles
Miramas
Fos
Raphaël
Cannes

Carcassonne
Béziers
Marseille
Toulon
Nice

Das Wichtigste vorweg

Geld

1 Französischer Franc (FF) = 100 Centimes(c)

1 DM	=	3,3 FF	100 FF	= 30 DM
1 öS	=	0,45 FF	100 FF	= 210 öS
1 sfr	=	41 FF	100 FF	= 23 sfr

Telefon nach Hause

Deutschland 19–49   Telefon-Notruf 17
Österreich 19–43
Schweiz 19–41
Zuerst die 19 wählen, das Freizeichen abwarten, dann weiter wählen. Die Vorwahl innerhalb Frankreichs muß auch bei Ortsgesprächen gewählt werden.

Botschaften in Paris

Deutschland: Avenue Franklin D. Roosevelt 13, Tel. 1/43593351 und 1/42561790
Österreich: Rue Edmond-Valentin 12, Tel. 1/47052717
Schweiz: Rue de Grenelle 142, Tel. 1/45503446

Reiseführer

Günter Liehr: «Anders reisen: Frankreich», Rowohlt Taschenbuch Verlag
Günter Liehr: «Anders reisen: Paris», Rowohlt Taschenbuch Verlag
Günter Liehr: «Anders reisen: Südfrankreich», Rowohlt Taschenbuch Verlag
Dagmar Beckmann/Ulrike Strauch: «Anders reisen: Elsaß», Rowohlt Taschenbuch Verlag
Isabelle Jue/Nicole Zimmermann: «Französisch in letzter Minute», Rowohlt Taschenbuch Verlag.

Literatur

Georges Simenon: «Die Phantome des Hutmachers», Diogenes Taschenbuch. Einer der meisterhaften Krimis von Simenon; spielt in La Rochelle.
Lothar Baier: «Die große Ketzerei», Wagenbach Taschenbuch Verlag: Die Machtmaschine katholische Kirche rottet die Katharer aus – Südfrankreich im späten Mittelalter.
Lion Feuchtwanger: «Der Teufel in Frankreich», Fischer Taschenbuch Verlag. Deutsche Emigranten als «Schutzbefohlene» des Vichy-Regimes.

Unterwegs in Frankreich

Verpflegung

Feinschmecker kommen in Frankreich auf ihre Kosten: Die Qualität des Essens ist sehr hoch, das Essengehen spielt eine große Rolle, und es wird auch mehr Geld dafür ausgegeben. Lebensmittelpreise sind höher als bei uns; es lohnt sich, auch mal auf dem Markt frische Waren zu kaufen und unterwegs zu essen. Obst, Käse und Brot sind überall im Land zu haben. Im Restaurant ißt man normalerweise ein aus mehreren Gängen bestehendes Menü. Das Tages- oder Touristenmenü kostet um die 25 DM. Das Frühstück ist eher dürftig,

meist erhält man nur Kaffee und ein oder zwei Croissants. Stärker als in anderen Ländern fällt die regionale Küche durch die Größe Frankreichs verschiedenartiger aus. An den Küsten werden Fischgerichte mit Muscheln, im Norden opulente Fleisch- und Käsemahlzeiten serviert. Auf das in Frankreich überall präsente Fast food sollte man möglichst nicht ausweichen.

Übernachten

Jugendherbergen gibt es in allen Regionen, außerhalb der Hauptreisemonate sind sehr viele allerdings geschlossen. Die Übernachtung kostet mit Frühstück um die 25 DM, in Großstädten bzw. ohne Ausweis wird es teurer. In Städten gibt es oft Hostels wie das CVJM. Hotels mit einem Stern sind äußerst primitiv, aber sehr preiswert (ab ca. 25 DM). Wer nicht gerade die billigste Unterkunft sucht, sollte Hotels mit zwei Sternen den Vorzug geben. Wild campen ist offiziell verboten, wird jedoch oft praktiziert. Es gibt zahlreiche Campingplätze: Je abgelegener die Region, desto billiger ist der Platz (5–30 DM). In den Touristenregionen des Südens kann es im Hochsommer auf einigen Plätzen sehr eng werden. Übernachten im Bahnhof oder in städtischen Parks ist wegen der Überfallgefahr, aber auch wegen teilweise recht ruppiger Polizeikontrollen, nicht ratsam. Im Zug zu schlafen empfiehlt sich wegen der meist nicht ausziehbaren Sitze nur in Ausnahmefällen. Sehr komfortabel sind die modernen französischen Liegewagen.

Günstige Tickets in Frankreich

Interrail Zone E

Freie Fahrt auf Frankreichs Bahnstrecken.

Euro Domino

Freie Fahrt auf Frankreichs Bahnstrecken.

Tage (innerhalb 31)	**3**	**5**	**10**
Jugendliche	220 DM	310 DM	497 DM
Erwachsene	277 DM	382 DM	583 DM
Erwachsene 1. Klasse	–	554 DM	876 DM

Carte KIWI Tutti

50 Prozent Rabatt für Jugendliche mit Begleitern, auch Erwachsene: für Jugendliche unter 16 Jahren, die mit 1 bis maximal 3 Personen reisen, gültig 1 Jahr auf Frankreichs Bahnen: 126 DM, mit Paßfoto.

Carte KIWI 4x4

4 Fahrten mit jeweils 50 Prozent Rabatt. Bedingungen wie bei der Carte KIWI Tutti, 82 DM, mit Paßfoto.

Carrissimo

20 oder 50 Prozent Rabatt für Jugendliche bis 26 Jahren. Der Karteninhaber kann bis zu 3 Begleitpersonen unter 26 Jahren seinen Rabatt geben. Gültig 1 Jahr. 50 Prozent in der Zeit von Sa 0 Uhr bis So 15 Uhr und Mo 10 Uhr bis Fr 12 Uhr, sonst nur 20 Prozent. 4 einfache Fahrten kosten 56 DM.

Billet Séjour

25 Prozent Rabatt auf Hin- und Rückfahrt von Deutschland nach Frankreich, in Frankreich mindestens 1000 km Fahrstrecke. Für alle Reisenden. Gültig 2 Monate, außer So. Am Zielort muß mindestens ein So oder Feiertag verbracht werden. Einschränkungen im TGV.

Liegewagen/Schlafwagen

Liegewagen kosten 27 DM, Schlafwagen ca. 55 DM.

Besonders schöne Bahnstrecken in Frankreich

Die Neubaustrecken von Paris in den Südosten nach Nizza und Montpellier, in den Nordwesten nach Lille und zum Kanaltunnel sowie nach Südwesten Richtung Bretagne und Bordeaux werden ständig erweitert. Um die Kapazitäten der Züge zu erhöhen, werden doppelstöckige Wagen mitgeführt. Im Gegensatz zu den deutschen Neubaustrecken erlaubt eine Fahrt mit dem TGV schöne Blicke in die weite französische Landschaft und gehört zu den Höhepunkten europäischen Bahnfahrens.

Hinzu kommt, daß die meisten TGV-Züge zuschlagfrei sind, nur zu Spitzenverkehrszeiten werden Sonderpreise verlangt. Will man mit einem TGV fahren, holt man sich an einem der deutlich ausgeschilderten Automaten bis ca. 10 Minuten vor Abfahrt des Zuges eine Platzreservierung für 5 DM. Sollte ein Zuschlag fällig werden, zeigt der Automat dies deutlich an, man weicht dann auf einen anderen TGV aus (im kostenlosen Fahrplanheft «Guide du Voyageur TGV» werden die Zuschläge ersichtlich). Es gibt nur Sitzplätze, Reisende ohne Platzreservierung sind nicht zugelassen.

Die größten Attraktionen der französischen Bahnen liegen in den Gebirgen, vor allem die Fahrt mit **Le petit train**, dem Kleinbahnzug von **La Tour de Carol** quer durch die Hochpyrenäen nach **Villefranche** bei Perpignan (25042). Der Freiluftholzwagen dieser urigen Bahn bezieht seinen Strom aus einer dritten, seitlich angebrachten Schiene. Ungeahnte Gefühle werden wach, wenn der Zug rumpelnd in einen der unzähligen Tunnel jagt und über die engen Schluchten der Pyrenäen holpert.

Ausgerechnet diese Holzbahn erreicht in **Bolquères** auf 1592 m Höhe einen der höchstgelegenen Bahnhöfe der französischen Eisenbahnen. Am Ausgangspunkt La Tour de Carol, dem «Paradies der katalanischen Pyrenäen», ergeben sich traumhafte Wandermöglichkeiten. Endpunkt der Bahn nach 2 1/2 Stunden Fahrt und 95 km ist Villefranche, eine Kleinstadt mit wuchtiger Stadtmauer, gekrönt von einer alten Burganlage. Wenn möglich, sollte man die Fahrt in der hier beschriebenen Richtung

unternehmen (Inter Rail und Euro Domino kostenlos).

Landschaftlich reizvoll ist auch die benachbarte *Pyrenäenstrecke* von **Toulouse** über **Tarascon** und **Ax-les-Thermes** nach La Tour de Carol, die im Bahnhof **Porte Puymorens** 1623 m Höhe erreicht (25042). Mit Foix, Tarascon und Ax-les-Thermes passiert diese Bahn einige Gebirgsorte, die die Besichtigung lohnen. Landschaftlich interessant sind auch die *Alpenstrecken*, allen voran die **Tendabahn**. Von **Nizza** aus überquert sie die Meeralpen und erreicht bei **Tende**, einem reizenden kleinen Gebirgsdorf, die italienische Grenze, um ihre Fahrt nach **Limone** fortzusetzen (24535). Über Alpenpässe winden sich die Bahnlinien von **Briançon** nach **Veynes** (25035) mit einer reizvollen Fortsetzung durch die Provence und die besonders interessante Strecke von **La Roche-sur Foron** südlich des Genfer Sees nach **Chamonix** und weiter ins Schweizer **Martigny** (25025).

Besonders schön ist auch die Fahrt durch das Mittelgebirge der *Cevennen* von **Clermont-Ferrand** nach Nîmes, etwa mit dem Loisirail-Expreß «Le Cenevol» (25036). Durch eine schluchtenreiche, auf der Höhe überraschend karge Landschaft schraubt sich der Zug hier bis auf 1022 m hoch hinauf und erreicht im Bahnhof von **La Bastide** das Dach der Cevennen. Auf gewaltigen Viadukten überquert er den Fluß Gard und mehrere Seen und passiert bei Grand-Combe-La-Pise eine große, noch arbeitende Bergwerksanlage.

Bahnstrecken, die zum *Baden* einladen, finden sich viele im Land: allen voran die Linie entlang der *Côte d'Azur*, von **Marseille** über Nizza nach **Menton** und weiter nach Italien (25031), wobei sich angesichts der Menschenfülle am ehesten der Strand von Menton zum Baden anbietet.

Am *westlichen Mittelmeer* zeigen **Sète** und **Cerbère** bahnhofsnahe Sandbadestrände, an denen weitaus weniger Menschen sind als an der Côte d'Azur (25037).

Die wärmsten *Atlantikwellen* lassen sich von den Bahnhöfen **Biarritz** und **Saint-Jean-de-Luz** aus aufspüren (25040). Kühler ist es in der *Bretagne*: Hier erreicht die Bahn im Norden bei St. **Brieux**, **Paimpol**, **Lannion**, **Roscoff** und **Brest** die See (25055), im Süden bei **Quiberon** und **Le Croisic** (25052). Schließlich sollten wir noch die höchsten Dünen Europas erwähnen, die bei **Arcachon** (Nebenlinie 25040 stündlich von Bordeaux) den Atlantik säumen und per Bus zu erreichen sind.

Die *reizvollsten Städte* des Landes liegen im Süden: Aix-en-Provence (25035), Avignon (25031), Nîmes, Sète, Agde, Carcassonne (25037). Kulturfreunde halten sich aber ebenso an die Bahnstrecken, die die *Schlösser an der Loire* säumen: die Linie von **Les Aubrais** (südlich Paris) nach **Tours** mit den Schlössern in Blois (Bahnstation), Chambord und Cheverny (von Blois aus zu erreichen) sowie Amboise (Bahnstation, 25048) oder die Bahnstrecke von **Angers** über Tours nach **Bourges** (25049) mit den Schlössern Azay-le-Rideau (Bahnstation) und Chenonceaux (Bahnstation. Achtung: wer in Tours umsteigen will, muß schon in St. **Pierre des Corps** den Zug wechseln). Wer nur einen kurzen Abstecher zu einem dieser eindrucksvollen Schlösser machen will, findet in Blois am schnellsten zu seinem Ziel.

Ziele in Frankreich

Elsaß / Lothringen und Champagne

Die Region im Nordosten Frankreichs litt in den letzten beiden Jahrhunderten in besonderem Maß unter den ständigen Auseinandersetzungen zwischen Frankreich und Deutschland. Wichtigstes Zentrum ist Straßburg.

Straßburg

Bahnknotenpunkt. Züge von Karlsruhe, Paris, Lyon, Saarbrücken.

Information

Direkt vor dem Bahnhof, Stadtplan und Zimmervermittlung. Zweites Fremdenverkehrsamt vor dem Münster.

Übernachten

Jugendherbergen: **Parc du Rhin**, Rue des Cavaliers 58, Tel. 88 60 10 20, ganzjährig geöffnet außer Dezember, Schließzeit 1 Uhr, 201 Betten, vom Bahnhof 4 km, im Rheinpark vor der Grenze, Bus 11, 21 und 32 vom Bahnhof bis Parc du Rhin, ca. 35 DM mit Frühstück. **René Cassin**, Rue de l'Auberge de Jeunesse 9, Tel. 88 30 26 46, ganzjährig geöffnet außer Januar, 286 Betten, vom Bahnhof 2 km, Bus 3 und 23, ca. 22 DM im großen Raum mit Frühstück. **Campingplatz Montagne Verte**, Rue du Schnokeloch unweit der Jugendherberge René Cassin, Bus 3 und 23.

Essen und Trinken

Universitätsmensa an der Place St. Etienne, Essensmarken bei Studenten besorgen, Mahlzeit ca. 6 DM. Stimmungsvolle **Cafés** und **Weinstuben** gibt es im romantischen Stadtviertel La Petite France, allerdings sehr teuer. In der Fußgängerzone zwischen Bahnhof und Münster viele Lokale zum Draußensitzen.

Sehenswertes

Straßburg ist neben Brüssel die zweite Europa-Hauptstadt mit dem Sitz des Europäischen Parlaments. In den letzten Jahren wurde die Stadt durch eine riesige Fußgängerzone zu einem der verlockendsten Anziehungspunkte des Landes. Besondere Attraktionen sind das Fachwerkviertel **La Petite France** mit vielen Brücken, Kanälen und schmalen Gassen sowie das **Münster** mit seiner Umgebung.

Vom Bahnhof aus kommt man durch die Rue Maire Kuss über die Ill in die Rue du 22 Novembre, dann der Fußgängerzone fol-

gend dem bereits sichtbaren Turm des
Münsters entgegen. Von der Rue Mercière
aus sieht man das Münster in voller Größe.
Beeindruckend ist die große Rosette über
dem Haupteingang. Die Kirche hat nur einen Turm. Der geplante Bruder des fast
150 m hohen Bauwerks hätte die Statik des
gesamten Gebäudes gefährdet. Neben der
Besteigung des Turms, von dem aus man
bis zu den Vogesen und zum Schwarzwald
blicken kann, lockt die berühmte Uhr, die
mittags nach 12 Uhr erklärt wird und die
Zeit in sämtlichen Regionen des Sonnensy-
stems aufzeigt (je 3 DM Eintritt).

Umgeben ist das Münster von mehreren
Museen: dem **Château Rohan** mit alter
Kunst und archäologischen Stücken, dem
Notre-Dame-Museum mit regionalen
Kunstwerken des Mittelalters und etwas
entfernt in der Rue Douane das **Moderne
Museum** mit Gemälden von Chagall und
Renoir (Eintritt jeweils 5 DM, täglich
10–17 Uhr).

Nicht versäumen darf man den Besuch
des Viertels von La Petite France am Rand
der Altstadt, auf der rechten Seite der Ill.

Kleine Brücken, schmucke Fachwerk-
bauten, gemütliche kleine Plätze, nette Lokale prägen besonders im Sommer die Atmosphäre.

Das Europa-Parlament liegt etwas
außerhalb am Rand der Stadt, Bus 3, 13
oder 23 vom Bahnhof. Es enttäuscht mit
seinem sterilen Bau, kann aber mit einer
offiziellen Anmeldung besichtigt werden
(kostenlos, Tel. 88 41 20 29 oder beim Abge-
ordneten des Europaparlaments des hei-
matlichen Wahlkreises).

Reims

Strecke 25010 Straßburg–Paris (Abzweigung Richtung Laon, Strecke 25002).

Information

Rue Guillaume de Machault 2. Stadtpläne
und Führungen in die Champagnerlager.
Studentenheim-Information im Vasnier
Boulevard 34.

Übernachten

Centre International de Séjour, Parc Leo-
Lagrange, Tel. 26 40 52 60, ganzjährig geöffnet, 63 Betten, vom Bahnhof 1,5 km,
Bus M, N, B oder E bis Colin oder Bus H
bis Pont de Gaulle. **Campingplatz Champa-
gne**, 3 km vom Bahnhof in der Avenue
Hoche, mit Bus. Im Sommer **Studentenzimmer** (siehe oben).

Sehenswertes

Die Stadt besitzt eine der bedeutendsten
gotischen **Kathedralen** Europas mit wun-
dervollen Glasfenstern von Chagall und
Steinfiguren. Berühmt ist die Rosette, die
gegen Nachmittag zu strahlen beginnt. In
Reims gibt es zudem mehrere **Champagnerlager** in unterirdischen Gewölben, mit
Möglichkeit zu kostenloser Besichtigung.

Paris

Direkte Züge aus allen Teilen Frankreichs,
Frankfurt, Köln, Stuttgart, München, Salzburg, Budapest, Zürich, Genf, Milano.

Information

Zentrales Fremdenverkehrsamt in der Avenue des Champs-Elysées 127, täglich
9–20 Uhr, Metro George V., 8. Arrondissement. Pläne und Broschüren auch in
Deutsch, Zimmervermittlung zu ca. 6 DM.
Dieses Fremdenverkehrsamt ist immer
voll. Besser sind die Zweigstellen in der *Gare
de l'Est, Gare du Nord, Gare d'Austerlitz* und
Gare de Lyon und am *Eiffelturm*, allerdings
von November bis Februar meist geschlossen.

Verkehr

6 große *Bahnhöfe* in Paris:
Gare de l'Est: Züge nach Straßburg,
Saarbrücken, Frankfurt und der Schweiz.
Liegt im 10. Arrondissement, nicht weit
vom Montmartre.

Gare du Nord: Züge nach Belgien, Nordfrankreich, durch den Kanaltunnel nach London und Köln. Liegt neben der Gare de l'Est.

Gare de Lyon: Züge nach Marseille, Italien und TGVs nach Lyon. Liegt im 12. Arrondissement nördlich der Seine.

Gare d'Austerlitz: Züge nach Clermont-Ferrand und Spanien. Liegt im 13. Arrondissement, über der Seine, jenseits der Gare de Lyon.

Gare Montparnasse: Züge in die Bretagne, TGVs nach Rennes und Nantes. Liegt im 14. Arrondissement, hinter dem Hochhaus.

Gare St. Lazare: Züge nach Cherbourg und Nordwestfrankreich. Liegt im 8. Arrondissement, unweit der Oper.

Alle Bahnhöfe sind durch verschiedene Metro-Linien sehr gut miteinander verbunden.

Die Stadt ist in **Arrondissements** unterteilt, deren erstes das Zentrum von Paris bezeichnet; die übrigen winden sich im Uhrzeigersinn um das Zentrum. Insgesamt sind es 20 Bezirke. Viele Straßen, Hotels, Jugendherbergen tragen die Nummer des jeweiligen Arrondissements in ihrer Adresse.

Ein engmaschiges Netz von verschiedenen **Metro-Linien** durchzieht ganz Paris. Die alle paar Minuten verkehrenden Züge fahren von 5.30 Uhr bis 0.30 Uhr. Nachts verkehren als Ergänzung in allen Ecken der Stadt **Nachtbusse**. Es gibt 341 Metro-Stationen, einige – einige die Station «Louvre» – sind wahre Kunstwerke. Ein *Metro-Übersichtsplan* ist in jeder Station abgebildet. Computer geben in vielen Stationen Tips zum Erreichen des Fahrziels. Fahrkarten gibt es in allen Bahnhöfen. Ein *Einzelfahrschein* kostet ca. 2,30 DM. Damit kann man fahren, soweit man will, und sogar umsteigen. Nur für eine Busfahrt ist ein neues Ticket nötig. Sehr günstig ist der Kauf der **Tageskarte Formule 1**, die für Metro, Busse, Vorortzüge und RER-Züge sowie die Zahnradbahn zum Montmartre gilt. Der Preis für die Innenzonen beträgt um die 11 DM, eine weitere Zone kostet zusätzlich ca. 13 DM. 10 Einzelfahrten gibt es als **Carnet** für ca. 14 DM, gültig für Metro und Busse. Die Karte **Paris Visite** gibt es

für 3 und 5 Tage, sie gilt für diese Zeit für alle Metros, Busse, die Schnellbahn RER und kostet etwa 30 und 48 DM. Die Fahrkarten müssen bis zum Verlassen der Stationen aufbewahrt werden, Schwarzfahrer werden drastisch bestraft.

Die **RER-Vorortzüge** verbinden Paris mit seinem Umland. Die verschiedenen Linien sind mit Großbuchstaben gekennzeichnet. Châtelet-Les Halles ist einer ihrer zentralen Bahnhöfe. RER A und RER B sind mit Inter Rail und Euro Domino nicht zu benutzen, wohl aber die wichtige **RER C**, die von Versailles Rive Gauche bzw. St. Quentin en Yvelines über Eiffelturm, Musée d'Orsay, Boulevard St. Michel zur Gare d'Austerlitz und weiter nach Süden fährt, immer dem südlichen Seine-Ufer folgend. Man muß nur vor Fahrtantritt am Schalter unter Vorlage der Bahnpässe eine kostenlose Karte für die Eingänge holen, um die Sperren überwinden zu können. Die **Vorortzüge der SNCF** sind mit Inter Rail und Euro Domino ebenfalls kostenlos.

Metro-Fahrkarten sind in den **Bussen** nicht mehr gültig, obwohl die Tickets genauso teuer sind wie die Metro-Fahrkarten. Per Bus muß man mehr Zonen entwerten als bei der Metro, so das Busfahren teurer ist. Zudem ist es schwierig, sich mit den Bus-Linien zurechtzufinden. Pläne gibt es in den Metro-Stationen. Ein Umsteigen in die Metro ist mit dem Bus-Ticket nicht erlaubt.

Übernachten

Am besten wendet man sich an die **Accueil des Jeunes en France AJF**, bei der unzählige Zimmer in und um Paris *kostenlos* vermittelt werden. Man zahlt kaum mehr als 35 DM pro Person. Die **Zentrale der AJF** befindet sich gegenüber dem Centre Pompidou in der Rue St. Martin 119, geöffnet 9–19 Uhr außer So, Tel. 42 77 87 80. Metro-Station: Châtelet-Les Halles. Weitere Büros der *AJF*: In der Bahnhofshalle der Gare du Nord, geöffnet 9–18 Uhr, im Sommer bis 21 Uhr. Zudem in der Rue du Pont Louis-Philippe 16, geöffnet Mo–Fr 9–18 Uhr, Tel 42 78 04 82, Metro: Hôtel de Ville. Am Boulevard Saint Michel 139, Mo–Sa 10–18 Uhr, Metro: Port-Royal. Die

Außenstellen sind meist nicht so voll wie die Zentrale.

Hostels der AJF: **Bastille Hostel**, Avenue Ledru Rollin 151, Tel 43 79 53 86, Metro: Voltaire, oft noch Plätze frei. **Hostel Foyer International**, Rue Canabis 30, Tel 45 89 89 15, großes Haus, oft noch Plätze frei, Metro: Glacière. **Hostel Ravel**, Avenue Maurice Ravel 6, Tel 43 43 19 01, großes Haus, am Stadtrand, daher oft noch Platz, Metro: Bel Air. **Hostel Centre International**, Rue Jean-Jacques Rousseau 20, Tel 42 36 88 18, großes Haus, aber oft voll, weil es im Zentrum liegt, Metro: Louvre. **Hostel Maubuisson**, Rue des Barres 12, Tel. 42 72 72 09, gilt als schönstes Hostel der Stadt, da es ein alter Palast im Marais-Viertel war, oft voll, Metro: Hôtel de Ville. Die übrigen Hostels, die von AJF betreut werden, sind im Sommer meist hoffnungslos überfüllt. Unbedingt bei den AJF-Büros nachfragen.

Der Dachverband der **Jugendherbergen** vermittelt ebenfalls Betten in seinen Häusern. Sein Büro ist bei der Jules-Ferry-Herberge am Boulevard Jules Ferry 4, Tel. 43 57 02 60, Metro: République, 8–22 Uhr.

Jugendherbergen: Le d'Artagnan, Rue Vitruve 80, Tel. 43 61 08 75, 438 Betten, Metro: Porte de Bagnolet, liegt hinter dem Friedhof Père Lachaise, ca. 35 DM, keine Schließzeit. **Cité des Sciences**, Rue Jean-Baptiste Clément 1, Tel. 48 43 24 11, 125 Betten, Metro: Hoche oder Église de Pantin, am nordöstlichen Stadtrand. **Jules Ferry**, Boulevard Jules Ferry 8, Tel. 43 57 55 60, keine Schließzeit, 100 Betten, nicht weit von der Gare de l'Est, Metro: République. **Arpajon**, Rue Marcel Duhamel 3, Tel. 64 90 28 85, 35 Betten, südlich von Paris, mit der kostenlosen RER C 4 Richtung Dourdan bis Arpajon, vom Bahnhof 400 m. **Relais Européen**, Avenue Robert Schuman 52, Tel 69 84 81 39, 130 Betten, RER C 4 bis Athis Mons.

Studentenzimmer gibt es im Sommer in der Cité Universitaire, über die AJF und Dachverband der Jugendherbergen vermittelt.

Hotels sind sehr teuer, kaum unter 55 DM pro Person. Viele Hotels werden aber von der AJF weitaus billiger vermittelt. Nur ca. 800 m von der Gare de l'Est entfernt liegt das **Hotel du Pont** in der Rue Pierre du Pont, mit Frühstück ca. 35 DM.

Campingplätze liegen fast alle außerhalb, am ehesten zu empfehlen ist der Platz **Porchefontaine** in *Versailles* (siehe unten) mit guter Zugverbindung. Im Bois de Boulogne liegt der **Camping Paris Ouest**, Allée du Bord de l'Eau, Metro: Porte Maillot, dann kleiner Bus 244, fährt oft, kostet aber extra. Der Platz ist schön grün, aber laut und im Sommer sehr voll. **Campingplatz** in *Choisy-le Roi*, Avenue de Villeneuve Saint Georges 125, RER C nach Choisy-le Roi, dann 20 Minuten Fußweg über die Seine und rechts in die Avenue. Im *Freien schlafen* geht vor der Gare du Nord und in der Gare Montparnasse, ist aber gefährlich!

Essen und Trinken

Je vornehmer das Stadtviertel, desto teurer das Menü.

Asiatische, türkische und griechische Lokale sowie Imbißstände sind preiswerter als Restaurants mit französischer Küche. Sie liegen vor allem um den Bahnhof Montparnasse und nördlich von Montmartre. Die **Fast-food-Restaurants** schießen überall in der Stadt aus dem Boden, eines der erträglichsten ist neben der Gare St. Lazare zu finden in der gleichnamigen Straße: **Le 101**. Die **Mensen** der *Universitäten* bieten mit Ausweis Mahlzeiten ab ca. 7 DM an, französische Studenten zahlen nur ca. 5 DM; eventuell kann man sich Karten besorgen lassen. **Mensa Bullier** in der Avenue Georges Bernanos 39, Metro: Port-Royal. **Mensa Citeaux**, Boulevard Diderot, nicht weit von der Gare de Lyon. *Preiswerte Restaurants:* **Le Drouot** in der Rue de Richelieu 102 im 2. Arrondissement, Metro: Richelieu-Drouot, ab 15 DM. **Le Petit Gavroche** in der Rue Sainte-Croix-de-la-Bretonnerie 15 im 4. Arrondissement, Metro: Hôtel de Ville, So zu, ab 15 DM. **Polidor** in der Rue Monsieur le Prince 41 im 6. Arrondissement, Metro: Odéon, So zu, viel Betrieb, ab 15 DM. **Chartier** in der Rue Faubourg Montmartre 7 im 9. Arrondissement, Metro: Rue Montmartre, ab 13 DM. **Royal Belleville** in der Rue Louis Bonnet 19 im 11. Arrondissement, Metro: Belleville, chinesisches Lokal, ab 13 DM.

Aquarius in der Rue de Gergovie 40 im 14. Arrondissement, Metro: Pernéty, sehr beliebtes vegetarisches Lokal. **Aux Artistes** in der Rue Falguière 63, im 15. Arrondissement, Metro: Pasteur. **Café du Commerce** in der Rue du Commerce im 15. Arrondissement, Metro: Émile Zola, ab 15 DM. Teuer, aber unbedingt sehenswert ist das berühmte Restaurant **Le Train Bleu** im Obergeschoß der *Gare de Lyon*, mit sehr origineller Ausstattung, Menü ab ca. 35 DM. Im scharfen Kontrast dazu steht die ebenfalls legendäre **Casa Miguel** in der Rue St. George 48 im 9. Arrondissement, in der die alte spanische Wirtin immer noch ihre billigen Mahlzeiten kocht. 10 DM sollte man mindestens zahlen, obwohl sie nur freiwillige Beiträge ab 5 Francs verlangt, Metro: St. Georges.

Cafés und **Bars** sind in der ganzen Stadt zahlreich verstreut, die bekanntesten im alten Intellektuellenviertel, im 6. Arrondissement, wo früher Sartre und die Existentialisten verkehrten, etwa das **Sélect** am Boulevard Montparnasse 99. Kaum billiger sind die Häuser im Hallen-Viertel im 1. Arrondissement, wie das **Gutenberg** in der Rue Coquillière 29, Metro: Louvre. Ruhiger und von angenehmerer Atmosphäre ist das **Chez Georges** in der Rue des Canettes 11 im 6. Arrondissement, Metro: Mabillon. **Nachts in Paris**: Angebote, was gerade läuft, findet man in den Stadtzeitungen *Pariser Luft* (in deutsch) oder umfangreicher in *Pariscope* (französisch). Traditionell viel los ist abends in den Cafés des Viertels **St. Germain-des-Prés**, wo viele Künstler zu Hause sind. Berühmt ist das Lokal **Saint-Germain-des-Prés** in der Rue Comédie 17, Metro: Odéon mit einer Riesenauswahl an Getränken und Nachtschwärmern. Wer «in» sein will, trifft sich in den Lokalen um die Metro-Station Les Halles. Viele neue Bistros gibt es auch rund um die Metro-Station La Bastille. Tempel der Nacht sind das **Hélium** in der Rue des Haudriettes 3, Metro: Rambuteau mit lautem Hard-Rock, das **Café Noir** in der Rue Montmartre 65, Metro: Sentier oder **Le Cithéa** in der Rue Oberkampf 114, Metro: Ménilmontant, alle mit jungem Publikum. **Discos** sind sehr teuer, mindestens 20 DM Eintritt Minimum. Am bekanntesten ist wohl das riesige

La Locomotive im Boulevard de Clichy 90, Metro: Blanche. Karibisch-afrikanische Musik läuft im **Le Tango** in der Rue au Mairie 12, Metro: Arts et Métiers. Seit Jahren besonders «in» sind auch **Le Palace** in der Rue du Faubourg Montmartre 8, Metro: Rue Montmartre, und das elitäre **Les Bains** in der Rue du Bourg l'Abbé 7, Metro: Les Halles oder Étienne-Marcel, nur für besonders «schöne» Figuren.

Sehenswertes

Per Metro, Bus oder zu Fuß lassen sich die bekanntesten Stellen der Stadt erkunden. Von der Gare de l'Est und der Gare du Nord kann man rechter Hand zu Fuß den **Montmartre** mit der berühmten Kirche *Sacré-Cœur* erreichen. Dort ist auch die Place du Tertre, voller Maler und Straßencafés, auf der sich unzählige Menschen tummeln. Nordöstlich von Sacré-Cœur gibt es viele preiswerte Lokale unterhalb des Hügels. Von der Kirche aus hat man einen prächtigen Blick auf Paris. Unterhalb der Treppen befindet sich der **Place Pigalle**, das Vergnügungsviertel mit Cabarets wie dem «Moulin Rouge», Spielhallen und vor allem Touristen-Nepp. In westlicher Richtung befindet sich die **Oper**, und südwestlich davon sieht man die **Champs-Élysées** und den **Arc de Triomphe**, den 70 m hohen Triumphbogen, der an Napoleons Taten erinnern soll. Wer will, kann den Triumphbogen per Treppe oder Fahrstuhl (8 DM) erklimmen und die Aussicht von oben genießen. Die Champs-Élysées sind die berühmteste Pariser Prachtstraße, von teuren Geschäften, Banken, Versicherungen und teuren Cafés gesäumt. Der berühmte Boulevard bildet eine Achse, deren westliche Verlängerung zum **Bois de Boulogne** führt. Hier, am größten Park der Stadt, wohnen die Reichsten der Reichen. Am Nordwestende des Parks gibt es ein Vergnügungszentrum. Noch weiter westlich reicht dieselbe Achse bis zur futuristischen Betonstadt **La Defénse** mit einem gigantischen neuen Triumphbogen (Aufzug 12 DM, Vorortzug von der Gare St. Lazare).

Der Avenue Kléber vom alten Triumphbogen nach Süden folgend, stößt man auf die Place du Trocadéro mit dem **Palais de Chaillot** (heute Museum und Theater). Dahinter führt eine Brücke über die Seine geradewegs auf den 320 m hohen **Eiffelturm** zu. 1989 wurde er 100 Jahre alt. Mit einem Aufzug gelangt man zu verschiedenen Stockwerken hinauf (ca. 5, 12, 17 DM). Zu Fuß geht es ca. 200 m hoch (5 DM). In den unteren Stockwerken befinden sich Restaurants und ein Informationszentrum. Hinter den weitläufigen Grünanlagen des Champ de Mars erhebt sich das mächtige Gebäude der **Militärakademie** und der UNESCO. Von der Militärakademie sind es nur wenige hundert Meter zum prächtigen Bau des **Hôtel des Invalides**. Berühmtester Teil des Komplexes ist der *Invalidendom*, in dem Napoleons Gebeine begraben sind (7 DM). Errichtet wurde der Prachtbau von Ludwig XIV. für seine alten Soldaten.

Auf dem anderen Seine-Ufer stehen der *Grand* und der *Petit Palais*, die heute große Ausstellungen beherbergen. Hier, an der **Place de la Concorde**, enden die *Champs-Élysées*. Mittendrin ragt der antike Obelisk empor, der von Napoleon aus Alexandria entführt wurde. Nordwestlich liegt der **Élysée-Palast**, der Sitz des französischen Staatspräsidenten. Nördlich, am Ende der Rue Royale, befindet sich die **Madeleine**, von den Revolutionären des 18. Jahrhunderts als Nationaldenkmal konzipiert und dann zur katholischen Kirche umgewandelt. Direkt an der Place de la Concorde beginnen die Gartenanlagen der **Tuilerien**. Durch diesen barocken Lustgarten gelangt man direkt zum **Louvre**, dem alten Königspalast. Der Louvre selbst wurde längst zur Legende. Er beinhaltet ein solch riesiges Angebot an Gemälden, Skulpturen und handwerklichen Darbietungen, daß mehr als ein Jahr benötigt wird, um alles anzusehen, was hier in über zwei Jahrhunderten zusammengetragen wurde. Eingeteilt in verschiedene Kulturkreise wie griechisch-römische, orientalische oder ägyptische Kunst, präsentiert der Louvre auch die weltberühmte «Venus von Milo», die «Mona Lisa» von Leonardo da Vinci sowie bedeutende Werke von Rembrandt, Rubens und Delacroix (täglich außer Di, 10–18 Uhr, ca. 8 DM, Jugendliche ca. 5 DM).

Vom Louvre oder den Tuilerien aus sieht man auf der anderen Seite der Seine den alten Bahnhof Gare d'Orsay, der mit viel Geld zu einem supermodernen Museum hergerichtet wurde. Berühmt ist das **Musée d'Orsay** für seine impressionistische Abteilung mit Werken von Renoir und Cézanne (täglich, 10–18 Uhr, 8 DM, Jugendliche 5 DM).

Östlich des Musée d'Orsay beginnt das Stadtviertel **St. Germain-des-Prés**, in dem Intellektuelle wie Jean-Paul Sartre, Simone de Beauvoir oder auch Hemingway lebten. Heute sind hier viele Kunstläden und alte Kneipen, die an jene Jahre erinnern.

Südlich von St. Germain-des-Prés folgen das **Palais** und der **Jardin du Luxembourg**, ein vornehmer Garten aus dem 18. Jahrhundert, in dem sich heute tagsüber Alte und Junge tummeln, und schließlich das Viertel von Montparnasse, dessen Bahnhof mit einem gewaltigen Gebäudekomplex direkt neben dem höchsten Hochhaus Europas gebaut wurde. In dieser Gegend sind viele asiatische Restaurants. Östlich von St. Germain-des-Prés stößt man auf das berühmte Studentenviertel von Paris, das **Quartier Latin**, so genannt, weil Latein früher die Gelehrtensprache schlechthin war. Jenseits des Boulevard St. Michel steht die älteste französische Universität, die **Sorbonne**. Sie wurde im 13. Jahrhundert gegründet, ihr heutiges Hauptgebäude aber erst vor etwa 150 Jahren errichtet. Das monumentale **Panthéon**, die Ruhestätte französischer Intellektueller, liegt südwestlich der Universität. Reizvoll ist ein Besuch im östlich des Quartier Latin gelegenen **Jardin des Plantes**, in dem Pflanzenhäuser und Tiervolieren zu besichtigen sind.

Die Île de la Cité, die Seine-Insel nördlich des Quartier Latin, ist der älteste Kern der Stadt. **Notre-Dame** als bekanntestes Bauwerk lohnt unbedingt den Besuch. Wunderbare Glasfenster, unzählige Steinskulpturen machen die Kathedrale zu einem einzigartigen Monument der Gotik (Eintritt und Turmbesteigung ca. 5 DM, aber immer viel Rummel). Weiter im Westen der Insel liegt der *Justizpalast*, ein wuchtiges Bauwerk, das einst Residenz der Könige war. Heute arbeiten hier Staatsanwälte und Richter. Von der *Place Dauphine* vor dem Justizpalast aus gelangt man an der Statue von König Heinrich IV. vorbei zur ältesten Seine-Brücke der Stadt, der **Pont Neuf**. Nördlich der Insel befindet sich das Viertel des **Centre Georges Pompidou**. Auf dem Vorplatz jener verrückten Museums- und Freizeitfabrik, die auch als «Centre Beaubourg» bezeichnet wird, tummeln sich Künstler aller Art, Feuerschlucker, Marionettenspieler und Pflastermaler. Das futuristische Ensemble aus Glas, Kunststoff und Stahl beherbergt ein modernes Museum, eine Bücherei und ein Zentrum für industrielle Neuerungen, zudem Präsentationen von neuen Entdeckungen und Produktionen. Über Rolltreppen in Glasröhren gelangt man in den Bauch des Unikums.

Westlich des Centre Georges Pompidou findet sich jenes Glasmonster, das den Namen des ursprünglichen Stadtviertels übernahm, sonst aber überhaupt nichts mehr mit den alten Markthallen zu tun hat: das **Forum des Halles**. In dem über 45 000 Quadratmeter großen Forum schieben sich täglich Tausende von Leuten an vielen kleinen Läden und Lokalen vorbei, im Hof finden Theater- und Musikdarbietungen statt.

Zwischen Centre Georges Pompidou und Seine liegt das Rathaus der Stadt, das **Hôtel de Ville**, ein mächtiges Gebäude, in dem der Bürgermeister residiert. Es ist montags morgens ab 10 Uhr zu besichtigen.

Der Rue St. Antoine nach Osten folgend, kommt man ins alte Stadtviertel **Marais**, dessen schmale Gassen noch heute an vergangene Jahrhunderte erinnern. Zentrum des Marais ist die **Place des Vosges**, der von schön hergerichteten Mietshäusern und weitläufigen Arkaden gesäumt wird. Am Ende der Rue St. Antoine stößt man auf die **Place de la Bastille**, das Zentrum der Französischen Revolution. Wo heute die grüne Säule mit dem Freiheitsengel in den Himmel ragt, thronte einst das mächtige Gefängnis. Am 14. Juli 1789 wurden die Gefangenen befreit, nachdem das Volk die Bastille gestürmt hatte und die Gefängniswächter übergelaufen waren.

Inzwischen wurde hier das neue *Opernhaus* errichtet, und die gesamte Umgebung entwickelt sich immer mehr zum Schickeriaviertel. Unbedingt lohnend ist ein Besuch auf dem *Lebensmittel- und Kleidermarkt* in der *Rue d'Aligre* (Metro-Station Ledru-Rollin östlich der Place Bastille).

Es gibt eine ganze Reihe von **Flohmärkten**: Am **Seine-Ufer**, täglich vom Louvre bis Notre-Dame. **Porte de Montreuil**, an der gleichnamigen Metro-Station im äußersten Osten, Avenue Girardot. Sa, So, riesiges Angebot. **St. Ouen**, an der Metrostation Porte de Clignancourt, Endstation der Linie 4 im Norden. Sa, So. **Puces de Vanves**, in der Avenue Marc-Sagnier, Metro: Porte de Vanves, kaum Fremde, Sa, So.

Märkte: Marché de Saint-Quentin, Boulevard Magenta 87, Metro: Gare de l'Est, Markthalle, täglich morgens und mittags außer Mo. **Marché d'Aligre** an der Place d'Aligre, Metro: Ledru-Rollin, Markthalle und draußen, jeden Morgen und Mittag außer Mo. **Marché du Ménilmontant** am Boulevard du Ménilmontant, Metro: Ménilmontant, Di und Fr. der exotischste Markt der Stadt.

Versailles

Strecke 25050 Paris Montparnasse – Chartres, Taktverkehr alle 60 Minuten, die Züge halten in Versailles-Chantiers. Besser mit RER C 5 ab Paris Stadtmitte, alle 30 Minuten bis Versailles Rive Gauche. Beide Linien sind mit Bahnpässen kostenlos.

Verkehr

Der **Bahnhof Chantiers** liegt ca. 2 km vom Schloß entfernt. Der **Bahnhof Rive Gauche** der RER C 5-Linie dagegen liegt nur 5 Minuten vom Schloß.

Übernachten

Campingplatz im Vorort Porchefontaine, Rue Berthelot, nur 5 Minuten vom Bahnhof Rive Gauche der RER C 5, preiswert. Ca. 20 Minuten bis Versailles.

Sehenswertes

Das **Schloß** ist von der Gare Rive Gauche schnell zu erreichen. Der prächtige Park ist kostenlos, das Schloß für ca. 12 DM zu besichtigen (Jugendliche 50 Prozent, täglich außer Mo 10–17.30 Uhr, sonntags sehr voll).

Versailles ist eines der prunkvollsten Schlösser überhaupt. Es wurde vom Sonnenkönig Ludwig XIV. zur Demonstration seines Reichtums und auf Kosten des armen Volkes errichtet und war bis 1789 Königssitz. Dann holten die Revolutionäre seinen Nachfahren Ludwig XVI. samt Familie nach Paris. Nach dem Deutsch-Französischen Krieg wurde 1871 im «Spiegelsaal» des Schlosses das Deutsche Reich proklamiert – eine eindeutige Provokation der Deutschen gegen ihre Nachbarn. Nach dem Ersten Weltkrieg wurde der Vertrag von Versailles, der die Kapitulation des Deutschen Reiches fixierte, ebenfalls hier unterschrieben. Wem der Prunk und Protz des Schlosses nicht gefällt, sollte dennoch den weitläufigen Park besuchen – ein wahrer Augenschmaus.

Chartres

Strecke 25050 Paris Montparnasse – Chartres, alle 60 Minuten, direkte Züge nach Rennes, Brest, Nantes.

Information

Gegenüber der Kathedrale, Pläne und Zimmervermittlung.

Übernachten

Die Jugendherberge wurde geschlossen, Hotels sind relativ teuer. **Campingplatz Municipal Chartres**, vom Bahnhof ca. 2,5 km südlich, Rue Launay, Fußweg durchs Grüngelände zur Kathedrale.

Sehenswertes

Etwa 1 Zugstunde westlich von Paris liegt die aufgrund ihrer **Kathedrale** sehenswerte Stadt. Auch Leute, die mit Kirche absolut nichts am Hut haben, sollten sich dieses unglaubliche Gotteshaus von innen ansehen. Die riesige Weite des Baus liegt im Dunkel, nur erhellt vom einzigartigen Farbspiel der Buntglasfenster. Sie gehören

zu den schönsten Glasgemälden überhaupt. Am Sonntag kann man außerdem Orgelkonzerte hören – die Akustik in dem fast beängstigend hohen und weiten Raum ist unbeschreiblich. Die sehr kleine Altstadt schart sich dichtgedrängt um die Kirche.

Normandie

Rouen

Bahnknotenpunkt in Nordwestfrankreich, direkte Züge von Paris – St. Lazare, Le Havre, Lille, Caen.

Information

Vor der Kathedrale, Pläne und Zimmervermittlung.

Verkehr

Der wichtigste *Bahnhof* ist der **Rive-Droite** über der Innenstadt, er liegt nördlich der Seine, Bus 12 und 15, ca. 1 km Fußweg.

Übernachten

Jugendherberge, Boulevard de l'Europe 118, Tel 35720645, ganzjährig geöffnet, 96 Betten, im Sommer Schließzeit 24 Uhr, sonst 22 Uhr, vom Bahnhof 4 km, Bus 12 bis Diderot. **Camping Deville**, vom Bahnhof 3 km, Bus 2 und 8.

Sehenswertes

Die Universitätsstadt an der Seine hat einen schönen alten Kern und viel Atmosphäre in den belebten Gassen. Auch in Rouen gibt es eine sehenswerte gotische **Kathedrale**, mit dem höchsten Kirchturm des Landes. Die Fußgängerzone führt von der Kathedrale zum **Gros Horloge**, einem markanten Turm (täglich Aufstieg möglich, 10–17 Uhr, 3 DM). Überall in der Stadt stößt man auf die Erinnerung an die legendäre **Jeanne d'Arc**, die hier 1431 von der Okkupationsmacht der Engländer vor das Kriegsgericht gestellt und auf dem heutigen Platz Vieux-Marché verbrannt wurde. Sie ist seither für die Franzosen Symbol des Kampfes um die nationale Freiheit. Die Rue de Jeanne d'Arc in der Innenstadt oder auch die Tour Jeanne d'Arc, in der sie gefangengehalten wurde, erinnert an sie.

Le Havre

Strecke 25061 von Paris-St. Lazare

Information

Im Hôtel de Ville Stadtplan und Zimmervermittlung.

Verkehr

Der **Bahnhof** liegt nahe zur Stadt, ist aber umständlich vom Hafen aus zu erreichen. Busse fahren bis 18 Uhr zur Abfahrtsstelle der Fähren nach England und Irland.

Übernachten

Etwa 5 Minuten vom Bahnhof 4 preiswerte **Hotels**, ca. 35 DM. Im Juli und August gibt es ein **CVJM-Hostel** in der Rue Strasbourg 153, nur 8 Minuten vom Bahnhof, Tel 35 42 47 86, für beide Geschlechter. **Campingplatz** in Honfleur (nahe Bushaltestelle), alle 2 Stunde Busse.

Sehenswertes

Nordfrankreichs wichtigste Hafenstadt wurde im Zweiten Weltkrieg vollkommen zerstört und weist heute ein modernes Stadtbild auf. Sie liegt nordwestlich der Seine-Mündung, Schiffe fahren von hier nach Portsmouth in England und nach Rosslare und Cork in Irland. Jenseits der Seine liegt das romantische Honfleur.

Bayeux

Strecke 25060 Paris-St. Lazare – Cherbourg.

Information

300 m von der Kathedrale, Rue Cuisiniers. Pläne und Zimmervermittlung.

Übernachten

Hostel in der Avenue Général Dais 38, Tel 31 92 15 22, ca. 30 DM, liegt ca. 400 m von der Kathedrale entfernt. **Campingplatz** am Rand der Stadt, 2 km vom Bahnhof.

Sehenswertes

Die Stadt 20 km westlich von Caen mit der berühmten gotischen **Kathedrale** hat einen schönen Altstadtkern. Hauptattraktion der Kathedrale im Centre Guillaume in der Rue de Nesmond ist der *Wandteppich*, der den normannischen Angriff auf England darstellt. (Eintritt ca. 8 DM, 10–18 Uhr täglich.) Vom Bahnhof zur Kathedrale sind es 5 Minuten Fußweg.

Cherbourg

Strecke 25060 von Paris-St. Lazare.

Information

Im Rathaus.

Übernachten

Jugendherberge neu eröffnet, beim Fremdenverkehrsamt erfragen.

Sehenswertes

Von der **Hafenstadt** am Nordzipfel der Normandiehalbinsel Cotentin fahren täglich mehrfach Schiffe nach Portsmouth und Southampton in England und mehrere Fähren pro Woche nach Rosslare und Cork in Irland. Der Bahnhof liegt nur 500 m vom Hafen entfernt. Im Krieg stark zerstört, zeigt die Stadt heute ein modernes, wenig interessantes Bild. Berühmtester Nachbar Cherbourgs ist die umstrittene radioaktive Partikel absondernde Atom-Wiederaufbereitungsanlage La Hague, berühmt durch die Störfälle, die meist vertuscht werden.

251

Mont St. Michel

Bahnhof Pontorson an der Strecke
Dol–Folligny 25060.

Information

Am Anfang des Hauptwegs am Hang.

Übernachten

Jugendherberge Centre Duguesclin, Rue
Patton, Tel 33 60 00 18, Juni bis September,
50 Betten, 15 DM, vom Bahnhof in Pontorson 10 Minuten. **Jugendherberge** in **Gran-
ville**, Bahnhof 15 km nördlich von Pontorson, Boulevard des Amiraux,
Tel 33 50 18 95, ganzjährig geöffnet, 60 Betten, 5 Minuten vom Bahnhof. **Campingplatz Pontorson Municipal**, am Ortsrand,
vom Bahnhof 10 Minuten, weitere Plätze
Richtung Mont St. Michel.

Sehenswertes

Mehrere Busse täglich fahren von Pontorson zum Mont St. Michel (10 DM Rückfahrt). Hauptattraktion der Normandie ist
diese auf einer **Felseninsel** vor der Küste
gelegene **Abtei** aus dem Mittelalter. Die
kleine Stadt ist bei Ebbe zu Fuß quer
durchs Watt zu erreichen, bei Flut liegt der
Mont St. Michel mitten im Wasser – ein
phantastischer Anblick! Allerdings be-
wirkte der Bau der Straße das Versanden
der Bucht, so daß nur noch höchste Fluten
die Insel wirklich ins Wasser einschließen.
Der Touristenansturm hat den Mont
St. Michel ohnehin zu einem Freilichtmuseum mit unzähligen Andenkenläden ge-
macht.

Bretagne

St. Malo

Nebenstrecke von Rennes nach St. Malo.

Information

St. Vincent, kurz vor dem Tor Porte
St. Vincent.

Übernachten

Jugendherberge, Avenue du Umbricht 37,
Tel 99 40 29 80, keine Schließzeit, 150 Betten, ab 26 DM, vom Bahnhof 2 km,
Bus 1, 2, 5 nach Paramé von der Straße
rechts vom Bahnhof. Mehrere preiswerte
Hotels 5 Minuten vom Bahnhof, etwa das
Hotel du Louvre, Rue Marins 2, 35 DM,
Tel 99 40 86 62. Um die Stadt herum gibt es
mehrere **Campingplätze**, vom Bahnhof
2 km liegt der **Camping Cité d'Aleth**, Bus 1
bis Aleth, im Stadtteil St. Servan.

Sehenswertes

Die bedeutende Hafenstadt im Nordosten
der Bretagne hat eine schöne Altstadt mit
angenehmer Atmosphäre. Nach starken
Zerstörungen im Zweiten Weltkrieg wurde
das ganze Zentrum mitsamt den alten **Han-
delshäusern** in bewundernswerter Weise
wiederaufgebaut. Im August droht die
50 000 Einwohner-Stadt allerdings im Touristenansturm unterzugehen.

Vom Bahnhof in die von einer Festungs-
mauer umgebene Altstadt sind es über die
Rue Martin 12 Minuten zu Fuß (oder Bus).
Unbedingt lohnend ist der Besuch des **Château**, der alten Festung mit einem urigen
Wachsfigurenmuseum, sowie einer Ausstellung über die Stadt und ihre Geschichte
(täglich 9 – 18 Uhr, 5 DM). Vom Turm der
Festung sieht man die gesamte Bucht. Sehenswert ist auch die **Stadtmauer**, auf der
sich Teile der Stadt umrunden lassen. Unterhalb liegen schöne Strände wie die
Plage de Bon-Secours oder die **Grand -
Plage** mit Sand und Dünen. Aus dem Meer
tauchen Inseln, und bei Ebbe zieht es
ganze Schwärme von Muschelsuchern auf
das kleine Eiland mit der alten Burg
Grand-Bé, auf der im Sommer auch viele
Rucksacktouristen übernachten.

Dinan

Nebenstrecke Dol–St. Brieuc, werktags 5 Züge von Rennes über Dol, 3 Züge von St. Brieuc über Lamballe, im Sommer auch So.

Information

Mitten in der Altstadt in der Rue de l'Horloge 6.

Übernachten

Jugendherberge Moulin de Méen, Vallée de la Fontaine des Eaux, Tel 96391083, 2 km vom Bahnhof, liegt schön auf kleiner Erhebung im Grünen, **Campen** am Haus, vom Bahnhof über die Gleise nach links, ca. 30 Minuten zu Fuß, Busse fahren nicht. **Hotel Regent**, Rue de la Ferronnerie 9 in der Altstadt an der lauten Straße, ca. 30 DM. **Campingplatz Municipal**, Rue Chateaubriand 103, hinter dem Schloß, vom Bahnhof 20 Minuten, an der Place de Leclerc nach rechts und dann geradeaus.

Sehenswertes

Wunderschönes Städtchen westlich von St. Malo, im Sommer viele Touristen, aber trotzdem lohnend. Romantische Gassen, kleine Häuser und eine urige Atmosphäre prägen den Ort. Auch die Stadtmauer blieb original erhalten. An der südwestlichen Ecke der Stadtmauer erhebt sich das Schloß über dem Tal der Rance.

Lamballe

Strecke 25055 Paris-Montparnasse–Brest.

Information

An der Place Martray im Fachwerkhaus der Henker, vom Bahnhof links bis zur Rue du Leclerc, diese nach rechts geradeaus.

Übernachten

Hotel de la Gare, Boulevard Jobert, Tel 96310016, ca. 30 DM, gegenüber vom Bahnhof. **Hotel Richard**, ebenfalls dem Bahnhof gegenüber, Tel. 96310030, ca. 30 DM, sauberer als das Hotel de la Gare. **Campingplatz** ca. 1 km nordöstlich vom Bahnhof, Rue St. Sauveur.

Sehenswertes

Lamballe ist ein gemütliches Kleinstädtchen mit einer kleinen Altstadt. Sehenswert ist das Fachwerkhaus der Henker **Maison du Bourreau** rechts vom Marktplatz (mit Info), in dem früher die Henker wohnten. Es beherbergt 2 kleine Museen, das Regionalmuseum der Umgebung und das des Malers Mathurin-Méheut mit sehr schönen Bildern aus der Bretagne (täglich außer So 10–17 Uhr, Mittagspause). Die Kathedrale der Stadt erhebt sich auf einer Anhöhe über der Altstadt. Lamballe ist guter Ausgangspunkt für Touren an die Nordküste.

Sables d'Or les Pins und Erquy

Busse von St. Brieuc und Lamballe in beide Orte und ans Cap Fréhel, 3 Busse täglich.

Information

In beiden Orten an der jeweiligen Strandpromenade. In Erquy Zimmervermittlung.

Übernachten

Rings um die Orte gibt es viele **Campingplätze**, allein südlich und nördlich von Erquy je 4 Plätze, der nächste ca. 1 km vom Ort entfernt, im Sommer sehr voll. **Hôtel des Voyageurs**, Rue Notre Dame in Erquy, Tel. 96723025, ca. 30 DM. **Jugendherberge** 3 km vom Cap Fréhel, Tel. 96414898, tolle Lage, April–September, 16 DM.

Sehenswertes

Erquy liegt an einer breiten runden Bucht mit schönem **Sandstrand** und kleinem **Fischerhafen**. In der Umgebung gibt es herrliche Sandbuchten, umrahmt von Felsen, Heidelandschaft und Steilküste. Sables d'Or les Pins hat einen Super-Sandstrand mit prächtigen Dünenfeldern, von Kiefern und Pinien gesäumt. Von hier aus kann man per Bus oder Fahrrad weiter zum exponierten **Cap Fréhel** kommen, das mit Steilabbrüchen ins Meer hinausragt. Vom Turm tolle Rundumsicht.

Paimpol

Endpunkt der Stichbahn, die in Guingamp von der Hauptstrecke Paris–Brest abzweigt, 3 Züge je Tag, auch Busse nach St. Brieuc.

Information

An der Rückseite des Rathauses.

Übernachten

Jugendherberge Château de Kerraoul, Tel. 96 20 83 60, ca. 1,5 km vom Bahnhof hinter dem Stadion. **Hôtel de la Marne**, Tel. 96 20 82 16, 2 Minuten vom Bahnhof, ca. 35 DM, Rue de la Marne. Zahlreiche **Campingplätze** um Paimpol. Viele *campen wild* auf der Île de Bréhat.

Sehenswertes

Die Fischerstadt liegt an einer schmalen Bucht am Meer, kleine **Altstadt** mit schmalen Gassen und schöner Fußgängerzone. Die Umgebung bietet Heidevegetation und Nadelwälder, auch viele kleine Buchten zum **Baden**. Mit Fahrrädern (Verleih im Ort) kann man zu abgelegenen Stränden fahren. 5 km nördlich von Paimpol liegt die Landzunge Pointe de l'Arcouest, von der aus Schiffe zu den kleinen **Îles de Bréhat** fahren, einer Gruppe von Felseilanden, deren größte durch eine Brücke miteinander verbunden sind. Hier wachsen Palmen, Oleander, Hortensienbüsche. Der kleine Ort Bourg bietet ein hübsches Bild mit seinen typischen Steinhäuschen. Im Wald westlich des Hafens Port Clos, wo die Schiffe anlegen, gibt es einen kostenlosen **Campingplatz**.

Roscoff

Stichbahn von Morlaix an der Hauptstrecke Paris–Brest. Im Sommer 3 Züge täglich. Auch Busse von Morlaix und Brest.

Information

An der Promenade, Rue Gambetta, vom Bahnhof 3 Minuten über die Rue Brizeux, dann links in die Rue Ferry.

Übernachten

Jugendherberge in **Morlaix**, Route de Paris 3, Tel. 98 88 13 63, 10 Minuten vom Bahnhof. **Jugendherberge** auf der **Île-de-Batz**, Tel. 98 41 90 41, April–September, liegt in der Nähe des Hafens, wo die Fähren anlegen. **Campingplätze** südlich von Roscoff vorhanden, auch auf der Île-de-Batz gleich neben dem Hafenort am Strand. Zelten möglich bei der Jugendherberge. Viele campen *wild* auf der Insel.

Sehenswertes

Das Hafenstädtchen im Nordwesten der Bretagne hat mehrere **Badestrände** um den Ort herum. Vom Hafen fahren Schiffe nach Plymouth in England und Cork in Irland. Hauptattraktion für junge Leute ist die kleine vorgelagerte Insel **Île-de-Batz** mit wenig Touristen, schönen Stränden auf der Nordseite hinter der Siedlung Porz-Melloc, und fruchtbaren Feldern. Fähren verkehren im Sommer jede Stunde in Roscoff von dem langen Steg aus (15 Minuten Überfahrt, ca. 10 DM).

Brest

Endpunkt der Bahnstrecke 25055 von Paris-Montparnasse. Nebenbahn nach Quimper.

Information

An der Place de la Liberté, vom Bahnhof den Boulevard Gambetta hinunter, dann rechts, 3 Minuten.

Übernachten

Jugendherberge, Rue de Kerbriant, Tel. 98 41 90 41, 118 Betten 20 DM, Bus 7 von der Place de la Liberté bis Le Moulin Blanc, vom Bahnhof 3 km, liegt beim Océanopolis-Aquarium. **Campingplatz Goulet**, westlich der Stadt, ganzjährig offen, Bus 71. **Hotel Rade**, Rue de Siam 6, Tel. 98 44 47 76, vom Bahnhof 3 Minuten zum Fremdenverkehrsamt, dann 1 Minute links, ca. 30 DM.

Sehenswertes

Hafenanlagen und Industriebetriebe verdecken leider den Blick auf den alten **Festungswall** der Stadt. Nur vom Cours Dajot aus kann man den Hafen gut überblicken. Die große Hafen- und Industriestadt wurde im Zweiten Weltkrieg vollkommen zerstört, so daß heute nur moderne Gebäude zu sehen sind. Lohnend ist nur das **Cháteau** mit einem Marinemuseum (täglich außer Di 10–18 Uhr, 6 DM), ca. 300 m vor dem Bahnhof, und das größte **Aquarium** Europas *Océanopolis* 3 km außerhalb, Bus 7 (täglich 10–19 Uhr, ca. 8 DM). Von Brest fahren Busse weiter in den Westen an die Küste (6 Busse täglich nach Le Conquet).

Quimper

Strecke 23053 von Paris-Montparnasse. Nebenbahn von Brest.

Information

In der Innenstadt hinter der Kathedrale in der Rue Admiral de la Grandière, vom Bahnhof 12 Minuten am Fluß entlang, 2. Brücke nach der Kathedrale rechts.

Übernachten

Jugendherberge, Avenue des Oiseaux 6, Tel. 98 55 41 67, vom Bahnhof 2 km, Bus 1 bis Chaptal. **Hotel Pascal**, Tel. 98 90 00 81, gegenüber dem Bahnhof, ab ca. 30 DM. **Hotel Terminus**, ebenfalls gegenüber dem Bahnhof, Tel. 0 98/90 00 63, etwas einfacher, ca. 28 DM. **Campingplatz** neben der Jugendherberge.

Sehenswertes

Vom Bahnhof aus rechts am Fluß entlang, bei der Kathedrale über die Brücke zur ca. 500 m entfernten prächtigen **Altstadt** mit sehenswerten Fachwerkhäusern. Quimper ist mit seinen 60 000 Einwohnern eine der schönsten Städte der Bretagne. Die *Kathedrale* aus dem 13. Jahrhundert ragt mitten aus dem Häusermeer hervor. Der Stolz auf die bretonische Tradition zeigt sich besonders um den 20. Juli herum, wenn mehrere Tage lang keltische Musik den Ort erfüllt, unzählige Folkgruppen tanzen und musizieren.

Pointe du Raz/Halbinsel Sizun

4 Busse täglich vom Quimper Bahnhof nach Douarnenez–Audierne–Pointe du Raz. Von Audierne ca. 8 Busse täglich.

Information

In *Audierne* am Hafen, Umgebungspläne und Zimmervermittlung.

Übernachten

Mehrere **Campingplätze** auf der Halbinsel, so der **Platz Perron** bei Beuzec-Cap-Sizun oder der **Platz Kerros** bei Goulien. Bei Audierne, ca. 10 km vor dem Cap, 4 *Campingplätze*.

Sehenswertes

Die **Pointe du Raz** gilt als das Westende Frankreichs. Sie ist im Sommer bei schönem Wetter stark besucht, bei Regen und Sturm wirkt sie dagegen einsam und bedrohlich. Die Felsen am Cap sind ca. 80 m hoch, ragen steil aus dem Meer, das mit donnernden Schlägen an die Küste dröhnt. Badestrände gibt es kaum, ein Vogelschutzgebiet im Norden der Halbinsel bei Cap Sizun zieht Naturliebhaber an.

Concarneau

Busse von Quimper oder von Rosporden an der Strecke 25053 Quimper–Paris-Montparnasse, je 10 Busse täglich.

Information

Am Hafen Stadtpläne und Zimmervermittlung.

Übernachten

Jugendherberge, Quai de la Croix, Tel. 98 97 03 47, Schließzeit 24 Uhr, ca. 18 DM, liegt an der äußersten Südspitze an der Promenade am Meer. **Hotel Renaissance**, Avenue de la Gare 56, Tel. 98 97 04 23, ca. 30 DM, 250 m nördlich vom Fremdenverkehrsamt. Mehrere **Campingplätze** um die Stadt, gleich am Stadtrand.

Sehenswertes

Kleine Festungsstadt im Meer, auf 3 Seiten von Wasser umgeben. Die von mächtigen Mauern umschlossene Altstadt ist über eine Zugbrücke zu erreichen. Am äußeren Ende der Festung liegt das Schloß, drumherum eine Grünanlage. Im Sommer ist es voller Touristen.

Quimperlé

Strecke 25053 Quimper–Paris-Montparnasse.

Information

An der Brücke zur Insel.

Übernachten

Hotel Europe, Boulevard de la Gare 32, Tel. 98 96 00 02, ca. 30 DM, einfaches Hotel. **Campingplatz Municipal**, Route de Concarneau, im Sommer geöffnet, am Rand der Stadt beim Sportplatz.

Sehenswertes:

Die kleine Stadt, ca. 20 km östlich von Quimper, hat eine malerische Altstadt auf einem Hügel und einen Inselstadtteil, der zwischen den Flüssen Isole und Ellé liegt. Die schmucken Fachwerkhäuser künden vom Wohlstand der alten Stadt. Im Sommer ist Quimperlé eine Oase der Ruhe im Vergleich zu den lauten Küstenorten, die Umgebung mit ihren wildromantischen Hügeln reizt zum Wandern.

Lorient und Île-de-Groix

Strecke 25053 Quimper–Paris-Montparnasse.

Information

Quai de Rohan, am Hafen.

Übernachten

Jugendherberge, Rue Victor Schoelcher 41, Tel. 97 37 11 65, ganzjährig geöffnet außer Januar, vom Bahnhof 3 km, Bus C zur Herberge, Richtung Kercoman. **Jugendherberge** auch auf der *Île-de-Groix*, **Le Mene**, Tel. 97 86 52 43, April–Oktober, 60 Betten. Auf der Insel auch kleines **Hotel Auberge du Pecheur**, Tel. 97 86 80 14, ca. 28 DM, Rue Général de Gaulle. **Campingplätze** am Rand von Lorient am Fluß Ter, 2 **Plätze** auf der Insel, einer beim Leuchtturm. Auch Zelten bei der Jugendherberge auf der Insel möglich. Auf der Île-de-Groix schlafen viele *im Freien*.

Sehenswertes

Lorient ist eine große Hafen- und Industriestadt, die im Krieg stark zerstört wurde. Der Besuch lohnt sich wohl nur Anfang August, wenn das Folkfestival unzählige Musikgruppen anlockt. Von Lorient fahren Schiffe alle Stunde zur **Île-de-Groix**, ein 3 km breites, 8 km langes Felseneiland mit ca. 2000 Einwohnern. Faszinierende Felsformationen sind die Attraktion der Insel, die im Inneren kleine Wälder und Felder birgt. Im Süden sind mehrere

Sandstründe. Interessant ist auch das kleine **Insel-Museum** im Hafenort Port Tudy (täglich 10–17 Uhr, frei).

Halbinsel Quiberon

Nebenstrecke Auray–Quiberon von der Hauptlinie 25053, Züge nur vom 15.6. bis 15.9., etwa jede Stunde, sonst Busverkehr.

Information

An der Rue de Verdon, die vom Bahnhof zum Strand führt, vom Bahnhof 3 Minuten.

Übernachten

Jugendherberge in *Quiberon*, **Les Filets Bleus**, Rue du Roch Priol 45, Tel. 97501554, offen Juni–September, 1,5 km vom Bahnhof. **Jugendherberge** auf der Insel *Belle-Ile*, Tel. 97318133, ganzjährig geöffnet außer Oktober, 93 Betten, 18 DM, am Hafen des Fährortes Le Palais. **Campingplätze** gibt es auf der Halbinsel Quiberon in unmittelbarer Nähe der Bahnhöfe *Sables Blancs, Penthievre, Isthme, Kerhostin* sowie in *Quiberon*. Hier gibt es am Ostende des Ortes 3 Plätze. Auch auf der Insel *Belle-Île en - Mer* gibt es mehrere **Campingplätze**. Zelten kann man auch an der Jugendherberge auf der Insel. Viele *campen wild* auf dem 2. Bahnsteig im Bahnhof vor Quiberon, in *St. Pierre-Quiberon* oder auf der Insel.

Sehenswertes

Die Halbinsel Quiberon ist so schmal, daß die Bahnlinie teilweise direkt am Wasser verläuft. **Sables Blanc** liegt an einer Meeresbucht, die bei Ebbe trocken ist, und ist zum Baden kaum geeignet. Der Bahnhof von **Penthievre** liegt nahe am Meer mit tollen Stränden. **Isthme** befindet sich auf einer nur 50 m breiten Landenge, auf beiden Seiten Strand, wenige Schritte vom Bahnhof. Quiberon selbst besitzt einen langen Sandstrand, der im Sommer sehr voll ist. Der Badeort ist völlig überlaufen. In den benachbarten Felsenkliffs gibt es mehrere Höhlen. Vom Hafen fahren etwa jede Stunde Schiffe zur 17 km langen und

ca. 8 km breiten Felseninsel **Belle-Île-en Mer**. Sie legen in *Le Palais* an, einem kleinen Ort mit winzigen Gassen und einer mächtigen Zitadelle. Weitere hübsche Dörfer sind Sauzon im Norden und Locmaria im Osten sowie Bangor im Inneren der Insel. Eine wunderschöne Aussicht hat man vom Leuchtturm Grand Phare rings um die Insel (im Westen bei Port Goulphar, täglich 10–18 Uhr).

Carnac

Je 8 Busse täglich von Auray, Vannes und Quiberon.

Information

In Carnac-Plage 50 m vom Strand. Im Sommer im alten Ort neben der Kirche.

Übernachten

Etwa 10 **Campingplätze** um Carnac, mehrere nahe am Meer, einige auch bei den Menhiren, sehr empfehlenswert der schattige **Camping de Kermario** an der Alignement-Straße.

Sehenswertes

Carnac wurde bekannt durch seine etwa 2,5 km nördlich vom wunderschönen Sandstrand gefundenen **Menhire**: Unzählige große Steinbrocken sind hier in Reih und Glied aufgestellt. Um die seltsame Steinansammlung besser zu verstehen, empfiehlt es sich, vor dem Geländegang das Museum in Carnac zu besuchen, das einen guten Überblick über die prähistorischen Kulturen gibt (5 DM, täglich außer Di 10–12 und 14–18 Uhr).Im Sommer fahren vom Strand (beim Fremdenverkehrsamt) kleine Busse die 2 km lange Strecke zu den Menhirfeldern (2 DM). Zu Fuß durch den Ort sind es ca. 25 Minuten.

Vannes

Strecke 25053 Quimper–Paris-Montparnasse.

Information

Rue Thiers 1, vom Hafen links.

Übernachten

Hotel Clisson, Rue de Clisson 11,
Tel. 97 54 13 94, ca. 30 DM, vom Bahnhof
5 Minuten Richtung Innenstadt. **Campingplatz Conleau**, liegt am Südzipfel der Stadt
am Golf von Morbihan, 2 km, Bus von der
Innenstadt.

Sehenswertes

Vannes hat eine schöne Altstadt mit vielen
Lokalen. Im Zentrum steht die auffallend
langgestreckte **Kathedrale St. Pierre**. Hinter der Stadtmauer erstreckt sich die Grünanlage mit dem Fluß Marle. Besondere Attraktion sind die Häuschen am Ende des
Parks, etwa das Waschhaus. Der Hafen
liegt am Südende der Innenstadt, hier starten Schiffe zu verschiedenen Inseln im Golf
von Morbihan. Das futuristische **Aquarium**
ist ca. 1 km südlich am Ende des Hafens. Es
zeigt in ca. 50 Wasserbecken Fische und
Korallen, besonderer Anziehungspunkt ist
das Haifischaquarium (täglich 9–18 Uhr,
8 DM).

Nantes

Strecke 25052/25054 Züge von Paris-Montparnasse, Le Croisic, La Rochelle, Rennes.

Information

Beim Schloß. Vom Bahnhof 10 Minuten
über den Boulevard de Stalingrad, dann
nach links Richtung Altstadt.

Übernachten

Jugendherbergen: **Place de la Manu** 2,
Tel. 40 20 57 25, Juni–September, 73 Betten,
vom Bahnhof 400 m, den Boulevard Stalingrad nach rechts, folgt links die Rue Capi-
taine Corhumel. **Porte Neuve**, Place
St. Elisabeth 1, Tel. 40 20 00 80, vom Bahnhof 1,5 km, Bus 40, 41 bis Viarme oder
Straßenbahn bis St. Elisabeth. **Port Beau-**
lieu, Boulevard Vincent Gache 9,
Tel. 40 12 24 00, Juni–August, 50 Betten,
vom Bahnhof 2 km, Bus 24 oder Straßenbahn von der Place du Commerce bis Gache. **Campingplatz Val du Cens**, am Stadtrand, Boulevard du Petit Port 21, Busverbindung.

Essen und Trinken

Obst und Käse gibt es auf dem **Markt** auf
der Place du Bouffay. Das Lokal **La Man-
geoire** in der Rue des Petites Écuriers 10
serviert preiswerte Mahlzeiten (außer So).

Sehenswertes

Nantes liegt an der Mündung der Loire, besitzt einen wichtigen Handelshafen und
viel Industrie. Schmuckstück der Stadt ist
das mächtige **Schloß**, das früher Residenz
der Herzöge der Bretagne war. In ihm un-
terschrieb Henri IV. das «Edikt von
Nantes», in dem den Hugenotten, den französischen Protestanten, eine gewisse Reli-
gionsfreiheit gewährt wurde – bis die Hugenotten 1685 in einem Blutbad nieder-
metzelt wurden. Eine Besichtigung der
über den Boulevard de Stalingrad zu erreichenden Schloßanlage lohnt wegen der
darin untergebrachten Museen zur Geschichte und Kultur der Bretagne (täglich
außer Di 10–18 Uhr). Das **Museum Jules
Verne** steht in der Rue de l'Hermitage
(täglich außer Di, 10–17 Uhr, 4 DM).

Die mittlere und südliche Atlantikküste

Les Sables-d'Olonne

Strecke 25054 von Nantes, teilweise nur 4
Züge täglich.

Information

3 Minuten vom Bahnhof in der Rue
Maréchal Leclerc.

Übernachten

Jugendherberge Ancien Sémaphore, Rue du Sémaphore, La Chaume, Tel. 51 95 76 21, geöffnet vom 1. 4. bis 30. 9., 26 Betten, trotzdem meist genug Platz, 3 km vom Bahnhof, Bus 2 vom Jet d'Eau bis Armandèche. Das Haus liegt nur 100 m vom Strand am Rand der Dünen, sehr zu empfehlen. **Camping** im Park der Jugendherberge möglich. An den Stränden insgesamt 4 **Campingplätze**, nur im August voll.

Sehenswertes

Der kleine Badeort ist noch weitgehend unbekannt, trotz seiner schönen Sandstrände, die nur im Hochsommer überfüllt sind. Auch die Hafenpromenade lohnt den Besuch.

La Rochelle

Strecke 25054 Nantes–Bordeaux; auch über Poitiers 25040 zu erreichen.

Information

Am Quai de Gabut.

Übernachten

Jugendherberge Centre International de Séjour in Les Minimes, Tel. 46 44 43 11, ganzjährig geöffnet, Schließzeit 1 Uhr, 230 Betten, 2 km vom Bahnhof, Bus 10 ab Place Verdun, 23 DM mit Frühstück, **Campingplatz** im Hof der Jugendherberge. **Campingplatz Soleil** ca. 1 km vom Bahnhof. Mehrere **Campingplätze** auf der Île de Ré und auf der Île d'Oléron, im August alle überlaufen.

Sehenswertes

La Rochelle ist eine schöne, von vielen Touristen besuchte Hafenstadt mit lebhafter Fußgängerzone und einer **Hafenpromenade**, die man unbedingt gesehen haben muß.

Vom Bahnhof aus führt die Avenue Général de Gaulle in 8 Minuten dorthin.

Die wuchtigen Stadttore am Hafen, die in den vergangenen Jahrhunderten die Stadt vor Eindringlingen vom Meer her schützen sollten, wurden auch zum Symbol des modernen La Rochelle. Hat die Stadt es doch verstanden, durch weitreichende Aussperrung der Autos eine faszinierende Bühne der internationalen Kommunikation zu schaffen. Pflastermaler, Straßenmusikanten und Theaterspieler zeigen hier ihr Können.

Vom Bahnhof fahren Busse alle $1/2$ Stunde über die neue Brücke von Pallice auf die **Île de Ré** (50 Minuten Fahrt, 18 DM). Auf der Insel gibt es viele Sandstrände sowie die romantischen Hafenorte Saint Martin de Ré und La Flotte.

Die südlich gelegene **Insel Oléron** wird ebenfalls durch eine Brücke vom Festland her erreicht. Auch hier gibt es tolle, im Sommer überlaufene Sandstrände. Zu erreichen ist die Île d'Oléron per Bus von La Rochelle oder von Rochefort (Bahnstation südlich La Rochelle, 20 DM).

Bordeaux

Bahnknotenpunkt, Strecken von Paris und San Sebastián (25040), La Rochelle (25054), Toulouse (25038) und Lyon (25030).

Information

Cours du 30 Jullet 12, hinter der Place de la Comédie. Stadtpläne und teure Zimmer.

Verkehr

Der **Hauptbahnhof St. Jean**, ein neuer, pompöser Bau, liegt südlich der Garonne. Der **Vorortbahnhof Orléans** liegt nördlich. Busfahrkarten kosten ca. 2,80 DM, Tageskarte Carte Bordeaux Découverte ca. 10 DM.

Übernachten

Jugendherberge Foyer des Jeunes, Cours Barbey 22, Tel. 56 91 59 51, ganzjährig geöffnet, 150 Betten, nur 5 Minuten vom Hauptbahnhof: Zuerst geradeaus durch den Cours de la Marne, dann links in den

Cours Barbey. Viele Rucksackler übernachten am Hauptbahnhof.

Essen und Trinken

Universitätsmensa in der Rue de Cursol 38.
Auf dem Weg vom Hauptbahnhof in die
Innenstadt kommt man an den **Markthal-
len** rechts der Hauptstraße vorbei.

Sehenswertes

Die moderne, weltoffene Stadt an der Garonne zeichnet sich durch repräsentative
Bauten und viel Industrie aus. Vom Hauptbahnhof in die Innenstadt sind es ca. 15 Minuten, halb rechts immer die Hauptstraße
entlang (Bus 7 oder 8). Beeindruckendster
Bau im Zentrum ist das **Theater** an der
Place de la Comédie, an der Garonne folgt
die alte Börse. Berühmt sind zudem die
Kathedrale Saint André und die Kirche
Sainte Croix. In der Nähe der Garonne-
Brücke steht die Basilika St. Michel mit
ihrem 140 m hohem Turm.

Arcachon

Strecke 25034 Bordeaux–Arcachon.

Information

Links vom Bahnhof.

Übernachten

Jugendherberge in *Cap Ferret*, auf der anderen Seite des Meeresarmes, der nördlich
von Arcachon ins Land führt. Mit der
Fähre von Jetée Thiers in 25 Minuten zu erreichen (15 DM hin und zurück), Avenue
de Bordeaux 87, Tel. 56 60 64 62, vom 1. 7. bis
31. 8., 36 Betten und große Zelte, meist voll.
Campingplätze mehrfach vorhanden, **Camping Municipal** 2 km vom Bahnhof, hinter
der Dune du Pilat, mehrere teure Plätze,
preiswerter sind **Camping Le Dune** und
Pyla Camping, im Sommer sehr voll.

Sehenswertes

Arcachon befindet sich inmitten der Dü-
nenlandschaften an der Atlantikküste und
ist im Sommer von Touristen völlig über-
rannt. Die Stadt ist samt Umgebung im
August fast ungenießbar, so viele Menschen tummeln sich hier. Hinter unzähligen
Touristenshops und dem Sandstrand stehen einige sehenswerte Häuser aus vergangenen Zeiten.

Mit dem Bus kommt man vom Bahnhof
(im Sommer etwa jede Stunde, sonst 3mal
täglich, die Busse fahren auch zu jedem
Campingplatz, 5 DM) zur Hauptattraktion,
der höchsten Düne Europas, der **Dune du
Pilat**. Der über 100 m hohe Sandwall ist
vom Anblick her überwältigend und kann
über Treppen bestiegen werden. Auf der
Düne treffen sich im Sommer Rucksacktouristen aus ganz Europa. Jenseits davon
gibt es lange Sandstrände.

Bayonne

Strecken 25040 Bordeaux–Hendaye und
25043 Toulouse–Hendaye.

Information

Im Rathaus im Zentrum.

Übernachten

Preiswerte **Hotels** wenige Minuten vom
Bahnhof (ab ca. 30 DM). **Campingplatz**
1 km nördlich vom Bahnhof am Rand der
Stadt.

Sehenswertes

Bayonne ist die Hauptstadt des französischen Baskenlandes. Sie liegt am breiten
Fluß Adour, in den hier der Pyrenäenfluß
Nive mündet. Es gibt wenig Tourismus, in
der Altstadt geht es im Gegensatz zum
überfüllten Biarritz noch recht ursprünglich zu.

Vom Bahnhof aus ist man in 3 Minuten
auf der Brücke über den gewaltigen Fluß
Adour. Auf der anderen Seite stehen sehenswerte **Fachwerkhäuser**, die mächtige,

weithin sichtbare **Kathedrale Sainte Marie** mit schönen Glasfenstern und einem Kreuzgang. Wer sich für die baskische Tradition interessiert, sollte das baskische Volksmuseum «Musée Basque» besuchen, nicht weit von der Brücke St. Esprit (werktags 10–17 Uhr, 3 DM). Die Basken legen großen Wert auf die Pflege ihrer Sprache, die älter als jede andere europäische ist.

Zum **Sandstrand** fährt man am besten mit dem Lokalzug nach Norden Richtung Bordeaux bis Labenne (15 km). Von dort sind es ca. 4 km zu den Stränden, die sich unzählige Kilometer weit nach Norden und Süden erstrecken. Touristen sieht man hier kaum, einige **Campingplätze** sind vorhanden.

Biarritz

Strecken 25040 und 25043
Bordeaux / Toulouse – Hendaye.

Information

Im Bahnhof und beim Rathaus.

Übernachten

Jugendherberge Gazte Etxea im Vorort Anglet, Route des Vignes 19, Quartier Chiberta, Tel. 59 63 86 49, Februar bis November, 96 Betten, vom Bahnhof 6 km, Bus 2 vom Bahnhof bis Hôtel de Ville, von dort Bus 4. 4 **Campingplätze**: Vom Bahnhof ca. 800 m geradeaus, dann halb links die Straße entlang ca. 800 m, nicht weit vom Strand. Weitere Plätze südlich vom Ort, z. B. **Camping** Biarritz.

Sehenswertes

Das berühmteste französische Seebad mit guten Sandstränden, alten Villen und modernen Hochhausfassaden ist sehr überlaufen. Alles ist teuer, auch der Sandstrand an der Promenade mitten im Stadtzentrum geht meist im Rummel unter. Am südlichen Stadtrand gibt es mehrere kleine Badebuchten mit Felsen im Wasser, die im Sommer allerdings ebenso belagert sind. Sämtliche Sportarten und das Spielcasino findet

man südlich vom Zentrum. Vom Bahnhof ins Zentrum geht man geradeaus ca. 3 km, zu den südlicheren Badebuchten zweigt man ab nach ca. 800 m links ab, ca. 2 km.

St. Jean de Luz

Strecken 25040 und 25043 Bayonne – Irun.

Übernachten

2 Campingplätze südlich, 2 nördlich vom Ort, je ca. 15 Minuten vom Bahnhof.

Sehenswertes

Der lohnende Fischerort hat einen romantischen Hafen, viele alte Villen und einen meist vollen Sandstrand. Der Bahnhof liegt nahe am Städchen, nur 5 Minuten geradeaus zum Zentrum. Fußgängerzone, Promenade und der schattige Platz Louis XIV. locken mit teuren Restaurants und Cafés.

Mittelfrankreich

Loire-Schlösser

Die von den französischen Königen im 15. und 16. Jahrhundert errichteten Nebenschlösser befinden sich in Reichweite der Hauptstadt und dennoch in ruhiger ländlicher Umgebung. Rings um die Stadt Tours an der Loire mit ihrem fruchtbaren Umland entstanden im Verlauf vieler Jahrzehnte die verschiedenartigsten Bauwerke in jeweils eigenem Stil. Die schönsten Schlösser sind mit der Bahn gut zu erreichen. In vielen französischen Bahnhöfen liegen Prospekte mit den Zugverbindungen aus: «**Les Châteaux de la Loire en Train**.» Für die Kombination mit dem Fahrrad, das sich an vielen Bahnhöfen leihen läßt, gibt es den Prospekt «**Châteaux pour Train et Vélo**».

Tours

Strecke 25040/25048 von Paris-Austerlitz, Bahnknotenpunkt.

Information

Vor dem Bahnhof. Ausführliche Prospekte, wie die Schlösser per Bahn zu erreichen sind, zudem Infos über die Schlösser.

Verkehr

Der **Hauptbahnhof** liegt nahe am Zentrum. Im **Vorortbahnhof St. Pierre des Corps** halten viele Fernzüge, zum Umsteigen bereits hier den Zug wechseln.

Übernachten

Jugendherberge im Parc de Grandmont, Tel. 47251445, 170 Betten, ganzjährig geöffnet, 5 km vom Hauptbahnhof, Bus 1 und 6 vom Busbahnhof bis Auberge de Jeunesse, nach 22 Uhr Nachtbus Richtung Jollé Centre. In der Nähe des Hauptbahnhofs mehrere preiswerte **Hotels. Campingplätze** 3 km vom Bahnhof, Bus 6.

Sehenswertes

Tours ist eine Großstadt mit wenig Flair. In ihrer nicht allzu großen Altstadt beherbergt sie repräsentative Häuser aus dem vergangenen Jahrhundert. Die belebte Fußgängerzone und die gewaltige **Kathedrale** sind die einzigen Attraktionen.

Blois

Strecke 25048 Paris-Austerlitz–Tours, sehr viele Züge.

Information

Avenue Jean Laigret 3, vom Bahnhof 3 Minuten Richtung Schloß. Stadtpläne und Zimmervermittlung.

Übernachten

Jugendherberge Les Grouets, Rue de l'Hôtel Pasquier 18, Tel. 54782721, vom 1.3. bis 15.11., 48 Betten, 5 km vom Bahnhof, Bus 4 von der Place Valin bis Les Grouets. **Campingplatz Lac de Loire** auf der anderen Seite vom Fluß, ca. 1,5 km außerhalb am Stadtrand.

Sehenswertes

Schöne Kleinstadt mit viel Betrieb, schmalen Gassen und hübschen Häusern an der Loire. Das **Schloß** liegt nur 5 Minuten vom Bahnhof, Führungen auch in deutscher Sprache (im Sommer täglich, 9–18 Uhr, 10 DM). Ebenso reizvoll ist die romantische Altstadt mit der **Kathedrale Saint Louis**, alles nur wenige Minuten vom Bahnhof entfernt. Blois eignet sich sehr gut als Ausgangspunkt zu Besuchen in weiteren Loire-Schlössern. Am Bahnhof ist ein Fahrradverleih.

Azay-le-Rideau

Strecke 25049 Tours–Angers.

Übernachten

Campingplatz in der Nähe des Schloßparks.

Sehenswertes

Sehr schönes Schloß, von Wasser gesäumt, mitten in einem herrlichen Schloßgarten mit üppigem Grün (im Sommer täglich 9–18 Uhr, 8 DM).

Amboise

Strecke 25048 Paris-Austerlitz–Tours.

Information

3 Minuten vom Bahnhof, Quai de Gaulle.

Übernachten

Campingplatz Municipal, auf der Insel, vom Schloß aus über die Brücke zu erreichen.

Sehenswertes

Kleinstadt mit lohnendem Altstadtviertel und eindrucksvollem **Schloß**. Die wuchtigen Anlagen lassen vermuten, daß man hier vor allem Sicherheit suchte. Breite Türme bewachen heute noch den teilweise zerstörten Bau. Im 16. Jahrhundert errichtet, war im Schloß auch Leonardo da Vinci zu Gast, nachdem er aus Italien geflohen war. Besichtigung im Sommer täglich (9–18 Uhr, 10 DM).

Chenonceaux

Strecke 25049 Nevers–Tours, nur 2 Züge halten täglich.

Übernachten

Campingplatz 5 Minuten vom Schloß entfernt.

Sehenswertes

Originelle **Schloßanlage**, die selbst vor dem kleinen Fluß Cher nicht haltmacht, sondern ihn mit einbezieht. So prächtig das Gebäude von außen wirkt, so luxuriös ist auch die Innenausstattung – ein großes Museum mit unzähligen Bildern. Typisch für den Stil der Zeit sind auch die gekünstelten Büsche im Park mit ihren beschnittenen Zweigen. Vom Bahnhof zum Schloß läuft man 20 Minuten. Besichtigung im Sommer täglich (9–18 Uhr, 10 DM).

Poitiers

Strecke 25040 Paris-Austerlitz–Bordeaux.

Information

Vor dem Bahnhof. Stadtpläne.

Übernachten

Jugendherberge, Allée Roger Tagault 1, Tel. 49 58 03 05, ganzjährig geöffnet, Schließzeit 23 Uhr, 109 Betten, vom Bahnhof 3 km, Bus 1 und 3 bis Cap Sud. An der Hauptstraße vor dem Bahnhof einige preiswerte **Hotels**.

Sehenswertes

Das alte Zentrum der 90 000-Einwohner-Stadt thront über dem Bahnhof auf einem Felsen, der im Osten von dem Fluß Clain umspült wird. Berühmt wurde Poitiers durch die Schlacht des Franken Karl Martell gegen die aus Südspanien vordringenden Mauren im Jahr 732. Sehenswert in der Altstadt ist der **Justizpalast**, der aus dem ehemaligen Schloß hervorging und in dem 1429 Jeanne d'Arc verhört und als «anständige christliche Frauensperson» beurteilt worden sein soll. Die Statue Jeanne d'Arcs steht hinter dem Palast. Zum Palast gelangt man, indem man die Hauptstraße vor dem Bahnhof überquert und dann dem nach links in die Höhe führenden Boulevard Solférino folgt, der nach ca. 300 m rechts weiterführt. Nördlich davon steht die Kirche **Notre-Dame-la-Grande**. Südlich der Grand Rue, in Flußnähe, befindet sich die angeblich älteste Kirche Frankreichs, die **Saint Jean** in der Rue Jean Jaurès. In ihrer Nachbarschaft steht das Museum Sainte-Croix mit antiken Fundstücken wie der «**Minerva von Poitiers**» aus reinem weißem Marmor.

Zentralmassiv

Das Zentralmassiv besteht aus einer rauhen Landschaft mit reizvollen Vulkankegeln.

Clermont-Ferrand

Strecke 25046/25036 Paris–Clermont-Ferrand–Nîmes.

Information

Im Bahnhof. Stadtpläne und Infos übers Zentralmassiv.

Übernachten

Jugendherberge Auberge du Cheval Blanc, Avenue de l'URSS 55, Tel. 73 92 26 39, März bis Oktober, 58 Betten, 2 Minuten vom Bahnhof. Bei der Jugendherberge mehrere preiswerte **Hotels**.

Sehenswertes

Clermont-Ferrand ist eine bekannte Industriestadt mit wenig Reiz. Nur in der Altstadt findet man die typisch dunklen Häuser aus der vulkanischen Lava. Doch ist die Stadt bester Ausgangspunkt für Ausflüge in die Umgebung:

Mit der Bahn gelangt man von Clermont ins 50 km entfernte **Le Mont-Dore**, wo der gleichnamige Berg inmitten einer hügeligen Landschaft mit vielen Seen zum Wandern einlädt. (**Campingplatz** 500 m vom Bahnhof Le Mont-Dore.)

Ein Bus fährt von Clermont aus auf den **Puy de Dome**, das charakteristische Wahrzeichen der Region, mit steilen Wänden. Von oben hat man einen phantastischen Ausblick. (Busfahrt ca. 1 $^1/_2$ Stunden, 15 DM).

Reizvoll ist auch die Tour mit Bahn oder Bus von Clermont oder St. Etienne nach **Le Puy**, dem Städtchen mit den drei Basaltkegeln, von denen zwei im Mittelalter mit Kirchen bebaut wurden. Besonders schön ist die Kirche St. Michel d'Aiguilhe auf einem der Bergkegel, zu der 268 Stufen hinaufführen. Der dritte Berg wird heute von einer gewaltigen Marienstatue gekrönt. Die Kathedrale von Le Puy steht etwas erhoben über den Dächern der Stadt und ist Ziel vieler Prozessionen.

Interessant ist auch die wenig befahrene Nebenstrecke von Brive oder Arvant über Aurillac nach Bort. Hier sind rauhe, menschenleere Landschaften am Rand des Zentralmassivs.

Burgund

Dijon

Bahnknotenpunkt, Züge von Paris (25027), Lyon, Straßburg.

Information

Place Darcy, 5 Minuten vom Bahnhof. Stadtpläne und Zimmervermittlung.

Übernachten

Jugendherberge Centre de Rencontres Internationales, Boulevard Champollion 1, Tel. 80 72 95 20, ganzjährig geöffnet, 110 Betten, vom Bahnhof 4 km, Bus 5 und 6 bis Epirey. **Campingplatz Du Lac**, 15 Minuten vom Bahnhof in einem Park. Viele *campen wild* in den Häuschen auf den Bahnsteigen.

Sehenswertes

Lohnende Stadt mit stimmungsvoller Atmosphäre und vielen Studenten inmitten des bedeutenden Weinanbaugebiets. Dijon blickt auf große Zeiten zurück, als die Stadt als Zentrum des kleinen Königreiches Burgund eine wichtige Rolle in Europa spielte. Man hat sich viel Mühe gegeben, die alten Häuser zu restaurieren. Wichtigstes Gebäude ist der **Palais Ducs de Bourgogne** mitten im Zentrum mit seinem Gemäldemuseum (täglich außer Di 10–18 Uhr, 5 DM).

Taizé

Bahnbus von Macon (Bahnknotenpunkt) oder von Chalon-sur-Saône (Strecke 25031 Dijon–Lyon).

Sehenswertes

Die berühmte Mönchsgemeinschaft **Communauté de Taizé** ist seit Jahren Treffpunkt für Jugendliche aus aller Welt. Gegründet wurde sie von Prior Roger Schutz, einem evangelischen Pfarrer aus der

Schweiz. Fast das gesamte Jahr über, vor allem in den Sommermonaten, quillt die Zeltstadt von Taizé über vor jungen Leuten, die hier nach Begegnungen, Gesprächen sowie Gelegenheit zur Meditation suchen. Taizé wurde zum Symbol des Miteinanders von Menschen. Zugleich appellierten die Teilnehmer der hier alljährlich stattfindenden «Konzilien der Jugend» an die Verantwortlichen der Welt, ökologisch verantwortungsvoller zu leben. Ohne die Bereitschaft, sich auf ein geistig-intellektuell-meditatives Abenteuer einzulassen, hat ein Besuch von Taizé wenig Sinn. Wohnen kann man in Taizé sehr preisgünstig in einem der Zelte. Die Mitarbeit bei der Versorgung der Besucher ist erwünscht. Auch das Aufstellen eigener Zelte ist erlaubt.

Lyon

Bahnknotenpunkt, direkte Züge von Paris, Straßburg, Genf, Bordeaux, Nizza, Port Bou.

Information

Im Vorbau vom Hauptbahnhof Perrache, Stadtpläne. Information auch im Bahnhof Part Dieu.

Verkehr

Der **Hauptbahnhof Perrache** liegt direkt am Zentrum, ist supermodern mit Schließfächern. Der **Bahnhof Part Dieu** liegt östlich der Rhône, hypermodern, Schließfächer. Viele Fernzüge und TGVs halten nur im Bahnhof Part Dieu. Hier steigt man um zum Bahnhof Perrache, um die Stadt zu besichtigen. Sollte ein TGV in Paris nach Lyon-Perrache ausgebucht sein, versucht man es mit einer Reservierung nach Lyon-Part Dieu. Beide Bahnhöfe sind auf den TGV-Automaten gesondert einzuprogrammieren. Vorsicht bei der Gepäckaufgabe in die Schließfächer beider Bahnhöfe. Einige haben sich anscheinend darauf spezialisiert, einem bei der Verwahrung des Gepäcks behilflich zu sein. Niemandem den kleinen Schein zeigen, der nach Bezah-

len unterhalb der Schließfächer herausfällt: Er enthält den Zahlencode, den man später eintippen muß, um das Fach wieder zu öffnen.

Übernachten

Jugendherberge, Rue Roger Salengro 51 im Vorort Vénissieux, Tel. 78 76 39 23, ganzjährig geöffnet, Schließzeit 23.30 Uhr, 130 Betten, 4 km vom Bahnhof, Metro bis Bellecour, von dort Bus 35 bis Georges Lévy. Abends Bus 53 von Perrache nach Viviani États-Unis. **Hostel Interpoint**, Rue Charny 1, Tel. 78 53 21 79, nur Juli und August, Bus 38 von Part Dieu bis Place Ronde, 25 DM. **2 Campingplätze** am Rand der Stadt. Im Sommer schlafen viele Rucksacktouristen im Bahnhof Perrache.

Sehenswertes

Die zweitgrößte Stadt Frankreichs ist mit dem TGV trotz 530 km Entfernung von Paris in genau 2 Stunden zu erreichen. Das sehr sauber und modern wirkende Lyon liegt am Zusammenfluß von Saône und Rhône. Die Altstadt mit ihren fast 300 **historischen Bürgerhäusern** liegt über der Saône unter dem Hügel von Fourvière. Darüber liegt die **Basilika Notre-Dame-de-Fourvière**, über Treppen oder 2 Zahnradbahnen zu erreichen. Die **Kathedrale Saint-Jean**, das **Hôtel de Ville**, das **Musée Historique des Tissus** mit einer sehr guten Übersicht über Textilkunst und das **Musée de la Civilisation Gallo-Romaine** in der Rue Cléberg mit alten Funden (beide Di–So 10–17 Uhr, 8 DM) sind weitere Sehenswürdigkeiten. Vom Hauptbahnhof Perrache geradeaus gelangt man in wenigen Minuten ins Zentrum. Zur Altstadt geht es von der Place Bellecour links geradeaus. Ein lohnendes Ziel ist auch der morgendliche Markt am Ufer der Saône.

Französische Alpen

Die französischen Alpen reichen vom Genfer See bis zum Mittelmeer. Der größte Teil ist allerdings touristisch sehr erschlossen.

Chamonix

Strecke 25021 von Lyon/Dijon. Auch Züge in die Schweiz.

Information

Place du Triangle, Pläne der Umgebung und Vermittlung relativ teurer Zimmer.

Übernachten

Jugendherberge, Montée Balmat 127 im Vorort Les Pèlerins d'en Haut, Tel. 50531452, ganzjährig geöffnet außer November, 118 Betten, das Haus liegt 1085 m hoch, vom Bahnhof Les Pèlerins 700 m. Les Pèlerins liegt an der Hauptstrecke von Chamonix nach St. Gervais. Auch Bus von Chamonix. **Campingplatz** 1 km vom Bahnhof Chamonix.

Sehenswertes

Geprägt vom höchsten Berg der Alpen, dem **Mont Blanc**, wird der Ort von Touristen überflutet. Wer genügend Geld hat, kann hier verweilen und mit einer der unzähligen Berg- oder Seilbahnen fahren. Teuer ist die Seilbahntour nach Italien: Seilbahn fährt auf den Aiguille du Midi (ca. 3780 m, einfach 25 DM), weiter über mehrere Gipfel bis La Palud. Unterhalb, per Bus zu erreichen, liegt der Bahnhof von Pré S. Didier an der italienischen Bahnstrecke 24536 nach Turin. (Gesamtkosten dieser Überquerung: ca. 80 DM.) Weitaus preiswerter und auch sehr lohnend ist die Bergbahn auf über 2100 m zum Montenvers (Rückfahrt ca. 15 DM). Wer in die Schweiz weiterfahren will, gelangt kostenlos mit Interrail und Euro Domino bis zur Grenze in Vallorbe. Von Vallorbe fährt eine Schweizer Privatbahn steil hinunter ins Rhônetal nach Martigny (ca. 10 DM).

Annecy

Strecke 25021 Chamonix–Lyon/Dijon, direkte TGVs mehrfach täglich von/nach Paris.

Information

An der Place de la Libération. Stadtpläne und Vermittlung teurer Zimmer.

Übernachten:

Jugendherberge La grande Jeanne, Route du Semnoz 4, Tel. 50453319, ganzjährig geöffnet, 120 Betten, vom Bahnhof 3 km ansteigend auf 670 m, Bus 1, 4 mal täglich. Mehrere **Campingplätze** am See, auch am Weg zur Jugendherberge, im Sommer gut besucht, z. B. Camping, Rue Centrale 16, Tel. 50235332, Bus 2.

Sehenswertes

Schönster französischer Ort in den Alpen mit kleinen Gassen, stimmungsvollen Plätzen, romantischen Kanälen und einem sehenswerten Schloß über dem Städtchen. Die Lage am gleichnamigen **See**, der für seine hervorragende Wasserqualität berühmt ist, macht Annecy zusätzlich attraktiv. Trotz der vielen Touristen lohnt der Besuch.

Grenoble

Strecke 25023 Genf–Valence.

Information

Im Bahnhof, Stadtpläne und Zimmervermittlung.

Übernachten

Jugendherberge, Avenue du Grésivaudan 10, Tel. 51691344, ganzjährig geöffnet, 60 Betten, liegt im Vorort Ecchirolles, vom Bahnhof 5 km, Bus 1, 8 nach La Quinzaine. **Campingplatz Municipal** am Stadtrand, Bus 8.

Sehenswertes

Die durch die Olympischen Winterspiele
von 1968 bekannte französische Alpenstadt
ist von viel Industrie und modernen Bauten
geprägt. Das hübsche Zentrum erreicht
man vom Bahnhof aus rechts über die Avenue Alsace Lorraine in 10 Minuten. Rings
um die Place Grenette erstrecken sich
schmale Gassen mit vielen Cafés und Geschäften. Lohnend ist das berühmte **Musée
des Beaux-Arts** mit Bildern von Renoir,
Matisse, Gauguin (Di–So 10–17 Uhr,
8 DM). Beeindruckend wirkt auch die
Bergkulisse rings um die Stadt.

Südfrankreich

Von Grenoble führt eine landschaftlich
überwältigende Bahnlinie in den Süden
nach Veynes (leider nur wenige Züge).
Hier kann man eventuell umsteigen in die
Züge Richtung Briançon. Empfehlenswert
ist auch die Strecke von Veynes durch die
Provence nach Aix-en-Provence (25035).
Unterwegs in St. Auban kann man auch in
die Privatbahn nach Nizza umsteigen
(Interail 50 Prozent).

Die Provence zwischen Mittelmeerküste,
Rhône und Alpen weist teilweise noch
menschenleere, von der Sonne ausgedörrte
Regionen mit eigener Vegetation auf.
Höhepunkte sind die Städte Avignon, Aix-
en-Provence, Arles und Tarascon sowie die
allerdings nur sehr schwer zugängliche
Schlucht des Verdon-Flusses. Die interessanteste Bahnstrecke durch die Provence
führt von Grenoble nach Marseille (25035).

Orange

Strecken 25031 und 25037 Lyon–Avignon–Narbonne/Marseille.

Information

Cours Aristide Briand. Stadtpläne.

Übernachten

Einige preiswerte **Hotels** auf dem Weg vom
Bahnhof zum Zentrum, **Hotel Florent**, Rue
de Mazeau 4, Tel. 90 34 18 53. **Campingplätze Jonquier** hinter dem Triumphbogen
am Nordende von Orange, 4 km vom Bahnhof, mit Swimmingpool. Seitdem der Campingplatz auf dem Hügel Saint-Eutrope
über dem Theater geschlossen wurde, campen viele Rucksacktouristen oben auf dem
Hügel *wild*.

Sehenswertes

Kleinstadt im Rhônetal, von Kaiser Augustus gegründet und mit unzähligen Sport-
und Unterhaltungsanlagen ausgestattet, um
die römischen Kämpfer bei Laune zu halten. Wichtigstes Relikt jener Zeit ist das
sehr gut erhaltene **römische Theater**, in
dem heute noch 7000 Menschen im Sommer Konzerten zuhören können. Auf dem
zweiten römischen Relikt von Orange, dem
Triumphbogen, sieht man heute noch römische Soldaten, die in Siegespose die
Macht des Imperiums symbolisieren. Im
Museum am Beginn der Fußgängerzone
gibt es Pläne der römischen Stadt, die Aufschluß über die ehemalige Anordnung der
Gebäude geben.

Avignon

Strecken 25031 und 25037
Lyon–Marseille/Narbonne.

Information

Im Bahnhof. Stadtpläne und Zimmervermittlung. Zweites Fremdenverkehrsamt am
Cours Jaurès 41, der Straße zum Papstpalast.

Übernachten

Es gibt kaum eine andere Stadt, die beim
Übernachten so viele Probleme macht. Im
Sommer ist alles völlig überfüllt, zumal die
preiswerten Angebote sehr dürftig sind.
Hostel Bagatelle auf der Île Barthélasse,
Tel. 90 86 30 39, vom Bahnhof 12 Minuten

oder Bus 10 vom Bahnhofsvorplatz, ca. 20 DM. **Hostel Avignon Squash**, Boulevard Limbert 30, Tel. 90 85 27 78, liegt östlich vom Zentrum, vom Bahnhof 12 Minuten oder Bus 1 vom Vorplatz, ca. 20 DM. **Hostel Inter Point**, Avenue Justice 7, Tel. 90 25 90 20, liegt in Villeneuve-sur-Avignon jenseits der Rhône, nur Juni bis August, ca. 25 DM, direkter Bus 10 vom Bahnhofsvorplatz Avignon. **Campingplatz Bagatelle** neben dem Hostel Bagatelle (oben), fast nur jugendliche Camper, 100 m von einem Schwimmbad. **Campingplatz Municipal**, nicht weit vom Bagatelle-Camping, 12 Minuten vom Bahnhof oder Bus 10. **Campingplatz am Ortsrand** von Villeneuve, Bus 10 vom Bahnhofsvorplatz. Sehr viele Rucksacktouristen schlafen *im Freien* am Rhôneufer in der Nähe der berühmten alten Brücke oder auf dem Berg hinter der Kathedrale Rocher des Doms.

Essen und Trinken

Alles ist teuer, so daß viele auf den Markt auf der Place des Carmes oder Fast-food-Lokale ausweichen. Im **Hostel Bagatelle** auf der Barthélasse-Insel gibt es ein preiswertes Lokal, vom Zentrum in 8 Minuten zu erreichen, Essen ca. 15 DM. Preiswertere Cafés gibt es ca. 250 m hinter dem Fremdenverkehrsamt.

Sehenswertes

Avignon ist eine reizvolle alte Stadt mit viel Atmosphäre und unzähligen jungen Leuten aus aller Welt. Der Bahnhof liegt direkt vor dem Haupttor der gut erhaltenen Stadtmauer. Durch dieses Tor (Porte de la République) hindurch sieht man schon vom Bahnhof aus die Rue de la République, die bis zur Place de l'Horloge führt. Hier ist unglaublich viel los: Musiker und Theatergruppen treten auf. Halb rechts dahinter führt die Rue G. Philippe zum Platz vor dem **Papstpalast**, wo ab 1309 die Päpste residierten. Führungen durch den Papstpalast gibt es auch in deutscher Sprache (täglich 10–17 Uhr, 10 DM). Daneben steht die mehrfach umgebaute **Cathédrale Notre-Dame-des-Domes**. Die päpstlichen Gärten Rocher des Doms so-

wie die Kathedrale sind kostenlos zu besichtigen und bieten einen schönen Blick auf die Stadt und die unter dem Gartenfelsen vorbeifließende Rhône. Hier ragt auch die berühmte **Brücke Saint-Bénézet** aus der Stadtmauer heraus in die Rhône. Besungen wird sie mit «Sur le Pont d'Avignon…», weil früher unter der Brücke Volksfeste stattfanden. In der Stadt gibt es viele sehenswerte Gassen, die leider voller Autos und Touristen sind. Im Juli und August findet ein großes Theaterfestival statt.

Jenseits der Rhône liegt auf einem Hügel unterhalb eines mächtigen Forts das viel ruhigere **Villeneuve-lès-Avignon** mit sehenswerten Kardinalspalästen.

Arles

Strecke 25031 Lyon–Marseille.

Information

Im Bahnhof. Stadtpläne und Zimmervermittlung.

Übernachten

Jugendherberge, Avenue Foch 20, Tel. 90 96 18 25, vom 6. 2. bis 16. 12., 100 Betten, vom Bahnhof 2 km, Bus 8 bis Fournier. **Campingplätze**, außerhalb der Stadt Richtung Marseille, 1,5 km vom Bahnhof, Route de Crau, Busverbindung.

Sehenswertes

Sympathische Stadt an der Rhône mit schmalen Gassen, Museen über die Provence und einem berühmten römischen **Amphitheater**. Das «**Arènes**» genannte Theater befindet sich mitten in der Stadt, stammt aus dem 1. Jahrhundert nach Christus und bot 26000 Zuschauern Platz. Heute finden in dem imposanten Gebäude unblutige Stierkämpfe statt. Südlich von ihm stehen die Überreste des antiken **Theaters**, etwas weiter die mittelalterliche **Kirche Saint-Trophime**. Westlich dieser Kirche findet man in verschiedenen Häusern die **Museen** für antike Funde (Musée d'Art Paien, Place de la République), das

Museum Arlaten in der Rue de la République, das beeindruckende Informationen über die Folklore der Provence gibt, und das Museum in der Rue du Prieuré am Rhône-Ufer mit Gemälden aus der Provence und der Camargue (jedes Museum ca. 5 DM, 10–18 Uhr, 2 Stunden Mittagspause).

Arles ist der beste Ausgangspunkt für Touren in die **Camargue**. Dieses Gebiet an der Mündung der Rhone ins Mittelmeer besteht aus vielen Sumpfflächen und Schilfregionen. Unzählige Flamingos halten sich hier auf, wilde weiße Pferde streifen durch die Grasflächen. Der größte Teil der Camargue steht unter Naturschutz und ist teilweise eingezäunt, um die einzigartige Sumpflandschaft zu erhalten. Von kleinen Sehtürmchen vom Straßenrand aus kann man die Flächen gut überblicken. Das ideale Verkehrsmittel für die Camargue ist das Fahrrad, auch wenn es im Sommer sehr heiß wird (Kopfbedeckung nicht vergessen). In Arles kann man am Bahnhof Fahrräder mieten, um damit nach Les-Saintes-Maries-de-la-Mer und quer durch die ganze Camargue zu fahren (3 Tage Miete ca. 40 DM, 1 Tag ca. 20 DM).

Les-Saintes-Maries-de-la-Mer

Busse von Arles, im Sommer 9mal täglich, oder per Fahrrad (Busticket ca. 12 DM vom Busbahnhof Arles).

Information

Avenue Van Gogh 5. Zeitweise Pläne zur Camargue.

Übernachten

Jugendherberge im nahen Dorf Pioch Badet, 7 km von Saintes-Maries, Tel. 90 97 51 72, ganzjährig geöffnet, Schließzeit 23, im Sommer 24 Uhr, 75 Betten, Bus von Arles nach Saintes-Maries bis Pioch Badet, ca. 25 DM mit Frühstück. **Campingplatz Municipal** westlich von Saintes-Maries, ca. 1,5 km außerhalb, nicht ganz so voll. **Campingplatz La Brise**, östlich, kein Schatten, oft voll. Am Strand schlafen viele

Rucksacktouristen im *Freien*. Vorsicht vor Diebstählen.

Sehenswertes

Die kleine Stadt um die viel zu groß geratene Kirche herum besteht aus schönen weiß gekalkten Häuschen. Seit Jahren strömen so viele Touristen hierher, daß Saintes-Maries im Sommer wie ein großer Rummelplatz wirkt. Der große Urlaubstreff bietet unzählige Läden, Campingplätze, eine Stierkampfarena und lange Sandstrände.

Aix-en-Provence

Strecke 25035 Veynes–Marseille, von Marseille alle 60 Minuten.

Information

Place Général de Gaulle, vom Bahnhof über die Victor Hugo, zuerst 100 m geradeaus, dann 100 m links. Stadtpläne und Pläne der Region.

Übernachten

Jugendherberge Quartier du Jas de Bouffan, Avenue Marcel Pagnol 3, Tel. 42 20 15 88, bei der Fondation Vasarely, ganzjährig geöffnet außer Januar, Schließzeit 23 Uhr, Bus 12 bis zur Fondation Vasarély. Mehrere einfache **Hotels** in der Altstadt. **Campingplätze Arc en Ciel** und **Chantecler** am Rand der Stadt.

Sehenswertes

Reizvolle, von vielen Studenten geprägte Stadt. Auf der anderen Seite des verkehrsreichen Rondells der *Place Général de Gaulle* beginnt die stimmungsvolle **Altstadt** mit vielen engen Gassen und prächtigen Häuserfassaden. In der Avenue Cézanne befindet sich das **Atelier** von **Paul Cézanne**, der fast sein ganzes Leben in der Stadt und ihrer Umgebung verbrachte (täglich außer Di, ca. 3 DM, Studenten 2 DM, ab 10 Uhr). Originell ist auch die **Place de l'Hôtel de Ville** mit Brunnen und Rathaus, ferner die im Verlauf der Jahrhunderte von verschiedenen Baustilen geprägte **Kathedrale St. Sauveur**. Wer moderne Kunst liebt, sollte die **Fondation Vasarély** aufsuchen (bei der Jugendherberge, 6 DM, 40 Prozent Ermäßigung).

Die Schluchten des Verdon

Im Sommer drei Busse pro Woche: Sa, Mo, Mi von Aix-en-Provence nach Castellane und Moustiers.

Übernachten

Campingplatz am Rand von **Castellane**, 2 Campingplätze außerhalb von **Moustiers**, ca. 500 m entfernt ein idyllisch gelegener Platz.

Sehenswertes

Über 25 km lang hat sich der Verdon-Fluß ins Gebirge eingegraben. Die Schluchten sind mehrere hundert Meter tief. Teile dieser Schluchten, die als europäischer Grand Canyon bezeichnet werden, kann man von **Castellane** oder von Moustiers aus entlang erwandern. Castellane ist ein kleines, über 700 m hoch gelegenes Städtchen unterhalb eines mächtigen Bergmassivs, das fast 200 m tief zur Schlucht abfällt. Im kleinen **Moustiers**, wo seit Jahrhunderten Tonmalereien hergestellt werden, findet sich ein lohnendes Museum. Auch von Moustiers aus führt ein Weg in eine der Schluchten.

Marseille

Strecken 25031 / 25035: Direkte Züge von Paris, Straßburg, Milano.

Information

Im Sommer im Bahnhof. Zudem auf der Hauptstraße La Cannebière 4.

Übernachten

Jugendherbergen: Château de Bois-Luzy, Allée des Primevères vom St. Charles-Bahnhof mit Bus 6 und 8, ca. 4 km bis Thierry, Tel. 91 49 06 18. **Bonneveine**, Avenue J. Vidal 47, Tel. 91 73 21 81, U-Bahn ab Bahnhof St. Charles bis Rond Point du Prado, dann mit Bus 44 bis Place Bonnefons. Unterhalb des Bahnhofs Richtung Altstadt preiswerte **Hotels**. **Campingplatz Bonneveine**, Place Bonnefons. Anfahrt wie zur Jugendherberge. Viele Rucksacktouristen *schlafen* auf dem Berg bei der Kirche Notre-Dame-de-la-Garde.

Sehenswertes

Marseille empfängt den Besucher zwar mit einem freundlichen großen Bahnhof und herrlicher Aussicht auf die Innenstadt, ist jedoch weitgehend von seiner Industrie geprägt, die es zur drittgrößten Stadt Frankreichs anwachsen ließ. Interessant ist die Gegend um den Hafen **Vieux Port**, schnell zu erreichen über die Treppen links vor dem Bahnhof St. Charles. Diesen abwärts folgend, erreicht man die breite Cannebière, die rechts direkt zum Hafenbecken führt. Hier sind rechts das **Musée du Vieux Marseille** mit Informationen zur Schiffahrt und zu Möbeln der Region sowie das **Musée des Docks Romains** mit Ruinen der römischen Hafenanlage und antiken Fundstücken. Links vom Hafen befinden sich die **Basilique Saint-Victor** mit Katakomben und Grotten sowie das Fort St. Nicolas. Hoch oben auf einem Berg erhebt sich das weithin sichtbare Kennzeichen Marseilles, die Kirche *Notre-Dame-de-la-Garde*. Fähren nach Korsika laufen von Marseilles und Toulon aus. Lohnend ist auch der Ausflug zum Marseille vorgelagerten **Château d'If**. Hier saß Alexandre Dumas' Graf von Monte Christo im Gefängnis.

Die Mittelmeerküste

Die Cote d'Azur, die französische Rivieraküste, ist ein traumhaft schönes Küstengebiet zwischen Marseille und der italienischen Grenze bei Menton / Ventimiglia. Auf der Strecke 25031, die die Küste sehr gut erfaßt, sind alle hoffnungslos überlaufenen touristischen Hochburgen der Region zu erreichen.

Toulon, die Marseille östlich benachbarte Industrie- und Militärstadt, ist weniger interessant. Dazwischen aber liegen herrliche Küstenabschnitte bei den Bahnhöfen **Cassis, Bandol, Sanary-sur-Mer**: an der Küste bei *Cassis* befinden sich die bekannten **Calanques,** fjordartige, sich weit ins felsige Festland hineinfressende Meeresbuchten, die von Cassis aus mit dem Boot zu erkunden sind. Die schönsten Buchten sind Port en Vau, Port Pin und Port Miou. Der Bahnhof Cassis liegt ca. 4 km vom Badeort entfernt. (Wunderschön gelegene **Jugendherberge La Fontasse de Calanques,** Tel. 42 010272, 65 Betten, ca. 20 DM. Sie liegt ca. 4 km von Cassis entfernt und ist nur über einen mühsamen Weg durch eine Kakteen-Vegetation zu erreichen. Von hier aus gibt es gute Wandermöglichkeiten an einsamer Küste. Ca. 1 km von Cassis liegt der **Campingplatz Cigales.**) Von *Bandol* mit seiner schönen Kirche am großen Marktplatz aus lohnt sich eine Wanderung durch die Weinberge hoch in die Hügel nach **Le Castellet.** Eine mittelalterliche Szene prägt das kleine Städtchen, man hat wunderschöne Ausblicke auf Küste und Meer.

In **St. Raphaël** beginnt die herrliche Küste der roten Felsen, wo steile Abbrüche ins Meer ragen. Hier, im Zentrum der Côte d'Azur, ist alles sehr teuer und voll (**Campingplatz,** vom Bahnhof 500 m zum Strand, dann 1 km nach Osten). Westlich von St. Raphaël liegt das berühmte **St. Tropez,** ein kleiner hübscher Fischerhafen, der aber extrem überlaufen ist (Bus von St. Raphaël. **3 Campingplätze** außerhalb, sehr voll. Viele *campen wild* an der Küste). Östlich von St. Raphaël passiert die Bahn die großen Touristenzentren **Cannes, Juan-les-Pins, Antibes, Nizza.** Hier sollten wirklich nur Leute aussteigen, die sich inmitten der Schickeria wohl fühlen. Alles ist sehr teuer, die Strände voller Menschen, das Wasser voller Sonnenöl, die Polizisten verjagen Wildcamper. Wer es dennoch wagt, kann an den öffentlich zugänglichen Stränden, etwa in Cannes, kostenlos duschen. Im Bahnhof von Juan-les-Pins übernachten seit Jahren viele Interrailer, meist ungestört.

Antibes

Information

Vom Bahnhof 5 Minuten die Soleau entlang zur Place de Gaulle 12.

Übernachten

Hostel am Boulevard de la Gároupe direkt an der Küste, Tel. 93 61 34 40, von der Place de Gaulle Bus Richtung Gároupe, Mai–September, ca. 25 DM mit Frühstück, oft voll, ca. 3 km von Antibes.

Sehenswertes

Antibes ist wohl das einzig noch genießbare Städtchen an der Küste. Sein Reiz besteht in schmalen Gassen einer alten Stadtmauer, dem großen Hafen, dem Sandstrand mit kostenlosen Duschen und dem **Leuchtturm** außerhalb mit einer Lichtstärke, die angeblich 100 km weit reichen soll. Es gibt mehrere Museen im Ort wie das **Picasso-Haus,** das schon von außen faszinierend ist (täglich außer Di 10–18 Uhr, 6 DM).

Nice / Nizza und Umgebung

Strecke 25031 Paris Gare de Lyon–Ventimiglia direkte TGVs nach Paris. Züge nach Marseille, Italien, Tenda, St. Auban.

Information

Direkt am Hauptbahnhof Nice Ville. Stadtpläne und Zimmervermittlung.

Übernachten

Jugendherberge in der Route Forestière du Mont Alban, Tel. 93 89 23 64, nur 56 Betten, 4 km vom Bahnhof, Bus 15, 17 und 14. Im Sommer steht unter derselben Telefonnummer eine weitere Jugendherberge zur Verfügung. **Hostel Abadie**, Rue Pertinax 22, Tel. 93 85 81 21, ca. 500 m vom Bahnhof, ab 23 DM im Mehrbettzimmer. Im selben Gebäude **Hostel Let's Go**, Tel. 93 13 97 92, ebenfalls ab 23 DM im Mehrbettzimmer, beide Hostels sehr zu empfehlen. **Hostel Let's Go**, derselbe Besitzer, Rue Raimbaldi 2, auch nur 500 m vom Bahnhof, Tel. 93 80 98 00, ca. 23 DM. 200 m vom Bahnhof liegt das **Hotel Novelty** in der Rue d'Angleterre 26, Tel. 93 87 51 73, deutschsprachig, ca. 26 DM in Mehrbettzimmern. Vor dem Bahnhof *schlafen* Rucksacktouristen im Freien. Doch das ist gefährlich, und die Polizei ist ruppig.

Essen und Trinken

Preiswerter als in den kleineren Nachbarorten ist das Essen in Nizza, etwa im **Chez Acciardo** in der Rue Droite 38, Mahlzeiten ab 12 DM, Menüs ab 20 DM. Preiswert ist auch das Lokal im **Casino** 3 Minuten vom Bahnhof in der Rue Thiers 7.

Sehenswertes

Nizza ist die größte Stadt an der Côte d'Azur mit viel Trubel und hektischem Autoverkehr. In der Nebensaison ist die Stadt aufgrund ihrer schönen schmalen Altstadtgassen und der prächtigen Promenade eher zu empfehlen. Lohnend ist auch der Aufstieg zum Schloßberg mit tollem Rundblick über die Küste. Das **Museum Marc Chagall** im Vorort Cimiez ist ebenso berühmt wie das **Matisse-Museum** im selben Viertel, beide mit Bus 15 zu erreichen (jeweils täglich außer Mo 10–18 Uhr, ca. 8 DM).

Von Nizza fährt eine reizvolle Privatbahn nach **Digne** durch ein wildes, gebirgiges Stück Provence. Von Digne kommt man weiter auf die Strecke 25035 Aix-en-Provence – Veynes (Interrail 50 Prozent). Ein besonderer Leckerbissen ist die Fahrt mit der **Tendabahn** von Nizza Richtung Italien durch die Meeralpen. Am besten fährt man bis ins Bergdorf *Tende*, einen der Höhepunkte französischen Bahnfahrens, mit Bahnpässen kostenlos. In *Breil-sur-Roya* kann man in Züge wechseln, die wieder an die Küste ins italienische Ventimiglia hinunterfahren. Andere Züge fahren durch die Alpen hinüber nach Limone und weiter über Fossano nach Turin (24535).

Monaco-Monte Carlo

Strecke 25031 Nizza–Menton.

Information

Nicht weit vom Casino, Avenue des Moulins 2.

Übernachten

Hostel Princess Stéphanie, Avenue Prince Pierre 24, 2 Minuten vom Bahnhof, Tel. 93 50 83 20, nur ca. 25 DM mit Frühstück. Rucksacktouristen übernachten oft am Larvotto-Strand neben dem Hafen.

Sehenswertes

Die Stadt der Millionäre und Steuerflüchtlinge besteht aus einer Hochhausansammlung über der Küste. Die kleine Altstadt geht fast unter neben den unförmigen Wolkenkratzern. Abends ist sie schön beleuchtet, aber der Prunk ist nicht jedermanns Sache. Der Bahnhof befindet sich nur wenige Minuten vom Hafen. Sehenswert ist das **Musée Océanographique**, das von dem bekannten Meeresforscher Cousteau eingerichtet wurde und Schiffe und Aquarien zeigt. Es liegt auf der Halbinsel neben dem Hafen (täglich 9–18 Uhr, 16 DM).

Menton

Strecke 25031 Nizza–Ventimiglia.

Information

In der Altstadt, 3 Minuten vom Bahnhof.

Übernachten

Jugendherberge, Plateau St. Michel, Tel. 93 35 93 14, Februar–November, Schließzeit 24 Uhr, 80 Betten, 1 km vom Bahnhof, anstrengender Weg vom Bahnhof aufwärts, aber schöner Ausblick auf die Küste, ein Stück fährt auch Bus 6 Richtung Ciappes de Castellar. **Campingplatz St. Michel** 100 m von der Jugendherberge entfernt.

Sehenswertes

Endlich wieder mehr Ruhe herrscht in der Grenzstadt Menton mit ihrer hübschen, von Hügeln eingerahmten Innenstadt. Nicht weit – immer geradeaus – vom Bahnhof findet man die schöne **Palmenpromenade** mit Badestrand. Viele Züge fahren nach Ventimiglia, das, nur 10 km entfernt, zum Baden und Bummeln einlädt (siehe Italien).
Strecke 25037 Avignon – Arles – Cerbère – Port Bou. Direkte Züge von Paris-Gare de Lyon, auch von Straßburg und nach Barcelona.

Tarascon

Information

Beim Schloß.

Übernachten

Jugendherberge, Boulevard Gambetta 31, Tel. 90 91 04 08, März–Dezember, Schließzeit 23 Uhr, vom Bahnhof nur 500 m. **Campingplatz Tartarin** hinter dem Schloß.

Sehenswertes

In der Stadt an der Rhône teilt sich die von Avignon kommende Bahnlinie nach Osten und Westen. Tarascon selbst ist von Industrieanlagen umgeben, hat jedoch einen schönen Stadtkern, gekrönt von der weithin sichtbaren **Schloßfestung**. Es ist vom Bahnhof schnell zu erreichen, wenn man die Rhône überquert. Von oben hat man einen tollen Blick auf die Umgebung. Wie Arles, bietet sich auch Tarascon als Ausgangspunkt für Ausflügen, mit dem Fahrrad in die nahe Camargue an.

Nîmes

Von Nîmes zweigt die schöne Bahnstrecke 25036 in die Cevennen ab.

Information

Im Bahnhof.

Übernachten

Jugendherberge, Chemin de la Cigale, Tel. 66 23 25 04, vom Bahnhof 3 km, Bus 2 vom Bahnhofsvorplatz bis Cigale, dann den Berg hoch laufen.

Sehenswertes

Nîmes hat ein sehr gut erhaltenes, römisches **Amphitheater**, in der Nähe des Bahnhofs. Die breite Allee vor der unter den Gleisen gelegenen Schalterhalle führt zum großen, weithin sichtbaren Brunnen, wo man halb links schon die Umrisse des Theaters sieht. Heute ist es Frankreichs bedeutendste Stierkampfarena. Sehenswert ist auch der Tempel **Maison Carrée**, dessen Innenraum heute als Museum dient. Die Kathedrale **Notre-Dame et Saint-Castor** stammt in ihren ältesten Teilen aus dem 11. Jahrhundert. Der Aussichtsberg der Stadt, der **Mont Cavalier**, lohnt mit seinen schönen Gartenanlagen ebenfalls den Besuch.

Der obligatorische Ausflug führt von Nîmes zum alten *römischen Aquädukt* **Pont du Gard**, 20 km nördlich der Stadt. Vom Bahnhof Nîmes fahren im Sommer 4 Busse (20 DM die Rückfahrt), am Aquädukt besteht Bademöglichkeit im Fluß Gard, zudem 3 **Campingplätze** direkt am Aquädukt.

Montpellier

Information

Im Sommer im Bahnhof. Zudem 250 m vor dem Bahnhof in der Rue Maguelone 6.

Übernachten

Jugendherberge, Rue des Écoles Laiques, Tel. 67 60 32 22, Schließzeit 24 Uhr, vom Bahnhof 1 km, Bus 2, 3, 5, 6, 7, 9 bis Ursulines. **Campingplatz** am Stadtrand Richtung Küste, Bus 15 vom Bahnhof zum Platz *Municipal*.

Essen und Trinken

2 Mensen der Universität an der Ecke der
Rue de l'Université und in der Querstraße,
ca. 6 DM.

Sehenswertes

50 km südlich von Nîmes liegt die alte Universitätsstadt zwischen Weinhügeln und
Lagunen. Sie ist neuzeitlich geprägt, weist
jedoch prachtvolle Häuserfassaden auf.
Die große **Universität**, die sehenswerte **Kathedrale Saint-Pierre** sowie die Anlagen im
botanischen **Jardin des Plantes** und vor allem im Park **Promenade du Peyrou** mit
Reiterstandbild und dem nachgebauten,
800 m langen Aquädukt schaffen eine bezaubernde Atmosphäre. Der moderne
Bahnhof von Montpellier liegt direkt in der
Innenstadt. Berühmt sind auch das **Musée
d'Anatomie** in der Rue de l'École de
Médécine mit medizinischen Geräten und
Schädeln (täglich außer So 14–18 Uhr, kostenlos) und das **Musée Fabre** in der Rue
Monpellieret mit Kunstwerken von Cour-
bet und Delacroix (täglich außer Mo,
10–17 Uhr, 5 DM).

Südlich von Montpellier gelangt die Bahn
wieder zur Küste. Im Osten sieht man die
Riviera, im Westen erstreckt sich direkt neben den Gleisen die Lagune.

Sète

Information

Grand Mario-Roustan 60, vom Bahnhof
über den Kanal, rechts, 400 m.

Übernachten

Jugendherberge Villa Salis, Rue du
Général Revest, Tel. 67 53 46 68, ganzjährig
geöffnet außer Januar, 80 Betten, vom
Bahnhof ca. 1,5 km nach rechts, dann den
Berg hoch. Oben hat man eine tolle Aus-
sicht. **Campingplätze** am südlichen Stadt-
rand, nicht weit vom Strand, Bus vom
Bahnhof.

Sehenswertes

Die Stadt lohnt trotz des Betriebs den Besuch. Sie ist im Kern von vielen stimmungsvollen Kanälen durchzogen. Vom Bahnhof
geradeaus über mehrere Kanäle und Häuserzeilen gelangt man zum Haupthafen in
der alten Stadt mit der eigentlichen Szene:
Unzählige Fischerkneipen säumen das
Wasser, das 500 m weiter an die Felsen
brandet. Vom Berg über Sète hat man eine
schöne Aussicht auf Stadt, Meer und Lagune. Folgt man dem Hauptkanal zum
Meer, findet man an der Küste Richtung
Süden nach ca. 800 m einen kleinen,
schmucken Sandstrand zwischen den Felsen.

Südlich von Sète fährt die Bahn lange
auf einem schmalen Damm zwischen der
Lagune und dem Meer. Leider ist der lange
Strand am Meer im Sommer von Tausen-
den von Autos regelrecht zugestellt. Nach
wenigen Kilometern erreicht der Zug das
reizvolle Fischerstädtchen **Agde** mit romantischen Partien am Fluß. Gute Badegelegenheiten findet man am Meer, aber
nicht weit vom Ort ein neues großes Feri-
enzentrum. **2 Campingplätze** am Ortsrand
von Agde.

Béziers

Bahnstrecke 25037 Nîmes–Narbonne. In
Béziers zweigt die Bahnlinie 25036 nach
Clermont-Ferrand durch die Cevennen ab.

Information

Rue du 4. Septembre 27.

Übernachten

Mehrere **Hotels** mit Betten unter 35 DM in
der Avenue Gambetta, 3 Minuten vom
Bahnhof.

Sehenswertes

Béziers liegt etwas landeinwärts, 12 km
vom Meer. Die Stadt hat eine schöne Sil-
houette mit der alten **Brücke** und der hoch
erhabenen **Kathedrale**. Ursprünglich von

den Kelten erbaut, wurde Béziers von den Römern dem Erdboden gleichgemacht und später neu aufgebaut. Die schlimmsten Zerstörungen erlitt die Stadt, als der Heilige Vater in Rom 1209 die Einwohner ausrotten ließ, um allen zu verdeutlichen, wie es denen ergeht, die die Herrschaft der katholischen Kirche nicht anerkennen. Dabei wollten die hier lebenden Katharer nur nach dem Evangelium Jesu leben.

Narbonne

Bahnknotenpunkt, Züge nach Marseille, Avignon, Cerbère, Carcassonne.

Information

Auf dem Platz hinter der Kathedrale.

Übernachten

2 preiswerte **Hotels** liegen bei der Kathedrale. **Campingplatz Languedoc** östlich der Stadt, 3 km vom Bahnhof, Busverbindung.

Sehenswertes

Narbonnes Stadtviertel am alten Kanal hat viel Flair. Hier gibt es viele Kneipen und Restaurants mit Tischen im Freien. Überwältigend sind für Kunstkenner die **Kathedrale Saint-Just** mit schönen Fensterglasgemälden und daneben der Palast des Erzbischofs **Palais des Archevêques** mit 3 Türmen, der heute das Rathaus ist.

Südlich von Narbonne fährt die Bahn lange an Lagunen und ein Stück weit am Meer entlang. In den Lagunen lassen sich je nach Jahreszeit viele *Flamingos* beobachten. Erst kurz vor Perpignan fährt der Zug wieder ins Landesinnere.

Perpignan

Strecke 25037 nach Port Bou und 25042 nach La Tour de Carol.

Information

Place Armand Lanoux.

Übernachten

Jugendherberge Parc de la Pépinière, Avenue de Grande-Bretagne, Tel. 68 34 63 32, ganzjährig geöffnet außer Januar, 49 Betten, vom Bahnhof 10 Minuten die Valette links entlang, die Herberge liegt hinter der Polizei. 3 Minuten vom Bahnhof liegt das **Hotel Berry** in der Avenue de la Gare 6, Tel. 68 34 59 02, ca. 30 DM. **Campingplatz Garrigole** nur 500 m westlich vom Bahnhof.

Essen und Trinken

Sehr preiswertes Lokal **La Mesa** in der Rue Petite la Monnaie 3, Menüs ab 18 DM, Mahlzeiten ab 12 DM, bis ca. 15 Uhr.

Sehenswertes

In Perpignan weht schon ein Hauch von Spanien, genauer Katalonien, gehört die Stadt doch zum französischen Teil dieser Region. Sehenswert ist die Altstadt mit schönen Plätzen und engen Gassen. Der Königspalast **Palais de Rois de Majorque** wurde mit seinen wuchtigen Festungsanlagen zum Treffpunkt vieler Touristen. Das Wahrzeichen von Perpignan ist **Le Castillet**, der Stadtturm an der Stadtmauer, der ein kleines Museum mit Funden aus der Umgebung enthält und den man erklimmen kann. An der alten Börse, der Loge de Mer, neben dem Rathaus mit einem sehenswerten Arkadenhof, liegt der zentrale Platz der Stadt, die **Place de la Loge**, mit vielen Lokalen. 200 m vom Platz entfernt erhebt sich die **Kathedrale Saint-Jean** mit einem berühmten, holzgeschnitzten Kreuz aus dem 14. Jahrhundert.

Pyrenäen und Languedoc

Wer von Perpignan nach Spanien fahren will, hat die Qual der Wahl: Die Hauptstrecke führt an der Küste entlang mit wunderschönen Ausblicken. Grenzstationen sind **Cerbère** mit Kieselsandbucht 10 Minuten unterhalb vom Bahnhof und **Port Bou** in Spanien mit schöner Sandbucht 500 m unterhalb des Bahnhofs (siehe Spanien). Unbedingt lohnend ist aber auch die Bahnlinie über **Villefranche** in die Pyrenäen und weiter mit *Le Petit Train* das Gebirge hoch nach **La Tour de Carol** und **Barcelona** (25042/siehe unten).

Carcassonne

Strecke 25038 Narbonne–Toulouse.

Information

Boulevard Camille Pelletan 15 am anderen Ende der Neustadt, 10 Minuten vom Bahnhof, am großen Tor. Gute Stadtpläne und Zimmervermittlung.

Übernachten

Jugendherberge, Rue du Vicomte Trencavel oben in der Festungsstadt an der Stadtmauer, Tel. 68252316, Februar–November, 120 Betten, Schließzeit 24 Uhr, vom Bahnhof 20 Minuten, aber tolle Lage. **Hotel Central**, Boulevard Jean Jaurès 27, Tel. 68250384, ca. 30 DM. **Campingplatz** ca. 15 Minuten vom Bahnhof links.

Sehenswertes

Carcassonne ist eine der eindrucksvollsten mittelalterlichen **Festungsstädte** Europas, die trotz der Touristenmassen den Besuch lohnt. Sie liegt auf einem Hügel hoch über dem Tal der Aude.

Vom Bahnhof geht man geradeaus bis zum Ende der Fußgängerzone, dann scharf nach links, den Boulevard du Roumens und die Rue des Couronnes entlang zur Brücke Pont-Vieux über die Aude und gelangt in 20 Minuten zur Festung. Carcassonne geht auf eine römische Militärsiedlung zurück, die später von den Westgoten, dann von den Arabern erobert wurde. In den Albigenserkriegen war die Stadt auf der Seite der Ketzer, die den Prunk und den Machtmißbrauch der römischen Kirche verwarfen und mit einfacherem Lebensstil den Sinn des Lebens zu erlangen suchten. Daraufhin wurde Carcassonne wie

viele andere Städte von den Truppen Ludwigs des Heiligen zerstört. Zum Glück wurde die gesamte Stadt jedoch in diesem Jahrhundert wieder hergerichtet und erstrahlt heute in neuer Pracht. Umgeben von einer mächtigen **Doppelmauer**, geschützt von über **50 Türmen**, birgt sie in sich enge, winklige Gassen, eine sehenswerte Kathedrale und das Comtal, eine Festung in der Festung. Straßenmusiker, unzählige Gartencafés beleben die Plätze. Abends wird es ruhiger, daher lohnt sich das Übernachten in der Festungsstadt.

Die Pyrenäen

Das Grenzgebirge zwischen Frankreich und Spanien ist überraschend wild und vor allem nicht so überlaufen wie die Alpen. Mehrere Bahnlinien führen in oder durch die Pyrenäen, allen voran die vom **Le Petit Train** befahrene Strecke von *Perpignan–Villefranche* nach *La Tour de Carol* 25042. Unterwegs kann man das herrliche Städtchen **Villefranche** besichtigen, das in einer engen Schlucht am Fuß des Gebirges liegt. Es hat viele klobige Häusermauern und trotz vieler Touristen und Andenkenläden eine angenehme Atmosphäre. Von der Bahnlinie oberhalb dem Bahnhof führt eine alte Steinbrücke über den Fluß durch die Stadtmauern direkt in die Altstadt.

Mit dem *Le Petit Train* abwärts, also von La Tour de Carol nach Villefranche zu fahren, ist reizvoller, da der Zug dann teilweise ein starkes Tempo bekommt und wirklich wild über Brücken und durch Schluchten jagt. Fahrtdauer ca. $2^{1}/_{2}$ Stunden, Höhenunterschied ca. 900 m. In Villefranche warten Lokalzüge nach Perpignan.

In La Tour de Carol *schlafen* viele im Sommer auf den Grünanlagen in der Nähe des Bahnhofs, obwohl es auch dann in 1250 m Höhe kalt wird. 200 m weiter liegt ein **Campingplatz**, nur im Sommer geöffnet.

La Tour de Carol wird nicht nur über die Strecke des Petit Train erreicht, sondern auch von Toulouse mit Zwischenstationen im schönen *Foix*, *Tarascon* und *Ax-les-Thermes*, alles schöne Gebirgsorte. Zudem führt von La Tour de Carol eine reizvolle

Bahnstrecke durch die spanischen Pyrenäen nach **Barcelona** (25502).

Busse fahren im Sommer 1–2mal täglich über mehrere Pyrenäenpässe von La Tour de Carol vorm Bahnhof nach **Andorra**. Dessen Hauptstadt *La Vella* ist aber nicht sehenswert, sie dient höchstens als Ausgangspunkt für Wanderungen ins Gebirge (2 Stunden Fahrt, Rückfahrt ca. 28 DM).

Toulouse

Bahnknotenpunkt. Züge nach Paris, Narbonne, Straßburg, Bordeaux, Irún, La Tour de Carol, Barcelona.

Information

Im Bahnhof.

Übernachten

Jugendherberge, Avenue Jean Rieux, Tel. 61804993, ganzjährig geöffnet außer Januar, vom Bahnhof 3 km, Bus 22 bis Armand Leygues. **Hotel Anatole France**, am gleichnamigen Platz Nr. 46, Tel. 61231996. **Campingplatz Municipal**, 5 km außerhalb, Bus P von der Place Jeanne d'Arc bis Pont de Rupé.

Essen und Trinken

Preiswertes *Studentenlokal La Table Ronde*, Rue Pargaminières 59, sonntags geschlossen. Preiswerte Lokale in der **Markthalle** Marché de la place Victor Hugo, nur mittags.

Sehenswertes

Die moderne Großstadt liegt 50 km vor den Pyrenäen. Viel Industrie, moderne Häuser, eine Universität mit vielen jungen Leuten prägen die Stadt, die kein besonders lohnendes Ziel darstellt. Der Bahnhof Matabiau liegt 8 Minuten vom Zentrum.

Lourdes

Strecke 25043 Toulouse–Hendaye.

Information

An der Hauptstraße, 3 Minuten vom Bahnhof.

Übernachten

Hostel Camp des Jeunes, Avenue Rodhain, vom Bahnhof 1 km, Tel. 62427878. Drei **Campingplätze** ca. 5 Minuten vom Bahnhof nach rechts und unter dem Bahndamm durch. Viele Rucksacktouristen *übernachten* am Bach bei der Höhle.

Sehenswertes

Der katholische **Wallfahrtsort** liegt reizvoll in einem dem Schwarzwald ähnlichen Gebiet. Vor über 100 Jahren glaubte hier ein pubertierendes Mädchen, durch einen Hinweis von Jesu Mutter Maria eine Heilquelle entdeckt zu haben, was zu einem wahren Boom in der kleinen Stadt führte. Millionen von Menschen aus dem katholischen Raum pilgern ständig hierher, um von ihren Krankheiten geheilt zu werden, und ihr Glaube an die Wirkkraft dieses Ortes hat nachweislich unerklärliche Verbesserungen bewirkt. Heute erfüllt ein ständiger Rummel die Stadt. Wer sich davon nicht abschrecken läßt, kann die Höhle aufsuchen, in der die **Wunderquelle** ans Tageslicht tritt. Mittendrin befindet sich die doppelte Wallfahrtskirche (Kirchenräume unten und oben), Marienfiguren, Touristenläden mit unvorstellbarem Kitsch und Kerzen in allen Variationen, prägen die Szene. Rings um das irrationale Geschehen liegt eine bezaubernd schöne Waldlandschaft direkt vor dem Massiv der Pyrenäen.

Nicht weit von Lourdes entfernt liegt **Pau** mit schönen Altstadtgassen gleich über dem Bahnhof und einer alten Brücke über den Pau. Hier zweigt eine Stichbahn in die Pyrenäen ab, die früher bis nach Spanien führte, heute jedoch durch Bahnbusse ersetzt wird. Erst ab der spanischen Grenze, in Canfranc (Strecke 25534), verkehren vier Züge täglich in jeder Richtung, einer sogar direkt bis Madrid.

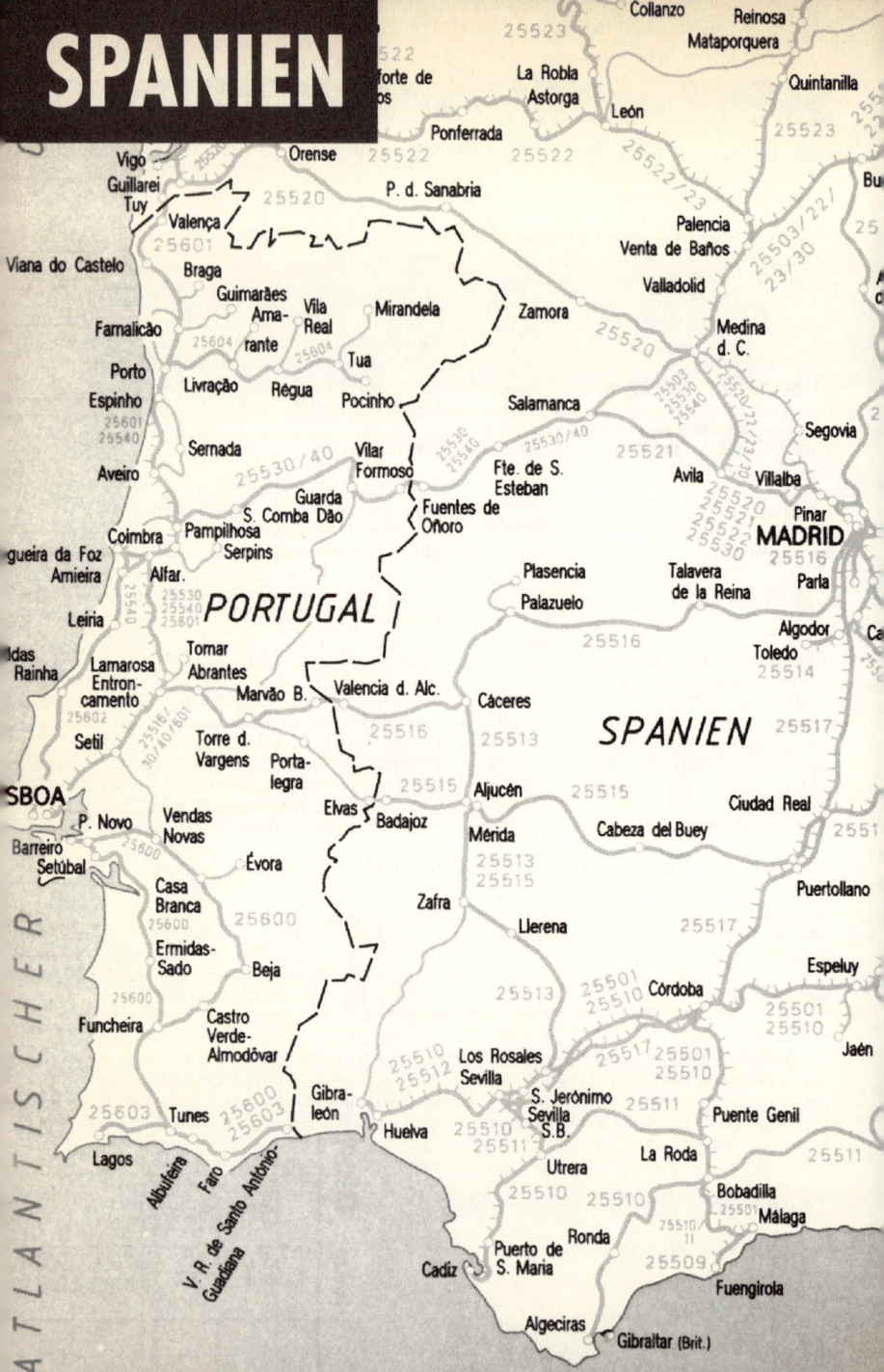

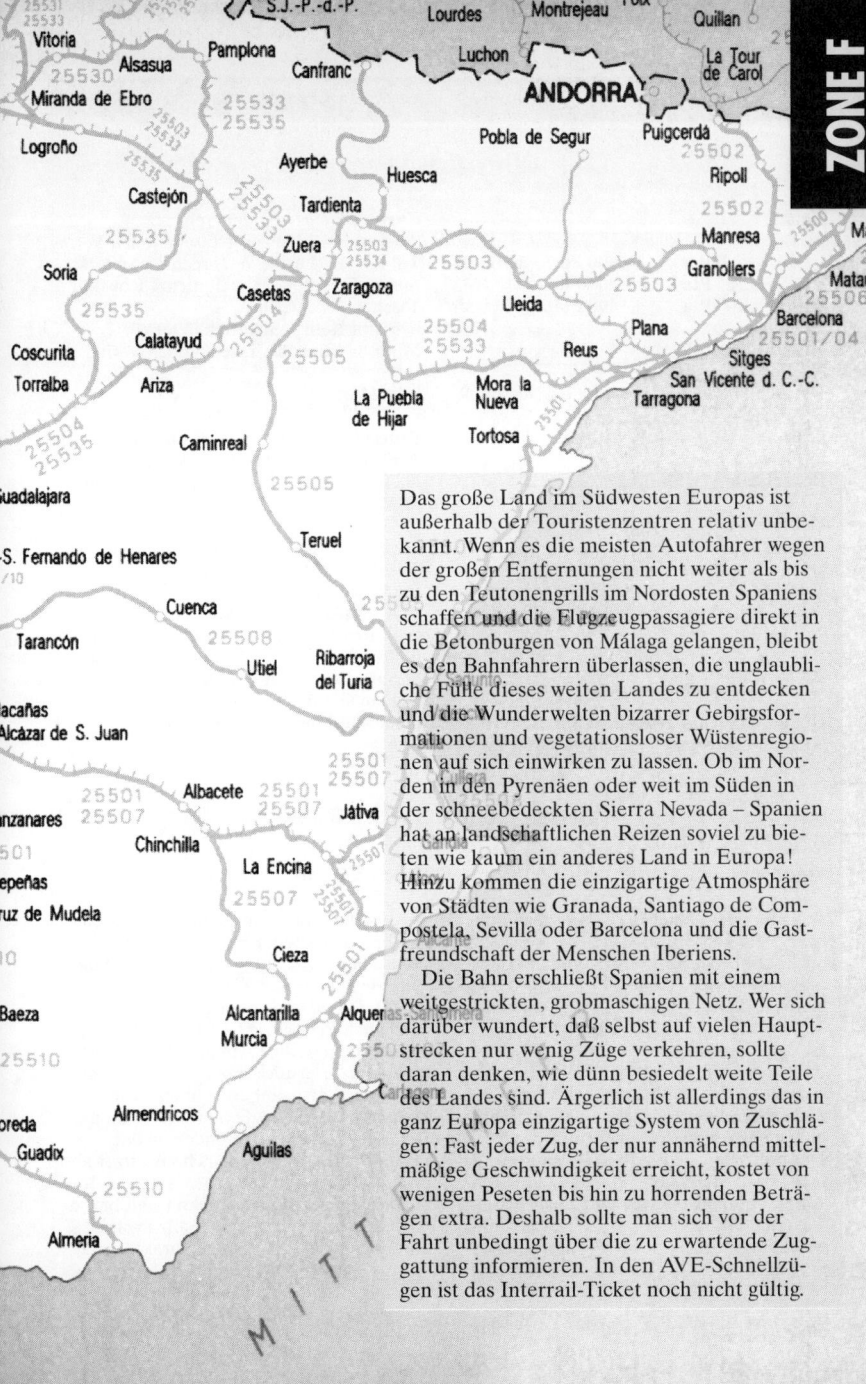

Das große Land im Südwesten Europas ist außerhalb der Touristenzentren relativ unbekannt. Wenn es die meisten Autofahrer wegen der großen Entfernungen nicht weiter als bis zu den Teutonengrills im Nordosten Spaniens schaffen und die Flugzeugpassagiere direkt in die Betonburgen von Málaga gelangen, bleibt es den Bahnfahrern überlassen, die unglaubliche Fülle dieses weiten Landes zu entdecken und die Wunderwelten bizarrer Gebirgsformationen und vegetationsloser Wüstenregionen auf sich einwirken zu lassen. Ob im Norden in den Pyrenäen oder weit im Süden in der schneebedeckten Sierra Nevada – Spanien hat an landschaftlichen Reizen soviel zu bieten wie kaum ein anderes Land in Europa! Hinzu kommen die einzigartige Atmosphäre von Städten wie Granada, Santiago de Compostela, Sevilla oder Barcelona und die Gastfreundschaft der Menschen Iberiens.

Die Bahn erschließt Spanien mit einem weitgestrickten, grobmaschigen Netz. Wer sich darüber wundert, daß selbst auf vielen Hauptstrecken nur wenig Züge verkehren, sollte daran denken, wie dünn besiedelt weite Teile des Landes sind. Ärgerlich ist allerdings das in ganz Europa einzigartige System von Zuschlägen: Fast jeder Zug, der nur annähernd mittelmäßige Geschwindigkeit erreicht, kostet von wenigen Peseten bis hin zu horrenden Beträgen extra. Deshalb sollte man sich vor der Fahrt unbedingt über die zu erwartende Zuggattung informieren. In den AVE-Schnellzügen ist das Interrail-Ticket noch nicht gültig.

Das Wichtigste vorweg

Geld

1 DM	=	80 Pta	100 Pta =	1,20 DM
1 öS	=	125 Pta	100 Pta =	8 öS
1 sfr	=	100 Pta	100 Pta =	1,00 sfr

Telefon nach Hause

Deutschland 0749   Telefon-Notruf 091
Österreich 0743
Schweiz 0741

Botschaften in Madrid

Deutschland: Calle de Fortuny 8,
Tel. 4199100/50
Österreich: Paseo de la Castellana 91,
Tel. 4565315
Schweiz: Calle Nunez de Balboa 35,
Tel. 4313400

Reiseführer

Helmuth Bischoff: «Anders reisen:
Spanien», Rowohlt Taschenbuch Verlag

Christof Kehr: «Anders reisen:
Andalusien», Rowohlt Taschenbuch Verlag
Till Bartels/Ulrike Wiebrecht: «Anders
reisen: Barcelona/Katalonien», Rowohlt
Taschenbuch Verlag
Christof Kehr: «Spanisch in letzter
Minute», Rowohlt Taschenbuch Verlag

Literatur

Ernest Hemingway: «Wem die Stunde
schlägt», Fischer Taschenbuch Verlag.
Packend geschriebener Roman vom Bürgerkrieg der 30er Jahre.
    Manuel Vázquez Montalbán: «Krieg um
Olympia», Rowohlt Taschenbuch Verlag.
Thriller aus Barcelona mit guter Einführung in die Stadt.
    Anton Dieterich: «Miguel de Cervan-
tes», Rowohlt Taschenbuch Verlag. Infor-
mativ geschriebene Biographie über den
literarischen Vater des Don Quijote.
    Juan Goyfisolo: «Spanien und die Spa-
nier», Suhrkamp Taschenbuch.

Unterwegs in Spanien

Verpflegung

Wie im Süden üblich, gibt es in Spanien
noch viele Tante-Emma-Läden. Viele sind
auch sonntags geöffnet, generell aber mittags geschlossen (ca. 13.30–17.00 Uhr). In
vielen Lokalen werden «Tapas» angeboten,
Appetithäppchen aller Art, ob Fisch,
Fleisch, Käse oder Oliven. Jede Bar führt
ihre eigenen Tapas für den kleinen Hunger
zwischendurch, sie kosten meist nur
2–3 DM. Belegte Brötchen heißen in Spanien nicht Sandwich, sondern «Bocadillo».
Das preiswerteste Essen in Restaurants ist
meist das «Menú del Día», das zusätzlich
zur Hauptmahlzeit Vor- und Nachspeise sowie ein Getränk, meist Wasser oder Wein,
beinhaltet.

Übernachten

Jugendherbergen gibt es in den meisten
größeren Städten, Preise ab 15 DM. Preiswerte Pensionen gibt es in fast allen Städten, sie nennen sich Casa de Huespedes
(CH), Hostal (HS) oder Fonda (F), manchmal auch Residencia (R). Oft sind sie nur
durch die jeweilige Abkürzung gekennzeichnet. Frühstück gibt es in ihnen nicht.
Campingplätze gibt es an allen Küsten, im
Inland weniger. Leute ohne Zelt sind nicht
überall zugelassen, besonders in der
Hauptsaison können manche Besitzer ab-
weisend sein. Wild Campen ist in Andalusien prinzipiell verboten (Waldbrandgefahr), wird aber an nicht allzu vollen
Stränden teilweise dennoch praktiziert.

Günstige Tickets in Spanien

Interrail Zone F

Gilt auf allen Strecken der RENFE. Allerdings müssen für die moderneren Züge zum Teil hohe Zuschläge gezahlt werden (siehe unten). Auf den Strecken der privaten Schmalspurbahn FEVE entlang der nördlichen Atlantikküste und in den AVE-Zügen gilt Interrail nicht.

Euro Domino

Euro-Domino-Reisende brauchen keine Zuschläge zu bezahlen (Ausnahme: Die AVE-Hochgeschwindigkeitszüge). Das ist wichtig, da in Spanien mitunter hohe Zuschläge fällig sind. Gilt jedoch nicht auf den Strecken der FEVE.

Tage (innerhalb 31)	3	5	10
Jugendliche	153 DM	228 DM	421 DM
Erwachsene	191 DM	293 DM	533 DM
Erwachsene 1. Klasse	245 DM	371 DM	646 DM

Normale Fahrkarten

In Spanien sehr preisgünstig. 100 km 2. Klasse kosten ca. 12 DM.
TALGO und Intercity kosten ca. 240 Pesetas je 100 km zusätzlich.
Electrotrenes (ELEC) ca. 180 Pta je 100 km zusätzlich.
TER A ca. 160 Pta je 100 km zusätzlich.
TER B ca. 50 Pta je 100 km zusätzlich.
AVE gesonderte Fahrkarten.
Zuschlagfrei sind Expresos, Rápidos, Automotores sowie alle normalen Schnell- und Nahverkehrszüge. Am Schalter kosten die Zuschläge weniger als im Zug. Mit Euro Domino entfallen diese Zuschläge.

Días Azules

An den meisten Wochentagen außerhalb der Hauptreisezeiten gibt es auf Rückfahrkarten über 200 km Entfernung eine Ermäßigung von 20 Prozent.

Liegewagen/Schlafwagen

Liegewagen kosten ca. 26 DM je Bett, Schlafwagen ca. 45 DM in der Kabine zu dritt. Klimatisierte Wagen sind teurer.

Anreise nach Spanien

Entweder per Interrail, mit dem französischen Euro Domino, mit einem Twentours/Transalpino-Ticket für Jugendliche bis 26 (ca. 55 Prozent ermäßigt), mit der Touristen-Rückfahrkarte durch Frankreich (Rückreise frühestens am Sonntag nach dem Einreisetag in Frankreich) ca. 25 Prozent ermäßigt oder mit dem Train économique/Sparpreiszug, der von Juni bis September von Saarbrücken nach Port Bou verkehrt und auch in Deutschland ermäßigte Anschlußfahrkarten ermöglicht.

Besonders schöne Bahnstrecken in Spanien

Spanien verfügt über komfortable Züge: Überall, auch auf Nebenstrecken, findet man klimatisierte Abteile vor. Zur spanischen Lebensart gehört es, daß die Türen während der Fahrt mitunter offenbleiben. In den TALGO-Zügen gibt es in jedem Wagen zwei Farbfernsehgeräte, in denen Filme laufen. Hier werden auch alle Bahnhöfe mehrsprachig angesagt. Speisewagen und Minibars sind preisgünstig und in allen Fernzügen zu finden.

Die größere Spurbreite in Spanien (1675

mm breite Schienen statt 1435 mm) bewirkt, daß man bei der Einreise in Port Bou bzw. Irún umsteigen muß (Ausnahme: TALGO Genf–Barcelona; Expreß Paris–Madrid; diese werden automatisch umgespurt). In Spanien fahren weitaus weniger Züge als in anderen Ländern. Mindestens einen Tages- und einen Nachtzug gibt es aber auf allen Strecken. Lästig kann die Reservierungspflicht bei bestimmten Zügen werden. Wer sie umgeht, muß damit rechnen, daß der von ihm im Zug eingenommene Platz von einem unterwegs zusteigenden Reisenden belegt wird. Will man die Zuschläge sparen, kann man auf vielen Strecken auf Rápidos oder Expresos umsteigen, die fast genauso schnell und meist zuschlagfrei sind.

Spanien hat beeindruckende **Gebirgsstrecken**: Im *Norden* die Pyrenäen-Überquerung von **Puigcerdá** nach **Barcelona** (25502) oder von **Tardienta** nach **Canfranc** (25534) und eventuell weiter mit dem Bus ins französische Oloron-Pau.

Nicht weniger aufregend die kühnen Strecken durch das kastilische Scheidegebirge von **Madrid** nach **Medina del Campo**. Die eine Strecke führt von der Hauptstadt über Avila (25520), die andere über Segovia (25523) nach Medina del Campo. Im Anschluß an diese beiden Bahnen folgt die Strecke von **Medina** über **Zamora** nach **Orense**, **Santiago de Compostela** und weiter nach **La Coruña** durch völlig einsame Gebirgsregionen (25520). Allein von Puebla de Sanabria bis Santiago fährt man durch fast 180 Tunnels. Ähnlich abwechslungsreich verläuft die Strecke im Nordwesten zwischen **León** und **Ponferrada** (25522), wo sich die Züge bei La Granja in einer kühnen Spirale nach Branuelas auf über 1000 m Höhe hinaufwinden.

Einer der Höhepunkte europäischer Bahnfahrten ist die Strecke 25523 von **Oviedo** übers Kantabrische Gebirge nach León mit unglaublichen Auf- und Abstiegen in mehreren Windungen.

Auch im *Süden* Spaniens findet man abenteuerliche Gebirgsrouten: So die Bahn von **Linares Baeza** nach **Almería** durch die von der Wüste geprägten Ausläufer der **Sierra Nevada**, das Traumgebirge Andalusiens (25510).

Schluchtenreich verläuft die Tour von **Bobadilla** nach **Málaga** (25510). Mag der Zielpunkt weniger interessant sein, das Felsengewirr bei der Station El Chorro entschädigt für die Betonklötze, die an der Küste folgen.

Reizvoll ist auch die südlichste Strecke Spaniens: Von *Bobadilla* durch das Ronda-Gebirge Richtung **Algeciras** (25510). Schluchten und Flüsse, romantische kleine Bahnhöfe, ein Wasserfall, der aus einer winzigen Felsspalte in einen kleinen See hinabfällt, verleihen dieser Linie ihren besonderen Reiz. Und ganz im Süden bei San Roque sieht man den mächtigen Felsen von Gibraltar im Meer thronen. Spaniens schönste *Bahnlinien am Meer* entlang beginnen gleich nach dem Grenzübertritt bei **Port Bou** (25000) und führen von **Barcelona** nach **Valencia**. Von den Bahnhöfen sind es hier oft nur wenige Meter direkt zum Strand (z. B. Sitges, Torredembarra, Salou). Auch zwischen *Valencia* und **Gandia** säumen die Schienen die Küste, begleitet von Hochhauskomplexen.

Faszinierende Küsten sieht man auch im äußersten Nordwesten Spaniens zwischen **Santiago de Compostela**, **Pontevedra** und der portugiesischen Grenze (25522). Hier erstrecken sich die sagenumwobenen Rias Bajas, die Flußmündungen mit den «ertrunkenen Tälern». Mit Interrail und Euro Domino leider nicht kostenfrei, von der Landschaft her aber unbedingt lohnend ist die Tour mit der *Schmalspurbahn FEVE* an der Nordküste entlang von **El Ferrol** bis **San Sebastián**, am reizvollsten ist der Teilabschnitt **EL Ferrol–Gijón**.

Auch eine Bahnfahrt durchs *Landesinnere* kann beeindrucken: Die Weite der *Mancha* südöstlich von Madrid bei **Alcázar de San Juan** (25510), die windmühlenreiche Heimat Don Quijotes, ist für uns Mitteleuropäer ebenso exotisch wie die blumenreiche, weitgehend einsame Landschaft zwischen **Madrid** und **Lissabon** (25516).

Ziele in Spanien

Katalonien

Die nordöstlichste Provinz Spaniens hat über 6 Millionen Einwohner. Geprägt von einer eigenständigen Kultur, erhielt das Land 1979 nach dem Ende der Franco-Diktatur den Status einer autonomen Region. Katalonien entwickelte sich zum bedeutenden Touristenzentrum, zugleich ist es auch die industriereichste Provinz des Landes. Barcelona war lange Zeit die heimliche Hauptstadt Spaniens, die Costa Brava ist eins der Haupterholungsgebiete sonnenhungriger Mitteleuropäer. Weil die Landessprache, das Katalanische, inzwischen mit dem Kastilischen gleichberechtigt wurde, tragen viele Städte und Straßen zwei verschiedene Ortsnamen. Am bekanntesten ist den meisten die *Costa Brava*. Die «wilde Küste» reicht von der französischen Grenze bis nach Blanes, etwa 50 km vor Barcelona. Leider hat der Tourismus große Teile der Region zerstört, doch gibt es immer noch reizvolle, touristisch weniger belastete Abschnitte, die im folgenden beschrieben werden.

Port Bou

Strecke 25 500 Frankreich–Barcelona.

Information

Am Bahnhof. Geldwechsel im Bahnhof.

Übernachten

Mehrere **Pensionen** im Ort, DZ ca. 50 DM, z. B.: **Residencia Torres**, vor dem Bahnhof. Viele schlafen am Strand.

Sehenswertes

In dem kleinen Fischerdorf direkt hinter der Grenze betreten die meisten Bahnreisenden zum erstenmal spanischen Boden, müssen mit Ausnahme des TALGO Genf–Barcelona doch alle Züge gewechselt

werden. Daher ist im Sommer in Port Bou immer was los. Vom Bahnhof die Straße hinab durch das Dorf sind es nur drei Minuten bis zur Bucht. Die weißen Häuser schmiegen sich über dem Wasser an den Berghang, unten gibt es mehrere Lokale und kleine Läden. Südlich schließen sich viele einsame Felsbuchten und Kiesstrände an, nach wenigen Kilometern folgt in Colera eine feine Sandstrandbucht.

Llançà

Strecke 25 500 Port Bou–Barcelona.

Übernachten

Hostal Llançà, Carretera de Port Bou, nicht weit vom Bahnhof, DZ ca. 35 DM. **Habitación la Farella**, Canigó 15, DZ ca. 35 DM. **Hostal Miramar**, Passeig Maritim 2, am Strand, DZ ca. 40 DM. **Camping Ombra**, Carretera de Port Bou, am nördlichen Ortsrand, **Camping Farella**, Canigó, südlich außerhalb.

Sehenswertes

Der kleine Ort hat trotz zunehmendem Tourismus noch viel Atmosphäre bewahrt. Er liegt etwa 1 km von der Küste weg und besteht aus einem bunten Straßengewirr rund um die **Plaça Major**. Sehenswert sind die **Barockkirche Sant Vincenç** und der Turm. Die neue Stadt namens Port (Hafen) ist mit ihren modernen Fassaden weniger einladend. Über dem Hafen thront der Festungsberg Castella mit alten Stollen aus dem Bürgerkrieg. *Strände* findet man nördlich und südlich der Stadt: etwa 1 km nach Norden der Platja de Grifeu mit feinem Sand; im Süden liegen mehrere Strandpartien mit meist steinigen Abschnitten.

Cadaqués

Busse von Llançà oder Figueras.

Übernachten

Viele **Pensionen** z. B. **Pensión Vehí** in der Calle Iglesia, DZ ca. 40 DM. **Camping Cadaqués**, 5 Minuten vom Strand, schattig, aber laut.

Sehenswertes

Der Höhepunkt der Costa Brava liegt am östlichen Ende der Halbinsel **Cap de Creus**. Da er lange Zeit nur vom Meer her zu erreichen war, hat der kleine Ort viel von seiner ursprünglichen Schönheit und Atmosphäre bewahrt. Deshalb wurde Cadaqués auch zum Künstlerzentrum. *Picasso, Dalí, Federico García Lorca* und andere ließen sich hier nieder. Kein Wunder, daß sich heute eine Touristenflut über den kleinen Ort ergießt.

An Sehenswürdigkeiten gibt es mehrere **Kunstgalerien**, das **Museum Perrot-Moore** mit einer beachtlichen Sammlung von Gemälden aus dem 15. bis 20. Jahrhundert, die Kirche Santa Maria mit ihrem holzgeschnitzten Altar sowie das **Haus von Salvador Dalí** im Ortsteil Port Lligat, das aber bislang nicht zu besichtigen ist.

Figueres/Figueras

Strecke 25500 Port Bou–Barcelona.

Information

Plaça del Sol.

Übernachten

Jugendherberge Tramuntana, Anicet Pages 2, Tel. 972/501213, 800 m vom Bahnhof. **Campingplatz** am nördlichen Stadtrand, vom Bahnhof 1 km.

Sehenswertes

Die Stadt mit ihren 30000 Einwohnern ist bekannt durch das **Teatre-Museu Dalí**, ein im Bürgerkrieg zerstörtes Theater. Heute ist dort ein Museum untergebracht, in dem Werke des surrealistischen Künstlers ausgestellt werden. (10–18 Uhr, im Sommer auch bis 24 Uhr, täglich, 5 DM). Vom Museum gelangt man zum Zentrum der Stadt mit den **Ramblas**, dem wichtigsten Platz von Figueras.

Girona/Gerona

Strecke 25000 Port Bou–Barcelona

Information

Im Bahnhof. Stadtplan und Zimmervermittlung.

Übernachten

Jugendherberge Cerveri, Ciutadans 9, Tel. 972/218121, vom Bahnhof 10 Minuten. **Fonda Perich**, Carrer de Barcelona, 10 Minuten vom Bahnhof, DZ ca. 40 DM.

Sehenswertes

Die Stadt mit 90000 Einwohnern wurde von den Römern als Festungsstadt gegründet und hat einen gut erhaltenen Altstadtkern. Vom Bahnhof führt der Weg durch die weniger interessante, westlich des Onyar gelegene Neustadt. Nach ca. 15 Minuten erreicht man die *Plaça de Catalunya*, hinter der sich die Altstadt den Hang hinaufzieht. Die wichtigste Straße der Stadt ist die Rambla de la Libertad, mit unzähligen Geschäften und Cafés. Von der Rambla aus zieht sich ein Gewirr von engen Gassen und steilen Treppen durch den **Call**, das Judenviertel. Sehenswert ist die mächtige, im 14. Jahrhundert erbaute **Kathedrale** im oberen Teil der Stadt. Neben ihr gibt es weitere imposante Gebäude: das Haus des Erzdiakons **Casa de l'Ardiaca** und der Bischofspalast **Palau Episcopal**, in dem das Kunstmuseum untergebracht ist. Wer die Anhöhe der Kathedrale verläßt, stößt auf das alte Kloster *Pía Almoyna*, den Justizpalast und die Kirche Sant Feliu. In östlicher Richtung befinden sich die arabischen Bäder **Banys Arabs**, die allerdings erst im 13. Jahrhundert errichtet wurden, als die arabische Epoche beendet war. (Besichtigung 10–13, 16–19 Uhr, Baden nicht möglich).

Blanes

Strecke 25500 Girona–Blanes–Barcelona.

Information

Plaça Catalunya.

Übernachten

Unzählige **Hostals** und **Hotels**, z. B. **Fonda Tarres**, Forn 16, DZ ca. 40 DM, nicht weit vom Passeig de Dintre. In Blanes gibt es 16 **Campingplätze**.

Sehenswertes

Vom Bahnhof außerhalb der Stadt gelangt man mit dem Bus ins menschenreiche Zentrum. Die Touristenhochburg Blanes bildet das südliche Ende der Costa Brava. Wichtigste Sehenswürdigkeit ist der **Botanische Garten** mit über 3500 verschiedenen Gewächsen. Über der Stadt thronen die Ruinen des **Schlosses** aus dem 11. Jahrhundert. Der *gotische Brunnen* im Carrer Ample und die Kirche *Santa Maria* sind die bedeutendsten alten Bauwerke der Stadt.

Tossa de Mar und El Maresme

Busse von Blanes alle 30 Minuten.

Information

Im Omnibusbahnhof.

Übernachten

Unzählige **Hotels** und **Pensionen**, z. B. **Hostal Montserrat**, Carrer San Telmo 13 und **Fonda Nadal**, Carrer San Telmo 1, beide DZ ca. 40 DM. Um den Ort gibt es 5 **Campingplätze**.

Sehenswertes

Die mittelalterliche Kleinstadt ist stark vom Tourismus geprägt. Die Altstadt **Vila Vella** wird von einer Stadtmauer mit Türmen aus dem 12. Jahrhundert geschützt. Bilder des bekannten Malers **Chagall**, der

wie andere Künstler in Tossa lebte, sind in einem Museum in der Nähe der Ruine der alten Kirche ausgestellt. Besondere Attraktion Tossas ist die **Römische Villa** unterhalb des Berghügels, in der einzigartige Mosaikfußböden zu bewundern sind. Felsengeschützte Strände mit feinem Sand findet man südlich und nördlich der Stadt, ab Juni sind sie sehr voll.

Die südliche Fortsetzung der Costa Brava zwischen Blanes und Barcelona nennt sich **El Maresme**. (Strecke 25506 Girona–Blanes–Barcelona: **Jugendherberge Torre de Ametller** in Cabrera del Mar, Veinat de Sta. Elena d'Agell, Tel. 93/7594448, Bahnhof in Vilassar de Mar, 4 km per Bus. **Jugendherberge** in El Masnou, Avenida dels Cusí i Furtunet 52, Tel. 93/5555600, 10 Minuten vom Bahnhof. Mehrere Campingplätze z. B. in Sant Pol de Mar und in Arenys de Mar.) Hier reiht sich Strand an Strand, aber auch Siedlung an Siedlung. Reizvoll ist etwa die Innenstadt des kleinen **Sant Pol de Mar** mit der romanischen Kirche Sant Pau, **Canet de Mar** mit der Burganlage Santa Florentina und des etwas größeren **Arenys de Mar** mit seiner bedeutenden Kirche, einem Heimatmuseum und einem großen Hafen. Badestrände gibt es in allen Ortschaften.

Pyrenäen

Strecke 25502 Puigcerdà–Barcelona.

Die erste spanische Stadt nach der Grenze ist **Puigcerdà**, 1200 m hoch gelegen und von Festungsmauern umgeben. Die Altstadt um die Plaça Cabrinetty weist viele Relikte aus dem Mittelalter auf: die Kirche Santa María mit einem reliefverzierten Portal aus dem 14. Jahrhundert, die Kirche Sant Domènec. Im Sommer ist Puigcerdà Ausgangspunkt für Wanderungen, im Winter Skizentrum, die Preise sind allgemein hoch.

Durch eine schluchtenreiche Hochgebirgsszenerie kämpft sich der Zug weiter nach **Ripoll** an der Mündung des Flusses Freser in den Ter. Heute ist das im Jahr 888 gegründete Kloster Monestir de Santa Maria Wahrzeichen der Stadt. Die gut erhal-

285

tene Kirche kam im 11. Jahrhundert dazu, das bedeutende Portal aus dem 12. Jahrhundert zeigt Ausschnitte aus der Bibel.

Entlang dem gewundenen Lauf des Flusses Ter gelangt der Zug in die Stadt **Vic/Vich**. Sie war im Mittelalter religiöses Zentrum der Region. Die mächtige Kathedrale stammt ursprünglich aus dem 11. Jahrhundert, wurde aber mehrfach zerstört und neu aufgebaut. Höhepunkt ihres Innenraumes ist der Altar aus Alabaster, der Szenen aus dem Leben Marias zeigt. Schmuckstück Vics ist die Plaça Major mit sehr schönen Arkaden rings um den Platz. Daneben steht das sehenswerte Museum mit christlicher Kunst. Für Wassersportler interessant ist der Stausee des Flusses Ter, der umrahmt von einer traumhaften Bergszenerie Wander- und Wassersportmöglichkeiten ohne Touristenrummel bietet. (14 km von Ter entfernt, 3 Busse täglich.)

Barcelona

Bahnknotenpunkt.

Information

Im Hauptbahnhof Sants und in der Estació de França. Stadtpläne und Pensionsverzeichnis. Auch guter Metroplan. Die «Guía del Ocio» informiert über Veranstaltungen.

Verkehr

Barcelonas Hauptbahnhof ist die unterirdische **Estació de Sants**. Hier fahren alle Züge ab. Oben findet man Geschäfte, Gepäckaufbewahrung, Geldwechsel, Lokale, einen Park mit den futuristisch anmutenden Abluftschächten des Bahnhofs, und einen Zugang zur unterirdischen Metro-Station. Direkt am Hafen und nahe der Altstadt liegt die **Estació de França**; viele Züge fahren nach Aufenthalt in Sants hierher bzw. beginnen hier. Am **Passeig de Gràcia** ist ein kleiner unterirdischer Bahnhof mitten im Zentrum unweit der Plaça de Catalunya. Fast alle Züge von Norden her halten hier, ein guter Einstieg in die Stadt.

Barcelona hat ein sehr gutes **Metro-Netz** mit einigen klimatisierten Zügen. Die

Linie 3 fährt vom Bahnhof Sants in die Altstadt (Liceu) und in die Nähe des Park Güell (Lesseps); mit der Linie 5 kommt man direkt zur «Sagrada Familia» (gleichnamige Station). Die Übersichtspläne der Metro sind leicht zu lesen, alle Stationen mit einem «M» gekennzeichnet.

Unzählige **Buslinien** erschließen die Stadt. Pläne erhält man an den Metro-Stationen. Nachtbusse sind zwischen 22 Uhr nachts und 4 Uhr morgens auf den wichtigsten Linien unterwegs. Die **Regionalbahn FFCC** fährt von der Plaça de Catalunya in Randbezirke und Vororte oder sogar Städte wie Terrassa und Sabadell. Von der Plaça d'Espanya fährt sie nach Manresa und Igualada (auch Montserrat). Innerhalb des Stadtgebiets gelten bei ihr die Metro-Tickets. *Fahrkarten* gelten für Metro und Bus. Einzelticket Mo–Fr ca. 1,40 DM, die Zehnerkarte **Tarjeta Multiviaje** kostet ca. 8 DM. Die Netzfahrkarte für einen Tag kostet ca. 8 DM, 3 Tage 15 DM, 5 Tage 20 DM. Zudem gibt es die **Seilbahn** vom Montjuic über den Hafen zur Barceloneta (ca. 8 DM), die *Standseilbahn* von Paral-lel zum Montjuïc (ca. 2 DM), die *Seilbahn* vom Montjuïc zum Castell de Montjuïc (ca. 4 DM), die **Straßenbahn** Tramvia Blau von der Avinguda del Tibidabo zur Standseilbahn (ca. 1,50 DM) und die Standseilbahn auf den Tibidabo (ca. 5 DM). Das Angebot **Transportes Turísticos** beinhaltet eine Fahrt mit dem **Bus 100** und sämtlichen Seilbahnen der Stadt sowie ermäßigte Preise für das Poble Espanyol und die Hafenschiffe. (Abfahrt des Busses auf der Plaça de Catalunya am Kaufhaus El Corte Inglès alle 40 Minuten. Preis für den ganzen Tag ca. 12 DM, ab 14 Uhr nur 6 DM.)

Übernachten

Jugendherbergen: Mare de Déu de Montserrat, Passeig Mare de Déu del Coll 41, Tel. 93/2105151, 8–24 Uhr, Metro 3: Vallcarca und 10 Minuten Fußweg oder Bus 25 und 28, schönes Haus im arabischen Stil mit tollem Park, oberhalb am Stadtrand. **Hostel de Joves**, Passeig Pujades 29, Tel. 93/3003104, 7–10 und 15–24 Uhr, Metro 1: Arc de Triomf oder 4: Bogatell, nur 500 m zum Bahnhof Estació de França, zum Hafen und zur Altstadt. Liegt beim Ciutadella-Park. **Pere Tarrés**, Numancia 149, Tel. 93/4102309. Metro 3: Les Corts, in der Nähe des Bahnhofs Sants. **Studio**, Duquesa d'Orleans 58, Tel. 93/2050961, Metro FFCC: Reina Elisenda, kleines Haus, liegt außerhalb. **Studentenwohnheim Colegio Sant Raimon de Penyafort**, Avinguda Diagonal 643, Tel. 93/3308711, Metro 3: Zona Universitària, nahe der neuen Universität, großes Heim für Frauen und Männer, mind. 5 Tage Aufenthalt, ca. 20 DM/Tag. **Residència Bonanova**, Sant Joan La Salle 37, Studentenheim, Tel. 93/4175221, Metro FFCC: Bonanova, nur für Männer, ca. 12 DM/Tag, mind. 5 Tage Aufenthalt. **Pensionen** im Barri Gòtic (Altstadt): **Pensión Palermo**, Carrer Boqueria 20. ca. 20 DM, Metro 3: Liceu. **Hostal Dalí**, Carrer Boqueria 12, ca. 30 DM, gegenüber dem Palermo. **Hostal Pensió Victoria**, Carrer Comtal 9, Tel. 93/3174597, ca. 20 DM, Metro 3: Liceu. **Pensión Colom**, Plaça Reial 3, Tel. 93/3180631, ca. 25 DM, Metro 3: Liceu. **Hostal Roma**, Plaça Reial 11, Tel. 93/3020366, ca. 30 DM, gleich nebenan. **Pensión Aneto**, Carrer del Carme 38, Tel. 93/3184083, ca. 20 DM, Metro 3: Liceu. **Campingplätze** nur außerhalb der Stadt: **Camping Barcino**, Carrer Laurea Miró 50, am südwestlichen Stadtrand, Tel. 93/3728501, ganzjährig geöffnet, Metro 5: Can Vidalet oder Bus ab Plaça Universitat. **Camping El Toro Bravo** und **Ballena Alegre**, beide in Viladecans 12 südlich von Barcelona, Tel. 93/6581250 und 93/6580504, Bus von der Plaça Universitat. Weitere Plätze im Gebiet des Maresme (siehe oben).

Essen und Trinken

Die *Märkte* bieten ein reichhaltiges Angebot: Vor allem die berühmte **Mercat Sant Josep** (La Boquería) in der Rambla de les Flors, direkt an der Metro-Station Liceu, relativ teuer; **Mercat Sant Antoni**, Carrer Comte d'Urgell, Metro 1: Urgell, nicht weit von der alten Universität, werktags mit Flohmarkt. *Restaurants:* **La Sardana** im Carrer Llibreteria 22 im Barri Gòtic, nicht weit vom Rathaus, winziges Lokal mit urwüchsiger Einrichtung, Tagesmenü ca. 15

DM. **Tastavins**, Carrer Martínez de la Rosa im Stadtviertel Gràcia, Metro 3 und 5: Diagonal, uriges Lokal mit Weinkneipe, gutes Essen ab ca. 10 DM. **L'Hortet**, Carrer Pintor Fortuny 32, preiswertes vegetarisches Restaurant neben den Rambles dels Estudis, Tagesmenü ca. 12 DM. **Self Naturista**, Calle Santa Anna 19, preiswertes vegetarisches Selbstbedienungsrestaurant neben den Rambles und der Plaça de Catalunya, Tagesmenü ca. 12 DM. **Tapa-Bars** gibt es viele, z. B. **Bar La Nou**, Carrer Llibreteria 10 mitten im Barri Gòtic neben dem Rathaus, toller Innenraum mit Segelschiff. **Bar Jardín**, Carrer Portaferrissa 17, Seitenstraße der Rambla Sant Josep, fetzige Bar mit lauter Rockmusik und Boutique, in der Toreinfahrt steht ein riesiges Kamel, dahinter eine Gitarre, eine Totenkopf-Fahne und ein Beichtstuhl. Empfehlenswerte Cafés gibt es ebenfalls viele, z. B. **El Mesón del Café**, Carrer Llibreteria 16, in der Nähe vom Rathaus mitten im Barri Gòtic, winziges, quirliges Café. **Els Quatre Gats**, Carrer de Montsió 5, in der Nähe der Plaça de Catalunya, von Picasso bevorzugtes Jugendstilcafé. **Café Canigó** und **Café del Sol**, beide im Stadtteil Gràcia, Metro 3: Fontana, mit viel jungem Publikum (Carrer Verdi 2 und Plaça del Sol). Typisch für Barcelona sind auch die *Granjas*, eine Art Milchbar, wo Xocolata, ein dickflüssiger Kakao, oder Milchkaffee mit Croissants, Ensaimadas (Hefeteigschnecken), Magdalenas (kleine Bisquitstücke) oder Bikinis (Toast mit gekochtem Schinken und Käse) angeboten werden. Viele Granjas sind in der Gasse Carrer Petritxol. Das **Dulcinea** ist die schönste Granja, mit altem Interieur. *Zentren des Nachtlebens* sind die Rambles zum Flanieren, die Plaça Reial und die Hafenpromenade Moll de la Fusta im Bereich des Barri Gòtic sowie die Plaça del Sol samt Umgebung in Gràcia. *Nachtlokale* sind das **Sidecar**, Carrer Heures 4, neben der Plaça Reial mit jungem Publikum; **Bohemia**, Carrer Lancaster 2, ebenfalls im Barri Gòtic (beide bis 3 Uhr morgens geöffnet); **Bar London**, Carrer Nou de la Rambla 34, alter, gemütlicher Laden im gotischen Viertel, oft mit Live-Musik. **Mirasol**, Plaça del Sol in Gràcia (Metro 3: Fontana), tolle Musik, gute Atmosphäre draußen auf der Plaça, bis 2 Uhr. **Llantiol** im Poble Espanyol, nicht nur Café-Bar, sondern Zauber- und Schattenspiel-Szene, bis 3 Uhr geöffnet. *Flamenco* wird im Poble Espanyol im **Tablao de Carmen** gezeigt, Beginn 22 und 0 Uhr, sonntags auch 19.30 Uhr.

Diskotheken und *Disco-Bars* sind zahlreich, z. B. **Ozono**, Gran Via de les Corts Catalanes 593, Metro 1: Universitat, am Rand der Altstadt, junge Leute, 18–7 Uhr. **Karma**, Plaça Reial, mittendrin, viele Touristen, sehr voll, 20–4 Uhr. **KGB**, Carrer Alegre de Dalt 55, Metro 4: Alfons X, Disco mit Live-Konzerten. **Nick Havanna**, Carrer Rosselló 208, Metro FFCC: Provença, 21–5 Uhr offen, gestyltes Design-Lokal. **Yabba Dabba**, Carrer Avenir 63, Metro FFCC: Muntaner, 21–5 Uhr, Höhlendisco mit Neonkult. **Mirablau**, Plaça de Tibidabo del Funicolar, Metro FFCC; Tibidabo, Tramvia Blau, 21–5 Uhr Musik-Bar am Tibidabo noch über der Stadt mit wundervollem Panorama.

Sehenswertes

Die zweitgrößte Stadt Spaniens ist mit über 2 Millionen Einwohnern das Zentrum Kataloniens und besitzt den größten Mittelmeerhafen des Landes. Barcelona liegt in einer Ebene zwischen der Sierra de Collserola (Berg Tibidabo, 532 m), dem Montjuïc (213 m) und dem Meer. Das lärmende, verkehrsreiche Zentrum der Stadt wird umgeben von riesigen Betonkomplexen, Industriegebieten und Hafenanlagen. Barcelona gehört auf jeden Fall zu den Highlights in Europa.

Die schönsten Teile der Stadt liegen rund um die *Rambles* im *Barri Gòtic* und um den Berg *Montjuïc* herum.

Die **Rambles** (spanisch Ramblas) erstrecken sich vom Hafen bis zum Zentrum der Stadt, der Plaça de Catalunya. Mit prächtigen Platanen bepflanzt und von Blumenständen, Kiosken und Tierhandlungen eingerahmt, bietet der über 1 km lange Boulevard eine faszinierende Szenerie. An den Ramblas liegen auch wichtige historische Gebäude wie der **Palau de la Virreina**, der Palast der Vizekönigin mit dem Möbel- und Stoffmuseum oder das Opernhaus Liceu, das nach dem Brand vor einigen Jahren wieder aufgebaut wird. Außerdem ist hier die Markthalle **Boqueria** und schräg gegenüber die **Plaça Reial** mit Arkaden und Palmen, einer der prächtigsten Plätze der Stadt.

Das **Barri Gòtic**, das gotische Viertel mit seinen verwinkelten Gassen, befindet sich östlich der Rambla und verläuft rings um die mächtige alte **Kathedrale** herum. Sehenswert ist auch der **Palau de la Generalitat**, der aus dem 14. Jahrhundert stammt und heute Sitz der katalanischen Landesregierung ist. Der Innenhof beeindruckt mit seinen Spitzbogenarkaden und dem dahinter folgenden Orangenbaumhof. Gegenüber liegt das Rathaus mit Touristinformation. Berühmt sind der Saló de Cent, der Saal der Hundert, in dem ab dem 13. Jahrhundert 100 Abgeordnete der Stadt gemeinsam das politische Vorgehen berieten.

Eindrucksvollster Platz des Barri Gòtic ist die **Plaça del Rei** mit dem Königspalast und anderen sehenswerten Gebäuden. Im Palast befindet sich der Saló del Tinell, wo Kolumbus nach seiner Rückkehr aus dem neuentdeckten Kontinent von dem Königspaar Ferdinand und Isabella empfangen wurde. Nicht weit davon liegt auf der anderen Seite der Via Layetana das **Picasso-Museum**. Die alten Räume geben einen guten Überblick über das Frühwerk Picassos, der hier in der Nähe des Museums lebte (Di–So 10–19 Uhr, ca. 8 DM, Metro 4: Jaume I.). Nördlich vom gotischen Viertel liegt der *Ciutadela-Park* in der Nähe der wunderschön restaurierten *Estació de França*. Im Park befinden sich das Museum für moderne Kunst mit Möbeln und Gemälden im Stil des «Modernisme» (Di–So 9–14 Uhr, 6 DM) und der Zoo (täglich 9–19 Uhr, 6 DM), von hier aus kann man weiterlaufen zum Strand, wo vor einigen Jahren zusammen mit dem **Olympischen Dorf** und dem **Jachthafen** ein ganz neuer Freizeitkomplex entstanden ist. Die Bewohner der Stadt kommen vor allem am Wochenende zum Spazierengehen, Joggen, Rollschuhlaufen oder Radfahren hierher oder besuchen die Bars des **Maremagnum** oder das riesige, moderne **Aquarium** im «Alten Hafen».

Wahrzeichen der Hafenregion ist der

Berg **Montjuïc**, der 1992 Austragungsort der Olympischen Spiele war, mit Olympiastadion und avantgardistischem Sportpalast. Zu großen Teilen ist er grün, mit weitläufigen Parkanlagen. Auf halber Höhe befinden sich das **Katalanische Nationalmuseum** mit Kunst aus romanischer und gotischer Zeit, und das *Museu Arqueològic*. Die **Fundació Miró** enthält die umfangreichste Sammlung von Werken des Künstlers Joan Miró und ist auch vom Gebäude her sehenswert (alle 3 Museen Di–Sa 11–19 Uhr, So 10–14.30 Uhr, je 5 DM, Bus 61 oder Standseilbahn).

Höhepunkt des Montjuïc ist das **Poble Espanyol**, das Spanische Dorf westlich vom Nationalpalast, von der Plaça d'Espanya mit den roten Doppeldeckerbussen kostenlos zu erreichen. Es zeigt unzählige Gebäude und Baustile aus allen Regionen Spaniens. Die Häuser sind nicht bewohnt, doch laden Handwerksbetriebe, Geschäfte, Restaurants und Bars ein. Theater- und Kinovorstellungen sowie eine Disco ergänzen das Angebot (täglich 9–4 Uhr, ca. 8 DM, ab 19 Uhr nur noch 4 DM).

Am *Miramar* unterhalb der Festungsanlage kann man den **Transbordador aeri** besteigen, eine in aberwitziger Höhe über den Hafen schwebende Seilbahn, die über 2 hohe, mitten im Hafengelände thronende Türme per Fahrstuhl wieder verlassen werden kann (alle 30 Minuten, ca. 5 DM).

Obligatorisch ist der Besuch der **Sagrada Familia**! Diese 1882 begonnene Kirche nördlich der Straße Avinguda Diagonal ist das bekannteste Bauwerk des Architekten *Antonio Gaudí*. Auch heute, über 70 Jahre nach seinem Tod, ist der Tempel noch nicht fertiggestellt.

Von der überschäumenden Phantasie Gaudís zeugt auch der **Parc Güell** mit Bänken in Schlangenform, Zuckergußtürmen und Tropfsteinarkaden sowie täuschend imitierten Palmenhainen aus Stein, die als Stütze des darüber verlaufenden Weges dienen. Außerdem ist der Park eine grüne Oase mit schöner Sicht über Barcelona (Metro 3: Lesseps, dann 10 Minuten Fußweg oder Bus, kostenlos).

Weitere berühmte Bauwerke des Modernisme-Künstlers stehen am Passeig de Gràcia: die **Casa Batlló** mit lustigen Balkonbrüstungen (Hausnummer 43, Metro 3, 4: Passeig de Gràcia) sowie die **Casa Milà** (Hausnummer 92, Metro 3, 5: Diagonal) im Volksmund «La Pedrera», Steinbruch, genannt.

Der über 500 m hohe Berg **Tibidabo** lohnt den Besuch weniger seines Vergnügungsparks, der auf seiner Spitze neben einer kitschigen Kirche thront, als vielmehr der Anfahrt mit Straßen- und Zahnradbahn und des Ausblicks wegen. Abfahrt der urigen Straßenbahn Tramvia Blau von der Metro-Station Avinguda del Tibidabo.

Lohnend ist auch ein Besuch des **Klosters Montserrat** im gleichnamigen Gebirge. Der «zersägte Berg» mit seinem Kloster ist nicht nur Wallfahrtsort, sondern auch zum Wandern geeignet. (Anfahrt mit der Privatbahn FFCC ab Plaça de Espanya bis Aeri de Montserrat, anschließend Seilbahn zum Kloster, alle 120 Minuten, 15 DM Rückfahrt.) Beim Kloster liegt ein *Campingplatz*. Von hier führt eine Zahnradbahn (im Fahrpreis inbegriffen) auf den steilen *Sant Joan*, von dem aus man zur gleichnamigen Einsiedelei gelangt. Die Aussicht ist überwältigend.

Sitges

Strecke Barcelona–Valencia 25 501, alle 30 Minuten von Barcelona.

Information

Im Bahnhof und im Passeig Vilafranca.

Übernachten

Mehrere **Hostals** und **Hotels** ab ca. 25 DM vorhanden, nicht weit vom Bahnhof, etwa das **Hotel Blaumar**, Carrer Bonaire 19, Tel. 8 94/03 62, nur 50 m zum Strand, 30 DM.

Sehenswertes

Sitges liegt an der **Costa Daurada**, der bis zur Ebro-Mündung reichenden «Goldenen Küste». Sie wird von der Bahnlinie Barcelona–Valencia gut erschlossen, viele Strände sind vom Zug aus zu erreichen. Der überraschend saubere Fremdenverkehrsort mit seinen schmalen Gassen hat eine wunderschöne **Strandpromenade**. Über der Altstadt steht auf einem Felsen hoch über dem Meer die Kirche. Nördlich und südlich des Kirchenfelsens erstrecken sich gepflegte Sandstrände. Der Bahnhof liegt mitten im Ort. Sehenswert ist auch das verwinkelte Museum **Cau Ferrat** neben der Kirche, in dem archäologische Funde und Gemälde des 20. Jahrhunderts ausgestellt sind.

Torredembarra

Strecke 25501 Barcelona–Valencia.

Information

Im Rathaus, Plaça de la Vila.

Übernachten

Mehrere **Hostals** und **Hotels** ab ca. 30 DM, im Sommer teuer, auch in Bahnhofsnähe vorhanden. 5 **Campingplätze** direkt am Strand, mitten in der Stadt und in Strandnähe, etwa **Camping La Pineda** mit viel Schatten am Strand, **Camping Valle de Oro**, mitten im Ort.

Sehenswertes

Der Ort ist eine Touristenhochburg mit langen Sandstränden und einer hübschen Altstadt. Die in Stücken noch vorhandene alte Stadtmauer umschließt die etwas höher gelegene alte Stadt. Vom Bahnhof sind es etwa 25 Minuten zu Fuß zum auf einer Anhöhe gelegenen **Altafulla** mit einem mittelalterlichen, arabischen Viertel und gutem Blick übers Umland.

Tarragona

Strecke 25501 Barcelona–Valencia. Auch Züge nach Zaragoza und Madrid.

Information

Im Rathaus und in der Altstadt, unter der Kathedrale Carrer Major 39.

Übernachten

Jugendherberge Sant Jordi, Avenida President Companys 5, Tel. 977/240195, im Juli und August 180 Betten, sonst 40 Betten, vom Bahnhof 12 Minuten oder Bus. Viele **Hostals** und **Pensionen**, die preiswertesten liegen in und am Rand der Altstadt, etwa die **Pension Marsal**, Plaça de la Font 26, Tel. 977/224069, ab ca. 25 DM. **Campingplätze** ca. 3 km nördlich der Stadt.

Sehenswertes

Großstadt mit 120000 Einwohnern aus dem 3. Jahrhundert vor Christus. In *römischer Zeit* war Tarragona eine Metropole von großer Bedeutung. Gleich über dem Bahnhof, auf einem Hügel direkt am Meer, dem sogenannten **Balkon des Mittelmeers**, befinden sich die Überreste einer vorrömischen Befestigung. Im Park darunter liegen die Ruinen eines Amphitheaters.

Im Zentrum steht die mächtige, aus dem 12. Jahrhundert stammende **Kathedrale** mit sehenswertem Kreuzgang. Drumherum findet man andere historische Gebäude, wie das bischöfliche Palais und den Palau del Marquès Tamarit. Auf der **Rambla** am südlichen Rand der Altstadt spielt sich das öffentliche Leben ab. Sie führt genau auf die Aussichtsplattform Balkon. Der obere Teil der Stadt wird von gewaltigen Mauern umschlossen, die von den Iberern ca. 600 vor Christus errichtet und von den Römern befestigt wurden. Man kann sie auf dem **Passeig Arqueològic**, dem archäologischen Rundgang, bewundern, der an der Puerta del Rosario beginnt (täglich 9–19 Uhr, 4 DM).

Leider gibt es im südlichen Teil der Stadt große häßliche Industrieanlagen, so daß auch die Qualität der Badestrände gemindert wird.

Salou und Costa Daurada

Strecke 25501 Barcelona–Valencia

Information

Im Hafen, auch in der Avenida Casals.

Übernachten

Unzählige **Hostals** und **Hotels** ab ca. 25 DM.
10 **Campingplätze** direkt am zentralen
Strand und außerhalb in jeder Richtung,
etwa **La Siesta Camping**, direkt beim Zentrum.

Sehenswertes

Die Touristenhochburg liegt südlich von
Tarragona. Der Ort ist ganz auf Badeurlaub ausgerichtet. Die Strandpromenade ist
schön, aber die häßlichen Raffinerien von
Tarragona sind nur 10 km weg. Der Bahnhof liegt mitten im Ort, nahe am Strand
und den Campingplätzen. Besondere Attraktion Salous ist seit einiger Zeit der
Themenpark **Port Aventura** in Richtung
Vilaseca (Busverkehr vom Zentrum). Dieses Mini-Disneyland bietet mit den Teilen
Wilder Westen, Mittelmeer, Südsee, China
und Mexiko eine Weltreise im Kleinen an
(Eintritt ca. 40 DM).

Die sich südlich anschließenden Badeorte
bieten weite Strände, mit teilweise hübschen Promenaden, aber auch Feriensiedlungen mit viel Beton und lautem Trubel.
Kleine beschauliche Orte sind **L'Hospitalez de l'Infant** mit weiten Stränden sowie
L'Ametlla de Mar mit seinem Fischerhafen. Nicht sehr überlaufen und zum Surfen
geeignet sind die kleinen Strände und engen Buchten.
Das **Ebro-Delta** ist heute Naturschutzgebiet und beherbergt Hunderte von seltenen
Pflanzen und Vogelarten. Landwirtschaftlich genutzt wird es durch Reisanbau.
Empfehlenswerte Bahnstation ist die *Estació d'Amposta*, von hier aus kann man per
Bus nach Amposta fahren, wo Rundfahrten auf dem Ebro starten. Die wichtigste
Stadt am westlichen Ende des Deltas ist
Tortosa. Geprägt von der Kathedrale, die
zwischen dem 14. und dem 18. Jahrhundert
erbaut wurde und somit mehrere Baustilarten aufweist, war Tortosa von 811–1148
Zentrum eines arabischen Staates. Doch
daran erinnern nur die Ruinen der Burg
Suda (die heute Parador-Hotel ist).

Die Regionen Valencia und Murcia

Charakteristisch für die Region um Valencia sind die unzähligen Orangenbäume.
Fruchtbar sind sie aufgrund der künstlichen Bewässerung, regnet es hier doch wenig. So ist die «Huerta von Valencia», der
blühende Garten rings um die Hauptstadt,
ein Paradies von Menschenhand.

Benicarló

Strecke 25 501 Barcelona–Valencia.

Information

An der Promenade.

Übernachten

Jugendherberge Sant Crist del Mar, Avenida de Yecla 29, Tel. 9 64/47 08 36, 80 Betten im Sommer, sonst 10 Betten, ganzjährig
offen, vom Bahnhof 10 Minuten. Viele
Hostals, auch mehrere **Campingplätze** vorhanden.

Sehenswertes

Der touristisch geprägte Badeort hat eine
schöne **Strandpromenade** und eine mächtige Festung aus dem Mittelalter. Viele benutzen Benicarló nur zum Umsteigen in
den Bus nach Peñiscola, um an der **Costa
del Azahar**, der Küsten der Orangenblüten, gen Süden zu fahren.

Peñiscola

Busse alle 30 Minuten von Benicarló.

Information

Avenida Primo de Rivera.

Übernachten

Hotels und **Hostals** sind teuer, oft voll. Wer mit alten Frauen in der Altstadt ins Gespräch kommt, kann unter Umständen preiswert ein einfaches **Privatzimmer** bekommen. **Campingplätze** liegen außerhalb, etwa an der Straße von Benicarló.

Sehenswertes

Die wunderschöne Kleinstadt liegt auf einem weit ins Meer ragenden **Felsen** und ist von engen Gassen durchzogen, die meist autofrei sind. Viele kleine Geschäfte, gemütliche Lokale, Restaurants mit Meerblick prägen die **Altstadt**. Geschützt wird der Ort durch eine **Burg** aus dem 16. Jahrhundert und von der **Stadtmauer**. Unten am Meer liegen lange Sandstrände. Natürlich wird dieses Kleinod heute von Besuchern überschwemmt.

Oropesa del Mar

Strecke 25 501 Barcelona–Valencia.

Übernachten

Hostal los Pepes, Paseo Maritimo, Tel. 964/31 00 99, ca. 30 DM, liegt direkt am Strand. Mehrere **Campingplätze** im und am Ort: **Camping Los Almendros**, Tel. 964/31 04 75. **Camping Blavamar**, Tel. 964/31 03 47, schattig, direkt am Strand. **Camping Kivu**, Tel. 964/31 04 74. **Camping Oropesa**, Tel. 964/31 00 30.

Sehenswertes

Nicht weit vom Meer entfernt erhebt sich die alte **Burgruine** von Oropesa. Um sie herum liegt an den Hang geschmiegt die Altstadt mit verwinkelten Gassen. Zu Füßen der Bergstadt folgt die neue Siedlung an einer runden Bucht mit feinem Sandstrand und einem Leuchtturm. In dessen Nähe steht die **Torre del Rey**, ein alter Befestigungsturm. Trotz der vielen Touristen bleibt Oropesa eine sehenswerte Kleinstadt.

Benicasim

Strecke 25 501 Barcelona–Valencia.

Übernachten

Jugendherberge Argentina, Avenida Ferrándiz Salvador 40, Tel. 964/30 09 49, offen außer Januar, 140 Betten, die Herberge liegt direkt am Strand. Mehrere **Campingplätze: Camping Benicasim**, Tel. 964/30 14 00. **Camping Bonterra**, Tel. 964/30 00 07, schattig. **Camping Florida**, Tel. 964/30 08 89.

Sehenswertes

Saubere Strände erstrecken sich hinter der gepflegten Promenade. Charakteristisch für Bencasim sind die riesigen Orangenplantagen rings um den Ort. Mehrere Palmenhaine ergänzen das frische Grün. Nach Norden zu stehen viele neue Hochhauskomplexe. Nördlich außerhalb der Stadt liegt ein wilder Felsstrand.

Castellón de la Plana

Strecke 25 501 Barcelona–Valencia.

Übernachten

Jugendherberge El Maestrat, Avenida Hermanos Bov 26, Tel. 964/22 04 57, Juli und August, vom Bahnhof 10 Minuten. *Mehrere* **Fondas** und **Hostals** in der Nähe des Bahnhofs, ab 30 DM.

Sehenswertes

Castellón ist die Hauptstadt der gleichnamigen Region mit 120 000 Einwohnern. Die **Kathedrale Santa Maria** wurde im Bürgerkrieg zerstört und wiederaufgebaut. Die Stadt liegt 5 km vom Meer entfernt und hat einen bedeutenden Hafen. Angenehm ist der schattenspendende grüne Park direkt vor dem Bahnhof. Eine Busverbindung besteht zum Hafen der Stadt im Stadtteil El Grao, wo sich der vielbesuchte, von einem Pinienwald gesäumte Strand El Pinar befindet.

Sagunto

Züge von Barcelona, Valencia, Zaragoza.

Übernachten

Hostals ab ca. 30 DM vorhanden.

Sehenswertes

Die berühmte Stadt liegt im grünen Umland der Huerta de Valencia. Im Kampf gegen Hannibal schlugen sich die Einwohner der Stadt auf die Seite Roms und hielten im Jahr 219 vor Christus bis zur völligen Erschöpfung Hannibals Übermacht stand. Erst Monate später, 218, gelang es Hannibal, die Stadt einzunehmen. Später, im 8. Jahrhundert nach Christus, kam sie bis 1239 unter maurische Herrschaft. Die Überreste jener Zeit sind heute noch zu sehen. Auf dem Hügel über der Stadt thront die Ruine der alten **Festung** mit Türmen und Mauern aus verschiedenen Epochen. Römische, iberische, arabische und mittelalterliche Baustile existieren nebeneinander. Daneben steht die **Zitadelle von Almenara** mit dem Turm Torre San Pedro.

Unterhalb des Hügels liegen die Überreste des alten **römischen Theaters** aus dem 3. Jahrhundert vor Christus, dessen 33 Treppen erhalten blieben. 6000 Besucher fanden hier Einlaß. Im **archäologischen Museum** kann man die Funde aus jener Zeit bestaunen: Mosaiken, Münzen und iberische Statuen.

Durchs Gebirge nach Zaragoza

In *Sagunto* zweigt die Bahnlinie nach *Teruel* und *Zaragoza* ab, die durch urige, menschenleere Gebirgslandschaften führt. Sie folgt dem Fluß Palancia ins Gebirge. In 340 m Höhe erreicht sie das Städtchen **Segorbe** mit seinem mittelalterlichen Altstadtkern rund um die Kathedrale. Die Festungsstadt **Jérica** auf 630 m Höhe liegt auf einem Bergsporn und wird von alten arabischen Mauern geschützt. Die Stadt

Barracas liegt bereits 1000 m hoch. Hier macht die Zivilisation einer wilden Berglandschaft Platz. Über den Paß Puerto de Escandon auf fast 1250 m Höhe erreicht die Bahn die Stadt *Teruel*.

Teruel

Übernachten

Jugendherberge Luis Buñuel, Ciudad Escolar, Tel. 976/601712, im Juli offen, 192 Betten. Mehrere preiswerte **Hostals**, ab ca. 25 DM.

Sehenswertes

In vorchristlicher Zeit von den Iberern gegründet, wurde Teruel im Mittelalter ein arabisches Zentrum und weist daher viele Relikte arabischer Baukunst auf. Die **Kathedrale** der Stadt ist die größte gotische Kirche Spaniens im sogenannten Mudéjar-Stil und besitzt herrlich verschnörkelte Turmpfeiler. Als Mudejares wurden Mauren bezeichnet, die unter christlicher Herrschaft lebten. Höhepunkt der Stadt ist der **Torre de San Martin** aus dem 13. Jahrhundert neben der gleichnamigen Kirche. Sehenswert ist auch der **Aquädukt Los Arcos** aus dem 16. Jahrhundert. Im **Mausoleum de los Amantes** neben der prächtigen Kirche San Pedro finden sich die mumifizierten Überreste eines Liebespaares aus dem 13. Jahrhundert. Die mittelalterlichen Stadtmauern sind neben der Kirche San Miguel noch erhalten. Unter der Festung **Castillo de Ambeles** erhebt sich der Turm der Kirche La Merced.

Zaragoza / Saragossa

Züge in viele spanische Städte.

Information

Bei der Kathedrale, Glorieta de Pio XII.

Übernachten

Jugendherberge Baltasar Gracián, Franco y López 4, Tel. 976/551387, ganzjährig geöffnet, 50 Betten, vom Bahnhof Bus 22. Viele Rucksacktouristen *schlafen* im Bahnhof.

Sehenswertes

Diese ca. 600000 Einwohner große Stadt am Ebro liegt inmitten einer fruchtbaren Landschaft und ist von Industrie und breiten Autotrassen geprägt. Die von den Römern gegründete Stadt gilt als eher häßlich. Ausnahmen sind die Altstadt um die **Kathedrale La Seo** aus dem 9. bis 16. Jahrhundert mit einem Museum voll herrlicher Wandteppiche, und die **Basilika Virgen del Pilar**, eine am Ebro gelegene eindrucksvolle Kirche. Sehenswert sind ferner die **Börse** (Lonja), die *Kirche San Pablo* mit ihrem auffällig hohen Turm, der Stadtturm **La Zuda**, die *Puerta del Carmen* am anderen Ende der Altstadt sowie die Reste römischer Stadtmauern. In der Nähe der Bahnlinie steht der alte **Palast Aljaferia**, Sitz der maurischen, später aragonesischen Herrscher und schließlich der katholischen Inquisition.

Valencia

Bahnknotenpunkt.

Information

Im Bahnhof und im Rathaus.

Verkehr

Der **Bahnhof Estación del Norte** liegt mitten in der Stadt. Der **Busbahnhof** liegt jenseits des Flusses Turia, erreichbar mit Stadtbus 28. Von dort fahren Busse in alle Richtungen.

Übernachten

Jugendherberge La Paz, Avenida del Puerto 69, Tel. 96/3617459, Juli–September, 130 Betten, 2 km vom Bahnhof, Bus 19.

Viele billige **Hostals** direkt neben dem Bahnhof, in den Straßen links von der Estación del Norte. Weitere billige *Hostals* in den Altstadtgassen zwischen Bahnhof und Kathedrale. Mehrere **Campingplätze** rings um die Stadt: **Devesa Gardens**, Tel. 96/1611136. Mit Bus nach El Saler, alle 30 Minuten ab Plaza Glorieta, vom Bahnhof rechts in die Calle de Colón, Tel. 96/3670411, empfehlenswert.

Essen und Trinken

Links neben dem Bahnhof ist ab 7 Uhr morgens Markt. Preiswert ist das Restaurant **El Balcó del Carme** in der Roteros 16, in der Altstadt, Menüs ab 14 DM. Ebenso das **Canela i Clavor** in derselben Straße, Nr. 21. Schön anzusehen ist das **Café Madrid** in der Abadía San Martín 10 mit vielen Gemälden des Besitzers. Beliebt ist auch das **Café Lisboa** in der Cavallers 35 mitten in der Altstadt.

Sehenswertes

Die drittgrößte spanische Stadt mit 750000 Einwohnern ist Mittelpunkt eines riesigen Orangenanbaugebiets. Südländisches Flair und prächtige Fassaden charakterisieren die Altstadt. In den Außenvierteln dominieren jedoch kahle Hochhauskomplexe. Das Mittelmeer liegt 4 km entfernt.

Die von Griechen gegründete Stadt kam im 2. Jahrhundert vor Christus unter karthagische, später römische Herrschaft. 300 Jahre lang gehörte sie zum Reich der Westgoten, bis die Araber sie 714 ihrem Herrschaftsbereich einverleibten. Im Spanischen Bürgerkrieg war Valencia Zentrum der Republikaner im Kampf gegen die Faschisten.

Gleich rechts vom Hauptbahnhof Estación del Norte befindet sich die große Stierkampfarena **Plaza de Toros**, eine der größten des Landes. Dahinter folgt das **Museo Taurino** mit Bildern und Erinnerungen an den Stierkampf. Wenn man vom Bahnhof geradeaus durch die Avenida Sotelo geht, stößt man auf die **Plaza del Pais Valenciano** mit dem täglichen Blumenmarkt, vielen Bäumen und einem Brunnen. Auf seiner linken Seite steht das **Ayunta-**

miento, ein Palast aus dem 18. Jahrhundert, der heute das Stadtmuseum beherbergt. Die Sotelo ein Stück weiter hinauf, an der Calle de San Vicente Mártir, befindet sich rechts an der Plaza del Mercado die **Lonja**, die ehemalige Seidenbörse aus dem 15. Jahrhundert. Ein Besuch ihrer herrlichen Säle lohnt sich unbedingt.

Folgt man der Calle Mártir 300 m Richtung Plaza de Zaragoza, gelangt man zur **Kathedrale** mit dem Miguelete-Turm. Rechter Hand in der Altstadt befindet sich das **Colegio del Patriarca** mit Gemälden berühmter spanischer Maler wie El Greco.

Neben anderen Kirchen und Museen sind die Türme der **Puerta de Serranos**, dem größten der alten Stadttore aus dem 13. und 14. Jahrhundert, sehenswert. Heute ist hier das Schiffahrtsmuseum *Museu Naval* untergebracht. Hinter der Puerta führt der *Puente Serranos* über das ausgetrocknete Bett des Rio **Turia** mit schönen Parkanlagen.

In der Woche vom 12. bis zum 19. März werden in Valencia die «Fallas» gefeiert. Die ganze Stadt ist auf den Beinen, um kunstvoll hergestellte Puppen und Figuren aus Pappe, die über 15 m hoch sein können, aufzustellen. In der Nacht vom 19. auf den 20. März werden in grotesken Schauspielen die Falla-Gestalten verbrannt. Der Name «Falla» stammt aus dem Lateinischen und bedeutet «Fackel». Er weist auf den ursprünglichen Zweck des Festes hin: das Feuer soll die bösen Geister des Winters vertreiben. Zur Zeit der Fallas sind die Betten in und um die Stadt meist ausgebucht.

El Saler

Busse von Valencia, Plaza Glorieta (vom Bahnhof Valencia rechts die Calle Colón entlang), alle 30 Minuten.

Übernachten

Campingplatz El Saler, Tel. 96/3670411, direkt am Meer in einem Tannenwald, sehr zu empfehlen.

Nachtleben

Unter Disko-Fans weithin berühmt ist die meist überfüllte **Discoteca Chocolate**, in einem urigen Schokoladenhausimitat gelegen.

Sehenswertes

Das Seebad liegt 10 km südlich von Valencia. Der lange Sandstrand ist oft voll. Kennzeichen von Saler sind neben den Stränden die weiten schattigen Pinienwälder. Südwestlich des Ortes liegt der größte See Spaniens, die **Albufera**. Vom Meer durch einen schmalen Streifen getrennt, La Devesa genannt, tummeln sich im Süßwasser der Albufera unzählige Fische und Wasservögel. Südlich der Albufera liegt das hübsche Fischerdorf El Palmar.

Cullera

Nebenstrecke Valencia–Gandía.

Übernachten

Campingplatz außerhalb Richtung Faro, Tel. 96/1521440.

Sehenswertes

40 km südlich von Valencia liegt die Touristenhochburg von Cullera am Fuß des gleichnamigen Berges. Die Stadt ist vom Bahnhof mit direkten Anschlußbussen zu erreichen. Kennzeichen sind die **Festungstürme** Santa Ana, Reina Mora und El Mareyet. Reste der mittelalterlichen Burg sind ebenfalls zu erkennen. Am Fuß des Berges steht neben dem See San Lorenzo die Kapelle Font Santa. Die Strände Mareny de San Lorenzo, Dosel, El Faro und San Antonio reichen mehrere Kilometer weit. Leider ist es im Sommer schwer, hier noch einen freien Platz zu finden.

Gandía

Nebenstrecke Valencia–Gandía. Busse nach Denia alle 60 Minuten.

Übernachten

Jugendherberge Mar i Vent, Doctor Fleming an der Playa de Piles, Tel. 96/2893425, ganzjährig geöffnet, außer Dezember, 85 Betten, vom Bahnhof Gandía 6 km, Bus bis zur Herberge, liegt am Strand im kleinen Piles. Außerhalb der Hauptsaison mehrere billige **Hotel**- und **Hostalzimmer**, ab 28 DM. Am Meer mehrere **Campingplätze**, etwa **L'Alqueria Camping**, Tel. 96/2840470.

Sehenswertes

Der Ort ist ein Obstanbauzentrum mit unzähligen Obstbaumhainen in der Umgebung. Im Vorort Grao findet man lange Badestrände. Sehenswerte Gebäude sind der **Palacio del Santo Duque** mit einem Museum, die Kirche Santa Maria und das Museo Municipal de Prehistoria mit archäologischen Sammelstücken gleich neben der Kirche. Zu den Stränden verkehren Busse vom Bahnhof Gandía in Richtung Grao.

Denia

FEVE-Privatbahn Denia–Alicante (Bahnpässe sind nicht gültig, aber der Fahrpreis ist sehr niedrig.) In Alicante besteht Anschluß an die Staatsbahn RENFE. Busse fahren häufig von Valencia–Gandía nach Denia.

Information

Neben dem Bahnhof, Patricio Ferrandiz.

Übernachten

Hostals und **Hotels** sind zahlreich, aber teuer.
Campingplätze mehrfach vorhanden, etwa **Camping Diana**, wenig Schatten; **Camping El Eden del Sol**, Tel. 96/781181; **Camping Las Marinas**, Tel. 96/781446; **Camping Tolosa**, Tel. 96/782051.

Sehenswertes

Jahresdurchschnittstemperaturen von 17 °C und sehr geringe Niederschläge ließen die Costa Blanca von Denia bis zum Cabo de Palos zu einem stark besuchten Urlaubsziel werden. Die Stadt Denia stammt aus der römischen Epoche, wo hier ein der Göttin Diana geweihter Tempel stand. Später errichteten die Araber in Denia eine Hauptstadt. Heute kündet jedoch lediglich die **große Festung** über der Stadt von jener Zeit. In der Burg befindet sich das Museo Arqueológico mit antiken Funden. Im Herzen der Stadt stehen die Kirche Santa Maria aus dem 18. Jahrhundert und in der Nähe, an der Plaza Mayor, das Rathaus mit römischer Inschrift. Südlich und nördlich von Denia erstrecken sich weite Sandstrände.

Jávea-Xábia

Busse alle 30 Minuten von Denia, auch von Alicante, Valencia.

Information

Plaza Almirante Basterrede.

Übernachten

Mehrere **Campingplätze** am Ort, etwa **Camping Jávea**, Tel. 96/790723; **Camping El Mediterraneo**, Tel. 96/791226, mit Schwimmbecken; **Camping Naranjal**, Tel. 96/792989.

Sehenswertes

10 km südlich von Denia liegt diese malerisch am Mont Mongo emporgewachsene Stadt mit mittelalterlichem Ortskern, etlichen wuchtigen Türmen und einer Festungskirche. Der neue Teil der Stadt erstreckt sich bis zur Küste, wo man auch preiswerte Fischlokale findet.

Calpe

FEVE-Strecke Denia–Alicante.

Übernachten

Jugendherberge im nahen *Moraira*, **La Marina**, Camino Campamento 31, Tel. 96/6492030, 130 Betten, Bus von Calpe oder Jávea. **Campingplatz Ifach** in Calpe, Tel. 96/830477, direkt am Strand; **Camping La Merced** in Calpe, Tel. 96/830097, ganzjährig geöffnet.

Sehenswertes

Der Ort ist ein typischer Fremdenverkehrstreff an der Costa Blanca, pittoresk unterhalb dem 330 m hohen Peñon de Ifach gelegen. Vom Tourismus weniger zerstört scheint einzig die Gegend am Hafen, wo es preiswerte Fischrestaurants gibt. Sonst bestimmen Hotelkomplexe und Ferienhäuser das Bild. Das 10 km entfernte **Moraira** (Busse alle 60 Minuten) ist ein erträgliches kleines Städtchen mit Hafen, kleinem Sandstrand, Festungsturm und Schloß.

Altea

FEVE-Strecke Denia–Alicante.

Information

Paseo Maritimo.

Übernachten

Campingplätze: **Camping Cap-Negret**, Tel. 96/841361; **Camping Miami**, Tel. 96/840386, ganzjährig geöffnet; **Camping San Antonio**, Tel. 96/840917; **Camping Santa Clara**, Tel. 96/840160.

Sehenswertes

Der Ort besitzt eine stimmungsvolle Altstadt mit kleinen Gassen, anmutigen Plätzen und weißen Häusern. Zwar leidet auch Altea unter den vielen Touristen, doch blieb der Ort vom Betonterror des nahen Benidorm, wo 2 Millionen pro Jahr Urlaub machen, verschont.

Alicante

Strecke 25501, Züge von Barcelona, Madrid, Cartagena. Privatbahn FEVE von Denia.

Information

Beim Busbahnhof, Calle de Portugal 17.

Verkehr

Hauptbahnhof ist **Alicante Terminal** westlich vom Zentrum. Die FEVE-Züge fahren vom Bahnhof **La Marina** östlich vom Zentrum, über die Hafenpromenade zu erreichen. Der *Busbahnhof* **Estación de Autobuses** befindet sich am westlichen Ende des Hafens an der Calle de Italia. Von hier fahren die Busse die Küste entlang in den Süden.

Übernachten

Jugendherberge La Florida, Avenida Orihuela 59, Tel. 096/5113044, 204 Betten, ganzjährig geöffnet, vom Hauptbahnhof 2 km, Bus B ab Avenida de Maisonnave beim Bahnhof. Mehrere preisgünstige **Hostals** und **Hotels** ab 25 DM findet man in der Altstadt zwischen der Festung Santa Barbara und dem Hafen.

Sehenswertes

Der alte Kern dieser Großstadt mit 250000 Einwohnern wird von 2 mächtigen Festungsanlagen überragt: Landeinwärts thront das **Castillo de San Fernando** und an der Bucht das **Castillo de Santa Barbara**, das nicht nur zu Fuß, sondern auch mit einem Fahrstuhl erklommen werden kann. Oben bietet sich ein lohnender Ausblick auf Meer, Stadt und Umland. Direkt unterhalb der Festung liegt der Prachtstrand **Playa del Postiguet** mit feinem Sand und viel Betrieb. In seiner Verlängerung Richtung Süden erstreckt sich die von Palmen gesäumte *Promenade* **Esplanada de España** mit einem bunten, wellenartig angelegten Mosaikboden. Der Stadtkern liegt zwischen Promenade und Kastell Santa Barbara. Wichtigste Verkehrsader ist die Rambla de Méndez Núñez. Unzählige Geschäfte, kleine Gassen und Plätze sind in diesem Teil der Stadt zu entdecken, auch die Kathedrale San Nicolas de Bari und das Rathaus mit seiner Barockfassade.

Elche

Züge von Alicante und Cartagena.

Übernachten

Wunderschöner **Campingplatz** im *Palmenwald*: **El Palmeral**, Tel. 968/422766, je Person ca. 6 DM, auch Schwimmbecken. Billiger ist der **Camping International La Marina**, Tel. 968/419051 und **Camping Sombra y Sol**.

Sehenswertes

Die Industriestadt mit 160000 Einwohnern wurde von den Iberern gegründet und von den Römern übernommen. Bekannt ist sie durch ihren in ganz Europa einzigartigen riesigen **Palmenwald**, der aber zunehmend durch Besiedelung dezimiert wird. Etwa 200000 Bäume werden durch ein dichtes Kanalsystem bewässert. Die Dattelernte im Winter sorgt Jahr für Jahr für einen wahren Menschenauflauf. Am 14. und 15. August wird das Fest des Misterio de Elche gefeiert, bei dem der Jungfrau Maria gehuldigt wird.

Murcia

Strecken 25501/25507 von Alicante und Chinchilla.

Information

Calle Alejandro Seiquer 4.

Übernachten

Hostal Consuelo, Alfaro 14, Tel. 968/211823, ca. 25 DM. Weitere preiswerte **Fondas** und **Pensionen** sind vorhanden.

Essen und Trinken

Preisgünstige **Lokale** liegen im Straßengewirr zwischen Kathedrale, Plaza de Santo Domingo und Universität. Jeden Morgen ist auch **Markt**, nordwestlich des Plano de San Francisco.

Sehenswertes

Der Bahnhof Estación del Carmen liegt im Süden der Stadt außerhalb des Zentrums. Stadtbusse fahren direkt zur Kathedrale. Murcia mit seinen 300000 Einwohnern liegt inmitten des künstlich bewässerten Gartens der **Huerta**. Erst im 9. Jahrhundert von den Mauren gegründet, war die Stadt lange Residenz der Kalifen und Zentrum der weit fortgeschrittenen arabischen Anbautechniken. In den letzten Jahrzehnten wurden die Orangenkulturen von Murcia neben der Huerta von Valencia zum wichtigsten Südfrüchtelieferanten Europas.

Murcia ist keine besonders schöne Stadt. Sie verfügt zwar über viele sehenswerte Kirchen und eine hübsche Promenade am Ufer des Segura, ist aber von Industrie und Hektik geprägt. Beeindruckend ist vor allem die **Kathedrale** der Stadt. Sie liegt am Rand der Altstadt, nicht weit vom Rio Segura, und hat eine prächtige Barockfassade aus dem 18. Jahrhundert. Von der Kathedrale aus zieht sich ein Gewirr von Gassen durch die Altstadt, die für den Autoverkehr gesperrt ist. Östlich davon befinden sich mehrere Museen: Im westlichen Teil der Innenstadt das **Museo Salzillo** mit Skulpturen des berühmten Bildhauers Salzillo, der im 18. Jahrhundert hier lebte. Untergebracht ist das Museum im prächtigen Gebäudekomplex der Kirche San Andrés und der angefügten Capilla de Jesús. In diesem Teil der Stadt liegt auch das **Museo Internacional del Traje Folclórico** im Colegio de San Esteban mit volkstümlichen Trachten. Der Busbahnhof San Andrés liegt im Westen nahe dem Museum Salzillo.

Wer von Murcia aus per Bahn oder Bus weiter in den Süden will, sollte sich die Besichtigung der Stadt *Cartagena* ersparen, sie ist zu sehr von Industrie geprägt. Statt dessen kann man per Bahn oder Bus nach *Aguilas* fahren. Alle 2 Stunden fahren auch Busse über *Lorca* direkt nach *Almería*. Die Bahnstrecke entlang der Küste wurde stillgelegt, die Züge fahren durchs Landesinnere über *Albacete–Alcázar de San Juan* Richtung *Almería* oder *Granada*.

Lorca

Bahnstrecke Murcia–Aguilas, Busse von Almería und Granada.

Übernachten

Wenige, relativ teure **Hotels** vorhanden. **Jugendherberge Sierra Espuña** in *Alhama de Murcia*, Bahnhof und Busstopp 20 km nördlich von Lorca zwischen Murcia und Lorca, Tel. 968/630023, 100 Betten.

Sehenswertes

Die Stadt mit 60000 Einwohnern südlich von Murcia wird von den Bergketten der herben Sierra de la Torrecilla umringt. Von Römern gegründet, herrschten hier 500 Jahre lang die Mauren. Geprägt ist Lorca von vielen kunstvoll geschmückten Gebäuden aus der Zeit des Barock und der Renaissance. An der **Calle Corredera** und der **Plaza Mayor** befinden sich mehrere sehenswerte **Kirchen** und **Paläste**, die Lorca eine bezaubernde Atmosphäre verleihen. Überragt wird die Unterstadt von der Festung aus dem 13. Jahrhundert mit einem prächtigen Turm im Mudéjarstil.

Aguilas

Züge und Busse von Murcia, Busse von Cartagena.

Übernachten

Jugendherberge im Vorort Calarreona, Tel. 968/413029, 80 Betten. **Hotels** sind ca. 2 km vom Strand entfernt. **Campingplatz Bellavista** sehr einfach, Tel. 968/412746. Südlich der Stadt campen viele *wild* am Strand.

Sehenswertes

Die moderne Hafenstadt mit Hochhäusern am Strand liegt in einer bizarren Felslandschaft. Die Ruinen der Festung überragen die lange Uferpromenade. Südlich und nördlich der Stadt erstrecken sich lange Sandstrände. Wilde Camper sind hier die einzigen ausländischen Gäste, in der Stadt machen fast nur Spanier Urlaub.

Andalusien

Die südlichste Region Spaniens besteht aus den Provinzen Almería, Cádiz, Córdoba, Granada, Huelva, Jaén, Málaga und Sevilla. Mit den schroffen Felsgebirgen der Sierra Nevada und der Sierra Morena, den einsamen Wüstenlandschaften um Guadix, den traumhaften warmen Küsten und dem einzigartigen Charme seiner Städte und Dörfer ist Andalusien eine der reizvollsten Regionen Europas. Seine Geschichte ist untrennbar verbunden mit der Herrschaft der Mauren. Seit dem frühen 8. Jahrhundert entwickelte sich das Emirat Córdoba zum Mittelpunkt der arabischen Kultur. Der blühende Garten in und um Granada ist heute noch ein Relikt dieser Herrschaft: Inmitten einer sonnenverbrannten Wüstenregion verwandelten die Mauren einen ganzen Landstrich in ein künstlich bewässertes Paradies. In ganz Andalusien ist es offiziell verboten, ohne Zelt auf Campingplätzen zu übernachten.

Almería

Strecke 25510. Direkte Züge von Madrid und Barcelona. Busse die Küste entlang verkehren jede Stunde nach Málaga, El Cabo de Gata.

Information

Calle Hermanos Machado 4, vom Bahnhof 200 m geradeaus, dann 100 m rechts.

Verkehr

Der **Bahnhof** liegt nahe an Zentrum und Strand, zum Zentrum geht man ca. 500 m den Gleisen nach geradeaus, zum Strand über Fußgängerbrücke und Schienen, dann 250 m geradeaus. Der **Busbahnhof** liegt auf der anderen Seite des Bahnhofsvorplatzes.

Übernachten

Jugendherberge, Isla Fuerte Ventura, Tel. 9 50/26 97 88, 164 Betten, vom Bahnhof 12 Minuten oder Bus 1, 4 A. **Hostal Estación**, Calzada de Castro 37, Tel. 9 50/22 27 93, ca. 25 DM. **Hostal Andalucía**, Calle Granada 17, Tel. 9 50/23 77 33, ca. 30 DM. **Camping Garrofa**, 4 km westlich der Stadt Richtung Málaga am Meer, Tel. 9 50/23 57 70, alle 30 Minuten Busse.

Essen und Trinken

Preiswerte Restaurants an der breiten Rambla del Obispo Obrera. Billig ist das **Pirámides** in der Avenida Estación 26, auch das **Los Sauces** in der Calle Altamira.

Sehenswertes

Die Hafenstadt mit 150 000 Einwohnern bildet den Endpunkt der wohl aufregendsten Bahnlinie Spaniens. In die arabische Zeit des 8. Jahrhunderts geht die Errichtung der mächtige **Alcazaba** zurück, der Almería überragenden Festung. Von oben bietet sich ein prächtiges Panorama auf Stadt und Küste. Im August finden in der Festung Theatervorführungen und Musikveranstaltungen statt. Die Burg wird durch eine Mauer mit dem **Castillo de San Cristóbal** verbunden, den Ruinen einer alten Ritterburg. Unterhalb der Festung befindet sich die Altstadt **Almedina** mit engen Gassen und arabischem Flair, daneben liegt das Stadtviertel Chanca, dessen Einwohner zum Teil heute noch in Höhlen leben.

Nordöstlich der Alcazaba liegt mitten in der Altstadt die wuchtige **Kathedrale** mit Türmen, Wehrgängen und Zinnen. Abends gehen viele am Paseo de Coches, der Palmenallee am Hafen spazieren, ebenso am Paseo de Almería, der quer durch die Stadt zur Plaza Purchena führt. Hier gibt es jede Menge Lokale.

Guadix und Umgebung

Wer sich in Almería aufhält, sollte nicht nur die Küste aufsuchen, sondern sich auch ins Hinterland begeben, um die *einzige Wüste* Europas zu bestaunen. Am besten fährt man mit der Bahn von *Almería* nach **Guadix** (Strecke 25 510) quer durch die Wüstenausläufer der **Sierra Nevada**. Die Strecke verläßt das geschützte Tiefland Almerías und windet sich die Gebirgsausläufer der fast 3500 m hohen Sierra Nevada hoch. Mehr als 1 Stunde benötigt die Bahn, um die kahlen Hügel dieser Mondlandschaft zu erklimmen. Man wähnt sich in einem **Wildwestfilm** und wundert sich daher auch nicht, daß man unterwegs an den Kulissen einer Westernstadt vorbeikommt, in der früher Wildwestfilme gedreht wurden. Überragt wird die trostlose Landschaft bis weit in den Sommer hinein von schneebedeckten Gipfeln. *Guadix* lohnt den Besuch wegen seiner Höhlenwohnungen aus prähistorischen Zeiten. Direkt am Bahnhof, auf der anderen Seite der Gleise, hat man sie vor sich. Im Stadtteil Santiago leben heute noch 4500 Menschen in der größten *Höhlenstadt* Europas. Weithin bekannt ist auch die Kathedrale von Guadix. (Übernachten in der **Pension Andaluza**, Calle Granada, ca. 500 m von der Kathedrale, ca. 28 DM. Weitere **Hostals** vorhanden.)

Von Guadix fahren Busse nach Almería, Granada, Lorca, Murcia und auch **Lacalahorra**, keine 15 km von Guadix entfernt. Mitten auf einem Berg in der Wüstenlandschaft thront mit einer mächtigen Burg dieses Dorf vor den Kulissen der schneebedeckten Sierra Nevada. Die Mondlandschaft wie das arme Dorf zu Füßen der Burg verleihen der Szene einen einzigartigen Charakter.

Erleben läßt sich die Wüstenlandschaft auch bei einer Tour von Almería per Bus nach **Nijar**. Im Ort, bekannt für seine Töpferarbeiten und seine trostlose Mondlandschaft, gibt es preiswerte Hostals und Restaurants.

Der östlich der Stadt Almería gelegene Teil der Küste ist wohl die einsamste und menschenleerste Region des gesamten spanischen Mittelmeergebiets; es scheint, als hätten die Tourismusmanager diesen Landstrich vergessen. Busse fahren zum **Cabo de Gata** oder nach *San José* mit einsamen Strandregionen. Weiter nördlich liegt *Mojácar*, ein grellweißer Ort mit schmalen Gassen und gutem **Campingplatz El Cantal de Mojácar**, alle 2 Stunden Busse von Almería nach Lorca.

Granada

Züge von Madrid, Barcelona, Sevilla, Bobadilla.

Information

Casa de los Tiros, Pavaneras 19, am Ende der Gran Via de Cólon, halblinks. Stadtpläne, Alhambra-Karten.

Verkehr

Der **Busbahnhof** liegt außerhalb im südlichen Teil der Neustadt. Stadtbusse verbinden ihn ständig mit der Innenstadt. Busse nach Guadix und La Calahorra fahren nicht vom Busbahnhof, sondern neben dem Universitaria-Platz in der Calle Rector Martín Ocete ab. Der **Bahnhof** liegt in der Neustadt, 10 Minuten von der Altstadt entfernt, über die Gran Via de Colón zu erreichen.

Übernachten

Jugendherberge, Ramon y Casal 2, Tel. 958/284306, 126 Betten, 1,5 km vom Bahnhof, Bus 11 zur Herberge. Unzählige **Hostals** und **Pensionen** sind in den Seitenstraßen der Gran Via de Colón, ebenso um die Kathedrale und die Plaza de la Trinidad, z. B. **Hostal Zacatín**, Calle Ermita 11, Tel. 958/221155, in der Nähe der Kathedrale in der Fußgängerzone, ca. 25 DM. Richtung Alhambra liegt das **Hostal Gomerez** in der Cuesta de Gomerez 10, ca. 25 DM. **Campingplätze** liegen außerhalb der Stadt Richtung Jaén, Bus 3 ab Gran Via de

Colón zum **Camping Sierra Nevada**, Tel. 958/270956, Carretera de Jaén 79. **Camping Los Alamos**, Tel. 958/275743; **Camping Ultimo**, Tel. 958/123069.

Essen und Trinken

Es gibt viele preiswerte Lokale. Gleich vom Bahnhof geradeaus findet man rechts nach 100 m einen preiswerten **Schnellimbiß**. Um die Kathedrale herum in der Altstadt gibt es z. B. das **Restaurant Leon**, Calle Pan 4, Tagesmenü ca. 15 DM, Getränk inbegriffen; **El Rescoldo**, Calle San Antón 4, nicht weit von der Kathedrale, Tagesmenü; **Rincón de Pepe**, Plaza de Gamboa, ebenfalls unter 15 DM. Teurer sind die Lokale im Albaicín oder in der Nähe der Alhambra. Berühmt für seine Fischgerichte ist das **El Ladrillo** an der Plaza Aliatar im Albaicín, ab ca. 16 DM.

Auf der Plaza Campo del Principe treffen sich Nachtschwärmer zum Kneipenbummel, teilweise an den Tischen draußen. Studententreffs liegen rings um die Calle Pedro Antonio de Alarcon in der Neustadt.

Sehenswertes

Diese wunderschöne Stadt mit ihren 260000 Einwohnern liegt zu Füßen der fast das ganze Jahr über schneebedeckten Sierra Nevada. Geprägt wurde sie durch die Herrschaft der Mauren, die auf dem Festungshügel eine Burg erbauten. Als Córdoba 1236 von den Katholiken erobert wurde, flüchteten viele Araber nach Granada; in den folgenden beiden Jahrhunderten lebten hier Moslems, Juden und Christen friedlich zusammen und machten Granada zum Zentrum von Wissenschaft und Kunst. Bewässerungsanlagen, gespeist vom Schmelzwasser der nahen Sierra Nevada, verwandelten Stadt und Umland in ein blühendes Paradies. Erst die Eroberung der Stadt durch die katholischen Könige Ferdinand und Isabella 1492 leitete ihren Untergang ein.

Die Stadt läßt sich heute in vier Teile gliedern: **Neustadt**, **christliche Altstadt**, die arabische Altstadt **Albaicín** und **Alhambra**. Vom Bahnhof in der Neustadt führt eine

Allee zur Avenida Calvo Sotelo. Rechts stößt diese in ca. 10 Minuten auf die Gran Via de Colón in der Altstadt.

Am Anfang der Altstadt, rechts in der Calle San Juan de Dios, liegt das **Hospital de San Juan de Dios** aus dem 16. Jahrhundert mit einem prächtigen Portal und der angebauten Basilika, die über einen stark ausgeschmückten Innenraum verfügt. Dahinter stößt man auf die mächtige Kirche **San Jerónimo** mit einer großen Kuppel und einem prächtigen Altar. Von der Kirche nach links gelangt man weiter in die Altstadt zur Universität und dann durch enge Gassen zur **Kathedrale**. Gleich am Eingang sind die Eroberer Granadas, Ferdinand und Isabella, dargestellt. In der Capilla Real befindet sich die Grabstätte der katholischen Könige.

Interessant ist auch das arabische Stadtviertel *Albaicín*. Am Hang des gleichnamigen Berges erstrahlen seine niedrigen Häuser in blendendem Weiß, geschmückt von unzähligen Blüten und Pflanzen. Durch den Rio Darro von der Anhöhe der Alhambra abgetrennt, ziehen sich Treppen und Gassen sanft den Berg hoch, wo sie oben auf den Aussichtsplatz um die Kirche **San Nicolás** münden. Von hier aus hat man einen herrlichen Ausblick auf die Alhambra und die Sierra Nevada.

Höhepunkt Granadas ist die berühmte arabische Festung auf einem Berg über der Stadt. Im 11. und 13. Jahrhundert von den Mauren erbaut, wurde die **Alhambra** im 19. Jahrhundert wieder hergerichtet. Zu besichtigen ist sie von 9–19 Uhr (Winter 10–18.30 Uhr). Mittwoch und Samstag ist sie auch nachts geöffnet und wird wunderschön bestrahlt. Von der Altstadt führt die enge Cuesta de Gomérez an Souvenirshops vorbei zur *Puerta de las Granadas*. Von dort aus läßt sich die Alhambra auf einem schattigen Waldweg erreichen.

Die **Alcazaba** ist die im 13. Jahrhundert erbaute Festung mit ursprünglich 24, heute noch 8 wuchtigen Türmen und schöner Aussicht auf die Stadt. Der **Alcázar** ist ein großer maurischer Palast mit vielen Gebäudeteilen und kleinen Gärten. Er ist vollständig erhalten, weil Boabdil, der legendäre letzte Maurenherrscher, die Stadt kampflos an die Katholiken übergab. Am Eingang zum Alcázar steht der **Palast Karls V.** mit zwei Museen: eins für spanisch-arabische Kunst und ein «Museum der Schönen Künste».

Im Zentrum des Komplexes liegt der *Patio de los Arrayanes*, der Hof der Myrten, der mit feinem Marmorboden geschmückt und von Arkaden umgeben ist. Sehenswert ist vor allem der **Patio de los Leones**, der als «Krönung arabischer Kunst» besungene Löwenhof, 1377 errichtet und mit feinsten Stalaktitgewölben versehen. 124 unglaublich zierliche Säulen schmücken den Hof. Er wird umgeben von der *Sala de los Reyes* mit vielen Arkaden und mit Kacheln geschmückten Wänden, dem *Salon de Abencerrajes* und der *Sala de las Dos Hermanas*, dem Saal der zwei Schwestern mit einer riesigen Kuppel und Marmorböden. Etwas außerhalb der Alhambra liegen die einzigartigen **Gärten des Generalife** (mit der Eintrittskarte der Alhambra zu besichtigen). Springbrunnen, kleine Wasserläufe, Blüten und Pflanzen in allen Variationen ergeben zusammen mit dem Palast des Generalife eine «Ahnung von Allahs Paradies». Höhepunkt des Jahres ist die *Semana Santa* in Granada, die Osterwoche. Eine Woche vor dem Auferstehungsfest ziehen nachmittags und nachts Passionszüge mit prächtig gekleideten Frauen und Männern und üppig geschmückten Pasos (Traggestellen mit Heiligenfiguren), begleitet von dumpfen Trommelschlägen, durch die Altstadt.

Lohnende Ausflüge führen von Granada auf die **Sierra Nevada** und in die Region der **Alpujarras**. Busse nach *Solynieve* in der *Sierra Nevada* fahren gegen 8.30 Uhr vor der Bar Ventonilla in der Carretera de Motril in Granada ab, Fahrkarten gibt es für ca. 10 DM für die Rückfahrt in der Bar. Die Busse fahren etwa um 16.30 Uhr wieder zurück. Schon die Strecke hoch nach Solynieve auf 2000 m ist atemberaubend. Oben bietet sich die Möglichkeit, den Hochhauskomplex Solynieve («Sonne und Schnee») per Seilbahn oder zu Fuß zu verlassen, in Richtung *Pico Veleta* oder *Pico Mulhacén* (3481 m). Bis in den Sommer hinein liegt hier Schnee, erst im Mai endet der Skibetrieb. Von den Gipfeln hat man einen phantastischen Blick auf Granada, die Wüste von Guadix, die Alpujarras und die Costa del Sol, die nur 20 km entfernt ist. (**Jugendherberge Sierra Nevada**, Estación de Prado Llano, Tel. 958/480305, Dezember–April.) In die südlichen Vorberge der Sierra Nevada, die zur Costa del Sol abfallenden *Alpujarras* mit ihrer traumhaften Landschaft, gelangt man mit dem Bus vom Busbahnhof in Granada oder von Almería aus. Mitten in die einsamen Bergregionen hinein gelangt man mit Bussen alle 2 Stunden ab Granada nach **Orjiva**, **Lanjarón**, dem Ort mit den in ganz Spanien berühmten Heilwässern, nach **Ugilar**, **Murtos**, **Trevélez**, einem hübschen Bergdorf in 1500 m Höhe, **Bérchules** und **Capileira**. Da die Busse hierher oft nur ein- oder zweimal täglich verkehren, sollte man vorher nach dem genauen Abfahrtstermin fragen. In allen Orten gibt es **Hostals**, bei Trevélez und Pampaneira auch einen **Campingplatz**. Im Gebirge gibt es herrliche Wandermöglichkeiten. Von Capileira, der Bus-Endstation aus, kann man in einem anstrengenden Mehrstundenmarsch hoch auf den Paß über die Sierra Nevada und auf der Nordseite hinunter nach *Solynieve* laufen. Wer die Alpujarras vollständig durchqueren will, kann in *Bérchules* umsteigen in den Bus nach *Almerîa*.

Málaga und Costa del Sol

Züge von Madrid, Barcelona, Córdoba, Sevilla.

Information

Marqués de Larios 5, im Zentrum.

Übernachten

Jugendherberge, Plaza Pio XII. 6, Tel. 95/2308500, 102 Betten, vom Bahnhof 10 Minuten, Bus 18. An der breiten Hauptverkehrsstraße Avenida del Generalisimo 36 liegt die **Pensión Iberia**, Tel. 95/219791, ca. 22 DM, vom Bahnhof halblinks ca. 1 km. Viele **Hostals** ab 25 DM liegen in der Calle Cuarteles, die sich halbrechts vom Bahnhof durch die Stadt zieht, andere preiswerte *Hostals* findet man um die Kathedrale

herum. Der **Campingplatz Balneario** liegt am Stadtrand nördlich in der Nähe des Meeres an der Playa del Carmen, Tel. 95/290021, harter Boden, Bus 11 von der Kathedrale.

Essen und Trinken

Angesichts der großen Konkurrenz sind viele preiswerte Lokale zu finden. Vor allem in der Altstadt gibt es einfache und preiswerte Bars und Restaurants. In den Bodegas bekommt man für wenig Geld den süßen Málaga-Wein.

Sehenswertes

In der Industrie- und Hafenstadt mit über 500 000 Einwohnern lockt vor allem der **Paseo del Parque**, ein mit vielen Palmen und bunten Pflanzen gesäumter Platz mit Brunnen vor dem Hafen der Stadt. An seinem Ende liegt die **Stierkampfarena** an der Plaza de Toros. Am Paseo del Parque stehen auch das klassizistische Bauwerk des **Gobierno Civil**, dahinter das **Teatro Romano**, das von der mächtigen **Alcazaba** gesäumt wird. Dieser maurische Palast beherbergt heute das archäologische Museum mit Funden aus der Antike. Überragt wird die Stadt vom Kennzeichen Málagas, dem **Gibralfaro**, einer großen Festung aus maurischer, ursprünglich phönizischer Hand. In den Abend- und Nachtstunden schlägt das Herz der Stadt zwischen der Kathedrale und der Plaza de la Merced.

Von Málaga aus kann man die berühmte Costa del Sol erkunden (S-Bahn Málaga–Fuengirola alle 30 Minuten, Bahnpässe gültig. Lokal und Schnellbusse alle 60 Minuten bis Algeciras). Wer Bettenburgen und Menschenmassen liebt und Englisch, Französisch und Deutsch in allen Dialekten hören möchte, der ist südlich von Málaga gut aufgehoben. Kaum hat der Zug die Hochhaussilhouette verlassen, rollt er durch die Betonschluchten von **Torremolinos**, **Benalmádena** und **Fuengirola**. Die Bahn fährt zwar die ganze Zeit nah am Strand entlang, doch die Sicht aufs Meer ist großenteils zugebaut. In *Fuengirola* endet der Alptraum, dann folgen Villensiedlungen, teilweise in arabisch anmutenden Formen. Fuengirola selbst ist vom Massentourismus geprägt, Hafenpromenade und Burg San Isidoro lohnen höchstens in der Nebensaison einen Besuch. Etwa 500 m vom Bahnhof entfernt Richtung Strand befindet sich der Omnibusbahnhof, von dem etwa alle 30 Minuten Busse in Richtung Marbella, Estepona oder Algeciras verkehren. Will man unterwegs an einer Urbanisation oder am Strand aussteigen, empfiehlt es sich, Nahverkehrsbusse (die nur bis Marbella fahren) zu benutzen, da die weiterfahrenden Busse nur in größeren Orten halten. **Marbella** als nächste große Stadt präsentiert sich auch als Ansammlung unzähliger Neubausiedlungen, die allerdings mit mehr Stil und Geld entstanden sind. Das Publikum ist international, steinreich, entsprechend sind die Preise. Wer es teuer und mondän liebt, ist hier gut aufgehoben. (**Jugendherberge** in der Calle Trapiche 2, Tel. 95/2771491, auch campen möglich, 113 Betten, nicht weit von der Calle San Francisco. **Campingplätze**: **La Buganvilla**, Tel. 95/831973; **Marbella Playa**, Tel. 95/833999.)

Südlich von Estepona (**Campingplatz La Chimenea**, Tel. 95/800437) folgen einzelne freie Küstenstücke, die noch nicht bebaut sind. Die meist grauen Sandstrände werden von Wildcampern genutzt. Am besten ist es, einfach nach einer passenden Gelegenheit zu schauen und den Busfahrer um Halt zu bitten.

Ronda und die Bahnlinie nach Algeciras

Bahnstrecke 25510 Granada /Málaga/Córdoba – Bobadilla–Algeciras.

Information

Plaza de España.

Übernachten

Hostal Rondasol, Calle Cristo 11, Tel. 95/874497, ca. 25 DM. **Hostal Buenavista**, Calle Iglesia 28, Tel. 95/890097, ca. 28 DM.

Essen und Trinken

Von der **Pizzeria Picola Capri** in der Calle Villanueva genießt man die herrliche Aussicht über die Schlucht.

Sehenswertes

Ronda liegt inmitten der herben Seranía mit Gipfeln bis fast 2000 m am Rand der tiefen Schlucht des Rio Guadalevin. Die im 18. Jahrhundert erbaute, 70 m lange und 90 m hohe **Brücke**, die in mehreren Stockwerken den Tajo (Felsspalt) überwindet, verbindet die Alt- mit der Neustadt. Es sind weniger die oft noch arabischen Gebäude und engen Gassen, die Ronda so sehenswert machen, als vielmehr die Lage der Stadt in der Landschaft. Erwähnenswerte Gebäude sind der **Palast Salvatierra** mit einer Renaissancefassade, der arabische Palast **Casa del Rey Moro**, in dem der maurische Herrscher residierte, die Kirche Santa Maria la Mayor aus dem 17. Jahrhundert, die noch Überreste der alten Moschee in ihren Außenmauern enthält. Lohnend ist der Abstieg in die Schlucht von der Casa del Rey Moro aus.

Von Ronda windet sich der Zug durchs Gebirge langsam abwärts. Am Bahnhof *Benaoján* beginnt der Wanderweg zur 5 km entfernten Höhle **Cueva de la Pileta**. Etwa 200 m vom Bahnhof entfernt führt der Weg von den Schienen weg durchs Grüne direkt zur Höhle. Den ganzen Tag über kann sie unter der Führung des Besitzers besichtigt werden (5 DM; im Schein der Lampen werden dann Tierzeichnungen an den Wänden sichtbar, die bis zu 50000 Jahre alt sind.

Südlich von Benaoján erreicht die Bahn beim Bahnhof **Cortes de la Frontera** die wilde, fast völlig unberührte Landschaft des gleichnamigen Nationalparks. Korkeichenwälder, grüne Wiesen, kleine Bäche prägen diese menschenleere Region südlich der fast 2000 Meter hohen *Serranía de Ronda*. Die Strecke durch die steile Schlucht des Rio Guadiaro eröffnet prächtige Ausblicke auf Wasserfälle, Seen, Felsen.

Algeciras

Strecke 25510: Züge von Granada, Madrid, Paris, Sevilla. Busse nach La Línea (Gibraltar), Marbella, Tarifa.

Information

An der Hafenpromenade.

Verkehr

Mehrere Schiffe pro Tag fahren nach **Tanger**: 2 $\frac{1}{2}$ Stunden Fahrt, ca. 50 DM. Etwa alle 2 Stunden fahren Schiffe nach **Ceuta**, 1 $\frac{1}{2}$ Stunden Fahrt, ca. 25 DM.
Fahrkarten gibt es im Hafen-Abfertigungsgebäude. Zum Hafen geht man vom Bahnhof ca. 100 m nach links, dann scharf nach rechts und geradeaus, 6 Minuten.

Übernachten

Jugendherberge Parque Natural, Carretera Nacional 340, Tel. 956/679060, liegt 10 km vom Bahnhof an der Straße nach Tarifa, schöne Lage, Bus fährt gegenüber vom Bahnhof Richtung Tarifa. Viele **Hostals** in der Altstadt von Algeciras links vom Bahnhof, ab ca. 20 DM. **Hostal La Paloma**, Calle Emilia Gamir, vom Bahnhof 150 m links, ca. 18 DM. **Camping Costa Sol**, 4 km außerhalb, Richtung San Roque, Busse alle 30 Minuten von der Hafenpromenade nach San Roque, mit Schwimmbecken statt Strand.

Sehenswertes

Schmutzige Stadt mit hoher Drogenkriminalität, hier sollte man nur in die Busse nach *Tarifa* (Superstrand) und in Schiffe nach Tanger (Marokko) oder zur spanischen Exklave Ceuta in Afrika umsteigen.
Ceuta ist eine europäische Stadt mit etlichen Supermärkten am Hafen, in denen es zollfreie Billigwaren gibt. Eine schöne Aussicht hat man von der Festung über der Stadt, die auf einer Halbinsel weit ins Meer hineinragt.

Gibraltar

Busse von der Hafenpromenade in Algeciras gehen alle 30 Minuten nach La Línea de la Concepción. Von der Endhaltestelle läuft man 1 Minute zur Grenze.

Übernachten

Sehr teuer, besser in La Línea oder in Algeciras.

Sehenswertes

Zu Füßen des hoch aufragenden Felsens **El Peñón** tun britische Bobbies ihren Dienst, leben hier doch 25000 stolze Briten. Von Gibraltar aus eroberten die Mauren von 711 an die Iberische Halbinsel; 1000 Jahre später, 1704, setzten sich die Engländer fest. Landet nicht gerade ein Flugzeug, ist der Zugang zur Halbinsel über die streng bewachte Grenze frei. An der **Main Street** quetscht man sich durch Touristen, die sich vergeblich billigen Einkauf erhoffen, vorbei an der Börse, der Kathedrale und dem Gouverneurspalast. Mit einer Seilbahn oder zu Fuß läßt sich der 425 m hohe Felsen erklimmen. Oben wird man von einem herrlichen Blick auf das Meer, die Bucht von Algeciras, die Affen und die interessanten Höhlen belohnt.

Tarifa und die Weißen Dörfer

Busse etwa alle 2 Stunden von Algeciras und Cádiz.

Übernachten

Mehrere **Hostals** und **private Zimmer** werden angeboten. Preise ab ca. 25 DM, fast alle im Ortskern. Mehrere **Campingplätze** am Strand: **Camping Paloma**, Tel. 956/684203, schattig, in der Nähe einer prachtvollen Düne; **Camping Rio Jara**, Tel. 956/684279, schattig; **Torre de la Peña**, Tel. 956/684903, besteht aus 2 Plätzen, direkt am Strand, ganzjährig geöffnet.

Sehenswertes

Das Städtchen am südlichsten Punkt
Europas hat sich seinen arabischen Charakter weitgehend erhalten: Festung,
Türme und Mauern künden ebenso wie
die Stadttore und schmalen Gassen von
der Zeit, als die Mauern hier ihren Marsch
nach Norden antraten. An der **Punta Mar-
roquí** Europas südlichster Landspitze,
streckt sich Tarifa Marokko bis auf 13 km
entgegen. Rings um die Stadt locken
traumhafte **Sandstrände** zum Schwimmen
und vor allem zum **Surfen**, da von der
Straße von Gibraltar her meist frische
Winde wehen. Die Umgebung ist hügelig,
mit schönen Ausblicken auf Mittelmeer,
Atlantik und Afrika. Am Strand werden
Surfbretter, Segelboote und Pferde verlie-
hen, täglich fahren Schnellboote in
1 Stunde nach Tanger in Afrika
(ca. 50 DM).

Von Tarifa fahren alle 2 Stunden Busse
weiter Richtung Cádiz, vorbei an den
Weißen Dörfern wie **Vejer de la Frontera**
mit kalkweißen Häusern und schmalen
Gassen, 8 km von der Küste entfernt.
Ebenso schön ist **Conil de la Frontera**, mit
Badestrand aus feinem Sand (**Pension Paco
y Pepe**, in Conil, ca. 20 DM, **Campingplätze Pinar Tula** und **Fuente del Gallo**,
beide schattig. Am Strand übernachten
auch viele Rucksackler *im Freien.*)

Cádiz

Strecke 25 510 von Madrid, Sevilla. Busse
von Tarifa.

Information

Calderón de la Barca 1, vom Bahnhof 10
Minuten geradeaus kurz vor den Mauern
am Meer. Zimmervermittlung.

Verkehr

Der **Bahnhof** liegt direkt an der Innenstadt. Zum **Busbahnhof** mit den Bussen
nach Tarifa läuft man geradeaus, bis die
Hauptstraße nach rechts abbiegt. Man folgt
ihr 200 m nach rechts, dort liegt links der

Busbahnhof. **Schiffe** von Cádiz fahren auf
die Kanarischen Inseln.

Übernachten

Es gibt mehrere preiswerte **Hostals** in den
Altstadtgassen hinter der Plaza de San
Juan de Dios halblinks vom Bahnhof, ab
ca. 20 DM. **Hostal Manolito**, Calle Benjumea 2, Tel. 956/211567, ca. 18 DM. Die
Benjumea liegt in der Mitte der hinteren
Altstadt kurz vor der Küstenmauer. **Hostal
Medicos**, Benjumea 7, Tel. 956/212221,
ca. 25 DM. Vorne an der Plaza de San Juan
de Dios liegt das **Sardinero Hostal**, Tel.
956/285303, ca. 25 DM.

Sehenswertes

Die Altstadt von Cádiz lohnt einen Besuch,
weil sie noch relativ ursprünglich, teilweise
etwas vergammelt wirkt und nur wenige
Touristen anlockt. Sehenswert sind die **Befestigungsanlagen**, die die gesamte Stadt
rund um die Halbinsel umgeben und von
denen man einen weiten Ausblick auf
Meer und Bucht hat. Im Zentrum der
Stadt, an der Plaza de Mina, befinden sich
das **Archäologische** und das **Kunsthistori-
sche Museum**, die beide weit über Andalusien hinaus berühmt sind. Die Altstadt
zwischen der Plaza de Mina, der palmenge-
säumten Prachtpromenade am Hafen Avenida del Puerto und dem Campo del Sur
am Meer kennzeichnen viele schmale Gassen mit kunsthandwerklichen Läden. Die
mächtige, am Campo del Sur am Meer auf-
ragende neue Kathedrale stammt aus dem
19. Jahrhundert, die benachbarte Catedral
Vieja, die alte Kathedrale, aus dem 17.
Jahrhundert.

Jerez de la Frontera

Strecke 25 510 Cádiz–Sevilla.

Information

Alameda Cristina 7, vom Bahnhof 10 Minuten halbrechts zur Innenstadt.

Übernachten

Jugendherberge, Avenida Carrero Blanco 30, Tel. 956/342890, 128 Betten, sehr komfortabel, nur 2-Bett-Zimmer, liegt am Stadtrand, vom Bahnhof 2 km, direkte Busverbindung oder vom Bahnhof halblinks die Straße hochlaufen, bis sie wieder abwärts geht, dann sieht man hinten das große, grünweiße Gebäude, ca. 25 Minuten. Mehrere preiswerte **Hostals** in den Altstadtgassen ca. 10 Minuten vom Bahnhof, geradeaus Richtung Zentrum. **Hostal Sanvi**, Calle Morenos 10, Tel. 956/345624, ca. 20 DM.

Sehenswertes

Die Stadt gab dem berühmten Wein dieser Region, dem **Jerez**, seinen Namen, den die Engländer «Sherry» aussprechen. Die 180000 Einwohner große Stadt glänzt mit der arabischen Festung **Alcázar**, der großen Kathedrale **San Salvador** mit schönen Glasfenstern, dem weiten Platz Alameda Vieja mit prächtigen Pflanzungen und der Plaza de los Reyes Católicos. Doch die meisten Touristen suchen Jerez nur auf, um sich die vielen Weinkeller, die berühmten Bodegas, anzusehen. Mehr als 200 Sherryfirmen existieren in Jerez. Die bekanntesten sind «Sandeman» in der Calle Pizarro, «Pedro Domecq» in der Calle Ildefonso und «Bobadilla» in der Circunvalación und veranstalten kostenlose Führungen in englischer, teilweise sogar deutscher Sprache, meist vormittags, mit Weinproben.

Sevilla

Direkte Züge von Madrid, Barcelona, Cádiz, Huelva, Córdoba.

Information

Im neuen **Hauptbahnhof** oben. Weiteres Info in der Innenstadt, Paseo de las Delicias.

Verkehr

Der neue **Hauptbahnhof Santa Justa** liegt mit moderner Halle am Rand des Zentrums, etwa 15 Minuten zu Fuß von der Kathedrale entfernt. **Stadtbusse** fahren vor dem Bahnhof ab.

Übernachten

Jugendherberge, Isaac Peral 2, Tel. 95/4613150, 200 Betten, vom Bahnhof 7 km, Bus 6, 34 bis Reina Mercedes. Viele preiswerte **Fondas** und **Hostals** gibt es in der Innenstadt, vor allem im Barrio Santa Cruz. Die bekanntesten sind die **Residencia Monreal**, Calle Rodrigo Caro 6, Tel. 95/214166, und **Hostal Bienvenido**, Calle de Archeros 16, beide ca. 20 DM. Der **Campingplatz Club de Campo**, Tel. 95/720250, liegt außerhalb Richtung Dos Hermanas, Busverbindung. **Camping Sevilla**, Tel. 95/514379, ca. 4 km außerhalb, Richtung Flugplatz, 3 km hinter dem Bahnhof. **Camping Villsom**, Tel. 95/720828, bei Dos Hermanas, gute Busverbindung.

Essen und Trinken

In der Altstadt um die Kathedrale gibt es viele Lokale, die, außer um die Kirchen herum, durchaus preisgünstig sind.

Sehenswertes

Vom Bahnhof läuft man rechts die breite Straße ca. 800 m geradeaus, dann immer nach rechts. Am besten ist es, sich an der weithin sichtbaren Kathedrale zu orientieren, um ins Zentrum zu gelangen.

Die **Kathedrale** mit dem 93 m hohen Turm der **Giralda** ist das wichtigste Bauwerk der 600000-Einwohner-Stadt. Als Gebetsturm von den Mauren im 12. Jahrhundert erbaut, wurde die Giralda von den Katholiken zum Kirchturm umfunktioniert. Dem riesigen Innenraum der Kathedrale sind 50 Kapellen zugeteilt; die wichtigste ist die Capilla Real, die die Virgen de los Reyes, die Schutzpatronin der Stadt, beherbergt. Hinter der Kathedrale liegt die Börse, Lonja, mit hübschem Innenhof. Links davon steht der mächtige **Alcázar**.

Die maurische Königsburg wurde auf den Überresten einer römischen Burg errichtet und von den katholischen Königen im Mudéjar-Stil ausgeschmückt. Beachtenswert sind die Löwenpforte Puerto de León und die Admiralsräume Cuarto del Almirante, in denen die Reisen in die neuentdeckten Länder geplant und die Zurückkehrenden von den Königen empfangen wurden. Besonders schön sind der arkadengesäumte Patio de las Doncellas, der Jungmädchenhof mit seinen verschnörkelten Azulejo-Dekorationen sowie der Salón de Embajadores mit 3 schönen Eingängen und vergoldeten Stalaktiten. Schließlich sollte man nicht vergessen, die **Gärten** aufzusuchen, deren Schönheit einzig mit der Alhambra in Granada vergleichbar ist.

Das beeindruckendste Stadtviertel Sevillas schließt sich an den Alcázar an: Das **Barrio de Santa Cruz** mit seinen weißen Fassaden und engen Gäßchen wirkt wie eine dörflich-andalusische Idylle.

Was man sich in Sevilla nicht entgehen lassen darf, sind außerdem der goldene Turm **Torre del Oro** am Flußufer die **Stierkampfarena** und die schöne **Plaza de España** mit prächtigem Palast.

Am südlichen Ende des Parks dieser Plaza ist das Museum für Volkskunst und Archäologie, in der Calle Pedro del Toro steht das berühmte **Museo de Bellas Artes**, eine der bedeutendsten Kunstsammlungen Europas mit Gemälden von Murillo, Tizian, Rubens und Bosch (täglich außer Mo, 10–14 Uhr). Richtung Plaza Nueva mit vielen Palmen kommt man zur Barockkirche La Magdalena und dahinter zum Rathaus aus dem 16. Jahrhundert mit seiner säulengeschmückten Fassade, das als Beispiel des Plateresken stils in Spanien gilt. Hier beginnt die Fußgängerzone um die Calle de los Sierpes herum mit unzähligen Straßencafés. Die Sierpes ist in der Karwoche auch Zentrum der **Prozessionen**, die am Sonntag vor Ostern eröffnet werden. Die ganze Osterwoche hindurch finden abendliche Umzüge statt, am Karfreitag beginnen sie sogar frühmorgens. 52 Bruderschaften beteiligen sich mit 100 Pasos (Tragebühnen), die von Costaleros auf den Schultern getragen werden und Szenen aus der Leidensgeschichte Jesu und Bildwerke Marias dar-

stellen. Eindrucksvoll ist es nachts, wenn die Kapuzengestalten mit Kerzen durch die dunklen Straßen laufen.

Huelva und die Costa de la Luz

Strecke 25 512 Sevilla–Huelva, 4 Züge täglich.

Information

Calle Vázquez López 5, vom Bahnhof 100 m links, dann rechts die Calle López entlang.

Verkehr

Der **Bahnhof** liegt südlich vom Zentrum. Die **Busse** nach Ayamonte an der portugiesischen Grenze fahren von der **Estación Damas** ab, vom Bahnhof links die Avenida de Italia entlang bis zum Platz des 12. Oktober, dann die Avenida de Alemania 100 m nach rechts.

Übernachten

Jugendherberge, Avenida Marchena Colombo 14, Tel. 9 59/25 37 93, 130 Betten, vom Bahnhof 2 km, Bus 6. **Hostal la Cinta**, Calle Rascón 35, Tel. 9 59/24 85 82, ca. 25 DM. **Hostal Calvo**, Calle Rascón 33, Tel. 9 59/24 90 16, ca. 23 DM. Auch preiswerte **Casas de Huespedes** sind vorhanden.

Sehenswertes

Huelva mit seinen 50 000 Einwohnern wurde nach der Stillegung der Bahnstrecke nach Ayamonte an der portugiesischen Grenze zum Endpunkt der Bahnlinie im Südwesten des Landes. Von hier startete Kolumbus 1492 zu seinen Entdeckungstouren. Im 16. Jahrhundert war Huelva eine der reichsten Städte Spaniens, heute merkt man davon nichts mehr. Industrie und gesichtslose Straßenzüge bestimmen das Bild, einzig die Keramikkacheln an den Häuserfassaden bringen Abwechslung. Reisende nutzen Huelva meist nur als Umsteigestation zu den Stränden der **Costa de la Luz** und nach **Portugal** über Ayamonte, wo man per Fähre über den Rio Guadiana zum Bahnhof von *Vila Real* gelangt. Die westlich von Huelva gelegenen Strände sind oft voll und nicht sehr sauber. Man erreicht sie mit dem alle Stunde verkehrenden Bus von Huelva aus bei **Punta Umbria** (**Jugendherberge** in der Avenida Océano 13, Tel. 959/31 16 50, 84 Betten, schönes Haus mit Doppelzimmern am Strand, Busstopp 100 m nebenan. **Campingplatz Pinos de Mar**, Tel. 959/31 08 12, am Strand). Die östlich von Huelva gelegenen Strände sind weitaus lohnender. Busse von Huelva fahren mehrfach täglich nach **Mazagón** und **Matalascañas**, mit herrlichen Sandstränden und Pinienwäldern ohne allzuviel Betrieb. Die **Campingplätze** und die **Herberge** liegen ca. 3 km vom Ort entfernt. **Jugendherberge Mazagón**, Cuesta de la Barca, Tel. 959/53 62 62, Juli und August, für Gruppen ganzjährig geöffnet, 100 Betten, schönes Haus. **Camping Doñana Playa**, Tel. 959/37 62 81, sehr groß, schattig, ganzjährig geöffnet. **Camping Playa de Mazagón**, Tel. 959/37 62 08, schattig, mit Schwimmbad, strandnah. In *Matalascañas* gibt es den **Camping Rocio**, Tel. 959/43 02 38, ganzjährig geöffnet. An den Stränden zwischen beiden Orten übernachten viele im Freien.

Córdoba

Bahnknotenpunkt. Züge nach Madrid, Barcelona, Sevilla, Málaga, Algeciras.

Information

Avenida del Gran Capitán, Ecke Ronda de los Tejares, vom Bahnhof 400 m über den Vorplatz, geradeaus durch die schmale Straße dann nach links, an der Gran Capitán 200 m weiter nach rechts. Ein Fremdenverkehrsamt ist auch an der Kathedrale.

Übernachten

Jugendherberge an der Plaza Judá Leví, Tel. 957/29 01 66, in der Altstadt im Judenviertel, nordwestlich der Kathedrale ca. 20 Minuten oder Bus 12 zur Judería. **Hostal**

Perales, Avenida de Mozárabes 19, Tel. 957/23 03 25, ca. 25 DM. **Hostal Maestre**, Calle Romero Barros 10, ca. 23 DM. **Campingplatz Campamento Municipal**, Tel. 957/27 50 48, liegt 2 km außerhalb neben dem Schwimmbad, schattig, Busverbindung zur Carretera de Brillante.

Essen und Trinken

Vor allem im jüdischen Viertel gibt es viele Bars und Restaurants mit Tischen auf den Gassen. Moderater werden die Preise erst weiter weg von der Kathedrale, am Rand der Altstadt. Preiswerte Pizza gibt es bei **O Mamma Mia** in der Calle Reyes Católicos 5, ab ca. 10 DM. Andere preiswerte Lokale findet man bei der zentralen Plaza Tendillas.

Sehenswertes

Zur Zeit der Maurenherrschaft im 10. und 11. Jahrhundert erlebte die Stadt ihre Blütezeit mit fast 800 000 Einwohnern. Heute sind es nur noch 300 000. Der katholische Terror ließ das blühende Kalifat von Córdoba mit 25 Millionen Menschen nach der Eroberung durch Ferdinand von Kastilien 1236 weitgehend zerfallen.

Vom Bahnhof sind es etwa 15 Minuten zu Fuß zur *Altstadt* **Judería**. Man kann den Stadtbus benutzen, aber der Weg zu Fuß ist leicht zu finden: vom Bahnhof geht man rechts die Avenida de América entlang bis zur Avenida de Cervantes, diese geradeaus zum Paseo de la Victoria, bis an seinem Ende zur Linken das Almodóvar-Tor auftaucht. Rechts hinter dem Tor beginnt die Judaría mit ihren charakteristischen schmalen Gassen zwischen weiß gekalkten Häusern. Zwar ist alles für Touristen auf Hochglanz gebracht, doch das Gewirr schmucker Gassen fasziniert trotzdem. Sehenswert ist hier die 1315 erbaute **Synagoge** in der Calle de Maimonides, die im Inneren mit hebräischen Buchstaben verziert ist. Ihr gegenüber steht das **Museo Municipal**, in dem Kunsthandwerk aus Córdoba und Stierkampfdarstellungen zu sehen sind. Wer sich durch die kleinen Straßen in südliche Richtung vorarbeitet, erreicht das Wahrzeichen der Stadt, die **Mezquita**. Die einst prächtige Moschee dient heute als Kathedrale. Vom 8. bis ins 10. Jahrhundert errichteten sie moslemische Künstler, um die nach Mekka *zweitgrößte Moschee* der Welt mit über 850 Säulen fertigzustellen. Der *Säulenwald* taucht das Innere in angenehmes Dunkel und stützt das aus 19 verschiedenen Gewölben bestehende Dach ab. Mitten in diese einzigartige Atmosphäre klotzten die katholischen Eroberer auf Geheiß Karls V. im 16. Jahrhundert das mächtige Mauerwerk der Kathedrale. Morgens ist der Eintritt in die zu dieser Zeit noch relativ menschenleere Mezquita frei (später 6 DM), mittags herrscht starkes Gedränge. Neben der Mezquita steht der Palast des Erzbischofs und an ihrer Rückseite die Puerta del Puente, ein Tor, durch das man die **Römische Brücke** über den Guadalquivir betritt. 16 Bögen tragen den von Augustus in Auftrag gegebenen Bau, der damals Teil der wichtigen Verbindung zwischen der südlichen Mittelmeer- und Atlantikküste und Westeuropa war. Am anderen Ufer thront **La Calahorra**, ein aus arabischer Zeit stammender Befestigungsturm mit gutem Ausblick auf die Mezquita. Von der Brücke aus sieht man auch den **Alcázar**, die Überreste der von den Mauren gebauten, von den Katholiken zerstörten und wieder errichteten Festung. Im 15. und 16. Jahrhundert hatte hier die Inquisition ihren Sitz. Besonders reizvoll sind die der Anlage folgenden Gärten und Teiche, hinter denen sich noch die Überreste der arabischen Mauern erheben.

Folgt man dem Fluß entgegen seiner Fließrichtung, erreicht man außerhalb der Judería den zentralen Platz der Stadt, die Plaza del Potro mit dem Pferdebrunnen. In der Pferdeschenke daneben (**Posada del Potro**) kehrte schon Cervantes ein und verewigte sie im «Don Quichotte». Gegenüber steht das **Museo de Bellas Artes** mit Gemälden von Goya, Murillo, Tiepolo.

Baeza

Strecke 25 510 Madrid–Andalusien.

Information

Plaza del Pópulo im Zentrum.

Verkehr

Der **Bahnhof Linares-Baeza**, an dem alle Züge auf dieser Strecke halten, liegt 8 km von der Stadt entfernt. **Busse** fahren nach Ankunft der Züge dorthin.

Übernachten

Hostal Comercio, Calle San Pablo 21, Tel. 953/74 01 00, ca. 30 DM.

Sehenswertes

Auf dem Weg von Andalusien nach Madrid durchquert der Bahnreisende das weite Ölbaumland der Provinz Jaén. Die vom Mittelgebirge geprägte Region hat fast nur endlose Olivenwälder zu bieten. Der Besuch in der Provinzhauptstadt *Jaén* lohnt weniger als ein Abstecher in diese kleine Stadt. Berühmt ist die **Kathedrale** mit einer Renaissancefassade und einer eisernen Kanzel im Inneren. Nebenan befindet sich der alte Herrensitz, in dem heute der Stadtrat tagt. Die **Plätze** der Stadt, die Plaza de Santa Maria mit Brunnen an der Kathedrale oder die Plaza de los Leones mit der herrlichen Fassade der Carnicería, sind ebenso sehenswert wie die **Tore** Puerta de Jaén, Puerta de Ubeda und Arco de Villalar.

Ausflüge von Baeza führen in die 8 km entfernte Nachbarstadt **Ubeda**, deren Altstadt ebenso prachtvolle Renaissancefassaden aufweist wie Baeza selbst, allerdings umgeben von sterilen Neubauvierteln (stündliche Busverbindung).

Bei Sommerhitze lockt auch der nahe **Nationalpark de las Sierras de Cazorla y Segura**, der sich per Bus von Baeza und Ubeda aus erreichen läßt (Bus nach Cazorla und von hier nach Cotorrios).

Extremadura

Strecken 25 515 Madrid–Badajoz und 25 516 Madrid–Cáceres–Lissabon.

Der Westen Zentralspaniens gehört zu den menschenleersten Regionen des Landes. Für die Landwirtschaft ist der Boden zu karg, das Klima ist kontinental. Trotz aller Bemühungen der Regierung wandern immer noch Menschen aus der Extremadura in andere Landesteile ab, es gibt auch nur wenig Tourismus. Charakteristisch für die Region sind die vielen Stauseen entlang des Rio Guadiana und des Rio Tajo, die man von der Bahn aus sieht. Schöner als die Hauptstadt *Badajoz* in der Nähe der portugiesischen Grenze ist *Cáceres*.

Cáceres

Übernachten

Jugendherberge Donoso Cortés, Ronda de San Francisco, Tel. 927 / 22 16 07 oder 22 89 01. **Hostals** ab ca. 28 DM.

Sehenswertes

Cáceres ist römische Gründung. Unter der Herrschaft der Mauren wurde die Stadt systematisch zur Festung ausgebaut; die Mauern sind heute noch erhalten. 1227 wurde die Stadt durch die Katholiken erobert. Später ergoß sich der aus Amerika mitgebrachte Reichtum über die Stadt: Prachtvolle Paläste entstanden und künden noch heute vom Glanz jener Zeit. Die Altstadt liegt noch inmitten der wuchtigen Festungsanlagen und wird von Wehrtürmen geschützt. Um den zentralen Platz Santa Maria stehen der **Mayoralgo-Palast** mit einer prächtigen Renaissancefront, das **Bischofspalais**, der **Ovando-Palast** mit schönem Innenhof, die **Casa de Carvajal** mit gotischem Turm und die Kirche **Santa Maria**. Vorbei am weitläufigen Palast Golfines de Abajo gelangt man zum Kollegium *Luisa Carvajal* und der Kirche *San Francisco Javier*. Im **Haus der Veletas**, Teil des ehemals maurischen Alcázar, ist heute das

Stadtmuseum mit frühhistorischen Sammlungen untergebracht. Reisende nach Portugal sollten unbedingt die mittelalterliche Atmosphäre von Cáceres auf sich wirken lassen.

Plasencia mit seinem mittelalterlichen Stadtzentrum liegt im Norden der Extremadura an der Bahnstrecke Lissabon–Cáceres–Madrid (Bahnhof: Palazuelo, mit Bus 10 km bis Plasencia). Eine mächtige Mauer mit 68 Türmen umgibt die mit unzähligen Kirchen und Adelspalästen geschmückte Stadt. Höhepunkt sind die von alten Häuserfassaden umgebene Plaza Mayor mit dem Rathaus und die große Kathedrale aus dem 13. Jahrhundert. An der Stadtmauer findet man die Relikte des römischen Aquäduktes.

Kastilien – La Mancha

Herzstück Spaniens in über 600 m Höhe ist das früher als Neukastilien bekannte Gebiet von Castilia La Mancha. Auf der Fahrt von Madrid oder Valencia Richtung Andalusien oder Portugal durchquert man seine Landschaft: Umsäumt von bis zu 2500 m hohen Gebirgen breitet sich die eintönige, menschenleere, nach Südwesten leicht abfallende Hochebene der Meseta aus. Extreme Klimaunterschiede prägen die Städte und Dörfer der wenig touristischen Region. Einer aber fühlt sich hier nach wie vor zu Hause: *Don Quijote*, der Ritter aus der Mancha, geschaffen von *Miguel de Cervantes* (1547–1616). Überall in der Mancha finden sich Hinweise auf diesen Nationalhelden, in Form von nachgebildeten Figuren oder Erinnerungstafeln. Und steht man dann persönlich vor einer jener weißen Windmühlen, glaubt man fast, Don Quijote auf seinem Pferd nahen zu sehen, um den Kampf mit den unerbittlichen Windmühlenflügeln aufzunehmen. Sehr gut nachempfinden kann man das am Bahnhof **Alcázar de San Juan**, dem wichtigsten Bahnknotenpunkt der Mancha, der von vielen Zügen Richtung Andalusien angefahren wird. Die Mühle nebst den Figuren von Don Quijote und seinem Diener Sancho Pansa stehen hier im Bahnmuseum auf der dem Hauptausgang entgegengesetzten Seite der Gleise. Von Alcázar aus, einem netten kleinen Landstädtchen (**Hostals** ab 28 DM und Restaurants direkt vor dem Bahnhof), verkehren Busse ins 15 km westlich gelegene *Puerto Lapice*, wo Don Quijote in einem heute nach ihm benannten Lokal zum Ritter geschlagen worden sein soll. Noch lohnender ist der Ausflug von *Alcázar* mit dem Bus 10 km nach Osten nach *Mota Del Cuervo*, wo eine herrlich anzusehende Gruppe von Windmühlen erhalten blieb.

Cuenca

Strecke 25 508 Madrid–Valencia, 4 Züge täglich.

Information

100 m links gegenüber vom Bahnhof.

Übernachten

Die **Jugendherbergen Alonso de Ojeda**, San Ignacio de Loyola 3, Tel. 9 66/22 24 51 und **Maria de Molina**, Virgen del Pilar 1, Tel. 9 66/22 24 20, 22 00 06, werden zur Zeit renoviert. Nachfragen, wann sie wieder öffnen. Mehrere **Hostals** und **Fondas** nicht weit vom Bahnhof.

Sehenswertes

Der Bahnhof liegt in der Neustadt. Die Altstadt von Cuenca ist eine der prächtigsten Städte Neukastiliens auf über 1000 m Höhe in der wilden Serranía de Cuenca. Die von den Römern gegründete Stadt liegt hoch über der Mündung des Rio Huécar in den Rio Júcar. Die Altstadt thront in Terrassenform und asymmetrischer Anlage auf einem steil abfallenden Felsen. Berühmt sind die **Casas Colgadas**, deren Balkone direkt über dem Abgrund hängen. Beeindruckend ist auch die Fassade der **Kathedrale** aus dem 12. Jahrhundert, die heute ein Nationaldenkmal ist. Bilder von El Greco schmücken ihr Inneres. Neben

den verschlungenen Straßen der Altstadt locken die malerische Plaza Mayor mit barockem Rathaus sowie die **Museen für Archäologie** und **abstrakte spanische Kunst**. Reizvoll ist auch die wilde, waldreiche Umgebung in den Bergen der Serranía de Cuenca.

Toledo

Züge von Madrid-Atocha (25 514) alle 2 Stunden. Von Süden her in Aranjuez umsteigen.

Information

An der Stadtmauer, am Nordtor, der Puerta de Bisagra, außen. Auch Zimmervermittlung.

Verkehr

Der wunderschöne **Bahnhof** im maurischem Baustil liegt im Tal jenseits des Tajo, zu Fuß 12 Minuten hoch in die Altstadt. Vom Bahnhof aus geht man rechts zur Hauptstraße, diese nach rechts weiter, danach links den Hang entlang zur Straße am Tajo, dann über die Brücke Alcántara und die Treppen hoch zur Stadt.

Übernachten

Jugendherberge San Servando, Castillo de San Servando, Tel. 9 25/22 45 54, ganzjährig geöffnet, 48 Betten, nur 5 Minuten vom Bahnhof, liegt auf der Festung über der Brücke Alcántara auf dem Weg zur Altstadt, tolle Aussicht. **Hostal Segovia**, Calle Recoletos 4, Tel. 9 25/21 11 24, 3 Minuten hinter dem zentralen Zocodóver-Platz. **Campingplätze** um die Stadt: **Circo Romano Camping**, Tel. 9 25/22 04 42, liegt nördlich zu Füßen der Altstadt, 1 km vom Bahnhof, Bus zur Puerta de Bisagra. **Camping El Greco**, Tel. 9 25/21 35 37, und **Camping Toledo**, Tel. 9 25/35 80 13, liegen 2 km außerhalb.

Essen und Trinken

Viele Restaurants liegen zentral um die *Plaza Zocodóver*, sind aber relativ teuer. Am preiswertesten ist noch das Lokal gegenüber vom Bahnhof am Paseo de la Rosa, **Cubana**.

Sehenswertes

Auf einem mächtigen Felsen gelegen, von wuchtigen Befestigungsanlagen geschützt und auf drei Seiten von dem Fluß Tajo umgeben, vermittelt Toledo heute den Eindruck eines großen Museums. Die Stadt, die schon in vorrömischer Zeit gegründet worden war, wurde später Zentrum des westgotischen Reiches. Von 711 bis 1085 war sie in arabischer Hand und erlebte ihre Blüte, wie auch zur Zeit der katholischen Herrscher. Vier Jahrhunderte lang war Toledo Residenz der Könige Kastiliens, bis 1560 Madrid Hauptstadt wurde.

Zu den bedeutendsten Sehenswürdigkeiten zählt der **Alcázar**, der hoch über den übrigen Gebäuden thront. Die Burg, im 13. Jahrhundert von den katholischen Königen erbaut, wurde mehrfach zerstört, im Bürgerkrieg fast vollständig gesprengt, danach wieder aufgebaut. Die Räume, die von Francos Truppen gegen die Republikaner erbittert verteidigt worden waren, beherbergen inzwischen das Museo del Asedio. Die gotische **Kathedrale** Toledos aus dem 13. bis 15. Jahrhundert beeindruckt durch die prächtige Fassade und den Kreuzgang, der innerhalb der Arkaden Heiligenbilder enthält. In der Haupthalle stehen geschnitzte Chorbänke, in deren Rückenlehnen Szenen aus dem Sieg über die Mauren bei Granada eingraviert sind. Unzählige Gemälde befinden sich in der Sakristei, wo van Dyck, El Greco und Goya vertreten sind.

Aus der arabischen Zeit blieb in Toledo eine **Moschee** erhalten, die Cristo de la Luz aus dem 10. Jahrhundert. Sie liegt am Rande der Altstadt, in der Nähe des größten Stadttors Puerta del Sol. Unzählige Kirchen verteilen sich auf die Stadt, viele von ihnen sind im Mudéjar-Stil gebaut, bei dem in der Zeit der Reconquista arabische und christliche Stilelemente miteinander verschmelzen.

Wie die **Kathedrale** in gotischem Baustil errichtet ist das Ensemble der Brücke San Martín mit gleichnamigem Stadttor und dem Kloster San Juan de los Reyes. Dessen Kirche verfügt über einen besonders sehenswerten Kreuzgang. Im **Hospital** und dem **Musea Santa Cruz** sind eine große Sammlung von Bildern des in Toledo seit 1577 ansässigen Griechen El Greco (bürgerlicher Name: Domenico Theotokopulos) sowie andere Gemälde und Wandteppiche zu sehen. In der **Casa y Museo del Greco**, dem Wohnhaus des berühmten Malers aus Kreta, sind weitere Werke ausgestellt.

Außerhalb der Altstadt steht das **Hospital de Tavera** mit einem Museum (Gemäldesammlung), schönen Innenhöfen und einem Altarschmuck von El Greco. Besonderes Augenmerk sollte man auf die Plätze der Altstadt wie die Plaza de Zocodóver, die engen Gassen und die verzierten Portale und Tore richten.

Das größte Fest Toledos ist die Feier am Fronleichnamstag, die mit großen Prozessionen begangen wird.

Madrid

Bahnknotenpunkt. Züge in alle wichtigen Städte Spaniens, direkte Züge von Paris.

Information

Im Bahnhof **Chamartin** und im Bahnhof **Atocha**. Ein zentrales Fremdenverkehrsamt ist an der Plaza Mayor 3. Viele Pläne. Das Heft «En Madrid» gibt es auch in Englisch, kostenloser Veranstaltungskalender. Die «Guía del Ocio» informiert über die Veranstaltungen der Woche.

Verkehr

Madrid hat 2 große *Hauptbahnhöfe*:
Chamartin: Im Norden der Stadt mit allen Einrichtungen, preiswertem Selbstbedienungsrestaurant im Obergeschoß und Park auf dem Dach des Bahnhofs. Züge

aus dem Norden, Frankreich, Barcelona. Alle 10 Minuten direkte Verbindung zum Atocha-Bahnhof mit Nahverkehrszügen. Zum Zentrum Metro 8 Richtung Avenida de America bis Plaza Castilla, hier umsteigen in die Metro 1 bis Puerta del Sol. Beim Fahrkartenkauf zuerst eine Nummer aus dem mit einem blauen Pfeil gekennzeichneten Automaten ziehen – für die Fahrt am selben Tag «Para Hoy», an einem anderen Tag «Para otros días» – abwarten, bis die Nummer aufleuchtet, dann zum Schalter gehen.

Atocha: Einer der schönsten Bahnhöfe Europas. Liegt am südlichen Zentrum der Stadt, in der Nähe des Prado-Museums. Mit allen Einrichtungen. Die alte Halle des Bahnhofs wurde zu einer Art Pflanzenschauhaus umfunktioniert. Züge aus dem Süden. Zu Fuß sind es 10 Minuten ins Zentrum oder Metro 1 bis Puerta del Sol.

Busbahnhöfe gibt es viele, der wichtigste liegt in der Nähe des Atocha-Bahnhofs: **Estación Sur de Autobuses**, Metro-Station Palos. Metro 3 bis Puerta del Sol verbindet mit dem Zentrum.

Bestes Verkehrsmittel in Madrid ist die **Metro**, schnell und preiswert. Die Metro-Linien haben Nummern, doch orientiert man sich am Zielbahnhof der jeweiligen Strecke (Beispiel Metro 1: Plaza Castilla). Kostenlose Netzpläne sind an allen Stationen zu haben. Die Zehnerkarte kostet ca. 12 DM, Einzelticket ca. 1,50 DM.

Nahverkehrszüge zwischen Chamartin und Atocha sowie in die Vororte sind mit Bahnpässen kostenlos.

Die **roten Busse** fahren im Stadtteilbezirk, die **gelben Busse** als Schnellbusse größere Strecken. Leider gibt es für Busse keine so guten Übersichtspläne wie für die Metro.

Übernachten

Jugendherbergen: Marcenado, Calle Santa Cruz de Marcenado 28, Tel. 91/5474532, Einzelreisende haben Vorrang, dennoch oft voll, in der Nähe der Universität, Metro 3 Richtung Moncloa, Station Argüelles. **Richard Schirrmann**, Casa de Campo, Tel. 91/4635699, Gruppen haben Vorrang, außerhalb in einem Park im Westen Ma-

drids, Metro 10 Richtung Aluche, Station Lago. **Zimmervermittlung** in beiden Hauptbahnhöfen gegen Gebühr, ca. 4 DM, bis 20 Uhr offen. In der Altstadt zwischen dem Atocha-Bahnhof und der Puerta del Sol sind sehr viele preiswerte **Hostals** zu finden, vor allem um die Calle Atocha, die Gran Via und die Puerta del Sol. Riesiges Angebot an Betten zu 25–30 DM. **Hostal Torio**, Calle de Atocha, Tel. 91/2391600, vom Atocha-Bahnhof 8 Minuten, ca. 20 DM. **Hostal Medieval**, Calle Fuencarral 46, Tel. 91/2222549, nördlich der Gran Via, ca. 23 DM. **Campingplatz Madrid**, außerhalb an der Straße nach Burgos, schattig, mit Schwimmbecken, Metro bis Plaza Castillo, dann Busverbindung, Tel. 91/2022835. **Camping Osuna**, weit außerhalb beim Flughafen Barajas, Tel. 91/7410510, Metro und Bus.

Essen und Trinken

Restaurants und Bars sind in der gesamten Innenstadt in großer Anzahl vorhanden. Je weiter man in Nebenstraßen eindringt, desto preiswerter – aber nicht weniger schmackhaft – wird man versorgt. Speziell um die Calle de Atocha, die Plaza Mayor, um die Gran Via und den Paseo de Recoletos herum findet man viele Cafés und Bars wie das **Gijón**. Fleischfreaks finden im urigen **Museo del Jamón** am Paseo del Prado, 5 Minuten vom Atocha-Bahnhof, ihr preiswertes Schinkenparadies. Im vegetarischen Restaurant **Vegetariano** in der Calle Marqués de Santa Ana 34 gibt es Fleischloses, leider nicht ganz billig. *Zum Bummeln* bieten sich tagsüber der Retiro-Park und das Vergnügungsviertel in der Casa de Campo an, die Calle de Toledo samt Nebenstraßen sowie die Calle Preciados zwischen Gran Via und Puerta del Sol. Abends trifft man sich auf der Plaza Mayor, an der Plaza Santa Ana, im Gebiet der Metro-Station Argüelles oder auf dem Paseo de la Castellana nördlich von Colón. Neben den vielen Kinos bieten Abend für Abend ca. 20 Theater Vorstellungen an. Der Eintritt ist meist preiswert, unter 12 DM erhält man teilweise gute Plätze. Ballett läuft auch im Kulturzentrum Villa de Madrid am Colón. Die **Disco Joy**, Calle Arenal 9, bei der Puerta del Sol, ist der größte Nachtschuppen der Stadt, ca. 20 DM Eintritt, «schönes Publikum». Relativ authentischen Flamenco sieht man im **Café del Burero Flamenco** in der Calle Arrieta 7, ohne Eintritt, Getränke etwas teurer. Das **Jazz Café Arenal**, Calle Arenal 15, öffnet ab ca. 21.30 Uhr bis spät nach Mitternacht. Das **Viva Madrid** mit seiner schönen Kachelfassade lockt bis spät in die Nacht in der Calle Gonzales 7 bei der Plaza de Santa Ana.

Sehenswertes

Die Hauptstadt Spaniens mit ca. 3,5 Millionen Einwohnern liegt auf 650 m Höhe in der Mitte Kastiliens. Seit dem Ende der Franco-Diktatur ist Spaniens Metropole zu neuem kulturellem Leben erwacht; das ganze Jahr über werden Kunst, Kultur und Unterhaltung in allen Variationen geboten. Mit Ausnahme der heißen Monate Juli und August herrscht in Madrid immer Hochbetrieb.

Kommt man im Atocha-Bahnhof in Madrid an, liegt gleich rechts der **Botanische Garten** mit vielen Glashäusern und tropischen Pflanzen. Hinter dem Jardin Botánico erstreckt sich der weitläufige **Retiro-Park** mit breiten Alleen, Brunnen und Statuen, wo die Madrider spazierengehen, joggen oder Boot fahren. In seiner Mitte liegt ein großer See, an dem Wasserspiele veranstaltet werden. Neben vielen kleinen Häusern steht hier der *Palacio de Cristal* aus dem 19. Jahrhundert. Nördlich des Botanischen Gartens folgt der **Prado**, eines der wichtigsten Museen der Welt mit Meisterwerken von Raffael, Botticelli, Tizian, Velázquez, Rubens, van Dyck, Rembrandt, Murillo, Goya und vielen anderen. Im schräg gegenüberliegenden **Villahermosa-Palast** ist seit kurzem die bedeutende Gemäldesammlung des deutschen Barons Thyssen untergebracht. Zum «goldenen Museumsdreieck» gehört außerdem das neue **Centro de Arte Reina Sofía** für moderne Kunst. Hier hängt auch Picassos «Guernica». Der Paseo del Prado führt geradewegs nach Norden zur Plaza de Cibeles, in deren Mitte ein Standbild der Göttin des Überflusses (Cibele) thront. Rings um den verkehrsreichen Platz sind beeindruckende Gebäude wie der **Palacio de**

Communicaciones, heute Post, und die Banco de España versammelt. Von der Plaza de Cibeles führt die breite Calle de Alcalá nach Westen direkt zur **Puerta del Sol**, dem Herzen der Stadt. Geprägt wird der Platz vom Palast der Polizeidirektion und von zwei blumengesäumten Brunnen. Die Straßen nördlich und südwestlich der Puerta del Sol sind Fußgängerzonen. In südwestlicher Richtung gelangt man zur schönen **Plaza Mayor**, die von mächtigen Gebäuden und Arkaden eingerahmt wird. In der Mitte des Platzes steht die 1613 errichtete Reiterstatue Philipps II., rings um die Plaza Mayor sind unzählige kleine Läden und Cafés, von denen aus sich das bunte Treiben beobachten läßt. Morgens ist zwischen der Calle de Toledo und der Ribera de Curtidores ein Markt, sonntags ein Flohmarkt. Westlich der Plaza Mayor befinden sich die weitläufigen Anlagen des **Königspalastes**. Der Palacio Real zeichnet sich durch seine prächtigen Innenräume und die *Armeria Real* (Waffenkammer) aus. Vor dem Palacio Real liegt die mit 20 großen Königsstatuen geschmückte **Plaza de Oriente**. Folgt man der Calle de Bailén nach Norden, stößt man auf die **Plaza de España**, mit markanten Hochhäusern, eines der Geschäftszentren der Stadt. Die **Plaza de Colón**, der Platz mit dem Kolumbusdenkmal, liegt nördlich von Cibeles. An einer Ecke steht das Wachsfigurenkabinett. Östlich folgt die Plaza del Descubrimiento mit dem *Kulturzentrum Villa de Madrid*, der *Nationalbibliothek* und dem *Archäologischen Museum*.

Der Park westlich des Nordbahnhofs ist am Südende mit dem **Campo del Moro** verbunden, Hauptattraktionen sind der Zoo und das Vergnügungszentrum *Parque de Atracciones* mit Karussells, Wasserspielen und Sportanlagen. Man kann mit der Seilbahn (Teleférico) in die riesige **Casa de Campo** gelangen. (Vom Paseo Pintor Rosales hinter dem Nordbahnhof aus.)

Ausflüge von Madrid

30 km nordöstlich von Madrid liegt an der Bahnlinie Madrid-Chamartin – Zaragoza (auch Busverbindung) der Geburtsort des

Dichters Miguel de Cervantes (1547–1616), **Alcalá de Henares**. Der Ort war im späten Mittelalter eine berühmte Universitätsstadt. Im Colegio de San Ildefonso sind die prächtigen Räume zu besichtigen. Schöne Renaissancegebäude stehen in der stimmungsvollen Calle Mayor, die an der Plaza de Cervantes mit dem Rathaus endet. In der Calle de Santiago steht neben dem Hospital de Antezana das Geburtshaus von Cervantes. Treffs sind die alten Studentenlokale mit teilweise schmuckvollen Gasträumen wie die Hosteriá Estudiante in der Calle de los Colegios.

An der Strecke 25520 Madrid-Chamartin – Ávila, liegt der Bahnhof von **San Lorenzo del Escorial.**

(Jugendherbergen: Santa Maria del Buen Aire, Finaca de la Herreria, Tel. 91 / 8 90 36 40, ganzjährig geöffnet außer September, 92 Betten, ca. 2 km vom Bahnhof, Busverbindung. **Residencia**, Residencia 14, Tel. 91 / 8 90 59 24, ganzjährig geöffnet außer September, 96 Betten, vom Bahnhof 2 km, Busverbindung. **Campingplatz La Herreria** ca. 2 km vom Bahnhof, Busse.)

Vom Bahnhof San Lorenzo del Escorial sind es ca. 2 km zur Stadt mit dem berühmten **Kloster**. Busse pendeln ständig zwischen Bahnhof und Kloster, der Fußweg dauert ca. 20 Minuten. Der riesige Komplex beeindruckt schon von weitem. Erbaut von 1563 bis 1584 durch König Philipp II., diente das Kloster den spanischen Königen als Begräbnisstätte und religiöses Refugium. Es umfaßt mehr als 2000 Räume, Bibliotheken, fast 100 Brunnen, prächtige Höfe, mehrere Kapellen, Museen und etliche Kreuzgänge. Für den Besuch muß man genügend Zeit mitbringen (täglich außer Mo, 10–18 Uhr, 9 DM).

Mit der Bahn *Richtung Segovia* durchquert man das nordwestlich von Madrid gelegene, bis zu 2430 m hohe Gebirge der **Sierra de Guadarrama**. In Cercedilla beginnt die Bergbahn der RENFE, die zum *Navacerrada* und *Los-Cotos-Paß* hochfährt. In dieser weitläufigen Gebirgsregion eröffnen sich unzählige Wanderwege. Mehrere Seilbahnen erschließen die höheren Berge. Navacerrada und Los Cotos liegen 1900 m hoch. Zu Fuß oder per Bus gelangt man ins

reizvolle Manzanares el Real, das von einer imposanten Festung beherrscht wird und am Ufer des Stausees Embalse de Santillana liegt (5 km von Navacerrada entfernt liegt die **Jugendherberge Alvaro Iglesias** Tel. 91 / 8 52 14 23, nur Juni–September).

Zu Ausflügen in die *Sierra de Gredos*, das Gebirge westlich von Madrid, startet man von El Escorial oder den Bahnhöfen zwischen El Escorial und Ávila aus.

Kastilien – León (Altkastilien)

Ávila

Strecke 25520 Madrid-Chamartin – Ávila.

Information

Plaza de la Catedral.

Übernachten

Jugendherberge Professor Arturo Duperier, Avenida de Juventud, Tel. 9 20 / 22 17 16, Juli und August offen, 1 km vom Bahnhof. Mehrere preiswerte **Hostals** in den Straßen um die Plaza Santa Teresa, ab 25 DM. **Hostal Santa Ana**, Calle de Montalvo 2, Tel. 9 20 / 22 00 63.

Sehenswertes

Die Stadt thront wie eine alte Ritterstadt auf 1130 m Höhe. Die wuchtige **Stadtmauer** ist 2,5 km lang, 12 m hoch und 3 m dick. 90 massive, in einem Abstand von 25 m errichtete Türme verstärken den bulligen Eindruck. In ihrem Inneren beherbergt die Stadt eine Menge schlichter alter Gebäude und stiller Gassen, die in beschauliche Plätze münden. Die Atmosphäre Ávilas scheint heute noch von der Frau geprägt, die die Stadt im 16. Jahrhundert in eine Stadt des Katholizismus verwandelte: Die **heilige Teresa von Ávila**. An sie wird man an vielen Plätzen, Gebäuden und Kirchen der Stadt erinnert.

Segovia

Strecke Madrid-Chamartin – Medina del Campo.

Information

Plaza Mayor.

Übernachten

Jugendherberge Emperador Teodosio, Avenida Conde de Sepúlveda, Tel. 921/420027, Juli und August, vom Bahnhof 10 Minuten Richtung Altstadt. **Hostal Tagere**, Calle Santa Isabel 13, Tel. 921/420035, viele Interrail-Gäste, ca. 20 DM. Mehrere andere preiswerte **Hostals**. Außerhalb Richtung Ildefonso, ca. 3 km, liegt der **Campingplatz El Acueducto**, Tel. 921/425000.

Sehenswertes

Die Stadt liegt am Nordrand des Kastilischen Scheidegebirges auf einem Hügel. Schon in der römischen Epoche war Segovia von Bedeutung und zeigt noch heute Bauwerke aus über 2000 Jahren. Römer, Westgoten, Araber, kastilische Könige bestimmten die Geschichte der Stadt, in der 1474 Isabella die Katholische zur Königin Kastiliens ernannt wurde.

Die Altstadt wird von der zinnenbewehrten *Mauer* umgeben. Im Nordwesten läuft sie im mächtigen Gebäude des **Alcázar** aus, der aus dem 11. Jahrhundert stammt und im 19. Jahrhundert renoviert wurde. Prächtig ausgeschmückte Räume sind in seinem Inneren zu besichtigen. Ansonsten wird die Stadt von Kirchenbauten dominiert. Am beeindruckendsten ist die helle spätgotische **Kathedrale**, die einen fein verzierten Kreuzgang und im Kapitelsaal eine geschnitzte Holzdecke sowie Wandteppiche aufweist. An der Plaza Mayor stehen das Rathaus aus dem 17. Jahrhundert und die Kirche San Miguel. Sehenswert ist aber vor allem der römische **Aquädukt**. Im 1. Jahrhundert nach Christus unter Kaiser Trajan gebaut, ist der 28 m hohe, 728 m lange Bau mit 120 Bögen heute noch in Betrieb. Auch außerhalb der Stadtmauer befinden sich wichtige Bauwerke wie das Kloster Monasterio del Parral jenseits des Río Eresma, die Kirche San Lorenzo sowie die Kirche San Millán mit Laubengängen und klar gegliedertem Aufbau.

Salamanca

Strecken 25521/25540 Madrid/Irún – Salamanca – Portugal. Ein direkter Zug fährt von Paris-Austerlitz über Salamanca nach Lissabon und zurück.

Information

In der Gran Vía 39 mit Zimmervermittlung, zudem ein Fremdenverkehrsamt an der Plaza Mayor.

Übernachten

Viele preiswerte **Hostals** um die Plaza Mayor, ab ca. 20 DM. **Hostal Serrano**, Calle Rua Mayor 15, Tel. 923/219181. **Hostal Torres**, Plaza Mayor 26, Tel. 923/212100. **Hostal Marina**, Calle Doctrinos 4, alle ca. 20 DM. **Campingplatz Don Quijote**, außerhalb am Fluß. **Camping Regio**, mit Schwimmbad, Bus von der Innenstadt, Tel. 923/200250.

Essen und Trinken

Viele Studentenkneipen und -lokale. Am bekanntesten ist das stets volle **Cervantes** an der Plaza Mayor, tolle Einrichtung, nicht teuer. Die **Markthalle** liegt 100 m östlich der Plaza Mayor Richtung Gran Vía. Rund um den Anaya-Platz, auf der Plaza Mayor und in der Gran Vía ist tagsüber, abends und bis in die Nacht eine Menge los.

Sehenswertes

Die berühmte Universitätsstadt mit 170000 Einwohnern liegt am Rand der spanischen Meseta. Neben der unglaublichen Vielfalt an mittelalterlichen und frühneuzeitlichen Gebäuden besticht die Atmosphäre der *Studentenstadt*. Bereits im frühen 13. Jahrhundert wurde die **Universität** in Salamanca durch König Alfons von

León eröffnet, 300 Jahre später war sie die größte Lehranstalt Europas.

In der vom Rio Tormes und einem Ring von Hauptstraßen eingeschlossenen Altstadt fällt in erster Linie die berühmte **Plaza Mayor** auf. Der Mittelpunkt der Stadt gilt als der schönste Platz Spaniens. Umrahmt von einem Kranz dreistöckiger, arkadengeschmückter Gebäude lädt die Plaza Mayor zum Bummeln, Kaffeetrinken und Verweilen ein. Hinter der Plaza Mayor führt die Rúa Mayor an alten Palästen und Kirchen vorbei zur Plaza de Anaya, wo sich die **Kathedrale** und die *Universität* befinden. Die Kathedrale besteht aus der Catedral Vieja mit dem Torre del Gallo, dem Hahnenturm, aus dem 13. bis 16. Jahrhundert und der Catedral Nueva aus dem 16. bis 18. Jahrhundert mit einem gewaltigen, über 100 m hohen Turm. Auffallend sind die wuchtigen Säulen und die Mudéjar-Kacheln in einer Seitenkapelle. Das benachbarte Universitätsgebäude betritt man durch ein fein verziertes Portal aus dem 16. Jahrhundert. Innen liegt ein arkadengesäumter Hof, von wo aus es zu den einzelnen Lehrsälen geht. Neben der Uni befinden sich das Colegio de Anaya, die Escuelas Menores und die Casa Museo Unamuno, das Haus des Schriftstellers und Universitätsrektors Miguel de Unamuno (1864–1936). An der Universität vorbei am Fluß erreicht man die 400 m lange, auf 26 Rundbogen errichteten **Puente Romano**, die von einer Steinstatue bewachte Brücke mit schönem Blick über die Stadt. Ihre beiden westlichen Steinträger stammen noch von den Römern, die übrigen wurden neu hergerichtet.

Valladolid

Strecke 25530 Irún – Burgos – Valladolid – Medina del Campo – Madrid.

Information

Plaza de Zorrilla 3, vom Bahnhof geradeaus, den Paseo de Campo Grande entlang, 5 Minuten.

Übernachten

Jugendherberge Rio Esgueva, Calle Cementerio 2, Tel. 983/251550, Juli und August, am Rand der Stadt, Bus von der Plaza Mayor. Preiswerte **Hostals** sowie **Privatzimmer** gibt es vor allem in der Nähe der Plaza Mayor.

Sehenswertes

Vom Bahnhof sind es 10 Minuten zu Fuß in die Altstadt: geradeaus zum Fremdenverkehrsamt, dann durch die Fußgängerzone Calle de Santiago zur Plaza Mayor, von dort nach rechts. Die abschreckende Neustadt liegt rund um die sehenswerte Altstadt. Jahrhundertelang war Valladolid Residenz der kastilischen Könige, und so beherbergt es großartige Gebäude wie die **Kirchen La Cruz**, *San Benito, San Miguel, Santa Catalina* und die unvollendete **Kathedrale**. Prächtige **Paläste** schließen sich an: der des *Marquis von Valverde*, der von *Fabio Nelli* (heute mit Archäologischem Museum) oder der der *Grafen von Benaventa*. Einzigartig schön, nur noch mit der Alhambra in Granada vergleichbar, sind die Rundbogenverzierungen im Säulenhof des **Collegium San Gregorio**.

Burgos

Strecke 25530 Irún – Madrid.

Information

Plaza de Alonso Martínez 7.

Übernachten

Jugendherberge Gil de Siloe, Avenida General Vigón, Tel. 947/220362, Juli und August. **Hostal Tresorera**, Calle Vitoria 178 (die Verlängerung des Paseo del Espolón), Tel. 947/223592, ca. 20 DM. **Campingplatz Fuentes Blancas**, Tel. 947/221016, außerhalb Richtung Miraflores ca. 3 km, Busverbindung.

Sehenswertes

Die *Altstadt* ist vom Bahnhof in 8 Minuten zu Fuß zu erreichen: vom Bahnhof geht man geradeaus zum Fluß, über die Brücke, dann am Fluß entlang bis zum Tor Santa María.

Die altkastilische Stadt war die Heimat des legendären Maurenbekämpfers El Cid im 11. Jahrhundert. Das 900 m hoch liegende Burgos wird heute von Industrie geprägt, nur die Altstadt aus dem 13. Jahrhundert lohnt den Besuch. Die riesige **Kathedrale Santa María** gilt als eine der außergewöhnlichsten Kirchen des Landes, sie stammt aus dem 13. bis 15. Jahrhundert. Sehenswert sind zudem das **Tor Santa María** gleich hinter der Brücke über den Río Arlanzón, die Kirchen San Gil, San Esteban und San Nicolás sowie der Palacio del Cordón mit seinem schönen Innenhof. In ihm empfingen die katholischen Könige 1497 Kolumbus nach der Rückkehr von seiner zweiten Amerikareise. Hoch über der Kathedrale thront das **Castillo**, in dem die kastilischen Herrscher residierten.

León

Strecke 25522. Züge von Madrid, Irún, Vigo, Santiago de Compostela, Gijón. Privatbahn FEVE von Bilbao.

Information

Plaza de la Regla, bei der Kathedrale.

Übernachten

Jugendherbergen: Consejo de Europa, Paseo del Parque 2, Tel. 987/200206 und 236500, Juli und August. **Infanta Doña Sancha**, Corredera 2, Tel. 987/203414 und 236500, Juli und August, vom Bahnhof 10 Minuten. **Hostal Lombas**, Calle Teatro 2, Tel. 987/234247, 20 DM. **Hostal Londres**, Avenida de Roma 1, Tel. 987/222274, 5 Minuten vom Bahnhof Richtung Altstadt, nach der Brücke halblinks, ca. 20 DM. Weitere preiswerte *Hostals* vorhanden.

Sehenswertes

Vom Bahnhof zur Altstadt sind es 10 Minuten zu Fuß: Zuerst die Calle Astorga nach rechts, dann nach links in die Avenida de Palencia, über die Brücke und geradeaus durch die Calle de Ordoño, dann wird die **Kathedrale** sichtbar. Die Stadt in 820 m Höhe mit 140000 Einwohnern war von 914 bis 1230 Hauptstadt des gleichnamigen Königreichs. Die Altstadt Leóns wirkt etwas schmuddelig. Sehenswert ist vor allem die *Kathedrale*. Im 13. und 14. Jahrhundert errichtet, ist diese große Kirche mit ihren herrlichen Fensterglasmalereien und dem freundlichen Inneren eine der schönsten Spaniens. Auch die von Arkaden flankierte **Plaza Mayor** lädt zur Ruhepause ein.

Galicien

Dieses Land im äußersten Nordwesten Spaniens ist völlig anders als das «typische» Spanien: gebirgig, von grünen Wäldern bedeckt, von unzähligen Bächen und Flüssen durchzogen, die oft zu kilometerlangen, breiten Seen gestaut werden; mit milden, regnerischen Wintern und nur mäßig warmen, keineswegs heißen Sommern. Im Norden gibt es die **Rías Altas**, fjordartige, tiefe Einschnitte des Meeres ins Land; im Westen findet man weite Buchten, die kilometerweit ins Landesinnere reichend, die **Rías Bajas**. Fruchtbare Felder und Gärten mit Mais, Äpfeln und Birnen, Wiesen voller Rinder und Schafe, Landschaften wie in Schottland oder Irland, mit grünen Wiesen und Häusern aus grauem Granit, Küsten wie in Norwegen, mit gebirgigen Einschnitten, und Palmen und Orangenbäumen wie im tiefsten Süden – das alles hat Galicien zu bieten.

Drei Wege führen nach Galicien: An der Nordküste entlang fährt man von Irún über San Sebastián, Santander und Gijón nach El Ferrol (mit der Privatbahn FEVE, Bahnpässe nicht gültig, aber sehr schöne Fahrt).

Dem Jakobsweg folgt der Weg durch die

gebirgige Mitte über León und Ponferrada nach Santiago de Compostela.

Der dritte Weg führt entlang der portugiesischen Grenze durch die einsame Gebirgsregion über Zamora und Puebla de Sanabria nach Orense.

Die Bahnlinie von Zamora nach Orense (Strecke 25 520, 3 Züge täglich) führt durch eine der einsamsten Regionen Spaniens. Dicht an der portugiesischen Grenze entlang schraubt sie sich auf fast 1300 m hoch, den Reisenden bieten sich herrliche Ausblicke auf waldreiche Täler, weite Stauseen und menschenleere Berglandschaften. Wer die totale Einsamkeit liebt, kann im kleinen **Linajeos os Pedroso** aussteigen, einem winzigen Bahnhof im Waldgebirge am Rand der Sierra de la Culebra. 10 km weiter liegt **Puebla de Sanabria** 15 Minuten zu Fuß vom sehr schönen Bahnhofsgebäude entfernt. Die Kirche aus dem 11. Jahrhundert und die wuchtige Burganlage prägen das kaum 2000 Einwohner zählende Dorf (im Ort gibt es ein *Hostal*, man kann aber auch mit gutem Schlafsack *im Freien* übernachten).

12 km nördlich von Puebla liegt unter den Gipfeln der über 2100 m hohen Sierra de la Cabrera der Gletschersee von Sanabría. Klares Wasser mit frischer Temperatur lädt hier zum Baden. Den Weg zum See kann man vom Bahnhof aus zu Fuß bewältigen (nur 2 Busse pro Tag). **Campingplatz El Folgoso**, Tel. 9 81/62 01 94. **Camping Los Robles**, liegt 1 km vom Südwestende des Sees.

Im nächsten Bahnhof **La Gudina** erreicht man Galicien. Der kleine Ort in der einsamen, fast trist wirkenden Landschaft der Sierra Seca hat direkt vor dem Bahnhof zwei Hostals. Durch unzählige Tunnel und Brücken mit prächtigem Ausblick auf die waldreiche Umgebung und Stauseen windet sich der Zug anschließend nach *Orense* hinunter.

Ponferrada

Strecke 25 522 León – Santiago/Orense.

Sehenswertes

Bergbau prägt die Umgebung dieser von den Römern gegründeten Stadt. Ihr Name «Eisenbrücke» stammt von der im Mittelalter über den Río Sil errichteten Brücke, die den Jakobs-Pilgern den Weg erleichterte. Heute sind hier die Überreste einer wuchtigen **Festung** zu sehen, von der aus einst der Pilgerweg überwacht wurde, sowie eine einfache gotische Kirche.

Die Bahnlinie führt weiter nach Westen durch enge Schluchten den meist aufgestauten Río Sil entlang, bis sie sich in Monforte de Lemos in die Strecken Orense – Santiago und Lugo – La Coruña teilt.

Lugo

Strecke 25 522 León – La Coruña.

Information

Plaza de la Soledad 15.

Übernachten

Jugendherbergen: **Eijo Garay**, Pintor Corredoira 4, Tel. 9 82/22 04 50, vom Bahnhof 800 m. **Hermanos Pedrosa**, Pintor Corredoira 2, Tel. 9 82/22 10 90, vom Bahnhof 1,5 km, beide Juli bis September. **Hostal Perla**, Calle Catedral 20, Tel. 9 82/21 11 00, 20 DM. **Hostal America**, Ronda Caidos 2, Tel. 9 82/22 70 51, 25 DM. **Camping La Parada**, außerhalb, vom Bahnhof 2 km.

Sehenswertes

Die galicische Provinzhauptstadt wurde von den Römern gegründet. Die verträumte Stadt mit 60 000 Einwohnern besitzt heute noch einen mächtigen, mehr als 2 km langen **Stadtmauergürtel** mit über 50 Türmen und 10 Toren. Die Stadtmauern lassen sich begehen und bieten einen schönen Ausblick bis zu den Schneegipfeln der asturischen Kordilleren. Die **Kathedrale** wurde seit dem 12. Jahrhundert nach und nach verschönert und weist daher romanische, gotische und sogar barocke Stilmerkmale auf. Nördlich der Kathedrale liegen die gotische Kirche San Francisco und ihr benachbart das **Museo Provincial** mit prähistorischen und antiken Funden. Die Altstadt lohnt den Besuch.

Orense und die Rías Bajas

Strecken 25520 Madrid – Santiago und 25522 León – Vigo/Tuy

Information

Calle Curros Enriquez 1

Übernachten

Jugendherberge Florentino López Cue-villas, Arturo Pérez Serantes 2, Tel. 988/252412, Juli–September, vom Bahnhof 10 Minuten. Andere preiswerte Unterkünfte sind die **Casas de Huespedes** bei der Kathedrale, ab 15 DM. **Hostal Lido**, Calle Juan XIII. 6, Tel. 988/213600, ca. 17 DM. **Hostal Confianza**, neben dem Lido, Tel. 988/217594, ca. 17 DM. Mehrere **Hostals** liegen auch gleich an der Hauptstraße vor dem Hauptbahnhof, rechts von der großen Dampflok, ca. 20 DM.

Sehenswertes

Die Stadt liegt im Zentrum des armen Galicien und leidet unter überdurchschnittlicher Arbeitslosigkeit. Da Touristen selten in die Stadt kommen, hat sich die kleine mittelalterliche Altstadt ihre ursprüngliche Atmosphäre weitgehend erhalten können.

Die **Römische Brücke** verbindet das Stadtviertel um den Hauptbahnhof mit der Altstadt. Auf römischen Grundfesten errichtet, spannt sie sich hoch über den aufgestauten Rio Miño. Im alten Stadtkern bildet die **Kathedrale** den Mittelpunkt. Sie stammt aus dem 13. Jahrhundert und zeigt am Eingang Szenen aus der Apokalypse sowie ein barockes Chorgestühl. Im Kreuzgang befindet sich das Kunsthandwerksmuseum. In der Nähe der Kathedrale liegen die Plaza Mayor mit den Barockkirchen Santa María Mayor und Santa Eufemia, die Plaza del Trigo und die Plaza del Hierro. Nicht weit davon ist das Bad **Las Burgas**, in

dem die 65 Grad heißen Heilquellen sprudeln. Im Museo Arqueológico Provincial werden Funde aus römischer Zeit ausgestellt.

Von Orense führt die reizvolle Bahnlinie an der Grenze zu Portugal entlang nach **Guillarey**. Der Rio Miño begleitet teils schluchtenreich wild, teils aufgestaut die waldreiche Strecke. Unterwegs, in **Ribadavia** an der Mündung des Avia in den Miño, erheben sich die Ruinen einer mächtigen Festung aus dem 13. Jahrhundert mitten in der hübschen Altstadt.

In Guillarey kann man umsteigen nach **Túy/Tui**, der spanischen Grenzstadt am Rio Miño, mit vielen mittelalterlichen Gebäuden. Von dort aus führt die Bahnlinie weiter nach Portugal Richtung *Porto*. Wer auf den Portugal-Trip verzichtet, gelangt von Guillarey aus an die **Rías Bajas**.

Diese Küste reicht von der portugiesischen Grenze bis auf die Höhe von Santiago de Compostela. Die Rías sind fjordähnliche Meeresbuchten und Flußmündungen, gesäumt von grünen Wiesen, Feldern und Wäldern. Entstanden sind sie durch das Absinken der galicischen Landmasse, das Meerwasser eindringen ließ und die Flußtäler überschwemmte. Eine der interessantesten Rías erlebt man bei Redondela, von wo aus Bahn und Straße dem Ufer der Ría folgen, um schließlich die Stadt Vigo zu erreichen.

Vigo

Strecke 25522 Madrid/Irún–Vigo.

Information

Las Avenidas, am Hafen unten.

Übernachten

Jugendherberge Altamar, Calle Cesáreo González 4, Tel. 986/290808, vom Bahnhof 1,5 km. Viele preiswerte **Hostals** meist in der Hafengegend, einige auch direkt am Bahnhof, ab 20 DM. **Hostal Orensano**, Calle Lepanto 9, Tel. 986/214608, ab 20 DM. **Hostal Viturro**, Calle Lepanto 22, Tel. 986/222006. **Hostal Uruguay**, Calle de

Cervantes 5, Tel. 986/222028. **Camping Canido**, Tel. 986/491920, Richtung Canido, südlich von Vigo, mit Bus. **Camping Playa**, Avenida de Samil 163, Tel. 986/204354. **Camping Samil**, Playa de Samil, Tel. 986/232198.

Sehenswertes

Die große Industrie- und Hafenstadt liegt am Südrand der fjordartigen Ría von Vigo und ist von Hektik und dichter Bebauung geprägt. Lediglich im Fischerviertel **Barrio de Berbes** am Hafen schaffen verwinkelte Straßen eine urige Atmosphäre. Über der Innenstadt erhebt sich das **Castillo de Castro**, vom Bahnhof zu Fuß in 15 Minuten zu erklimmen, mit prächtiger Aussicht über Ría, Stadt und Meer. In der Bucht lassen sich die unzähligen Muschelfischer beobachten.

In den Sommermonaten lohnt sich der Trip mit der Fähre auf die **Islas Cíes**, vorgelagerte Inseln mit Naturschutzgebieten, guten Badestränden und einem **Campingplatz Islas Cíes** (Tel. 986/278501).

Pontevedra

Strecke 25522 Guillarey–Santiago de Compostela.

Information

Calle General Mola 1.

Übernachten

Jugendherberge As Sinas in Vilanova de Arousa, Tel. 986/554081, Bahnhof in Vilagarcia de Arousa, 15 km nördlich von Pontevedra, von dort Bus 5 km nach Vilanova. Es gibt nur wenige kleine **Casas de Huespedes** in der Altstadt, wo man für ca. 20 DM übernachten kann. An den Stränden der Umgebung gibt es **Campingplätze**.

Sehenswertes

Pontevedra besitzt eine reizvolle *Altstadt* rund um die **Kirche Santa María** aus dem 16. Jahrhundert herum. Auffällig ist das

Portal der Kirche mit Statuen von Heiligen und berühmten Seefahrern. Im **Museum** der Stadt, zu finden in 2 prächtigen alten Palästen, sind keltische Funde, römische Relikte sowie galicische und spanische Gemälde in großer Vielfalt zu bewundern. Sehenswert sind auch die von Arkaden eingerahmte Plaza Orense, die benachbarte Kirche Peregrina sowie das Kloster San Francisco. Von der Plaza España führt die palmengeschmückte Alameda bis ans Wasser der Ría. Treffpunkte der Stadt sind die vielen Lokale rund um die Plaza Estrella.

Santiago de Compostela und Umgebung

Züge von Orense, Madrid, Vigo.

Information

Rúa del Villar 43, Fußgängergasse in der Altstadt, die auf die Kathedrale zuführt.

Übernachten

Viele preiswerte **Hostals** in der Altstadt und um den Bahnhof, vor allem in der Rúa Villar und der Rúa Raina. **Hostal Casal**, Calle Branas 7, Tel. 981/592844. **Hostal Moderna**, Calle Teijeiro 35, Tel. 981/562481, ca. 20 DM. **Hostal Comba**, Calle de Horreo 20, Tel. 981/582053, ca. 20 DM. **Camping As Cancelas** am nördlichen Stadtrand, Bus 6 alle 30 Minuten, zu Fuß ca. 25 Minuten.

Essen und Trinken

In der Studentenstadt herrscht abends viel Betrieb und eine tolle Atmosphäre, vor allem in der Calle Reina nahe der Kathedrale. Sehr preiswert ist das Restaurant **Asesino** an der Plaza Universidad mit viel studentischem Publikum, ebenso die **Casa Manolo**, Plaza de Cervantes, das **Bocadiño** an der Plaza de Vigo und das **Tixola** in der Calle Reina 20. Jugendtreff ist auch das **Café Chitón** in der Rúa Nueva 40. Abends bekommt man im **Modus Vevendi**, Calle San Pelayo, oder im **O Galo**, El Paraiso

Perdido oder in **A Tetería** rund um die Kathedrale Kontakt.

Sehenswertes

Der reizvolle Wallfahrtsort ist eine lebhafte Universitätsstadt mit herrlicher **Altstadt** rings um die berühmte Kathedrale. Angeblich soll hier das Grab des Apostels Jakobus entdeckt worden sein, als über diesem im 9. Jahrhundert ein Stern aufleuchtete (Compostela = Campus stellae = Sternfeld). Weil Jakobus daraufhin die Schlacht der Katholiken gegen die Mauren siegreich ausgehen ließ, wurde er zum Symbol der Reconquista, der Katholisierung Spaniens. Davon zeugen heute noch die vielen Pilger auf dem Jakobsweg, die hier an ihrer Endstation sind. Von der Plaza del Obradoiro aus blickt man auf die prächtige Fassade der im 11. und 12. Jahrhundert erbauten **Kathedrale**, deren zwei schlanke, prunkvoll verzierte Türme sich scheinbar in den Himmel strecken. Der Haupteingang befindet sich in der Mitte, unter dem hohen Turmvorbau, der den heiligen Jakobus trägt. Von hier aus gelangt man in den Pórtico de la Gloria, die Vorhalle, in deren Hauptsäule Millionen von Pilgern durch ihr ehrfürchtiges Berühren tiefe Löcher eingekerbt haben. In der Capilla Mayor thront die Statue des Jakobus, in einen teuren Mantel gehüllt, auf dem von Engeln gekrönten Altar. Für die Pilger wurde eigens eine Treppe gebaut, von der aus sie den Heiligen berühren können.

Sehenswert sind vor allem auch die schmalen, fast durchweg von Arkaden gesäumten Gassen, die die Passanten vor Regen schützen sollen – Santiago ist die regenreichste Stadt Spaniens. In den Straßen der Altstadt ist den ganzen Tag viel studentischer Betrieb, die Arkaden sind von jungen Leuten ständig besucht. Überfüllt ist Santiago vor allem am Namenstag des Jakobus, dem 25. Juli, an dem Prozessionen stattfinden. Am Vorabend wird auf dem Obradoiro-Platz ein prächtiges Feuerwerk veranstaltet.

Per Bus kann man mehrfach täglich an die Ría von Muros ins idyllische **Noya** gelangen, mit hübscher Altstadt rund um die auf einem Hügel erbaute Kirche (**Hostals**

ab ca. 25 DM). Von Noya fahren Busse weiter ins Dorf **Porto do Son**, in dessen Nähe man bei dem alten Keltendorf **Castro** den beliebten Strand Playa de Castro findet. Einige Kilometer entfernt liegen **Oleiros** und **Ribeira**, zwischen Porto do Son und Oleiros folgen viele Badestrände.

Besonders reizvoll ist die Fahrt von Santiago per Bus über Noya nach **Muros**, einem romantischen Fischerdorf in einer Bucht mit sanft ansteigenden Gassen und kleinen Häusern (mehrere **Pensionen**, Fischlokale, ein **Campingplatz** im Nachbardorf Francisco). Wunderschöne einsame Strandregionen finden sich nördlich von Muros Richtung **Cabo Finisterre**, dem westlichsten Zipfel Spaniens, rund um *Carnota*.

La Coruña

Züge von Madrid, Orense, Vigo, Santiago, El Ferrol.

Information

Dársena de la Marina, am kleinen Hafenbecken Dársena, vom Bahnhof aus immer die Avenida Molina hinunter.

Übernachten

Im Bereich zwischen den Jardines de Mendez Núñez und der Plaza María Pita liegen viele preiswerte **Pensionen** und **Hostals**. **Hostal Almar**, Calle Real 81, Obergeschoß, Tel. 981/22 60 62. **Hostal Continental**, Calle Olmos 28, Tel. 981/22 24 60, beide ca. 20 DM. **Hostal Orensana**, Calle Olmos 14, Tel. 981/22 40 05. **Campingplatz Los Manzanos**, 10 km östlich der Stadt, Bus nach Santa Cruz.

Essen und Trinken

Preiswert essen kann man im Restaurant **El Parrulo** in der Calle de la Amargura, nicht weit von der Plaza María Pita, ebenso wie im **Gasthaus 3** in der Avenida de la Marina und im **El Rápido** in der Calle de la Estrella.

Sehenswertes

Etwa 50 km nördlich von Santiago liegt auf einer Halbinsel im Meer die nur in ihrem Altstadtkern interessante 250 000 Einwohner-Stadt **La Coruña**. Der Bahnhof liegt in der Neustadt, mit dem Bus gelangt man in die Altstadt südöstlich der Plaza María Pita (zu Fuß 20 Minuten). Enge Gassen, viele alte Kirchen wie die Santa María del Campo oder die alte romanische Iglesia de Santiago, sowie gut erhaltene Hausfassaden präsentieren sich dem Besucher. Von den Ruinen der wuchtigen **Festung** und den Anlagen des Jardin de San Carlos hat man guten Ausblick auf Meeresbucht und Stadt. Südlich erhebt sich das **Castillo de San Antón** aus dem Wasser, das heute das Museo Histórico-Arqueológico beherbergt.

Zwischen Bahnhof und Altstadt liegen die Jardines de Mendez Núñez, eine palmenbestandene Hafenpromenade. Auf der dem Hafen entgegengesetzten Seite der Landenge liegen die **Strände** der Stadt. Das Wahrzeichen von La Coruña findet man am Ende der Halbinsel ganz im Norden: **die Torre de Hercules**, ein von den Römern gebauter, über 100 m hoher Leuchtturm.

Die galicische Atlantik-Küste

Strecke La Coruña–El Ferrol und Privatbahn FEVE El Ferrol–Gijon, 5 Züge täglich, ca. 15 DM.

Von La Coruña bis zum **Cabo de Bares** erstrecken sich die fjordähnlichen Meeresbuchten der **Rías Altas**. Von La Coruña führt die Bahnlinie landeinwärts bis **Betanzos**. Betanzos ist eine verträumte kleine Stadt mit wunderschönen Arkadengassen, sehenswerten Kirchen, Türmen sowie einer alten Stadtmauer. Von Römern gegründet, bekam Betanzos im 20. Jahrhundert mit dem Garten Pasatiempo jenseits des Flusses eine neue, surrealistische Attraktion (**Jugendherberge** in Sada, 6 km von Betanzos, Busverbindung, Tel. 9 81 / 62 01 18. Mehrere **Hostals**, ca. 20 DM, in Betanzos).

Nördlich von Betanzos locken in **Miño** (Bahnhof Miño – Castro) schöne Badestrände. Am nördlichen Ende der Ría folgt an der Mündung des Rio Eume die kleine Stadt **Puentedeume**, die ihren Namen von der mächtigen, durch 50 Bogen getragenen Brücke über den Fluß Eume hat. Beherrscht wird der Ort von der auf einem Berg thronenden Kirche San Miguel und den Ruinen der Festung des Grafen Andrade (Bahnhof in Puentedeume). Von hier fahren Busse nach **Ares** und **Mugardos**, wo es gute Strände und einen Campingplatz gibt. Danach trifft man auf die Ría, die nach der etwas vergammelten Industrie- und Kriegshafenstadt **El Ferrol** benannt ist.

Von *El Ferrol* fährt man (Staatsbahn RENFE und FEVE fahren im selben Bahnhofsgebäude ab) durch ein waldreiches Hügelland nach Norden und trifft bei **Puente Mera** auf die Ría von Ortigueira. Die Bahn folgt dem Meeresarm kilometerweit durch eine waldreiche Landschaft bis *San Claudio*. Im nun folgenden **Ortigueira**, mit einer üppigen Barockkirche oberhalb der Ría gelegen, findet im August ein berühmtes Folklorefest statt. Die Bahnlinie folgt der Ría weiter nach Norden und bietet bei **Espasante** einen herrlichen Blick auf die fjordartige Mündung der Ría ins Meer. Unterhalb des nächsten Bahnhofs in *El Barquero* erstreckt sich ein langer Sandstrand. Auch der an einen Berg geschmiegte Ort El Barquero besitzt einen schönen Kern. Unterhalb des Bahnhofs von *Vicedo* fügt sich in etwa 500 m Entfernung der gleichnamigen Ría ein langer Sandstrand an. Viele Bahnhöfe sind verfallen, auf Wunsch der Reisenden stoppt die Bahn auch unterwegs. Am südwestlichen Ende der Ría von Vivero erstreckt sich gleich unter dem Bahnhof von **Covas** ein langer Sandstrand mit **Campingplatz**. Auf der anderen Seite der Ría liegt der Hauptort **Vivero** mit sehenswertem Altstadtviertel, den Resten einer Stadtmauer und verglasten Balkonen zum Schutz gegen Wind und Regen. Hier gibt es auch **Hostals**. Von Vivero aus bewegt sich die Bahn weiter Richtung Osten. In **San Ciprian** trifft man wieder auf die Küste. Weil die Strecke jetzt ständig dem Meer folgt, kann man die felsige Küste näher in

Augenschein nehmen. Vom Haltepunkt **Madeiro** sind es 500 m zum Meer. Nach einer kilometerlangen, atemberaubenden Fahrt gelangt der Zug zum Bahnhof **Burela**, einem nicht sehr schönen Ort. Wer Einsamkeit und herbe Landschaft liebt, ist hier allerdings gut aufgehoben. Vom Bahnhof **Cangas de Foz** sind es 500 m zum Strand mit einigen sandigen Abschnitten. Ähnlich ist es am Bahnhof von **Fazouro**: Hier liegt der Felsenstrand nur 300 m entfernt, zum langen Sandstrand muß man den Schienen etwa 800 m nach Westen folgen.

Langsam weitet sich die Landschaft, nimmt sie lieblichere Formen an. Es folgen **Marzan** (vom Bahnhof ca. 800 m zum Felsenstrand) und die kleine Stadt **Foz** an der gleichnamigen Ría; die Sandstrände liegen etwas außerhalb am offenen Meer. Irisch wirkt die Landschaft um **Reinante**, mit grünen Wiesen, einsamen Bauernhöfen und steilen Felsküsten. Wie eine kleine verschlafene Hauptstadt dieser Region wirkt schließlich **Ribadeo**, ein schmucker Ort inmitten grüner Landschaft oberhalb der gleichnamigen Ría (hier gibt es mehrere preiswerte **Hostals** sowie eine **Jugendherberge** in A Devesa, Tel. 982/123300, Juni–August, vom Bahnhof 6 km, Bus bis A Deveso). Am ersten Wochenende im August kommen Folklorefreunde in Ribadeo auf ihre Kosten. Die Strände liegen ca. 3 km vom Ort entfernt.

Asturien und Kantabrien

Asturien und Kantabrien sind das Herzstück der «*Costa Verde*». Die grüne Küste im Norden Spaniens erstreckt sich von den östlichen Rías in Galicien bis zur französischen Grenze im Baskenland. Sie bietet waldreiche Berglandschaften, die mit kühnen Felsabbrüchen ins Meer ragen, eine einsame, weitgehend menschenleere Küste und milde Temperaturen.

(FEVE-Strecke El Ferrol – Santander)
Die Ría von Ribadeo bildet die Grenze zwischen *Galicien* und *Asturien*. Nachdem

die Bahn die Meeresbucht umrundet hat, kehrt sie zur Küste zurück, die sie vor **Navia** mit der prächtigen Festung Coana erreicht. Sehenswert ist die Stadt **Luarca** an der Mündung des Rio Negro mit schönen Sandstränden (**Jugendherberge Fernán Coronas** in der Calle Villar, Tel. 98/5640676, vom Bahnhof 2 km. Mehrere Hostals ab ca. 22 DM. **Camping Playa de Taurán**, zentral gelegen in Luarca. **Camping Los Cantiles**, außerhalb, Tel. 98/640938). In *Pravia* zweigt eine Bahnlinie nach Oviedo ab, man fährt jedoch besser weiter in Richtung Aviles. Auf dem Weg dorthin hält der Zug in **Salinas**, einem Badeort mit endlosen Sandstränden (gut zum Übernachten). **Aviles** ist eine Industriestadt mit kaum lohnendem Altstadtkern und reich ausgestatteten Kirchen. Östlich von Aviles kann man das Dorf **Candas** (Bahnhof Perlora) mit Badestränden und Campingplatz und ebenso **Luanco** besuchen (Bahnhof Reguerat, mit Campingplatz außerhalb). Weniger empfehlenswert ist dagegen der riesige Sandstrand in Gijón, so prächtig er auf den ersten Blick auch wirkt. Er ist im Sommer meist überfüllt mit langer Hochhausskyline im Hintergrund.

Von Gijón zweigt der Zug (Staatsbahn-Strecke 25523 Gijón – Madrid, Bahnpässe gültig) ins Landesinnere nach León ab, um das **Kantabrische Gebirge** zu durchqueren. Bis **Oviedo** fährt man durch Industrieansiedlungen, in der Stadt lohnen nur einige Kirchen und die Kathedrale den Besuch (mehrere preiswerte **Hostals** ab 20 DM, **Jugendherberge Ramón Pidal**, Avenida Julian Claveria, Tel. 98/5232054). Nach Oviedo wird die Landschaft überwältigend, windet sich der Zug doch ab dem Bahnhof von **Puente de los Fierros** in mehreren Schleifen in das steile Gebirge hoch. In **Linares Congostinas** ist erst der halbe Anstieg bewältigt, in **Pajares** auf 1146 m Höhe bietet sich vom Bahnhof aus eine Aussicht wie in den Zentralalpen. Einzigartige Wanderungen und Skitouren lassen sich von hier aus unternehmen. Den Scheitelpunkt der Strecke erreicht die Bahn in **Busdongo** (1236 m), anschließend geht es durch eine wilde Hochgebirgslandschaft nach **Villamanin** auf 1130 m. Wer einsame

Bergtouren liebt, ist hier am rechten Platz (**Jugendherberge** in Villamanin, Tel. 987/598243 und 236500. Auch mehrere **Hostals** ab ca. 22 DM).

Die Privatbahn FEVE (Bahnpässe nicht gültig) fährt von *Gijón* und *Oviedo* wieder zur *Grünen Küste*, die sie in **Ribadesella** erreicht. Der Fischerort an der Mündung des Rio Sella bietet neben dem Hafen lange Strände (**Jugendherberge Roberto Frasinelli**, Calle Ricardo Cangas, Tel. 98/5861380, ganzjährig geöffnet außer November, vom Bahnhof 1 km. **Campingplatz Playa de Vega** und **Camping Los Sauces**, Tel. 98/861312).

In der Höhle von **Tito Bustillo** befinden sich 18000 Jahre alte Tierzeichnungen an den Wänden. In der Nähe des Bahnhofs von *Celorio* liegt – als eigene Bahnstation – der **Campingplatz Maria Elena** (Tel. 98/400028). Gleich danach kommt der Touristenort **Llanes** mit unzähligen Stränden, einem hübschen Hafen und einer kleinen Altstadt um die gotische Kirche Santa Maria unterhalb der 1300 m hohen Sierra de Cuera (**Jugendherberge** in der Calle Celso Ámieva 7, Tel. 98/5232054, ganzjährig geöffnet außer September, vom Bahnhof 3 km. **Campingplatz El Brao**, Tel. 98/400014, **Entre Playas**, Tel. 98/400888, **Palacio de Garaña**, Tel. 98/407487, **Playa de Troenzo, Rio Purón**).

Anschließend erreicht die Bahn im prächtigen **San Vicente de la Barquera** Kantabrien. Der kleine Ort thront mit einer gotischen Kirche und einer alten, aus dem 16. Jahrhundert stammenden Brücke über der Mündung der Ría und überrascht mit einer anmutigen, palmenbestandenen Hafenpromenade. Rund um die malerische Plaza Mayor erstrecken sich Arkadengassen, auch schöne Strände (**Campingplatz El Rosal**, Tel. 98/710263). Nach San Vicente fährt die Bahn etwas ins Landesinnere, so daß man besser den Bus nach Santander benutzt, wenn man zum überlaufenen, doch unbedingt sehenswerten **Comillas** mit langem Strand und schöner Innenstadt, engen Gassen, hübschen Plätzen, einer päpstlichen Universität und stolzen Palästen möchte. Die Busse fahren täglich viermal (**Campingplatz Comillas**, Tel. 98/720074).

Mit dem Bus gelangt man auch in die Touristenhochburg **Santillana del Mar** (Bahnhof der Schmalspurbahn in Virgen de la Pena), die trotz der Menschenmassen ein lohnendes Ziel geblieben ist. Hier gibt es zwar erst außerhalb Strände, da Santillana etwas abseits des Meeres liegt, doch offenbart sich hier ein prächtiges, autofreies Städtchen (**Campingplatz** am Ortsende, Tel. 98/818250).

Keine 2 km von Santillana entfernt befindet sich die **Höhle von Altamira** mit 20000 Jahre alten Tiermalereien aus der Steinzeit. Da die Zeichnungen von der Wärme der vielen Touristen bedroht sind, ist die Anzahl der Besucher stark eingeschränkt. Auskunft über eine Besuchserlaubnis erteilt das Fremdenverkehrsamt, sonst stehen das Museum und Nachbarhöhlen ohne Zeichnungen zum Besuch offen. Herrliche Strände mit weiten Dünen gibt es 10 km nordöstlich von Santillana in **Suances** (**Campingplatz Suances**, Tel. 98/810280, mit dem Bus von Santillana, Torrelavega und Santander zu erreichen).

Santander und Umgebung

Staatsbahn RENFE nach Madrid. FEVE-Züge nach Oviedo und Bilbao.

Information

Plaza de Velarde 1, im Sommer auch in den Jardines de Pereda am Ufer, in der Nähe der Kathedrale.

Verkehr

Die **Bahnhöfe** der Staatsbahn RENFE nach Madrid und der Privatbahn FEVE mit Zügen der Küste entlang sowie der **Busbahnhof** mit Bussen zu den Picos de Europa und in die Region liegen nebeneinander am Zentrum.

Übernachten

Hostals sind teurer als in anderen Regionen. **Hostal Zamorana** in der Calle Hernán Cortés 21, ca. 25 DM. **Camping Bellavista**,

3 km außerhalb, nicht weit vom Strand. **Camping Cabo Mayor**, nicht weit von Bellavista. **Camping Virgen del Mar**, 4 km außerhalb Richtung Virgen del Mar.

Sehenswertes

Santander ist eine moderne Großstadt mit herrlichen Sandstränden und vielen jugendlichen Besuchern aus aller Welt, die im Sommer die **Universität** besuchen. Von den römischen Ruinen ist in der Stadt seit einem schrecklichen Großbrand 1941 nichts mehr zu sehen, einzig das **Fischerviertel**, rechts vom Bahnhof, der Calle Antonio López folgend, und die **Kathedrale** in der Nähe der Jardines de Pereda zeugen von vergangener Zeit. Einen Besuch lohnen aber die Strände. Im Inneren der Bucht liegt La Magdalena, fast ohne Wellen, dahinter folgt ein weiterer langer, feinsandiger Abschnitt und auf der anderen Seite El Sardinero. Alle Strände sind zu Fuß oder mit Bussen zu erreichen.

Man sollte unbedingt einen Ausflug in die **Kantabrischen Kordilleren** unternehmen. Vielleicht läßt man sich per Staatsbahn oder Bus nach **Reinosa** (Richtung Palencia) und von dort mit dem Bus nach **Alto Campóor** bringen, das in 1500 m Höhe gelegen ideal zum Wandern und Skifahren ist (auch direkte Busse morgens von Santander).

Ebenso attraktiv ist die Tour in die Hochgebirgswelt der **Picos de Europa**, eine Felsen- und Schneeregion mit herrlichen grünen Vorbergen unmittelbar an der Atlantikküste. Vom Busbahnhof Santander fahren Busse direkt nach **Panes**, dann durch eine wilde Schlucht nach **Potes** und von hier nach **Fuente De**, wo eine Seilbahn die höheren Regionen erschließt.

Die Privatbahn FEVE fährt von Santander nach Bilbao fast immer etwas abseits der Küste, so daß es sich empfiehlt, einen der häufig verkehrenden Busse zu nehmen, um der Küstenstraße zu folgen. In den Orten herrscht im Sommer sehr viel Badebetrieb. Lohnend ist der Besuch in **Noja** (Strände, Campingplatz), **Santona** (Strände, Campingplatz), **Beria** (Strand), **Laredo** (Strand, Campingplatz) und vor allem **Castro Urdiales**. Dieses schöne Städtchen wird von der auf einem Felsen gelegenen gotischen Kirche und der alten Festung überragt. Im Ort selbst prägen alte Häuser, enge Gassen und kleine Plätze das Bild. Die Uferpromenade ist üppig grün. Rund um die Stadt gibt es Strände und zwei Campingplätze.

Baskenland (Euskadi)

Dieses kleine, nur ca. 2 Millionen Einwohner zählende Land ist allen Leuten bekannt, vor allem durch die gewalttätige ETA-Organisation. Kaum ein anderes Volk legt soviel Wert auf die eigene Nationalität und Unabhängigkeit. Die Basken betonen, daß sie im Gegensatz zu ihren Nachbarn keine Zuwanderer sind, sondern seit ewigen Zeiten in Euskadi wohnen. Ihre Sprache stammt aus einer Zeit vor mehr als 50 000 Jahren. Neben felsigen Meeresküsten und einladenden Mittelgebirgen und schönen Städten wie San Sebastián begegnet man im Baskenland auf Schritt und Tritt der schmutzigen Schwerindustrie.

Bilbao

RENFE-Züge nach Madrid, Frankreich, Barcelona, Sevilla, FEVE-Züge nach Santander und San Sebastián.

Information

Alameda Mazarredo, am West-Ufer des Nervión.

Übernachten

Viele preiswerte **Hostals. Hostal Zuria**, Calle Jardines 10, Tel. 94/4150914, ca. 18 DM. **Hostal Maroño**, Calle Correo 21, Tel. 94/4165851, ca. 20 DM.

Sehenswertes

Kommt man von Westen her aus Richtung Santander und Castro-Urdiales nach Eus-

kadi, so ist das 550 000 Einwohner große
Industriezentrum Bilbao die erste größte
Stadt des Landes. Geprägt von schmuddeli-
gen Häuserkomplexen und Stahlindustrie,
galt die Stadt immer als wenig sehenswert
und häßlich. Das ändert sich langsam durch
die Umgestaltung der ganzen Stadt und einem noch in der Entstehung begriffenen
Ableger des **Guggenheim-Museums** in
New York. Die kleine *Altstadt* rund um die
alte **Kathedrale de Santiago**, 3 Minuten
vom Bahnhof, trifft man auf das **Museo
Historico de Vizcaya** mit Ausstellungsstücken der baskischen Atlantikregion.
Vom Bahnhof aus nach links gelangt man
durch die Gran Via entlang zum **Museo de
Bellas Artes** im Park Doña Casilda de Itur-
rizar mit einer berühmten Gemäldesammlung, in der Werke von El Greco, Goya,
Velázquez zu sehen sind.

Gernika/Guerníca und Küste

Schmalspurbahn und Busse von Bilbao, ca.
7 DM pro Fahrt.

Sehenswertes

Nach Guernica am Rio Mundaca pilgern
die Basken nicht zum Baden, es ist vielmehr der wichtigste Ort ihrer Geschichte.
Seit dem 10. Jahrhundert hielten die Volks-
vertreter Euskadis hier ihren Landtag unter einer alten **Eiche** ab, deren Baum-
stumpf heute noch zu bewundern ist. 1937
wurde die Stadt von der deutschen Legion
Condor bombardiert und völlig zerstört,
was **Picasso** zu seinem berühmten, ankla-
genden Gemälde «Guerníca» inspirierte.
Die Stadt wirkt heute eher enttäuschend.
Die *Höhlen von Santimamiñe* mit
20 000 Jahre alten Tierzeichnungen sind
5 km von Guerníca entfernt (Busverbindung).
Per Bus oder Schmalspurbahn (Bahnpässe sind nicht gültig) erschließt man sich
die baskischen Küstenorte Richtung San
Sebastián; **Lequeitio/Lekeito**, mit Bus von
Bilbao oder Guerníca zu erreichen, ist ein
sehenswerter Fischerort mit dichtgedräng-
ten Häusern, der alten Kirche Santa Maria
und einem schönen Strand (zwei **Camping-**

plätze befinden sich etwas außerhalb). Östlich davon liegt **Ondárroa** mit der romantischen alten Brücke Puente Viejo über den
Fluß Artibay und gut besuchten Stränden
(Bus). Prächtige Strandpartien (mehrere
Campingplätze) bieten sich auch in
Motrico/Mutriku. Von der Küstenstraße
hat man im weiteren Verlauf herrliche Ausblicke aufs Meer. Malerisch liegt
Guetaria/Getaria mit seiner Insel San
Antóm. Das Baden an den Stränden und
der berühmte Beerenlikör Txacoli gehören
hier zum Aufenthalt dazu. Östlich davon
bietet **Zarauz/Zarautz** weite Sandstrände
(zwei **Campingplätze**), doch leidet der Ort
unter der Flut von Touristen.

Donostia/San Sebastián

Züge nach Madrid, Paris, Barcelona, Sevilla, Algeciras, La Coruña, Valencia, Pamplona. Die Schmalspurbahn fährt der Küste entlang nach Bilbao (hier gelten Bahnpässe nicht).

Information

Calle de Miramar, 10 Minuten vom Bahnhof über die Brücke, halb links bis zur Kirche Buen Pastor, dann die Calle de Urbieta
hinter der Kirche rechts geradeaus durch-
gehen.

Verkehr

Der **Staatsbahn-Bahnhof Norte** liegt am
Zentrum, das über die nahe Flußbrücke er-
reicht wird. Der **Schmalspurbahnhof
Amara** liegt südwestlich vom Zentrum.
Der **Busbahnhof** liegt 500 m südlich vom
Bahnhof Norte auf der anderen Flußseite.

Übernachten

Jugendherbergen: **La Sirena**, Igeldo Pasea-
lekua 25, Tel. 943/310268, Vom Bahnhof
Bus 5, 6, 16, 24. **Ulia Mendi**, Parque de
Ulia, Tel. 943/311293, ganzjährig geöffnet
außer September, 6 km außerhalb, Busverbindung. Beim Fremdenverkehrsamt gibt
es eine Liste mit preiswerten **Hostals**, auch
Privatzimmer werden angeboten. Die bil-

ligsten *Hostals* liegen um die Calle San Martin, vom Bahnhof über die Brücke geradeaus, 5 Minuten. **Hostal San Martin**, Calle San Martin 10, Tel. 9 43/4 28714, ca. 23 DM. **Hostal Egin**, Calle San Martin 16, ca. 22 DM. **Hostal Juani**, Calle San Bartolomé 25, ca 22 DM. **Hostal Ricardo**, Calle San Bartolomé 21, ca. 22 DM. **Campingplatz Igueldo**, Tel. 9 43/21 45 02, mit Bus nach Igueldo, liegt hinter dem Berg Igueldo.

Sehenswertes

An der Mündung des Rio Urumea liegt diese Stadt mit weltoffener Atmosphäre, prächtigen Promenaden und Stränden und einer schönen, vom Bahnhof aus über den Fluß in 10 Minuten zu erreichenden **Altstadt**. Sehenswert die **Kirche Santa Maria**, das **Kloster San Telmo** mit **Museum** (Gemälde von El Greco und Goya) sowie die alte *Kirche San-Vicente*. Darüber thront der *Monte Urgull*, von der Plaza de la Trinidad oder der Küstenstraße Paseo Nuevo aus zu erreichen. Auf dem Gipfel befindet sich die **Festung La Nota** mit dem *Armee-Museum*. Hinter dem Hafen westlich des Berges liegt das **Aquarium**. Vom Hafen bis zum Monte Igueldo im Westen erstreckt sich der berühmte muschelförmige Strand, die **Concha**, zusammen mit dem dahinter gelegenen Strand *Ondarreta*. Darüber erhebt sich der Berg **Igueldo**, über die Straße oder Bergbahn samt seinem Vergüngungspark zu erreichen. Zwischen dem Igueldo und dem Urgull liegt, der Bucht und den beiden Stränden vorgelagert, die Insel Santa Clara, die per Schiff vom Hafen aus besucht werden kann. Treffpunkt der vielen jugendlichen Besucher San Sebastiáns ist zu Tages- und Nachtzeiten die Altstadt mit unzähligen Tapa-Bars sowie die Promenade an der Concha. Mitte August feiert die Stadt 8 Tage lang mit baskischen Tänzen und Folklore. Zu dieser Zeit ist es etwa so schwer, eine Unterkunft zu finden, wie während der Internationalen Filmfestspiele in der zweiten September-Hälfte. *Busse fahren in die Umgebung nach* **Pasajes de San Juan/Paisai Donibane**, einem typischen baskischen Fischerort mit Renaissancepalästen und den auffallenden Kirchen San Juan Bautiste und Cristo de la Bonanza. Richtung französische Grenze passiert man auf Straße und Schiene die häßliche Industriestadt **Irún**. Von dort fahren Busse ins mittelalterliche Städtchen **Fuenterrabia/Hondarribia** mit Resten einer alten Festungsanlage und prächtigen alten Häusern mit den typischen baskischen Balkonen um die Calle Mayor. Auch das Fischerviertel ist sehenswert (**Jugendherberge Juan Sebastian Elcano**, Calle Faroko Igoerea, Tel. 9 43/64 15 50, ganzjährig geöffnet außer September, 1 km außerhalb. **Campingplatz Jaizkibel**, Tel. 9 43/6416 78, 1 km außerhalb).

Pamplona

Strecke 25 533 San Sebastián – Zaragoza.

Information

Calle Duque de Ahumada 3, nicht weit von der Plaza del Castillo.

Übernachten

Hostal Otano, Calle San Nicolás 5, Tel. 9 48/22 50 95. **Hostal Montanesa**, Calle San Gregorio 2, Tel. 9 48/22 43 80. Während der Fiesta ist alles voll, ratsam wäre es zu der Zeit, in Gruppen im Freien oder gar nicht zu schlafen, was bei dem vorhandenen Unterhaltungsangebot nicht schwerfallen dürfte.

Sehenswertes

Die Hauptstadt der Provinz Navarra mit 180 000 Einwohnern wird von der Industrie geprägt. Sehenswert ist die **Kathedrale**, die vom 14. bis 16. Jahrhundert gebaut wurde, mit gotischem Kreuzgang und sorgsam geschnitztem Chorgestühl. Bekannt ist Pamplona aber vor allem durch die vom 6. bis 14. Juli gefeierte **Fiesta de San Fermín**, in der die Stadt in einem Massenauflauf von Touristen und Einheimischen versinkt, wenn acht Tage lang Alkohol, gutes Essen, Ausgelassenheit, Stierverfolgungsläufe und blutige Stierkämpfe an der Tagesordnung sind.

Burgos

Castejo

Palencia

Venta de Baños

Valladolid

25530

25503/22/
23/30

Aranda
de Duero

Soria

25535

25535

25520

ra

Medina
d. C.

Coscurita

Calatayud

Riaza

Torralba

Ariza

25503
25530
25540

25520/22/23/30

25521

Segovia

25530

25504
25535

Caminreal

Avila

Villalba

Guadalajara

25521
25520
25530
25522

Pinar

MADRID

Coslada-S. Fernando de Henares

25516

25507/08/10

encia

Talavera
de la Reina

Parla

Aranjuez

25508

Cuenca

2550

ruelo

Algodor

Castillejo

Tarancón

25516

Toledo

25514

25507/10/15

SPANIEN

25517

Villacañas
Alcázar de S. Juan

25501
25507

Albacete

25515

Ciudad Real

Manzanares

Chinchilla

La

Cabeza del Buey

25515

25501

25

Valdepeñas

Abwechslungsreiche Küstenlandschaft mit kilometerlangen Sandstränden und
weißen Felsklippen, menschenleere Mittelgebirge mit unberührten Bächen und
Seen, üppig grüne Täler mit einer unvergleichlichen Blumen- und Blütenvielfalt,
eine Hauptstadt, die sich in ihrem Kern den Charme vergangener Jahrhunderte bewahrt hat – das alles ist Portugal. Das Land ist wesentlich kleiner, aber grüner und
fruchtbarer als Spanien. Hinzu kommt ein angenehmes, teilweise selbst im Hochsommer frisches Klima, das den Aufenthalt im Land fast immer erträglich
gestaltet.

Die Bahn erschließt ganz Portugal, an den Küsten entlang führen geradlinig-mo-
derne Strecken, im Landesinneren ähneln die alten Züge eher einer Bimmelbahn.
Da das Land relativ dünn besiedelt ist, hält sich die Zahl der Züge in Grenzen, mit
Ausnahme der Küstenlinien verkehren oft nur wenige pro Tag. Zudem geht es nicht
allzu schnell vorwärts. Wer aber genügend Zeit mitbringt, wird von der Schönheit
des Landes und der Freundlichkeit seiner Bewohner angenehm überrascht.

Linares Baeza

Córdoba

Alca

Murc

Jerónimo

illa

B.

25511

Puente Genil

25510

Guadix

La Roda

25511

25510

Jtrera

Granada

Ag

Das Wichtigste vorweg

Geld

1 Escudo = 100 Centavos

1 DM	=	100 Esc	100 Esc =	1 DM
1 öS	=	14 Esc	100 Esc =	7 öS
1 sfr	=	123 Esc	100 Esc =	0,78 sfr

Telefon nach Hause

Deutschland 0049
Österreich 0043
Schweiz 0041

Telefon-Notruf 115

Botschaften in Lissabon

Deutschland Campo dos Mártires da
Pátria 38, Tel. 01/563901
Österreich Rua das Amoreiras 70,
Tel. 01/654161
Schweiz Travessa do Patrocíno 1,
Tel. 01/673121

Reiseführer

Kirsten Wulf: «Anders reisen: Portugal»,
Rowohlt Taschenbuch Verlag; Elisabeth
Völpel: «Portugiesisch in letzter Minute»,
Rowohlt Taschenbuch Verlag

Literatur

Jürgen Alberts: «Fatima», Rowohlt
Taschenbuch Verlag. Ein Schelmenroman
über das Phänomen Fatima. António Lobo
Antunes: «Der Judaskuß», Deutscher
Taschenbuch Verlag. Einer der ersten Romane, der die traumatischen Erfahrungen
des Unabhängigkeitskrieges in Angola auf-
arbeitet. Fernando Pessoa: «Das Buch der
Unruhe», Fischer Taschenbuch. Ein gran-
dioses Werk existentieller Traurigkeit.

Unterwegs in Portugal

Verpflegung

Noch immer sind die Preise in den Restaurants abseits der großen Touristenzentren
so preiswert, daß man sich für wenig Geld
rundum satt essen kann. Ein umfangreiches
Tagesgericht, «prato do dia», kostet etwa
10 DM, die Einrichtung der Lokale auf
dem Land ist dabei relativ urwüchsig und
nur selten touristengerecht verschönt.
Kleine Läden und Marktstände sind zahlreich, Grundnahrungsmittel sind ebenfalls
sehr preiswert.

Übernachten

Jugendherbergen gibt es nur wenige im
Land, sie sind sehr preiswert, im Mehrbettzimmer zahlt man unter 15 DM. Manche
Herbergen bieten warme Mahlzeiten mittags oder abends für etwa 7 DM. Billig sind
auch Privatzimmer, die inzwischen in immer mehr Orten auch außerhalb der Touristenzentren angeboten werden, Schilder
mit der Aufschrift «Camas», «Dormidas»
oder «Quartos» weisen darauf hin und
kosten für zwei Personen um die 30 DM.
Oft werden die Zimmer am Bahnhof, am
Hafen oder der Bushaltestelle von den Besitzern persönlich angeboten, manchmal
auch von Fremdenverkehrsämtern vermittelt. Kleine Hotels und Pensionen, die
«Pensão», «Albergaria» oder «Residencial»
heißen, bieten Zimmer ab etwa 35 DM für
zwei Personen an. Campingplätze gibt es
vor allem an der Küste, also in touristisch
stark besuchten Regionen. Wild campen
und übernachten im Freien ist in Portugal
erlaubt – allerdings nicht in den Touristenzentren der Algarve und in den Nationalparks. Vorsicht aber mit Feuer in der freien
Natur – es besteht Waldbrandgefahr!

Günstige Tickets in Portugal

Interrail Zone F

Gilt auf allen Strecken der portugiesischen Eisenbahnen.

Euro Domino

Tage (innerhalb 31)	3	5	10
Jugendliche	168 DM	208 DM	314 DM
Erwachsene	216 DM	272 DM	407 DM
Erwachsene 1. Klasse	321 DM	402 DM	604 DM

Touristenkarte Bilhetes Turísticos

Netzkarte für alle Eisenbahnen in Portugal und für alle Reisenden, unabhängig vom Alter. Kinder bis 12 zahlen den halben Preis.

7 Tage 130 DM   14 Tage 200 DM   21 Tage 280 DM

Anreise nach Portugal

Die schnellste Strecke ist die von **Madrid** über **Valencia de Alcantara** nach **Lissabon** 25516. Ein Tag- und ein Nachtzug. **Irún** und **Madrid – Salamanca – Pampilhosa – Mittelportugal** 25540. Ein Direktzug Paris – Lissabon. (Zuschlag für Frankreich und Spanien ca. 30 DM. Steigt man erst in Spanien zu, ca 15 DM Zuschlag.)

Galicien/Nordwestspanien (Tuy) – Nordportugal (Valencia do Minho) 25601. Drei Züge täglich je Richtung.

Südwestspanien (Sevilla – Huelva – Ayamonte) – Südportugal (Vila Real) 25512/25600. Die Bahnstrecke von Huelva nach Ayamonte wurde stillgelegt, daher fahren viermal täglich Busse: morgens, mittags, der letzte um 18 Uhr; ca. 1 Stunde Fahrzeit bis Ayamonte. In Ayamonte von der Haltestelle an der Straße entlang weiterlaufen, dann durch den abgestorbenen Flußarm rechts und die schöne Städtchen nach Westen zur Fähre über den Rio Guadiana. Zeitweise fahren auch Busse über die neue Brücke. Auf der anderen Seite, im portugiesischen Vila Real, gibt's einen Bahnhof am Hafen und einen im Ort. Fähren im Frühjahr bis 20 Uhr, im Sommer bis 22 Uhr. Mehrere Züge täglich der Algarve entlang und nach Barreiro/Lissabon.

Besonders schöne Bahnstrecken in Portugal

Schöne Bahnstrecken findet man vor allem dort, wo Berge sind. Reizvoll sind daher die Bahnlinien im Norden Portugals, etwa die Strecke vom spanischen *Salamanca* über **Guarda** nach **Pampilhosa**, die **Beira-Alta-Linie** 25540. In Guarda, der mit 1000 m höchstgelegenen Stadt Portugals, zweigt 7 km vom Bahnhof die reizvolle **Beira-Baixa-Linie** ab, die über *Abrantes* nach *Lissabon* führt. Im äußersten Norden des Landes lohnt die Gebirgslinie, die von **Porto** dem Tal des **Douro** folgt und über **Régua** nach **Tua** führt. In Régua und Tua zweigen Nebenbahnen in die Berge ab. Absoluter Höhepunkt ist die Strecke von *Tua* durch wilde Schluchten nach **Braganca**. Diese Strecke allein lohnt schon den Abstecher nach Portugal.

333

Ziele in Portugal

Algarve

Strecke 25603 Vila Real – Lagos und 25600 Vila Real – Lissabon. Die südliche Atlantikküste Portugals ist vor allem wegen des Flughafens in Faro viel touristischer als die nördlichen Strände. Das Gebiet besteht landschaftlich aus zwei Teilen: westlich die interessantere, aber stark frequentierte Felsenküste und östlich, etwa ab Albufeira, die ebene, von vorgelagerten Lagunen geschützte Sandküste, die von Touristen weniger besucht wird.

Vila Real de Santo Antonio und Ost-Algarve

Information

Bei der Anlegestelle der Fähre und am Marktplatz.

Übernachten

Jugendherberge in der Sousa Martins 40, Tel. 081/44565, 60 Betten, 15 DM, Mai–September, vom Bahnhof nur 400 m. **Residencia Baixa Mar**, Rua Dr. Teofilo Mar 3, Tel. 081/43511, 200 m hinter dem Fremdenverkehrsamt, ca. 20 DM. Mehrere preiswerte **Pensionen**. Im Wald in Strandnähe schlafen viele auch *im Freien*.

Essen und Trinken

In Vila Real gibt es viele preiswerte Lokale und die Markthalle im Ortskern.

Sehenswertes

Touristisch ist in Vila Real nicht viel los. Kommt man vom spanischen Ayamonte, überquert man mit der Fähre den Fluß Guadiana. Züge fahren fast stündlich an der Algarve-Küste entlang, einige davon bis Barreiro/Lissabon. Verläßt man Vila Real in südwestlicher Richtung, gelangt

man in 30 Minuten zu Fuß an kilometerlange, einsame **Sandstrände**.

Dem Strand oder dem schönen Pinienwald folgend, erreicht man **Monte Gordo**. Der Bahnhof liegt 10 Minuten vom schönen Sandstrand entfernt, wo mehrere Hochhäuser das Bild beeinträchtigen. Nach Westen zu folgt **Manta Rota**, ein hübsches weißes Dorf mit großem Strand. Dann kommt **Cacela**: Dieser Ort ist um die alte Kirche auf einem befestigten Hügel herum gebaut, von dem aus man den ganzen Strand und die hier beginnende Lagunenlandschaft überblicken kann. Wer zum Dünenstrand auf die ca. 1 km entfernte Nehrung will, läßt sich bei Flut von Fischern übersetzen (ca. 3 DM) oder watet durch die Lagune. Bei Ebbe liegt sie trocken (**Campingplatz** in der Nähe, viele schlafen auf der Nehrung draußen).

Auch bei **Cabañas** befindet sich ein riesiger, selten voller Strand. Die Lagune vor dem schönen Ort kann man bei Ebbe durchwaten, bei Flut läßt man sich von einem Fischer für ca. 3 DM hinüberbringen. (Viele schlafen an der Lagune.) **Tavira** mit Fischerhafen und hübscher Altstadt liegt am sich malerisch durchs Hügelland ziehenden Fluß Gilão. Zur Insel mit ihren Sandstränden gelangt man per Bus; man fährt zum 2 km entfernten Quatro Aguas, wo das Schiff startet (Bus und Schiff zusammen ca. 4 DM). Die **Ilha de Tavira** ist ca. 12 km lang, wunderschöner Strand, teilweise bewaldet, eine Unmenge von bewachsenen Dünen (stündliche Überfahrt). Selbst im Hochsommer ist auf der Ilha de Tavira genug Platz (empfehlenswerter schattiger **Campingplatz**, viele schlafen draußen).

Im kleinen Weinbauort **Torre des Aires** vermieten die Bauern preiswerte Privatzimmer. Fischer setzen Badelustige zur Sandinsel über, an deren Dünen viele Wildcamper übernachten. **Olhão** hat sich zum Fischereihandelszentrum entwickelt, die arabischen Würfelhäuser sind der Stolz des Ortes. In den Gassen hinter dem Hafen gibt es viele gemütliche Kneipen (**Pensionen** ab ca. 23 DM, **Campingplatz** 2 km außerhalb Richtung Tavira). Wer im Meer baden will, kann stündlich mit Fähren vom Hafen zur **Ilha da Armona** übersetzen, mit Läden und Restaurants, Pinienwald, großem Strand und einem Campingplatz, wo Zelte und Holzhütten vermietet werden. Im Sommer herrscht hier allerdings viel Betrieb. Weitaus lohnender ist die Überfahrt zur großen **Ilha da Culatra**, die von Touristen noch weitgehend verschont blieb. Die Insel wird von Fischern bewohnt, die in einfachen Holzhäusern leben, hat tolle Strände, wo viele wild campen (Überfahrt nach Armona 2 DM, nach Culatra ca. 4 DM).

Faro

Faro ist wegen Industrie und Flughafenlärm nicht zu empfehlen. Der lange Strand liegt auf der vorgelagerten Insel *da Faro*. Busse vom Hafen fahren alle 30 Minuten zur Brücke, die über den Salzsumpf auf die Nehrung führt, von dort führt ein Bohlenweg durch das bewachsene Dünengelände. Im Sommer ist es hier sehr voll (**Campingplatz**, in Faro mehrere preiswerte *Pensionen*). Relativ leer sind die Strände dagegen westlich von Faro, etwa bei **Quinta do Lago** mit schönem bewaldetem Hügelland. Ein sehr hübscher Ort an der Steilküste mit Riffen und Klippen, Felsnasen, Pinien und kleinen Buchten ist **Olhos de Agua**, wo allerdings mehr und mehr gebaut wird.

Albufeira

Als größter Badeort der Algarve ist Albufeira im Sommer völlig überlaufen. Reizvoll ist der Ort durch seine verschachtelte Altstadt auf einem Felsen. Die Touristensilos umrunden allerdings das Städtchen auf allen Seiten. Der Bahnhof liegt 5 km nördlich, Busse fahren nach Ankunft der Züge (viele **Privatunterkünfte**, **Pensionen**, ein **Campingplatz**, im Sommer aber voll und teuer). Die Strände sind meist voll, genießbar ist der Strand vor dem Ortszentrum nahe dem Fischmarkt und die außerhalb gelegene, zu Fuß und per Schiff erreichbare Praia de Castelo, die in tiefer Nische zwischen zwei Felsen mit feinem Sand aufwartet.

Lagos

Endpunkt der Bahnlinie von Vila Real, von Lissabon her in Tunes umsteigen.

Information

Marques de Pombal, mitten in der Altstadt.

Verkehr

Der **Bahnhof** liegt auf der anderen Seite des Hafens gegenüber der Promenade, zur Altstadt sind es 7 Minuten zu Fuß immer geradeaus, dann die Promenade nach links. **Busse** weiter nach Westen fahren von der Promenade ab.

Übernachten

Jugendherberge, Rua de Freitas 50, Tel. 082/7619 70, liegt hinter der Praca da Republica unter der Promenade, vom Bahnhof 8 Minuten. Viele **Pensionen**, im Sommer aber teuer und voll. **Privatzimmer** werden im Sommer massenhaft angeboten, ca. 30 DM, in den übrigen Monaten billiger. **Camping Trinidade**, beim Dona-Ana-Strand, ca. 20 Minuten der Promenade Richtung Sagres folgen, sehr viele junge Camper, im Sommer voll. **Camping Imulagos**, liegt ca. 2 km westlich Richtung Porto do Mos mit Strand, teurer, aber schattig und komfortabel. Wild campen ist an den Stränden gefährlich, viele Überfälle. Viele Interrailer schlafen am Bahnhof.

Essen und Trinken

Riesiges Angebot, allerdings Touristenpreise, weit höher als in abgelegeneren Orten. Tolle Atmosphäre herrscht im **Adega Típica Restaurant**, es liegt in der Rua dos Reis unter einem alten Gewölbe. Der *Markt* findet an der Promenade oberhalb der Praca Gil Eanes an Werktagen morgens statt.

Sehenswertes

Die älteste Stadt an der Algarve war Heimat großer Schiffbauer und weitgereister Seefahrer, hier fand aber auch der erste europäische Sklavenmarkt statt. Die weiße Stadt am Meer hat ihren Charakter trotz vieler Touristen überraschend gut bewahrt, es macht Spaß, in den schmalen Gassen der verschachtelten Altstadt herumzulaufen. Unter der Altstadt liegen schöne Strände in verborgenen Felsnischen.

West-Algarve

Mehrere Busse fahren täglich von der nördlichen Hafenpromenade in Lagos nach Salema und Sagres. **Salema** wurde seit den 70er Jahren zum Treffpunkt junger Alternativreisender. Das hübsche Fischerdorf hat einen langen Strand, wird aber zunehmend von modernen Hotelkomplexen eingedeckt (viele **private Zimmer** werden angeboten, ab 25 DM, im Sommer ziemlich voll, **Camping Quinta dos Carricos** liegt 1 km landeinwärts, kaum Schatten, eigener Busstopp).

Die südwestlichste Stadt Europas ist **Sagres**, weit in einer wilden Landschaft verstreut. Hier toben der Wind und das Wasser des Atlantiks gegen die Felsen. Selbst im Sommer ist es hier recht kühl, nur Abgehärtete baden unten an den Klippen, wo es feine Sandpartien gibt. Auch Sagres ist Treffpunkt junger Alternativreisender. Westlich vorgelagert ist die Felsenhalbinsel **Promontorio Sagre** (ein **Hostel**, Tel. 082/64129, ca. 12 DM im großen Raum, zur Zeit aber in Renovierung). Zudem **Privatzimmer** in Sagres ab ca. 15 DM, **Camping Sagres** 2 km außerhalb in kleinem Wald. Viele schlafen verbotenerweise draußen in den Klippen, es gibt Polizeikontrollen.

Etwa 5 km westlich von Sagres ragt das **Cabo de São Vicente** ins Meer hinaus. Es macht Spaß, sich gegen den Wind vorzukämpfen. Die Felsen sind ca. 65 m hoch, das Wasser donnert an die Klippen. Im südwestlichsten Winkel Europas ragt der Leuchtturm aus den Felsen, der zeitweise sogar besichtigt werden kann, mit tollem Blick auf die tobenden Wellen.

Lisboa/Lissabon

Züge von Paris, Madrid, Porto, Vila Real.

Information

Hauptfremdenverkehrsamt im Palacio Foz an der Praca dos Restauradores neben dem Rossio-Platz. Stadtpläne und Zimmervermittlung. Auch am Bahnhof Santa Apolonia und am Hafen.

Verkehr

4 große *Bahnhöfe*: **Santa Apolonia**: Züge von Spanien, Porto. Liegt ca. 1 km östlich der zentralen Praca do Comercio. Bus 9 ins Zentrum. **Rossio**: Züge nach Sintra. Wunderschöner Bau mitten in der Stadt. **Cais do Sodre**: Züge nach Cascais, Estoril. Liegt am Tejo westlich von der Praca do Comercio, nur wenige Minuten vom Zentrum. **Barreiro**: Züge zur Algarve nach Vila Real. Liegt auf der südlichen Seite des Tejo. Die *blauen* **Fähren** fahren von der zentralen Praca do Comercio direkt zum Bahnhof Barreiro hinüber, sie halten an den Gleisen, Bahnpässe erlauben Freifahrt auf den Fähren, ca. 25 Minuten Überfahrt.

Das Stadtzentrum von Lissabon erschließen die **Eléctricos**. Die tollen alten Straßenbahnen fahren vor allem durch die Altstadtgassen der Alfama. Mit den Linien 17, 18, 24, 26 oder 28 kann man tolle Sightseeingtouren unternehmen. Die 26 fährt von der Praca do Comercio in 40 Minuten rings ums Zentrum, die 28 beginnt am Comercio ihre Tour nach Alfama hinauf. Die Fahrpreise sind sehr niedrig, sie werden nach Zonen berechnet, das Ticket für 20 Zonen kostet ca. 10 DM, in der Bahn zu kaufen. Mit dem **Passe Turistico** hat man in allen Straßenbahnen, Bussen, der Metro und der Standseilbahn wie dem Aufzug 3 Tage Freifahrt für ca. 20 DM. **Elevadores** sind Standseilbahnen, die steil den Berg hochfahren, etwa von der Praca dos Restauradores im Zentrum zur Rua de Alcantara, eine tolle Fahrt, die nur 1 Zone kostet. Der Elevador Santa Justa dagegen ist eine Art Fahrstuhl, der von der Rua Aurea zur Largo do Carmo hochfährt. Zudem fahren

3 **Metro**-Linien vom Rossio-Platz im 5-Minuten-Abstand in die Vororte, gute Übersichtspläne, aber separate Tickets. Die übrigen Stadtteile sind mit **Bussen** verknüpft, es gibt mehr als 100 Buslinien, eigene Tickets, das 20-Zonen-Ticket kostet ca. 12 DM.

Übernachten

Jugendherberge Pousada de Juventude, Rua Andrade Corvo 46, Tel. 01/3532696, Schließzeit 24 Uhr, 164 Betten, vom Apolonia-Bahnhof 4 km, Bus 1, 21, 36 bis Marques de Pombal oder Metro ab Zentrum bis Campo Grande. Besser ist die *Jugendherberge* im Vorort Oeiras: **Catalazete**, Tel. 01/4430638, 102 Betten, mit dem Zug vom Bahnhof Cais do Sodre nach Oeiras 20 Minuten Fahrt, danach 20 Minuten zu Fuß dem Strand folgen bis zur alten Festung. Viele preiswerte **Pensionen** liegen um den Hafen und beim Rossio-Bahnhof. Zimmervermittlung im zentralen Fremdenverkehrsamt. **Pension Alegria**, Praca da Alegria 12, Tel. 01/3475522, links hinter dem Rossio-Bahnhof, ca. 17 DM. **Pension Imperial**, Praca dos Restauradores 77, Tel. 01/320166, ca. 18 DM. **Campingplatz Nacional de Turismo**, 8 km vom Zentrum, Bus 14 ab Figueiro-Platz. Im Sommer schlafen unzählige Rucksacktouristen vor dem Apolonia-Bahnhof. Vorsicht vor Diebstahl und Dealern!

Essen und Trinken

Um den Rossio-Bahnhof und den Restauradores-Platz gibt es viele Lokale, die allerdings relativ teuer sind. In anderen Stadtvierteln, vor allem dem Bairro Alto, ist es preiswerter und ursprünglicher. Besonders zu loben ist das **Cacarol** in der Rua da Barroca 14 mit uriger Einrichtung und klassischer Musikbegleitung, preiswerte Mahlzeiten. Eines der schönsten Cafés ist das **Cerca Moura** im Alfama-Viertel, von dem aus man die halbe Stadt zu Füßen hat. Eines der bekanntesten *Fado-Lokale*, in dem abends der landestypische Fado-Gesang live dargeboten wird, ist das **Condessa** an der Praca da Alegria 38. Es zieht auch viele Touristen an.

Sehenswertes

Die 2000 Jahre alte Hauptstadt Portugals liegt auf mehreren Hügeln am breiten Fluß Tejo. Kulturell und wirtschaftlich ist sie unbestritten das Zentrum des Landes. Von den Römern gegründet, verbreitet die Stadt immer noch eine Atmosphäre, die an längst vergangene Zeiten erinnert. Auch nach dem schlimmen Brand im **Chiado**-Viertel 1988 hat sich Lissabon viele sehenswerte Ecken bewahrt. Höhepunkt jedes Lissabon-Besuchs ist die Fahrt mit den *alten Straßenbahnen* **Eléctricos** und den **Elevatores**, wobei man sich wirklich in anderen Zeitaltern wähnt.

Das Altstadtviertel **Alfama** mit seinen engen, verwinkelten Gassen, in dem heute noch die ärmsten Einwohner leben, ist das einzige Gebiet der Stadt, das beim Erdbeben von 1755 nicht zerstört wurde. Südlich der Alfama liegt die prächtige **Kathedrale**, hoch darüber das Kastell São Jorge. Erwähnenswert sind zudem die São-Roque-Kirche und das Gotteshaus der São Vicente.

Über den Tejo spannt sich eine riesige, über 3 km lange Hängebrücke, die Brücke des 25. April, benannt nach dem Tag der Beendigung der Diktatur im Jahr 1974. In der Gartenvorstadt **Belém** an der Tejo-Mündung findet man das **Kloster Jeronimos** aus dem 16. Jahrhundert, das unter König Manuel I. gebaut wurde. In diesem architektonischen Wunderwerk mit aufwendiger Fassade wurde der Amerika-Fahrer Vasco da Gama beerdigt. Sein **Denkmal** steht am Tejo, von oben hat man einen phantastischen Blick auf die Hängebrücke und das Kloster (kostenlos). Bekannt ist auch der unweit vom Kloster gelegene Turm **Torre de Belém**, der zum Schutz der Tejo-Einfahrt im Wasser errichtet wurde und lange Zeit Staatsgefängnis war. Heute ist er Museum (Studenten frei, sonst 4 DM). Nach Belém fahren alle 30 Minuten Züge vom Bahnhof Cais do Sodre, zudem Straßenbahnen von der Praca do Comercio.

Die sehenswertesten Museen Lissabons sind außerdem das **Museu Nacional de Arte Antigua** in der Rua das Janelas Verdes (Bus 27 oder Straßenbahn 19 von der

Praca da Figueira, täglich außer Mo 10–17 Uhr, 4 DM). Im **Museo Nacional do Azulejos** im Convento de Madre de Deus sind weitere Keramiken von unglaublicher Schönheit ausgestellt (Straßenbahn 3 oder 16 oder 24, täglich außer Mo 10–17 Uhr, 3 DM).

Cascais und **Estoril** sind zwei alte Bade- und Erholungsstädtchen westlich von Lissabon, die mit der S-Bahn (Bahnpässe gültig) in 20 Minuten zu erreichen sind. Nördlich von Cascais liegt **Sintra**, ein wunderschönes Städtchen mit kleinen Palästen, Brunnen, verzierten Häusern sowie dem Königsschloß (täglich außer Mi, 10–17 Uhr, 3 DM). Berühmt sind die Parks von Monserrat und Pena oberhalb der Stadt mit dem maurischen Kastell und einem kitschigen Schloß auf der Anhöhe (täglich außer Mo, 10–17 Uhr, 3 DM), zu Fuß in ca. 30 Minuten auf einem schönen Weg zu erreichen. Sintra wird ständig von Touristenmassen überschwemmt (alle 30 Minuten Züge vom Bahnhof Rossio in Lissabon, Bahnpässe sind gültig, vom Bahnhof in Sintra 10 Minuten Fußweg zum Zentrum. **Jugendherberge** in Sintra, **Santa Eufemia**, San Pedro de Sintra, Tel. 01 / 9 24 12 10, Schließzeit 24 Uhr. **Private Zimmer** übers Fremdenverkehrsamt an der Praca da Republica 3 in Sintra).

Wenige Kilometer westlich von Sintra liegt das **Cabo da Roca**, eine Halbinsel, die als westlichster Punkt des Kontinents gilt (Bahnstation Praia das Macas).

Die Westküste

Strecke 25 601 Valenca do Minho – Lissabon.

Von Vigo in Spanien kommend, trifft man auf portugiesischem Gebiet auf menschenleere Küsten. **Viana do Castelo** hat eine romantische Altstadt und – etwas vom Zentrum entfernt – schöne Badestrände. Die Kathedrale Santa Lucia wurde als Wallfahrtsheiligtum auf einem Hügel über der Stadt errichtet (**Campingplatz** jenseits vom Fluß, Fähre). Mehrere Kilometer von der Küste entfernt liegt das alte Städtchen

Braga, berühmt für seine vielen Kirchen, neben der Kathedrale aus dem 11. Jahrhundert besitzt es über 30 andere Gotteshäuser. Vom 4 km entfernten Bahnhof fahren Stadtbusse nach Braga (**Jugendherberge** in der Rua de Santa Margarida 6, Tel. 053/61 61 63, Schließzeit 23 Uhr, liegt nahe am Zentrum).

Porto

Strecke 25 601 Valenca – Lissabon und 25 604 Porto – Pocinho.

Information

Praca João, oberhalb der Praca da Liberdade, vom Bahnhof San Bento 200 m nördlich.

Verkehr

Der **Hauptbahnhof Campanha** liegt außerhalb des Zentrums, Nahverkehrszüge zum *San Bento-Bahnhof* oder Bus 35 verbinden mit der Innenstadt. Von hier fahren die Züge nach Lissabon, Valenca do Minho und nach Tua-Pocinho. Der Bahnhof **San Bento** wird nur von den Zügen nach Tua-Pocinho bedient, er liegt direkt im Zentrum an der Praca da Liberdade. Vom im nördlichen Teil der Stadt gelegenen Bahnhof **Trinidade** fahren Züge nach Guimaraes. Innerhalb der Stadt verkehren Stadtbusse.

Übernachten

Jugendherberge in der Rua Rodrigues Lobo 98, Tel. 02/6 06 55 35, vom San Bento-Bahnhof 12 Minuten zu Fuß oder Bus 3 oder 52 bis Praca da Galiza. Preiswerte **Pensionen** gibt es zahlreich um die Praca da Liberdade gleich beim San-Bento-Bahnhof. **Pension Monumental**, Avenida dos Aliados 151, Tel. 02/2 00 39 64, direkt hinter der Liberdade, ca. 20 DM. **Pension Aliados**, Avenida dos Aliados, Tel. 02/2 48 53, ca. 23 DM. **Camping Prelada**, Rua dos Burgos, Tel. 02/81 26 16, in sehr schönem Park, schattig, Bus 9 und 50 ab Praca da Liberdade, alle 30 Minuten.

Essen und Trinken

Natürlich muß man einen **Portwein** probieren, etwa bei Sandeman oder Ferreira (werktags kostenlose Führungen von 9–17 Uhr mit Kostprobe, Ferreira bietet sogar kostenlose Busfahrt zur Kellerei an). Preiswert sind die Lokale auf der südlichen Flußseite bei den Weinkellereien in der Nova da Gaia oder in der Rua do Bonjardim. Berühmt ist das alte **Café Majestic** in der Rua da Santa Catarina 112.

Sehenswertes

Die zweitgrößte Stadt Portugals hat eine schöne **Altstadt**, die sich eng an die Felsen über dem Douro schmiegt. Viele Kirchen, vor allem die **Kathedrale,** schmücken die Stadt. Die alte Börse, **Bolsa**, in der Rua da Bolsa, beeindruckt durch schöne Räume im maurischen Stil (werktags 10–17 Uhr, kostenlos). Verwinkelte enge Gassen ziehen sich unten am Douro entlang und den Hügel hoch. Auf der anderen Flußseite, von 2 kühnen Brücken verbunden, findet man die **Weinkellereien** des berühmten Portweins. Im 4 km westlich gelegenen Vorort **Foz de Douro** an der Mündung des Douro, per Straßenbahn zu erreichen, findet man ein altes Kastell aus dem 16. Jahrhundert über der Flußpromenade.

Coimbra

Züge von Porto nach Lissabon. Ein Zug nach Salamanca – Irún – Paris.

Information

Largo da Portagem, 300 m vom Bahnhof am Flußufer entlang.

Verkehr

Hauptbahnhof ist **Coimbra B**, 3 km außerhalb. Die schnellen Züge halten nur hier. **Coimbra A** liegt mitten in der Stadt am Flußufer, Nahverkehrszüge verbinden mit Coimbra B.

Übernachten

Jugendherberge in der Rua Henriques Seco 12, Tel. 039/22955, 85 Betten, vom Bahnhof A Bus 7, 29, 46, bis Liceu José Falcão, Mehrbett- und Doppelzimmer, 10–20 DM. **Pension Flor de Coimbra**, Rua do Poco 8, 18 DM, Interrailer-Treff, vom Bahnhof A 300 m, erst links, dann 50 m durch die Magalhaes nach rechts und wieder links. **Campingplatz Municipal** liegt östlich der Stadt neben dem Stadion, 3 km von der City, Bus 1, 5, 11 ab Largo da Portagem.

Sehenswertes

Die Stadt hat eine der ältesten **Universitäten** Europas aus dem Jahr 1252. Die **Altstadt** besteht aus schmalen, verwinkelten Gassen und Treppen und zieht sich an einer Anhöhe hoch. Die große **Kathedrale Se Velha** gehört zu den bedeutendsten romanischen Bauten des Landes. Sehenswert ist die Universitätsbibliothek mit über 100000 Büchern (täglich 10–12 und 14–17 Uhr).

Zwischen Coimbra und Lissabon (Strecken 25 602 und 25 601 Porto/Figueira da Foz – Lissabon) liegt **Figueira da Foz** mit Sandstränden ca. 15 Gehminuten vom Bahnhof, doch herrscht auch viel Betrieb um die Hochhauskomplexe herum (**Camping Municipal**, ca. 2 km vom Zentrum). Auch das ehemals malerische **Nazaré** bei Leira hat sich zum Touristenrummelplatz gemausert.

Das südlich gelegene **São Martinho do Porto** liegt an einer runden Bucht, die durch einen Berg vom Meer abgetrennt ist. Vom Bahnhof zum Strand sind es 2 km (**Jugendherberge** im Nachbarort Alfeizerão, Estrada Nacional 8, Tel. 062/999506, 60 Betten, mit schönem Park, 3 km vom Bahnhof São Martinho).

Landeinwärts liegt der *Wallfahrtsort* **Fatima** an der Strecke 25 602, für gläubige Katholiken das Herz des Landes. **Obidos** ist ein Städtchen mit schmalen Gassen, kleinen weißen Häusern und einem alten Kastell. Im Bahnhof halten nur Nahverkehrszüge, Schnellzüge stoppen im nahen Caldas da Rainha, gute Zugverbindung von Lissabon (Rossio).

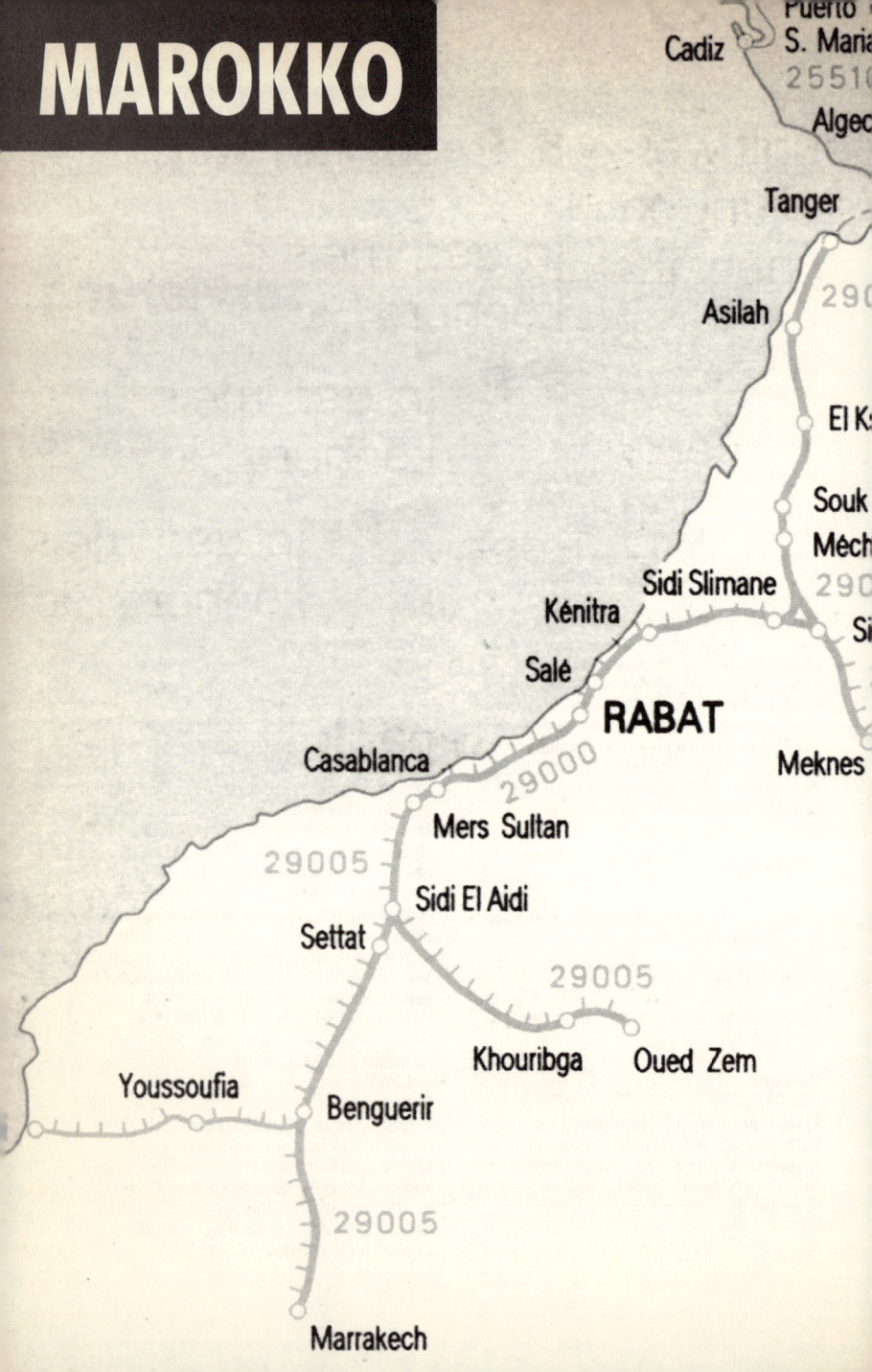

SPANIEN

Málaga

Fuengirola

Gibraltar (Brit)

Ceuta (Span)

MITTE

Alboran

Melilla (Span)

ba

el Ksiri

cem

29000

Oujda

00

Fès

Taza

Guercif

Taourirt

Aïn Béni Méthar

Tendrara

Neben der Türkei ist Marokko das einzige nichteuropäische Land, in dem das Interrail-Ticket gültig ist. Sicher ist es das Land, das sich von unseren Lebensgewohnheiten am stärksten unterscheidet. Je weiter man nach Süden vordringt, desto geheimnisvoller wird es, desto fremder die Atmosphäre. Die Bahn erschließt die besiedelten Regionen des Landes vor allem in der Nähe der Küste. Sie dringt im Süden bis Marrakesch vor, im Osten bildet Oujda an der algerischen Grenze den Endpunkt. Die einsamen Regionen des Landesinneren steuern Linienbusse an. Zur Einreise benötigt man einen mindestens 3 Monate gültigen Reisepaß ohne israelischen Stempel. Bei der Einreise legen die Grenzbeamten zeitweise auf gutes Aussehen wert, sonst könnte Zurückweisung drohen. Wegen eventueller Impfungen rechtzeitig mit dem Arzt sprechen.

Das Wichtigste vorweg

Geld

Währung ist der Dirham (DH), unterteilt
in 100 Centimes.

1 DM	= 6 DH	100 DH =	16,00 DM
1 öS	= 0,9 DH	100 DH =	112 öS
1 sfr	= 8 DH	100 DH =	12,00 sfr

Ein- und Ausfuhr von Dirham untersagt,
zum Teil genaue Kontrolle.

Telefon nach Hause Telefon-Notruf 19

Die direkte Durchwahl nach Europa ist
nicht möglich. Anstellen im Postamt dauert
recht lange; zudem muß man nach dem
Antrag auf ein Gespräch in die Heimat oft
noch stundenlang warten, bis es wirklich
vermittelt ist.

Botschaften in Rabat

Deutschland: Zankat Madnine 7, Tel.
07/32532
Österreich: Zankat Tiddas 2, Tel. 07/64003
Schweiz: Square de Bercane, Tel. 07/24695

Verbindungen nach Marokko

Schiff von **Algeciras/Spanien** *nach* **Tanger:**
Direkte Züge von Madrid nach Algeciras,
dort vom Bhf. ca. 1 km zum Hafen. Schiffe
fahren alle 3 Stunden, Fahrtdauer 2 ½
Stunden, ca. 50 DM.

Schiff von **Algeciras** nach **Ceuta** (span.
Exklave in Afrika)*:* Schiffe fahren alle 2
Stunden, Fahrtdauer 1 ½ Stunden, ca.
25 DM, Interrail 30 Prozent Ermäßigung.
Ceuta lohnt den Besuch nicht. Vom Paseo
de las Palmeras in der Nähe des Hafens
Ceuta kann man per Bus zur Grenze fahren und sie zu Fuß überqueren (die Paß-
kontrolle kann über eine Stunde dauern).
Weiter geht es per Sammeltaxi (möglichst
mit 5–6 Interrailern) 10 km bis F'nideq
(pro Person ca. 2 DM); umsteigen in Busse
nach Tetouan (2 DM) oder gleich mit dem
Sammeltaxi bis Tetouan (pro Person ca.
5 DM – Vorsicht vor Wucherpreisen).

Schiffe von **Malága** nach **Tanger**: Interrail 30 Prozent Ermäßigung.

Schiff von **Malága** und **Almería** nach
Melilla (span. Exklave in Afrika): Schiffe
fast täglich im Sommer, ca. 35 DM, Interrail
30 Prozent Ermäßigung. 5 bzw. 7 Stunden
Fahrt. Von Melilla fahren alle 2 Stunden
Busse nach Oujda (Bahnstation, ca. 5 DM).
Oder man begibt sich zu Fuß oder per Bus
vom Hafen Richtung «Frontera» (3 km),
um zu Fuß die Grenze zu passieren
(500 m). Auf der marokkanischen Seite
Bus oder Taxi nach Nador (10 km). Dort
kommt man an einem riesigen Bus- und
Taxiplatz an. Mit Bus oder Taxi nach Taourirt (ca. 80 km), einer Bahnstation westlich
von Oujda (29 000).

Unterwegs in Marokko

Verpflegung

Es empfiehlt sich aus hygienischen Gründen, Wasser nur abgekocht zu trinken und
bei Fleischgenuß vorsichtig zu sein (für den
Notfall Medikamente gegen Durchfall mitnehmen). Gekochte Speisen wie
«Couscous» kann man unbedenklich essen.
Beim Einkaufen auf Märkten oder in Läden vor dem Bezahlen immer handeln, die
Preise reduzieren sich meist drastisch.

Fühlt man sich von allzu aufdringlichen
Händlern zum Kauf genötigt, deutlich und
unverkennbar Abwehr zeigen. In kleinen
Restaurants kann man sich das Essen hinter Glas ansehen, vor dem Bestellen den
Preis ausmachen. Alkohol ist in diesem
moslemischen Land offiziell verboten, es
gibt ihn aber in Touristengebieten.

Übernachten

Es gibt nur wenige Jugendherbergen, aber auch die einfachen Hotels sind sehr billig, das Doppelzimmer für 2 Personen kostet hier etwa 25 DM. Mit Privatzimmern sollte man vorsichtig sein, das Zimmer vorher inspizieren und den genauen Preis ausmachen. Auf gar keinen Fall im Freien übernachten, die Gefahr, überfallen zu werden, ist zu groß, zudem ist wildes Campen verboten.

Weil es in Marokko schreckliche Armut gibt, sollte man weder Geld, Fotoapparate noch sonstige Wertsachen zur Schau stellen.

Viele Leute, auch Kinder, haben sich angesichts der gewaltigen Arbeitslosigkeit in Marokko aufs Betteln oder Stehlen spezialisiert. Deshalb zeigt man besser kein Geld öffentlich. Besondere Vorsicht ist im Gedränge geboten, im Basar, in vollen Zügen, Bussen und auch in Sammeltaxis. Außerdem sollte man sich vor aufdringlichen Helfern in acht nehmen. Sie bieten mit offiziellen Dokumenten, etwa als Mitarbeiter des Touristenbüros, kostenlose Stadtführungen an, verlangen am Schluß aber hohe Summen und werden handgreiflich.

Vorsicht vor Drogen! Händler bieten ständig Haschisch an, obwohl es verboten ist. Oft arbeiten sie mit korrupten Polizisten zusammen, die den Reisenden gegen drastische Summen vor einer «Strafe» schützen. Auch aufpassen, daß einem keiner im Gedränge Drogen in die Taschen steckt.

Auf dem Schiff rechtzeitig das Einreiseblatt ausfüllen und mit dem Paß abgeben, sonst wartet man ewig. Als Adresse eine Jugendherbergsadresse angeben.

Geld nicht in Spanien wechseln, es ist ungünstig und zudem verboten. In Marokko niemals auf der Straße wechseln.

Frauen und Mädchen müssen besonders aufpassen. Unzählige Marokko-Reisende berichten von Psychoterror und Belästigungen.

Günstige Tickets in Marokko

Interrail Zone F

Freie Fahrt auf allen Bahnstrecken im Land.

Euro Domino

Tage (innerhalb 31)	3	5	10
Jugendliche	61 DM	92 DM	182 DM
Erwachsene	65 DM	99 DM	195 DM
Erwachsene 1. Klasse	91 DM	136 DM	268 DM

Normale Fahrkarten

Extrem preisgünstig: 3. Klasse ca. 4 DM je 100 km, 2. Klasse ca. 8 DM je 100 km, 1. Klasse ca. 11 DM je 100 km

Liegewagen

Sehr preiswert, ca. 11 DM

Besonders schöne Bahnstrecken in Marokko

Eisenbahnfahren in Marokko ist ein besonderes Erlebnis. Die Wagen sind so alt, die Schienen so holprig, daß niemand die Fahrt so schnell vergessen wird. Teilweise haben die Züge drei Klassen, volksnahes Reisen findet vor allem in der dritten Klasse statt. Da es aber sehr langsam vorwärts geht und die Hitze anstrengend ist, sollte man sich zur Sicherheit ein Ticket für die erste Klasse besorgen. Die beiden Nord / Süd-Expreßzüge erfordern einen kleinen Zuschlag, haben dafür in Tanger Schiffsanschluß.

An den Endpunkten der Bahn, zum Beispiel in Marrakesch, kann man in die billigen, aber vollen Linienbusse umsteigen, um weiter ins Landesinnere zu gelangen. Die bekannten, prächtigen Königsstädte des Landes werden alle von der Bahn erschlossen.

Prinzipiell gibt's zwei Hauptstrecken, die eine nach Süden, mit einer Abzweigung ins Landesinnere und ans Meer (nach **Safi**), und eine Hauptstrecke bis **Fes** und weiter nach **Oujda** an der algerischen Grenze, von wo dann noch eine Strecke ins tiefste Landesinnere, nach **Bouarfa**, abzweigt. Diese Linie, ein wahres Bahnerlebnis, wird zwar jede Nacht von einem Güterzug befahren, führt aber nur samstags Richtung Süden und sonntags Richtung Norden einen Personenwagen mit. Wer die Einsamkeit des Gebirges und der Wüste mag, sollte Richtung Osten fahren, sonst ist auf jeden Fall die Route nach Marrakesch vorzuziehen. Höhepunkte sind die Königsstädte **Marrakesch** und **Fes**.

Ziele in Marokko

Tanger

Hafen an der Straße von Gibraltar. Ausgangspunkt für alle Fahrten mit der Bahn durch Marokko.

Information

O. N. M. T., Boulevard Pasteur 29, verläuft parallel zur Bahn Richtung Stadt.

Übernachten

Jugendherberge, Rue El Antake 8, Avenue d'Espagne, Tel. 0 94 / 61 27, 60 Betten, vom Bahnhof 800 m. Viele billige **Hotels** an der Avenue d'Espagne, vom Bahnhof 5 Minuten. Der **Campingplatz Tingis** außerhalb Richtung Cap Malabata ist bewacht.

Sehenswertes

Gegenüber dem Hafen, wo die Schiffe anlegen, befinden sich der Bahnhof und der Busbahnhof sowie die Avenue d'Espagne

mit billigen Unterkünften. Der Bahnhofsplatz in Tanger ist der Bettler- und Händlertreff Marokkos. Die Kriminalitätsrate soll recht hoch sein, und die Preise sind im Vergleich zum marokkanischen Hinterland stark überzogen. Der Blick vom oberen Stadtteil auf das Meer und das nahe Spanien ist allerdings sehr schön.

Weiter geht es zur Place Grand Socco, wo der Markt stattfindet, dann zum **Tor Bab Fes**. In der **Medina** gelangt man am Petit Socco vorbei zur **Großen Moschee**, dann am anderen Ende zur **Kasbah**. Die ganze Medina liegt auf einem Hügel, und von hier hat man den besagten Blick aufs Meer und Spanien. Baden ist übrigens gleich in der Nähe des Bahnhofs möglich.

Tetouan

Mit Bus von Tanger.

Information

O. N. M. T. in der Avenue Mohammed V. 30.

Übernachten

Billige **Hotels** um die Avenue Mohammed V. in der Neustadt (Nähe Fremdenverkehrsamt) und bei der Place Hassan.

Sehenswertes

Vom Busbahnhof zur Place Hassan. Von hier führt das große Tor, **Bab el Rouah**, in die Medina der Stadt. Selten in Marokko ist solch ein Trubel wie hier.

Rabat

Strecke 29001/29000: Tanger–Rabat.

Information

Rue Patrice Lumumba 34 in der Neustadt, vom Bahnhof über die Avenue Mohammed in 8 Minuten.

Übernachten

Jugendherberge, Tel. 072/5769, in der Rue Marassa 43, nicht weit vom Bab El Had im Südwesten der Medina, vom Bahnhof 1 km. Viele günstige **Hotels** am Torbereich zur Medina. **Campingplätze** in Salé.

Sehenswertes

Rabat ist eine alte Königsstadt und heute die Hauptstadt des Landes. Bis 1957 war sie Hauptstadt des französischen Protektorats und Mittelpunkt französischer Kultur. Vom Bahnhof über die Avenue Mohammed gelangt man zur *Medina*. In der Rue Sonika liegen die **große Moschee** aus dem 14. Jahrhundert, die **Moschee Moulay Soliman**, dann folgt die Place Souk el Ghezel mit der **Oudaia-Kasbah**, einer Burg. Dane-

ben das **Museum für marokkanische Volkskunst**.

Vom Friedhof am Ende der Medina hat man einen wunderbaren Blick aufs Meer, auch die Stadtmauer bietet ein schönes Panorama auf den Fluß. Nahe am Fluß Bou Regreg stößt man auf die feine Fassade des **Mohammed-Mausoleums** und den 44 m hohen **Hassanturm**, ein Minarett. Am Bahnhof selbst ist der Regierungsbezirk, morgens mit Wachablösungszeremonie. In der Nähe befindet sich auch das **Archäologische Museum**. Auf der anderen Seite des Flusses liegt die Medina von **Salé**, einer kleinen schönen Stadt, in der man billiger übernachten und – ebenso wie in Rabat – im recht sauberen Atlantik baden kann. Salé hat einen eigenen Bahnhof (eine Station vor Rabat).

Casablanca

Strecke 29000/29001: Tanger–Casablanca.

Information

Boulevard Mohammed V. 96.

Übernachten

Jugendherberge, Place Admiral Philibert, Tel. 022/0551, nur 300 m vom Bahnhof Gare du Port, liegt beim Hafen. In der Nähe mehrere billige **Hotels**.

Sehenswertes

Die größte Stadt Marokkos ist von Industrie und primitiven Satellitenvororten geprägt. Die mohammedanische Altstadt stößt ebenso ab wie die europäischen Neustadtviertel. Das Flair des legendären «Casablanca»-Films mit Humphrey Bogart wird man hier vergeblich suchen.

Safi

Strecke: Casablanca–Benguerir–Safi (Nebenstrecke).

Information

Neben dem Busbahnhof.

Übernachten

Mehrere billige **Hotels** bei der Medina.

Sehenswertes

Schönes Fischerstädtchen am Atlantik südlich der marokkanischen Großstädte. Es gibt hier einige Fischfabriken, aber der Hafen ist hübsch, ebenso die kleine Medina mit vielen Töpfern. Der Abstecher lohnt, wenn man viel Zeit hat.

Marrakech

Strecke 29 005: Casablanca–Marrakech.

Information

Avenue Mohammed 170.

Übernachten

Jugendherberge in der Rue El Jahed, Quartier Industriel, Tel. 044/77 13, vom Bahnhof gleich rechts, nur 700 m. Billige **Hotels** in der Nähe des Omnibusbahnhofs an der Place Djemaa el Fna, etwa **Hotel de France**, Tel. 044/223 19, ca. 15 DM, sehr einfach. **Campingplatz** neben der Jugendherberge, Avenue de France, bewacht.

Sehenswertes

Marrakech ist südlichster Bahnpunkt des Landes (es wird gerade eine neue Strecke gebaut, die weiter in den Süden führt) und mit seinem Blick auf die weißen Riesen des Hohen Atlas (über 4000 m hoch) wohl die schönste Stadt Marokkos. Die **Place Djemaa el Fna** ist das Zentrum. Der Bahnhof liegt nicht weit von der Altstadt Medina entfernt. Zuerst geht man zur **Place du 16 Novembre**, dann zur **Place de la Liberté** mit dem **Bab Larissa**, dem Eingangstor in die Medina.

Wichtigster Wegweiser durch die unzähligen Altstadtgassen ist die **Rue du Souk**

Smarine. Rings um sie herum sind die **Basare-Souks** unzähliger Handwerker und Händler. Daneben gibt es mehrere Moscheen, wie die **Koutoubia-Moschee** mit ihrem hohen Minarett, dem Turm des Gebetsausrufers, und zauberhafte **Paläste** der alten Sultansstadt. Hier scheint die Zeit stehengeblieben zu sein. Immer wieder kommt man zur Place *Djemaa el Fna* zurück, dem Drehpunkt der Altstadt. Außerhalb der Stadt, im Norden, steht die einmalige **Palmenoase** mit etwa 150 000 Dattelpalmen. Wichtig ist die Stadt auch noch als Ausgangspunkt für Busfahrten ab der Place el Fna zum nahen Atlas-Gebirge.

Nur mit dem Bus von Marrakech aus gelangt man über einen Gebirgspaß hinein in den *Hohen Atlas* von faszinierender Ödnis und bizarren Landschaftsformen um den Ort Quarzazate. Von dort starten auch Busfahrten in Seitentäler mit *Oasen* (zum Beispiel ins Dades-Tal).

Meknès

Strecke 29 000/29 001: Tanger–Fes.

Information

Esplanade de Foire.

Verkehr

Der kleine **Bahnhof El-Amir Abdelkader** liegt nahe der Altstadt, er kommt vor dem **Hauptbahnhof. Busse** nach Moulay Idris fahren von der Place Lalla Aounda ab.

Übernachten

Jugendherberge im Boulevard Okba Ben Nafü, beim Hotel Transatlantique in der Neustadt, Tel. 052/46 98, vom Abdelkader-Bahnhof 10 Minuten, sehr schöne Herberge, fast komfortabel, ca. 12 DM. Billige **Hotels** in der Nähe des zentralen Altstadtplatzes Place el Hedim. **Campingplatz** Bienvenue südlich vom Sultanspalast, sehr schattig, grün und sauber.

Sehenswertes

An der **Place el Hedim** befindet sich der wunderschön verzierte **Bab Mansour**, daneben das **Museum Dar Jamai**, ein großer Palast aus dem letzten Jahrhundert mit marokkanischer Kunst. Hinter dem Museum sind *Märkte* mit vielen Teppichen und Metallgefäßen. **Moschee und Medersa** (= Religionsschule) schließen sich an, dann folgt der Markt der Töpfer. In Meknès gibt es einen Busanschluß zur heiligen Stadt des Landes, **Moulay Idris**, die in schöner Umgebung liegt. Außerhalb der Medina von Meknès befinden sich noch die Überreste zweier **Herrscherpaläste** von Moulay Ismail und Dar el Makhzen.

Das größte Tor zur Altstadt, der **Bab Boujeloud**, liegt im Westen. In seiner Nähe befindet sich der bedeutendste Teil des Marktes der Stadt. Unzählige Händler sind in den engen Gassen des **Basar** oder **Souk** tätig. Mitten in der Altstadt steht die **Moschee el Kairaouine**, die größte des ganzen Landes. Die Altstadt bildet auch das Wirtschaftszentrum mit Seiden-, Leder-, Metall-, Teppich- und Mosaikgewerbe. Die Handwerker arbeiten vor dem Publikum mit ihren (oft giftigen) Stoffen. Die zentrale Straße durch dieses Häusergewirr ist die **Tala Kebira**, nach der man fragen sollte, wenn man sich verlaufen hat. Die Neustadt mit ihren Ortsteilen *Ville Nouvelle* sowie *Fes el Djedid* ist europäisiert und nicht sehr interessant.

Fes

Strecke 29 000 / 29 001 Tanger–Fes.

Information

O. N. M. T., Place de la Résistance.

Verkehr

Der **Hauptbahnhof Gare du Tanger-Fes** liegt in der Neustadt. In der Altstadt ist der kleine **Bahnhof Gare du Bab Ftouh**, hier halten nur einige Lokalzüge.

Übernachten

Jugendherberge in der Neustadt, Rue Abdeslam Seghrini 18, Tel. 062 / 4085, vom Bahnhof 1 km. Viele billige **Hotels** um die Gare du Bab Ftouh, etwa **Moulay Hotel**, ca. 14 DM.

Sehenswertes

Fes ist der kulturelle Mittelpunkt Marokkos. Unzählige Studenten studieren an der Universität und in den Religionsschulen. Lange Zeit war Fes Sitz des Königs, daher heißt sie «Königsstadt».

Die *Altstadt Fes el Bali* beidseits des Flusses Oud Fes ist von der modernen Stadt durch mittelalterliche Wehrbauten getrennt.

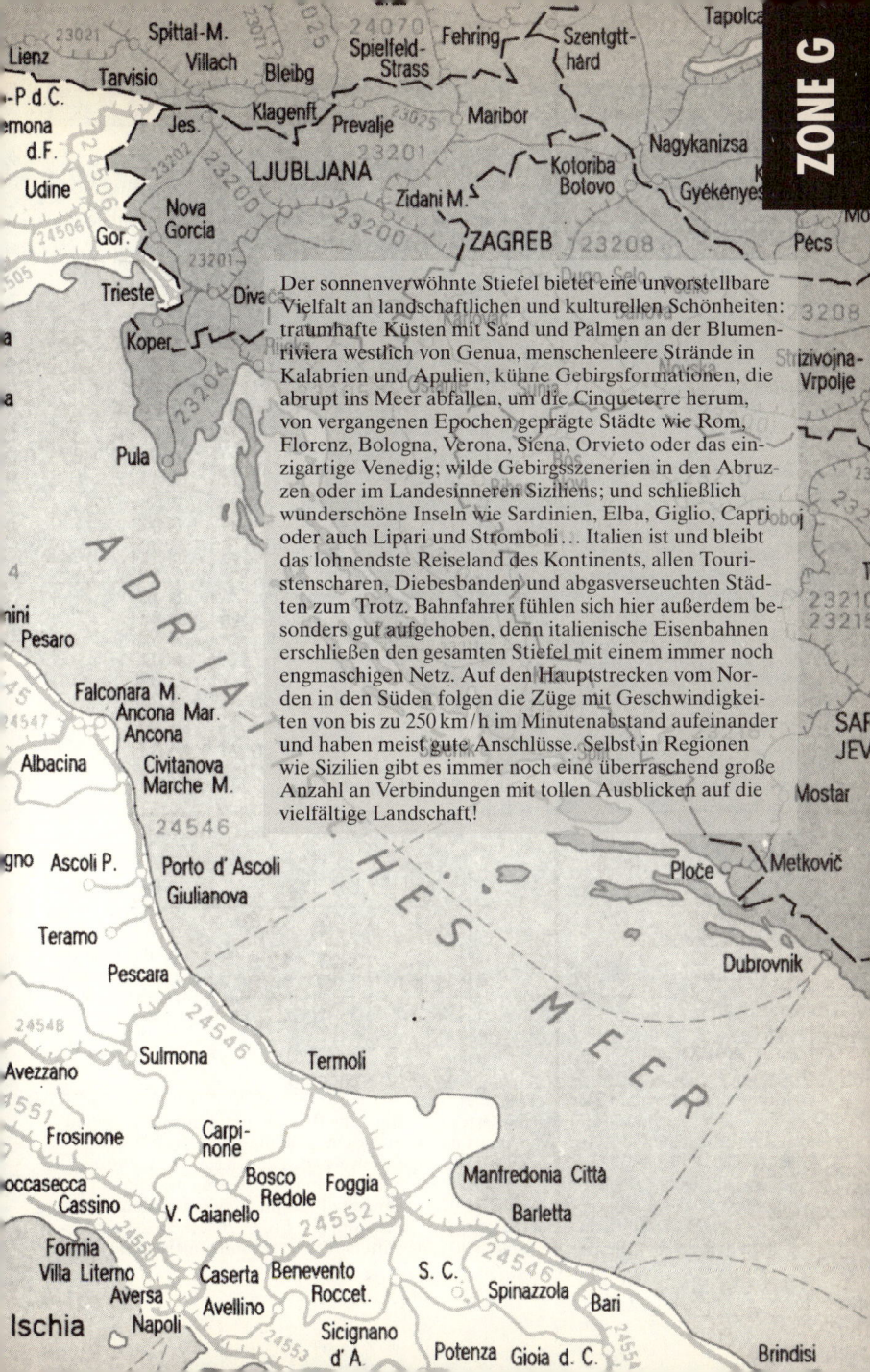

Der sonnenverwöhnte Stiefel bietet eine unvorstellbare Vielfalt an landschaftlichen und kulturellen Schönheiten: traumhafte Küsten mit Sand und Palmen an der Blumenriviera westlich von Genua, menschenleere Strände in Kalabrien und Apulien, kühne Gebirgsformationen, die abrupt ins Meer abfallen, um die Cinqueterre herum, von vergangenen Epochen geprägte Städte wie Rom, Florenz, Bologna, Verona, Siena, Orvieto oder das einzigartige Venedig; wilde Gebirgsszenerien in den Abruzzen oder im Landesinneren Siziliens; und schließlich wunderschöne Inseln wie Sardinien, Elba, Giglio, Capri oder auch Lipari und Stromboli… Italien ist und bleibt das lohnendste Reiseland des Kontinents, allen Touristenscharen, Diebesbanden und abgasverseuchten Städten zum Trotz. Bahnfahrer fühlen sich hier außerdem besonders gut aufgehoben, denn italienische Eisenbahnen erschließen den gesamten Stiefel mit einem immer noch engmaschigen Netz. Auf den Hauptstrecken vom Norden in den Süden folgen die Züge mit Geschwindigkeiten von bis zu 250 km/h im Minutenabstand aufeinander und haben meist gute Anschlüsse. Selbst in Regionen wie Sizilien gibt es immer noch eine überraschend große Anzahl an Verbindungen mit tollen Ausblicken auf die vielfältige Landschaft!

Das Wichtigste vorweg

Geld

1 DM	=	1000 Lire	1000 Lire =	1 DM
1 öS	=	140 Lire	1000 Lire =	7 öS
1 sfr	=	1250 Lire	1000 Lire =	0,78 sfr

Telefon nach Hause

Deutschland 0049   Telefon-Notruf 113
Österreich 0043
Schweiz 0041

Botschaften in Rom

Deutschland: Via Siecci 2, Tel. 06/805187
Österreich: Via Pergolesi 3, Tel. 06/380442
Schweiz: Via Oriani 61, Tel. 06/803641

Reiseführer

Conrad Lay / Michaela Wunderle: «Anders Reisen: Italien», Rowohlt Taschenbuch Verlag
Frida Bordon / Giuseppe Siciliano: «Italienisch in letzter Minute», Rowohlt Taschenbuch Verlag
Henning von Klüver: «Anders Reisen: Norditalien», Rowohlt Taschenbuch Verlag
Michael Kadereit: «Anders Reisen: Toskana, Umbrien», Rowohlt Taschenbuch Verlag
Frida Bordon: «Anders Reisen: Venedig mit Venetien», Rowohlt Taschenbuch Verlag
Peter Kammerer / Henning Klüver: «Anders Reisen: Rom», Rowohlt Taschenbuch Verlag
Michaela Wunderle: «Anders Reisen: Süditalien», Rowohlt Taschenbuch Verlag
Frida Bordon: «Anders Reisen: Sizilien», Rowohlt Taschenbuch Verlag

Literatur

Lara Cardella: «Ich wollte Hosen», Fischer Taschenbuch Verlag. Eine junge sizilianische Studentin beschreibt die bigotten Moralvorstellungen in ihrer Heimat.
   Carlo Levi: «Christus kam nur bis Eboli», Deutscher Taschenbuch Verlag. Ein Turiner Arzt berichtet vom Lebensalltag in Süditalien, wo er als politisch Verbannter unter Mussolini lebte.
   Werner Raith: «Der Korruptionsschock», Rowohlt Taschenbuch Verlag. Kritische Analyse der politischen Verhältnisse im heutigen Italien.

Unterwegs in Italien

Verpflegung

Daß in diesem Land vorzügliche Köche am Werk sind, weiß wohl jeder. Dennoch sollte man nicht bedenkenlos in jedes Restaurant einkehren – die Preise sind oft gesalzener als das Essen. Preislich am günstigsten liegen Imbißstuben mit der Bezeichnung **Rosticceria** oder **Tavola Calda**. Teurer, aber auch bequemer sind **Trattorias** und **Osterias**. Preislich an der Spitze liegen meist die **Ristorantes**. **Pizzerien** gibt es in allen Preisklassen. Bei jeder Rechnung im Lokal kommen zwei Aufschläge hinzu: für Gedeck (Coperto) und Bedienung (Servicio). Dadurch kann sich die Rechnung um gut 20 Prozent erhöhen.
   Die Lebensmittelgeschäfte, darunter immer noch viele Tante-Emma-Läden, sind meist auch sonntags geöffnet, aber jeden Tag von 12.30 Uhr bis 15.30 Uhr geschlossen.

Übernachten

Jugendherbergen gibt es in vielen großen und kleinen Städten, Preise ab 15 DM. Preiswerte Pensionen stehen als *Locanda* oder *Albergho* zur Verfügung. Der ausgehandelte Preis muß im Zimmer angeschlagen sein. Die Fremdenverkehrsämter vermitteln oft Unterkünfte, meist ohne Gebühr. *Camping* ist vor allem an den Küsten und in den bekannten Feriengebieten möglich, im Hochsommer jedoch kaum unter 10 DM. Es ist zwar legal, draußen zu übernachten, wegen der Gefahr von Dieben aber nur bedingt zu empfehlen.

Günstige Tickets in Italien

Interrail Zone G

In ganz Italien, auf Sizilien und Sardinien gültig sowie für die Schiffsüberfahrt auf den Fähren der FS nach Sizilien.

Euro Domino

Tage (innerhalb 31)	**3**	**5**	**10**
Jugendliche	191 DM	237 DM	394 DM
Erwachsene	250 DM	315 DM	526 DM
Erwachsene 1. Klasse	356 DM	445 DM	746 DM

Touristen-Karte

Freie Fahrt auf allen Strecken der FS. 1. Klasse in Klammern.
8 Tage 260 DM (390 DM)   21 Tage 370 DM (560 DM)
15 Tage 320 DM (490 DM)   30 Tage 450 DM (680 DM)

Kilometerheft

3000 Kilometer Bahnfahrt für beliebige Reiseziele. Das Heft kann von bis zu fünf gemeinsam reisenden Personen oder von Einzelreisenden benutzt werden. Für Kinder bis 12 wird die halbe Entfernung angerechnet. Geltungsdauer: zwei Monate.
Preis: 230 DM (2. Klasse)   390 DM (1. Klasse)

Liegewagen/Schlafwagen

Liegebetten kosten 27 DM, Schlafwagenbetten ab 50 DM.

Zuschläge

Prinzipiell kosten die schnellen ETR 450-Sprinter Zuschlag, die vor allem auf der Schnellfahrstrecke Bologna–Rom verkehren. Die zahlreichen Intercity-Züge sind mit Euro Domino zuschlagfrei, mit Interrail nördlich von Rom teilweise zuschlagpflichtig.

Besonders schöne Bahnstrecken in Italien

Gleichgültig auf welcher Route man nach Italien reist, per Bahn sind alle Strecken landschaftlich reizvoll: Die **Lötschberg-Simplon-Bahn** von Bern nach Domodossola (24004), die **Gotthard-Bahn** von Luzern oder Zürich nach Chiasso (24016) und die weniger bekannte Umwegstrecke über Albula und Bernina von **Chur–St. Moritz** nach **Tirano** (24029) zeigen die eindrucksvollsten Alpendurchquerungen Europas.

Auch die Bahnlinien von Frankreich sind großartig: Die Alpenlinien **Lyon–Turin**

(24527) und die auf unzähligen Schlangenlinien die Seealpen querende **Tendabahn** von Nizza nach Cuneo (24535) sowie die Tour entlang der **Riviera** nach Genua (24520). Die **Brennerbahn** von Innsbruck nach Verona (24500) und die Verbindung aus Slowenien (Divaca–Triest: 23201) stehen den nur wenig nach. Man sollte, für Hin- und Rückreise, eine andere Strecke wählen.

Norditaliens lohnendste Bahnstrecken führen die Blumenriviera entlang von Genua nach **Ventimiglia**, an mondäne Badeorte, Sandstrände und Palmenalleen (24520). Die Fahrt von Genua nach **La Spezia** an der Felsenriviera gehört zu den Höhepunkten europäischer Bahntouren (24530): Entlang dem Steilabfall des Apennin ins Meer weist diese Strecke traumhafte Gebirgslandschaften auf. Nur mühsam erkämpft sich die Bahn ihren Weg durchs Felsengewirr und verbindet die **Cinqueterre-Dörfer** mit der Außenwelt.

Die berühmte Schnellfahrstrecke *Direttissima* von **Bologna** über **Florenz** nach **Rom** durchquert das Mittelgebirge des Apennin auf unzähligen Brücken und durch kilometerlange Tunnel (24540).

Die Bahnstrecken in *Mittelitalien* weisen überraschend viele abwechslungsreiche, vom Gebirge geprägte Abschnitte auf. Deutlich wird dies auf den Linien von *Rom* nach **Ancona** (24547), von *Rom* nach **Pescara** (24548) sowie auch von **Neapel** nach **Foggia** (24552). Weitgehend unbekannt ist

die nur noch selten befahrene **Abruzzenbahn**: Durch Tunnels, über scheinbar wacklige Brücken zieht sich die Linie abseits der Hauptstraßen von *Terni* (Rom–Ancona) über *Rieti* und *Sulmona* nach *Benevento* (Foggia–Neapel).

Im *Süden Italiens* bietet die Fortsetzung der *Direttissima* von *Rom* über *Neapel* nach **Reggio di Calabria** (24555) tolle Ausblicke auf Küste und Bergland des Südstiefels. Kaum zu glauben, mit welchem Tempo und Komfort die italienische Bahn durch den ärmsten Teil des Landes, den Mezzogiorno, fährt. Einsame Küsten passiert die Linie entlang der Fußsohle des Stiefels von **Tarent** nach *Reggio di Calabria* (24554).

Auch *Sizilien* verfügt über beeindruckende Bahnstrecken. Höhepunkt ist die Küstenlinie im Osten der Insel von **Messina** über den schönsten Ort des Eilands, **Taormina**, nach **Catania** (24560). Lohnende Ergänzung ist die Fahrt mit der **Ätna-Ringbahn** rings um den Vulkan von Catania aus. Auch die Küstenstrecke im Norden Siziliens von *Messina* nach **Palermo** (24561) kämpft sich durch Engstellen zwischen Gebirge und Meer. Abenteuerlich wird die Fahrt, wenn man sich ins gebirgige einsame Landesinnere, etwa nach **Caltanissetta**, **Ragusa** und *Siracusa* (24565/24566) wagt. Unterwegs kann es passieren, daß der Triebwagenführer den Zug halten läßt, um auf freier Strecke mit Bauern zu reden.

Ziele in Italien

Norditalien

Von den südlichen Alpen über die stark industrialisierte Po-Ebene bis zu den Küsten von Adria und Riviera findet man eine landschaftlich und kulturell ebenso vielfältige wie faszinierende Region vor. Die Bahn erschließt Städte, Strände und Gebirgsregionen mit einem dichten Netz regelmäßig verkehrender Züge.

Milano / Mailand

Bahnknotenpunkt.

Information

APT-Büro im Hauptbahnhof und in der Via Marconi 1 am Domplatz, Tel. 809662. Stadtplan und Zimmervermittlung.

Verkehr

Hauptbahnhof Stazione Centrale, wuchtiger Bau aus dem Jahr 1931. Information in der Halle links, Gepäckaufbewahrung und Geldwechsel rechts. **Metro**: Von der Stazione Centrale fährt die Metro 3 in die Innenstadt zum Dom (Duomo) Richtung San Donato. **Straßenbahn** 29 und 30 umrunden die City, zudem fahren **Busse**. Tickets gelten für alle drei Verkehrsmittel, besonders günstig die Tageskarte zu ca. 8 DM (am Metro-Schalter der Stazione Centrale) oder Carnet (11 Fahrten) zu ca. 15 DM. *Zu Fuß* sind es ca. 20 Minuten von der Stazione Centrale in die Innenstadt: Aus dem Bahnhof geht man die Via Pisani geradeaus, hinter der Piazza della Repubblica in die Bastioni di Porta Venezia nach links, dann rechts der Via Manin und der Via Manzoni folgend bis zur Galleria Vittorio Emanuele, hinter der der Dom aufragt.

Übernachten

Mailand ist sehr teuer. **Jugendherberge Piero Rotta**, Via Martino Bassi 2, Tel. 02/39267095. Bus 90, 91 von der Stazione Centrale bis Station QT 8 oder Metro 2 bis Piazza Cadorna, dann Metro 1 bis QT 8, dann 500 Meter zu Fuß. Großes Haus, bis 0.30 Uhr geöffnet, ca. 25 DM. **Pension San Tomaso** in der Viale Tunisia 6 (von der Stazione Centrale geradeaus die Via Pisani 400 Meter entlang, dann links in die Tunisia), einfache Zimmer, im DZ ca. 30 DM, Tel. 02/29514747. **Camping Città di Milano**, Via Gaetano Airaghi 61. Metro 1 bis Piazza de Angeli, dann Bus 72 bis Via Trivulzio. Großer, sauberer Platz.

Essen und Trinken

Sehr teuer, die preiswerteren Lokale findet man im Studentenviertel Ticinese. Dort und rund um den Domplatz treffen sich auch Nachtschwärmer zum (sehr teuren) Ausgehvergnügen.

Sehenswertes

Mittelpunkt Mailands ist der **Duomo** mit dem weiten, ständig von Menschenmassen belagerten Domplatz. Der Dom bietet einen faszinierenden Anblick: 1386 begonnen, ist er heute eine der größten Kirchen überhaupt mit einer Höhe von bis zu

108 Metern, 135 kleinen Türmchen und 2300 Marmorstatuen an den Außenwänden. Im Inneren beeindrucken 52 monströse Pfeiler. Die Fenster des Mittelschiffs aus dem 15. Jahrhundert sind die größten der Welt. Vom Dach bietet sich ein prächtiges Panorama weit über die Stadt hinaus (zu Fuß 370 Stufen, 4 DM, mit dem Fahrstuhl ca. 8 DM).

Südlich vom Dom steht der **Palazzo Reale** aus dem 18. Jahrhundert mit dem **Dom-Museum** (nebenan ist das Fremdenverkehrsamt APT). Nördlich vom Domplatz ist die **Galleria Vittorio Emanuele**, die 1867 erbaute Geschäftsstraße unter einer gewaltigen Glaskuppel, mit teuren Geschäften und Cafés. Auf der anschließenden **Piazza della Scala** ragt das Denkmal Leonardo da Vincis empor. Am Platz wurde 1778 das berühmte Opernhaus, die **Scala di Milano**, errichtet. In seinem Nebengebäude befindet sich das **Museo Teatrale** mit Hinweisen auf die Geschichte der Scala (Di–So 9–12, 14–18 Uhr, ca. 8 DM). Etwa 100 Meter nordwestlich befindet sich in der Via Brera, in der **Pinacoteca di Brera**, eine der umfangreichsten Gemäldesammlungen Italiens mit Werken von Rembrandt, El Greco, van Dyck und Raffael (Di–So 9–13 Uhr, ca. 10 DM). Von der Via Brera gelangt man links über die Via Pontaccio zum **Castello Sforzesco**, der 1368 gegründeten Burg der Visconti und Sforza mit mehreren Museen und sehr schönem Innenhof. Hinter der Burg erstreckt sich der weitläufige Park mit einem großen Aquarium und dem Freilufttheater **Arena**. Vom Südwesten der Burg kommt man am Nordbahnhof vorbei über die Via Boccaccio und die Via Caradosso zur Kirche **Santa Maria delle Grazie** aus dem Jahr 1465, in der bei der Beseitigung von Kriegsschäden alte Malereien entdeckt wurden. Im angrenzenden Refektorium hängt das berühmte **Abendmahl** von *Leonardo da Vinci* aus dem Jahr 1497, das zur Zeit wegen zu starker Schädigung nur noch in Ausnahmefällen besichtigt werden kann. Nur 100 Meter weiter südlich liegt die sehenswerte Kirche **San Vittore** in der gleichnamigen Straße. Ihr benachbart ist das **Museo Nazionale della Scienza e Tecnologia** mit einer Übersicht über die Entwicklung der Technik und einem Nachbau aller Apparate von Galilei, Newton und Volta (Di–So 9–18 Uhr, 10 DM). An der sehenswerten mittelalterlichen Kirche **Sant Ambrogio** vorbei Richtung Dom kommt man zur **Biblioteca Ambrosiana** mit über 750 000 Büchern aus dem frühen 17. Jahrhundert sowie einer kleinen Gemäldegalerie. In Mailands Stadtviertel *Ticinese* herrscht ein anderes Flair: Unzählige Lokale reihen sich hier rings um die beschaulichen Kanäle Naviglio Grande und Naviglio Pavese aneinander, dem Treffpunkt der jungen Milanesen.

Bergamo

Strecke 24 524: Milano–Bergamo.

Information

Viale Papa Giovanni 106, ca. 100 Meter vor dem Bahnhof. Außerdem an der Piazza Vecchia in der Oberstadt.

Übernachten

Jugendherberge in der Via Galileo Ferraris 1, Tel. 39/3521126. Älteres Haus, ca. 18 DM, vom Bahnhof ca. 3 km, mit Bus 1 und 3 bis Porta Nuova, weiter mit Bus 14. **Pension Leon d' Oro** in der Via Paleocapa 4, ca. 500 Meter vom Bahnhof, Tel. 218151, im DZ ca. 25 DM.

Sehenswertes

Romantisch am Fuß der Alpen gelegene Stadt mit mittelalterlicher Atmosphäre. Vom Bahnhof in der Unterstadt kommt man über den Viale Papa Giovanni XXIII und den Viale Vittorio Emanuele II zu Fuß oder Bus 1 zur Standseilbahn, die in die Oberstadt **Città Alta** hochfährt (alle 10 Minuten, ca. 2 DM). Enge Gassen und hübsche Plätze prägen das Bild, allen voran die **Piazzetta del Duomo** mit der sehenswerten Kirche **Santa Maria Maggiore** und dem **Dom**. Im Zentrum der Altstadt liegt auch die **Piazza Vecchia** mit dem Palazzo della Ragione, dem alten Rathaus und dem Turm, von dessen Anhöhe man einen gu-

ten Ausblick genießt (Fahrstuhl, ca. 2 DM). Abends treffen sich Junge und Alte am **Piazzale Colle Aperto** hinter der Cittadella; von hier hat man eine schöne Sicht auf die Umgebung.

Verona

Strecken 24 500 Brenner–Bologna und 24 505 Milano–Venezia.

Information

Im Hauptbahnhof (kleine Halle) und im Rathaus in der Via Leoncino 61 rechts vor der Arena. Stadtpläne.

Verkehr

Hauptbahnhof Porta Nuova liegt nahe am Zentrum, zu Fuß 10 Minuten. Oder Bus 2 bis Piazza Bra.

Übernachten

Jugendherberge Villa Francescatti, Salita Fontana del Ferro 15, Tel. 045/590360. Alte Prachtvilla in Toplage unterhalb der Festung jenseits der Etsch, *der* Jugendtreffpunkt in Verona. Vom Bahnhof quer durch die Altstadt, über den Ponte Nuovo, dann links. Oder Bus 2 bis Piazza Isolo. Sollte das Haus voll belegt sein, darf man preiswert im Park nebenan zelten. **Istituto Don Bosco**, Via Antonio Provolo 16, Tel. 045/591300. Zwei große, nach Geschlechtern getrennte Räume für Leute unter 25. Schließzeit 22.30 Uhr. Liegt beim Castelvecchio. **Pension Volto Cittadella** in der Via Volto Cittadella 8, Tel. 045/800077, im DZ ca. 30 DM. Liegt südlich der Piazza Bra. **Camping Castell San Pietro**, über der Jugendherberge in der Festung, toller Blick über die Stadt.

Sehenswertes

Vom Bahnhof Porta Nuova aus geht man rechts bis zum großen Piazzale Porta Nuova, dann links dem Corso Porta Nuova folgend zur **Piazza Bra** mit der weltberühmten **Arena**, hinter der die stimmungsvolle **Altstadt** mit ihrer großen

An der **Piazza San Marco** (Markusplatz) wimmelt es von Tauben und Touristen. Die **Basilika San Marco** wurde 830 begonnen und im 11. Jahrhundert umgebaut. Der Reichtum der venezianischen Kaufleute ließ der Kirche immer neue Schätze zukommen, oft waren es auch Raubstücke im Gefolge der Kreuzzüge. Die berühmte *Pala d'Oro* des Hochaltars mit ihren vielen Juwelen stammt aus Konstantinopel, ebenso wie die vier Bronzepferde über dem Haupteingang. Die Schatzkammer weiterer Kunstgegenstände (Eintritt 5 DM). Der **Campanile di San Marco** auf der Piazetta wurde 1912 neu errichtet, weil sein Vorgänger eingestürzt war (Fahrstuhl 6 DM), von oben toller Ausblick. Nicht weniger beeindruckend ist der **Dogenpalast Palazzo Ducale** aus dem 15. Jahrhundert mit einer Bogenhalle und der Loggia mit feinen Spitzbögen darüber. Der Doge war der Ratsherr, der Venedig regierte. Im Inneren kann man prächtig verzierte Räume aus der Spätrenaissance und dem Barock mit Gemälden von Tizian und Tintoretto bewundern, dessen riesiges «Paradies» die Hauptattraktion darstellt (ca. 15 DM, Jugendliche 7 DM). Neben dem Dogenpalast liegen die Prigioni, in denen Gefangene gefoltert wurden. Die **Seufzerbrücke** (*Ponte dei Sospiri*) hat ihren Namen von den Verurteilten, die über sie zur Hinrichtung geführt wurden. Hinter der Brücke wird es ruhiger. Das nahegelegene **Museo Storico Navale** informiert beeindruckend über die im Arsenal gebauten Schiffe (9–14 Uhr, 4 DM). Weiter im Osten liegt das Zentrum des noch weitgehend ursprünglichen Viertels **Castello** mit dem ruhigen Park *Giardini Pubblici*. Im hintersten Winkel versteckt sich die kleine *Isola di San Pietro* mit der Kirche *San Pietro in Castello*, bis ins 19. Jahrhundert hinein der Dom der Stadt.

Gegenüber der Piazza San Marco liegt die winzige Insel **San Giorgio Maggiore** mit der großen gleichnamigen Kirche. Von ihrem Turm hat man eine prächtige Aussicht. Ihr schließt sich landeinwärts die Insel **Giudecca** an, die sich ihren ursprünglichsten Charakter weitgehend erhalten konnte. Hier leben vorwiegend Einheimische, die in der Uhrenproduktion, Stoffdruckerei, Brauerei und Likördestillation arbeiten. Bis zum Anfang des 16. Jahrhunderts lebten auch die Juden Venedigs auf der Giudecca, dann mußten sie ins Getto in **Cannaregio** umziehen. Cannaregio und das *Judengetto* liegen nördlich des Santa-Lucia-Bahnhofs, in wenigen Minuten über die Lista di Spagna zu erreichen; eine ruhige Gegend abseits der Touristenströme.

In der Lagune von Venedig liegen weitere Inseln. Nördlich der Stadt, von den Fondamenta Nuovo zu erreichen, die kleine Friedhofsinsel **San Michele** (bis 17.30 Uhr offen). Unbedingt lohnend für einen Besuch ist das Glasbläsereiland **Murano** mit schmalen Kanälen, niedlichen Gebäuden und vielen Glasbläsereien. Im *Museo Vetrario* sind die schönsten Kunststücke ausgestellt (9–18 Uhr, ca. 10 DM, Jugendliche 7 DM). Weiter nördlich in der Lagune liegt das kleine **Burano**, das romantische Ideal einer winzigen Insel, die vom Fischfang und der Spitzenklöppelei lebte. Lohnend ist der Besuch der *Scuola dei Merletti*, einem Museum der Spitzenherstellung (9–18 Uhr, ca. 8 DM). Die bunten Häuser Buranos bezaubern jeden Besucher. Die kleine Insel **Torcello** gammelt hingegen langsam vor sich hin. Kaum zu glauben, daß hier mal 20000 Menschen lebten, heute sind es nicht einmal 50. Sehenswert ist vor allem die Kathedrale *Santa Maria Assunta* aus dem 7. Jahrhundert mit farbigen Mosaiken. Heute ernähren sich die Menschen hier vom Weinbau, Fischfang und von der Schafzucht. Am Ostrand der Lagune zieht sich der **Lido** über mehrere Kilometer hin, mit den Vaporetti von der Piazza San Marco alle paar Minuten zu erreichen. Die besten Jahre der einst mondänen Badeinsel scheinen vorbei, teure Hotels künden vom Reichtum vergangener Zeiten. Wer baden will, zahlt Eintritt, nur am Nordende gibt es freien Zutritt. Per Bus kann man den Lido abfahren, per Fähre auf die Insel von Pellestrina übersetzen, von deren Südende Boote zum malerischen Fischerort **Chioggia** übersetzen.

Trieste / Triest

Strecken 24505, 24506, 23201 von Villach, Venezia, Ljubljana.

Information

Im Bahnhof und im Castello. Stadtpläne, Zimmer.

Übernachten

Jugendherberge Tergeste im Vorort Grignano, Viale Miramare 331, Tel. 040/224102. Vom Bahnhof 5 km, Bus 6 und 36. Neues, sauberes Haus. **Pension Marina**, Via Galatti 14, Tel. 040/61168, im DZ ca. 25 DM. **Camping** im 20 km nördlich gelegenen Sistiana, Lokalzug nach Monfalcone.

Sehenswertes

Die alte Hafenstadt im Nordostzipfel der Adria gehörte jahrhundertelang zu Österreich-Ungarn, was heute noch Teile des Stadtbildes bestimmt. Der Bahnhof liegt am Nordrand der Altstadt, nicht weit vom Hafen. Vom Bahnhof aus über Corso Cavour und Piazza della Libertà erreicht man nach ca. 500 Metern den bezaubernden **Canal Grande**, der sich stadteinwärts bis zur Kirche Sant'Antonio erstreckt. Auf der rechten Seite öffnet sich jetzt der Meereshafen. Gegenüber dem **Teatro Verdi**, das ein Theatermuseum enthält, schiebt sich die Mole Audace ins Wasser, von der aus man einen guten Ausblick auf die Stadt hat. Zentraler Platz der Stadt ist die **Piazza dell' Unita d' Italia**. Dem Hafen folgend, passiert man den Hafenbahnhof und die Fischhalle mit sehenswertem Aquarium, dann stößt man auf die **Piazza Venezia** mit dem Museum Revoltella (moderne Malerei). Dahinter, landeinwärts, an der Piazza Hortis befinden sich das Museo di Storia Naturale (Naturkunde) und das Meeresmuseum mit schönen Segelschiffmodellen (Di–So 9–14 Uhr, 8 DM). Landeinwärts folgen schmale Altstadtgassen bis zum Berg mit der Festung. Vor dem **Castello** steht die weitläufige *Kathedrale San Giusto* aus dem 14. Jahrhundert, dahinter sieht man die Überreste eines **römischen Forums**. Der Ausblick von der Festung ist die Krönung des Besuchs der Stadt.

Padova / Padua

Strecken 24505, 24506 Verona und Venezia – Ferrara.

Information

Im Bahnhof. Stadtpläne, Zimmervermittlung.

Übernachten

Ostello di Padova, Via Aleardi 30, Tel. 049/8752219, Jugendhotel, ca. 25 DM mit Frühstück, Bus 3 und 8 ab Bahnhof. **Casa Famiglia**, Via Bixio 4, Tel. 049/25314, nur für Frauen, Mehrbettzimmer, katholisch betrieben, ca. 20 DM, neben dem Bahnhof. **Camping** in Montegrotto Terme, Bahnhof 10 km südlich von Padova, Richtung Monselice.

Sehenswertes

Padovas Altstadt ist geprägt von vielen Laubengassen und der Studentenszene. Vom Bahnhof gelangt man am Corso Popolo und Corso Garibaldi entlang zur **Piazza Cavour**, hinter der in der Via Roma das größte Kaffeehaus Europas, das **Caffè Pedrocchi** aus dem 19. Jahrhundert, liegt, heute internationaler Treffpunkt. Nicht weit davon stehen das Rathaus und die **Universität** aus dem 16. Jahrhundert, an der schon Galilei lehrte. Zwischen der Piazza delle Frutta und der Piazza delle Erbe steht der **Palazzo della Ragione**, ein Gericht aus dem 13. Jahrhundert, mit schönen Innenräumen. Westlich folgt die Piazza dei Signori mit der Loggia del Consiglio und dem Palazzo del Capitanio mit seinem Uhrturm. Weit beeindruckender als der Dom ist die Kirche **Sant'Antonio** am Ende der Via del Santo, die mit ihren sieben Rundkuppeltürmen einen bezaubernden Anblick bietet. Im Inneren findet man Werke von Donatello, Riccio und Tizian. Hinter der Kirche ist das Museo Civico mit historischer Sammlung sowie der älteste **Botanische Garten** Europas von 1545. Auf dem Platz vor der Kirche steht das 1447 von Donatello geschaffene **Reiterdenkmal des Gattamelata**.

Ferrara

Strecken 24506, 24544 Venezia–Bologna
und Ravenna.

Information

Gegenüber vom Dom, Piazzetta
Municipale 19.

Übernachten

Camping Estense, Via Porta Catena. Vom
Bahnhof ca. 20 Min. der Stadtmauer in
nördlicher Richtung folgen (oder Bus 3).

Sehenswertes

Ferrara ist eine der wichtigsten und sehenswertesten **Renaissancestädte** Italiens mit
einer großen Fußgängerzone und stimmungsvoller Atmosphäre. Vom Bahnhof
erreicht man, der Via Cavour folgend, in
ca. 15 Minuten (oder Bus 9) das **Castello
Estense**, die wuchtige, von einem breiten
Wassergraben umgebene Burg im Zentrum
der Stadt. Hier residierten vom 13. bis ins
16. Jahrhundert die Herrscher Ferraras, die
Este. Die Innenräume und der Keller mit
Gefängnis sind zu besichtigen (Di–So
9–17 Uhr, ca. 10 DM). Neben dem Kastell
die **Piazza Savonarola** mit einem Denkmal
des aus Ferrara stammenden Bußpredigers.
Ihm benachbart ist der **Palazzo Comunale**,
das Schloß der Este. Ein anderes Wahrzeichen der Stadt ist die benachbarte **Kathedrale San Giorgio** mit stark verziertem
Hauptportal und riesigem Innenraum.

Das Besondere an Ferrara sind außerdem die vielen Renaissance-Paläste, die
vor allem in der nördlichen Innenstadt zu
finden sind. Das Stadtmuseum mit auffälligen Miniaturen und Fresken aus dem Mittelalter befindet sich im **Palazzo Schifanoia**
in der Via Scandiana 23. Das archäologische Museum findet man im **Palazzo Ludo-
vico il Moro** mit einem bezaubernden Hof
in der Via XX Settembre 124. Die Straße
mit den beeindruckendsten Palästen ist der
Corso Ercole I d'Este, allen voran der **Palazzo dei Diamanti** mit einem Gemäldemuseum, das einen guten Einblick in die
ruhmreiche Vergangenheit der Stadt ver-

mittelt (Di–So 9–14 Uhr, ca. 8 DM). Die
Ruhe der weitgehend autofreien Innenstadt sorgt für zusätzlichen Reiz.

Ravenna

Strecken 24544, 24545 Ferrara und Bologna–Ravenna–Rimini.

Information

Via Salara 12 (gleich neben der Fußgängerzone in der Via Cavour).

Übernachten

Jugendherberge Dante, Via Aurelio Nico-
lodi 12 im Quartiere Trieste,
Tel. 0544/420405. Bus 1 und 11 ab Bahnhof. **Pension Minerva**, Via Maroncelli 2, im
DZ ca. 25 DM, rechts vom Bahnhof. **Camping Rivaverde** in Marina di Ravenna, mit
ATM-Bus ab Ravenna Bahnhof.

Sehenswertes

Ravenna zeigt aufgrund vieler Kriegszerstörungen im letzten Weltkrieg kein ein-
heitliches Stadtbild, hält aber für Kunst-
liebhaber viele Schätze aus frühmittelalter-
licher Zeit bereit. Im 5. und 6. Jahrhundert,
als das römische Weltreich zerfiel, wurde
Ravenna die Residenz des Westgoten-
königs Odoaker und später des Ostgoten
Theoderich. Nach der Niederlage der
Gotenkönige wurde die Stadt Nebensitz
der byzantinischen Kaiser. Die Spuren dieser Zeit sind über viele Straßenzüge verstreut.

Vom Bahnhof der Via Farini folgend,
kommt man über die Via A. Diaz in 10 Minuten geradeaus zur **Piazza del Popolo**,
dem Zentrum der Stadt. Hier liegt das Rathaus, der Palazzo Municipale. Nach Norden passiert man den Markt, stößt dann,
dem Straßengewirr halb links folgend, auf
die **Kirche San Vitale**, den bekanntesten
Bau Ravennas. Sie wurde 526 unter Kaiser
Theodosius auf achteckigem Grundriß errichtet. Die farbenprächtigen Mosaiken im
Inneren stellen Kaiser Justinian und seine
Frau Theodora dar und stammen aus dem

359

6. Jahrhundert. Hinter der Kirche liegt das **Mausoleum der Galla Placidia** mit sehenswerten Mosaiken aus dem Jahr 440 (9–17 Uhr, 6 DM). Weiter im Süden der Innenstadt, nicht weit von der Piazza del Popolo, steht der **Dom Sant'Orso** mit dem erzbischöflichen Palast. Neben der Kirche San Francesco befindet sich das **Grabmal Dantes**, der 1321 in Ravenna starb.

Bologna

Bahnknotenpunkt.

Information

Im Bahnhof. Stadtpläne und Zimmervermittlung.

Übernachten

Jugendherberge San Sisto, Via Viadagola 14, Tel. 051/519202 und 051/501810. Bus fährt von der bahnhofsnahen Via Irnerio ab, die ca. 400 Meter vor dem Bahnhof links von der Via dell' Indipendenza abzweigt. Bus 93 bis Ostello Giovane. Das Fremdenverkehrsamt im Bahnhof gibt genaue Pläne von der Lage der neuen Jugendherberge aus. *Pensionen* sind sehr teuer.

Sehenswertes

Der wichtigste Bahnknotenpunkt Norditaliens besitzt die älteste **Universität** Europas, 1088 gegründet. Kaum eine andere Großstadt zeigt eine so gut erhaltene mittelalterliche Stadtkomposition mit den charakteristischen kilometerlangen **Bogengängen**.

Vom Bahnhof folgt man zu Fuß oder per Bus der Via dell' Indipendenza bis zur Piazza del Nettuno und der Piazza Maggiore, zwischen denen der Neptunbrunnen steht. Hier befinden sich das Rathaus Palazzo Comunale und der Palazzo di Re Enzo, in dem im 13. Jahrhundert der Sohn Kaiser Friedrichs II. gefangen war. Südlich der Piazza erhebt sich die größte Kirche Bolognas, **San Petronio**, mit gotischem Innenraum. Am Enzo-Palast vorbei kommt

man über die Via Rizzoli zur Piazza di Porta Ravegnana mit den bekannten Türmen Bolognas, die sich seit dem Mittelalter einander zuneigen. Die **Torre degli Asinelli** und **Garisenda** gehen auf die Jahre 1119 und 1110 zurück und sollten die angrenzenden Adelssitze verteidigen. Der Asinelli läßt sich über 498 Stufen erklimmen (5 DM). Vom Platz laufen fünf Straßen sternförmig zu den östlichen Stadttoren. Es lohnt sich, allen zu folgen. Die Universität liegt an der Via Zamboni, ihr schräg gegenüber die **Pinacoteca Nazionale**, das Kunstmuseum mit Werken von Raffael, Tintoretto, Vivarini (Di–So 9–14 Uhr, 9 DM). Die Piazza Verdi in der Nähe der Uni entwickelte sich wie die Piazza Maggiore zum Studententreff mit internationalem Flair.

Die Riviera

Genova/Genua

Strecken 24520, 24527, 24530: nach Ventimiglia, Torino, Pisa.

Information

In beiden großen Bahnhöfen.

Verkehr

Der **Hauptbahnhof Porta Principe** liegt direkt am Zentrum. **Stazione Brignole** südlich des Zentrums. Manche Lokalzüge Richtung Sestri Levante fahren von Brignole ab, alle anderen Züge von Porta Principe.

Übernachten

Jugendherberge in der Via Costanzi 120, Tel. 010/2422457, Bus 35, 40 vom Bahnhof Principe. Mehrere einfache **Pensionen** am Anfang der Via Balbi, ca. 3 Minuten vom Bahnhof Principe (ca. 25 DM im Doppelzimmer). **Camping**: Villa Doria, Nahverkehrszug Richtung Westen bis Pegli.

Essen und Trinken

Am Anfang der Via Pré sind mehrere
preiswerte Lokale (auch in den Seitengassen). In der ganzen Fußgängerzone große
Auswahl.

Sehenswertes

Die größte italienische Hafenstadt zwängt
sich mit ihren 800 000 Einwohnern und viel
Industrie in die schmale Zone zwischen
Meer und Gebirge. Die ufernahe Altstadt
wirkt ziemlich vergammelt, je weiter es die
Hänge hinaufgeht, desto vornehmer sind
die Häuser.

Vom Hauptbahnhof läuft man am
Kolumbus-Denkmal vorbei (dem berühmtesten Sohn der Stadt), kurz die Via Balbi
entlang und steigt dann nach rechts in die
Fußgängerzone hinunter, die nach ca.
100 m rechts abzweigt. Die Via Pré führt
mitten durch die leicht heruntergekommene Altstadt mit unzähligen Geschäften.
Links und rechts zweigen viele autofreie
Gassen ab. Mitten in der Stadt steht die
Kathedrale San Lorenzo aus dem 12. Jahrhundert mit berühmten Gemälden. Nicht
weit davon liegt die **Piazza de Ferrari** mit
dem alten Opernhaus und der Accademia
Linguistica di Belle Arti mit großer
Gemäldesammlung (9–14 Uhr, 8 DM). Neben der Börse mündet die Via XX Settembre in den Platz, eine der wichtigsten Geschäftsstraßen Genuas. Oberhalb der
Piazza de Ferrari kommt man über die Via
Roma zur Piazza Corvetto mit dem Palazzo
Spinola aus dem 15. Jahrhundert. Darüber
liegt der Park **Villetta di Negro** mit schönem Blick auf die Stadt. Im Park steht das
Museum Chiossone mit ostasiatischen Objekten (Di–Sa 9–14 Uhr, 7 DM).

Am anderen Ende liegt unterhalb des
Parks die Piazza del Portello, von der aus
man in die von prächtigen alten Palästen gesäumte **Via Garibaldi** gelangt. Hier stehen
das Rathaus im Palazzo Municipale
(16. Jahrhundert), der **Palazzo Rosso** mit einem Gemäldemuseum mit Bildern von van
Dyck (Di–So 9–14 Uhr, 7 DM) und der
Palazzo Bianco mit einem Museum niederländischer Maler (Di–So 9–14 Uhr, 7 DM).
Folgt man der Via Cairoli, passiert man den
Palazzo Balbi. Auf der anderen Straßenseite
liegt die Talstation der Bergbahn (Funico-
lare) auf den **Righi**, der aus 310 m Höhe ein
tolles Panorama bietet (Fahrt nur ca.
1,50 DM, normale Busfahrscheine). Der Via
Balbi folgend, gelangt man rechts zur
pompös ausgestatteten Kirche **Santissima
Annunziata** aus dem 16. Jahrhundert. Es
folgt eine Reihe alter Paläste wie der **Palazzo
dell'Università** mit prächtigem Park.

Zum Hafen gelangt man vom Hauptbahnhof rechts durch die Via A. Doria,
ebenfalls mit Bussen vom Vorplatz zur Stazione Marittima. Hier legen die Fähren
nach Sardinien und Korsika ab.

Von Genua bis zur französischen Grenze
erstrecken sich lange Sandstrände mit alt-
ehrwürdigen Badeorten. Das grüne Hinterland mit seinen Hügeln und Bergen macht
die Szenerie besonders malerisch. Besonders lohnende Orte an dieser Strecke sind
Finale Ligure (*Information:* Vor dem
Bahnhof Ligure Marina. *Übernachten:*
Jugendherberge in altem Prachtbau auf
dem Hügel, Via Generale Caviglia 46,
Tel. 019/690515. Oft belegt. *Pensionen,* im
DZ ca. 25 DM. *Camping:* Mehrere Plätze
ca. 500 m außerhalb) mit Sandstrand, breiter Palmenpromenade und einer schönen,
zum Teil mittelalterlichen Altstadt. **Al-
benga** (mehrere *Campingplätze* am
Strand), mit mittelalterlichem Flair und einem gewaltigen Dom in der Altstadt, sowie
Alassio (*Camping* außerhalb), wo sogar der
schöne Sandstrand Eintritt kostet und
dafür eine Menge los ist.

San Remo

Information

Gegenüber vom Bahnhof, Largo Nuvoloni
1. Zimmervermittlung (auch im Bahnhof).

Übernachten

Mehrere **Pensionen**, DZ um 25 DM beim
Bahnhof und in der Via Roma, z. B. **Lo-
canda Mina** und **Pension Ambrosiana**.
Camping: Großer Platz am Stadtrand
Richtung Ventimiglia.

Sehenswertes

Der Nobelbadeort erstreckt sich vom Meer bis zu den Bergen. Unten am Wasser, vom Bahnhof nur wenige Schritte entfernt, liegt der **Hafen** mit teuren Jachten, Palmenpromenade und Kieselstrand. Landeinwärts stehen protzige Neubauten, Hotels, Boutiquen, Diskos mit Menschengetümmel und Abgasfahnen. Auch das berühmte Spielcasino findet man dort. Die russische Kirche am Anfang des Corso Imperatrice wurde von Großgrundbesitzern gebaut, die 1917 vor der russischen Revolution geflüchtet waren. Vom Berg aus zeigt sich San Remo allerdings von einer anderen Seite: Die **Altstadt** mit ihren schmalen Gassen und Treppen sowie leicht vergammelten Häusern verbreitet eine heimeligere Atmosphäre. Vom Corso degli Inglesi fährt eine Drahtseilbahn in 50 Minuten auf den **Monte Bignone**, der auf 1300 m Höhe eine einzigartige Aussicht auf Küste und Alpenvorland bietet (15 DM). Im stimmungsvollen Dorf **Bussana Vecchia** leben heute Künstler und Architekten aus aller Welt, die die von einem Erdbeben im 19. Jahrhundert zerstörte Siedlung beeindruckend wiederaufgebaut haben (mit Bussen vom Bahnhof Richtung Taggia und anschließendem Fußmarsch zu erreichen).

Ventimiglia

Information

Via Cavour 61, ca. 500 m vom Bahnhof.

Übernachten

Mehrere preiswerte **Pensionen** zwischen Bahnhof und Via Cavour, billiger als in San Remo. Mehrere **Campingplätze** westlich und östlich der Stadt.

Sehenswertes

Die Uferpromenade liegt 500 m vom Bahnhof entfernt, die Altstadt thront auf einem Hügel halbrechts vom Bahnhof. Unten befinden sich die Reste eines römischen Theaters. In Richtung Frankreich liegt an der Via Aurelia, ca. 5 km von Ventimiglia, am Kap

Mortola über der Küste der **Park Giardino Hanbury** mit üppigen tropischen Pflanzungen (Busverbindung). Unbedingt lohnend ist die Bahnfahrt über Breil sur Roya und weiter nach Tenda durch die Seealpen.

Felsenriviera mit Cinqueterre

Die bizarre Felsenküste der Riviera südlich von Genua bietet traumhaft schöne Fischerdörfer, die sich in enge Nischen zwischen Meer und Gebirge schmiegen. Nahverkehrszüge von Genua (meist Bahnhof Brignole) nach Sestri Levante und La Spezia erschließen die Küste im Stundentakt, zudem gibt es sehr viele Fernzüge. Besonders reizvolle Orte an dieser Strecke mit eigener Bahnstation sind zum Beispiel **Camogli-San Fruttuoso**, das malerisch an einer breiten Bucht liegt. Vom Bahnhof kann man nach San Fruttuoso wandern (ca. 3 km) und per Boot weiter (ca. 1 Stunde, 15 DM) an der Felsenküste entlang ins Traumdorf **Portofino** an einer winzigen engen Bucht fahren (alles ist sehr teuer, Pensionen kaum unter 80 DM im DZ, kein Campingplatz).

In **Santa Margherita Ligure** künden alte Pensionen in üppig grüner Umgebung vom Reichtum vergangener Tage. Für die Atmosphäre mit Palmen und Blüten an der Promenade bezahlt man allerdings einen hohen Preis (kein Camping, Busverbindung nach Portofino).

Der Touristentreff **Rapallo** (*Pensionen* zwischen Bahnhof und Altstadt, im DZ um 25 DM, zwei Campingplätze am Ortsrand) wurde durch den hier abgeschlossenen Vertrag zwischen Deutschland und der UdSSR nach dem Ersten Weltkrieg berühmt. Lohnend ist vor allem die üppige Palmenpromenade mit grandiosem Meerblick.

Übernachten

Pensionen sind nicht unter 30 DM je Person im DZ zu haben. In mehreren Orten, z. B. Corniglia, werden **Privatzimmer** vermietet, entsprechende Hinweisschilder hängen aus. In Riomaggiore gibt es am Bahnhof ein **Hostel** mit einem großen

Schlafsaal, das Bett zu ca. 25 DM. Am Bahnhof von Monterosso gibt es eine zentrale **Privatzimmervermittlung**: Pro Loco, Tel. 0187/817506. **Campingplätze** gibt es nur außerhalb, die nächstgelegenen in Levanto (Bahnhof vor Monterosso) gleich in Bahnhofsnähe. In Levanto gibt es auch einen großen Sandstrand.

Sehenswertes

Die Cinqueterre gehören zu *den schönsten Landschaften Europas*. Die Bahnstrecke führt direkt am Meer entlang und erschließt fünf einzigartig auf Felsen über dem Wasser thronende Dörfer, eines schöner als das andere: **Monterosso, Vernazza, Corniglia, Manarola** und **Riomaggiore** – *alle mit eigenem Bahnhof*. Die Lokalzüge von Genova – Sestri Levante – La Spezia fahren jede Stunde und halten in jedem Dorf. Der Weg direkt an der Steilküste entlang, etwa von Corniglia nach Manarola (40 Fußminuten), zeigt herrliche Ausblicke aufs Meer. Die Bahnhöfe reichen oft bis in die Tunnel. Am schönsten zwischen die Felsen gebaut sind das idyllische *Vernazza* mit winzigem Stand, steilen Treppen und einer Festungsruine sowie *Riomaggiore* mit romantischer Hafenpartie und Weinreben über den Häusern. Am ruhigsten ist aber *Corniglia*, dessen Ortskern vom Bahnhof aus über eine steile Treppe erreicht wird. In *Manarola* zwängen sich die Häuser in einen schmalen Graben abwärts bis zum Meer. In *Monterosso* findet man den einzigen Sandstrand der Gegend, doch ist der Ort weniger zu empfehlen.

Carrara

Strecke 24530 Genova – Roma.

Information

Piazza Menconi in Marina di Carrara.

Verkehr

Der **Bahnhof** liegt in Carrara-Avenza, alle paar Minuten fahren **Busse** nach Carrara und Marina di Carrara.

Übernachten

Jugendherberge in der Viale delle Pinete, Tel. 0585/780034, liegt am Ende von Marina di Carrara am steinigen Strand Richtung Marina di Massa. Busse vom Bahnhof Marina di Massa fahren alle Stunde, von Carrara-Avenza Busse zum Hafen, Busfahrer wissen Bescheid. Mehrere **Pensionen** gleich in der Nähe des Bahnhofs in Avenza. **Camping**: Mehrere Plätze nördlich und südlich von Marina di Carrara am Meer.

Sehenswertes

Man sieht sie schon vom Zug aus – die berühmten **Marmorsteinbrüche** rund um Carrara. Im Ort selbst kündet nur das **Museo del Marmo** (unterhalb von Carrara am Stadion) von der Haupterwerbsquelle des Ortes (10 – 13, 15 – 18 Uhr, 5 DM). Der Brunnen **Fontana Gigante** beeindruckt auf der Piazza vor der Kathedrale durch zwei große Fischköpfe, die einen Menschen tragen.

In entgegengesetzter Richtung vom Bahnhof liegt der Badeort **Marina di Carrara** mit langem Sandstrand, wo es außerhalb des Hochsommers recht ruhig ist. Am Meer reiht sich Campingplatz an Campingplatz, fast bis in den nächsten Badeort, **Marina di Massa**.

Viareggio

Strecken 24530 Genova – Pisa und 24542 Firenze – Viareggio.

Information

Im Bahnhof.

Übernachten

Pensionen zu ca. 20 DM im DZ zwischen Bahnhof und Strand. Mehrere **Campingplätze** am Strand südlich von Viareggio, allerdings viele mit festen Wohnwagen.

Sehenswertes

Die Badestadt mit einem riesigen Sandstrand und der langen protzigen Promenade lebt nur von Touristen, zumeist Italienern. Außer zum Baden lohnt sich der Besuch kaum.

Lucca

Strecke 24542 Viareggio – Firenze.

Information

Piazzale Verdi und Via Vittorio Veneto 40.

Übernachten

Jugendherberge Il Serchio, Via del Brennero, Tel. 0583/341811, vom Bahnhof Bus 7, ca. 2 km. **Pensionen** sind teuer, kaum unter 30 DM im DZ. **Albergo La Pace**, Via Corte Portici 2, bei der Piazza San Michele, im DZ ca. 25 DM.

Sehenswertes

Die **Stadtmauer** ist die Attraktion Luccas, sie ist nicht nur ein breiter, klotziger Wall, sondern durch die üppige Vegetation zugleich ein breiter Gartenstreifen. Vom Bahnhof hat man das ca. 500 Jahre alte Bollwerk in wenigen Minuten erreicht. Statt sofort in die Altstadt zu gehen, kann man die Mauer erklimmen und auf ihr einen Stadtrundgang machen – der Wall ist aber 4 km lang.

Das Innere Luccas ist bestimmt von engen Gassen und vielen Kirchen. Heute noch Bischofsstadt, präsentiert Lucca u. a. den **Dom San Martino** mit dem berühmten Sarkophag der Ilaria del Carretto, die Kirche San Frediano aus dem 12. Jahrhundert und vor allem die **Kirche San Michele**, mit wunderschöner, sehr fein verzierter Fassade, das wohl prächtigste, von Arkaden gesäumte Bauwerk der Stadt. Der schönste Platz ist die **Piazza Anfiteatro Romano**. Auf den Überresten des römischen Amphitheaters errichteten die Luccaner ihre Häuser im großen Oval. Südlich davon steht der **Palazzo Guinigi** mit hohem Turm (9–17 Uhr, 4 DM).

Pisa

Strecken 24530 Genova – Roma und 24543 Florenz – Pisa.

Information

Am Bahnhof und beim Schiefen Turm.

Übernachten

Casa della Giovane, Via Corridoni 29, Tel. 050/43061. Katholisches Heim für Frauen, ca. 25 DM, 800 m vom Bahnhof. **Pension Serena**, Via Cavalca 45, im DZ ca. 20 DM, bei der Uni. **Campingplatz** am Rand der Stadt, Via Cascine 86, in der Nähe des Schiefen Turms, 10 Gehminuten.

Sehenswertes

Pisa hat im Vergleich zu anderen italienischen Städten kaum auffallende Bauwerke zu bieten – bis auf den Dom, das Baptisterium und natürlich den Schiefen Turm. Vom Bahnhof geht man durch die Viale Gramsci zur Piazza Vittorio Emanuele, an der Sant-Antonio-Kirche vorbei, biegt rechts in die Via Crispi ab, überquert den Arno und läuft die Via Roma entlang, bis man nach ca. 2 km auf den Domplatz stößt (Bus 1 direkt). Erblickt man den **Schiefen Turm** zum erstenmal, glaubt man, daß er gerade endgültig umkippt, der Anblick ist wirklich verblüffend. Kämpft man sich durch die Menschenmassen, kann man ihn aus der Nähe bewundern – das Betreten ist zur Zeit verboten. Alle Versuche, den Turm mit Betonverstärkung zu befestigen, schlugen fehl. 1173 begann man mit dem bereits damals schiefen Bau. Heute beträgt die Neigung 4,55 m; jedes Jahr kommt fast ein Millimeter hinzu. Der weißleuchtende **Dom** nebenan stammt ebenfalls aus dem 12. Jahrhundert. Seine Attraktion ist die Kanzel von Pisano aus dem Jahr 1311 mit plastischen Figuren aus der biblischen Geschichte. Die Bewegungen des gewaltigen Leuchters veranlaßten angeblich den hier lebenden *Galilei*, über Schwingungen nachzudenken. Nicht weit vom Dom steht das kreisrunde, von einer rötlichen Kuppel gekrönte **Baptisterium**, die größte Taufkapelle Italiens, ebenfalls aus grellweißem Marmor. Im Inneren befindet sich eine weitere berühmte Kanzel von Pisano, dem Vater des Dom-Künstlers. Am Rand der Domwiese liegt der **Friedhof Campo Santo** aus dem 13. und 14. Jahrhundert, dessen obere Erdschicht eigens aus Jerusalem beschafft wurde. Der von großen Räumen mit berühmten Fresken umgebene *Kreuzgang* wurde nach brutalen Kriegszerstörungen 1944 bewundernswert wieder restauriert (täglich 8–19 Uhr, ca. 5 DM).

Livorno

Strecke 24530 Genova – Roma.

Information

Piazza Cavour 6 und im Hafen in der Barriera del Porto.

Übernachten

Locanda Ariston, Piazza della Repubblica 11, Tel. 0586/888582, im DZ ca. 25 DM, aber viel Verkehr. **Camping Miramare**, ca. 8 km südlich von Livorno, am Strand, 10 Minuten vom Bahnhof Antignano (südlich von Livorno) oder Bus 1 von Livorno Piazza Municipio Bahnhof südlich.

Sehenswertes

Die große Industriestadt schreckt ab, wurde sie doch im Zweiten Weltkrieg stark zerstört. Sie ist nur als Ausgangspunkt zur Überfahrt auf die Inseln **Elba, Korsika** (Bastia) und **Sardinien** (Olbia und Porto Torres) interessant. Vom Bahnhof fahren die Busse 1, 2 und 8 zur Piazza Grande, die in der Nähe des Hafens liegt.

Baden kann man gut in **San Vincenzo** mit langem Sandstrand (mehrere *Campingplätze*).

Piombino

Strecke 24530 Genova- Roma, umsteigen in Campiglia Marittima in Nebenbahn nach Piombino.

Übernachten

Mehrere **Campingplätze** nördlich vom Ort.

Sehenswertes

Piombino hat zwar eine kleine Altstadt in schöner, erhöhter Lage, die etwa von der Piazza Borio aus einen prächtigen Blick aufs Meer bietet, doch stört die qualmende Schwerindustrie. Die meisten Besucher kommen daher nur hierher, um mit den fast stündlich verkehrenden Fähren auf die Insel **Elba** (und einmal täglich aufs einsame **Capraia**) überzusetzen. Der Bahnhof liegt am Hafen.

Insel Elba

Fähren von Piombino aus.

Verkehr

Die ganze Insel wird von einem Netz mehrfach täglich verkehrender **Busse** erschlossen. Tickets gibt es im Bus oder in den Tabacchi-Bars am Abfahrtsort. Fahrpreise: ca. 3 DM.

Übernachten

Auf der Insel gibt es ca. 25 **Campingplätze**, fast alle am Strand. In der Hochsaison sind fast alle Plätze überfüllt, und die Besitzer können es sich erlauben, Leute ohne Zelt abzuweisen. Wild campen ist jedoch gefährlich und wegen Waldbrandgefahr offiziell verboten. Als Alternative bieten sich **Privatzimmer** an, aber im Hochsommer sind auch die alle vergeben und teuer. **Pensionen** nicht unter 25 DM im DZ.

Sehenswertes

Die zerklüftete, von wilden Gebirgszügen durchzogene Insel hat eine üppige Vegetation und steinige, aber auch sandige Küsten. Die wichtigste Ortschaft ist der Hafen **Portoferraio** mit viel Verkehr und Bussen in alle anderen Insel-Orte.

Porto Azzurro hat eine schöne Hafenpromenade mit teuren Jachten, Fischerbooten und Fähren, und ein uriges Wohnviertel. Läden und Lokale sind durchweg teuer (Campingplätze in einer Nebenbucht). Liegt am Südostende Elbas. **Capoliveri**, 170 m hoch in den Bergen über Porto Azzurro gelegen, ist ein romantisches, aber auch sehr touristisches Dorf.

Das Hafenstädtchen **Rio Marina** im Osten ist einer der ruhigsten Orte der Insel. Im Zentrum ist ein Mineralienmuseum, ca. 800 m außerhalb ein originales Erzabbau-Museum (ca. 5 DM).

Die **Lacona-Bucht** im Süden der Insel hat einen breiten Sandstrand mit üppigem Grün dahinter und mehreren Campingplätzen in schattigen Hainen nahe am Wasser. Ebenfalls im Süden liegt **Marina di Campo**: mit langem Sandstrand, etlichen Hotels und Campingplätzen und viel Betrieb. Das üppig grüne **Fetovaia** gilt zu Recht als einer der schönsten Regionen Elbas. Unwirtlicher ist **Chiessi** im äußersten Westen, mit steinigem Strand und wenig Betrieb. **Marciana** liegt im Inselinneren und ist ein relativ ursprüngliches Dorf in 375 m Höhe. Von hier schwebt die Seilbahn auf den höchsten Berg Elbas, den 1019 m hohen Monte Capanne (15 DM). Zu Fuß sind es ca. 2 Stunden bis zum Gipfel mit einzigartiger Sicht. **Marciana Marina** im Nordwesten Elbas ist ein schöner Hafenort mit großer Uferpromenade und steinigem Strand. Wahrzeichen ist die Torre Pisana, ein alter Wachturm aus dem Mittelalter.

Insel Capraia

Fähren von Livorno und Portoferraio aus, meist ein Schiff täglich.

Übernachten

Albergo Saracino, Tel. 05 86/905018; **Pensione da Beppone**, Tel. 05 86/905001, im DZ ca. 30 DM. **Camping Le Sughere**, Tel. 05 86/905066.

Die kleine Insel nordwestlich von Elba hat in ihrem einzigen Dorf nur 150 Einwohner. Da es keine Sandstrände gibt, ist es hier sehr ruhig – trotz des wilden Inselinneren. Bis vor wenigen Jahren war Capraia noch eine in Teilen für Gefangene reservierte Insel, inzwischen wurde sie zum Naturschutzgebiet erklärt. Das Dorf Capraia liegt direkt am Hafen, am Nordostzipfel der Insel.

Orbetello

Strecke 24530 Genova – Roma.

Übernachten

Albergo Parigi, Corso Italia, Tel. 05 64/867233, im DZ ca. 20 DM ohne Dusche. **Campingplätze** auf der Landzunge Gianella bis Albinia am Strand (Albinia ist der Bahnhof nördlich von Orbetello, auch Busverbindung).

Sehenswertes

Drei schmale Landzungen verbinden die einstige Insel Monte Argentario mit dem Festland. Der Bahnhof liegt im kleinen Orbetello Scalo, 3 km von Orbetello entfernt (Busverbindung). Orbetello ist vom Wasser der Lagunen umgeben, es liegt auf der mittleren Landbrücke. Sehenswert sind die **Stadtmauer** und der **Dom**. Busse fahren nach **Porto Santo Stefano** am Nordwestzipfel des Monte Argentario, einem reizend an den Berghang gelagerten Hafenstädtchen, von dem aus die Schiffe zur Insel **Giglio** fahren. Weite Sandstrände gibt es auf der nördlichen und der südlichen Landzunge, die Küsten des Argentario sind felsig und nur schwer zugänglich. Schönster Ort der Halbinsel ist das im Südostzipfel gelegene **Porto Ercole** mit einer wuchtigen Burg und dem Leuchtturm, von dem aus man ein phantastisches Panorama hat.

Insel Giglio

Fähren von Porto San Stefano aus.

Übernachten

Private Zimmer in Porto, Castello und Campese. **Pensionen** in Porto und Campese, im DZ ab ca. 25 DM. **Campingplatz** bei Campese, Mai–August. Im Hochsommer ist meist alles voll.

Sehenswertes

Außerhalb des Hochsommers ist es noch relativ ruhig auf Giglio. Die Schiffe landen im romantischen Hafenort **Giglio Porto** mit schöner Promenade und etlichen Lokalen. Etwas abseits, ca. 15 Minuten zu Fuß, befindet sich der Strand Cannelle. Von Porto führt eine Straße hoch nach **Giglio Castello**, dem Bergstädtchen in ca. 400 m Höhe. Schmale Gassen, eine weitgehend in Ruinen liegende Burg und eine prächtige Aussicht entschädigen für den Weg (40 Minuten oder Bus). Im Nordwesten der Insel liegt der Touristenort **Campese** mit schmalem Sandstrand und Campingplatz (vom Hafen eine gute Stunde oder Bus).

Civitavecchia

Strecke 24530 Genova – Roma.

Information

Via Garibaldi 42 (Straße vom Bahnhof zum Hafen).

Übernachten

Mehrere **Pensionen** zwischen Bahnhof und Hafen, im DZ ca. 25 DM.

Civitavecchia ist eine ausgesprochen häßliche Industriestadt, die nur zum Besteigen der Fähren nach **Sardinien** aufgesucht wird. Vom Bahnhof zum Hafen läuft man (vom Bahnhof aus rechts, dann die Via Garibaldi entlang) ca. 12 Minuten. Fähren der «Tirrenia» verkehren nach Olbia (7 Stunden, 30 DM), etwas weiter, hinter dem Fischhafen, legen die Schiffe der Italienischen Staatsbahn «FS» ab nach Golfo Aranci (7 Stunden, 24 DM).

Sardinien

Sardinien ist die zweitgrößte Insel Italiens mit ca. 1,7 Millionen Einwohnern. Die kürzeste Fährverbindung ist die von Civita-vecchia (7 Stunden, ca. 24 DM). Von Norden nach Süden zieht sich durch die gesamte Insel die Bahnlinie der FS von Olbia bzw. Porto Torres bis Cagliari, mit Interrail und Euro Domino frei. Mehrere kleine private Bahnstrecken ergänzen mit unzähligen Buslinien das Netz der FS.

Olbia

Übernachten

Albergo Mastino, Via Vespucci 5, Tel. 0789/21320, Seitenstraße zwischen Hafen und Piazza Margherita. **Camping Marina Maria**, liegt 10 km südöstlich an der Bucht von Olbia, das Wasser ist nicht sauber. Bus 5 von Olbia.

Olbia lebt vom Hafen. Im Sommer herrscht hektische Atmosphäre mit vielen Touristen. Ein kurzer Bummel auf dem Corso Umberto und der Piazza Margherita reicht. Ähnlich sieht es am Hafen von **Golfo Aranci** aus, wo die Fähren der FS ankommen (teure *Pensionen*).

Sassari

Übernachten

Pensione Famiglia, Viale Umberto 65, Tel. 079/239543, im DZ ca. 20 DM.

Sehenswertes

Die zweitgrößte Stadt im Nordwesten der Insel hat eine Universität und eine schöne Altstadt. Vom Bahnhof sind es nur wenige Meter in das Gewirr der schmalen Gassen, die man über den Corso Vittorio Emanuele erreicht. Arkaden verbinden den zentralen Platz Piazza d'Italia mit der Piazza Castello. Am Dom überrascht die barockverzierte Fassade, im Museo Archeologico Sanna werden Funde aus der weitreichenden Vergangenheit der Insel gezeigt.

Castelsardo

Übernachten

Pension Cinzia, Via Colle di Frigiano 1, Tel. 079/470134, im DZ ca. 20 DM.

Der Ort thront bilderbuchartig auf einer Anhöhe, die sich ins Meer schiebt, oben liegt die weitläufige **Festungsanlage**, die besichtigt werden kann (3 DM). Den Ort durchziehen schmale Gassen und steile Treppen, neben dem Hafen ist ein kleiner Sandstrand, am nordöstlichen Ende des Ortes mehrere kleine Badebuchten, die mit Bussen von Sassari und Porto Torres aus mehrmals täglich zu erreichen sind. Wenige Kilometer entfernt steht ein uriger Fels, der «**Elefant**», an der Straße nach Sedini hinter der großen Kreuzung.

Palau

Übernachten

Albergo Serra, Via Nazionale 17, Tel. 0789/709519, nicht weit vom Hafen, im DZ ohne Dusche ca. 20 DM. **Camping Baia Saraceno** am Ortsende (östlich). **Camping Acapulco**, am anderen Ortsende, toller Sandstrand in der Nähe.

Palau ist eine Hafensiedlung am Ende der Schmalspurbahn von Sassari im äußersten Norden Sardiniens (Fahrzeit ca. 3 Stunden, 8 DM, 2 Züge täglich; eine der schönsten Bahnstrecken der Insel, Busverbindung nach Olbia). Von Palau aus fahren Schiffe zur Hauptinsel des **La Maddalena-Archipels**, zudem gibt es Bootstouren zu vielen kleinen unbewohnten Inseln.

Alghero

Schmalspurbahn (4 DM) fast stündlich von Sassari (auch Busse).

Information

Piazza Porta Terra gegenüber vom Stadtpark.

Übernachten

Jugendherberge im nahen Fertilia, 6 km entfernt, Via Zara 1, Tel. 079/930353, Bus stündlich vom Stadtpark. **Hotel Normandie**, Via Enrico Mattei 6, Tel. 079/975302, in der Neustadt, im DZ ca. 20 DM. **Camping La Mariposa**, Via Lido 22, am Maria-Pia-Strand, toller Sandstrand, 15 Minuten nördlich vom Bahnhof.

Sehenswertes

Algheros Altstadt gilt als die schönste der ganzen Insel. Sie ist auf drei Seiten vom Meer umgeben und erinnert in Teilen an das Gotische Viertel von Barcelona, daher auch «**Klein-Barcelona**» genannt. Der kleine Bahnhof am Hafen und die Busstation liegen nicht weit von der Bastione della Maddalena, einem wuchtigen Endstück der langen Stadtmauer mit rundem Turm. Die alte Stadtbefestigung begleitet auf allen drei Seiten die Küste und bietet schöne Ausblicke auf Meer und enge Gassen. Einer der gewaltigsten Türme ist die Torre dello Sperone an der abends sehr bevölkerten Piazza Sulis. Mehrere Kirchen und die Kathedrale schmücken die Altstadt. Badestrände liegen nördlich der Stadt, vor allem der Maria-Pia-Strand, ca. 2 km Richtung Fertilia.

Valle dei Nuraghi

Hauptbahnstrecke Olbia/Porto Torres – Cagliari. Station Torralba, ca. 25 km südlich vom Bahnknoten Chilivani. Drei Züge täglich pro Richtung.

Sehenswertes

Von der Stazione di Torralba sind es ca. 1,5 km ins *Tal der Nuraghen*. Die Nuraghen, Hauptattraktion der Insel, sind hohle Rundtürme, die nach oben schmaler werden und einst von Decksteinen abgeschlossen waren. Aus großen Steinbrocken gebaut, stammen die ältesten Nuraghen aus dem 15. vorchristlichen Jahrhundert. Sie wurden ursprünglich als Wehrtürme errichtet und später als Kultstätten benutzt. Das

Tal zwischen Torralba und Bonorva ist übersät von Nuraghen. Der berühmteste ist der Santu Antine aus dem 12. Jahrhundert vor Christus. Um die eigentliche Nuraghen-Burg sind die Ruinengrundrisse von Behausungen zu erkennen. Einst 21 m hoch, bauten die Römer mit dem oberen Turm-Material ihre Behausungen auf den Ruinen der alten Siedlung. Im nahen Torralba sind im kleinen Museum Funde aus dem Valle dei Nuraghi zu sehen (9–13, 16–19 Uhr, 3 DM).

Bosa

Busse von Macomer (Bahnstation an der Hauptstrecke), zudem Busse von Alghero.

Übernachten

Albergo Sa Pischedda, Via Roma (auf der anderen Flußseite), Tel. 0785/373065, im DZ ca. 20 DM ohne Dusche. **Pension Marini**, Viale Marconi 30, Tel. 0785/373011, im DZ ca. 20 DM ohne Dusche. In Bosa Marina gibt es auf der anderen Flußseite auch eine **Jugendherberge**, nur von Juni bis August.

Sehenswertes

Schmale Gassen, eine alte Bogenbrücke über den Fluß Temo und die Palmenpromenade am Flußlauf verleihen dem Ort nahe der Westküste ein malerisches Flair. Auf der anderen Flußseite reihen sich ehemalige Gerberhäuser am Wasser entlang, die heute von Fischern benutzt werden. Über den Städtchen thront das Castello Serravalle mit den Überresten einer Mauer und Ecktürmen, mit guter Aussicht. Auf der anderen Seite des Flusses liegt Bosa Marina mit langem Sandstrand.

Cagliari

Endpunkt der Bahnstrecke von Olbia. Fähren nach Napoli und Palermo, täglich nach Civitavecchia.

Information

Vor dem Bahnhof.

Übernachten

Locanda Firenze, Corso Vittorio Emanuele 50, Tel. 070/653678, im DZ ca. 20 DM ohne Dusche. **Locanda Olimpo**, Corso Vittorio Emanuele 145, Tel. 070/658915, im DZ ca. 20 DM ohne Dusche. **Locanda San Anna**, Via Restituta 4, Tel. 070/665712, nur Einzelzimmer, ca.25 DM. **Hotel Palmas**, Via Sardegna 14, Tel. 070/651679, im DZ ca. 20 DM, nicht weit vom Bahnhof.

Sehenswertes

Die Hauptstadt Sardiniens mit 250 000 Einwohnern charakterisieren sterile Hochhausbauten, lärmende Straßen und viel Hektik. Einzig im Stadtteil *Castello* auf dem Burghügel über dem Hafen findet man eine unverwechselbare Altstadtszenerie mit schmalen dunklen Gassen zwischen hohen Häusern. Vom Bahnhof, gleich am Hafen mit seinen vielen Lokalen, zieht sich die breite Allee Largo Carlo Felice den Hang hoch. An ihrem Ende, der Piazza Yenne, treffen sich vor allem junge Leute. Rechts liegen die Überreste des Marina-Viertels, wo früher die Fischerfamilien lebten, in der Via Sardegna gibt es billige Restaurants.

Auf der Anhöhe über die Via Manno beginnt das Castello-Viertel. Einer seiner Zugänge ist die Anfang des Jahrhunderts in neoklassizistischem Stil erbaute **Bastione San Remy**. Eine breite Treppe führt durch das Tor auf die große **Terrazza Umberto I**, den schönsten Aussichtspunkt der Stadt. Dort oben thront auch die **Kathedrale Santa Maria** über einer kleinen Piazza. Berühmt ist die 800 Jahre alte, aus dem Dom von Pisa stammende Kanzel. Über die Via La Marmora kommt man zur Piazza Indipendenza und durch ein Tor zur Piazza Arsenale, wo sich in der **Cittadella dei Musei** das bekannte *Archäologische Nationalmuseum*, eine riesige historische Sammlung, auch von nuraghischen Bronzefiguren, befindet (Di–So 9–14 Uhr, ca. 6 DM).

Die mit Abstand aufregendste Bahnlinie der Insel führt von Cagliari über Mandas übers Gennargentu-Gebirge bis an die Ostküste nach Arbatax. Von Mandas vis Arbatax gibt es starke Steigungen, winzige Dörfer, wilde Landschaften (7 Stunden Fahrt, ca. 15 DM). In Arbatax gehen Fähren nach Civitiacecchia und Cagliari, ein Campingplatz liegt weiter südlich.

Toscana und Umbrien

Firenze / Florenz

Strecken 24540, 24543 Bologna – Rom, Pisa – Florenz – Siena.

Information

Im Hauptbahnhof Santa Maria Novella 3 verschiedene Stellen: Billigzimmervermittlung, Zimmervermittlung und Stadtpläne am Ausgang.

Verkehr

Der **Hauptbahnhof Santa Maria Novella** liegt direkt am Zentrum (Kopfbahnhof). Manche Nachtzüge halten außerhalb in den Bahnhöfen **Campo di Marte** oder **Rifredi**.

Übernachten

Jugendherberge in der Viale Augusto Righi 2, Tel. 055/601451. Riesiges Haus, oft voll, ab 15 Uhr Anmeldung möglich, schließt erst um 0 Uhr. Liegt 5 km außerhalb, vom Bahnhof Bus 17 B bis Augusto Righi, dann noch 10 Minuten aufwärts. **Santa Monaca Centro** in der Via Monaca 6, Tel. 055/268338, nach Geschlechtern getrennte Räume, morgens bis 9 Uhr Anmeldung möglich, ab 16 Uhr geöffnet, Schließzeit 23.30 Uhr, ca. 20 DM, nur 10 Gehminuten vom Bahnhof. Man geht an der Santa-Maria-Novella-Kirche vorbei direkt zum Arno, über den Fluß und in die vierte Querstraße rechts. **Suore Oblate dello Spirito Santo**, Via Nazionale 8,

Tel. 055/2398202. Katholisches Heim für Frauen und Familien, ca. 40 DM, 3 Gehminuten vom Bahnhof links. **Pensionato Pio X. Artigianelli**, Via dei Serragli 106, Tel. 055/225044. Katholisches Heim, ca. 25 DM, vom Bahnhof an der Santa-Maria-Novella-Kirche vorbei über den Arno, die Via dei Serragli entlang. Die preiswertesten **Pensionen** gibt es vor dem Bahnhof, jenseits der Piazza sowie in der Via Faenza links parallel zum Bahnhof hinter dem ersten Häuserblock, im DZ ca. 30 DM (im Sommer ist alles teurer und voll!). **Camping** im Park der Jugendherberge, zudem unterhalb der **Piazzale Michelangelo** mit tollem Ausblick auf Florenz, aber viel Rummel; Bus 13 vom Bahnhof oder quer durch die Stadt und über den Arno laufen. Weiterer Campingplatz in **Fiesole**, **Camping Panoramico**, Bus 7 vom Bahnhof (ca. 7 km). Im Bahnhof erkundigen, ob es die kostenlose Übernachtung wie bis 1990 in der **Villa Favard** wieder gibt.

Essen und Trinken

Hier ist es sehr teuer. Preiswert ist es in der **Uni-Mensa** in der Via San Gallo 25, halblinks vom Bahnhof bei der Piazza San Lorenzo/Via Ginori (Mo–Sa 12–14, 19–21 Uhr, Nicht-Studenten zahlen ca. 10 DM; im August geschlossen). Auch rechts am Bahnhof Via Alamanni 6 gibt es ein billiges **Bahnlokal** (ca. 10 DM). Die Halle des **Mercato Centrale** gleich links vom Bahnhof, in der Via San Antonio am Ende der Piazza della Stazione, bietet ein riesiges Angebot. Im **Caffè Voltaire** herrscht eine angenehme Atmosphäre, gemäßigte Preise, Via della Alfani hinter dem Dom. Tolle *Lokale* und *Kneipen* mit studentischem Publikum sind links vom Dom, um die Via de Servi herum. *Treffpunkte am Abend* sind der **Domplatz**, die **Piazza della Signoria** und die **Piazza Santo Spirito** südlich des Arno.

Sehenswertes

Die Renaissancehochburg Italiens ist das ganze Jahr über von Touristen überlaufen. Das reiche Adelsgeschlecht der **Medici** bestimmte seit dem 15. Jahrhundert die Politik der Stadt. Sie finanzierten unzählige Künstler und verwandelten Florenz in ein prächtiges Kunstmuseum. Die berühmten Bauwerke liegen fast alle nahe am Bahnhof.

Vor dem Bahnhof steht die Dominikanerkirche **Santa Maria Novella** aus dem 14. Jahrhundert mit Marmorfassade und bedeutenden Fresken. Halblinks von der Kirche gelangt man über die Via del Melarancio zur Kirche **San Lorenzo**, der ersten großen Renaissancekirche überhaupt. Hinter der Kirche befinden sich die Laurenziana-Bibliothek sowie die Grabkapelle der Medici (Nuova Sagristia) mit den weltberühmten Grabmälern von Michelangelo (Di–So 9–13 Uhr, 10 DM). Auf der anderen Seite der Piazza steht der Palazzo Medici Ricardi.

Knapp 100 m südlich steht der **Dom**, 1296 begonnen und 1436 fertiggestellt. Die Fassade aus verschiedenen Marmorgesteinen wurde erst 1887 vollendet, die gewaltige Kuppel aus dem 14. Jahrhundert wurde von Brunelleschi entworfen. Von oben hat man ein schönes Panorama (Treppe 8 DM). Auch der Campanile läßt sich erklimmen (10 DM). Er ist über 80 m hoch und mit prächtiger Marmorfassade ausgestattet. Vor dem Dom steht der achteckige Bau des **Baptisteriums** aus unterschiedlichem Marmor mit drei reich verzierten Bronzetüren. Die südliche Tür wurde 1336 von Pisano geschaffen, die dem Dom zugewandte 1425–1452 von Ghiberti ist die «Paradiestür». Folgt man der Via de Calzaiuoli vom Campanile aus, stößt man direkt auf die **Piazza della Signoria** mit dem **Palazzo Vecchio** aus den Jahren 1298–1314. Das ehemalige Rathaus zeigt prunkvoll ausgeschmückte Räume, zudem läßt sich der schlank herausragende Turm besteigen (9–18 Uhr, 10 DM, sehr voll). Am Eingang zum Palast steht eine Nachbildung von Michelangelos David-Statue. Daneben ist die **Loggia dei Lanzi**, die als Versammlungshalle diente. Heute stehen hier Skulpturen wie der «Raub der Sabinerinnen» von 1583. Auf der anderen Seite erstreckt sich der weitläufige Bau der **Uffizien**, eine der berühmtesten und größten Gemäldegalerien der Welt mit rund 4500 Bildern von Tizian, Tintoretto, Michelangelo, Raffael,

Rubens und van Dyck (Sonntag mittag und Montag geschlossen, 12 DM). Auf der Piazza della Signoria wurde 1498 der Mönch Savonarola verbrannt, der versucht hatte, aus Florenz eine «christliche» Stadt zu machen und die «sündigen» Kunstwerke zu entfernen. Beliebter Treffpunkt ist auch der Platz vor **Santa Croce**, einer Kirche aus dem 13. Jahrhundert, in der sich die wichtigsten Werke der Frührenaissance befinden (Kreuzgang und Pazzi-Kapelle). Gleich hinter den Uffizien fließt der Arno, über ihn führt der **Ponte Vecchio**. Unzählige Juweliere und kleine Häuschen füllen die Brücke, die nach mehreren Zerstörungen 1345 in ihrer heutigen Form errichtet wurde. Jenseits des Arno erhebt sich auf der anderen Flußseite der **Palazzo Pitti** mit weiteren Häusern und den dahinter gelegenen weitläufigen Anlagen des Boboli-Parks. Einen wunderschönen Ausblick auf Florenz hat man sowohl von der Festung **Forte del Belvedere** oberhalb des Parks als auch vom **Piazzale Michelangelo** aus. Noch beeindruckender ist der Blick auf Florenz und sein Umland von **Fiesole** aus, mehrere Kilometer außerhalb der Stadt, wo außerdem Reste eines römischen Amphitheaters zu besichtigen sind (Bus 7 vom Bahnhof Florenz fährt alle 15 Minuten nach Fiesole, 2 DM).

San Gimignano

Strecke 24543 Pisa/Florenz – Empoli – Poggibonsi – Siena. Von Poggibonsi (auch von Siena oder Florenz) mit Bus, ca. 5 DM, 15 Minuten Fahrt.

Information

Am Dom, Piazza Duomo. Stadtplan und Zimmervermittlung.

Übernachten

Ostello della Gioventù, Via delle Fonti 1, Tel. 0577/941991, private Herberge mit großen Zimmern, ca. 20 DM, am nördlichen Rand der Altstadt. **Convento di Sant'Agostino**, an der gleichnamigen Piazza im äußersten Nordzipfel der Stadt,

Tel. 05 77/94 03 83. Katholisches Haus, ca.
30 DM im DZ. **Camping Il Boschetto**, ca.
2 km außerhalb im Grünen vor dem Dorf
Santa Lucia, mehrere Busse.

Sehenswertes

Vielbesuchtes mittelalterliches Städtchen
auf einem Hügel mit 13 hochragenden Ge-
schlechtertürmen, wuchtigen Mauern und
engen Gassen. Die Türme, einst waren es
56, boten den miteinander verfeindeten
Adelssippen Schutz. Den Turm des **Palazzo
Comunale** an der Piazza del Duomo und
die **Torre del Comune** kann man erklimmen (5 DM), sie ist 53 m hoch und bietet
einen tollen Blick über Stadt und Umland.
Berühmt sind auch die Fresken im **Dom
Collegiata** aus dem 15. Jahrhundert.

Siena

Strecke 24543 Florenz/Pisa – Empoli –
Siena – Chiusi – Roma.

Information

Am Hauptplatz Piazza del Campo. Stadtpläne.

Übernachten

Jugendherberge in der Via Fiorentina 89,
Tel. 05 77/5 22 12, Bus 15 vom Bahnhof, ca.
4 km im Vorort Stellino. **Camping Colle-
verde**, ca. 15 Gehminuten vom Bahnhof in
der Strada di Scacciapensieri 47, Bus 8 von
Piazza Gramsci, mit Swimmingpool. Nach
der Bahnbrücke sollte man am besten
rechts die Via Marziale hochlaufen.

Essen und Trinken

Lokale sind teuer, nur die **Mensa** der Uni
in der Via Sant'Agata bietet Mahlzeiten
unter 10 DM (12–14, 18–21 Uhr, im August
geschlossen). Weitere Mensa in der Via
Bandini. Die **Enoteca Italia** ist ein riesiger
Weinladen im Keller der Festung Santa
Barbara, wo man Hunderte von Weinen
probieren kann (15–23 Uhr, ca. 15 DM).
L'Officina, Piazza del Sale 3, im Norden

der Altstadt, gilt als Bierparadies, oft gute
Life-Musik mit Jazz-Bands.

Sehenswertes

Die prächtige, im Zentrum autofreie, mittelalterlich geprägte Stadt liegt auf drei
Hügeln. Sie wirkt wie ein Freiluftmuseum
der Vergangenheit, ringsum von einer
Stadtmauer umgeben. Wahrzeichen Sienas
ist der **Torre dei Mangia** an der Seite des
Palazzo Pubblico, ein über 100 m hoher
Turm mit toller Aussicht (5 DM) direkt am
zentralen Platz der Stadt, der wunderschö-
nen **Piazza del Campo**. Umgeben von vielen Palästen, kann man auf der Piazza den
Ehrgeiz der alten Sieneser nachempfinden,
Florenz an Schönheit übertreffen zu wol-
len. Rings um die Piazza liegen die drei
Hügel mit der Altstadt. Berühmt ist der
Dom, dessen Fertigstellung 1348 durch die
Pest verhindert wurde, mit überwältigen-
dem Fußboden voll biblischer Darstellungen auf schwarzem Marmor und der Kanzel aus weißem Marmor. Nicht weit vom
Dom, im *Palazzo Buonsignori*, ist die
Pinacoteca Nazionale mit großer Gemälde-
galerie (Di–So 9–13 Uhr, 8 DM).

Bekannt ist Siena auch durch seine am
2. Juli und am 16. August stattfindenden
Reiterspiele, den **Palio**, auf der Piazza del
Campo. Zu diesen Zeiten ist die Stadt
komplett ausgebucht.

Arezzo

Strecke 24540 Firenze – Roma.

Information

Vor dem Bahnhof, Piazza della Repubblica.

Übernachten

Ostello Severi, Via Redi, Tel. 05 75/2 90 47.
Private Herberge, Bus 4 ab Bahnhof. **Pension Milano**, Via Del Prato 83, nur 3 Minuten vom Bahnhof, im DZ ca. 25 DM.

Sehenswertes

Im Kern der Stadt, rings um die Kirche **San Francesco**, die auffällige Fresken beherbergt, hat sich eine sehenswerte mittelalterliche Szenerie erhalten. Rund um die zentrale, sehr schöne **Piazza Grande** gruppieren sich alte Adelspaläste. An den ersten Wochenenden im Juni und September finden hier Reiterkämpfe mit Lanzen und Schilden statt. Im Süden Arezzos befinden sich neben dem Archäologischen Museum (Di–So 9–14 Uhr, 6 DM) Reste eines römischen Amphitheaters.

Cortona

Strecke 24540 Firenze – Arezzo – Roma. Bahnhof: Camucia-Cortona.

Information

Via Nazionale 72.

Übernachten

Jugendherberge San Marco, Via Maffei 57, Tel. 0575/601392. Ab 17 Uhr Einlaß, bisher noch Geheimtip, selbst im Hochsommer nie voll, ca. 16 DM.

Sehenswertes

Vom Zug aus fällt dem Reisenden die traumhafte Lage Cortonas von weitem schon in die Augen: Der kleine Ort thront auf dem Hang eines 600 m hohen Berges. Vom Bahnhof, in dem auch einige Schnellzüge halten, sind es 2 km bis zum Berg mit der Altstadt (Busse durchqueren die Neustadt). Mittelalterliche Atmosphäre herrscht in den schmalen Gassen und um die **Piazza della Repubblica** und die **Piazza Signorelli**, die auch Treffpunkt von Einheimischen und Besuchern sind. Überblick über Cortonas Etruskerzeit gibt das **Museo Etrusca**. Im **Museo Diocesano** findet man auch Werke des aus Cortona stammenden Malers Signorelli. Krönung des Städtchens ist die Festung **Fortezza Medici**, die auf etruskische Zeit zurückgeht. Von oben hat man einen schönen Rundblick.

Castiglione del Lago

Strecke 24540 Firenze – Roma.

Information

Piazza Mazzini 10. Vermittlung von Privatzimmern.

Übernachten

Privatzimmer ab 25 DM. **Campingplätze**: Mehrere um den Trasimenischen See; ca. 800 m außerhalb von Castiglione am See liegt der **Campingplatz Listro** mit eigenem Badestrand.

Sehenswertes

Castiglione ist ein gemütlicher, im Inneren mittelalterlich geprägter Ort am Westende des Trasimenischen Sees. Vom Bahnhof (Lokalzüge halten) sind es 15 Minuten zum **Palazzo della Corgna**, dem wichtigsten Bauwerk, das von einer hohen Stadtmauer umgeben wird. Treffpunkt der Besucher ist die Via Vittorio Emanuele. Baden kann man direkt am Ort, das Wasser ist aber sehr flach. Absolutes Traumziel ist die **Isola Maggiore** mitten im See mit schmalen Kanälen und kleinen Häusern, eine Art Klein-Venedig im Grünen. Die autofreie Insel wird von Fischern bewohnt. Schiffe verkehren mehrfach täglich von Castiglione und vom kleinen Bergdorf **Passignano** an der Bahnstrecke Florenz – Terontola – Perugia aus. In Passignano gibt es einen Campingplatz am Wasser, auf der Isola Maggiore ist Wildcampen üblich.

Orvieto

Strecke 24540 Firenze – Roma.

Information

Piazza del Duomo, gegenüber vom Dom.

Übernachten

Hotel Duomo, Via di Maurizio 7, Tel. 0563/41887, das ruhige Haus liegt unterhalb der Nordostecke des Doms, über eine kleine Treppe vom Domplatz zu erreichen, im DZ ohne Dusche ca. 25 DM. **Pension Posta**, Via Signorelli 18, Tel. 05 63/4 19 09, liegt hinter der Piazza Scalza, im DZ ca. 25 DM.

Essen und Trinken

Pizzeria Spaghetteria, Corso Cavour, ca. 30 m vor der Piazza della Repubblica auf der rechten Straßenseite, einfache Pizzeria, wo die Besitzer vor den Augen der Gäste backen, Pizza ab ca. 3 DM. **Craamst San Francesco**, Via Maitani, nur 100 m vom Domportal, große Selbstbedienungs-Trattoria, von einer Kooperative gemanagt, Essen ab ca. 10 DM.

Sehenswertes

Der Bahnreisende sieht schon von weitem Orvieto in traumhafter Lage auf einem langgestreckten steilen Felsen über dem Tal der Paglia. Ursprünglich eine etruskische Siedlung, wurde die Stadt römisch, dann gotisch, später byzantinisch. Im 14. Jahrhundert vereinnahmten die Päpste Orvieto, als sie einen sicheren Platz suchten. Heute ist die mittelalterlich geprägte Stadt noch immer von stimmungsvoller Atmosphäre.

Der Bahnhof liegt direkt unterhalb des Berges. Vom Vorplatz startet alle paar Minuten eine Bergbahn in die Stadt oben (1,50 DM). Von der Bergstation läuft man den engen Corso Cavour entlang. Die Via del Duomo führt direkt nach links zu einer der imposantesten Kirchen: Der gotische **Dom** beeindruckt mit unzähligen Reliefs aus der biblischen Geschichte. Der schlichte Innenraum steht im Kontrast zum Freskenzyklus der Seitenkapelle des Brizio. Im Palazzo dei Papi gleich neben dem Dom befindet sich das **Etruskische Museum** (14–18 Uhr, 8 DM). Gegenüber vom Domportal ist das archäologische **Museum Claudio Faina** (9–14 Uhr, 5 DM). Von den Mauern des Krankenhaus-Gartens unterhalb des Doms hat man eine herrliche Aussicht auf die Umgebung.

Der Brunnen **Pozzo di San Patrizio** unweit der Bergbahn-Bergstation ist ein geniales Werk aus dem 16. Jahrhundert: Papst Clemens VII. war nach der Eroberung Roms 1527 nach Orvieto geflohen und ließ ihn am Ortsrand bohren, um bei einer Belagerung genügend Trinkwasser zu haben (10–18 Uhr, 7 DM).

Unterhalb der Stadt an ihrem nordwestlichen Ende liegt die etruskische Totenstadt **Crocifisso del Tufo** direkt an der Straße vom Bahnhof zur Stadt (Bus 1 ab Dom). Die Gräber sind aus Tuffsteinblöcken gehauen, über jedem Grab steht in etruskischer Schrift der Name des Toten (11–18 Uhr, 5 DM).

Perugia

Strecke 24549 Firenze – Terontola (Umsteigebahnhof) – Foligno.

Information

Im Hauptbahnhof und auf der Piazza IV Novembre.

Übernachten

Centro di Accoglienza della Gioventù, Via Bontempi 13, Tel. 055/2 28 80, ca. 20 DM, Küchenbenutzung kostenlos; in der Nähe der Kathedrale. **Pension Lory**, Corso Vannuci 10, Tel. 055/2 42 66, im DZ ohne Dusche ca. 25 DM, in der Nähe der Kathedrale. **Camping Paradise D'Etè** liegt 7 km westlich bei Fontana, Bus 36 ab Piazza Italia bis Olmo, dann 15 Minuten zu Fuß.

Essen und Trinken

Mensa Comunale, Via Fratti, Seitenstraße bei der Piazza IV Novembre, Eintritt frei, Mahlzeit ca. 12 DM. **Pizzeria La Botte**, Via Volte delle Pace 31, zwischen Kathedrale und etruskischem Brunnen, Pizza ab 8 DM, Menü ca. 15 DM. **La Terrazza**, am Palazzo Gallenga, wo die Sprachkurse für Ausländer stattfinden, ist *der* Studententreff schlechthin, Kneipe mit preiswertem Essen und tollem Rundblick.

Sehenswertes

Perugia liegt auf einer Hügelkette hoch über dem Tal des Tiber. In den schmalen, mittelalterlich anmutenden Altstadtgassen bestimmen Studenten aus aller Welt das Bild. Perugia ist eines der Zentren für das Erlernen der italienischen Sprache.

Der Bahnhof liegt in der häßlichen Neustadt im Tal, 20 Fußminuten (oder Bus 36) von der Altstadt. Der originellste Einstieg in die schmalen Altstadtgassen erfolgt von der **Piazza Partigiani** aus. Gleich neben dem großen Parkplatz startet die **Scala Mobile**, eine Rolltreppen-Straße auf den Hügel. Man rollt durch Perugias Vergangenheit mit Häusern und Straßen aus dem Mittelalter, die 1538 auf Geheiß des Stadt-Eroberers Papst Pauls III. zugeschüttet und von einer kolossalen Festung überbaut wurden. Erst ab 1932 wurde alles wieder ausgegraben. So kann heute von der Rolltreppe aus der unterirdische Stadtteil **Baglione** besichtigt werden. Im Sommer veranstaltet Perugia hier Konzerte und Theateraufführungen. Die Rolltreppe endet am Südzipfel der Altstadt an der **Piazza Italia**, von wo aus sich ein toller Ausblick aufs Tal eröffnet. Erholen kann man sich in den **Giardini Carducci** südlich des **Palazzo della Provincia** aus dem 19. Jahrhundert. Vom nordwestlichen Ende der Piazza Italia aus führt die zentrale Straße, der **Corso Vannucci**, mit vielen Läden und Cafés, mitten durch die Altstadt. Nach 500 m stößt der Corso auf den **Palazzo dei Priori** an der **Piazza IV Novembre**. Der Palast ist ein wuchtiges Bauwerk, in dem die Stadtregierung residierte. Die **Sala dei Notari**, der Versammlungsraum der Stadträte in seinem Inneren, ist mit biblischen Fresken geschmückt (9–16 Uhr, 4 DM). Zudem beherbergt er die **Galleria Nazionale** mit Werken aus Umbrien (9–14 Uhr, 10 DM). Vor dem Palazzo steht der Brunnen **Fontana Maggiore**, im 13. Jahrhundert gemeißelt mit Darstellungen der wichtigsten Personen des mittelalterlichen Perugia. 50 m rechts von der Kathedrale San Lorenzo liegt der romantische **Piazza Piccinino** mit dem uralten **Etruskischen Brunnen**. Man schätzt ihn auf das 4. Jahrhundert *vor* Christus. Er ist etwa 40 m tief und erhält sein Wasser aus natürlichen Quellen. Am nördlichen Ende der Altstadt, kurz vor dem Universitätsgebäude, steht der **Arco Etrusco**, der Etruskische Torbogen, bewacht von zwei klotzigen Türmen. Seine Inschrift «Augusta Perusia» stammt vom römischen Kaiser Augustus, der Perugia (damals Perusia) 40 vor Christus eroberte.

Assisi

Strecke 24549 Terontola – Perugia – Foligno.

Information

Piazza del Comune. Stadtplan und Zimmervermittlung.

Verkehr

Der **Bahnhof** liegt unten im Tal, 4 km von der Altstadt entfernt. **Busse** verbinden das Zentrum etwa alle 30 Minuten.

Übernachten

Jugendherberge in der Via Valecchi, Tel. 075/816767, vom Bahnhof 15 Minuten. **Albergo La Rocca**, Via Porta Perlici 27, Tel. 075/812284, im DZ ohne Dusche ca. 25 DM, liegt in der Nähe der San-Rufino-Kathedrale. **Albergo Ancajani**, Via degli Ancajani 16, Tel. 075/812472, im DZ ohne Dusche ca. 25 DM, in der Nähe der Piazza Garibaldi. **Camping** im Vorort Fontemaggio, Via Eremo delle Carceri, schattiger Platz in Terrassen.

Essen und Trinken

La Stalla, Restaurant am Campingplatz in Fontemaggio, preiswert. **Pizzeria dal Carro**, Via Nepis 2, einfaches Lokal, preiswert, östlich der Piazza del Comune.

Sehenswertes

Assisi ist Geburtsort des heiligen Franz, des Schutzpatrons Italiens, der hier 1208 den Franziskanerorden, die Gemeinschaft in Armut lebender Mönche, gründete. Das mittelalterliche Städtchen liegt auf Hügeln.

Wahrzeichen ist das *Franziskanerkloster*

mit der **Basilica San Francesco**, einer gotischen Doppelkirche, die in Ober- und Unterkirche geteilt ist und 1228 erbaut wurde. In der Oberkirche findet man den berühmten **Franziskus-Zyklus von Giotto** mit 28 Szenen aus dem Leben des Heiligen. Die Unterkirche dient als Aufbewahrungsort seiner sterblichen Überreste. In mehreren Seitenkapellen sind Szenen aus seinem und dem Leben anderer Heiliger zu sehen. Vom äußeren Umgang des Franziskanerklosters hat man einen prächtigen Blick auf das umbrische Hügelland. Im Ort findet man inmitten malerischer Gassen und Treppen den Taufbrunnen, in dem Franz und auch der Stauferkaiser Friedrich II., der einen Teil seiner Jugend auf der Burg von Assisi verbrachte, getauft wurden. An der zentralen *Piazza del Comune* steht der **Minerva-Tempel** aus dem 1. Jahrhundert, von Goethe bei seinem Besuch in Assisi besonders bewundert. Die östlich davon gelegene **Kathedrale San Rufino** beeindruckt mit ihrem prächtigen Turm. Die unterhalb der Kathedrale gebaute **Basilica di Santa Chiara** ist der Nachahmerin des heiligen Franziskus geweiht. Über der Stadt thronen die Mauern der mittelalterlichen Festung, von der aus man eine schöne Aussicht hat. Am Rand der Neustadt, nicht weit vom Bahnhof, liegt die **Renaissancebasilika Santa Maria degli Angeli** aus dem 16. Jahrhundert. In ihrem Inneren beherbergt sie die Betkapelle des berühmten Sohnes der Stadt, daneben seine Sterbezelle.

Die Abruzzen

Eine wenig befahrene, aber äußerst reizvolle Bahnstrecke folgt dem Gebirge von **Terni** (an der Strecke 24547 Roma – Ancona) bis **Sulmona** (an der Strecke 24548 Roma – Pescara) und nach **Benevento** (an der Strecke 24552 Napoli – Foggia).

Rieti

Strecke Terni – Sulmona (Abruzzenbahn).

Übernachten

Jugendherberge in Terminillo an der Anello Panoramico, Tel. 0746/261169, 1614 m hoch gelegen, von Rieti 22 km entfernt, mehrere Busse täglich nach Campoforogna.

Sehenswertes

Rieti ist die Hauptstadt der Provinz Sabina und liegt mitten in einer fruchtbaren Umgebung, wo Korn, Oliven, Kastanien und Wein angebaut werden. Antike Bauten und mittelalterliches Panorama wechseln einander ab. Überragt wird das Städtchen vom **Monte Terminillo** (2213 m hoch), dem höchsten Berg der Monti Reatini, auf den eine Seilbahn fährt.

L'Aquila

Strecke Terni – Sulmona.

Information

Piazza Santa Maria Paganica (nicht weit von der Burg).

Übernachten

Locanda Orazi, Via Roma 173, Tel. 0862/69545, im DZ ca. 25 DM. **Camping** in Fonte Cerreto, Busverbindung nach Assergi.

Sehenswertes

Die Stadt im Zentrum der Abruzzen wurde 1240 von Friedrich II. gegründet. Sie liegt auf einem Hügel über dem Aterno-Tal mit guter Aussicht auf den Gran Sasso (2914 m hoch). Im Herzen der Stadt steht der **Duomo** mit großer Piazza. Mehrere alte, leicht vergammelte Paläste und Kirchen gruppieren sich um die Via Sassa. Die wichtigste Straße der Stadt, der Corso Vittorio Emanuele, führt zum **Castello**, der Festung mit gutem Ausblick auf den Gran Sasso. In der Burg ist das **Museo Nazionale** mit Arbeiten aus den Abruzzen und archäologischen Funden. Der Bahnhof liegt unterhalb der Stadt nahe der bekannten **Fontana delle novantanove Can-**

nelle, einem aus dem Jahr 1272 stammenden Brunnen mit 99 Öffnungen, die als Köpfe gestaltet sind.

Von L'Aquila fahren Busse in Richtung Gran-Sasso-Massiv nach Assergi (10 km). Vom oberhalb gelegenen Fonte Cerreto (im Sommer kleiner Campingplatz) startet eine Seilbahn aufs Hochplateau (ca. 20 DM).

Sulmona

Strecke 24548 Roma – Pescara und Terni – Benevento.

Information

Via Roma 21 (neben dem Corso Ovidio). Der Club Alpino Italiano im Palazzo dell' Annunziata gibt eine Übersicht über die umliegenden Wanderwege und Berghütten heraus.

Übernachten

Locanda Stella, Via Mazara 18, im DZ ca. 25 DM. Mehrere **Wanderhütten** in den umliegenden Bergregionen.

Sehenswertes

Die hübsche Kleinstadt liegt mitten in den Bergen. Hier zweigt die nördliche und die südliche Abruzzenbahn von der Hauptstrecke Roma – Pescara ab, um sich in Schlangenlinien das Gebirge hochzuwinden. Vor dem Bahnhof steht das Denkmal des antiken Poeten Ovid, der in Sulmona zur Welt kam. Zentrum des Städtchens, durch Busse mit dem Bahnhof verbunden, ist der Corso Ovidio. Die große, von den Höhen der Abruzzen umgebene **Piazza Garibaldi** ist allgemeiner Treffpunkt. Bekannt ist Sulmona für seine **Confetti**, kandierte, mit Schokolade verzierte Mandeln.

Pescocostanzo

Strecke Sulmona – Benevento (Abruzzenbahn).

Übernachten

Jugendherberge Le Torri, Via Roma 23, Tel. 08 64/64 12 47, vom Bahnhof 20 Minuten.

Sehenswertes

Das kleine Bergdorf in den Abruzzen ist idealer Ausgangspunkt für Wanderungen in einsame Bergregionen, im Winter auch zum Skilaufen. Der Dorfkern in ca. 1300 m Höhe gibt ein schönes, geschlossenes Bild ab, die Jugendherberge gilt als Geheimtip.

An derselben Strecke liegt **Pescolanciano** (private Zimmer), ein kleines Bergdorf, das ebenfalls ein Ausgangspunkt für eine Wanderung (ca. 7 km) zum malerisch zwischen gewaltige Felsen eingebetteten **Pietrabbondante** ist. Vorher passiert man die ausgedehnten Ruinen einer von den Römern zerstörten samnitischen Stadt unbekannten Namens mit den Resten eines großen Theaters – umgeben von der beeindruckenden Bergregion.

Ebenfalls mit der Abruzzenbahn auf der Strecke Sulmona – Napoli erreicht man **Isernia**. Die kleine Verwaltungsstadt liegt im Hügelland vor den Matesi-Bergen und wurde mehrfach durch Erdbeben zerstört. Interessant sind hier die Reste einer nahezu eine Million Jahre alten Siedlung aus dem Paläolithikum – die ältesten Belege für menschliches Leben überhaupt. Im **Museo Nazionale** kann man die Funde bewundern (Di–So 9–14 Uhr, 5 DM).

Die Adria

Pesaro

Strecke 24545 Bologna – Ancona.

Information

Im Bahnhof.

Übernachten

Jugendherberge Ardizio, Strada Panora-

mica dell' Ardizio im Vorort Fosso Sejore,
Tel. 0721/55798. Liegt nahe am Strand
Richtung Fano, Bus von der Piazza Mat-
teotti. **Campingplätze** in Fosso Sejore.

Sehenswertes

Pesaro ist weit ruhiger als das nahe überlaufene Rimini. Zentrum des Lebens ist
der lange Adriastrand mit unzähligen Hotels und alten Palästen. Die als Verlängerung der Via Brancia vom Bahnhof über
die Piazza del Popolo zum Meer führende
Via Rossini erinnert an den berühmtesten
Sohn der Stadt, den Opernkomponisten
Rossini, dessen Geburtshaus als kleines
Museum unweit der Kathedrale zu finden
ist. Nicht weit davon steht der Palazzo To-
schi Mosca mit dem **Museo Civico**,
berühmt für seine einzigartige Keramik-
sammlung (Di–So 9–14 Uhr, 10 DM). In
der alten Burg aus dem 15. Jahrhundert,
Rocca Costanza, ist heute das Gefängnis
untergebracht, umrahmt vom Giardino
Cialdini und der großen Piazza Matteotti.
Nördlich von Pesaro liegt, mit einem eigenen Bahnhof an der Strecke nach Rimini,
das kleine Städtchen **Gradara**. Mit seiner
einzigartig gut erhaltenen Stadtmauer mit
Zinnen und Türmen sowie einer Festung,
ist es ein lohnendes Ziel.

Urbino

Strecke 24545 Rimini – Fano – Ancona,
nach Stillegung der Bahnlinie von Fano
Busverbindung Fano – Urbino und Pesaro
– Urbino.

Information

Piazza Duca Federico 37.

Übernachten

Campingplatz Richtung Fossombrone, ca.
1 km von Urbino.

Essen und Trinken

Viele kleine Kneipen und Lokale mit studentischem Publikum. Preiswert ist die

Osteria Agripane in der Via Leone mit uri-
gem Gastraum.

Sehenswertes

Urbino ist ein wahres Renaissance-
schmuckstück, auf den Bergausläufern des
östlichen Apennin hoch über der Adriakü-
ste gelegen. Uni und Studenten bringen
Leben und Atmosphäre in die engen Gassen und lauschigen Plätze. Zentrum Urbi-
nos ist der **Palazzo Ducale**, der ehemalige
herzogliche Palast aus dem 15. Jahrhundert.
In seinem Inneren befindet sich die **Galleria Nazionale delle Marche**, eine bedeutende Gemäldesammlung mit Raffaels Bild
«Die Stumme» (9–14 Uhr, 10 DM). Auch
die kunstvoll ausgeschmückten Säle des
Palastes sind zu besichtigen (9–14 Uhr,
8 DM). Auf der anderen Seite der Piazza
Duca Federico erhebt sich der durch ein
Erdbeben völlig zerstörte und im 18. Jahrhundert neu errichtete Dom. Dem Her-
zogspalast benachbart ist die Kirche **San
Domenico** mit auffälligem Portal, nicht
weit davon steht der Universität. Der zentrale Platz der Stadt ist die **Piazza della
Repubblica**, von der aus die steile Via Raf-
faello hochführt. Das **Geburtshaus** des
berühmten Malers ist als kleines Museum
hergerichtet, etwas oberhalb steht ein
Denkmal für den Künstler. Von der anschließenden Festung hat man einen schönen Ausblick.

Senigallia

Strecke 24545 Rimini – Ancona.

Information

Piazza Morandi, 200 m vom Bahnhof. Auch
Zimmervermittlung.

Übernachten

Pension Angela, Via Rieti 65. Mehrere
Pensionen, im DZ um ca. 25 DM.
Camping: Vier Plätze nördlich und südlich
der Stadt; Busverbindung vom Bahnhof.

Sehenswertes

Langer Strand, vom Bahnhof keine 250 m entfernt. Nur im Hochsommer herrscht viel Badetrubel, sonst geht es recht beschaulich zu. Die Altstadt beleben unzählige Cafés und Geschäfte. Das morgendliche Marktgeschehen lockt viele zur sehenswerten **Piazza del Foro Annonario**, deren Säulen aus dem 19. Jahrhundert an längst vergangene Zeiten erinnern. Hauptanziehungspunkt der Stadt ist die Festung **Rocca Roveresca** mit protzigem Mauerwerk.

Ancona

Strecken 24545 / 24546 Rimini – Bari und 24547 Ancona – Roma.

Information

Im Bahnhof.

Verkehr

Von Ancona aus verkehren **Fähren** nach Griechenland (brauchen aber weit mehr Zeit und sind teurer als die Schiffe von Brindisi. Vom Bahnhof zum Hafen 15 Minuten links, auch Bus 1.

Übernachten

Mehrere **Pensionen** nicht weit vom Bahnhof, im DZ ca. 25 DM. **Camping** im Badeort Sirolo, 15 km südlich, mit Bus.

Sehenswertes

Die Industrie- und Hafenstadt wurde im Zweiten Weltkrieg stark zerstört, daher sind nur Teile der auf einem Vorgebirge über der Adria gelegenen Altstadt erhalten. Über Treppen oder eine Serpentinenstraße kommt man zur Anhöhe mit dem **Dom San Ciriaco**. Von oben hat man ein tolles Panorama auf Stadt und Küste. Die bereits 400 vor Christus von den Griechen gegründete Stadt verfügt mit dem **Arco di Traiano**, dem Trajansbogen in der Nähe des Hafens, über ein römisches Relikt.

Ascoli Piceno

Strecke 24546 Ancona – Bari, Abzweigung in Porto d'Ascoli.

Information

An der Piazza del Popolo.

Übernachten

Jugendherberge in der Via Soderini 26, Tel. 0736/259007, nur 40 Betten in einem urigen Wehrturm am Rand der Altstadt, 10 Minuten vom Bahnhof oder Bus 3.

Sehenswertes

Der zauberhafte Ort vor den Bergriesen der Abruzzen liegt am Zusammenfluß von Tronto und Castellano und zeigt viele Bauten aus dem Mittelalter, Kirchen, Türme und schmale Gassen voller Leben. Gegründet im 3. Jahrhundert vor Christus von den Picenern, wurde die Siedlung 200 Jahre später von den Römern erobert.

Zentrum der Stadt ist die **Piazza del Popolo** mit stimmungsvollen Arkaden. Der **Palazzo dei Capitano del Popolo** aus dem 13. Jahrhundert mit dem Museo Civico begrenzt die Piazza. Im 13. und 14. Jahrhundert war hier das Rathaus der freien, von keiner fremden Macht beherrschten Stadt. Auf der anderen Seite des Platzes erhebt sich die **Kirche San Francesco** mit der schönen **Loggia dei Mercanti**. Nicht versäumen sollte man den Blick von der alten Brücke **Ponte Maggiore** auf die römische Brücke Ponte di Cecco mit dem Forte Malatesta. Eine der romantischsten Gassen der Stadt, die **Via di Solesta**, führt direkt zum Ponte di **Solesta**, die hohe, von Römern erbaute Brücke über den Tronto. Nicht weit davon entfernt ist der **Palazzo Langobardi** mit der Jugendherberge.

Am ersten Sonntag im August finden seit dem 14. Jahrhundert auf der Piazza del Popolo Reiterturniere statt.

An der Bahnstrecke Ancona – Bari liegt **Giulianova** (drei Campingplätze) mit Sandstrand und Hotels.

Es folgt **Termoli** (Information: Piazza Melchiore Bega, 3 Minuten vom Bahnhof.

Camping Saracena nördlich vom Ort am Strand, Busverbindung vom Bahnhof). Die idyllische Altstadt liegt auf einer ins Wasser hinausragenden Halbinsel. Vom Bahnhof läuft man den Corso Umberto zur **Piazza Vittorio Veneto** mit stimmungsvoller Palmenkulisse und weiter zur wuchtigen Festung. Inmitten des Gassengewirrs thront die **Kathedrale**. Schiffe auf die kleinen Tremiti-Inseln fahren vom Hafen südlich der Altstadt ab, gleich daneben ist ein langer Strand. Am nördlichen Ende der Halbinsel liegt der gut besuchte San-Antonio-Strand.

Rom

Bahnknotenpunkt.

Information

Im Hauptbahnhof Termini vor Gleis 3, täglich 9–19 Uhr, Stadtplan, Zimmervermittlung, Prospekte. Weiteres Fremdenverkehrsamt auf der anderen Seite des Bahnhofsplatzes in der Via Parigi 5, außer Sonntag, ebenfalls Zimmervermittlung, Stadtplan, deutsches Heft «Rom».

Verkehr

Der **Hauptbahnhof Termini** liegt nahe am Zentrum. Gepäckaufbewahrung bei Gleis 1, mehrere Geldwechsel mit z. T. hohen Gebühren (am preiswertesten die Eisenbahn-Wechselstelle), im Keller Duschen (ca. 5 DM). Vorsicht vor Dieben! Wenige durchgehende Züge halten nicht in Termini, sondern in **Tiburtina**, gute Zugverbindung zum Hauptbahnhof. Es gibt nur zwei **Metro**-Linien: *Linie A* fährt vom Termini (im Untergeschoß) Richtung Spanische Treppe – Ottaviano (2. Querstraße hinter dem Vatikan). *Linie B* Richtung Via Cavour – Kolosseum – Circus Maximus. Der Einzelfahrschein kostet ca. 1,50 DM. Zehnerkarte ca. 12 DM, meist an Automaten. **Stadtbusse:** Unzählige Linien fahren durch Rom, Überblick an der großen Haltestelle gegenüber vom Hauptbahnhof. Tickets kosten ca. 1,70 DM mit Umsteigen, beim Einstieg entwerten. Sie werden in Kiosken und Tabakläden verkauft. Tagesfahr-

karten ca. 8 DM, Wochentickets ca. 18 DM, auf allen Linien gültig. Vom Termini-Bahnhof führt der Bus 64 quer durch die Innenstadt zum Vatikan. Die **Straßenbahn** fährt als Linie 30 fast um die ganze Innenstadt, für ca. 1,70 DM bietet sie eine Stunde lang tolles Sightseeing. Abfahrt von der Piazza del Risorgimento (300 m vom Petersplatz, rechts) vorbei am Kolosseum, Lateran Richtung Roma-Ostiense.

Übernachten

Jugendherberge Foro Italico, Viale delle Olimpiadi 61, Tel. 06/3236267, vom Termini-Bahnhof mit Metro A bis Endstation Ottaviano, dann Bus 32 bis Foro Italico, großes Haus, oft voll, bis 12 Uhr anmelden, gegen 24 Uhr zu, für Nichtmitglieder oft kein Zutritt, ca. 20 DM mit Frühstück. Im Juli und August werden in der Herberge auch Betten für die **Residenza Universitaria CIVIS** vermittelt, die nicht weit von der Herberge entfernt liegt. Auch im Fremdenverkehrsamt in der Via Parigi auf der anderen Seite des Bahnhofsvorplatzes Zimmervermittlung für Studentenheim wie die **Residenza Universitaria De Lollis** (wo es auch Mensa-Essen gibt). **Centro del Giovane**, Via Apuli 41, Tel. 06/490558, Einzelzimmer, Frauen und Männer getrennt, Heim für Bedürftige, im Sommer auch Touristen, ca. 30 DM. **Casa dello Studente**, Via de Dominicis 13, Metro B bis Tiburtina, dann Bus 409, Einzelzimmer ca. 30 DM. **Jugendheim für Frauen**, Via Balbo 4, Tel. 06/460460, ca. 50 DM, links aus dem Termini-Bahnhof, 5 Minuten. **Katholisches Pilgerbüro**, Via della Conciliazione 10, Tel. 06/6985036, vermittelt Zimmer in katholischen Heimen, ab 30 DM, aber 22 Uhr Schließzeit, persönliche Anmeldung erforderlich, deutschsprachig. Viele preiswerte **Pensionen** gleich links vom Termini-Bahnhof um die Via Cavour, auch rechts vom Bahnhof um die Via Montebello. **Albergo Esedra**, Tel. 06/4883912, **Albergo Eureka**, Tel. 06/4825806 und **Albergo Arrivederci**, Tel. 06/4880334, alle in der Via Piazza Repubblica 47, im DZ 35 DM ohne Dusche. **Pension Giolitti**, Via Giolitti 447, Tel. 06/730189, direkt am Bahnhof links, im DZ ca. 40 DM. **Albergo Mari**,

Tel. 06/49 21 37, **Albergo Cervia**,
Tel. 06/49 10 57 sowie **Pension Restivo**,
Tel. 06/4 46 21 72, alle in der Via Palestro 55,
im DZ je ca. 35 DM ohne Dusche. **Private
Zimmer** werden in und vor dem Bahnhof
angeboten – aber erst ansehen! **Campingplätze: Flaminio**, am Stadtrand, Metro A
bis Flaminio, dann Bus 225 bis Piazza Man-
cini, weiter mit Bus 202, 203 oder 204 oder
Bus 203 von der Piazza del Popolo. **Camping Roma**, Via Aurelia 831, ebenfalls
außerhalb, Bus 46 bis Piazza Irnerio, dann
Bus 246 bis zum Platz bei Silos. **Salaria
Camping**, Bus 319 bis Piazza Vescovio, von
dort Bus 135 bis Settebagni (Endstation),
nachts nicht so gut zu erreichen wie Flaminio.

Essen und Trinken

Je touristischer die Gegend, desto teurer
die Lokale. Am besten kauft man auf
einem der Märkte ein (morgens am Campo
dei Fiori). Die preiswertesten Lokale gibt
es immer noch im Stadtviertel Trastevere
jenseits des Tiber hinter dem Capitol. **Uni-
Mensen** gibt es rechts vom Termini-Bahnhof (12 Gehminuten über die Via Marsala
und Via Tiburtina) in der Via Caesare de
Lollis 20, Essen von 11.30 bis 13.30 und
18.30 bis 20.30 Uhr, außer Sonntag, im
August zeitweise zu. **Osteria da Luciano**,
Via Amendola 73, 5 Minuten vom Bahnhof, Essen ab ca. 7 DM. Die wohl bekannteste *Pizzeria* der Stadt ist **Est! Est! Est!** in
der Via Genova 32 (Querstraße der Via
Nazionale) mit schönem Lokal, ab ca.
20 DM. Junge Leute trifft man in folgenden
Lokalen im Viertel *Trastevere*: **Trilussa** hinter dem Piazzale Trilussa, ca. 25 DM;
Osteria Mario in der Via del Moro, sehr
preiswert, immer voll, Sonntag geschlossen;
Trattoria Il Generale, Via del Moro, auf
der anderen Straßenseite, auch sehr preiswert und gut, Sonntag geschlossen. **Pizzeria
Frontoni**, Via San Francesco a Ripa 128,
preiswerte Pizza zum Mitnehmen. **Pizzeria
Ivo**, Via San Francesco a Ripa 158, uriges
Lokal mit vielen Tischen draußen, oft voll,
gute Pizza. **Brazil**, Via San Francesco a
Ripa 106, brasilianischer Musikschuppen,
teuer, aber gute Live-Musik, Sonntag geschlossen. Um die Ecke ist die teure Jazz-

kneipe **Mama's** mit Live-Jazz. Das *Nachtleben* findet in Trastevere statt, natürlich
auch an der Spanischen Treppe und auf der
Piazza Navona.

Sehenswertes

Vom Hauptbahnhof Termini aus läßt sich
die Stadt gut zu Fuß erlaufen. Man sollte
erst auf der Rücktour Bus oder Metro nehmen. Überquert man vor dem Bahnhof die
Piazza dei Cinquecento, stößt man am
Rand der Grünanlagen auf das **Museo Nazionale Romano**, das in den Thermen Dio-
kletians aus dem 3. Jahrhundert untergebracht ist und eine gute Übersicht über antike Funde zeigt (Di–So 9–14 Uhr, 10 DM).
Nach der Piazza della Repubblica der
Via XX Settembre nach links folgend, trifft
man auf die Via Barberini mit dem prächtigen **Palazzo Barberini**, in dem Gemälde
des 13. bis 17. Jahrhunderts ausgestellt sind.
Von hier führt die Via Sistina zur Kirche
Trinità dei Monti, unterhalb derer sich die
berühmte **Spanische Treppe** an der *Piazza
di Spagna* erstreckt, einer der schönsten
Treffpunkte Roms, ständig von Menschen
aus aller Welt belagert. Oberhalb der Spanischen Treppe breiten sich die weitläufigen Gartenanlagen der **Villa Borghese** aus,
von deren westlichem Areal, dem Pincio,
sich ein herrlicher Blick auf die Stadt bietet. Über die **Piazza del Popolo** kommt
man zur alten Hauptstraße Roms, der Via
del Corso, die kerzengerade zur Piazza Venezia führt. Läuft man bei der *Piazza Colonna* mit ihrem markanten, 26 m hohen
ägyptischen Obelisken nach Osten, trifft
man nach ca. 200 m auf die durch Fellinis
Film «La Dolce Vita» berühmte **Fontana
di Trevi**, den gewaltigsten Barockbrunnen
am gleichnamigen Platz. Viele werfen
Münzen ins Wasser, was einen baldigen Besuch der Stadt nach sie ziehen soll. Angeblich werden die Unmengen von Kleingeld
mehrfach im Jahr dem Finanzamt übermacht. Wieder zurück zur Piazza Colonna,
kommt man halblinks ca. 500 m jenseits der
Via del Corso zum **Pantheon**, dem einzigen
sehr gut erhaltenen Gebäude des antiken
Rom. Der ehemalige Tempel wurde allerdings mehrfach verändert. Ursprünglich
stammt er aus der Zeit vor Christi Geburt.

Die Decke der gewaltigen Kuppel war mit Gold und Bronze geschmückt, wurde jedoch vom Papst Urban VIII. geraubt, eingeschmolzen und dem Petersdom als Baldachin des Altars einverleibt. Hier liegen italienische Könige begraben, auch der berühmte Maler Raffael (Di–So 9–14 Uhr, kostenlos). Die *Piazza della Rotonda*, wo der ehemalige Tempel steht, lädt mit seinen Terrassencafés zum Verweilen ein.

Durch schmale Altstadtgassen Richtung Westen erreicht man die **Piazza Navona**, einen wunderschönen, von unzähligen Leuten belebten Platz mit drei großen Marmorbrunnen und vielen Straßenmusikern und Flohmarktverkäufern. Besonderes Schmuckstück ist die **Fontana dei Fiumi** in der Mitte, mit vier Marmorfiguren und einem Obelisken, kreiert vom Bildhauer Bernini im Jahr 1648. Die vier Skulpturen sollen vier Flüsse der damals bekannten Erdteile darstellen: Ganges, Nil, Donau und Rio de la Plata. Alle vier Erdteile gruppieren sich um das eine Welt-Zentrum, den mächtigen Obelisken: Rom, die Papst-Metropole. Westlich der Piazza führen enge Gassen bis zum Tiber, den man am besten auf der *Sant' Angelo-Brücke* überquert, die direkt auf die **Engelsburg** zuführt. Dieses wuchtige Gebäude ließ Kaiser Hadrian 130 als Mausoleum für sich erbauen, später wurde es von den Päpsten zur Fluchtburg mit Gang zum Vatikan umfunktioniert. Von der Engelsburg führt die breite Via della Conciliazione auf den **Vatikan** zu. Der große Petersplatz faßt rund 280 000 Menschen, nicht weniger gigantisch ist der dahinterliegende **Petersdom**. In der ersten Kapelle rechts steht die berühmte *Pietà* von Michelangelo. Von der Kirche ist vor allem die Petrusstatue erwähnenswert, auf die sich die Päpste berufen. Die Statue stammt aus Konstantinopel und wird in der gewohnten pompösen Zeremonie am Peter-und-Pauls-Tag (29. Juni) bekleidet. Unter der Peterskirche liegen rund 170 Päpste bestattet, darunter befindet sich eine römische Totenstadt (gesonderter Eintritt, 12 DM). Von der gewaltigen *Kuppel* des Petersdoms hat man eine phantastische Aussicht auf Rom, aber auch ins Innere der Kirche. (Aufstieg zu Fuß ca. 6 DM, Aufzug teurer.) Der Durchmesser der Kuppel beträgt 132 m, von oben sind diese Ausmaße erst voll einzuschätzen. Die Museen des Vatikan befinden sich nördlich des Petersplatzes. Sie enthalten die größte Antikensammlung überhaupt, zudem Gemälde vom 13. bis zum 17. Jahrhundert und als Höhepunkt die **Sixtinische Kapelle** mit den berühmten Deckengemälden Michelangelos (täglich außer So, ca. 15 DM, Studenten 50 Prozent).

Läuft man zum Tiber zurück und folgt diesem flußabwärts, gelangt man ins urigste Viertel Roms, nach **Trastevere**. In den engen Gassen und anheimelnden Kneipen herrscht besonders abends viel Stimmung. Herz dieses Stadtteils ist die *Piazza Santa Maria* neben der gleichnamigen Kirche. An der Piazza Sonnino vorbei gelangt man über die Ponte Fabricio, die älteste Brücke der Stadt, auf die Tiberinsel mit der Kirche San Bartolomeo. Auf der anderen Flußseite passiert man das Marcellus-Theater und stößt auf das Zentrum des antiken Rom, das sich südlich des erst im 19. Jahrhundert errichteten Nationaldenkmals **Monumento Vittorio Emanuele** ausbreitet. Hinter der *Piazza Venezia* führen Treppen zum **Kapitol** hoch, wo in der Antike der Jupitertempel stand. Von oben blickt man auf die Ausgrabungen im **Forum Romanum**. Bedeutend ist das *Museo Capitolino* mit antiker Sammlung. Hinter dem Kapitol erstreckt sich das *Forum Romanum*, an dessen Stelle das Zentrum der antiken Stadt lag. Die Besichtigung (9–19 Uhr, 15 DM) lohnt nur für Interessierte, da sie weitgehend einer Trümmerlandschaft ähnelt, schließlich ist das Forum mehrfach von den Eroberern Roms zerstört worden.

Südlich ragt der Hügel des **Palatin** auf, der seit Augustus den Kaiserpalast trug. Vom grünen Hang hat man ebenfalls einen schönen Blick auf das Ausgrabungsgelände. Hier wohnten zur Zeit der antiken Stadt die Reichen, Überreste ihrer Häuser sind noch zu erkennen, auch das Livia-Haus mit Fresken blieb erhalten. Auf der östlichen Seite schließt sich das **Kolosseum** an, das größte Amphitheater des Römischen Reiches, Schauplatz blutiger Kämpfe. Im Jahr 80 nach Christus erbaut, paßten rund 50 000 Menschen in das steile Oval, um den verzweifelten Kämpfen von Sklaven gegen wilde Tiere zu folgen. Weil die Bodendecke heute zerstört ist, kann man direkt in die Gefangenenverliese sehen. In den vergangenen Jahrhunderten wurde der massige Bau immer wieder dazu benutzt, Steine zum Ausbau päpstlicher Gebäude bereitzustellen. Die Renovierung wurde jetzt in die Wege geleitet (täglich 9–13, außer So auch bis 18 Uhr Besichtigung, unten kostenlos, oben ca. 10 DM). Vom Kolosseum aus führt die **Via Appia** bis Brindisi. Ihr folgend (nach Süden), erreicht man die **Caracalla-Thermen**, den gewaltigen Komplex der alten Badehäuser. Rechts davon, etwa 500 m entfernt, liegt südlich vom Palatin der **Circus Maximus**, Schauplatz ähnlich blutiger Gemetzel wie das Kolosseum. Heute sind nur noch Bruchstücke der Außenfassade erhalten, gut zu erkennen ist dagegen die Sportanlage im Inneren.

Außerhalb des Zentrums an der Via Appia liegen die **Katakomben** des *Calixtus* und des *St. Sebastian*, die unterirdischen Grabanlagen, in denen sich die Christen in den ersten Jahrhunderten nach Christus vor der staatlichen Verfolgung versteckten (täglich außer Mi, 9–12 und 14–17 Uhr, 7 DM, Bus 118 ab Kolosseum). Die Katakomben sind in verschiedene Stockwerke aufgeteilt und über 25 km lang, es kann aber nur ein kleiner Teil besucht werden.

Folgt man vom Kolosseum aus der **Via San Giovanni in Laterano**, trifft man nach 600 m auf die gleichnamige Kirche, die älteste Großkirche des Christentums überhaupt, aus dem 4. Jahrhundert, mit viel Gold im Innenraum und auffallenden Apostelstatuen. Lohnend ist der prächtige Kreuzgang (ca. 3 DM). Mitten auf der Piazza vor der Kirche steht ein 32 m hoher ägyptischer Obelisk aus dem 15. Jahrhundert vor Christus aus rotem Granit, der im 4. Jahrhundert nach Christus nach Rom transportiert wurde, angeblich der höchste Obelisk der Welt. Neben der Kirche steht die älteste Taufkapelle Roms, das **Baptisterium San Giovanni in Fonte** aus dem Jahr 440. Auf der anderen Seite der San-Giovanni-Kirche thront der **Lateran**, der seit Konstantin dem Großen erste Wohnsitz der Päpste war.

Läuft man vom Lateranspalast zum Bahnhof, passiert man nach 800 m die pompös ausgeschmückte Kirche Santa Maria Maggiore mit Mosaiken aus dem 5. Jahrhundert, bekannten Kapellen und vergoldeter Decke. Das Gold wurde von Christoph Kolumbus aus Amerika mitgebracht.

Ostia

Metro B von Roma Termini bis Magliana, weiter mit Ferrovie di Roma bis Ostia Antica (Interrail gilt nicht, ca. 3 DM).

Übernachten

Camping Capitol, in der Nähe der Ausgrabungen und vom Meer. Zug bis Ostia Centro Lido, dann Bus 5 Richtung Casalpalocco.

Sehenswertes

Einige Kilometer vom Meer entfernt liegt der antike Hafenort Ostia mit gut erhaltenen **Ruinen**, weit besser als im Forum Romanum in Rom. Besonders lohnend sind die antiken Mosaiken. Der **Sandstrand** in Ostia Lido ist meist sehr voll, kostet zudem Eintritt. (Ostia Antica: Di–So 9–18 Uhr, Museum bis 14 Uhr, ca. 12 DM.)

Tivoli

Züge alle 30 Minuten von Roma Termini.

Sehenswertes

30 km landeinwärts von Rom liegt die von vielen Touristen besuchte Stadt. Hauptattraktionen sind drei große **Parks** von großer landschaftlicher Schönheit. Am lohnendsten ist die *Villa Gregoriana* (Eintritt ca. 7 DM, täglich 9–19 Uhr) mit kunstvollen Anlagen rund um das Flüßchen Aniene und den 160 m hohen Wasserfällen. Teurer und immer gut besucht die *Villa d'Este* mit unzähligen Springbrunnen, die abends beleuchtet sind. Die einzigartige Bepflanzung und der Kardinalspalast aus dem 16. Jahrhundert krönen die Wasserspiele (ca. 16 DM, 9–23 Uhr, täglich).

Mehrere Kilometer außerhalb (Bus CAT 4 oder Bus von Rom Richtung Rivoli) findet man die **Villa Adriana**, eine Art Miniatur des Römischen Reiches aus dem 2. Jahrhundert, im Auftrag des Kaisers Hadrian geschaffen. Heute muß man sich mit Überbleibseln zufriedengeben, die meisten Stücke liegen in Rom im Museum, die Landschaft ist jedoch beeindruckend (täglich, 9–19 Uhr, ca. 15 DM).

Terracina

Strecke 24550 Roma – Napoli, Umsteigen in Priverno.

Information

Via Lunga Linea 156. Auch Zimmervermittlung.

Übernachten

Albergo Selma, Via Circe, im DZ ca. 25 DM. **Camping Costazurra**, außerhalb in östlicher Richtung. Weitere Campingplätze.

Sehenswertes

Terracina hat eine hübsche Altstadt am Hügel mit stimmungsvollen Gassen. In der Ebene zum Meer hin liegen die neuen Viertel, die vom Badetourismus geprägt sind. Am langen Sandstrand herrscht viel Betrieb. Vom Hafen fährt jeden Tag ein Schiff zur Insel **Ponza**.

Formia/Gaeta

Strecke 24550 Roma – Napoli, der Bahnhof liegt in Formia, Stichbahn oder Stadtbus nach Gaeta.

Information

Formia, Via d'Italia 36.

Übernachten

Albergo Rock Garden, Via Torino in Gaeta, im DZ ohne Dusche ca. 25 DM.

Sehenswertes

Formia und Gaeta liegen nahe beieinander. Formia wurde im Zweiten Weltkrieg stark zerstört, daher lohnt es nur als Ausgangsort für eine Schiffstour auf die Inseln **Ponza** oder **Ventotene** (je ein Schiff pro Tag). Von Formia aus sieht man schön die Halbinsel vor sich liegen, auf der sich die Altstadt von Gaeta ins Meer schiebt. Der Hügel, auf dem sich die alten schmalen Gassen hochziehen, wird von einer Burg gekrönt. Eine stimmungsvolle Atmosphäre verbreitet auch das Grabmal des Lucius Plancus hoch oben mit schöner Aussicht. Unten liegt der Sandstrand Gaetas.

Insel Ponza

Fähren einmal täglich von Terracina und Formia sowie von der Insel Ventotene. (2 $^{1}/_{2}$ Stunden Fahrt, 30 DM.)

Information

Via Roma, Ponza Ort.

Übernachten

Viele **Privatzimmer** werden am Hafen angeboten, im DZ ca. 25 DM. Im Hochsommer teuer und meist voll belegt.

Sehenswertes

Ponza ist eine schöne, gebirgige, ca. 7 km lange und bis zu 283 m hohe Insel. Sie bildet den westlichen Rand eines versunkenen Vulkankraters. Der Hauptort Ponza liegt nördlich am Fuß des Monte Guaria rings um eine malerische Bucht, mit schmalen Gassen und hübscher Promenade. Das kleine **Santa Maria** ist 3 km weiter nördlich, die Straße führt bis zur Nordspitze, wo kurz zuvor auf der Westseite das winzige **Forna** liegt. Der schönste Strand der Insel liegt im Westen, ca. 1 km von Ponza Ort entfernt. Im Hochsommer herrscht viel Betrieb mit reichen Römern. Die winzige Insel **Ventotene**, ebenfalls ein Kraterrest, ist nur 3 km lang und ca. 800 m breit, sehr ruhig, mit dem kleinen Ort Ventotene, meh-

reren Pensionen (DZ ca. 50 DM) und
Stränden. Schiffe von Formia und Ponza
(2 Stunden Fahrt, ca. 30 DM).

Süditalien

Napoli (Neapel)

Bahnknotenpunkt.

Information

Im Hauptbahnhof Centrale in der Nähe
des mittleren Ausgangs, Stadtpläne und
Zimmervermittlung.

Verkehr

Die meisten Züge fahren zum Hauptbahnhof **Centrale**, ein moderner, sauberer Bau
nahe am Zentrum. Die **Circumvesuviana-
Bahn** beginnt am Corso Garibaldi, hält aber
auch im Untergeschoß des Hauptbahnhofs.
(Interrail nicht gültig.) Auch die **Metro** fährt
alle paar Minuten unter der Stazione Centrale Richtung Mergellina. Ticket ca.
1,50 DM. **Straßenbahn** von der Piazza Garibaldi in langsamer Sightseeing-Fahrt am Hafen entlang nach Mergellina, Ticket ca.
1,50 DM. **Busse** fahren ebenfalls von der
Piazza Garibaldi vor dem Hauptbahnhof ab,
Tickets ca. 1,50 DM, Tageskarte 5 DM.

Fähren nach Ischia, Procida und Capri
fahren etwa alle 2 Stunden ab Hafen **Molo
Beverollo**, ca. 1,5 km vom Hauptbahnhof,
vor dem Castel Nuovo, mit der Straßenbahn ab Bahnhofsvorplatz gemütlich zu erreichen. Tickets für die Fähren direkt an
der Anlegestelle an mehreren Schaltern.
Schnellboote zu den Inseln fahren von
Mergellina aus, ca. 3 km vom Hauptbahnhof, Metro nach Mergellina, dort aus der
Station zur Piazza Sannazaro ca. 3 Minuten
zum Hafen, Tickets davor.

Bergbahnen fahren von der Altstadt
hoch ins Stadtviertel Vomero, etwa die **Fu-
nicolare Centrale** von der Galleria Umberto (300 m landeinwärts vom Castel
Nuovo) aus, ca. 2 DM.

Übernachten

Jugendherberge im Vorort Mergellina, Salita della Grotta a Piedigrotta 23,
Tel. 081/761 23 46, Metro vom Hauptbahnhof bis Mergellina, dann noch 500 m,
Schließzeit ca. 23.30 Uhr, nettes Haus. Man
kann auch auf die Jugendherberge in **Sorrento** ausweichen (siehe unten). Viele
preiswerte **Pensionen** rechts vom Hauptbahnhof, **Albergo Giglio**, Via Firenze
(läuft parallel zu den Gleisen) 16,
Tel. 081/337500 oder **Pension Marconi**, Via
Firenze 32, Tel. 081/223764. **Campingplätze** in Pompeji (siehe unten) oder in
Sorrento, sind alle 30 Minuten schnell mit
der Circumvesuviana zu erreichen.

Essen und Trinken

Viele preiswerte *Trattorien* und *Pizzerien*
gleich vor dem Hauptbahnhof (aber abseits
von der Piazza Garibaldi), in der Altstadt
um die Via Tribunali und dem Hafen zu.
Trattoria Campagnola, Via Tribunali 47,
Essen ab 8 DM, nur bis 15 Uhr. **Gambrinus**,
an der Ecke der Piazza del Plebiscito
(100 m von der Molo Beverollo, hinter dem
Palazzo Reale), wunderschöner Innenraum
mit Gemälden, altes Kaffeehaus mit Musik.
Don Salvatore, Via Mergellina 5, gutes Essen ab 12 DM, 3 Minuten von der Metro in
Mergellina kurz vor dem Hafen.

Sehenswertes

Nirgendwo wird der Gegensatz von Arm
und Reich so deutlich wie in Neapel: In der
Altstadt sieht man teilweise ganz primitive
Behausungen, wo noch immer die Wäsche
zum Trocknen hängt, daneben prachtvolle
Paläste und Villen. Wegen der Armut sollte
man sich in Neapel vor Dieben besonders
in acht nehmen.

Vielleicht wird aus der Armut der Menschen der Glaube verständlich, daß sich das
Blut des heiligen Gennaro jedes Jahr ver-
flüssige. Ihm ist die Seitenkapelle des
Doms gewidmet, weil er als Märtyrer starb.
Das Innere der Kirche ist äußerst prunkvoll, barock überladen. Mitten in der Stadt,
an der Einkaufsstraße Via Roma, steht das
Archäologische Nationalmuseum. Es be-

herbergt viele Funde aus dem nahen **Her-
kulaneum** und **Pompeji** und gilt als einzigartige Sammlung (Di–So 9–14 Uhr, ca.
14 DM). Für Kunstfreunde empfiehlt sich
das **Museo di Capodimonte** mit einer
großen Gemälde- und Porzellansammlung.
Es liegt an der Verlängerung der Via Roma
auf dem Berg. Westlich der Via Roma findet man das **Spanische Viertel** mit engen
Gassen und Treppen, wohl der ärmste Teil
Neapels. Davor liegen, nahe am Hafen, der
Palazzo Reale, der Königspalast, und das
Castel Nuovo, die alte Burg der Stadt mit
dem Triumphbogen. Über die von Autos
verstopfte Via Cristoforo Colombo kommt
man zum Molo Beverollo, wo die Fähren
zu den kleinen Inseln ablegen.

Westlich schließt sich der Stadtteil **Santa
Lucia** an, ein altes Fischerviertel, vor dem
das **Castel dell' Ovo** ins Wasser ragt. Die
nahegelegene, verkehrsreiche Via Carac-
ciolo führt am Wasser entlang bis Mergellina, wo die Schnellboote starten. Im Park
Villa Communale neben der Via Carac-
ciolo sollte man sich das große Aquarium
mit unzähligen Fischen ansehen (Eintritt
ca. 4 DM). Über diesem Stadtviertel erhebt
sich der Hügel von Vomero mit dem gleichnamigen Stadtteil, mit drei Bergbahnen zu
erreichen. Von oben hat man einen schönen Rundumblick auf Stadt und Meer mit
den Inseln Capri, Procida und Ischia.

Nicht weit vom Hauptbahnhof liegt in
der Nähe des Hafens, über den Corso Garibaldi zu erreichen, die **Piazza del Mercato**. Hier wurde 1268 der letzte Stauferkö-
nig Konradin enthauptet.

Campi Flegrei
(Phlegräische Felder)

Metro von Napoli Centrale bis Pozzuoli.
Ferrovia Cumana von Napoli Piazza Mon-
tesanto (mit Metro umsteigen) nach Pozzuoli. Auch Bus 152 von Napoli Piazza Garibaldi (vor dem Hauptbahnhof) nach Solfatara und Pozzuoli.

Übernachten

Camping Volcano Solfatara, großer Platz
gleich neben dem Solfatana-Krater, ca.

1,5 km von Pozzuoli mit eigenem
Schwimmbecken und Lokal, preiswert.
Camping Averno beim Lago d'Averno, nur
Juni–August.

Sehenswertes

Wer selbst erleben will, auf welch heißem
Boden Neapel und die gesamte Umgebung
leben, sollte nach Pozzuoli fahren. Zwar ist
der Ort fast genauso abstoßend wie die
übleren Viertel der nahen Millionenstadt,
doch liegt oberhalb des Städtchens der immer noch nicht erloschene **Vulkankrater
Solfatara**. Im Jahr 1198 soll er zum letzten-
mal eruptiert sein, das starke Erdbeben
von 1980, bei dem auch Pozzuoli zerstört
wurde, zeugt von seiner Aktivität. Der
Solfatara stößt heute noch ständig Dämpfe
und Schwefelgase aus. Er kann betreten
werden, die Schritte auf dem seltsamen
Untergrund klingen hohl. Sein Krater hat
einen Durchmesser von fast 800 Metern,
die Temperatur der austretenden Dämpfe
beträgt bis zu 160 Grad Celsius. In engen
Bodenlöchern kann man die enorme Hitze
deutlich spüren. Der Bus 152 aus Neapel
hält am Eingang zum Krater (täglich
9–19 Uhr, ca. 8 DM), von Pozzuoli Bahnhof
zu Fuß ca. 15 Minuten. Westlich von Pozzuoli liegt der **Lago d'Averno**, ein dunkler,
von einem dichten Wald umgebener See,
den die Griechen als Eingang zum Toten-
reich ansahen, weil die Vögel über dem See
tot herunterfielen. Es handelt sich um einen alten Krater. (Zu erreichen mit der
Ferrovia Cumana bis Lido di Napoli, dann
15 Minuten.)

Ercolano (Herculaneum)

Privatbahn Circumvesuviana von Napoli
Centrale, fährt alle 30 Minuten (Interrail
und Euro Domino nicht gültig, nur ca.
3 DM).

Sehenswertes

Die **Ausgrabung** von Ercolano liegt ca.
500 m vom Bahnhof der Circumvesuviana
entfernt. Man muß nur den Schildern
«Scavi» abwärts folgen. Als 79 nach Chri-

stus der nahe Vesuv ausbrach, wurde der Ort von dickem Schlamm zugeschüttet. Zwar ist die Ausgrabung winzig im Vergleich zu Pompeji, doch konnten die Bauten mitsamt ihren Fresken viel besser freigelegt werden als dort. Teilweise kann man die Häuser auch von innen ansehen (9–18 Uhr täglich, ca. 15 DM).

Pompeji

Strecke 24553/24555 Napoli – Salerno. Die Ausgrabung ist über 2 km vom Bahnhof Pompeji entfernt. Besser die Circumvesuviana benutzen, deren Bahnhof «Pompeji Scavi» liegt neben der Ausgrabung (ca. 4 DM).

Übernachten

Campingplätze direkt neben den Ausgrabungen, ca. 200 m vom Bahnhof der Circumvesuviana, einer links vom Bahnhof, zwei rechts. Fahrzeit nach Napoli ca. 30 Minuten, die Bahn fährt alle 30 Minuten.

Sehenswertes

Die berühmte **Ausgrabungsstätte** am Fuß des Vesuv ist so groß, daß man an einem Tag Mühe hat, alles zu besichtigen. Die Arbeit der Archäologen läuft seit dem 18. Jahrhundert und ergab eine einmalige Schau römischer Zivilisation des 1. Jahrhunderts nach Christus. Um das Jahr 0 war Pompeji ein reicher Handelsplatz mit ca. 20 000 Einwohnern. 63 wurde es von einem Erdbeben schwer beschädigt, doch wieder aufgebaut. Mitten in diesem Aufbau wurde es bei der Eruption des Vesuv 79 nach Christus zugeschüttet. Man sieht die Gipsabdrücke von Menschen und einem Hund, verschiedene Wohnhäuser (Casa di Venere), sehr schöne Wandmalereien, Badeanlagen mit allen Raffinessen, Bordelle mit entsprechenden Signaturen. Die pikantesten Funde allerdings werden aus angeblich moralischen Gründen im Archäologischen Nationalmuseum von Neapel geheimgehalten, wo auch viele andere Fundstücke zu sehen sind. Am Rand des Geländes befindet sich die Villa dei Misteri mit antiken Wandgemälden. (Eintritt täglich 9–19 Uhr, 15 DM, Lageplan kostenlos.)

Sorrento

Circumvesuviana Napoli Centrale – Sorrento, alle 30 Minuten, Interrail und Euro Domino nicht gültig, ca. 5 DM.

Information

Via Luigi de Maio 35 (zwischen Piazza Tasso und Marina Piccola).

Übernachten

Jugendherberge in der Via Capasso 5, Tel. 081/8781783, vom Bahnhof 300 m, den Corso Italia 150 m nach rechts, biegt die Via Capasso Richtung Meer ab. Zwei **Campingplätze** am Ortsrand: **Nube d'Argento** am westlichen Rand unterhalb der Via del Capo, **San Fortunata-Campogaio**, 1 km weiter westlich, und **Giardino delle Esperidi** unterhalb des Bahnhofs San Agnello (teurer). **Pensionen** gibt es viele, aber kaum im DZ unter 25 DM. **Albergho Nice**, Corso Italia, Tel. 081/8781650, 100 m vom Bahnhof links. **Albergho Linda**, Via degli Aranci, Tel. 081/8782916, 400 m vom Bahnhof, liegt an der Straße, die oberhalb des Bahnhofs parallel zu den Gleisen verläuft.

Sehenswertes

Sorrento ist Ausgangspunkt zu Fahrten an die nahe **Amalfi-Küste** (siehe unten) oder zu Bootstouren nach **Capri**. Der Ort liegt an der Steilküste mit prächtigem Panorama über den Golf von Neapel und den Vesuv. In den steilen Gassen herrscht viel Betrieb, Treppen erklimmen die Höhe. Über dem Meer thronen herrschaftliche Hotelpaläste für besser betuchte Pauschaltouristen. Die Schiffe zu den Inseln Capri und Ischia sowie nach Neapel fahren vom Hafen Marina Piccola ab. Vom Bahnhof geht man 100 m geradeaus zum Corso Italia, diesen nach links bis zur Piazza Tasso (300 m), steigt rechts die steilen Treppen hinunter durch die schluchtartige Straße 500 m bis zum

Hafen. Passable Strände findet man an der Landspitze Punta del Capo ca. 2 km westlich Sorrentos (Bus ab Piazza Tasso), oder unter dem Bahnhof des kleinen Meta (2 Stationen mit der Circumvesuviana Richtung Napoli).

Insel Ischia

Fähren fast jede Stunde von Napoli Molo Beverollo, auch von Sorrento und Pozzuoli (1 ½ Stunden, 12 DM).

Information

Am Hafen in Ischia Porto.

Verkehr

Busse verbinden alle Orte auf Ischia meist jede Stunde miteinander, die Linien CD und CS fahren rings um die Insel.

Übernachten

Unzählige **Pensionen** und **Hotels** in sämtlichen Regionen Ischias, im Hochsommer und um Pfingsten stark belegt. **Camping Internationale** zwischen den Hauptorten Ischia Porto und Ischia Ponte, vom Hafen 12 Gehminuten, schattiger Platz. **Eurocamping dei Pini**, Via delle Ginestre, ebenfalls in Porto. **Albergo Macri**, Via Iasolini, in Porto am Hafen, Tel. 081/992603, im DZ ca. 25 DM. **Albergo Di Lustro**, Via Di Lustro 9 in Forio, Tel. 081/997163, im DZ ca. 25 DM. **Pension Mareluna**, Via Nuova San Gennaro in Panza/Sant'Angelo, Tel. 081/907183, 15 Minuten zum Strand.

Sehenswertes

Die Insel rings um den 788 m hohen Monte Epomeo bietet traumhafte Sandstrände und gebirgige Landschaften. Um Pfingsten und im Sommer ist es sehr touristisch, im Westen und Süden Ischias geht es ruhiger zu.

Die wichtigsten Orte sind: **Ischia Porto**; ein Fährhafen mit viel Betrieb. Der auffallend runde Hafen wurde in einen alten Vulkantrichter gesprengt. Hier findet man unzählige Hotels, einen Omnibusbahnhof und Sandstrände.

Mit Porto fast zusammengewachsen ist **Ischia Ponte**; der üppig grüne Pinienwald Pineta bildet die Grenze. Kennzeichen des Ortes ist die Halbinsel mit dem Castello Aragonese, von dem aus man einen schönen Blick hat.

Forio liegt an der Westküste Ischias. Die schöne, stimmungsvolle Altstadt ragt unterhalb eines Berghangs ins Meer vor. Wunderschöne Sandstrände befinden sich südlich und nördlich des Ortes.

Das autofreie «Engels-Städtchen» **Sant'Angelo** liegt idyllisch auf einer Felsnase mit Treppen, schmalen Gassen und bunten Häuschen. In seinen Buchten sprudeln heiße Quellen wie auch zu Füßen des westlich gelegenen Bergdörfchens **Panza**, wo sich die heiße Succhivo-Quelle ins Meer ergießt. Kostenloses Baden im heißen Wasser ist möglich. Östlich, am Maronti-Strand, ist ein teurer Campingplatz. Noch weiter östlich liegt das kleine Barano, dessen Meeresquelle Nitrodi angeblich wie ein Liebestrunk wirken soll.

Insel Procida

Fähren fast stündlich ab Napoli Molo Beverollo und Ischia (ca. 7 DM).

Information

Via Roma 92, Zimmerangebote.

Übernachten

Pensionen gibt es wenige, teure. **Pensione El Dorado**, Via Vittorio Emanuele 208, Tel. 081/8968005, im DZ ca. 30 DM, liegt in schönem Garten, mit eigenem Lokal. **Camping Punta Serra** im Vorort Punta Serra, über dem Meer, Tel. 081/8969540.

Sehenswertes

Procida ist eine winzige, weitgehend unbekannte Insel direkt vor Neapel mit steil abfallenden Felsen. Der lange Hafen wird von kleinen bunten Häusern gesäumt. Auf der anderen Seite der Insel liegen gen Westen kleine Strände, allerdings läßt die Wasserqualität angesichts des nahen Neapel zu wünschen übrig.

Insel Capri

Fähren etwa alle zwei Stunden von Napoli Molo Beverollo (1 $1/2$ Stunden, 15 DM) und von Sorrento Marina Piccola (40 Minuten, 7 DM).

Information

An der Promenade im Hafen von Marina Grande und oben im Ort an der Piazzetta links.

Verkehr

Vom Hafen Marina Grande fährt eine **Bergbahn** hoch zum Ort Capri (1,20 DM). Dort starten ca. 200 m von der Bergbahnstation an der Hauptstraße die **Busse** nach Anacapri (1,50 DM). Der östliche Teil der Insel mit dem Hauptort Capri ist autofrei, es gibt keinerlei Motorfahrzeuge. Nur im Nebenort Anacapri dürfen Einheimische Autos benutzen. Von Anacapri fährt eine **Sesselbahn** hoch auf den Monte Solaro (589 m, ca. 10 DM).

Übernachten

Leider ist in Capri alles sehr teuer. Es gibt keinen Campingplatz und keine preiswerten Pensionen. Man muß versuchen zu handeln. **Pension Quattro Stagioni**, Via Marina Piccola, liegt oben in Capri an der Straßenkreuzung, im DZ ca. 35 DM. **Villa Eva**, Via Fabbrica 8 in Anacapri Richtung Blaue Grotte, Tel. 081/8372040, im DZ ca. 30 DM. Einige Rucksacktouristen campen trotz des Verbots wild, etwa in der Grotta di Matermania (in der Nähe vom Arco Naturale) oder in einem vergammelten Pavillon in der Nähe des Klosters Santa Maria Cetrella unterhalb des Monte Solaro oder in den Felsnischen neben dem Strand Bagni Tiberio.

Sehenswertes

Kein Wunder, daß der römische Kaiser Tiberius es vor 2000 Jahren vorzog, sein Weltreich von Capri aus zu regieren. Wenn die Sonne im Meer versinkt und die Horden der Tagesausflügler die Insel endlich wieder verlassen haben, wird es paradiesisch. Das kleine Eiland, ein 6 km langer, 1 km breiter wuchtiger Gebirgsklotz, zeigt auf engstem Raum eine fast unvorstellbare Vielfalt an landschaftlicher und kultureller Schönheit.

Vom Hafen Marina Grande gelangt man per Bergbahn (rechts an der Promenade) oder zu Fuß über eine lange Treppe (links am Ende der **Promenade** beginnen die Stufen) zum Hauptort Capri hoch. Von der Promenade oben hat man eine herrliche Aussicht. Der Ort Capri besteht aus unzähligen schmalen Gäßchen und Treppen, die von der Piazetta aus in alle Richtungen laufen. Kaum hat man den zentralen Platz verlassen, wird es auch schon ruhiger. Die Ausflugsziele sind in wenigen Minuten zu erlaufen: **Punta Tragara**, ein Aussichtspunkt vor dem gleichnamigen Hotel mit Blick auf die berühmten Faraglioni-Felsen (unten felsiger Strand). **Arco Naturale** ist ein in seinem Sockelbereich durchlöcherter offener Fels am Abhang über dem Meer, der sowohl direkt von Capri als auch auf einem schönen Klippenweg über Punta Tragara zu erreichen ist, etwas unterhalb die Höhle Grotta di Matermania. In der **Villa Jovis**, einer auf dem Monte Tiberio im äußersten Nordosten der Insel gelegenen Villa, lebte der Kaiser Tiberius von 27 bis 37 nach Christus. Von oben hat man eine tolle Aussicht auf Klippen und Festland (Eintritt ca. 5 DM, täglich 9–18 Uhr). Das ehemalige Kartäuserkloster **Certosa di San Giacomo** aus dem 14. Jahrhundert liegt am südlichen Ortsende. Der schöne Kreuzgang und die Parkanlagen sind sehenswert.

Anacapri, der zweite Inselort, lohnt den Besuch nur wegen der spektakulären Busfahrt und der Aussicht von der **Villa San Michele**, in der Ende des letzten Jahrhunderts der schwedische Arzt und Schriftsteller Axel Munthe lebte. Die Kirche San Michele hat einen wunderschönen Majolikafußboden aus dem 18. Jahrhundert. Vor allem aber kann man von Anacapri aus zum **Kloster Santa Maria Cetrella** hochlaufen (476 m hoch), eine ruhige Bergregion mit phantastischer Sicht auf Insel, Hauptort und Meer (durch den Kirchenraum des Klosters gehen, rechts dahinter ist der Balkon; geradeaus durch den Innengang gelangt man zum Garten des Klosters). Der Weg führt weiter zum höchsten Punkt der Insel (auch der Sessellift von Anacapri), dem Monte Solaro mit überwältigendem Blick bis zum Vesuv. (Fußweg Anacapri – Monte Solaro ca. 40 Minuten.) Die berühmte Blaue Grotte, **Grotta Azzurra**, wird von Fischern mit kleinen Booten befahren und zeigt eine faszinierende bläuliche Luftspiegelung. Die Höhle ist von der Meeresbrandung geschaffen worden und erst seit einer Senkung der Insel mit Wasser gefüllt; am Eingang sind keine 2 m zwischen Wasserspiegel und Höhlendecke. Die Einfahrt ist nur bei ruhiger See möglich und erfordert eine lange Anfahrt. (Mit Schiffen vom Hafen und Grottenfahrt ca. 25 DM.) Von Anacapri fahren alle 20 Minuten Busse zur Grotte (1,50 DM). Wer gut schwimmt, kann nach ca. 16.30 Uhr, wenn keine Fischer mehr einfahren, in die Höhle schwimmen.

Auf Capri gibt es nur wenige Strände. Vom Land her zugänglich sind der Kieselstrand Marina Grande direkt westlich vom großen Hafen (sauberes Wasser), der kleine Sandstrand Bagni Tiberio ca. 1 km westlich vom großen Hafen (zu Fuß von der Promenade nach rechts hochlaufen und an der Abzweigung nach links, rechts weiterlaufen) und der Felsstrand unterhalb von Punta Tragara bei den Faraglioni-Felsen (Treppe geht vom Stein ins Wasser).

Positano

Busse fast stündlich auf gewagter Küstenstraße von Sorrento und Salerno nach Amalfi.

Übernachten

Pensionen nicht unter 35 DM im DZ, daher besser in Sorrento (Jugendherberge und Camping) oder Salerno (Jugendherberge) übernachten.

Sehenswertes

Schon die lebensgefährlich anmutende Anfahrt auf der «**Amalfitana**» mit dem Linienbus von Sorrento oder Salerno ist ein Abenteuer. Die Straße hängt in ca. 100 m Höhe über der Steilküste, windet sich um unzählige Felsvorsprünge, die Busse scheinen nur haarscharf um die Kurven zu gelangen. An der üppig grünen Steilküste hängt Positano unterhalb und oberhalb der Straße bis zum Strand. Die Häuser sind durch schmale Gassen oder Treppen miteinander verbunden, unten ist ein schmaler Sandstrand mit vielen Andenkenshops und Touristen. Für einen Teil des Strandes wird Gebühr verlangt, abseits sind kleine Buchten am Berghang. Neben Cinqueterre gehört dieser Küstenabschnitt mit Positano und Amalfi zum schönsten, was Italien zu bieten hat.

Amalfi

Busse fast stündlich von Sorrento – Positano – Salerno.

Übernachten

Sehr teuer, besser in Sorrento oder Salerno oder in **Atrani** (nächster Busstopp Richtung Salerno): **Albergho Scalinatella**, Piazza Umberto (mitten im Ort), DZ und Mehrbettzimmer, im DZ ca. 20 DM.

Sehenswertes

Hauptort der legendären Amalfi-Küste. Wie Positano hängt Amalfi am Hang der Steilküste, leider ist es aber nicht autofrei. Zentrum ist die Piazza Duomo mit dem schwarz-weiß gestreiften Dom und breiter Treppe zum Gotteshaus hoch. Enge Gassen, viele Treppen und Touristenmassen charakterisieren den Ort. Lohnend auch der Besuch (gute Busverbindung) der Nachbarorte **Ravello** hoch im Küstengebirge mit prächtigen Gartenanlagen und **Atrani**. Lohnende Strände erst in *Minori* und *Maiori* kurz vor Salerno.

Salerno

Strecke 24553/24555 Napoli – Reggio di Calabria/Taranto.

Information

Auf dem Bahnhofsvorplatz.

Verkehr

Der Bahnhof liegt mitten im Zentrum. Busse nach Amalfi, Positano, Sorrento verkehren ab Corso Garibaldi 117, 500 m vom Bahnhof Richtung Lido.

Übernachten

Jugendherberge in der Via Luigi Guercio 112, Tel. 089/790251, 300 m vom Bahnhof.
Albergo Santa Lucia, Via Roma 184, Tel. 089/225828, im DZ ca. 30 DM.

Sehenswertes

Salerno mit prächtiger, von Palmen gesäumter Uferpromenade und steil ansteigenden alten Vierteln wirkt wie eine hektische Miniaturausgabe von Neapel. Der **Dom San Matteo** aus dem 11. Jahrhundert beeindruckt durch seine Bronzetüren, die aus Konstantinopel stammen. In einem Vorhof stehen 28 antike Säulen aus dem nahen Paestum. Auf dem nahen Bergrücken nordwestlich der Stadt thront ein altes Kastell mit herrlicher Aussicht.

Paestum

Strecke 24555 Napoli – Reggio di Calabria, nur Lokalzüge halten. Viele Schnellzüge halten südlich in Agropoli. Von dort fahren Busse nach Paestum.

Übernachten

Etwa 20 verschiedene **Campingplätze** am kilometerlangen Sandstrand von Paestum, vom Bahnhof ca. 2 km entfernt.

Sehenswertes

Drei alte griechische Tempel und ein traumhafter Sandstrand sind das Geheimnis des weit auseinandergezogenen Ortes. Vom kleinen Bahnhof ist es nicht weit zum Ausgrabungsgelände. Gleich am Eingang wird man überwältigt vom sehr gut erhaltenen **Hera-Tempel**, der im 5. Jahrhundert vor Christus von Griechen errichtet wurde. Sie hatten den Ort unter dem Namen Poseidonia 600 vor Christus gegründet. Daneben steht südlich der älteste Tempel Paestums, der **Basilica-Tempel** aus dem 6. Jahrhundert vor Christus. In nördlicher Richtung finden sich Überreste des **Forums** und nicht weit davon der **Ceres-Tempel**. Die bullige Stadtmauer um das gesamte Gelände stammt von den Römern. Die schönsten Fundstücke aus Paestum, vor allem Fresken von Grabsteinen, sind im Museum an der Straße gegenüber vom Gelände zu besichtigen (Di–So 9–18 Uhr, 8 DM).

Der kilometerlange Sandstrand wird von Bars, Restaurants, Hotels und Campingplätzen gesäumt, im Sommer herrscht einiger Rummel.

Mit Lokalzügen erreicht man **Ascea** (*Camping La Palma* am Strand, nicht weit vom Bahnhof). Das kleine Dorf Ascea liegt landeinwärts an einen Berghang geschmiegt mit schmalen Gassen, Treppen und kleinen Häusern. Der lange Sandstrand in Marina di Ascea am Bahnhof lohnt die Zwischenstation.

Auch **Sapri** (Schnellzüge) lohnt den Zwischenstopp wegen des langen Sandstrandes direkt an der schönen Bucht. (Mehrere *Campingplätze* nordwestlich.)

Kalabrien

Strecken 24555 Napoli – Reggio di Calabria und 24554 Taranto – Reggio di Calabria.

Die Bahnstrecke von Napoli nach Reggio di Calabria führt im Westen Kalabriens fast ständig an der Küste entlang. Nimmt

man einen der wenigen Lokalzüge, die im
Gegensatz zu den sehr schnellen Expreßzü-
gen überall halten, kann man an unendlich
vielen ruhigen Sandstränden aussteigen.
Empfehlenswert sind **Marina di Maratea**
(langer Strand, aber kein Camping), **Praia
a Mare** (riesiger Strand, Camping am südlichen Ortsrand, vorgelagerte kleine Insel
mit höhlenreichem Felsblock), **Scalea** (rei-
zendes Städtchen mit schönem Strand und
Camping), **Diamante** (Campingplätze
außerhalb), **Belvedere** (Sandstrand in Marina di Belvedere, Campingplatz außerhalb).

In **Paola** zweigt eine Bahnlinie ins Landesinnere nach **Cosenza** ab, mit direkten
Zügen von Napoli Centrale. Die neue
Strecke führt hoch ins Bergland. Von *Co-
senzas* neuem Bahnhof fährt etwas außerhalb die *private Schmalspurbahn Calabro-
Lucane* auf zwei abenteuerlichen Strecken
mitten durchs unwegsame, fast 2000 m
hohe **Sila-Gebirge**. Die Route nach **San
Giovanni di Fiore** führt in unzähligen engen Serpentinen östlich von Cosenza ins
1280 m hohe **Camigliatello**, einen Erholungsort mitten im Sila-Gebirge. Die Landschaft nimmt alpenähnliche Formen an (3
Züge täglich, 2 Stunden Fahrt, ca. 8 DM,
Interrail und Euro Domino nicht gültig;
Campingplatz 2 km von Camigliatello).

Die zweite abenteuerliche Route der
Schmalspurbahn führt von *Cosenza* nach
Südosten über die wilde Sila-Landschaft
nach **Catanzaro** oberhalb der Ostküste Kalabriens. Dort kann man mit einer *Zahnradbahn* hinunter nach Catanzaro Lido, mit
Anschluß an die Staatsbahn Taranto – Reggio di Calabria. In Catanzaro Lido ist ein
großer Sandstrand. (3 Züge täglich, 3 Stunden Fahrt, ca. 10 DM, Interrail und Euro
Domino nicht gültig, die Strecke soll stillgelegt werden.) Catanzaro erreicht man
auch direkt von der Küstenstrecke 24555
aus, indem man in Lamezia Terme umsteigt.

Pizzo

Strecke 24555 Napoli – Reggio di Calabria,
viele Schnellzüge halten.

Information

Am Marktplatz.

Übernachten

Die **Jugendherberge** in der Festung ist immer noch geschlossen. **Pension Murat**,
Piazza Repubblica 41, Tel. 0963/231006.
Campingplatz Europa, 3 km nördlich, Badestrand. 3 weitere Campingplätze ca. 5 km
von Pizzo.

Sehenswertes

Das romantisch auf einer Anhöhe gelegene
Städtchen mit steilen Gassen, vielen Cafés
und einem gemütlichen Marktplatz ist für
Autos gesperrt. Nördlich erstrecken sich
lange Sandstrände. Von der Festung und
dem Marktplatz hat man einen schönen
Blick auf die Küste. Der Bahnhof liegt 10
Minuten südlich von Pizzo. Besondere Attraktion Pizzos ist die Piedigrotta-Kirche
aus Tuffstein unten an der Küste (täglich
9–18 Uhr).

Tropea

Strecke 24555 Napoli – Reggio di Calabria.

Information

400 m vom Bahnhof, an der Straße in die
Stadt.

Übernachten

Hotels sind teuer, im Sommer ausgebucht.
Camping Paradiso, 2 km nördlich der
Stadt.

Sehenswertes

Die kleine Stadt liegt auf einem Felsen
über dem Meer und ist über eine schöne
alte Treppe zu erreichen. Schmale Gassen
mit alten Häusern, Cafés und Läden prägen die Atmosphäre. Nördlich der Stadt
liegen lange Strände, unterhalb des Felsens
(über die Treppe zu erreichen) und die
Halbinsel mit einer alten Abtei. Vom

Bahnhof in die Neustadt gelangt man über die Via Stazione zur Altstadt. Im Sommer ist alles von Touristen überfüllt.

Scilla

Strecke 24555. Der Bahnhof liegt kurz vor San Giovanni. Nur Lokalzüge halten, am besten, von San Giovanni zurückfahren.

Übernachten

Die tolle Jugendherberge in der Burg wurde leider geschlossen. **Pension Sirene**, Via Nazionale 55, Tel. 0965/754019, ca. 30 DM.

Sehenswertes

Das kleine Fischerdorf liegt eingeklemmt zwischen Meer und Bergen, auf dem Felsen befindet sich eine alte Burg. Neben der prächtigen Lage lockt 1 km vom Ort entfernt ein schöner Badestrand.

In **Villa San Giovanni** befindet sich an der engsten Stelle des Meeres der Fährhafen nach Sizilien. Die Züge von Napoli nach Messina, Palermo und Catania kommen hier aufs Schiff, mit Bahnpässen hat man kostenlose Überfahrt. Landschaftlich ist die Tour bei Tag und bei Nacht äußerst reizvoll. In den nächsten Jahren soll an dieser Stelle eine Brücke gebaut werden.

Reggio di Calabria

Strecken 24555 Napoli – Reggio und 24554 Bari – Taranto – Reggio.

Information

Im Bahnhof.

Übernachten

Pension Saturnia, Via Caprera 5, Tel. 0965/21012, ca. 20 DM, neben dem Bahnhof. **Campingplatz Ulivi**, 3 km außerhalb, Bus 7, 8 vom Bahnhof.

Sehenswertes

Die Hauptstadt Kalabriens besitzt eine schöne Uferpromenade mit doppelter Palmenallee, von der aus man nach Sizilien hinüberblickt. Hinter dem Dom steht das **Castello Aragonese** mit schöner Sicht auf Kalabrien, das Meer und Sizilien. Berühmt ist das **Archäologische Museum Museo Nazionale**, nicht weit vom kleinen Bahnhof Lido, mit vielen Fundstücken aus der griechischen Vergangenheit der Region (täglich 9–17 Uhr, 5 DM).

Apulien

Der Südosten des Stiefels ist vom Tourismus weitgehend verschont geblieben. Weite Sandstrände ohne Baderummel, die gebirgige Halbinsel des Gargano und die urigen Trulli-Dörfer sind die wichtigsten Attraktionen dieser Region.

Halbinsel Gargano

Strecke 24546 Ancona – Bari, in San Severo umsteigen in die Privatbahn Ferrovie del Gargano bis Peschici, 7 Züge täglich ab San Severo, Bahnpässe nicht gültig, ca. 8 DM. Von Peschici nach Vieste fahren stündlich bis Manfredonia Busse, 5 DM. In Foggia an der Hauptstrecke zweigen auch Züge der Staatsbahn nach Manfredonia im Südwesten des Gargano ab, Bahnpässe gültig.

Übernachten

Viele **Campingplätze** westlich von Rodi Garganico am Strand, ein *Campingplatz* unterhalb von Peschici, mehrere *Plätze* vor und bei Vieste, im Sommer sehr voll.

Sehenswertes

Die felsige Halbinsel des Gargano ist landschaftlich sehr reizvoll und bietet sehenswerte kleine Städte sowie lange Sandstrände zum Baden an. Im Sommer ist die ganze Region sehr gut besucht. Die lohnendsten Ziele sind das kleine Städtchen **Rodi Garganico** an der Nordküste. Die schöne Altstadt mit weißen Häusern zieht sich vom Meer aus den Berg hoch, ringsum sind lange Sandstrände. Der Bahnhof der Privatbahn liegt unten am Hafen, sie fährt direkt an der Küste entlang. Auch **Peschici**, etwa 20 km weiter im Osten der Nordküste gelegen, ist bezaubernd. Das kleine Städtchen hängt auf einem Felsen über dem Meer, schmale Gassen und steile Treppen durchziehen die weiße Häuseransammlung. Unten liegt eine breite Sandbucht, der Bahnhof liegt 3 km westlich, mit direktem Anschluß an Bahnbusse. **Vieste** liegt am Ostrand des Gargano; mit etwa 15 000 Einwohnern ist die Stadt das Touristenzentrum der Halbinsel. Sie ragt weit ins Meer hinaus mit prächtigem Ausblick aufs Wasser. Beidseits der Stadt gibt es lange Sandstrände, die im Sommer Treffpunkt unzähliger Jugendlicher sind. **Manfredonia** im Süden des Gargano ist eine sehr abschreckende Industriestadt, die sich nur zum Umsteigen von der Bahn in Busse nach Vieste eignet.

Bari und Trulli-Dörfer

Strecke 24546 Ancona – Lecce.

Information

Informationen für Jugendliche im **Stop Over** im Bahnhof, mit Vermittlung preisgünstiger Zimmer. Sonst vor dem Bahnhof rechts in der Passage.

Verkehr

Der **Hauptbahnhof** liegt in der Neustadt. Die **Privatbahn** in die Trulli-Dörfer fährt ebenfalls hier ab. Im **Bahnhof Nord**, 50 m nordwestlich des Hauptbahnhofs, starten Züge nach Barletta und Matera Richtung Potenza. Der Hafen liegt 2 km geradeaus vom Bahnhof hinter der Altstadt, hier laufen die **Fähren** nach Griechenland aus.

Übernachten

Jugendherberge Del Levante, Via Nicola Massaro 33, Tel. 080/5300282, ganzjährig geöffnet, Schließzeit 23 Uhr, liegt außerhalb im Vorort Palese, 8 km vom Bahnhof, Bus 1 vom Corso Cavour, 250 m rechts vom Bahnhof. **Pension Sidney**, Via Crisanzio 18, ca. 20 DM, 150 m vor dem Bahnhof. Im selben Gebäude auch **Pension Robinson**, ebenfalls ca. 20 DM. **Camping San Giorgio** im 10 km südlich an der Küste gelegenen San Giorgio, Bus 12 vom Corso Cavour, 250 m rechts vom Bahnhof, auch Bahnhof südlich von Bari an der Hauptstrecke nach Brindisi.

Sehenswertes

Die moderne Großstadt ist von Industrie geprägt. Vom Bahnhof über den Corso Cavour kommt man nach 1,5 km in die lohnende Altstadt **Vecchia Bari**, die auf einer Halbinsel ins Meer hinausragt. Schmale Gassen und vergammelte Häuser prägen dieses Viertel. In seiner Mitte ragt die Kirche San Nicola aus dem Häusergewirr, sie stammt aus dem 12. Jahrhundert. Am Strand unterhalb des gewaltigen Kastells zieht sich die moderne Promenade hin.

An der Strecke Bari – Taranto der Privatbahn Ferrovie Sud-Est, liegen die **Trulli-Dörfer**. (Bahnpässe nicht gültig, ca. 15 DM. Die Bahn fährt etwa alle 90 Minuten.) Die merkwürdigen weißen, nach oben spitz geformten kleinen Häuschen sind die Attraktion dieser Region. Die meisten Zipfelmützenhäuschen stehen in **Alberobello**. Es sind fast 1100, sogar die Kirche wurde hier im Trulli-Stil errichtet. In **Locorotondo** stehen einige Trullis auf einer Anhöhe, in **Martina Franca** mit seiner prächtigen Altstadt aus schmalen Gassen und Häusern in reinstem Barock finden sich nur wenige Trullis. In **Castellana** liegen außerhalb des Städtchens, ca. 2 km, große Kalksteinhöhlen mit Tropfsteinen (täglich 9–17 Uhr, ca. 10 DM).

Brindisi

Strecke 24546 Ancona – Lecce und 24553 Brindisi – Taranto.

Information

Am Hafen bei der Säule. Informationsbüros über die Griechenland-Fähren.

Verkehr

Der **Hauptbahnhof** liegt am Rand des Zentrums, zum Hafen sind es 1,5 km über den Corso Umberto und den Corso Garibaldi. Viele Züge fahren direkt zum **Hafenbahnhof**, in dessen Nähe die Fähren nach Griechenland ablegen.

Übernachten

Die frühere Jugendherberge fungiert zur Zeit als privates **Hotel**, Via Nicola Brandi 2, Tel. 0831/413100, auf der Halbinsel mit dem modernen Denkmal, Bus 3 und 5, ca. 18 DM. **Albergo Bologna**, Via Cavour 41, Tel. 0831/22883, ca. 35 DM. Der **Campingplatz Materdomini** liegt 5 km nördlich direkt am Flughafen, sehr laut und von den Warnleuchten bestrahlt, Bus 3 und 4.

Sehenswertes

Die Stadt eignet sich nur zum Umsteigen in die Fähren nach Griechenland. Die Preise sind hoch, es gibt viel Nepp und Diebstähle. An den Straßen zum Hafen reihen sich die Schiffsbüros aneinander. Die 19 m hohe Marmorsäule am Innenhafen markiert den Endpunkt der Via Appia, der bedeutendsten Militärstraße der Römer. Auf der anderen Seite des Hafens protzt das 1933 errichtete Gefangenendenkmal Marinaio, mit Schiffen zu erreichen. Von oben hat man einen schönen Blick auf die Küste (Aufzug 4 DM).

Lecce

Strecke 24546 Ancona – Lecce. Privatbahn Ferrovie Sud-Est von Lecce nach Otranto, Gallipolli, Gagliano im gleichen Bahnhof.

Information

An der Piazza Sant'Oronzo im Zentrum.

Übernachten

Albergo Carmen, Via Morelli 13, Tel. 0832/46408, ca. 30 DM, vom Bahnhof 10 Minuten. Die **Jugendherberge** im 12 km entfernten San Cataldo wird zur Zeit renoviert, Tel. 0832/650026, Busse von der Villa Communale im Zentrum Lecces.

Sehenswertes

Lecce liegt im Süden Apuliens und vermittelt mit seiner Altstadt aus vielen leicht vergammelten **Barockgebäuden** ein angenehmes Flair. Kunstkenner nennen die 100000-Einwohner-Stadt das «Florenz des Barock». Vom Bahnhof gelangt man über den Viale Oronzo Quarta in 10 Minuten geradewegs ins Herz der Altstadt. Sehenswert sind die Piazza Sant'Oronzo mit der Statue des Stadtheiligen, die Piazza della Prefettura mit der Kirche Santa Croce und dem Zölestinerkloster. Östlich der Piazza Sant'Oronzo liegt das große Kastell, südlich die Überreste des römischen Amphitheaters. In der westlichen Altstadt thront der Dom Sant'Oronzo mit dem bischöflichen Palais. Am Stadtrand liegt die Normannenkirche Santa Nicola e Cataldo aus dem Jahr 1180.

Otranto

Strecke Lecce – Maglie – Otranto der Privatbahn Ferrovie Sud-Est, Bahnpässe nicht gültig, ca. 8 DM.

Information

Hinter der Kathedrale.

Verkehr

Der Bahnhof liegt ca. 500 m vom **Hafen**, wo die Fähre nach Griechenland ablegt (nur im Sommer).

Übernachten

Campingplatz Hydrusa, am Hafen, schattig.

Sehenswertes

Otranto ist ein kleines Städtchen mit schöner, von einer Stadtmauer umgebenen Altstadt. Der **Dom** im romanischen Baustil gilt als Höhepunkt der Stadt. Bemerkenswert ist der Fußboden aus **Mosaiksteinen**, der durch die ganze Länge der Kirche einen großen Baum mit farbigen Heiligenerzählungen darstellt. Hier mischen sich alle abendländischen Kulturen, die Stadt ist geprägt von den Byzantinern und anderen Herrschern bis zu den Normannen, die Otranto später eroberten.

Gallipoli

Strecke Lecce – Gallipoli der Privatbahn Ferrovie Sud-Est, Bahnpässe nicht gültig, ca. 12 DM, 10 Züge täglich.

Information

Corso Roma 225.

Übernachten

Campingplatz Torre Vecchia, 3 km nördlich der Stadt. **Camping Gallipoli**, 4 km südlich, vom Strand 10 Minuten.

Sehenswertes

Die bezaubernde Altstadt liegt auf einer Insel und ist von einer Stadtmauer umgeben. Die Zufahrtsstraße wird von einer alten Burg flankiert. Schmale Gassen rings um die große Kathedrale geben dem Altstadtkern ein angenehmes Flair. Südlich und nördlich der Stadt erstrecken sich riesige Sandstrände mit sauberem Wasser. Mehrere Busse täglich verbinden Gallipoli mit Badeorten wie Torre Pali. Der Bahnhof liegt in der modernen Neustadt.

Sizilien

Es lohnt sich, diese Insel mit ihren überwältigend schönen Landschaften per Bahn zu entdecken. Vor allem die Küstenstrecken nach Süden Richtung Catania und nach Westen Richtung Palermo sind ein Erlebnis. Abenteuerlich wird die Fahrt im gebirgigen Landesinneren bei Caltanissetta, Ragusa und Siracusa. Sehenswert sind natürlich auch die antiken Überreste, die Tempel von Agrigento, Selinunte, Segesta oder Siracusa, alle in die herrliche Landschaft eingebettet. Krönung der Insel sind die Städte Cefalù und Taormina sowie das Vulkanmassiv des Ätna.

Messina

Strecke 24560 Messina – Siracusa und 24561 Messina – Palermo.

Information

Im Bahnhof. Viele Informationen über Stadt und Umgebung.

Verkehr

Die Züge von San Giovanni aus Rom werden im Bahnhof **Marittima** verladen, etwa 300 m hinter dem Bahnhof **Centrale**, der direkt am Zentrum liegt.

Übernachten

Albergo Roma, Piazza Duomo 3, Tel. 090/675566, ca. 25 DM, Vom Bahnhof 5 Minuten.

Sehenswertes

Die 300 000-Einwohner-Stadt im Nordosten Siziliens hat für den Reisenden vor allem als Fährhafen Bedeutung. Bereits 730 vor Christus von griechischen Auswanderern gegründet, hat Messina heute nach schweren Erdbeben ein modernes Stadtbild. Im Zentrum, nicht weit vom Bahnhof, stehen der Dom, mehrere kleinere Kirchen und das Museo Regionale mit archäologischen Stücken. Vom Hang des Gebirges hat man einen schönen Rundblick auf Stadt, Meer und Kalabrien.

Taormina

Strecke 24560 Messina – Siracusa, Bahnhof Taormina-Giardini.

Information

Am Anfang des Corso Umberto, Palazzo Corvaja. Zimmervermittlung.

Übernachten

Private Zimmer übers Fremdenverkehrsamt, ca. 28 DM. Taormina ist teuer und voll. **Pension Grazia**, Via Iallia Bassa 20, Tel. 0942/24776, ca. 25 DM. **Pension Diana**, Via di Giovanni 6, Tel. 0942/23898, ca. 25 DM. **Campingplatz San Leo**, vom Bahnhof 10 Minuten zu Fuß nach rechts, tolle Lage über dem Meer, zum Baden ist es oft zu schmutzig.

Sehenswertes

Taormina ist die Traumstadt Siziliens, mit unvergleichlich schöner Lage über der Steilküste. Vom Bahnhof direkt am Meer geht man rechts 100 m die Straße entlang und dann etwa 20 Minuten den Berg hoch, mit wunderbarer Aussicht auf Meer und Küste. Oben erreicht man die schmucke Innenstadt in einem Meer von Blumen, Blüten und duftenden Gewächsen. Über dem ständig von Touristenmassen belagerten Ort erhebt sich das **griechische Amphitheater** mit herrlichem Blick auf den schneegekrönten Ätna, das Meer und die Umgebung. (Eintritt täglich 9–18 Uhr, im Sommer bis 21 Uhr, ca. 4 DM.) Für Goethe war dies der schönste Platz der Welt. Zum Küstenstadtteil Mazzaro besteht Verbindung vom oberen Ortsteil mit einer Seilbahn.

Etna / Ätna

Strecke 24560 Messina – Catania. Die Ätna-Ringbahn Ferrovia Circumetna umrundet das Vulkanmassiv in fast 4 Stunden Fahrt, 6 Züge täglich, Bahnpässe nicht gültig, ca. 15 DM.

Übernachten

In *Acireale*, Bahnstation der Hauptstrecke nördlich von Catania, liegt der schattige **Campingplatz Panorama** nahe am Bahnhof und dem Meer.

Sehenswertes

Die höchste Erhebung des **Vulkans** reicht bis auf 3340 m hinauf, der Durchmesser des Kegels beträgt 40 km. Bis in den Juni hinein ist die Kuppe des Ätna mit Schnee bedeckt. Da er ständig aktiv ist, zeigen sich oft Rauchwolken über seinen Kratern. Neben den drei großen Kratern gibt es etwa 220 Nebenkrater, die ebenfalls zu Ausbrüchen neigen. Die großen Lavaströme, die von ihnen abwärts flossen, haben jede Vegetation zerstört. Die Regionen am Fuß des Vulkans sind sehr fruchtbar, mit Zitronen, Orangen und Weingärten. Dann folgen Olivenhaine, Wald und anschließend schwarze Lavafelder. Ab 2000 m ist fast alles kahl.

Einen sehr schönen Einblick in die Ätna-Region erhält man mit der Ätna-Ringbahn, die den Krater auf 114 km Streckenlänge ganz umrundet. In **Giarre-Riposto** kann man in die Ringbahn wechseln und nach der Umrundung des Ätna in *Catania* wieder in die Staatsbahn umsteigen. Busse in höhere Regionen des Vulkans starten in *Catania*, 100 m vom Bahnhof, nach **Nicolosi**. Ein Bus fährt gegen 8 Uhr morgens von Catania nach nach **Rifugio Sapienza** in 1900 m Höhe, wo meist großer Touristenandrang herrscht. Die Seilbahn ist zeitweise außer Betrieb. Im Rifugio Sapienza gibt es eine Art *Hostel* (ganzjährig geöffnet, Tel. 095/911092, im Mehrbettraum ca. 32 DM).

Catania

Strecke 24560 Messina – Siracusa und 24563 Catania – Palermo.

Information

Im Bahnhof.

Verkehr

Der **Hauptbahnhof** liegt direkt am Zentrum, nicht weit vom Hafen. Die Züge der Etna-Ringbahn fahren von der **Stazione Circumetnea** ab, sie liegt 800 m nördlich des Hauptbahnhofs, durch den Viale della Liberta geradeaus, links folgt nach dem Corso Italia die Stazione. Die Busse nach Rifugio Sapienza und nach Nicolosi fahren von der **ASZ-Busstation** in der Via Sturzo, 50 m vom Hauptbahnhof, erst geradeaus, dann nach 50 m links.

Übernachten

Albergo Holland, Via Vittorio Emanuele II. 8, Tel. 095/532779, ca. 20 DM, vom Hauptbahnhof 200 m, über die Piazza Martiri zu erreichen. **Campingplatz** in *Acireale* (siehe Etna).

Sehenswertes

Die Stadt mit 400 000 Einwohnern ist das Zentrum Ostsiziliens. 730 vor Christus von den Griechen gegründet, wurde sie durch Erdbeben mehrfach zerstört. Der Blick auf den Ätna symbolisiert die Abhängigkeit der Stadt vom Vulkan. Lavaströme reichen bis in die westlichen Vororte. Der **Dom** ist vom Bahnhof über die Piazza Martiri und die Via Vittorio Emanuele II. in wenigen Minuten zu erreichen. Westlich davon erhebt sich das **Castel Ursino**, die Burg Friedrichs II., 1240 erbaut. Damals lag sie am Meer, durch einen Lavastrom wurde sie im 17. Jahrhundert von der Küste abgetrennt. Nördlich vom Kastell liegt das **Teatro Romano**, von Griechen im 5. Jahrhundert vor Christus gegründet, von Römern ausgebaut (täglich 9–21 Uhr, Eintritt frei).

Siracusa

Strecke 24560 Messina – Siracusa und 24566 Siracusa – Caltanissetta.

Information

Via Maestranza 33, vom Bahnhof 1 km ins Zentrum.

Übernachten

Hotel Centrale, Corso Umberto 141, Tel. 0931/60521, ca. 22 DM, vom Bahnhof 500 m nach Südosten. Privates **Hostel**, Viale Epipoli 45, Tel. 0931/711118, Bus 11 ab Riva della Posta, ca. 20 DM, 7 km vom Bahnhof.

Sehenswertes

Die 100 000-Einwohner-Stadt im Südosten Siziliens wurde 740 vor Christus von den Korinthern gegründet. Wenige Jahre später vermehrte sich die Einwohnerzahl auf mehrere Hunderttausend. Während der Herrschaft des Diktators Dionysos I. von 406–367 vor Christus, war sie eine der wichtigsten Städte der damaligen Zeit. Als Verbündete Karthagos kam Siracusa in Konflikt mit den Römern, die sie 212 eroberten. Dabei wurde auch der berühmte Mathematiker, Philosoph und Ingenieur *Archimedes* getötet.

Heute findet man am Rand der Altstadt, ca. 1,5 km nördlich vom Bahnhof, die Reste des **Diana-Tempels** aus dem 6. Jahrhundert vor Christus. Etwas weiter liegt das Ruinenfeld der antiken Stadt mit einem **römischen Amphitheater** und einem **griechischen Theater** von 140 m Durchmesser. Daneben befinden sich die **Latomien**, riesige Steinbrüche mit Höhlen, in denen in der Antike Gefangene die Steine für die Tempel schlagen mußten. Eine dieser Höhlen hat eine verblüffende Schallwirkung: Im «**Ohr des Dionysos**» soll der Diktator die Gefangenen abgehört haben. Im Südosten der Innenstadt ragt die Halbinsel **Ortigia** ins Meer, mit schmalen Gassen, hübschen Plätzen und vielen Cafés. Besonders sehenswert der Domplatz mit dem Dom aus dem 7. Jahrhundert und mehreren Barock-Palästen.

Prächtig am Hang liegt **Ragusa** (Strecke 24566 Siracusa–Caltanissetta) im Südosten Siziliens. Die engen Gassen steigen terrassenförmig über dem Tal des Irminio an.

Agrigento

Strecke 24563 Palermo – Agrigento und
24565 Caltanissetta – Agrigento.

Information

Via Atenea 123, an der Hauptstraße.

Übernachten

Hotel Belvedere, Via San Vito 20,
Tel. 0922/20051, ca. 25 DM, 300 m halb-
links vom Bahnhof, über die Piazza Aldo
Moro über die Treppe zu erreichen.
2 **Campingplätze** am Strand von **San
Leone**, Bus 10 stündlich vom Bahnhof
Agrigento zu den Campingplätzen 2 km
außerhalb: **Camping International** und
Camping Nettuno, ganzjährig geöffnet.

Sehenswertes

Vom Bahnhof fahren Busse ins **Tal der
Tempel**, zu Fuß sind es über die Via Crispi
und die Passegiata Archeologica ca. 2 km.
Im Tal der Tempel steht der **Dioskuren-
tempel** mit vier, ein Eckgebälk tragenden
Säulen; der **Zeus-Tempel** aus dem 5. Jahrhundert vor Christus ist über 100 m lang
und der zweitgrößte Hallenbau der griechischen Antike; neben dem **Herkules-
Tempel** aus dem Jahr 530 vor Christus gilt
der **Concordiatempel** von 460 vor Christus als besterhaltenes griechisches Bauwerk.
    Agrigento selbst liegt über dem Meer
auf einem Hang. Die Stadt galt im Alter-
tum als «schönste Stadt der Sterblichen».
582 vor Christus gegründet, wurde sie 406
von Karthago erobert. In der Stadt findet
man den **Dom** und das Museo Civico mit
antiken Funden. Einen herrlichen Blick auf
Sizilien, das afrikanische Meer und das Tal
der Tempel hat man vom **Rupe Atenea**
(Athene-Felsen) aus.

Selinunte

Strecke 24562 Palermo – Castelvetrano,
weiter mit Bus nach Marinella-Selinunte, 4
Busse pro Tag, ca. 5 DM, die Bahnlinie

nach Selinunte – Agrigento ist stillgelegt. 3
Busse täglich von Agrigento.

Information

Am Eingang vom östlichen Tempelfeld,
nicht weit vom alten Bahnhof, wo die
Busse halten.

Übernachten

Pension Avorio, Via Stazione 5,
Tel. 0924/46011, ca. 25 DM, beim alten
Bahnhof. **Camping Maggiolino** und **Camping Athena**, beide 1 km nördlich an der
Straße von Castelvetrano, ganzjährig geöffnet, zum Strand je 2 km, zum östlichen Tempelfeld 1 km. Rucksacktouristen campen oft
wild am östlichen Strand unter Pinien.

Sehenswertes

Selinunte ist das größte Ruinenfeld Europas, im Südwesten Siziliens gelegen. Der
Ort wurde 628 vor Christus von den Griechen gegründet. Heute befinden sich hier
nur noch die **Überreste von 8 riesigen
Tempeln**. Sie liegen auf 2 Hügeln, zwischen
denen sich die heute nicht mehr erhaltene
Stadt erstreckte (Eintritt täglich 9–21 Uhr,
ca. 3 DM). Etwa 1 km südlich liegt an der
Küste der Ortsbadestrand mit kleiner Promenade, östlich davon gibt es kilometerlange Sandstrände mit schattigen Pinien-
hainen.

Trapani

Strecke 24562 Palermo – Trapani.

Information

Piazzetta Saturno in der Altstadt, vom
Bahnhof 1 km immer geradeaus.

Verkehr

Der **Bahnhof** liegt nahe am Zentrum, zu den
Schiffen auf die Egadischen Inseln und nach
Pantelleria läuft man ca. 1,5 km die Via
Malta geradeaus bis zum Meer, dann nach
rechts dem Ufer folgend bis zum Hafen.

Übernachten

Hostel Amodeo, Strada Provinciale 31,
Tel. 0923/552964, ca. 18 DM im großen
Raum, 2 km außerhalb Richtung Erice,
stündlicher Bus nach Erice. **Hotel Messina**,
Corso Vittorio Emanuele 71,
Tel. 0923/21198, 20 DM, liegt gegenüber
der Kathedrale in der Altstadt, vom Bahn-
hof 1,5 km.

Sehenswertes

Die 80 000-Einwohner-Stadt ragt schmal
ins Meer hinaus und ist auf drei Seiten vom
Wasser umgeben. In der Altstadt sind trotz
Zerstörungen im Zweiten Weltkrieg schöne
Gassen erhalten geblieben. Südlich der
Altstadt liegt der Hafen, wo Schiffe nach
Tunesien und zu den **Egadischen Inseln Fa-
vignana, Levanzo** und **Marettimo** ablegen,
alle mit schönen Badestränden, Camping-
plätze gibt es nur auf Favignana.

Palermo

Hauptstrecke 24561 Messina – Palermo.
Züge zu allen sizilianischen Städten. Direkte Züge nach Rom, Mailand, Turin.

Information

Im Bahnhof.

Verkehr

Der Bahnhof **Centrale** liegt direkt an der
Altstadt, südlich. **Stadtbusse** erschließen
die Stadt sehr gut, Tageskarte ca. 4 DM,
Einzelticket 1,20 DM.

Übernachten

Nicht weit vom Bahnhof viele preiswerte
Pensionen. Pension Cavour, Via Manzoni
11, Tel. 091/6162759, ca. 20 DM, 100 m vom
Bahnhof, halbrechts der Piazza Cesare.
Hotel Conca d'Oro, Via Santa Rosalia 7,
Tel. 091/6164543, ca. 20 DM, vom Bahnhof
200 m, geradeaus die Via Roma entlang bis
zur 4. Seitenstraße links. **Hotel Orientale**,
Via Maqueda 26, Tel. 091/6165727, ca.

22 DM, vom Bahnhof 200 m links zur Via
Maqueda, dann 200 m rechts. **Campingplätze** im Vorort Sferracavallo, ca. 10 km
nordwestlich vom Bahnhof, Bus 101 zur
Piazza Castelnuovo, dann Bus 628, ca. alle
20 Minuten.

Sehenswertes

Die Hauptstadt Siziliens zählt heute ca.
750 000 Einwohner und ist ähnlich wie Neapel von Arbeitslosigkeit, Aggressivität und
Hektik geprägt. Sie schaut auf eine lange
Geschichte zurück: Im 9. Jahrhundert vor
Christus von den Phöniziern gegründet, die
im heutigen Libanon zu Hause waren,
wurde Palermo erst karthagisch, dann römisch, ostgotisch, byzantinisch, saraze-
nisch, normannisch, kam unter die Herrschaft der Staufer und später die der Spanier. Alle hinterließen Spuren im Stadtbild.
Durch Zerstörungen im Zweiten Weltkrieg
überwiegt aber das moderne Stadtbild.

Vom Bahnhof aus gelangt man geradeaus in die Altstadt. Links trifft man nach
500 m auf den **Dom** von 1185 mit schönem
Südportal und arabischem Dekor. Im Ma-
rionettentheater **Teatro dei Pupi** werden
mit bis zu einem Meter großen Handpup-
pen in Harnisch und Federbusch die Abenteuer der Paladine Karls des Großen dargestellt. Die **Burg** (von hier übersieht man
die Stadt sehr gut) stammt aus der Saraze-
nenzeit und ist der Kirche **S. Giovanni degli
Eremiti** von 1132 benachbart, bei der sich
normannische und arabische Elemente mischen.

Eine der schaurigsten Attraktionen Palermos ist der **Convento dei Cappuccini**,
das Kapuzinerkloster aus dem 17. Jahrhundert. In seinem weitläufigen Keller sind
8000 Leichen und Skelette reicher Bürger
Palermos aufbewahrt, deren Kleidung von
den Familienangehörigen heute immer
noch erneuert wird (täglich 9–13 und
15–18 Uhr, 5 DM, 1,5 km westlich der Porta
Nuova, der Verlängerung der Vittorio
Emanuele entlang oder Bus 8 von der Via
Cavour aus).

Cefalù

Strecke 24561 Messina – Palermo, direkte
Züge nach Rom, Mailand.

Information

Corso Ruggero 77 in der Altstadt, Zimmervermittlung.

Übernachten

Hotels sind teuer, besser nach **privaten
Zimmern** fragen. **Campingplatz San Filippo**, 3 km außerhalb bei Ogliastrillo,
Busse stündlich von der Via Umberto bei
der Bar Spisa in Cefalù. **Camping Ponente**
liegt direkt neben dem San Filippo, im
Winter geschlossen.

Sehenswertes

Traumhaft gelegenes Städtchen an der
Nordküste. Cefalù liegt direkt am Wasser,
seine Altstadt reicht ins Meer, überragt von
einem wuchtigen steilen Felsklotz, der die
Reste einer **Normannenburg** und die
Grundmauern eines alten Heiligtums aus
dem 9. Jahrhundert vor Christus trägt. Der
Dom wurde 1132 unter dem Norman-
nenkönig Roger II. erbaut und steht im
Osten über der engen Altstadt. Nordwestlich liegt der große Sandstrand.
   Nur Lokalzüge halten in **Oliveri**. **Pension
Corda**, Via Spiaggia Mare, Tel. 09 41 /
3 31 40, ca. 18 DM, neben der Bahnlinie am
Sportplatz. **Camping Marinello** am Strand,
vom Bahnhof 400 m, April – Oktober.
Camping Oliveri, 100 m vom Strand entfernt. Noch ist es recht ruhig am **Traum-
strand** unter dem Felsklotz des benachbarten **Tindari**. Der breite Sandstrand sucht
trotz erster Ferienappartements in Italien
seinesgleichen.

Eolische Inseln /
Liparische Inseln

Schiffe von Milazzo an der Hauptstrecke
Messina – Palermo, 30 Zugminuten von
Messina, stündlich Züge.

Information

In *Milazzo* in der Stadtmitte: Piazza Caio
Duilio 20. Informationen über die Eoli-
schen Inseln im Fremdenverkehrsamt von
Lipari, Via Vittorio Emanuele 204,
Tel. 0 90/98 80 0 95, man spricht Deutsch.

Verkehr

Der **Bahnhof** von *Milazzo* wurde vor die
Stadt verlegt, Busse fahren alle 30 Minuten
direkt in die Stadt, ca. 5 km, 1 DM. Die
Schiffe zu den Inseln legen am *Hafen* an
der Via dei Mille am Ostrand des Zentrums von Milazzo ab, hier kauft man auch
die Tickets. Nach Lipari gehen täglich
mehrere Schiffe, ebenso nach Vulcano, auf
die anderen Inseln je nach Saison mehrere
Schiffe wöchentlich. Von Lipari aus erreicht man die anderen Inseln am besten.

Sehenswertes

Alle 7 Inseln sind traumhaft. **Lipari** ist die
Hauptinsel, neben der Stadt Lipari gibt es
noch andere Orte. Kiesstrände und mehrere, bis 602 m hohe Berge sind mit Bussen
zu erreichen. Hotels sind teuer, doch gibt es
private Zimmer ab 20 DM, einen **Campingplatz** am Örtchen Canneto und eine **Jugendherberge** in der Via Castello 17,
Tel. 0 90/98 11 54 0, 400 m vom Hafen.
   Vulcano wird vom aktiven Vulkan dominiert, Schwefeldämpfe hängen in der Luft.
In 1 Stunde marschieren auch Langsame
auf den Gipfel des 392 m hohen Kraters. Es
gibt nur einen Ort mit teuren Hotels, einen
kleinen **Campingplatz**, viele schlafen ohne
Zelt am Strand.
   Panarea ist die kleinste der Inseln und
nur an der Ostküste bewohnt. Es gibt
schöne, aber teure Unterkünfte, wildcampen ist nicht möglich. **Stromboli** mit seinem
alle paar Minuten spuckenden, fauchenden
Vulkan gilt als attraktivstes Ziel, weil sich
hier der Vulkanismus hautnah erleben läßt.
Im hübschen Städtchen Stromboli gibt es
Hotels, **Privatzimmer** ab ca. 25 DM und
einige Lokale. Viele schlafen draußen. Auf
Salina, der fruchtbarsten Insel, gibt es nur
wenige Touristen, einen **Campingplatz**, private Zimmer und kleine Strände.

401

SLOWENIEN

Murska Sobota

elfeld-Straß

Maribor
Ormož

Jesenice

23202

23025

Kamnik

valje

Velenje

Grobelno

Pragersko-

Stranje

Varaž-

din

23200

SLOWE-

23201

Ko

23200

Celje

LJUBLJANA

23200

Golubovec

N. Gorica

Zidani Most

Zabok

Gor.
Stubica

Sežana

Divača

23201

Trebnje

Sevnica

Sav. Marof

ZAGREB

ieste

Pivka

NIEN

D

Koper

23201

23201

Karlovac

Prešnica

Rijeka

23205

23207

Sisak-
Caprag

Pazin

23205

Ostarije

Sunja

Ogulin

23210

23204

Krk

Oštarije-
Ravnice

23211

23207

ula

232501

Rab

Bihać

Cres

KROATIEN

Bo
No

Pag

Gospić

23211

Lička

Dugi Otok

23207

Zadar

Benkovac

Knin

232

23207
23211

Šibenik 232

thard
édics

Szentiván
23101

Plätten
23112

Rétszilas

Balatonszent-
györgy

Paks

UNGARN

endava
akovec

Murakeresztúr
Gyékényes

Kis

otoriba
nica

Botovo

Dombóvár

Baja

23113

Bátaszék

Szentlörinc

23113

Pécs

Mohács

Križeveci

23113

Selo

Bjelovar

23208

Sellye

Sombor

Pčelić

Beli Manastir

Apatin

23200

Banova
Jaruga

Velika

Našice

Osijek

Bogoj

23208

Dalj

Novska

Pleter-
nica

Strizivojna-
Vrpolje

23220

Vukovar

Nova Kapela-
Batvina

23200

Vinkovci

Prijedor

23210

23215

Županja

Šid

Banja Luka

Grapska

Bijeljina

Doboj

23210

BOSNIEN-

Zavidovići

Bos.
Poljana

Tuzla

JU

Seit 1991 ist die ehemalige jugoslawische Republik selbständig. Nicht einmal 2 Millionen Einwohner leben am Südrand der Alpen. Die reizvollsten Regionen des Landes liegen im Bereich der Alpenausläufer, die von der Bahnstrecke von Jesenice über Bled nach Nova Gorica führt. Lohnend ist auch der Besuch der anmutigen Altstadt von Ljubljana und der wohl wichtigsten Attraktion Sloweniens, der Höhlen von Postojna, beide gut mit der Bahn zu erreichen.

HERZEGOWINA

23210
23215

Podlugovi

SARAJEVO

Das Wichtigste vorweg

Geld

Die Währung der Tolar schwankt noch
stark. Den aktuellen Stand selbst erfragen.

Telefon nach Hause

Deutschland 9949   Telefon-Notruf 92

Österreich   9943
Schweiz   9941

Botschaften in Ljubljana

Deutschland: Presernowa 27, Tel.
061/216166
Österreich: Strekljeva 5, Tel. 061/213436
Schweiz: Smartinska 130, Tel. 061/1405231

Unterwegs in Slowenien

Verpflegung

Noch sind die Preise allgemein sehr niedrig, sie tendieren aber vor allem bei den
Restaurants in die Höhe. In Touristengebieten wie Postojna oder Bled sind die
Preise unverschämt hoch, hier verpflegt
man sich am besten selbst.

Übernachten

Es gibt 6 Jugendherbergen im Land, sonst
bieten sich vor allem private Zimmer an,
die unter dem Zeichen «Sobe» angeboten
werden. In touristischen Regionen gibt es
Campingplätze, wo jedoch oft nur Leute
mit eigenem Zelt zugelassen werden.

Günstige Tickets in Slowenien

Inter Rail Zone G

Gilt auf allen Bahnstrecken Sloweniens.

Euro Domino

Tage (innerhalb 31)	3	5	10
Jugendliche	34 DM	50 DM	83 DM
Erwachsene	48 DM	71 DM	120 DM
Erwachsene 1. Klasse	71 DM	107 DM	182 DM

Zuschläge

Fernzüge kosten geringen Zuschlag, ca. 3 DM.

Besonders schöne Bahnstrecken in Slowenien

Die mit Abstand schönste Strecke des Landes führt von **Jesenice** über **Bled** nach

Nova Gorica. Reizvoll ist auch die Strecke
von **Ljubljana** nach **Zagreb**.

Ziele in Slowenien

Ljubljana

Strecke 23200 Villach–Zagreb.

Information

Slovenska cesta 35.

Übernachten

Jugendherberge Dijaski dom Bezigrad, Kardeljeva plaza 28, Tel. 061/342867, ca. 18 DM, ganzjährig geöffnet, zu Fuß 10 Minuten vom Bahnhof oder Bus 6, 8. **Campingplatz Jesica**, Titova 260, Tel. 061/371382, am Stadtrand, vom Bahnhof Bus 6.

Sehenswertes

Die Hauptstadt Sloweniens hat eine hübsche Altstadt rund um den Fluß Ljubljanica. Die barocken Kirchen und schönen Hausfassaden erinnern an alte österreichische Zeiten.

In die *Altstadt* kommt man, wenn man ca. 300 m rechts vom Bahnhof nach links in die breite Titova cesta läuft. Dann geht es immer geradeaus bis zum schönen Platz vor der **Kirche St. Ursula**, von dem aus 3 Brücken über den Fluß führen. Auf der anderen Seite locken links der **Markt**, der **Dom** und geradeaus das **Rathaus**. Über den Häusern thront die **Burg**.

Postojna jama/ Adelsberger Grotte

Strecke 23201 Ljubljana–Pivka–Rijeka/ Triest/Koper, Züge alle 60 Minuten.

Übernachten

Private Zimmer werden neben dem Fremdenverkehrsamt in der Jamska 32 vermittelt, Tel. 067/21168. **Campingplatz Pivka jama**, Tel. 067/21382, 4 km von der Höhle entfernt im Wald beim Eingang zur Pivka-Höhle.

Sehenswertes

Der Weg vom Bahnhof Postojna zur **Höhle** dauert 25 Minuten zu Fuß und ist deutlich ausgeschildert (Eintritt für Ausländer 25 DM, für Slowenen nur 5 DM). Das wunderbare Innere der Höhle lohnt den Preis. Die Gänge in der Höhle sind insgesamt über 20 km lang, man kann dort unterirdische Bäche und Seen sehen und hören. Die Führung erfolgt auch in deutscher Sprache, man läuft über schmale Wege an prächtigen Stalagmiten und Stalaktiten vorbei.

Von der Höhle ca. 10 km entfernt liegt das in einen Felsen hineingebaute **Schloß Predjamski Grad** (3 Busse täglich von Postojna; Busfahrt 6 DM, Eintritt 8 DM).

Bled

Strecke 23202 Jesenice–Sezana, Bahnhof Bled jezero.

Verkehr

Der **Bahnhof Bled jezero** wird täglich von 6 Zügen pro Richtung erreicht, er liegt auf der anderen Seeseite. Der Bahnhof **Lesce-Bled** an der Hauptstrecke Jesenice–Ljubljana liegt 5 km östlich von Bled, **Busse** fahren etwa jede Stunde zu diesem Bahnhof.

Übernachten

Jugendherberge Bledec, Grajska 17, Tel. 064/22152, 20 DM, 2 km vom Jezero-Bahnhof. **Private Zimmer** werden angeboten, auch von Globtour, Tel. 064/78385. **Campingplatz Zaka** am westlichen Seeufer, 1 km vom Jezero-Bahnhof.

Sehenswertes

Der Ort liegt romantisch an einem kleinen See. Durch die Thermalquellen gibt es hier Badebetrieb. Das Schloß thront hoch über dem Ort. Die kleine Insel mitten im See beherbergt eine kitschige kleine Kirche, zu der man mit Mietbooten gelangt.

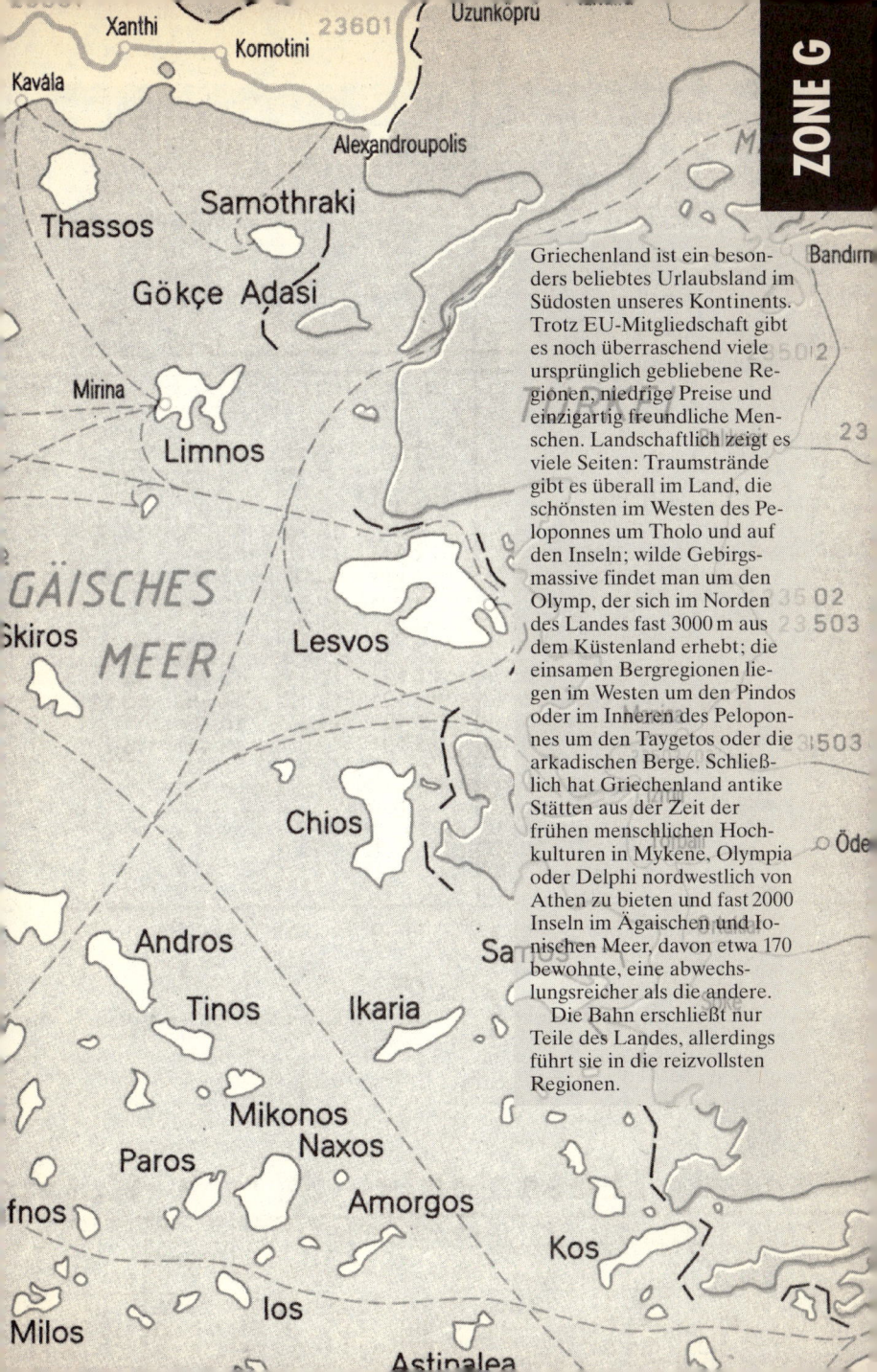

Xanthi
Komotini
Uzunköprü
23601
Kavála
Alexandroupolis
Thassos
Samothraki
Gökçe Adasi
Mirina
Limnos
GÄISCHES
Skiros
MEER
Lesvos
Chios
Andros
Sa
Tinos
Ikaria
Mikonos
Naxos
Paros
fnos
Amorgos
Kos
Milos
Ios
Astinalea

Bandirm

Öde

Griechenland ist ein besonders beliebtes Urlaubsland im Südosten unseres Kontinents. Trotz EU-Mitgliedschaft gibt es noch überraschend viele ursprünglich gebliebene Regionen, niedrige Preise und einzigartig freundliche Menschen. Landschaftlich zeigt es viele Seiten: Traumstrände gibt es überall im Land, die schönsten im Westen des Peloponnes um Tholo und auf den Inseln; wilde Gebirgsmassive findet man um den Olymp, der sich im Norden des Landes fast 3000 m aus dem Küstenland erhebt; die einsamen Bergregionen liegen im Westen um den Pindos oder im Inneren des Peloponnes um den Taygetos oder die arkadischen Berge. Schließlich hat Griechenland antike Stätten aus der Zeit der frühen menschlichen Hochkulturen in Mykene, Olympia oder Delphi nordwestlich von Athen zu bieten und fast 2000 Inseln im Ägäischen und Ionischen Meer, davon etwa 170 bewohnte, eine abwechslungsreicher als die andere.

Die Bahn erschließt nur Teile des Landes, allerdings führt sie in die reizvollsten Regionen.

Das Wichtigste vorweg

Geld

1 Drachme = 100 Lepta
1 DM	= 1,70 Dr.	100 Dr. =	0,60 DM
1 öS	= 25 Dr.	100 Dr. =	4 öS
1 sfr	= 220 Dr.	100 Dr. =	0,45 sfr

Telefon nach Hause

Deutschland 0049   Telefon Notruf 104
Österreich 0043   (in Athen 171)
Schweiz 0041

Botschaften in Athen

Deutschland: Odos Karaoli Kai
Dimitriou 3, Tel. 01/7285111
Österreich: Leoforos Alexandras 26,
Tel. 01/8211036
Schweiz: Odos Iasiou 2, Tel. 01/7230364

Reiseführer

Martin Pristl: «Anders Reisen: Griechenland», Rowohlt Taschenbuch Verlag
    Rainer Karbe/Ute Latermann-Pröpper:
«Anders Reisen: Griechische Inseln/Nörd-
liche Ägäis», Rowohlt Taschenbuch Verlag
    Rainer Karbe/Ute Latermann-Pröpper:
«Anders Reisen: Kreta», Rowohlt Taschenbuch Verlag

Literatur

Oriana Fallaci: «Ein Mann», Fischer Taschenbuch Verlag: Fesselnde Beschreibung
der griechischen Diktatur von 1967–1974
und der wagemutigen Verteidiger der Men-
schenrechte, die im Kampf gegen die Ty-
rannen unterlagen.
    Nikos Kazantzakis: «Alexis Sorbas», Ro-
wohlt Taschenbuch Verlag: Ein Amerikaner lernt die griechische Art zu leben mit
allen Vorteilen, aber auch ihren Schattenseiten kennen.

Die Anreise nach Griechenland

Fähren von Italien
    Von mehreren italienischen Häfen fah-
ren unzählige Schiffe nach **Korfu**, aufs griechische Festland nach **Igoumenitsa** (Busanschluß nach Kalambaka/Meteora oder
nach Athen) und auf den Peloponnes nach
Patras (Bahnhof der Peloponnes-Bahn direkt am Hafen). Diese Anreise empfiehlt
sich, wenn man die Ionischen Inseln besuchen will. Die schnellen italienischen Züge
machen eine Überfahrt vom südlichen Zipfel Italiens besonders interessant. Von den
nördlicheren italienischen Häfen (Venedig
oder Ancona) ist die Schiffahrt wesentlich
teurer und länger.
    Mit dem Interrail-Ticket sind die Fähren
der Adriatica und der Hellenic Mediterranean Lines von Brindisi nach Korfu/Igou-
menitsa/Patras kostenlos. Aber man muß
unbedingt 3 Stunden vor Abfahrt des Schiffes die Karte bei der zuständigen Reederei-
agentur im Hafen besorgen bzw. bestätigen
und von der Hafenpolizei abstempeln lassen. Zusätzlich muß eine Hafengebühr von
ca. 12 DM bezahlt werden. Fahrzeiten,
Preise und Bedingungen ändern sich lau-
fend. Im Sommer ist es oft schwierig, kurz-
fristig ein Schiff zu bekommen.
    Venedig–Piräus
    Reedereien: *British Ferries* und
Adriatica, ca. 300 DM. 2 Tage.
    Ancona–Patras, Korfu, Igoumenitsa
35 Stunden
    Karageorgis Lines, ca. 100 DM an Deck,
Pullmansitze ca. 120 DM, Agentur: Hellas-
Touristik.
    Marlines, Deckpassage 67 DM bzw.
88 DM. Im Sommer Weiterfahrt nach Kreta
und Kusadasi in der Westtürkei, Agentur:
IKON
    Minoan Lines, 75 DM bzw. 94 DM an
Deck, Agentur: Seetours International
    Strintzis Lines, 72 DM bzw. 93 DM an
Deck, Agentur: Viamare Seetouristik
    Anek-Lines, 72 DM bzw. 92 DM an
Deck, Agentur: IKON
    Bari–Korfu, Igoumenitsa, Patras
    Ventouris Ferries, Deckpassage 58 DM
bzw. 75 DM, Interrailer 30 Prozent,
Agentur: IKON
    Brindisi–Korfu, Igoumenitsa, Patras
    Anco Line, 80 DM bzw. 120 DM an

Deck, Agentur: Fargo Reisen
Adriatica Lines, 80 DM bzw. 120 DM an
Deck, Agentur: Seetours International, kostenlos für Interrailer
Agapitos Line, 70 DM bzw. 90 DM an
Deck. Agentur: Camacaris-Reisen
Fragline, 68 DM bzw. 120 DM, Agentur:
Hellas-Mittelmeer-Touristik
Hellenic Mediterranean Lines, 78 DM
bzw. 120 DM an Deck, Agentur: Viamare
Seetouristik, kostenlos für Interrailer
Minoan Lines/Strintzis Lines, ab 50 DM
an Deck, Agentur: Seetours International.
Vergina, ab 50 DM
Otranto–Korfu, Igoumenitsa
R-Line, 50 DM bzw. 75 DM an Deck,
Agentur: Isaria
Nach Otranto mit der Bahn bis Lecce
fahren, dort in die Privatbahn umsteigen
(vorher Fahrkarte für ca. 8 DM bis Otranto
lösen).
Eine Übersicht über viele (nicht alle)
Fähren vermittelt das kostenlose Heft
«Fährverbindungen nach Griechenland»
der IKON-Agentur.
Für Teilstrecken gibt es meist keine Ermäßigung. Wer nur bis Korfu oder Igoumenitsa statt bis Patras mitfährt, zahlt fast
immer denselben Preis wie nach Patras. Eine
Unterbrechung ist ohne Aufschlag möglich,
muß aber schon bei der Buchung angegeben
werden, zudem sind die Hafentaxen des zusätzlichen Stopps zu bezahlen. Rückfahrttickets bringen ca. 20 Prozent Ermäßigung.
Alle Fähren bieten Mahlzeiten und zollfreien Einkauf an Bord sowie Sitzmöglichkeiten in Pullmansitzen gegen einen vorher

gebuchten Aufschlag an (ca. 20 DM mehr
als die Fahrt an Deck). Betten in Mehrbettzimmern kosten ca. doppelt soviel wie die
Überfahrt auf Deck.
Wer von Brindisi das Schiff nimmt, sollte
den Nachtzug benutzen, der am späten
Morgen in Brindisi eintrifft. Vom Bahnhof
sind es ca. 1,5 Kilometer zum Hafen, viele
Züge fahren weiter zum Hafen. (In Brindisi ist die Hafenpolizei im letzten Haus im
Corso Garibaldi direkt rechts am Hafen,
Treppen hoch im 1. Stock.) Abfahrt der
Fähren gleich rechts daneben.
In Patras liegt der Bahnhof gleich rechts
vom Hafen, hier fahren die Züge der urigen Peloponnes-Schmalspur-Bahn direkt
nach Korinth–Athen bzw. rund um den gesamten Peloponnes ab.
Mit der Bahn durch
Ungarn/Serbien/Makedonien
Seit dem Krieg im ehemaligen Jugoslawien wurde der Zugverkehr eingeschränkt,
durch die Entspannung der Lage könnten
sich jedoch bald wieder Verbesserungen ergeben. Man sollte bei der Bahn über die
aktuelle Entwicklung nachfragen. Die direkten Züge von München über Salzburg–Villach–Ljubljana–Zagreb–Beograd
erreichen nach ca. 24 Stunden Fahrt Thessaloniki, nach weiteren 7 Stunden Athen.
Auf dem Umweg über Wien–Budapest
dauert die Fahrt ca. 5 Stunden länger. Auf
jeden Fall für die lange Fahrt vorher rechtzeitig Liegewagen (pro Nacht ca. 27 DM)
oder Schlafwagen (pro Nacht in der Kabine
zu dritt mit fließendem Wasser ca. 52 DM)
reservieren.

Unterwegs in Griechenland

Verpflegung

Essen und Trinken sind überall im Land
abseits der touristischen Regionen preiswert, es lohnt sich, essen zu gehen. Oft
sucht sich der Gast sein Essen am Herd
aus, Speisekarten sind nur in Touristengebieten üblich. Das Essen wird sofort serviert, meist ist es nur lauwarm. Üblicherweise essen die Griechen erst am Abend,
so daß man oft bis 19 Uhr auf Tavernen

ausweichen muß. **Griechischer Kaffee** wird
aus kleinen Mokkatassen mit viel Zucker
getrunken (Kaffee eliniko), der Wirt stellt
ein Glas Wasser dazu. Die Kafeneions sind
reine Männersache. Hier wird über Politik
diskutiert, ohne daß sich ein weibliches
Wesen hereinwagt.
Der berühmte **Retsina-Wein** hat durch
das zugefügte Harz (zur Konservierung) einen für Mitteleuropäer ungewohnten Beigeschmack und ist Geschmackssache.

Süßer ist der Samos-Wein, likörartig schon der Mavrodaphne. Berühmt-berüchtigt ist auch der **Ouzo**, ein Anisschnaps, der mit Wasser verdünnt Langzeitwirkung hat.

Übernachten

Es gibt zwar nur wenige Jugendherbergen im Land, doch ist auch das Übernachten in Griechenland noch recht preiswert. Neben unzähligen Hotels in Athen, wo man teilweise immer noch auf dem Dach des Hauses übernachten kann (im Sommer angenehm und preiswert), gibt es unzählige Privatzimmer. Die Vermieter überfallen die Reisenden scharenweise an Bahnhöfen, Schiffsanlegestellen und Busstationen, wobei die Preise für 2 Personen 30 DM kaum übersteigen. Zudem gibt es viele Campingplätze, meist um die 5 DM pro Nacht, oft sind sie aber staubig und bieten zu wenig Schatten. Wildcampen ist streng verboten. Immerhin wurden einige der vielen Waldbrände, die Griechenlands spärliche Vegetation bedrohen, von wilden Trampern ausgelöst. Zudem hinterließen sie viel Schmutz. Daher wird nur im Hochsommer bei belegten Betten das Draußenschlafen von der Polizei toleriert, wenn es auf den Inseln zu Engpässen kommt. Dabei sollte man beachten, daß Wasser überall knapp ist, da es seit Jahren nicht mehr ausreichend geregnet hat. Nacktbaden ist übrigens offiziell auch erlaubt.

Günstige Tickets in Griechenland

Inter Rail Zone G

Auf allen Bahnstrecken des Landes freie Fahrt.

Euro Domino

Freie Fahrt auf Griechenlands Bahnen.

Tage (innerhalb 31)	**3**	**5**	**10**
Jugendliche	90 DM	101 DM	153 DM
Erwachsene	115 DM	153 DM	228 DM
Erwachsene 1. Klasse	170 DM	228 DM	340 DM

Netzkarten

Für 1–5 Personen.
    Freie Fahrt auf allen Bahnstrecken. Nur für die 2. Klasse.

Personen	Geltungsdauer		
Erwachsene oder Kinder	**10 Tage**	**20 Tage**	**30 Tage**
1	100 DM	160 DM	200 DM
2	150 DM	240 DM	300 DM
3	200 DM	300 DM	400 DM
4	220 DM	340 DM	450 DM
5	240 DM	370 DM	480 DM

Normale Fahrkarten

Sehr preisgünstig: 100 km ca. 10 DM, 2. Klasse.

Besonders schöne Bahnstrecken in Griechenland

Die reizvolle Hauptstrecke 23 600 von **Thessaloniki** nach **Athen** führt südlich von Katerini kilometerweit am Meer entlang und überwindet die Gebirge nördlich und südlich von Lianokladion. Bei **Litochoron** gibt es direkt am winzigen Bahnhof Kiesstrände zum Baden, gleich dahinter kann man den Götterberg Olymp erwandern. Schön ist auch die Fahrt mit Schmalspurzügen von **Paleofarsallos** nach **Kalambaka** zu den **Meteora-Klöstern**.

Die zweite Hauptlinie des Landes erschließt im 2-Stunden-Takt von *Thessaloniki* bis **Alexandroupoli** und **Pithion** (23 601) den gesamten Norden Griechenlands. Makedoniens Nordwesten wird von der Bahnlinie von *Thessaloniki* nach **Florina** (23 602) mit reizvollen Mittelgebirgspassagen erschlossen. Die berühmte **Peloponnes-Bahn**, die von Athen und Korinth aus den gesamten Peloponnes umrundet, stellt den Höhepunkt des Bahnfahrens in Griechenland dar. Schmalspurig, hin und her wackelnd erklettert der urige Zug in mächtigen Serpentinen die menschenleeren Gebirgsformationen der Halbinsel. Sie fährt stundenlang an der Küste des saronischen und korinthischen Golfes entlang, passiert im Westen traumhafte Sandstrände und die antiken Stätten von **Olympia** und **Mykene**. In Diakopton zweigt die Zahnradbahn nach Kalavrita ab (Strecken 23 604, 23 605, 23 606).

Ziele in Griechenland

Der Nordosten

Thessaloniki

Bahnknotenpunkt in Nordgriechenland, direkte Züge aus Athen, Istanbul, Beograd, Budapest, Florina.

Information

Im Hauptbahnhof und im Zentrum, in der Aristotelous 8. Kostenlose Stadtpläne.

Verkehr

Der **Bahnhof** liegt nahe am Zentrum, mit Gepäckaufbewahrung, sauberen Toiletten, Duschen, Touristinformation und OTE-Telefonamt. Die Gaststätte ist teuer. **Bahnbusse** (OSE) fahren vor dem Bahnhof ab. Die **Busse** auf die Halbinsel Chalkidike fahren vom anderen Ende der Innenstadt von der Odos Karakassi 68 ab, diese Haltestelle ist vom Bahnhof mit Stadtbus 10 zu erreichen.

Übernachten

CVJM-Hostel nur für Frauen, Agias Sophiastraße 11, Tel. 031/276144, ca. 12 DM, liegt im Zentrum, 1,5 km vom Bahnhof, von der Egnatiastraße 200 m hinter dem Markt Richtung Promenade. **Jugendherberge**, Principos Nicolaoustraße 44, Tel. 031/225946, ca. 12 DM, 2 km vom Bahnhof, Bus 10, Parallelstraße der Egnatia auf der Höhe des Galerius-Bogens. Preiswerte **Hotels** gibt es in den Seitenstraßen der zentralen Egnatiastraße, der Verlängerung der breiten Monastirioustraße, die am Bahnhof entlangführt, und am Aristotelou-Platz zwischen Markt und Promenade, Preise unter 25 DM. **Campingplätze** nur außerhalb Richtung Chalkidike: in **Asprovolta** kurz vor dem Flugplatz, Busverbindung. Ebenso in **Agia Triada**, 20 km entfernt, Bus 72. Viele Interrailer schlafen im Bahnhof.

Essen und Trinken

Der große Markt findet mitten in der Stadt rechts von der Egnatia statt, ca. 1 km vom Bahnhof. Ringsherum gibt es viele preiswerte Lokale, Mahlzeiten unter 12 DM.

Abends treffen sich die Leute an der Promenade rund um den Weißen Turm.

Sehenswertes

Die zweitgrößte Stadt des Landes mit ca. 600 000 Einwohnern liegt an einer Meeresbucht. Nach einem verheerenden Brand Anfang dieses Jahrhunderts neu errichtet, wird das Stadtbild von modernen Häusern bestimmt.

Vom Bahnhof aus geht es auf die breite Egnatiastraße, die sich mitten durch die Innenstadt zieht. In 5 Gehminuten ist man im Zentrum, mit vielen Tavernen, Geschäften und Kafeneions. Folgt man den Straßen rechts der Egnatia, gelangt man zur sehenswerten Promenade am Meer, die sich, großzügig angelegt, am schmutzigen Wasser entlangzieht. Ihr Ende wird vom Wahrzeichen der Stadt, dem **Weißen Turm** aus dem 15. Jahrhundert, gekrönt. Er war Bestandteil einer früheren Stadtmauer, ist 30 Meter hoch und wurde lange von den türkischen Besatzern als Gefängnis und Folterstätte benutzt. Angeblich haben die Türken ihn weiß angestrichen, um ihre blutrünstigen Taten im Inneren des Turms aus der Erinnerung auszulöschen. Rings um den Weißen Turm befinden sich zwei kleine Parks, wo abends die Bevölkerung flaniert. Zwischen der **Hafenpromenade** und der Egnatiastraße, etwa in der Mitte der Stadt, liegt der **Markt**. In der Nähe liegen auch die Post und die Telefonzentrale OTE.

An der Egnatiastraße, auf der Höhe des Weißen Turms, stehen die Überreste des **Galerius-Bogens**, im Jahr 303 vom römischen Imperator Galerius zum Zeichen des Sieges über die Perser errichtet. Auf verschiedenen Abbildungen an der Wand des Galerius-Bogens lassen sich die Schlachtenszenen nachempfinden. Nicht weit hinter dem Bogen stößt man auf die **Rotonda**, das ehemalige Mausoleum des Galerius, das erst zur Kirche, dann zur Moschee wurde. Aus dieser Zeit stammt der **Gebetsturm** (Minarett). Heute befinden sich in der Rotonda ein Museum und eine Kirche. Die Via Egnatia weist auch auf die reiche Geschichte der Stadt hin; denn sie führte schon in vorchristlicher Zeit von Rom nach Konstantinopel. In der Zeit Alexanders des Großen gegründet, wurde Thessaloniki in den Jahrhunderten nach Christus zu Roms östlichem Vorposten. An jene Zeiten erinnert das lohnende **Archäologische Museum** am südlichen Ende des Messegeländes Richtung Meer (täglich außer Di 9–18 Uhr, ca. 6 DM). Es enthält vor allem die Funde aus dem erst vor wenigen Jahren freigelegten *Grab Philipps II.*, des Vaters von Alexander dem Großen, König von Makedonien im 4. Jahrhundert vor Christus. Man sieht sogar die Beinstützen, die er wegen seiner Gehbehinderung brauchte. Folgt man der Uferpromenade in Richtung Südosten, erreicht man nach wenigen Minuten das **Folkloremuseum** in der Vass. Olgastraße, etwa 150 m vom Ufer mit interessanten Modellen typisch griechischer Häuser (kostenloser Eintritt).

Nicht versäumen sollte man den Besuch der **Altstadt** mit kleinen, schmalen Gassen und zum Teil halbverfallenen Häuschen, Resten der alten Stadtmauer und einem sehr schönen Ausblick auf die Neustadt und das Meer (auch Stadtbus 23).

Chalkidike

Busse fast stündlich von Thessaloniki (ca. 10 DM bis Nikitas)

Sehenswertes

Die Halbinsel südöstlich von Thessaloniki mit ihren Fingern Kassandra, Sithonia und der Klosterrepublik Athos weist für griechische Verhältnisse überraschend viel Vegetation auf. Leider gehört sie heute zu den touristischsten Gebieten des Landes.

Kassandra, der westliche Finger der Chalkidike, ist wegen der touristischen Erschließung und der großen Hotelbauten kaum noch zu empfehlen. Lohnend ist allenfalls das kleine **Paliouri** an der äußersten Südostecke mit halb zerstörtem Wald und kleinen Badebuchten *(Campingplatz)*, wo im Sommer viel Betrieb herrscht.

Sithonia, der mittlere Finger, ist fest in der Hand von Campern. Speziell um **Nikitas** im Norden von Sithonia gibt es an mehreren Buchten Bademöglichkeiten abseits der Straße (**Campingplatz** mit Strand; südöstlich vom Ort, dem Weg der Küste entlang, Sandstrand mit *Wildcampen*). Schönste Bucht ist die von **Kalamitsi** im äußersten Südosten (**Campingplatz**, sehr sauber, mit Tennis- und Sportplätzen, viel Betrieb, gleich an der Bushaltestelle, *Wildcamper* übernachten außerhalb).

Den dritten Finger bildet die Mönchsrepublik des **Berges Athos**. Per Bus von Thessaloniki über **Arnea** zu erreichen, das berühmt für seine Weine und die Flokatis ist; die Teppiche werden überall im Ort zum Verkauf angeboten, in den Seitenstraßen kann man älteren Frauen beim Spinnen und Weben zusehen. In **Stagira** steht im Park das Denkmal des Aristoteles, der hier geboren wurde. Nach ca. 3 Stunden Fahrt gelangt man nach **Ouranopoli** am nordwestlichen Ende des Fingers. Gekrönt von einem alten Festungsturm, in dem heute Teppiche hergestellt werden, ist der Ort stark touristisch, hat eine hübsche Promenade am Meer und im südlichen Teil kleine Badebuchten (außerhalb *wilde Camper* im Sommer, Privatzimmer und kleine Hotelpensionen im Ort, ca. 20 DM). In Ouranopoli ist für Frauen Endstation, verwehren die Mönche vom Berg Athos doch weiblichen Wesen den Zutritt. Allerdings veranstalten findige Reeder Schiffstouren von Ouranopoli aus um den Athos mit prächtigem Blick auf die Klöster (Kosten ca. 18 DM). Männer müssen unbedingt vorher zum Ministerium von Makedonien und Thrakien in Thessaloniki (Platia Dikitiriou, Tel. 031/260429) oder zur Kirchenabteilung des griechischen Außenministeriums in Athen (Zalokostastr. 2, Tel. 01/3626894), um dort ein Empfehlungsschreiben der Heimatkirche (beim zuständigen Pfarrer besorgen) vorzulegen. Danach erhält man ein Dokument, das man bei der Einreise auf Athos in Karyes vorlegen muß, und bekommt eine viertägige Besichtigungserlaubnis. Die Schiffe zum Athos fahren im Sommer 2–3mal täglich, sonst nur frühmorgens um 7.30 Uhr von Ouranopoli nach Daphni (2 Stunden Fahrt, ca. 7 DM). Von hier aus geht es per Bus oder Esel hinauf nach **Karyes**, wo sich die Klöster befinden. In Karyes meldet man sich bei der Aufsicht an (Hiera Epistasia,

ca. 8 DM). Die Übernachtung in den Klöstern ist oft kostenlos, man sollte aber einen entsprechenden Betrag spenden. Abends beginnt die klösterliche Ruhezeit, daher sollte man dann nicht mehr unterwegs sein. Auf Athos sollte man das Rauchen unterlassen, «anständig» angezogen sein und beim Fotografieren Rücksicht auf die Mönche nehmen.

Die ersten Klöster auf Athos gehen aufs 10. Jahrhundert zurück. Seit jener Zeit gilt Athos auch als eigenständige Mönchsrepublik. Die meisten Klöster kamen zwischen dem 12. und dem 15. Jahrhundert dazu, heute leiden sie unter dem Mangel an Nachwuchs und Geld. Die wichtigsten Klöster heute sind das **Megistis Lavras** an der Südostküste sowie das relativ moderne **Moni Vatopedou**, dessen Mönche nach freieren Regeln leben als die Mönche der Westküste. Mit Ausnahme des Vatopedou-Klosters richten sich die übrigen nach dem Julianischen Kalender mit anderen Feiertagen und auch anderen Tageszeiten.

Makedonien und Thrakien

Bahnstrecke 23601 Thessaloniki–Drama–Alexandroupoli, 6 Züge täglich pro Richtung, bis Alexandroupoli 7 Stunden Fahrt. Die Strecke richtet sich zuerst nach Norden, um kurz vor der bulgarischen Grenze bei Sidirokastro nach Osten abzubiegen. 2 Züge täglich fahren von Promachon weiter zur bulgarischen Hauptstadt Sofia. Die Fahrt Richtung Türkei führt durch touristisch weitgehend unerschlossene Bergregionen und Küstenebenen des östlichen Makedoniens und Thrakiens. **Serres** liegt unterhalb der Menikio-Berge, gekrönt von der alten Festung über der Stadt. Auf dem Markt in der Altstadt werden die landwirtschaftlichen Produkte der Umgebung angeboten. Auch gibt es ein interessantes Museum mit antiken Funden. **Drama** liegt eine Bahnstunde östlich von Serres, umgeben von weiten Tabakfeldern. Außer der mittelalterlichen Stadtmauer im Zentrum hat die Stadt wenig zu bieten, sie dient hauptsächlich zum Umsteigen in den Bus Richtung **Kavala**, eine hektische Hafenstadt, die man mit dem Bus in 50 Minuten erreicht (auch direkte Busse von Thessaloniki 2 1/2 Stunden Fahrt 15 DM). Preiswerte Tavernen findet man am Eleftherias-Platz, in der Nähe gibt es auch einfache Hotels, mehrere Campingplätze westlich und östlich der Stadt etwa bei Nea Karvali, mit Stadtbussen zu erreichen. Baden kann man an den Sandstränden südwestlich von Kavala. In vielen Straßen Kavalas kündigt sich schon die Türkei an: etwa beim **Imaret**, das sich nahe am Meer als typisch muslimisches Gebäude aus dem türkischen Stadtviertel Panagia heraus erhebt und heute als Altenheim dient. Auch in der Nähe des Eleftherias-Platzes weist ein von den Türken errichtetes Aquädukt aus dem 16. Jahrhundert auf moslemische Zeiten hin. Kennzeichen Kavalas ist die hoch über der Stadt thronende **Festung** (täglich, 10–13 Uhr und 15.30–19 Uhr geöffnet). Südlich vom Berg findet man die Statue des hier geborenen Gründers der letzten ägyptischen Königsdynastie, Mehmet Ali, hoch zu Roß.

Insel Thassos

Mehrere Schiffe täglich von Kavala nach Skala Prinos.

Übernachten

Viele **Campingplätze** auf der Insel.

Sehenswertes

Trotz der vielen Waldbrände in den letzten Jahren ist die Insel von dichter Vegetation geprägt. Zahlreiche Sandstrände machen die ganze Insel zusätzlich reizvoll. Busse erschließen auf der Thassos umrundenden Straße alle Orte und auch ruhigere Buchten im Südwesten und Südosten. Wichtigste Orte sind Thassos-Ort/Limenas im Nordosten, Limenaria im Südwesten und Glifada im Süden. Im Süden und im Landesinneren hat die Insel einsame Bergregionen zu bieten, die zum Wandern locken.

Bahnlinie Drama – Alexandroupoli

Die Überreste des antiken **Philippi** liegen genau in der Mitte zwischen Kavala und Drama beim kleinen Ort **Krinides**. Hier steigt man aus dem häufig verkehrenden Bus aus, um das gut erhaltene römische Theater aus dem 3. Jahrhundert nach Christus östlich der Hauptstraße zu besichtigen. Überreste zweier Kirchen und des Marktplatzes der antiken Stadt findet man östlich und westlich der Hauptstraße, darüber auf einem Hügel ein kleines Museum. Östlich von Drama stößt die Bahnlinie nach Alexandroupoli ins Gebirge vor und erreicht bei Paranesti den berühmten Fluß **Nestos**, der hier aus dem bulgarischen Bergland zur Küstenebene fließt. Die Bahn folgt dem Nestos auf einer schluchtenreichen Tour durch das Massiv der Lekanis-Berge bis zum Ort Toxotes. Der Nestos weist bei seiner Durchquerung Nordostmakedoniens eine für ganz Europa einzigartige Flora und Fauna auf. Südlich von Stavroupolis folgt die Bahn dem Fluß durch menschenleere Regionen, um dann nach Thrakien zu gelangen.

Die nächste größere Stadt **Xanthi** zeigt ein kleines orientalisch-muslimisches Viertel. Sie liegt am Hang eines Berges und lebt von der Verarbeitung des im Umland angebauten Tabaks. Weiter östlich folgt die Hauptstadt Thrakiens, **Komotini**, leider stark von Neubauten geprägt. Reste der alten Burg, Moscheen der vielen muslimischen Einwohner und orthodoxe Kirchen lockern das Stadtzentrum auf, das vom Bahnhof etwa 15 Gehminuten entfernt ist. Nach Komotini verläßt die Bahn das Vorland des Gebirges und erreicht durch die Küstenebene bei **Alexandroupoli** das Meer. Diese schon nahe zur Türkei gelegene Stadt wird meist nur von Rucksacktouristen besucht, die in die Türkei oder auf die nahe Insel Samothraki weiterfahren wollen. Nicht weit vom Bahnhof erstreckt sich eine schöne Uferpromenade mit etlichen Tavernen. Direkt am Bahnhof gibt es ein billiges Hotel (ca. 20 DM), viele schlafen auch am Bahnhof. Etwa 1,5 km westlich der Innenstadt gibt es einen Campingplatz am Meer mit Strand.

Samothraki wird von zwei Schiffen pro Tag von Alexandroupoli aus angelaufen. Die ruhige Insel abseits des Massentourismus ist nur in ihrem Westteil erschlossen, der Rest wird vom rauhen Bergland des 1611 m hohen Fegari-Massivs beherrscht. Der Besuch lohnt sich für alle, die urwüchsige Landschaften entdecken wollen. Mehrere Kiesstrände, ein Campingplatz, preiswertes Essen und Übernachten machen den Aufenthalt in Samothrakis angenehm.

Hinter Alexandroupoli windet sich die Bahn wieder nach Norden, um bei Pithion in die Türkei vorzustoßen. Jede Nacht fährt ein Zug nach Istanbul und wieder zurück (Fahrzeit von Alexandroupoli 9 Stunden, nach der Grenze aus dem einen vollen Wagen in die in der Türkei hinzugefügten leeren Wagen umsteigen).

Der Nordwesten

Strecke 23 602 Thessaloniki–Kozani / Florina bis Edessa, 8 Züge täglich.

Diese Strecke führt in Richtung Athen und biegt bei Platy nach Westen ab, um in ein weitgehend unbekanntes Stück Griechenland vorzustoßen. Bei **Veria** erreicht die Bahn die Ausläufer des über 1800 m hohen Vermion-Gebirges. Die Stadt mit ihren römischen Stadtmauern und einem antiken Museum ist etwas vergammelt. Nach Veria fährt die Bahn an unzähligen Obstbäumen am Fuß des Gebirges entlang. Das nun folgende **Edessa** erhebt sich in prächtig grüner Umgebung am Rand des Gebirges, das das Städtchen auch im heißen Sommer mit Wasser versorgt. Hauptattraktion ist ein Wirrwarr von kleinen Bächen und der große Wasserfall im Norden (einige billige Hotels in der Innenstadt).

Wenige Kilometer westlich von Edessa trifft die Bahn bei **Arnissa** auf den von Touristen weitgehend unbehelligten **Vegoritis-See**, der für seinen Fischreichtum bekannt ist. Außerdem gibt es kilometerlange, von Pflanzen und Schilf gesäumte Badestrände. In *Arnissa* kann man im Sommer außer in Privatzimmern und klei-

nen Hotels auch am Ufer des Sees schlafen. In Amynteon gabelt sich die Strecke nach Norden und Süden. Nach Norden geht es Richtung **Florina** zur makedonischen Grenze, von wo aus man eventuell nach Skopje weiterfahren kann.

Florina lohnt den Besuch. Es liegt am Fuß des bis zu 2180 m hohen Vernon-Gebirges und wird geprägt von einer mächtigen Schlucht, alten Häusern und kleinen Fabrikanlagen. Von Amynteon in den Süden fahren die Züge nach **Kozani**, wo man in den Bus nach Kalambaka zu den Meteora-Klöstern umsteigen kann (2 Stunden reizvolle Hochgebirgsfahrt, 15 DM).

Zentralgriechenland

Hauptstrecke 23 600 Thessaloniki–Athen.

Von Thessaloniki fährt die Bahn durch die makedonische Ebene, um in *Methoni* das Meer zu erreichen (Strände 10 Gehminuten vom Bahnhof, mehrere Privatzimmer, nördlich und südlich vom Ort Campingplätze). In Methoni halten nur langsamere Züge. Weiter südlich, in *Katerini*, stoppen auch die Expreßzüge. Vom 2 km entfernten Busbahnhof fahren alle 2 Stunden Busse nach Litochoron, an dessen Bahnhof nur Lokalzüge halten.

Litochoron und der Olymp

Bahnhof an der Hauptstrecke 23 600, nur wenige Züge halten.

Information

An der Endstation des Busses im Ort, Plan des Olymp.

Übernachten

Jugendherberge, Kosma Doumpioti 2, Tel. 03 52 / 8 13 11 und 8 21 76, ca. 15 DM, ca. 500 m hinter dem großen Platz im Ort Richtung Olymp, dann 20 m nach links, sehr zu empfehlen. Auch viele

Privatzimmer. Viele Interrailer übernachten am Strand oder Bahnhof. In den **Berghütten** auf dem Olymp gibt es im Sommer ein Matratzenlager, Tel. 0352/81800, oft voll. **Campingplätze** am Strand, 3 km vom Bahnhof.

Sehenswertes

Am Bahnhof Litochoron gibt es direkt neben den Schienen kilometerweite Kiesstrände, der Ort ist 4 km entfernt. Litochoron ist der optimale Ausgangspunkt für Wanderungen um und auf den Olymp, der direkt an der Küste fast 3000 m in die Höhe ragt. Der Marsch zum Ort hinauf ist anstrengend, zeitweise fahren Busse, Taxis kosten ca. 8 DM. Die Busse von Katerini fahren hoch nach Litochoron.

Der **Olymp** läßt sich von Litochoron aus in einer landschaftlich unglaublich reizvollen, etwa 2tägigen Wanderung erklimmen. Auf keinen Fall sollte man mit einem Taxi die Dreckpiste bis Prionia hinauffahren. Sonst versäumt man den weitaus schönsten Abschnitt der Wanderung. Von Litochoron aus geht es nämlich direkt in die grüne Schlucht (Vorsicht vor Waldbränden!); erst folgt man dem Bach, dann geht es nach links hoch. Der Weg verläuft auf- und abwärts und führt oft mitten durch den Bach hindurch. Unterwegs kann man in ihm baden oder aus ihm trinken und an einer schattigen Stelle ausruhen. In dieser Gegend sollte man niemals allein laufen. Wer es nicht mehr weiter schafft, kann im rechts über der Schlucht gelegenen, bei einem deutschen Angriff 1944 teilweise zerstörten Kloster Palea Agios Dionysos kostenlos übernachten, sollte aber eine kleine Spende in den Opferkasten tun. Bis zum Kloster sind es ca. 4 Stunden Weg, man erreicht es ca. 1 km nach einer winzigen Kapelle in der Höhle. Etwa 2 km hinter dem Kloster trifft man kurz vor Prionia auf die Autostraße. Hier werden Getränke und kleine Mahlzeiten verkauft, es gibt aber keine Übernachtungsmöglichkeiten. Dann beginnt der eigentliche hochalpine Aufstieg, für den man gutes Schuhwerk, warme Kleidung und einen dicken Schlafsack braucht. Von Prionia läuft man ca. 2–3 Stunden zur Hütte Spilios Agapitos

(2100 m hoch), die ab Mai geöffnet ist. Von dort aus sind es nochmals 2 Stunden bis zu den Olymp-Spitzen Mytikas (2916 m), Skala (2866 m) und Skolio (2910 m).

Südlich vom Olymp

Südlich vom Bahnhof Litochoron folgt der Zug der Küste, die Strände sind aber sehr voll. Ein Halt im von Griechen belegten Leptokaria und Platamonas ist daher kaum zu empfehlen. Südlich davon fährt die Bahn quer durchs antike Tempe (heute: Tembi)-Tal und stößt in die thessalische Ebene mit der uninteressanten Großstadt **Larissa** vor. Weiter südlich führt eine Bahnlinie nach **Volos** (von Larissa aus stündliche Züge, von Paleofarsallos 3 Züge pro Tag). Diese 75000 Einwohner große Stadt enttäuscht bis auf den kleinen Altstadtteil Ano Volos. Hier kommt man nur her, um per Bus zur Halbinsel Pilion oder mit dem Schiff zu den Sporaden-Inseln zu fahren. (In der Hafengegend von Volos mehrere billige Hotels und Privatzimmer.)

Die **Halbinsel Pilion** besteht aus grünen, vegetationsreichen Bergregionen sowie schönen Sandstränden im Westen und Südosten zum Baden. Busse von Volos (Haltestelle beim Hafen) fahren in alle Gegenden des Pilion. Besonders reizvoll sind die Orte im Nordosten, ziehen allerdings viele, meist griechische Touristen an; zum Beispiel **Horefto** (mehrere direkte Busse, 3 Stunden Fahrt von Volos, 5 DM, Campingplatz, teure Hotels und Privatzimmer) oder **Agios Ioannis** (mehrere Busse, 3 Stunden Fahrt, 5 DM, 2 Campingplätze). Die Orte im Westen werden durch das schmutzige Wasser in der Bucht von Volos beeinträchtigt. **Platania** im äußersten Südosten des Pilion dagegen hat sauberes Wasser und weitaus weniger Betrieb als die nördlicheren Regionen zu bieten (Strände außerhalb des Ortes unterhalb der Felsen; 3 Busse pro Tag von Volos, teure Hotels, Privatzimmer, eventuell wild campen). Von Platania fährt ein Schiff in weniger als 40 Minuten zur nahe gelegenen Insel Skiathos (morgens ab Platania).

Sporaden-Inseln

Mehrere Fähren fahren täglich von Volos nach **Skiathos**, **Skopelos**, **Alonissos** (15–25 DM).

Skiathos ist eine grüne Insel mit vielen Pinien und unzähligen Sandstränden. Alle Orte sind mit Bussen gut erschlossen, leiden jedoch wie der Hauptort Skiathos unter dem großen Touristenandrang. Nur im Norden gibt es ruhige, menschenleere Strände (viele Campingplätze überall, auch Wildcampen). *Skopelos* ist weniger stark vom Tourismus erfaßt als Skiathos. Viele Pinien, einige reizvolle Strände im Süden und Bergregionen im Inneren charakterisieren die Insel. Lohnend ist die Busrundfahrt vom Hafenort Loutraki bis zum Hafen des hübschen Hauptortes Skopelos. An den Stränden übernachten im Sommer viele draußen. Schiffe legen in Loutraki und Skopelos-Ort an.

Alonissos ist ruhig und menschenleer, nur um den Hafenort Patitiri herrscht viel Betrieb. Sehenswert ist die alte Inselhauptstadt Alonissos. Auch gibt es einsame Buchten mit Bademöglichkeit, die man per Booten oder zu Fuß erreicht (etwas abgelegener Campingplatz, viele Wildcamper, Privatzimmer sind preiswerter als auf den Nachbarinseln). Nach **Skiros** gelangt man am besten von Euböa aus. Im Zug geht es bis Chalkis (ab Athen alle 2 Stunden) und weiter mit dem Bus ins schöne Kimi im Osten Euböas. Von Kimi fahren täglich 2 Schiffe nach Linaria auf Skiros. Sehr schön ist der Hauptort Skiros, im Nordosten und Nordwesten der Insel gibt es Badestrände, im Süden unerschlossenes, wildes Bergland. Rund um den Hauptort herrscht im Sommer viel Betrieb (3 Campingplätze, Busverbindung).

Meteora-Klöster

Strecke 23603 Paleofarsallos–Kalambaka, 9 Züge täglich pro Richtung. Paleofarsallos liegt an der Hauptstrecke Thessaloniki–Athen, direktes Umsteigen möglich.

Übernachten

Gleich in Bahnhofsnähe in Kalambaka preiswerte **Hotels** wie das **Astoria**, Tel. 0432/22213, 15 DM. **Privatzimmer** werden am Bahnhof und im Ort angeboten. **Campingplätze** beidseits von Kalambaka: **Camping Kastraki**, 1 km vom Bahnhof, liegt unter den Klosterfelsen, oder mit Bus von Kalambaka Richtung Meteora. 2 km weiter zu den Felsen hoch ist der nächste **Campingplatz, Cave Boufidis**. Auch Richtung Trikala, vom Bahnhof Kalambaka ca. 2 km die Strecke zurück, liegt an der Hauptstraße der **Camping International**.

Essen und Trinken

In Kalambaka gibt es unzählige preiswerte Tavernen um den zentralen Platz herum.

Sehenswertes

Der Bahnhof Kalambaka liegt unterhalb der bizarr in den Himmel ragenden Felsen, die die berühmten Klöster tragen. Wegen der einmaligen Landschaft lohnt es unbedingt, hierher zu fahren.

Die Meteora-Klöster wurden auf steilen Felsklötzen errichtet, die, wie ihr Name sagt, «zwischen Himmel und Erde schweben» und so vor Angriffen geschützt sind. Die Entstehung der Felsen erklären Geologen aus der Kraft fließenden Wassers, das vor über 50 Millionen Jahren einem riesigen See entströmte und die Felsen abschliff. Zusätzlich bearbeitete die Winderosion das Felsgestein. Vom 12. Jahrhundert an bauten Mönche 24 verschiedene Klöster auf die Felsen, um hier Gott nahe zu kommen. Mit der Abgeschiedenheit ist es heute vorbei. Dennoch lohnt sich der Besuch sowie die Wanderung auf der Höhenstraße an den Klöstern entlang. Früher wurden Mönche und Nahrungsmittel an Stricken den Berghang hinaufgezogen, heute verbinden schmale Fußgängerbrücken die Klöster mit der Straße.

Von Kalambaka aus fahren alle $1\,^1/_2$ Stunden Busse nach Meteora und weiter zu den Klöstern **Agios Nikolaos** (weniger Betrieb, Besuch lohnt), dann zum **Meteoron Metamorphosis** oder **Megalon Meteoron** (größtes

Kloster, steile Treppen, interessanter Innenbereich mit Museum, sehr touristisch und voll), nicht weit entfernt das **Varlaam-Kloster** mit berühmtem Klosterhospital und Fresken. Weitere Klöster lassen sich von der Höhenstraße aus sehen und besichtigen (**Agios Stefanos** und **Agias Trias**), mit prächtigem Blick auf die Klöster und Meteora. Folgt man der Höhenstraße rund um den ganzen Berg, kommt man nach ca. 3 km wieder nach Kalambaka.

Arme und Beine der Kloster-Besucher müssen bedeckt sein, Frauen einen Rock tragen. Der geringe Eintritt dient den wenigen Mönchen zum Lebensunterhalt.

Der Westen

Von Kalambaka fahren mehrfach täglich Busse in den Westen des Landes, das vom Gebirgsmassiv des Pindos geprägte Epiros. Interessanteste Stadt inmitten der hochalpin anmutenden Gebirgswelt, deren Spitzen bis in den Frühling hinein schneebedeckt sind, ist **Ioannina** mit türkischem Basarrest, einer urigen Altstadt mit engen Gassen und der ehemaligen Moschee sowie einem archäologischen Museum. In den See werden leider die Abwässer der Stadt geleitet. Per Boot kann man die Insel mit 4 Klöstern besuchen, die einen geheimnisvollen Gang aufweisen und im frühen 19. Jahrhundert zur letzten Zufluchtsstätte des türkischen Paschas wurden (Privatzimmer werden angeboten, am See ein Campingplatz).

Von Ioannina fahren Busse weiter in den Westen nach **Igoumenitsa** am Ionischen Meer, wo die Schiffe nach Korfu, Italien und Patras anlegen (etwa 4 Busse täglich, 3 Stunden Fahrt, 18 DM). Igoumenitsa liegt in einer grün umrahmten Meeresbucht, die Umgebung ist von waldreichem Bergland geprägt. Die Stadt lebt vom Hafen mit vielen preisgünstigen Tavernen (ein Campingplatz, Hotels, Privatzimmer, viele Wildcamper in Hafennähe).

Wer in Igoumenitsa nicht das Schiff besteigt, kann per Bus etwa alle 2 Stunden die reizvolle Fahrt nach Süden Richtung **Parga** unternehmen. Kleine Gassen und Blumen prägen die Atmosphäre dieser schön gelegenen Hafenstadt (teure Hotels und Privatzimmer, Campingplätze am Ende des Strandes). Südlich von Parga erreichen die Busse **Preveza**, eine sehr touristische Hafenstadt. Dann geht es weiter nach **Arta** im Landesinneren, einer hübschen Stadt mit wuchtiger Burg und einer alten Steinbrücke. Arta kann auch mit Bussen direkt von Ioannina erreicht werden. Mehrere Busse täglich fahren von Arta nach Athen (25 DM, 7 Stunden). Gegenüber von Patras, in **Andirrio**, kann man aussteigen und mit der Fähre über den Golf von Patras nach **Rion** hinüberfahren, wo die Peloponnesbahn Richtung Athen oder Patras Station macht. (Die Überfahrt mit dem Schiff dauert 15 Minuten, 4 DM; Campingplätze in Andirrio und in Rion). Die Straße, die an der Nordküste des Korinthischen Golfes Richtung Athen weiterführt, stößt nördlich vom kleinen Itea auf Delphi.

Delphi

Busse von Arta oder Patras, von Athen (Abfahrt Liossionstraße, 4 Stunden Fahrt, 30 DM) oder von Levadia an der Bahnstrecke 23 600 Thessaloniki–Athen (4 Busse täglich vom Bahnhof oder der Innenstadt, $1^{1}/_{2}$ Stunden Fahrt, 10 DM). Die Ausflugsbusse sind teurer als Linienbusse.

Übernachten

Jugendherberge, Apollonosstraße 31 im Dorf Delphi, Tel. 02 65/8 22 68, ca. 18 DM, im Sommer voll, sehr sauber. **Hotels** und **Privatzimmer** sind teuer. **Campingplätze** mit schöner Lage mit Blick auf Tal und Meer, ca. 800 m vor dem Ort, Richtung Itea (Bushaltestelle direkt am Platz), **Apollon Camping**, weiter außerhalb weitere Plätze. Wenn man nur einen Tag bleibt, kann man sein Gepäck an der «Delphi-Busstation» abgeben.

Sehenswertes

In wunderschöner Landschaft eröffnet die berühmteste Kultstätte des antiken Griechenland prächtige Ausblicke auf die Umgebung. Die Flut von Autos, Bussen und Touristen von April bis September erfordert allerdings gute Nerven.

Etwa vom 9. bis ins 4. Jahrhundert vor Christus beherbergte das Heiligtum von Delphi das berühmte Orakel, bei dem die Mächtigen der Antike um Rat fragten. Offiziell gaben die Götter durch den Mund der Weissagerin Pythia Auskunft, die Priester übersetzten nur die anderen Menschen unverständliche Sprache. In Wirklichkeit trieben die Verwalter des Heiligtums reale Machtpolitik und häuften in den verschiedenen **Schatzhäusern** riesige Vermögen an.

Einige dieser Schatzhäuser sind heute entlang der antiken Heiligen Straße zu besichtigen, die zum **Apollo-Tempel** (nur noch Überreste) führt. In dessen Innerem war die Pythia tätig. Sie thronte neben einem Loch in den Felsen, aus dem ständig Rauch aufstieg, und stammelte ihre Weissagungen. Über dem Tempel liegt das berühmte **Theater** mit unbeschreiblich schönem Ausblick, der Höhepunkt der Besichtigung. Auf dem Berg über dem Theater befindet sich das antike **Stadion**, in dem jeden Sommer Leichtathletik-Wettkämpfe stattfanden. Es liegt über 640 m hoch, viele Touristen scheuen den Weg. Nicht weit vom Apollo-Tempel entfernt steht das Museum von Delphi mit Funden aus der Kultstätte.

Über dem auffälligen Rundbau des **Tholos** (an der Stelle, wo die Straße abbiegt) sprudelt die sagenumwobene Kastalische Quelle, in deren Wasser sich die Priester wie die Besucher des Orakels reinigen mußten (Eintritt 7 DM, täglich 8–19 Uhr, das Museum ist Di geschlossen, So und im Winter nur mittags geöffnet).

Athen

Endstation der Hautpstrecke von Thessaloniki. Ausgangspunkt der Peloponnes-Schmalspurbahn nach Kalamata.

Information

Links vom Larissa-Bahnhof und in der Nationalbank am Syntagma-Platz, beide 8–20 Uhr, kostenlose Stadtpläne, Zimmerübersicht.

Verkehr

Bahnhöfe in Athen: **Larissa-Bahnhof**/ *Stathmos Larissis*: Züge der Hauptstrecke in den Norden und nach Chalkis/Euböa. Gepäckaufbewahrung, Fahrkarten, Platzreservierung, Geldwechsel, Café. **Peloponnes-Bahnhof**: Er liegt 200 m südlich vom Larissa-Bahnhof. Züge auf den Peloponnes und alle Stunde nach Piräus direkt zum Hafen, kostenlos mit Bahnpässen.

Vom Larissa-Bahnhof in die Innenstadt geht man zu Fuß etwa 15 Minuten zum *Omonia-Platz* in südöstliche Richtung, oder man fährt mit **Bus 1** (gelb) vom Larissa-Bahnhof zum Omonia- oder Syntagma-Platz. Zur **Metro-Station** *Viktoria* sind es 10 Minuten zu Fuß, vom Bahnhof immer geradeaus die Filadelfias-Straße entlang, dann in die Tritis Septemvrou nach links. Die Metro-Station liegt etwas versteckt unter dem Park, per Metro fährt man dann Richtung *Monastiraki*. Die **Metro** verkehrt alle 5 Minuten (von 5 Uhr bis Mitternacht), der Fahrpreis beträgt immer ca. 70 Pfennig. Es gibt nur eine Linie, vom Norden Athens nach Piräus mit den Schiffsanlegestellen. Es verkehrt auch eine große Anzahl an **Bussen**, die die Stadt vollkommen erschließen. Wichtige Linien für das Zentrum sind die Nr. 1 (gelber Bus, verbindet mit dem Hauptbahnhof), der Nr. 3 (verbindet das Zentrum ab der Universität mit dem Norden) und die Nr. 23 (fährt zum Lykavitos-Hügel, blauer Bus). Fahrpreis ca. 70 Pfennig. Kleingeld zum Bezahlen bereithalten, beim Umsteigen neu zahlen. Für **Überlandbusse** gibt es einige wichtige Haltestellen. *Larissa-Bahnhof*: Bahnbusse in den Norden Griechenlands. *Peloponnes-Bahnhof*: Bahnbusse auf den Peloponnes (Bahnbusse sind komfortabler als andere Busse und teurer als die Bahn). *Liossion-Straße 260*: Busse nach Mittelgriechenland (zu erreichen mit Bus 24 ab dem Nationalgarten-Eingang hinter dem Syntagma-Platz). *Kifissou-Straße*: Busse auf den Peloponnes, nach Igoumenitsa, Ioannina, Thessaloniki. Zu erreichen mit Bus 51 ab Vilara-Straße (westlich des Omonia-Platzes). *Mavromateon-Straße*: Busse nach Attika (Umland von Athen), z. B. nach Rafina (Schiffe zu den Kykladen, Andros, Tinos) und Lavrion (Schiffe nach Kea und Kythnos) sowie zum Kap Sounion. Haltestelle in der Nähe des Nationalmuseums.

Schiffe *von Piräus*: Athens Riesenhafen schließt sich im Süden unmittelbar an die Stadt an. Zum Glück liegen die Bahnhöfe der Peloponnes-Bahn (kostenlos) und der Metro (70 Pf) direkt an den Hafenanlagen, so daß man sich den Weg durch die häßlichen Fabrik- und Lagerhallen sparen kann. Die Verkaufsbüros der Fährgesellschaften folgen ca. 150 m links des Bahnhofs. In der Hochsaison sollte man mindestens eine Stunde vor Abfahrt des Schiffes am Hafen sein. Da sich die Fahrpläne für die Schiffe dauernd ändern, am Hafen den genauen neuesten Fahrplan einsehen (oder in Athen im Touristenbüro der EOT am Syntagma-Platz in der Nationalbank).

Übernachten

In Athen zu übernachten ist selbst in der Hauptsaison kein Problem. Schon im Zug von Patras nach Athen und in den Bahnhöfen stürzen sich die Vertreter der Hotels auf ihre potentiellen Kunden. «Guest Houses» sind Hostels, also einfache Hotels ohne Komfort, aber mit Dusche. Bei Überfüllung kann man im Sommer oft billig auf ihrem angenehm kühlen Dach schlafen. Viele Interrailer übernachten auf dem Bahnsteig an Gleis 1 nördlich des Larissa-Bahnhofs. **Hostels** in der Nähe des Larissa-Bahnhofs: **Olympos**, Deligianni-Str. 38, Tel. 01/5223433. Ca. 250 m rechts vom Larissa-Bahnhof. Saubere Zimmer, Dachgarten, ca. 20 DM. **San Remo**, Nisiron-Str. 8, Tel. 01/5833245. Direkt hinter dem «Olympos». Dachgarten. **Athens Connection**, Ioulianou-Str. 20, Tel. 01/8213940. Vom Larissa-Bahnhof durch die Filadelfiasstr., dann in die Ioulianou-Str., ca. 8 Gehminuten. Saubere Zimmer, ca. 20 DM. **Joy's**, Ferron-Str. 38, Tel. 01/8231012. Vom Larissa-Bahnhof durch die Filadelfiasstr., in

die Ioulianou, dann links in die Acharnonstr., ca. 7 Gehminuten. Saubere Zimmer, ca. 20 DM. **Larissiakon**, Filadelfiasstr. 2, Tel. 01/8834751. Direkt vor dem Larissa-Bhf. Sauber, ca. 20 DM. **Diethnes**, Peonioustr. 52, Tel. 01/8832878. Vom Larissa-Bhf. nach links, 2 Minuten, rechts geht die Peonioustr. ab. Sauber, ca. 20 DM. **Alex**, Mezonosstr. 4, Tel. 01/5240657. Vom Larissa-Bhf. die Filadelfiasstr. entlang bis zur Liossionstr., nach rechts bis zum Vathis-Platz. Fußweg etwa 20 Minuten. Ca. 20 DM. **Orpheus**, Chalkokondilistr. 58, Tel. 01/5224996. Direkt hinter dem «Alex». Hotel, ca. 25 DM. **Hostels** *in der Plaka*: **Georges**, Nikis-Straße. Saubere Zimmer, ca. 25 DM. Mehrbettzimmer-Preis pro Bett ca. 15 DM. **Kouros**, Kodrou-Str. 11, Altes Haus, sauber. Ca. 20 DM. Mehrbettzimmer pro Bett ca. 15 DM.

Jugendherberge Athen International, Victor-Hugo-Str. 16, Tel. 01/5234170, 10 Minuten vom Omonia-Platz, 15 DM. **Jugendherberge**, Kypselis-Str. 57, Tel. 01/8225860, 15 DM, liegt außerhalb des Zentrums im Norden vom Omonia-Platz, Bus 2 bis Zakenthou. **CVJM-Hostel**, Amerikis-Str. 11, Tel. 01/3624291, beim Syntagma-Platz, für Frauen und Paare. **Campingplätze** außerhalb der Stadt Richtung Daphni, wo von Juli bis September das große Weinfest gefeiert wird. Der beste Platz ist in Daphni selbst, 12 km von Athen, Busse Nr. 853 und 864 ab Platia Eleftherias.

Essen und Trinken

Der Gemüse-, Obst- und Fleischmarkt lockt morgens bis 13 Uhr mit einem riesigen Angebot in den Hallen an der Athinas-Straße, zwischen Omonia-Platz und Monastiraki. Restaurants und Tavernen gibt es zahlreich in der **Plaka**, zum Teil sind es allerdings Touristenlokale mit stark überhöhten Preisen. Stimmungsvoll sind die Tavernen in den schmalen Gassen der südlichen Plaka mit Terrassen und Gärten zum Draußensitzen. **Souflaki-Stände** bieten Fleischspieße bereits ab 3 DM an. Typisch griechische Tavernen gibt es mitten im Zentrum Athens; in den Hallen des **Fleischmarktes**, links der Athinas-Straße, die vom Omonia zum Monastiraki führt.

Äußerst schmackhaft und preiswert ist auch das Essen in der **Taverne von Konstantin Tasiopoulos** in der Aischilou-straße 12 rechts von der Athinas, kurz vor dem Monastiraki, wie die Fleischmarktta-vernen nur bis ca. 17 Uhr geöffnet.

Weinfest im Vorort Daphni: von Juli bis September kann man hier für ca. 6 DM Eintritt ab 19 Uhr soviel Wein trinken, wie man will. Bus 853, 864 vom Eleftherias-Platz.

Sehenswertes

Die Hauptstadt Griechenlands hat 1 Million Einwohner, innerhalb des Ballungsraumes leben ca. 3,5 Millionen, etwa ein Drittel des ganzen Landes. Im Vergleich zu anderen europäischen Metropolen besitzt die Stadt auf den ersten Blick überraschend wenig Charakter, sie bildet ein riesiges Häusermeer, das von Jahr zu Jahr ins Umland hinauswuchert. Erfüllt vom hektischen, stinkenden Autochaos, schreckt Athen zunächst viele Besucher ab.

Vom Larissa- und Peloponnes-Bahnhof gelangt man in ca. 15 Minuten zum **Omonia-Platz.** Zwischen diesem und dem **Syntagma-Platz** und dem **Monastiraki** befindet sich der wichtigste Teil der Stadt mit unzähligen Geschäften. Folgt man der kerzengerade verlaufenden *Athinas-Straße* zum Monastiraki, über dem weithin sichtbar die Akropolis thront, stößt man auf die Hallen des Fisch-, Fleisch-, Gemüse- und Obstmarktes, die vormittags geöffnet sind. Der *Monastiraki-Platz* (Metro-Station) zu Füßen der Akropolis liegt am Eingang zur **Plaka,** der eigentlichen Altstadt Athens. Die Plaka wurde auf den Trümmern des antiken Athens errichtet. Viele schmale Gassen und Treppen mit kleinen Häusern und unzähligen Restaurants, Tavernen und Souvenirläden ziehen sich den Hang Richtung Akropolis hoch. Man glaubt sich fast in einem typisch griechischen Dorf.

Abends sitzt halb Europa auf den lauschigen Plätzen der Plaka bei aufdringlicher Bouzouki-Musik. Nur ganz oben, dicht unter der Akropolis, gibt es noch urige Gäßchen mit wenig Touristen. Am Monastiraki liegt auch der **Flohmarkt** der Stadt. Da viele Shops auf Touristen einge-stellt sind, sollte man die Preise herunter-handeln. Berühmt sind die vielen Sandalenläden, in denen sich Inselfahrer mit passendem Schuhwerk versorgen können.

Nördlich der Plaka liegt der *Syntagma-Platz,* wo sich exklusive Geschäfte, Regierungsgebäude, Banken und teure Hotels befinden. Hinter dem Syntagma öffnet sich der im Sommer erfrischende *Nationalgarten* mit schattigen Bäumen, Tiergehegen und kleinen Teichen. In nördlicher Richtung erhebt sich der **Lykavitos,** ein steiler Felsen mit einer grellweißen Kapelle auf dem Gipfel. Vom Syntagma-Platz aus läßt er sich in ca. 10 Gehminuten erreichen und über Treppen besteigen oder mit der Bergbahn erklimmen. Von oben hat man eine herrliche Aussicht über die Stadt.

Vom Monastiraki-Platz kann man durch den Flohmarkt zu den Ausgrabungsstätten des antiken Athen gehen. Die **Agora** (Marktplatz) bildete das Zentrum der vorchristlichen Stadt, an der sich alle trafen, miteinander diskutierten und Waren verkauften. Gesäumt wird die Agora vom ehemaligen Rathaus, dem *Buleuterion,* das heute nur noch in Bruchstücken vorhanden ist, vom *Metroion,* einem weitgehend zerstörten ehemaligen Tempel, und **Theseion,** einem dem Hephaistos geweihten Tempel, der als besterhaltener Tempel Griechenlands gilt und aus dem 5. Jahrhundert vor Christus stammt. Die **Attalos-Stoa,** eine prächtig erhaltene Säulenhalle aus dem 2. Jahrhundert vor Christus, wurde 1953 von einem amerikanischen Millionär wieder vollständig aufgebaut. Heute beherbergt sie das Agora-Museum, in dem unzählige Funde ausgestellt sind (Eintritt ca. 3 DM; täglich 9–15 Uhr, sonntags bis 14 Uhr). Von der Agora kommt man zum Hügel des **Areopag,** wo die Gerichtsversammlungen der antiken Stadt stattfanden. Von dort aus bietet sich eine gute Übersicht über das antike und moderne Athen.

Über dem Areopag wiederum thront die stark besuchte *Akropolis,* das Wahrzeichen Athens (Eintritt ca. 7 DM, Jugendliche halber Preis). Seit Jahrtausenden bewohnt, trug die Akropolis (zu deutsch: «hohe Stadt») schon 1300 vor Christus einen großen Palast, der von einem Athene- und Poseidon-Tempel abgelöst wurde. Der Legende nach bemühten sich Athene, die Göttin der Weisheit, und Poseidon, der Gott des Meeres, um die Gunst der Athener und schenkten ihnen jeweils ein ganz besonderes Präsent: Poseidon ließ eine Quelle auf der Akropolis sprudeln, Athene übergab den Ölbaum an die Athener. Der Baum beeindruckte die Menschen so sehr, daß sie Athene zu ihrer Schutzgöttin wählten. Nach der Eroberung und Zerstörung des Tempelbezirks durch die Perser 480 vor Christus ließ Perikles den Parthenon in seiner heutigen Form bauen. Seit dem 19. Jahrhundert versucht der griechische Staat unter internationaler Hilfe, die Bauten der Akropolis zu rekonstruieren. Doch der Autosmog frißt an den antiken Überresten. Sehenswerte Teile der Akropolis sind die Eingangshallen, die Propyläen mit ihren mächtigen Säulen und wuchtigen Deckenbalken, die aus feinstem Marmor gestaltet sind. Daneben steht der Nike-Tempel, der Siegesgöttin Athene geweiht. Mittelpunkt der Akropolis ist der **Parthenon**, der im 17. Jahrhundert von den Venezianern zerstörte Tempel. Er steht heute nur noch als Ruine. Das gesamte Bauwerk besitzt nicht eine einzige gerade Linie, weshalb der Tempel sehr lebendig wirkt. Am südlichen Ende der Akropolis thront das *Erechtheion*, in dem einst mehrere Götter verehrt wurden. Die berühmten Koren, Statuen junger Frauen, bildeten die Säulen des Vordachs. Heute befinden sich an ihrer Stelle Kopien. Die Originale wurden ins Akropolis-Museum gebracht, um sie vor der Zerstörung zu bewahren. Eine Figur wurde von den Engländern «gestohlen», sie steht im Britischen Museum in London, obwohl sich die Griechen seit langem um die Rückgabe bemühen. Das **Akropolis-Museum** (kostenlos für Akropolis-Besucher) beherbergt die sehenswertesten Stücke der Tempel, darunter Teile des Parthenon-Frieses.

Das bedeutendste Museum Athens ist allerdings das **archäologische Nationalmuseum** an der Patission-Straße (ca. 5 Gehminuten nördlich des Omonia-Platzes), das einen Überblick über die gesamte griechische Antike vermittelt. Besonders interessant für Besucher der Insel sind die Funde von Thira (Santorin). Sie wurden bei dem

Ausbruch des Vulkans im 15. Jahrhundert vor Christus verschüttet und blieben über Jahrtausende hinweg erhalten. Die Wandmalereien geben Einblick in eine völlig fremde Kultur (Eintritt ca. 5 DM, täglich außer Montag 9–15 Uhr).

Kykladen-Urlauber interessieren sich gewiß auch für das neue, erst 1986 eröffnete **Kykladen-Museum** in der Neofitou Doukas 4 (nicht weit vom Syntagma-Platz), in dem Funde der kykladischen Kultur aus der Zeit zwischen 3000 vor Christus und der Zeitenwende gezeigt werden. Im **Volkskunst-Museum** in der Plaka (Kidathineonstr. 17) findet man religiöse und handwerkliche Volkskunst aus ganz Griechenland, darunter schöne Schnitzereien und Schmuckstücke. (Täglich außer Montag von 9–14 Uhr.)

Peloponnes

Strecken 23 605 Athen–Patras–Kalamata und 23 606 Athen–Tripolis–Kalamata.

Der Peloponnes läßt sich mit der Schmalspurbahn fast vollständig umrunden. Vom Athener Peloponnes-Bahnhof, einem prächtigen Gebäude 250 m hinter dem Larissa-Bahnhof, fahren die Züge am Saronischen Golf entlang, mit phantastischem Blick auf die Küste (links sitzen, Rucksäcke im Gepäcknetz festbinden und den kleinen «Speisewagen» mit sehr guten Souflaki-Spießchen besuchen). Fast 2 Stunden nach Athen erreicht der Zug den Bahnhof «Istmos» direkt vor dem **Kanal von Korinth**, der den Peloponnes vom Festland abtrennt. Abenteuerlich wird es, wenn der Zug über die kurze Brücke fährt, die den 75 m tiefer gelegenen Kanal überquert. Kurz vor Korinth nähert sich die Strecke dem Golf von Korinth, der rechts neben den Gleisen auftaucht.

Korinth ist heute eine verkehrsreiche, laute Stadt mit teuren Hotels, lohnend ist allein die Uferpromenade (**Campingplatz** ca. 3 km westlich der Stadt, mit Stadtbusverbindung). Lohnender als das neue Korinth ist **Alt-Korinth**, ein großes Dorf am

Fuß des wuchtigen Berges, der die Überreste der mittelalterlichen Befestigungsanlage von Akrokorinth trägt. Neben Alt-Korinth liegen die Überbleibsel der antiken Stadt, zu Zeiten der Römer eine der wichtigsten Metropolen des Ostens. Beeindruckend ist die Aussicht vom 575 m hohen Akrokorinth. (Am Eingang zur Festung gibt es sogar Privatzimmervermietung. Busse nach Alt-Korinth und zu den Ruinen des antiken Korinth fahren stündlich ab Korinth-Innenstadt, an der Haltestelle vom Bahnhof nach links, vierte Querstraße nach rechts bis zur Ermoustraße, ca. 2 DM.) In Korinth teilt sich die Peloponnes-Bahn: Die Nebenlinie 23 606 führt nach Süden durchs Bergland an Mykene vorbei nach Kalamata, die Hauptlinie 23 605 führt nach Westen, über Patras, Pirgos (Olympia) nach Kyparissia–Kalamata. Beide Strecken sind eindrucksvoll und lohnen unbedingt.

Die Hauptlinie folgt dem Golf von Korinth (rechts sitzen, toller Blick auf die Küste), der hier stark verbaut und touristisch (von Athenern) in Beschlag genommen ist. Die reiche Vegetation mit unzähligen Orangenbäumen und blütenreichen Sträuchern ist schön anzusehen.

Erste lohnende Zwischenstation ist **Diakopton**. Von diesem gemütlichen, von Tavernen und Kafeneions umringten Bahnhof fährt die Schmalspurzahnradbahn (23 604) nach **Kalavrita** durch eine enge Schlucht. Die Bahn bewältigt auf nur 23 Kilometern einen Höhenunterschied von 700 Metern. 1 Stunde und 10 Minuten dauert das Vergnügen, Interrail ist gültig. Unterwegs hängt das **Kloster Mega Spileon** am Berg, vom gleichnamigen Bahnhof zu erwandern. *Kalavrita* selbst ist ein hübscher kleiner Ort, der durch den Aufstand Anfang des 19. Jahrhunderts gegen die Türken bekannt ist. Doch erinnert er uns auch noch an ein anderes trauriges Ereignis: Deutsche Soldaten erschossen im Dezember 1943 alle männlichen Einwohner des Ortes. Kinder und Frauen sperrten sie in die Dorfkirche und steckten sie in Brand. Nur durch die Mitleidstat eines Soldaten konnten sie entkommen. Heute erinnern die Wand vor dem Bahnhof sowie die Gedenkstätte 500 m vom Ort an den deutschen Terror. Fährt man weiter von Diakopton die Küste entlang, erreicht der Zug das Städtchen **Rion**, wo an der schmalsten Stelle des Golfes von Korinth eine Fähre nach Andirrio aufs Festland hinüberfährt (Schiffe alle Stunde, 15 Minuten Fahrt, 5 DM. Drüben Weiterfahrt mit Bussen nach Igoumenitsa, Ioannina oder Delphi, **Campingplatz** nicht weit vom Hafen).

Patras

Strecke 23 605 Athen–Pirgos–Kalamata, 9 Züge täglich nach / von Athen. Fähren von Brindisi, Igoumenitsa, Korfu.

Information

Am Hafen und beim Bahnhof.

Verkehr

Bahnhof und Abfahrtsstelle der **Fähren** liegen nahe beieinander, den Gleisen ca. 200 m folgen, dann durch die Hafenanlagen durchlaufen.

Übernachten

Jugendherberge, Heroon Polytechniou-str. 68, Tel. 061 / 42 72 78, ca. 1 km nördlich vom Bahnhof, der Hafenstraße folgen. **Hotels** sind teuer, nicht unter 25 DM. Bester **Campingplatz** in Rion (siehe oben), in Patras selbst 2 Plätze am Meer, 2 km östlich. Viele Interrailer schlafen am Bahnhof, es besteht aber Diebstahlgefahr.

Sehenswertes

Die 130 000-Einwohner-Stadt wirkt nicht einladend. Unten an der Küste gibt es unzählige Büros für Schiffstickets, Cafés, Restaurants, Läden und viel Hektik. Dahinter stehen moderne Häuser ohne Flair. Lohnend wegen des tollen Ausblicks ist die **Venezianische Festung** über der Stadt, vom Bahnhof über die Agios-Nikolaou-Straße zu erreichen. Unterhalb der Burg sieht man über dem Georgiouplatz das römische Odeon, ein noch heute funktionierendes Theater. Berühmtestes Weingut des Peloponnes ist das von einem Deutschen gegründete Achaia-Clauss, ca. 7 km südlich von Patras romantisch über der Küste gelegen, mit kostenloser Führung und Weinproben. Die Badestrände westlich von Patras sind sehr voll, man geht besser in Richtung Kato Achaia.

Südwestlich von Patras, Strecke 23 605 Athen–Patras–Kalamata liegt der Bahnhof von **Kato Achaia**. Hier gibt es den empfehlenswerten **Campingplatz Kato Alissos**, die Bahnhofsbeamten rufen am Platz an, man wird kostenlos abgeholt. Sonst folgt man der Straße entlang der Bahnlinie in Richtung Patras, biegt nach 500 m nach links ab und geht über Bahn und Obstbaumfelder. 2 km westlich von Kato Achaia liegt noch ein **Campingplatz**.

Weiter im Süden zweigt im kleinen Kavasila die Nebenstrecke nach **Killini** ab (6 Züge täglich, 30 Minuten Fahrt). Killini ist ein enttäuschender Hafenort mit wenigen Häusern, wo die Schiffe zur Insel **Zakynthos** abfahren.

Interessanter wegen seiner langen Sandstrände ist das wenige km südlich gelegene **Loutra Killinis**, ein schöner Kurort mit Kiefernwäldern und 2 großen **Campingplätzen** außerhalb, allerdings sehr touristisch. Ruhiger als in Loutra Killinis ist es an den Stränden direkt an der Bahnlinie südlich von **Pirgos** (siehe unten).

Die Bahn erreicht in *Pirgos* die nächste größere Stadt, typisch griechisch, hektisch und kaum zu empfehlen. Hier zweigt die Strecke nach **Katakolon** ab, einem hübschen Hafenort mit Sandstränden und etlichen griechischen Touristen (5 Züge je Tag, 25 Minuten Fahrt).

Olympia und Süd-Peloponnes

Strecke 23 605 Athen–Patras–Pirgos. Nebenstrecke von Pirgos, 5 Züge täglich, 35 Minuten Fahrt.

Übernachten

Jugendherberge, Prayitelous-Kondylistraße 18, Tel. 06 24/2 25 80, mitten im Ort an der Hauptstraße, 100 m vom Bahnhof, 15 DM. Viele **Hotels**, aber nichts

unter 25 DM. **Privatzimmer** werden am Bahnhof angeboten. **Campingplatz Diana**, Tel. 06 24/2 23 14, 400 m vom Bahnhof, schattig, etwas über der Stadt, mit Terrassen und Swimmingpool. **Camping Alfios**, 1 km oberhalb der Stadt, Abholung vom Bahnhof, saubere Duschen, Swimmingpool, weniger Schatten. **Camping Olympia**, vorm Ort Richtung Pirgos, schattig, mit Swimmingpool.

Sehenswertes

Olympia ist wegen seiner **antiken Ausgrabungen** *das lohnendste Ziel* auf dem Peloponnes. Im Sommer ist das Städtchen wie das Ausgrabungsgelände samt Museum total überlaufen, man sollte die Anlage schon frühmorgens aufsuchen.

Olympia ist der Ursprungsort der Olympischen Spiele. Seit 776 vor Christus nahmen Kämpfer aus dem ganzen Land an den Wettbewerben in Olympia teil. Damals wurden die Spiele aus Ehrerbietung vor den Göttern veranstaltet. Niemand durfte während dieser Zeit kämpfen, alles war reine Männersache. Unter dem Einfluß des Christentums wurden die Spiele verboten: Erst 1766 wurden die Ruinen Olympias unter einem Flußbett wiederentdeckt. Inzwischen wurde in dem weitläufigen Ausgrabungsgelände mitten in traumhaft schöner Landschaft vieles freigelegt: das **Gymnasion**, in dem die Sportler vor Beginn der Spiele trainierten, das **Prytaneion**, in dem die Sieger der Kämpfe ihre Festmahlzeit einnahmen, und die **Palästra** mit einem großen Hof für die Ringkämpfer. Im südlich anschließenden **Theokoleon** waren die Priester zu Hause. Es folgen Überreste der Werkstatt des Bildhauers **Phidias**, der hier 438 vor Christus die große Statue des Zeus aus Elfenbein und Gold schuf. Westlich folgten griechische Bäder, ein Schwimmbecken samt Thermen und römische Gästehäuser. Auf dem riesigen Areal südlich der Werkstatt sind die Reste des **Leonidaion** zu sehen, einst Herberge für besonders bedeutende Gäste der Spiele. An den Außenseiten standen 138 ionische Säulen, deren Stümpfe noch zu erkennen sind.

Die zentralen Bauten Olympias befanden sich jedoch weiter östlich und waren durch ein römisches Tor zu erreichen, das in die westliche Außenmauer um den heiligen Bezirk, die **Altis**, eingelassen war. Zentrum des heiligen Bezirks mit griechischer und römischer Mauer war der gewaltige **Zeus-Tempel** von 456 vor Christus: 64 m lang und 27 m breit. Auf dem dreistufigen Unterbau standen 13 mal 6 Säulen mit je 10,53 m Höhe und einem Durchmesser von 2,23 m. Das Dach war aus dem Marmor der Insel Paros gefertigt, an ihm prangten 102 Löwenkopf-Wasserspeier. Im 6. Jahrhundert nach Christus wurde der Tempel bei einem Erdbeben stark zerstört, Teile der Säulen ließ man liegen. Schmuckstücke des **Museums** sind die Skulpturen des Ostgiebels: Man erkennt den Start des berühmten Wagenrennens, bei dem König Oinomaos sein Leben verlieren wird, neben ihm seine Frau Sterope, in der Mitte den wuchtigen Zeus, Pelops, den Herausforderer, und Hippodameia, Oinomaos' Tochter und Pelops zukünftige Frau. Im Inneren war der Tempel unterteilt in Cella, Pronaos und Opisthodom. In der Cella befand sich die Zeus-Statue des Phidias. Sie war 12 m hoch und zeigte Zeus, geschmückt mit Gold und Elfenbein, auf einem Thron sitzend. Die Statue zählte zu den 7 Weltwundern, wurde im 4. Jahrhundert nach Christus vom römischen Kaiser geraubt und nach Konstantinopel gebracht und später zerstört. Nördlich vom Pelopion, einem kleinen Hain, folgt das am besten erhaltene Gebäude Olympias, das **Heraion**, ein Tempel für die Göttin Hera aus der ältesten Epoche Olympias.

Vom *Zeus-Altar* ist nur noch eine Steinansammlung übriggeblieben. Nördlich lagen einige Stufen höher der *Schatzhäuser* griechischer Städte und Staaten, in denen sie alles Nötige für die Spiele aufbewahrten. Direkt unterhalb der Schatzhäuser stehen die Zanes-Basen, Steinsockel, die früher Zeus-Statuen trugen. Diese Statuen wurden durch Strafgelder von Sportlern finanziert, die versucht hatten, mit unerlaubten Mitteln zu olympischen Ehren zu gelangen. Zwischen der Echohalle und den Schatzhäusern lag der schmale Eingang zum tiefer liegenden **Stadion**, das erst 1962 von deutschen Archäologen freigelegt wurde. Es liegt in einer Senke, von dichtem

Grün umgeben, und zeigt deutlich die antiken Startpunkte und Zielstriche der Athleten. Bis zu 48 000 Zuschauer sollen auf den Hängen ums Stadion Platz gefunden haben. Das Stadion ist einer der besterhaltenen Teile der Ausgrabungen.

Unbedingt ansehen sollte man sich das Museum auf der anderen Seite der Straße mit den schönsten Funden und einem Modell der antiken Stätte. Die Räume des Museums sind nach der jeweiligen historischen Epoche gegliedert, es gibt Räume für prähistorische, archaische und frühklassische, hellenistische, römische Stücke, auch einen Saal für den Zeus-Tempel und die Olympiade selbst. Beeindruckendstes Exponat ist die Statue des Hermes, von Praxiteles um 350 vor Christus geschaffen (8–18 Uhr, Di erst ab 12 Uhr, ca. 8 DM).

Südlich von Pirgos *Bahnstrecke Pirgos–Kalamata* (23 605) begleiten die Bahnlinie menschenleere Sandstrände, die schönsten des Landes, wo im Sommer wild gecampt wird. Es lohnt, in **Loutra Kaiafa** auszusteigen, einem Heilbad mit schwefligen Thermen, das auf einer Insel im Lagunensee gelegen ist. Südlich sind lange Dünensandstrände, wo auch im Sommer nicht viel los ist. Besonders empfehlenswert sind die Strände bei **Tholo** (**Campingplatz** in der Nähe des Bahnhofs).

Von **Kiparissia** mit mächtiger Festung und schönen Stränden (**Campingplatz Chani**) stoßen die Züge wieder nach Norden vor, um in Kalo Nero ins Gebirge hochzufahren. Sie winden sich mühsam über einen langen Paß mit schöner Aussicht. In Zevgolatio erreicht die Bahn die Abzweigung nach Tripolis–Korinth. Jetzt führt die Strecke abwärts, bis sie Kalamata an der Südküste des Peloponnes erreicht.

Kalamata ist wenig attraktiv, gezeichnet vom schweren Erdbeben, das 1986 verheerende Verwüstungen anrichtete. (Billige Tavernen und Pensionen, **Nevada Pension**, Tel. 07 21/8 24 29, Odos Santarosa 9, 20 DM, liegen direkt am Hafen, rechts bis zum Park laufen, ihn durchqueren. **Campingplätze** am Stadtrand am Meer, Bus 1 zum **Camping Patista**, 3 km vom Bahnhof.) In Kalamata fahren die Busse auf die Halbinsel **Mani**, jene wilde Halbinsel im Süden des Peloponnes, die die Türken aufgrund der Wehrhaftigkeit ihrer Bewohner nie eroben konnten (3 Busse täglich nach Areopolis und Pirgos Dirou).

Der wichtigste Ort von Mani, **Areopolis**, hat 700 Einwohner, schmale Gassen zwischen teilweise verfallenen Turmhäusern und winzige Kirchen, leider auch etliche moderne Gebäude. In Areopolis treffen die Straßen von Githion und Kalamata aufeinander, Busse fahren in beide Städte (Privatzimmer, 2 Pensionen, ca. 20 DM. Die Wohntürme im Ort, die vermietet werden, kosten ca. 50 DM pro Nacht fürs DZ und sind lange ausgebucht). In den Süden fährt nur noch 1 Bus pro Tag, nach Gerolimin und Vathia. Südlich von Areopolis findet sich die wichtigste Touristenattraktion von Mani, die **Höhlen von Pirgos Dirou**. Im Sommer fahren Busse direkt zum Eingang der Glifada-Höhle, sonst steigt man in Pirgos aus und läuft 25 Minuten die Straße zur Küste hinunter. In schmalen Booten fährt man durch die mehrere Kilometer langen Gänge, die nur teilweise erforscht sind. Das Kalkgestein ist wasserdurchlässig. In einem großen unterirdischen See sammelte es sich, formte dabei die Höhlen mit unzähligen Stalagmiten und Stalaktiten. Die Boote winden sich durch die engen, beleuchteten Gänge und zeigen eine eigentümlich stille Untertagewelt. Die Wassertiefe reicht bis zu mehreren hundert Metern, der Pegel steigt und fällt je nach Wetterlage. Oft muß man den Kopf einziehen, um nicht an die Decke zu stoßen. Etwa 500 m im Berg wurde durch eine Sprengung eine Verbindung zwischen 2 Höhlen hergestellt, so daß die Boote einen anderen Rückweg nehmen können. In manchen Höhlen wurden Tier- und Menschenknochen gefunden, auch gibt es Hinweise auf eine prähistorische Besiedlung, wie in der Alepotrypa-Höhle, die für Besucher nicht geöffnet ist. Im Sommer herrscht großer Andrang, man wartet lange, bis man mit der zugeteilten Nummer aufgerufen wird (Eintritt 8–17 Uhr, 12 DM, morgens ist es leerer. **Privatzimmer** in Pirgos). An der Küste gibt es kleine Strände zum Baden, die aber nur über steile Wege zu erreichen sind.

Auf der *Strecke 23 606 von Kalamata nach Korinth* windet sich die Bahn den inneren gebirgigen Peloponnes hoch. Der Abstecher nach Megalopolis lohnt nicht. **Tripolis** ist eine hektische Stadt, in der man nur in die Busse nach **Sparta** umsteigen sollte (6mal täglich). Sparta läßt sich zudem 3mal täglich mit Bussen aus Kalamata erreichen, die übers 2400 m hohe Taygetos-Gebirge fahren. (In Tripolis fahren die Busse nach Sparta von der Vasilios-Olgas-Straße nahe dem Kolokotroni-Platz ab, vom Bahnhof aus folgt man 100 m den Schienen Richtung Kalamata, dann läuft man durch die Vasilios-Olgas-Straße, die über die Schienen führt, bis ans andere Ende. Links ist die Haltestelle, die Tickets gibt es in der Konditorei nebenan.)

Sparta selbst besteht aus einfachen Betonhäusern, doch nur 5 km entfernt (alle 90 Minuten Pendelbusse) befindet sich die schöne mittelalterliche Klosterstadt Mistras. Sparta war in der Antike bekannt als Gegenspielerin Athens. Als kleine Siedlung gelang es den Einwohnern nur durch «spartanische», also sehr disziplinierte Lebenshaltung und eine harte militärische Schulung, zu äußerster Machtentfaltung zu gelangen. So besiegten sie 404 vor Christus das mächtige Athen.

Mistras

Busse von Sparta alle 90 Minuten, zur Bushaltestelle geht man vom großen Busbahnhof aus durch die palmenbestandene Hauptstraße nach links, an der 2. Querstraße nach rechts den Hügel hoch, am großen Platz vorbei bis zur 3. Querstraße. Hier findet man links an der Ecke das entsprechende Schild.

Übernachten

In Mistras gibt es nur ein **Hotel**, ca. 30 DM, 2 **Campingplätze**, einer unterhalb der Klosterstadt, schattig, auch Zimmervermietung, der andere Platz ca. 3 km von den Ruinen an der Straße nach Sparta, schattig, Tel. 07 31 / 2 27 24. **Pension Cecil** in Sparta, Tel. 07 31 / 2 49 90, 20 DM, am nördlichen Ende der Hauptstraße.ʼ

Sehenswertes

In Mistras fahren die Busse zuerst ins Dorf zum großen Platz mit Tavernen unter den großen schattigen Bäumen. Nächster Stopp ist der Parkplatz, der 500 m vom Haupteingang der **Klosterstadt** entfernt liegt. Die Rucksäcke werden von den Pförtnern kostenlos aufbewahrt (Eintritt täglich, 8–17 Uhr, 7 DM).

Mistras war vom 13. bis ins 16. Jahrhundert eine blühende Intellektuellenstadt. Unzählige Künstler, Philosophen und Geistliche lebten hier in Klöstern und Palästen. Auch wenn heute die meisten Gebäude verfallen sind, läßt sich die Faszination der alten Stadt noch erahnen, so beeindruckend sind Lage und Anmut der übriggebliebenen Gebäude, zumeist byzantinische Kirchen und Klöster. Die Zerstörung von Mistras erfolgte im Freiheitskampf der Griechen gegen die Türken, die die Stadt über 200 Jahre besetzt hielten.

Vom Haupteingang (unbedingt hier eintreten, nicht oben) kommt man oberhalb zur **Mitropolis**, der Kirche des Bischofs aus dem 13. Jahrhundert. Man kann mehrere Wandgemälde erkennen, die biblische Szenen darstellen. Oberhalb steht die Kirche Evangelistria, dahinter sind die Mauern eines Klosters und 2 Kirchen, unter denen die **Aphendiko-Kapelle** aufgrund ihrer anmutigen Form und Fresken herausragt. Weiter oberhalb gelangt man durch das *Monemvasia-Tor* in den oberen Teil der Stadt, wo sich der *Kleine Palast*, der *Despoten-Palast*, die *Türkischen Bäder*, die Kirche *Agia Sophia* und das *Nauplia-Tor* befinden. Unterhalb der *Agios Nikolaos-Kirche* entdeckten wir in einer Ruine Ansammlungen menschlicher Gebeine.

Weiter im Süden der Anlage liegt das *Pantanassa-Kloster* mit einem romantischen, von Blumen geschmückten Hof und der erhöhten Kirche, heute noch von wenigen Nonnen bewohnt (kostenfreier Eintritt in entsprechender Kleidung). Weiter im Süden ist das Perivleptos-Kloster mit der kleinen Agios-Georgios-Kirche. Hoch über der Stadt thronen die Reste einer **Festung**, die einen unbeschreiblichen Blick über das Eurotas-Tal um Sparta und das Taygetos-Gebirge eröffnet. Die Festung ließ der fränkische Kreuzugsritter Villehardouin im 13. Jahrhundert errichten, ab Mitte des 14. Jahrhunderts herrschten byzantinische Königsverwandte in Mistras, Despoten genannt, unter denen es zur kulturellen Blüte kam. Hier in der Mitropolis-Kirche und nicht in Istanbul wurde der letzte Kaiser von Byzanz gekrönt.

Von *Tripolis* (Bahnstrecke 23606) fährt der Zug in weit geschwungenen Serpentinen hinunter an die Küste bei **Myloi**. Der Bahnhof liegt direkt am Meer mit schattigem **Campingplatz** nebenan. In Argos zweigt die wiedereröffnete Bahnstrecke nach **Nafplion** ab, einem angenehmen Touristenort direkt am Meer. Die Altstadtgassen werden vor einer wuchtigen Festung überragt, die sich auf steilen Treppen erklimmen läßt und einen phantastischen Ausblick bietet. Vor dem Hafen liegt die kleine Festungsinsel Bourtzi (**Jugendherberge** in Nafplion, Synikismos Neon Vyzantion, Argonauton 15, Tel. 0752/27754, in der wenig schönen Neustadt, 14 DM. **Pension Epidauros**, Kokkinou 2, Tel. 0752/27541. **2 Campingplätze** und guter Badestrand, aber viel Touristenrummel im 10 km südlicheren Tholo, mehrere Busse täglich von Nafplion). Im 19. Jahrhundert war Nafplion zeitweise die Hauptstadt Griechenlands. Unbedingt lohnend ist die Tour nach **Epidauros** mit dem großartigen **2100 Jahre alten Theater**, 4 Busse täglich, 1 Stunde Fahrt, 6 DM. (Viele übernachten nahe am Ausgrabungsgelände im Freien; **Pension Koronis** im nahen Ligourio, Tel. 0752/22267, 20 DM, Bus hält.) Von Epidauros fährt mittags um 14 Uhr auch ein Bus quer durchs Gebirge nach Galatas vor der Insel Poros.

Mykene

Strecke 23606 Tripolis–Korinth.

Übernachten

Hostel, Odos Ifigenias, Tel. 0751/66224, 20 DM. **Campingplatz Atreus**, am Eingang zum Dorf. **Camping Mykenai**, schattig, im Dorf.

Sehenswertes

Nördlich von Argos liegt der kleine Bahnhof von Mykene, der 3 km von der Ausgrabungsfläche entfernt ist. Etwa alle 90 Minuten fahren Busse von Nafplion–Argos zur antiken Stätte und halten nicht am Bahnhof Mykene, sondern an der Stelle, wo die Verbindungsstraße (die Allee) nach Mykene von der Hauptstraße abzweigt, halbrechts vorm Bahnhof. Läuft man zu Fuß, kürzt man die Strecke etwas ab, wenn man die Allee Richtung Mykene geht und kurz vor dem Ort mit schrecklichem Rummel links in den Feldweg abbiegt, um nach ca. 1 km scharf nach rechts in den Sattel hochzulaufen. Die berühmte, **3200 Jahre alte Burg** wurde von Heinrich Schliemann ausgegraben. Bis ins 15. Jahrhundert vor Christus hinein waren die Minoer auf Kreta Herrscher über das südliche Europa. Im 15. Jahrhundert wurde der Handel im Mittelmeerraum von einer neuen Kultur übernommen, die wir nach ihrem wohl wichtigsten Zentrum die mykenische nennen. Aus der Glanzzeit dieser Kultur von 1500 bis ca. 1200 vor Christus stammt die Burg des Agamemnon in Mykene.

Heinrich Schliemann, der deutsche Archäologe, der durch die Entdeckung und Freilegung Trojas weltberühmt geworden war, kam 1875 nach Mykene. Er orientierte sich an Homer und den Schilderungen des griechischen Reiseschriftstellers Pausanias, der im 2. Jahrhundert nach Christus Mykene besichtigt und davon berichtet hatte. Schliemann hatte Erfolg: Er legte mehrere Königsgräber innerhalb der vorderen Burg frei, viele davon mit wertvollen Grabbeigaben wie einer vergoldeten Totenmaske. Allerdings handelt es sich dabei nicht um die Totenmaske Agamemnons, sondern um die eines Königs 300 Jahre vor Lebzeiten des legendären Agamemnon. Die Grabbeigaben zeigen eine unglaubliche Kunstfertigkeit in der Metallverarbeitung und der Darstellung von Menschen und Tieren.

Der Eintritt in die Burg erfolgt durch das berühmte **Löwentor**, das nach den beiden Steinlöwen über dem Türrahmen benannt wurde. Wenige Schritte dahinter erreicht man den Kreis der Gräber, die von Schliemann ausgegraben wurden. Sie stammen alle aus dem 16. Jahrhundert vor Christus und enthielten die erwähnten Grabbeigaben. Südlich des Gräberkreises liegen die Fundamente des «Hauses der Kriegsvase», das nach dem Fund einer wertvollen Vase benannt wurde. Mitten im Zentrum der Burg liegen die Überreste des Palastes. Wichtigster Teil ist das Megaron, in dessen Mitte die Überreste des großen Herdes erhalten blieben. Um den Herd herum gruppierten sich 4 Holzsäulen, deren Fundamente noch zu sehen sind. Dieser Raum diente als Aufenthaltsraum des Herrschers, hier wurde er auch gekrönt.

Weiter im Norden der Burg liegt das Nordtor, im Stil des Löwentors gebaut, daran schließt sich das Säulenhaus an, ein größeres Gebäude mit einem von Säulen umgebenen Hof und einer großen Wohnung. Ganz oben im Nordosten der Anlage lag das Wasserreservoir der Burg, in das man mit eigener Taschenlampe hinuntersteigen kann. Am besten tastet man sich an den Wänden entlang, der Boden ist relativ eben.

Außerhalb der Burganlage befindet sich schräg gegenüber vom Ausgang beim Löwentor das **Löwengrab** mit einer großen Grabkammer. Etwa 500 m südlich, westlich der Zufahrtsstraße zur Burg, liegt das **Schatzhaus des Atreus**, im 13. Jahrhundert vor Christus errichtet, wo auch das Grab Agamemnons vermutet wird. Es war jedoch längst geplündert, als man es entdeckte. Das Schatzhaus wurde aus gewaltigen Steinklötzen erbaut, der Eingangsfelsen ist fast 10 m lang und etwa 5 m breit. Wie er von den Erbauern hierher transportiert wurde, ist unbekannt. Das Ausgrabungsgelände von Mykene liegt in einem zur Burg hin auslaufenden Tal. Von oben hat man eine schöne Aussicht auf die argolische Ebene bis hin zum Golf bei Nafplion. Störend ist nur der Touristenbetrieb mit Andenkenläden (täglich 8–17 Uhr, 8 DM). Im Vergleich mit Olympia oder Epidauros enttäuscht Mykene den Laien.

Griechische Inseln

Für die meisten Griechenlandurlauber sind die Inseln der Kykladen mit ihren kahlen Felsgebirgen, kalkweißen Häuschen und weißblauen Kapellen zum Symbol Griechenlands geworden. Kein Wunder, daß die mitten in der Ägäis gelegene Inselgruppe zum begehrten Reiseziel wurde und im Hochsommer in einer Flut von Touristen erstickt.

Von Athens Hafen Piräus fahren im Sommer mehrere Schiffe täglich auf die Hauptinseln, eine Fähre pro Tag auf die kleineren Inseln. In der Nebensaison verkehrt oft nur eine Fähre täglich auf die großen und 1 bis 2 Fähren pro Woche auf die kleinen Inseln. Die Preise liegen zwischen 10 und 30 DM, für Interrailer gibt es keine Ermäßigung.

Serifos

Von Piräus 5 Stunden, 18 DM.
Die Westkyklade bietet mit ihrem Hauptort einen traumhaft schönen Anblick. Schöne Strände und tolle Gebirgspartien kennzeichnen das Eiland. Der Sandstrand Psili Ammos liegt 2 km vom Hafen. Im Sommer ist wildes Campen am Strand üblich.

Sifnos

Von Piräus 6 Stunden, 20 DM.
Landschaftlich sehr reizvolle Insel mit fruchtbaren Gärten, vielen Kirchen und Klöstern und kleinen, weißen Dörfern, die durch autofreie Treppenwege miteinander verbunden sind. Im Süden sind schöne Sandstrände. Vom Hafenort Kamares geht man die Straße zu Fuß hoch oder fährt mit Bus 3 km zum schönen Hauptort Apolonia, der mit dem leuchtend weißen Artemonas zusammengewachsen ist. Schöne Strände findet man bei Faros, Plati Gialos und Vathi. Wildes Campen am Strand in Kamares ist im Sommer üblich.

Milos

Von Piräus 7 Stunden, 25 DM.
Vom intensiven Bergbau gezeichnet, ist die Insel noch nicht so touristisch. Die schönen Dörfer Tripiti und Plaka liegen hoch über dem Meer. Unterhalb liegen Grabstätten (Katakomben) aus frühchristlicher Zeit sowie unzählige römische Scherben neben dem antiken Theater. Hier wurde die berühmte Venus von Milo gefunden, die Aphroditestatue, die heute im Louvre zu sehen ist. Übernachten am Strand des Hafenortes Adamas ist üblich.

Tinos

Von Rafina 4 Stunden, 18 DM. Bus von Athen nach Rafina, 45 Minuten.
Die Wallfahrtsinsel wird von vielen Griechen besucht, ihr Ziel ist die Wallfahrtskirche Evangelistria in Tinos-Ort. Strände gibt es im Süden und im gebirgig-einsamen Norden der Insel (Campingplatz in Hafennähe).

Mykonos

Von Piräus 6 Stunden, 25 DM.
Das absolute Urlaubsparadies der Ägäis, tolle Strände, ein sehr schöner Hauptort wie aus dem Bilderbuch, ein Schickeriatreff mit Schwulenstrand. Die Nächte werden zum Tag, die Gassen sind voller Menschen. Dennoch hat sich Mykonos seine Eigenart und Schönheit bewahrt. Übernachten an den Stränden ist auch außerhalb der Campingplätze üblich.

Paros

Von Piräus 7 Stunden, 28 DM.
Diese Insel in der Mitte der Kykladen ist im Sommer sehr voll. Herrlich ist der Hauptort Parikia mit weißen Häuschen, schmalen Gassen und Stränden. Das andere Touristenzentrum Naoussa liegt im Norden mit tollen Stränden. Im Inselinneren befinden sich unterirdische Marmorstollen und das Schmetterlingstal Petalou-

des (gute Busverbindungen: Mehrere Campingplätze, Übernachten an Stränden).

Naxos

Von Piräus 8 Stunden, 28 DM.

Die traumhaft schöne, größte Kyklade hat riesige Sandstrände und ein waldreiches, hochgebirgsartiges Inselinnere. Im Bergland findet man ursprüngliche Dörfer, die man auf einer lohnenden Busfahrt von Naxos-Stadt nach Apollon kennenlernt. Der höchste Berg der Kykladen, der Zas, erhebt sich hier über 1000 m hoch. Sehenswert ist auch der Hauptort Naxos mit dem vorgelagerten Tempeltor, einer venezianischen Festung und schmalen Gäßchen. Südlich des Hauptortes gibt es 25 km lange Sandstrände (mit Bussen und Booten zu erreichen. Mehrere Campingplätze, Übernachten am Strand).

Amorgos

Von Naxos 7 Stunden, 13 DM.

Diese wunderschöne Insel ist immer noch relativ ruhig. Landschaftlich reizvoll ist vor allem das Inselinnere mit dem hoch oben gelegenen Hauptort. Auf der anderen Inselseite hängt kühn an einem Steilfelsen über der Küste das Kloster Chozoviotissa, darunter liegt der winzige Agia-Anna-Strand. Es gibt nur wenige Strände, dafür eine schöne Aussicht vom Gebirge aus, etwa der langen Piste, die den Norden mit dem Süden der Insel verbindet.

Ios

Von Piräus 10 Stunden, 28 DM.

Ios ist das Mykonos für junge Leute, mit viel Rummel, einem sehr schönen Hauptort auf der Anhöhe und tollen Sandstränden am Hafen und am Milopotamos. Hier werden die Nächte durchgefeiert. Discos und Bars haben das ursprüngliche Leben weitgehend ersetzt (Campingplätze, viele übernachten am Strand).

Folegandros

Von Piräus 11 Stunden, 28 DM.

Schöne Insel mit herrlich gelegenem Hauptort, prächtiger Aussicht von der Kirche darüber. Mehrere Strände sind zu Fuß oder per Boot zu erreichen (Campingplatz, viele übernachten am Strand).

Santorin

Von Piräus 11 Stunden, 30 DM.

Santorin und die Nachbarinsel Thirassia bilden zusammen den unvollständigen Rest eines Vulkankraterrandes, der bis zu 565 m hoch aus dem Meer ragt. Das Innere des Kraters, die Caldera, sank bei einer gewaltigen Eruption um 1450 vor Christus mehrere hundert m tief unter den Wasserspiegel. Später wurden durch Vulkanaktivitäten weitere Inseln rund um Santorin hochgedrückt, die heute zu besichtigen sind. Zum letzten Mal schlug das Erdbeben 1956 zu und riß viele Häuser auf Santorin in die Tiefe. Heute wird die Insel von Touristen geradezu überschwemmt. Die einzigartige Lage vieler Orte über dem steilen Kraterrand, riesige dunkle Sandstrände an der Ostküste sowie die unglaublichen Ausgrabungen von Akrotiri, die eine etwa 3500 Jahre alte Stadt aus der Vulkanasche förderten, lohnen den Besuch der Insel. Beeindruckend ist schon die Einfahrt in den Krater mit dem Schiff (Campingplätze bei Kamari und Perissa).

Patmos

Von Piräus 11 Stunden, 30 DM.

Die nördlichste Insel der Dodekanes ist von einer mächtigen Hügelkette und weiten, ins Land einschneidenden Meeresbuchten geprägt. Oben um das Kloster in der Chora sind lauter schmale Gassen und kleine weiße Häuser. Für den Fußweg nach Chora hinauf wird man mit einer tollen Aussicht belohnt. Strände gibt es im Süden und Norden der Insel (ein Campingplatz, viele schlafen an den Stränden).

Rhodos

Von Piräus 20 Stunden, ca. 38 DM.

Als größte Insel der Dodekanes zieht Rhodos Unmengen von Touristen an. In der wunderschönen Altstadt von Rhodos-Stadt mit prächtiger Stadtmauer gibt es einen türkischen Stadtteil, das Ritterviertel. Südlich von der Hauptstadt findet man lange Sandstrände und häßliche Hotelklötze. Im Südosten ist Lindos der Touristentreff mit seiner Akropolis auf dem Felsen sowie 2 vollen Stränden. 2 Busse täglich fahren in den Süden nach Messanagros und Katavia, wo es sehr ruhig ist, mit Sandstränden in der Nähe (viele schlafen hier am Strand. Sonst ist das Übernachten auf Rhodos teuer, kaum legales Camping).

Kreta

Fähren von Piräus, 12 Stunden, 38 DM, gegen 18 Uhr nach Iraklion und Chania.

Die größte griechische Insel ist voller Kontraste: Es gibt einsame, unberührte Bergregionen im Inneren und überlaufene Touristenhochburgen zwischen Iraklion und Malia an der Nordküste. Höhepunkte der Insel sind die Städte Chania und Rethimnon im Westen, die Bergdörfer in den Ausläufern der Weißen Berge im Westen, die Samaria-Schlucht im Süden der Weißen Berge sowie der Palast von Knossos, die ehemalige Residenz der Minoerkönige, in der Nähe von Iraklion. Es besteht eine gute Busverbindung im Norden, in einsame Regionen fahren 1–2 Busse täglich. An der Nordküste bei Georgioupoli gibt es riesige Sandstrände (Busse von Chania und seinem Fährhafen Souda Richtung Rethimnon), viele Campingplätze, mehrere Jugendherbergen, viele Wildcamper im Süden.)

Hydra

Fähre von Piräus, 3 1/2 Stunden, 15 DM. Raketenboot Flying Dolphin 1 1/2 Stunden, 25 DM. Schiffe von Ermioni/Südost-Peloponnes, Busse von Nafplion, 45 Minuten, 6 DM.

Hydra ist die lohnendste saronische Insel, ein uriges Felsenungetüm vor der Küste des Peloponnes mit schmuckem Hauptort. Es besteht ein vollkommenes Verbot aller Motorfahrzeuge – alles wird mit Eseln befördert über Treppen, schmale Gassen und steile Straßen. Es gibt nur wenig Strände, dafür kann man tolle Gebirgstouren machen (Übernachten teuer).

Die Ionischen Inseln

Diese Inseln liegen westlich von Griechenland in der Adria. Zu ihnen gehören *Korfu, Paxi, Lefkas, Kefallonia, Ithaka, Zakynthos* und *Kithira*. Allen gemeinsam sind steile Gebirge, die sich meist bis an die Küste erstrecken, ein angenehmes warmes Klima und eine aus dem 12. bis ins 18. Jahrhundert geprägte venezianische Kultur. Italienische, französische, englische Einflüsse sind unverkennbar, es ist nicht das «typische Griechenland». Ruhe und Erholung findet man fast überall, nur Korfu und Teile von Zakynthos werden von Touristen überschwemmt.

Korfu

Schiffe von Brindisi, Igoumenitsa und Patras. Von Igoumenitsa alle Stunde ein Schiff, Fahrzeit 1 1/2 Stunden, 7 DM.

Die größte Ionische Insel ist üppig grün mit vielen Sandstränden, aber auch vielen Touristen. Die Ostküste nördlich und südlich der Hauptstadt Kerkyra ist im Sommer überfüllt. Im Norden um Sidari mit tollen Stränden, im Nordwesten bei Agios Stefanos und Afionas kann man draußen übernachten. Touristenzentrum im Westen ist Paleokastritsain mit traumhafter Lage im Bergland über der Küste und vielen Badebuchten.

TÜRKEI

SCHWARZE

...klareli

23500

İstanbul

-H. Pasa

Sirceci

23501

...polis

Uzunköprü
Pehlivanköy
Mandira

23502

Adapazarı

Arifiye

Bandırma

23501

Bilecik

23502

Tunçbilek

Eskişehir

Balıkesir

23502
23501

23502

23502

Tavşanlı

2350

Soma

Kütahya

23502

23501
23502

Manisa

Alaşehir

Afyon

İzmir
Çatal

Uşak

Akşe...

Torbali

Ödemiş

Çivril

Karakuyu

Ortaklar

Tire

Sütlaç

Söke

Goncalı

Eğridir

Denizli

Burdur

Isparta

2

Bodrum

Antalya

Rhodos

Rhodos

Unglaublicherweise gilt das Interrail-Ticket in der gesamten Türkei. Freundliche Menschen, einsame Gebirgslandschaften und eine einfache Lebensart – das Land am Rand Europas führt uns in eine zunächst fremde Welt. Die Bahnen erschließen nur Teile der Mittelmeerregion, sie führen aber bis ans andere Ende der Türkei, die Grenze zu Armenien, dem Iran, dem Irak und Syrien. Reisepaß oder Personalausweis genügen zur Einreise.

n-
ldak

İsmetpaşa

Çankırı

Samsun

Amasya

Kayaş

Sincan

Kırıkkale

Irmak

ANKARA

Kalın

Sivas

Yerköy

Çetinkaya

23503

23503

23503

Boğazköprü

Kayseri

23503

23503

Konya

Kardeşgediği

Köprüağzi

Narlı

Fevzipaşa

Gazia

Karaman

Toprakkale

23503

Meydanekbez

Yenice

Çoban

Mersin

23503

Adana

İskenderun

Halep

01

2350

Das Wichtigste vorweg

Geld

Türkische Lira (Ltq)
1 DM = 40 000 Ltq   10 000 Ltq = 0,25 DM
1 öS = 5 000 Ltq   10 000 Ltq =   2 öS
1 sfr = 50 000 Ltq   10 000 Ltq = 0,20 sfr

Telefon nach Hause

Nur in Postämtern telefonieren.
Deutschland 00 49   Telefon-Notruf 0 55
Österreich 00 43
Schweiz 00 41

Botschaften in Ankara

Deutschland: Atatürk Bulvari 114, Can-kaya, Tel. 0312/42 65 465
Österreich: Atatürk Bulvari 189, Kücüke-sat, Tel. 0312/43 42172

Schweiz: Atatürk Bulvari 247, Kavaklidere, Tel. 0312/4 67 55 55

Anreise in die Türkei

Mit der **Bahn** gibt es direkte Verbindungen über Österreich, Ungarn, Serbien und Bulgarien nach Istanbul. Eine direkte Verbindung existiert auch von Thessaloniki nach Istanbul (18 Stunden). Per **Schiff** von einer griechischen Insel in die Türkei zu fahren ist teuer. Schiffe in die türkischen Hafenstädte fahren etwa von den griechischen Inseln Chios, Samos, Kos, Rhodos, Kastelorizo ab. Für ein paar Kilometer zahlt man ca. 30–40 DM. Dafür ist die Weiterfahrt in der Türkei sehr billig. Fast von jedem Küstenort verkehren **Busse** nach *Izmir* (Bahnstation), *Söke* (Bahnstation) oder direkt nach *Istanbul*. (Südküste, etwa Bodrum – Istanbul ca. 30 DM, bis Izmir ca. 12 DM).

Unterwegs in der Türkei

Verpflegung

Einkehren kann man sich hier fast überall leisten, mit Ausnahme der Touristen-Hochburgen. Ungekochte Speisen sollte man mit Vorsicht genießen. Auf dem flachen Land werden Mahlzeiten unter 10 DM angeboten. Getränke nur aus verschlossenen Flaschen zu sich nehmen.

Übernachten

Jugendherbergen sind in der Türkei unbekannt, in den Großstädten gibt es Hostels, Studentenwohnheime, in den Ferien auch Schulunterkünfte. Pensionen sind preiswert, ca. 10–20 DM das Bett. Wildes Campen ist in den Städten zu gefährlich. Einige wenige Zeltplätze wurden eingerichtet.

Günstige Tickets in der Türkei

Interrail Zone G

Freie Fahrt auf allen Bahnstrecken.

Euro Domino

Freie Fahrt auf allen Bahnstrecken.

Tage (innerhalb 31)	**3**	**5**	**10**
Jugendliche	38 DM	57 DM	103 DM
Erwachsene	50 DM	76 DM	138 DM
Erwachsene 1. Klasse	75 DM	115 DM	206 DM

Normale Fahrkarten

Extrem preiswert, ca. 10 DM für 100 km

Expreßzüge

Zwischen Istanbul und Ankara fahren *Ekspresi* und *Mavi Treni* relativ schnell, 600 km in 7 1/2 Stunden. Die langsamen *Yolcus* benötigen mehr als doppelt so lange.

Besonders schöne Bahnstrecken in der Türkei

Durch die überwältigende Landschaft des Hochgebirges der inneren Türkei führt die Bahnstrecke von **Ankara** über **Sivas** nach **Kars** (23503), wobei wilde, menschenleere und vegetationslose Regionen durchquert werden. Auch die Linien ins östliche Hochland an den **Van-See** oder nach **Diyarbakir** beeindrucken mit ihren Gebirgsszenerien (23503).

Ziele in der Türkei

Istanbul

Information

Im Bahnhof Sirkeci, kostenlose Stadtpläne. Auch zwischen der Hagia Sophia und der Yerebatan-Zisterne an der Meydani.

Verkehr

Bahnhöfe in Istanbul: **Sirkeci**: Züge aus Griechenland und Bulgarien. Liegt direkt im Zentrum des europäischen Teils in der Nähe der Galatabrücke. **Karaköy:** Fährstation auf dem asiatischen Teil in der Nähe der Galatabrücke, von Sirkeci 12 Gehminuten entfernt. **Haydarpasa:** Im asiatischen Teil, direkte Fähren von Karaköy verkehren im 20-Minuten-Takt, 25 Minuten Fahrzeit. Züge von Haydarpasa fahren in den asiatischen Teil der Türkei.
Vorortzüge verbinden auf der europäischen Seite Sirkeci mit Florya am Marmarameer. Auf der asiatischen Seite führen sie von Haydarpasa nach Pendik. Sehr viele billige **Stadtbusse** fahren durch die Stadt. Die kurze **U-Bahn Tünel** verbindet den Karaköy-Platz mit dem höher gelegenen Tünel-Platz. Die **Expreß-Straßenbahn** fährt vom Sirkeci-Bahnhof zur Hagia Sophia und Londra Asfalti in Topkapi, eine lohnende Ergänzung zum Stadtrundgang. Fahrkarte an jeder Haltestelle, ca. 0,80 DM.

Übernachten

Hostel Interyouth, Caferiye Sok 6 / 1, Tel. 0212 / 513 61 50, ca. 15 DM, mit Safe für die Wertsachen, eigenem Café und Lokal, liegt gegenüber der Hagia Sophia mit eigenem kleinen Park. **Wohnheime** von Studenten werden im Juli und August angeboten: Im Stadtteil Kumkapi das **Kadirga Ögrenci Yurdu** in der Cömertler Caddesi, Sehsuvarbey Sokak, Tel. 0212 / 528 24 81. Im Stadtteil Topkapi das **Topkapi Atatürk Sitesi** in der Londra Asfalti, Cevizlibag Duragi, Tel. 0212 / 523 94 88. Weitere preiswerte **Hotels: Merih Hotels 1** und **2**, beide in der Alemdar Caddesi 20, Tel. 0212 / 513 93 95 und 526 97 08, im großen Raum ca. 15 DM, im DZ pro Person ab 25 DM, liegt nicht weit von der Hagia Sophia, mit der Expreß-Straßenbahn zu erreichen. **Hotel Yeschilev**, Kabasakal Sokak 5, Tel. 0212 / 528 67 64, 20 DM, nicht weit vom Sirkeci-Bahnhof. **Campingplätze** am Marmarameer in Florya, mit Nahverkehrszug Banliyö alle 30 Minuten. **Camping Kervansaray**, beim

Flughafen. Am Bosporus **Campingplatz** auf dem Hügel Camlica in Üsküdar.

Sehenswertes

Sämtliche Sehenswürdigkeiten der Stadt liegen in der Nähe des Sirkeci-Bahnhofs. Vom Bahnhof geht man nach links zur Muradiye Caddesi, diese in Richtung Südosten bis zur Alemdar Caddesi. An ihr liegt rechts die **Hohe Pforte**, der im türkischen Rokokostil erbaute Eingang zum Palast des Großwesirs. Gegenüber steht die Serailmauer des alten Sultanspalastes, des **Topkapi Serail** (Kanonentor-Palast). Geht man an der Serailmauer entlang Richtung Südosten, erreicht man das **Bab-i Humayun**, das äußere Tor des Serails, 1478 erbaut. In den Nischen zu beiden Seiten des schmalen Durchgangs wurden die Köpfe der im Palast Hingerichteter zur Abschreckung aufgehängt. Durch das Tor gelangt man in den ersten Hof, wo links die **Irenen-Kirche** steht, eine der ältesten Kirchen der Stadt und bis zum Bau der ersten Hagia Sophia die Hauptkirche von Konstantinopel. Nach dem nächsten Tor folgt das Ortakapi oder **Bab-i Selam** (Tor des Heils), das allein der Sultan zu Pferd passieren durfte. In den Türmen wurden die zum Tode Verurteilten gefangengehalten. Rechts vom Tor an der Mauer ist der **Henkersbrunnen**, wo die Henker ihre Beile wuschen. Dahinter, am parkähnlichen Hof, beginnt der eigentliche **Palast**. In der Hofküche befindet sich heute eine bedeutende Porzellansammlung. Es folgen das **Bab-i Saadet** (Tor der Glückseligkeit) und der neue Hof mit dem Arz Odasi, dem **Audienzsaal**. Ganz aus Marmor ist die **Bibliothek** Ahmets III. mit über 4000 wertvollen Handschriften. Rechts ist die **Schatzkammer** zu besichtigen. Links folgt der **Beschneidungsraum**, in dem einst die Prinzen beschnitten wurden. Sehenswert ist auch der **Harem**, ein riesiger Gebäudekomplex, der nur vom Sultan und seiner Familie bewohnt wurde.

Links vom Palast befindet sich das **Archäologische Museum** mit riesigen antiken Sammlungen. Gleich daneben steht das **Museum orientalischer Altertümer** mit Grabungsfunden aus dem gesamten Nahen Osten. Der Fayencen-Pavillon beherbergt heute das *Faith-Museum* mit Keramik aus osmanischer Zeit. Rechts vom Museum erstreckt sich der weite Gülhane-Park. Hinter dem Palast, an der 15 m hohen *Gotensäule* vorbei, gelangt man zum **Atatürk-Denkmal** von 1926. Kehrt man zum äußeren Tor zurück, dem Bab-i Humayun, stößt man gegenüber auf die **Hagia Sophia**, die Kirche der «Heiligen Weisheit». Sie diente 916 Jahre als Kirche und 482 Jahre als Moschee, bis sie 1935 zum Museum erklärt wurde. Rechts von der Hagia Sophia in der Yerebatan Caddesi befindet sich die 527 angelegte **Yerebatan-Zisterne**.

Hinter der Hagia Sophia gelangt man geradeaus zur **Sultan-Ahmed-Moschee**, auch **Blaue Moschee** genannt. Sie ist heute die Hauptmoschee der Stadt, wurde von 1609 bis 1616 mit 6 Minaretten (Gebetstürmen) erbaut. In der Nähe sieht man die Reste des 203 erbauten **Hippodroms**, das 100000 Zuschauer faßte. In seiner Nachbarschaft trifft man auf das *Museum für türkische und islamische Kunst* und weiter südwestlich auf die *Kleine Hagia Sophia* von 527 und die *Sokullu-Mehmet-Pasa-Moschee* von 1571. Ein anderer Weg führt vom Bahnhof geradeaus auf der Resadiye Caddesi zur Galatabrücke, die das alte Stambul über dem Goldenen Horn mit den neueren Stadtteilen Galata und Beyoglu verbindet. Die Brücke ist der Mittelpunkt der Stadt mit dem Eminömiplatz, dem belebtesten Zentrum. Dort steht die *Neue Moschee* von 1663. Beidseits der Brücke findet man viele Fischrestaurants.

Hinter der Neuen Moschee sind der *Ägyptische Basar* und die *Rüstem-Paşa-Moschee* sehenswert. Besonders beliebt bei Touristen ist östlich der Beyazit-Moschee der **Gedeckte Basar**, ein Labyrinth von Gassen mit Verkaufsständen und 11 Eingangstoren.

Ganz im Westen der europäischen Stadt steht die riesige *Landmauer*: 6,7 km lang, reicht sie vom Marmarameer bis zum Goldenen Horn und schützte die Stadt gegen Angriffe vom Land.

Empfehlenswert ist auch eine Dampferfahrt auf dem **Bosporus**.

Lohnend ist auch ein Abstecher nach *Üsküdar*, dem asiatischen Teil der Stadt, wo es viele Moscheen gibt und orientalischer zugeht. Vom Berg *Camplica* aus hat man einen schönen Blick auf Europa (Mit Dampfer von der Galatabrücke aus zu erreichen).

Izmir

Von Istanbul per Fähre, ca. 4 Stunden, morgens und abends, mit direktem Anschluß an den Zug nach Bandirma, von dort per Bahn nach Izmir (23 502), ca. 6 Stunden Fahrt. Umständlicher ist die Bahnfahrt von Istanbul nach Eskisehir und weiter nach Izmir (23 501 / 23 502).

Information

Atatürk Caddesi 418, Alsancak.

Übernachten

Studentenwohnheim Atatürk Ögrenci Yurdu, Sokak 1888, Inciralti, Tel. 15 28 56, Juli und August. Mehrere billige **Pensionen** rund um den Bahnhof, vor allem in der Sokak, ab ca. 12 DM.

Sehenswertes

Die Millionenstadt Izmir dient als Übergangsstation zu den griechischen Inseln oder den Sinterterrassen von Pamukkale. Sehenswert sind der farbenfrohe Basar mitten in der Stadt beim Konakplatz und die Zitadelle Kadifekale über dem Häusermeer mit tollem Ausblick (Bus 33 fährt hoch).

Ausflüge von Izmir per Bus (der Busbahnhof liegt in der Nähe des Hafens im Vorort Alsancak, Stadtbusse vom Bahnhof) führen nach **Cesme**, einer kleinen Touristenstadt ca. 80 km westlich. (Von dort legen Fähren zur griechischen Insel Chios ab, ca. 1 Stunde Fahrt, 35 DM, Juni–September.)

Von Izmir kommt man *per Bahn* nach **Selcuk**, einer 70 km südlich gelegenen, hektischen Stadt, von der aus man das 3 km entfernte Ausgrabungsareal von **Ephesus** gut zu Fuß erreicht. Ephesus zählt zu den lohnendsten antiken Städten der Türkei (täglich 8–18 Uhr, 2 DM).

Pamukkale

3 Züge täglich von Izmir nach Denizli, zudem ein Nachtzug von Istanbul. Von Denizli nach Pamukkale alle 30 Minuten Busse, 20 km, 3 DM. Direkte Busse von Izmir alle 2 Stunden.

Übernachten

Unzählige **Pensionen** unter 20 DM, rund um die Durchgangsstraße. **2 Campingplätze**, 3 km entfernt in Karahayit.

Sehenswertes

Pamukkale ist eines der lohnendsten Ziele in der Türkei mit einem einzigartigen Naturwunder: Fast 60 Grad heißes Wasser strömt aus Quellen über den **Sinterterrassen**, die durch die Kalkablagerungen des Wassers im Lauf der Jahrhunderte entstanden sind. Man kann auch im heißen Wasser baden.

Ankara

Strecke 23 501 von Istanbul und 23 503 aus dem Osten des Landes.

Information

Gazi Mustafa Kemal Bulvari 121, Tandogan.

Übernachten

In der Denizciler Caddesi viele preiswerte **Hotels**, unter 20 DM. **Hotel Safir**, Denizciler Caddesi 34, Tel. 0312 / 311 61 94. Rund um die Meydani-Oper viele billige Hotels, Bus 64 vom Bahnhof.

Sehenswertes

Ankara ist seit 1923 Hauptstadt der Türkei und liegt mitten im Hochland. Moderne Siedlungen und alte Ortskerne sind ineinander verwachsen. Lohnend ist ein Besuch der Altstadt, unterhalb der Ak Kale, der

Weißen Burg. Von der Festung hat man einen guten Ausblick.

Kayseri und Göreme

Strecke 25303 von Ankara, 7 Stunden Fahrt, 4 Züge täglich. Mehrere Busse täglich von Kayseri nach Göreme.

Übernachten

Mehrere preiswerte **Pensionen** und 3 **Campingplätze** in Göreme.

Sehenswertes

Die Großstadt Kayseri liegt am Ostrand des anatolischen Hochlands, unterhalb des mächtigen ostanatolischen Gebirgsmassivs, dessen Vulkane die gesamte Umgebung mit ihren Lava- und Aschemassen bedeckten. Im Umland von Kayseri kann man die oft bizarr geformten Erdschichten bewundern. Berühmt ist vor allem die von der UNO als besonders erhaltenswürdig ausgezeichnete **kappadokische Klosterstadt** beim Dorf Göreme, die in den ersten Jahrhunderten nach Christus von Christen errichtet wurde, indem sie die natürlichen Formen der Landschaft nutzten und sie teilweise in Kirchen und Klöster umbildeten. Die Klosterstadt liegt ein paar Gehminuten von Göreme entfernt.

Über den Autor

Klaus Christian Wanninger wurde als Sohn eines Eisenbahners geboren und reiste schon als Schüler per Interrail durch Europa. Während seines Theologie- und Geographie-Studiums in Heidelberg arbeitete er als Kellner und Liegewagenschaffner der Deutschen Schlaf- und Speisewagen GmbH Mitropa. Auch heute noch legt er jedes Jahr Zehntausende von Bahnkilometern mit großer Begeisterung zurück. Neben seiner Tätigkeit als Gymnasiallehrer schrieb er bisher sechs Romane und veröffentlichte zehn Reiseführer.

Bildnachweis

Wolfgang Wiese 2/3

REGISTER

Register

KIRSTEN WULF
PORTUGAL
ANDERS REISEN

rororo anders reisen

rororo anders reisen wird
herausgegeben von Till
Bartels. Ein Gesamtverzeichnis der Reihe finden Sie in der
Rowohlt Revue. Vierteljährlich neu. Kostenlos. In Ihrer
Buchhandlung.

Mittelmeer

Rolf Schwarz
Ägypten *Ein Reisebuch in den Alltag*
(rororo sachbuch 9068)

Christof Kehr
Andalusien *Ein Reisebuch in den Alltag*
(rororo sachbuch 7575)

Rainer Karbe /
Ute Latermann-Pröpper
Griechische Inseln/Nördliche Ägäis
Ein Reisebuch in den Alltag
(rororo sachbuch 9067)

Ute Frings / Rolly Rosen
Israel/Palästina *Ein Reisebuch in den Alltag*
(rororo sachbuch 7596)

Conrad Lay / Michaela Wunderle
Italien *Ein Reisebuch in den Alltag*
(rororo sachbuch 9084)

Rainer Karbe /
Ute Latermann-Pröper
Kreta *Ein Reisebuch in den Alltag*
(rororo sachbuch 7569)

Roland Motz
Mallorca *Ein Reisebuch in den Alltag*
(rororo sachbuch 9086)

Henning Klüver (Hg.)
Norditalien *Ein Reisebuch in den Alltag*
(rororo sachbuch 9063)

Frida Bordon
Sizilien *Ein Reisebuch in den Alltag*
(rororo sachbuch 7595)

Günter Liehr
Südfrankreich *Ein Reisebuch in den Alltag*
(rororo sachbuch 7582)

Michaela Wunderle
Süditalien *Ein Reisebuch in den Alltag*
(rororo sachbuch 7592)

Michael Kadereit
Toskana / Umbrien *Ein Reisebuch in den Alltag*
(rororo sachbuch 7521)

Frida Bordon
Venedig mit Venetien *Ein Reisebuch in den Alltag*
(rororo sachbuch 7570)

rororo anders reisen

rororo anders reisen wird herausgegeben von Till Bartels. Ein Gesamtverzeichnis der Reihe finden Sie in der *Rowohlt Revue*. Vierteljährlich neu. Kostenlos. In Ihrer Buchhandlung.

rororo anders reisen

rororo anders reisen wird herausgegeben von Till Bartels. Ein Gesamtverzeichnis der Reihe finden Sie in der *Rowohlt Revue*. Vierteljährlich neu. Kostenlos. In Ihrer Buchhandlung.

SIBYLLE MAY

PARIS – DER DUSCHE WEGEN

ÜBER INTERRAILER, LIEBE UND EINE BITTERE LEKTION

Sibylle May
Paris – der Dusche wegen
*Über Interrailer, Liebe
und eine bittere Aktion
Ab 12 Jahre*
rororo rotfuchs Bd. 810

Sommerferien und keine Lust auf Touriprogramm!
Einfach gigantisch finden Patrick und Clemens
dagegen das Interrailer-Leben. In den Zug steigen,
fahren, wohin man will, und irgendwo die Iso-
matte ausrollen… da vergißt man auch schnell
den Liebeskummer. Wenn nur in Paris nicht diese
bittere Aktion gelaufen wäre! Und was hat es mit
dem Mörder auf sich, dem ausschließlich alte
Damen zum Opfer fallen? Ist auch Patricks ver-
schwundene Großmutter womöglich in Gefahr?
Ein Buch über Freundschaft, Liebe und eine auf-
regende Zeit in Paris.